LUÍS CARLOS PRESTES

A marca FSC® é a garantia de que a madeira utilizada na fabricação do papel deste livro provém de florestas que foram gerenciadas de maneira ambientalmente correta, socialmente justa e economicamente viável, além de outras fontes de origem controlada.

DANIEL AARÃO REIS

Luís Carlos Prestes

Um revolucionário entre dois mundos

COMPANHIA DAS LETRAS

Copyright © 2014 by Daniel Aarão Reis

*Grafia atualizada segundo o Acordo Ortográfico da Língua Portuguesa
de 1990, que entrou em vigor no Brasil em 2009.*

Capa
Alceu Chiesorin Nunes

Ilustração de capa
Nelson Provazi

Preparação do texto
Márcia Copola

Preparação das notas
Carina Muniz

Pesquisa iconográfica
Vladimir Sacchetta / Porviroscópio Projetos e Conteúdos

Checagem
Érico Melo

Índice onomástico
Luciano Marchiori

Revisão
Angela das Neves
Márcia Moura

Dados Internacionais de Catalogação na Publicação (CIP)
(Câmara Brasileira do Livro, SP, Brasil)

> Reis, Daniel Aarão
> Luís Carlos Prestes: Um revolucionário entre dois mundos /
> Daniel Aarão Reis — 1ª ed. — São Paulo : Companhia das Letras, 2014.
>
> Bibliografia.
> ISBN 978-85-359-2508-1
>
> 1. Brasil — História — Coluna Prestes, 1924-1927 2. Brasil —
> História — República, 1889- 3. Prestes, Luís Carlos, 1898-1990. 4.
> Revolucionários — Brasil I. Título.

14-10483   CDD-923.281

Índice para catálogo sistemático:
1. Brasil : Revolucionários : Biografia   923.281

[2014]
Todos os direitos desta edição reservados à
EDITORA SCHWARCZ S.A.
Rua Bandeira Paulista, 702, cj. 32
04532-002 — São Paulo — SP
Telefone: (11) 3707-3500
Fax: (11) 3707-3501
www.companhiadasletras.com.br
www.blogdacompanhia.com.br

Sumário

1. Anos de formação	7
2. Das revoltas de 1924 ao início da Grande Marcha	43
3. A Grande Marcha pelos Brasis	62
4. O sertão não vira mar: a retirada	85
5. O primeiro exílio	106
6. O segundo exílio: o mundo da utopia revolucionária	147
7. O assalto aos céus	168
8. Descida aos infernos	189
9. Nos braços do povo	221
10. De volta aos subterrâneos	243
11. O reencontro com a legalidade	277
12. Entre reforma e revolução	299
13. Novamente nas catacumbas	322
14. O terceiro exílio I: o fundo do poço	350
15. O terceiro exílio II: a reconstrução	387
16. O racha	418
17. Da larva, a borboleta	440
Entre a vida e a lenda — À guisa de posfácio	482

Notas	487
Fontes	507
Referências bibliográficas	515
Créditos das imagens	523
Índice onomástico	525

1. Anos de formação

Em fins do século XIX, Porto Alegre era um pequeno burgo, com pouco menos de 75 mil habitantes, enriquecido pelo constante movimento de barcos e navios. Elevado, desde 1822, à condição de cidade, do alto de uma colina descia em direção às águas do Guaíba, parecendo um anfiteatro.*

Os habitantes orgulhavam-se das praças arborizadas, dos chafarizes e hotéis, e do primeiro arranha-céu, o prédio Malakoff, de imponentes quatro andares; e também da igreja da Matriz, do Palácio do Governo e da sede da 3ª Região Militar. Nas principais ruas, da Praia, Nova, Riachuelo, do Comércio, Sete de Setembro, misturavam-se as pessoas, com roupas escuras e pesadas, típicas da época, às carroças e aos tílburis, puxados a cavalo, e aos novos bondes elétricos, indício e promessa de tempos modernos.

Foi nessa cidade que, em 3 de janeiro de 1898, nasceu Luís Carlos Prestes,** filho de Maria Leocádia Felizardo Prestes e de Antônio Pereira Prestes. De rosto largo, olhos enérgicos e inteligentes, a mãe descendia de Joaquim José Felizardo,

---

* A metáfora do anfiteatro foi empregada por Sandra Pesavento, M. Lindenmayer, 2007, "Introdução".

** A grafia "Luís" não substitui a adotada pelo Instituto Luiz Carlos Prestes, mas a original, que consta em sua certidão de batismo. Atualizou-se a grafia por motivos editoriais. (N. E.)

comerciante abastado, ligado à importação de produtos europeus, e de Ermelinda Ferreira de Almeida, a quem a tradição familiar e mesmo os descendentes revolucionários gostavam de atribuir estirpe nobre. De fato, Luís Augusto Ferreira de Almeida, seu irmão, era um visconde, título concedido pelo rei d. Carlos I de Portugal em 1891. Anos antes, um tio e homônimo também se tornara nobre, graças aos reis portugueses, d. Pedro V e d. Luís I, que lhe concederam os títulos de visconde e conde, em 1855 e 1874.

Leocádia, nascida em 11 de maio de 1874, teve rigorosa formação católica, era cultivada, fluente em francês, apreciava a boa literatura francesa e portuguesa, estudara pintura, canto e declamação, e aprendera a tocar piano. Voluntariosa, afirmativa, interessava-se pelos assuntos da sociedade, antenava-se com os problemas do mundo, e gostava de tomar partido e defender com eloquência seus pontos de vista.

O marido, Antônio Prestes, filho do juiz de direito dr. Antônio Prestes e de Luísa de Freitas Travassos Prestes, era oito anos mais velho do que ela. Semblante grave e olhos profundos, nascera em 23 de agosto de 1866, e ainda não completara trinta anos quando contraiu núpcias. Homem de cultura, dispunha de uma boa biblioteca, ornamentada de livros que se orientavam pelo materialismo e pelo positivismo franceses. Um militar-cidadão, da escola de Benjamin Constant.

Quando houve a abolição da escravidão e a proclamação da República, a mãe de Prestes era mocinha. Já Antônio, com mais de vinte anos, homem-feito, pôde perceber com outros olhos os dois eventos históricos. Afinal, desde março de 1888 vivia no Rio de Janeiro, epicentro dos acontecimentos, concluindo a formação militar.

O gosto pela carreira das armas despontara cedo no pai de Luís Carlos Prestes. Com dezessete anos, em 1883, apresentou-se voluntariamente ao 12º Batalhão de Infantaria, em Porto Alegre, tendo sido encaminhado ao curso preparatório da Escola Militar no Rio Grande do Sul, com duração de dois anos. Em janeiro de 85, foi matriculado no curso superior, de quatro anos. No entanto, ao longo do terceiro ano levou duas "repreensões". A primeira, por ter "faltado à revista"; a segunda, "por haver desobedecido acintosamente às ordens do comando da Escola, saindo do estabelecimento sem licença". Foi então preso por quinze dias no alojamento. É provável que, por causa disso, tenha requerido, e obtido, licença para fazer o quarto e último ano no Rio, na "Escola Militar da Corte", conforme atestado em sua "fé de ofício".

Nomeado alferes-aluno em janeiro de 1889, em abril foi designado para servir na Escola Superior de Guerra, onde passou o ano em estudos teóricos e práticos de astronomia, geodésia, alemão, acústica e meteorologia, tomando parte nos exercícios gerais em setembro. Ainda lhe sobrou tempo, contudo, para participar — e ativamente — do movimento republicano.

De fato, sempre segundo a história oral familiar, narra-se com orgulho que Antônio Prestes era um propagandista da República, membro de uma sociedade secreta, e que marchara com os cadetes da Escola Militar da Praia Vermelha, os quais, sob o comando de Benjamin Constant, acorreram ao Campo de Santana, no Rio de Janeiro, para apoiar Deodoro da Fonseca no golpe que derrubou a monarquia e proclamou a República, em 15 de novembro de 1889.

Nos seus verdes 23 anos, Antônio assistiria aí à fundação de uma dupla tradição — a do intervencionismo militar na história política do país, com os oficiais das Forças Armadas já desempenhando o papel de anjos tutelares da República recém-nascida, e a dos grandes enfrentamentos que, na beira do abismo, não se realizam. Entre Floriano Peixoto, comandante das tropas da monarquia, e Deodoro da Fonseca, chefiando os rebeldes, prevaleceram conversações em vez de tiros. Tudo acabou num acordo, e ambos fundaram a República, Deodoro na Presidência, Floriano como vice. Uma primeira grande "guerra da saliva" em que, entre mortos e feridos, todos escaparam.

Seja como for, não parece haver dúvidas quanto às afinidades de Antônio Prestes com o pensamento de Auguste Comte, congruente com a formação militar da época, com a especialidade que escolhera — a engenharia — e com o ambiente da Escola da Praia Vermelha, onde terminaria os estudos, viveiro maior do positivismo militar brasileiro.

Em começos de 1890, com notas mais regulares do que boas, recebeu, afinal, o grau de bacharel em "matemáticas e ciências físicas e naturais". À beira de completar 24 anos, estava pronto para iniciar a vida profissional.

Até 1896, quando se casou, em 30 de maio, com Leocádia, uma jovem de então 22 anos, trabalhou como professor ("lente") na Escola Militar do Rio Grande do Sul e também na Diretoria de Obras Militares de São Paulo. Depois do casamento, continuaria recebendo missões nesses dois estados, tendo sido promovido a capitão do Corpo de Engenheiros em 97, afetado à Comissão de Engenharia Militar do Rio Grande do Sul.

O dia 3 de janeiro de 1898 foi de felicidade para o jovem casal formado por Leocádia e Antônio. Nasceu em Porto Alegre o primeiro filho, varão — Luís Carlos —, e veio a nomeação de Antônio para o posto de secretário da Comissão de Engenharia Militar.

A sorte parecia estar do lado deles. Em dezembro daquele mesmo ano, nascia outra criança, dessa vez uma menina, Clotilde, no dia 27, registrada em Porto Alegre. Menos de um mês depois, um elogio do presidente da República por "bom desempenho no serviço". E a nomeação para adjunto da 1ª Seção da Direção-Geral de Engenharia. Em 1900, novo elogio, agora dessa Direção, pela "inteligência e reconhecida competência com que se houve no desempenho de seus deveres". A família crescera com mais uma filha, Heloísa, nascida em 31 de março, registrada em Niterói.

A única sombra que pairava sobre o jovem casal era de caráter político. As inclinações materialistas de Antônio não batiam com o catolicismo rigoroso de Leocádia, que achava os chefes positivistas "oportunistas e hipócritas", incluindo-se aí os grandes líderes da corrente, Miguel Lemos e Teixeira Mendes, diretor e vice-diretor, respectivamente, da Igreja positivista do Brasil. O positivismo, entre outras referências, propunha a abolição da escravidão, a proclamação da República, a inclusão social e a proteção da mulher, motivo pelo qual se tornara popular entre as lideranças civis e militares republicanas. Sua base filosófica materialista, porém, contradizia os princípios religiosos de Leocádia. Segundo ela, embora pregassem o altruísmo, os líderes positivistas não passavam de sovinas, interessados apenas em dinheiro, e era isso que de fato a incomodava. Além do mais, suas interdições, como a de comer carnes e ovos, prejudicavam a saúde das pessoas. Depois, Leocádia atribuiria a esses questionáveis preceitos a morte do marido e do irmão, também adepto do positivismo gaúcho. Sua oposição era tão veemente que inibiu Antônio de se filiar à Igreja positivista. Em compensação, puseram-se de acordo a respeito da formação das crianças: elas só optariam por uma confissão religiosa, se fosse o caso, quando adultas.

Em 1901, o casal estava de volta ao Rio Grande do Sul com a designação de Antônio para trabalhar em Alegrete, no oeste do estado, a pouco mais de quinhentos quilômetros de Porto Alegre. Luís Carlos Prestes tem dessa época uma das mais antigas recordações, quando teria ido com o pai, numa carroça de colono, a Ijuí, onde se construía, sob sua supervisão, uma estrada de ferro entre Cruz Alta e Porto Lucena.

O clima naqueles pampas não era fácil, alternando-se temperaturas quentes e grande umidade. Leocádia não se deu bem, adoeceu. Um médico militar chegou a diagnosticar tuberculose, um rebate falso mas que a obrigou a voltar para Porto Alegre com os três filhos, deixando o marido só.

Além da saúde abalada, Leocádia trouxe de Alegrete más lembranças das relações entre oficiais e soldados. "Ela atacava violentamente a brutalidade com que os oficiais então tratavam os soldados", recordou-se Prestes. Um episódio não saiu de sua memória: o furto do dinheiro destinado ao pagamento dos praças. Os ladrões foram logo identificados, dois civis e dois militares, e a quantia recuperada. Entretanto, em vez das providências cabíveis, o comandante da companhia resolveu fazer justiça com as próprias mãos. Levou os quatro para a beira de uma restinga e ali, "armados de vara de marmelo [...] surraram os marginais". De tanto apanhar, dois morreram. Quando soube, Leocádia fez um escândalo tão grande que foi preciso chamar o comandante do batalhão para explicar que não fora sob suas ordens que aquele horror acontecera.

Pouco depois de 1903, Antônio teve um primeiro derrame cerebral, ficando hemiplégico. Em setembro e dezembro, em dois exames sucessivos, ganhou seis meses de licença para tratamento e foi aconselhado a voltar para Porto Alegre. Ocorreu, então, outra triste história, também contada a Prestes pela mãe indignada: doente e sem ação, o pai vira a casa invadida por colegas, "companheiros dele", que saquearam os aposentos, levando "livros, uniformes, tudo... uma verdadeira limpeza".

Em março do ano seguinte, nova "inspeção de saúde" considerou-o apto para retornar às atividades profissionais. Cerca de um mês depois, contudo, voltou a sentir-se mal, ganhando mais quatro meses de licença-saúde.

Interveio, então, em 26 de abril de 1904, uma ordem do ministro da Guerra determinando que se "recolhesse" à capital federal, certamente para dispor de melhores condições de tratamento. Num de seus depoimentos, Luís Carlos Prestes confirmou a data: "Cheguei ao Rio com seis anos".

Foram de navio. No porto, tomaram uma carruagem — uma vitória — e seguiram para a casa da avó paterna, na rua Barão de Itapagipe, na Tijuca, onde se hospedariam. O casal, as três crianças e mais Amélia, empregada negra da família de Leocádia. Criada com ela, pau para toda obra, haviam estado em Alegrete e juntas estavam agora no Rio de Janeiro. Dela disse Prestes: "Era como se fosse mãe também, e nos criou com muito carinho". A casa de d. Luísa ficou pequena para toda aquela gente, obrigando a família recém-chegada a se mudar para outra residência, na esquina da rua Dezenove de Fevereiro com General Polidoro, em Botafogo, junto ao Cemitério São João Batista. Foi da janela dessa casa que Prestes viu "o primeiro automóvel que chegou ao Brasil, de um ricaço que passeava por ali", e também "o enterro de Machado de Assis", em setembro de 1908, conforme suas lembranças.

O Rio de Janeiro era a maior cidade brasileira, com quase 800 mil habitantes, num país em que pouco mais de dois terços de uma população de 17 milhões de pessoas viviam nas áreas rurais, disseminadas por vasto território, num nível muito baixo de densidade demográfica.

Corriam tempos agitados, de modernização acelerada, impregnados pelo otimismo científico que varria o mundo. A capital do país, entregue às mãos de médicos e engenheiros, haveria de se transformar numa vitrine "civilizada". Tratava-se de remodelar em profundidade os bairros centrais. Era o "bota--abaixo", que arrasou as habitações populares que ali existiam, expulsando os pobres habitantes para as periferias ou para os morros próximos.

Da saúde e do saneamento cuidavam os médicos, com vacinações obrigatórias. Era mexer nos corpos e nas intimidades das pessoas. Houve protestos. Desconsiderados, medrou a revolta. O pau quebrou. Os conflitos envolveram toda a cidade e chegaram perto de onde Prestes morava: "Quebraram todos os lampiões [...] a rua ficou às escuras". Não dava para fazer "guerra da saliva" com aquelas gentes. Foram tratadas com a mesma metralha que se despejara sobre o arraial de Canudos, no interior da Bahia, entre 1896 e 1897. Chumbo grosso, terra arrasada, para não sobrar vivente. Em seu lugar, emergiu uma linda cidade, com amplas ruas e largas avenidas. Luz elétrica, parques, praças e jardins. Saudável e limpa. Paris nos trópicos. Lima Barreto observou, irônico: "Tinha muita cenografia".

A República decantara-se. Os militares — anjos fundadores e tutelares — tinham se recolhido aos quartéis, mastigando amarguras e ressentimentos. Desde os anos 1890, mandavam os grandes senhores de terra, construindo uma peculiar república, de homens ricos, brancos e letrados. Em complexas arquiteturas, pactos faziam-se e se desfaziam na base de fidelidades entroncadas em sólidas tradições. Se não havia acordo — o que não era raro —, as desavenças eram resolvidas à bala. No limite, intervinha o Exército, quando seus comandantes — eles próprios — não estavam envolvidos no rolo. Refeitos os equilíbrios, recomeçava-se.

A alta política se fazia entre muito poucos, apenas 0,5% da população participava da escolha dos presidentes e demais homens do poder.

O capitão Antônio Prestes não devia estar vendo aquilo tudo com bons olhos. Naquele mesmo ano de 1904, fecharam a Escola em que se formara, acusada de cumplicidade com a revolta dos plebeus contra o governo. Mas o que ele poderia fazer nas circunstâncias que eram as suas?

Em correspondência, de 1907, com a família no Rio Grande do Sul, Leocádia informava que a saúde do marido continuava precária. Tinha, às vezes, dificuldade de lembrar o nome da própria mãe, como se a memória estivesse se apagando.

Muitos anos mais tarde, Prestes assinalou: "Do meu pai não posso dizer nada, porque depois que adoeceu gravemente [em 1903], teve outros derrames e foi piorando cada vez mais".

Sua "fé de ofício" registra ainda alguns retornos ao trabalho. Segundo Prestes, os colegas estavam fazendo o possível para encobrir a invalidez parcial, declarando-o como se estivesse apto para o trabalho, na ativa, com direito a receber o soldo integral: os bons amigos dentro do Exército "não tinham dado parte de doente", de modo que a vida se equilibrava: "Vivíamos mais ou menos bem".

Em 26 de março de 1907, numa espécie de homenagem, o coronel Martins de Mello registrou um último elogio, assinalando o "zelo e a dedicação" com que se havia no desempenho do cargo.

Mas o mal continuava roendo. E o abateu, finalmente. Em 12 de janeiro de 1908, morreu, numa nova residência, na rua Conde de Irajá, o capitão Antônio Pereira Prestes. Sobrou para Auguste Comte. "Depois que meu pai morreu, eu me lembro da Amélia meter o machado na cabeça de um busto deste tamanho do Comte que havia lá em casa...", lembrou, anos mais tarde, um divertido Prestes.

Um descarrego, mas não chegava a ser um consolo para a viúva, com três filhos pequenos, em escadinha: o maiorzinho, o próprio Prestes, acabara de fazer dez anos. Clotilde tinha nove e Heloísa ia fazer oito. Afora o drama pessoal, havia agora uma situação financeira aflitiva, pois era bem modesta a pensão deixada pelo capitão, 200 mil-réis por mês, um pouco mais apenas do que os ganhos de um funcionário público subalterno. Nos últimos tempos, e apesar da mão forte de Amélia, não fora nada fácil cuidar do homem que morria e das crianças. Além de se dedicar ao marido, Leocádia alfabetizara Prestes e as duas irmãs em casa, o que não era incomum na época mas dava trabalho. Prestes recorda-se de ter passado ainda alguns poucos meses numa escola particular em Botafogo, mas a "ler e fazer contas" aprendeu mesmo com a mãe.

Depois da morte do capitão Antônio, Leocádia pensou matricular o filho no Colégio Militar, considerado bom, e gratuito — para os órfãos dos oficiais —, antessala para uma carreira estável e segura. Entretanto, no primeiro exame que fez, em 1910, Prestes não se saiu bem, pois, como lembrou, mal conseguia segurar uma folha de papel e só sabia mesmo as "primeiras letras e as quatro operações".

Para melhorar as condições, tendo em vista o concurso do ano seguinte, a mãe o matriculou numa escola pública. Não foi uma experiência estimulante. O episódio abaixo foi contado por Lourenço Moreira Lima, escrivão da Coluna, e complementado pelo próprio Prestes, em entrevista. Ele era o menor de sua classe, sempre debochado por ser uma figura "pequenina e franzina", com um penteado que ostentava um topete atrevido e que ensejou o apelido de "topete de garnisé". Os colegas, liderados pelo filho da professora, implicavam com ele e o assediavam, sob completa indiferença da mestra. Um dia, não suportando mais as brincadeiras, Prestes protestou. Os colegas, em represália, "uns cinco ou seis", caíram-lhe em cima. Ele aí usou os dentes; distribuiu várias dentadas, afugentando os implicantes: "Eu estava desarmado, a única coisa que eu tinha eram os dentes [...]. Meti o dente, meti o dente... e todo o mundo desapareceu". Aí surgiu a professora e castigou o "garnisé", prendendo-o por algumas horas na escola, porque tinha "instintos de cachorro".

Prestes reclamou, afirmando que não voltaria de jeito nenhum àquela escola. Leocádia aprovou e deu-lhe força, dedicando-se, com todo o afinco, a prepará-lo para um segundo exame. De quebra, ensinou-lhe a dedilhar a cítara, instrumento com que se familiarizara em Ijuí, com um professor de origem alemã, proveniente do Tirol. Contaria Prestes mais tarde: "A cítara é o único instrumento de música que tem solo e acompanhamento, tem vinte e poucas cordas e um anel no dedo para tocar". Leocádia tocava diversas músicas, "algumas de Schubert, e *lieder* alemães, muito sentimentais, melódicos e bonitos".

Os anos de 1909 e 1910 registraram agitações políticas nas maiores cidades do país. A entronização do marechal Hermes da Fonseca como presidente da República, em 1910, suscitou resistências e protestos. Apareceu um candidato alternativo — Rui Barbosa — que liderou, através de comícios inéditos, a *campanha civilista*, com denúncias contundentes do caráter elitista e corrompido das eleições nada republicanas que legitimavam o poder no Brasil. Leocádia recobrava ânimo, tomando parte nas concentrações e levando o filho, mesmo pequeno, debaixo do braço. "Lembro-me quando Rui chegou lá da Bahia, vindo do Norte. Era noite e a avenida Rio Branco tinha sido inaugurada. Em frente ao *Jornal do Commercio*, ele falou e eu estava lá. Tinha doze anos e assisti com ela ao comício." Segundo Prestes, a mãe "sempre lia os jornais, em particular o *Correio da Manhã*, e tomava posição. Assim como sentia entusiasmo pelo que achava bom, sentia ódio e protestava contra o que achava ruim".

A candidatura de Rui foi derrotada, mas criou uma primeira fenda no sistema, e deixou sementes de ressentimento e de discórdia numa vida política cuja organização, depois das turbulências dos primeiros anos, parecia intangível.

Uma semana após a posse de Hermes da Fonseca, em 22 de novembro de 1910, estourou a Revolta da Chibata, em protesto contra os castigos físicos corriqueiros na Marinha de Guerra brasileira. Vinte e dois anos depois da abolição da escravidão, ainda era comum punir com chibatadas as faltas consideradas graves, cometidas pelos marinheiros, quase todos pardos ou negros. Dessa vez não foi possível mandar a metralha em cima dos revoltosos, porque eram eles que estavam no controle das melhores armas, no caso os poderosos canhões dos principais navios fundeados na baía de Guanabara. Houve uma comoção nacional, obrigando o novo presidente a negociar com os sublevados. Prestes lembrava de granadas caindo no Cemitério do Catumbi, perto do lugar onde passara a viver sua família, na rua dos Coqueiros.

Mais instruído e seguro de si, o menino passou por novo exame em 1911, tendo sido aprovado. No entanto, pouco depois, quando a lista dos matriculados foi publicada, dela não constava seu nome. Foi um choque. Era comum na época privilegiar, mesmo sem notas suficientes, os filhos e netos dos oficiais da ativa, em particular coronéis e generais. Leocádia ficou naturalmente injuriada e, como era seu estilo, moveu céus e terras para reparar a injustiça. Procurou o general Bento Ribeiro, velho amigo do capitão Antônio, e chegou a solicitar, e conseguir, audiência com o próprio presidente, marechal Hermes. Finalmente, teve ganho de causa. Por intervenção de um indignado general Bento, nomeado prefeito do Rio de Janeiro por Hermes, obteve-se a matrícula de Prestes e outros órfãos que haviam sido garfados. Assim, em maio de 1911, com treze anos completos, ingressando no Colégio Militar, ele dava início à sua carreira no Exército.

Passados poucos meses, em 18 de agosto, nasceu outra irmã, Lúcia, fruto da união entre sua mãe, Leocádia, e Eugênio Agostini. Mais tarde, outra menina, Lígia, seria incorporada à família.*

É sempre um acontecimento, em qualquer família, quando nasce uma criança. Entretanto, naquela sociedade do início do século xx Leocádia confrontava dois poderosos tabus. O de que as mulheres *tinham* que casar para procriar. O de que as viúvas estavam, em princípio, destinadas ao celibato, até a morte.

O custo foi alto em termos da censura — aberta e velada — que desabou sobre aquela família. Escassearam as visitas. Mesmo as relações com os parentes maternos e paternos passaram a ser condicionadas, o que se evidencia na correspondência, na qual o assunto era evitado. Não foi por outro motivo que, apesar da modéstia dos seus rendimentos, Leocádia nunca pensou em retornar a Porto Alegre, onde teria melhores condições de vida e de inserção social. A situação ainda piorou quando, em 1915, Agostini separou-se da mulher e da família, tomando destino não sabido e ignorado, ou não confessado. Para se defender, Leocádia e os filhos ergueram uma barreira sólida de silêncio e mistério. A questão era deles, íntima, familiar, e só a eles interessava.

Ao longo da vida, em entrevistas com pessoas de toda a confiança, Prestes jamais admitiria o fato, insistindo, contra todas as evidências, que suas irmãs mais novas eram filhas do velho capitão Antônio, morto três anos antes do nascimento de Lúcia e cinco anos antes do de Lígia. Por cumplicidade moralista ou preguiça intelectual, os esboços biográficos de Prestes não questionaram nunca o muro de proteção que se formou em torno do assunto, considerado interdito e maldito.

A discrição e a reserva, características do período, que separavam com rigor os eventos privados dos públicos, seriam, com o tempo, acentuadas. E reiteradas depois que Prestes se tornou figura pública, ainda nos anos 1920, sobretudo após a aventura da Coluna, prevalecendo a ocultação dos fatos.

Essa omissão reflete os tabus de uma época, costumes preconceituosos que tolhiam, distorciam — e ainda tolhem e distorcem — a vida social e pessoal, suscitando sofrimento e dor. O silêncio, compartilhado e guardado, contribuirá

---

* Lígia nasceu em 4 de agosto de 1913, mas não foi possível comprovar empiricamente que tenha sido uma filha da união entre Leocádia e Eugênio. Testemunhos orais colhidos divergem: alguns apontam neste sentido, mais provável, mas outros não excluem a possibilidade de uma adoção, efetivada em algum momento mais tarde. Familiares que poderiam elucidar a questão recusaram-se a colaborar, o que evidencia o peso dos preconceitos, históricos.

para estruturar o impenetrável círculo clânico daquela pequena família liderada por Leocádia, moldando feições particulares que permaneceram por décadas, forjando um caráter — comum — de enfrentamento e superação de adversidades. Que elas viessem! Eles as enfrentariam e as superariam! Mantendo aquele segredo contra as evidências mais cristalinas. Para o bem e para o mal, fechou-se ali um anel que os anos futuros, terríveis que fossem, não conseguiriam abrir.

Quando começou a frequentar o Colégio Militar, Prestes encontrou os cursos já em andamento. Teve dificuldades em se situar. O menino nunca estivera, salvo em períodos curtos e entrecortados, em ambiente escolar. Os professores davam aulas sobre matérias difíceis e logo iam embora, não havendo assistência de nenhum tipo a quem não compreendia.

Prestes era aluno externo, e a essa altura a família mudara-se para a rua Tavares Bastos, uma ladeira no Catete, extensão da Bento Lisboa. Dali do alto, o menino veria adentrarem a baía de Guanabara os couraçados *São Paulo* e *Minas Gerais*, glória e orgulho da Marinha brasileira.

Do Catete ao Colégio era uma viagem longa: "Em geral, ia e voltava a pé, ao Largo da Carioca, onde tomava o bonde São Francisco Xavier". Pouco mais tarde, para ficar perto, a família mudou-se para uma travessa da rua Barão de Mesquita. A fim de cortar despesas, Prestes foi orientado pela mãe a almoçar e jantar no Colégio, embora, em princípio, só os alunos internos fizessem refeições lá. Como as aulas começassem às dez horas, o almoço, segundo os costumes, ocorria entre nove e nove e meia; o jantar, às três e meia da tarde, muito depois do fim do horário escolar. O refeitório do Colégio era um luxo, "com toalhas de linho, louça e talheres bonitos [...] pena que a comida era ruim". Todos os dias, sem variação, serviam "carne picada com batata [...] chamada... de engasga-gato [...] uma banana ou uma laranja". Prestes ficava por ali, à espera da boia, fazendo hora ou se dedicando ao aprendizado: "Às vezes, passava horas inteiras nas salas de aula, sozinho, estudando". Os internos estranhavam e indagavam: "Por que você, externo, fica para comer esta porcaria?". O menino, envergonhado, calava-se. Caçoavam dele. Prestes lembrou do episódio: "A infância e a juventude são... cruéis, não respeitam nada", mas o enfrentamento da adversidade ajudou a "formar meu caráter". A vida não estava mesmo fácil. "Quando minha avó, Ermelinda, mandava um vale de 25 mil-réis, era um sucesso [...] comprava-se neste dia uma broa de milho de quinhentos réis [...] era um dia de festa!"

No fim do primeiro ano, a decepção: em todas as matérias, as notas eram de reprovação. Foi necessário efetuar uma "virada", com o auxílio de Leocádia. Mãe e filho repassaram, durante um mês, todas as matérias: "[...] aprendi mais com ela naquele mês do que durante todo o ano no colégio". Passou com média 6, mas passou. No ano seguinte, de acordo com o regulamento do Colégio, seria promovido a aluno-cabo.

Em contraste com os primeiros anos, na etapa posterior, chamada, então, de ginasial, equivalente ao atual ensino médio, o nível do Colégio melhorou muito. Professores capazes, alunos mais amadurecidos, intensos estudos.

Em depoimento, Prestes elogiou alguns mestres, em especial os de português, de física e de matemática. Em 1913 e 1914 seria aprovado com distinção em álgebra. O que muito o ajudou foi a descoberta de uma preciosidade na biblioteca do pai — um livro de Condorcet, edição de 1749. O notável matemático francês mostrava como resolver os problemas pela aritmética, raciocinando. Só num momento seguinte ensinava a pô-los em equação, simplificando a resolução através da álgebra. Era uma grande diferença em relação ao Colégio, que ensinava a resolver problemas mas não a pô-los em equação e, a partir daí, resolvê-los. "Isto é muito mais fundamental do que você decorar as equações, e foi com essa álgebra de Condorcet que eu consegui aprender", recordaria Prestes.

As aulas de física, em particular as de eletricidade, entusiasmavam. O professor, major João Carlos Viana, único a se dedicar exclusivamente ao Colégio, quando percebia um aluno interessado incentivava experiências, solicitava relatórios. Empolgado, houve dia em que Prestes perdia até as refeições, fazendo e refazendo experiências até que fossem consideradas corretas. Aos que não ligavam a mínima, o major dava zero, mas, no fim do ano, aprovava todo mundo, "era o método dele".

Agora, quem queria estudar aprendia, e adquiria uma base sólida. A cada ano, poucas matérias: português, matemática (álgebra, geometria), física e história (universal e do Brasil), e francês, o que propiciava maior aprofundamento. Em história do Brasil, Prestes foi, um dia, encarregado de fazer uma palestra sobre "as riquezas do Brasil". Com a única roupa que tinha — a farda do Colégio Militar — foi bater no Centro Industrial do Rio de Janeiro. "O cidadão lá achou muita graça e mandou-me entregar o livro, em três volumes, com as primeiras estatísticas industriais do país — número de fábricas, de operários, estado por estado." Prestes foi aprovado com distinção, um sucesso.

Houve outro episódio marcante, o do encontro com Henrique Lott, futuro ministro da Guerra, líder militar nacionalista e candidato à Presidência da República em 1960. Lott era comandante-aluno quando Prestes ingressou no Colégio. Avisado pelo capitão Sampaio, amigo de seu pai, Lott muito ajudou o pequeno calouro. Um conforto, um estímulo e uma proteção.

Em agosto de 1914, estourou a Primeira Grande Guerra, que se prolongaria até novembro de 18. De um lado, Inglaterra, França e Rússia, apoiadas desde 1915 pela Itália e, desde março de 17, pelos EUA. De outro, a aliança formada pela Alemanha e pela Áustria-Hungria a partir de 1915, apoiadas pelo Império Otomano. O Brasil teve modestíssima participação naquela guerra, enviando pequena força naval para auxiliar em operação de patrulha no Mediterrâneo, mas as pessoas bem informadas, militares e civis, e também os cadetes da Escola Militar, acompanhavam com discussões acaloradas o curso da guerra, tomando partido.

Foi no contexto do conflito que, em 1916, Prestes, com dezoito anos feitos, encerrou o curso do Colégio Militar. Não chegou a comandante-aluno, cargo reservado a colega menos brilhante mas com "melhores conexões". No entanto, apenas pelos próprios méritos, alcançou a condição honrosa de major-aluno e foi o único, no último ano, a ter 10 em todas as matérias, o que não impediu que sua fotografia, mais tarde, fosse recortada e extraída do quadro de formatura. Uma turma de 54 formandos com 53 fotografias... a do maldito foi jogada no lixo.

Ao Colégio em que se formou, nunca mais voltaria. E cogitou, uma vez formado, ingressar no mundo civil. Disse à mãe: "Agora, com esta base [...] eu vou para o comércio, porque preciso ajudar em casa". Leocádia persuadiu-o do contrário: "Não, nós aguentamos [...] essa situação. Você é jovem, deve aproveitar para estudar". De mais a mais, na Escola Militar do Realengo, etapa seguinte da carreira, os cadetes tinham casa, comida, fardamento, tudo de graça, e um pequeno soldo.

Com a partida de Agostini no ano anterior, bem que Leocádia precisava de ajuda para cuidar dos cinco filhos, menores de idade. Embarreirado pela força dos preconceitos, o retorno ao Rio Grande do Sul era uma hipótese excluída. Foi necessário, para complementar os magros ganhos da pensão do capitão falecido, arranjar algum trabalho, afinal conseguido na rede pública de ensino complementar, noturno, para adultos. O salário era de apenas 150 mil-réis, menos que a pensão recebida, mas reforçava o orçamento familiar. Para dar aulas, era uma autêntica "viagem": do Méier, subúrbio da Central do Brasil, onde a família passou a morar, para Olaria e Ramos, subúrbios da Leopoldina. Dois bondes e um trem. Prestes rememorou: "Às sete, sete e meia, o trem vinha assim! A pessoa entrava empurrada...". Leocádia dava aula até as dez da noite e só então começava o caminho de volta. Tempos depois, já oficial, Prestes ia esperá-la no Méier, tomavam juntos o bonde Boca do Mato e ele a acompanhava, ajudando-a a subir e a descer do veículo. Anos de privação. Vida modesta.

Na Escola do Realengo, onde ingressou sob o número 344, foi preciso pular um primeiro obstáculo: os trotes. Proibidos pelo regulamento, eram tolerados, embora "muito violentos". Uma das "brincadeiras" organizadas pelos veteranos consistia em construir uma gaiola com o arame das camas, botar o calouro, o "bicho", ali dentro e, embaixo, fazer uma fogueira com jornais velhos. Outra era levar os "bichos" a um cemitério próximo, à noite, para aterrorizá-los. A maioria, assustada, gritava e corria, tentando escapar. Como "não tinha medo de almas de outro mundo", Prestes resolveu jogar-se no fundo de uma cova desocupada e ficou lá, quieto, esperando. Foi a vez de os veteranos se preocuparem com sua ausência e saírem em busca dele. Acabaram encontrando-o, tranquilo, dentro de um túmulo.

De uma das "brincadeiras", contudo, não conseguiu escapar, e a recordaria mais tarde: "Logo no primeiro dia de Escola, arrancaram-me do uniforme, meus galões de aluno-major". O problema é que ele só tinha uma roupa — o próprio uniforme, que ficou inutilizado, de modo que não podia sair à rua. Teve que pedir uma licença especial para dar um pulo em casa, onde a mãe, juntando os tostões, encomendou uma túnica, viabilizando a ida e a volta para casa nos fins de semana.

O que aliviou a barra foi a fama granjeada por seus conhecimentos de matemática. Em julho de 1927, o capitão José Rodrigues da Silva, narrando a recepção aos calouros em 16, contou um episódio exemplar: "[...] murmurava-se que o melhor aluno era Luís Carlos Prestes". Como em todos os anos, a prova dos nove seria dada pelas notas conferidas à primeira sabatina de geometria analítica. Era essa a nota que importava, entre todas as demais. É que o professor da matéria, tenente José Pio Borges de Castro, além da inteligência, primava pelo rigor e pela justiça dos conceitos. "Um belo dia, corre célere pela Escola uma notícia — o Pio Borges está dando os graus de Analítica." Todos correram para ouvi-los. Num absoluto silêncio só se escutava a voz grossa do professor: "Fulano, grau 0. Sicrano, grau 0. Beltrano, grau 0. Parecia que o homem não conhecia outros graus [...]

de repente, toda aquela multidão se agita e um oh! sai de todos os peitos. Pio Borges acabara de ler: Luís Carlos Prestes, grau 9". Todos queriam conhecê-lo, saber quem era, onde estaria sentado. "É aquele baixinho, franzino, um tanto feio, com um buço irritante sobre o lábio…" Passou a se livrar dos veteranos resolvendo-lhes os problemas de matemática.

Concentrava-se nos estudos e, quando havia dias de folga, ia para casa, onde brincava com as irmãs, ajudando a mãe no que fosse possível.

Outro contratempo — relativamente grave — deveu-se a uma febre palúdica contraída logo no início do primeiro ano. Com medo de recorrer à enfermaria, demonizada pelos veteranos, que acusavam o serviço médico de ser uma antessala segura para o cemitério, Prestes fez de tudo para aguentar a febre que o acometia com tremedeiras brabas, todos os dias, ao anoitecer. Quando, no fim de semana, chegou em casa, combalido, a mãe, nervosa, tratou de chamar um médico, que lhe aplicou, incontinente, um purgante de calomelanos. Era um remédio do arsenal da alopatia da época, um forte laxante à base de cloreto de mercúrio. Seu único resultado foi provocar um desmaio imediato no "paciente".

Em 25 de agosto de 1916, Prestes tornou-se, durante um mês, como previsto no regulamento, aluno "sargenteante". O cargo lhe daria um primeiro dissabor. Cabia-lhe, entre outras tarefas, zelar pela correta arrumação dos "mosquiteiros", que, à noite, protegiam os cadetes contra os zumbidos e as ferroadas dos pernilongos. Muitos veteranos, contudo, não lhe davam a mínima atenção. Assim, não tardou que um oficial de dia, percebendo a bagunça, o responsabilizasse. Prestes protestou: "Eu não tinha culpa nenhuma […] fui até o comandante…". De nada adiantou, ficaria preso por quatro ou cinco dias, e o pior é que a "pena" incidiu num fim de semana, impedindo-o de visitar a família. "Fui aprendendo esse formalismo militar desde o Colégio e, depois, na Escola Militar."

No mesmo ano, porém, receberia, como todos os colegas, elogios pela participação no desfile militar do Dia da Pátria, sendo louvado "pelo asseio dos uniformes, disciplina, garbo marcial e impecável cadência".

Os resultados do primeiro ano foram muito bons. Das quatro matérias, teve média final maior de 9,5 em três, claudicando apenas em uma, aprovado com pouco mais de 6,0.

Na virada do ano, ao longo das férias, Prestes passou por uma crise religiosa. Até então, entre o positivismo do pai e o catolicismo da mãe, escolhera um agnosticismo pouco fundamentado. No entanto, na Escola, ao frequentar o curso de latim, matéria opcional oferecida pelo professor Joaquim da Silva Gomes, médico e major do Exército, "católico praticante e homem de bom coração", Prestes, influenciado e cativado por ele, converteu-se à religião católica. Depois de um curso de catecismo, recebeu o sacramento do batismo em 19 de março de 1917, na igreja de São José, situada na rua Primeiro de Março, no centro do Rio de Janeiro. A cerimônia foi ministrada pelo cônego Pio dos Santos, da igreja Cruz dos Militares. Foi padrinho o professor Silva Gomes, e madrinha, Nossa Senhora da Conceição.

Segundo depoimento de colegas da Escola, Prestes assumiu com muita seriedade a nova confissão, com direito ao uso de opa e manipulação do turíbulo nas cerimônias de que participava. Em depoimento, contudo, quando referido o assunto, embora reconhecesse que se batizara "já maior e por vontade própria", Prestes minimizou a importância da conversão e das convicções religiosas: "Quando vi a prática do padre lá de Vila Isabel [paróquia onde morava], não frequentei mais a Igreja". Mas admitiu que a crença em Deus permaneceu durante um tempo, "continuei deísta", o que, aliás, coadunava-se com a profissão de fé de alguns dos maiores filósofos do século XVIII, grandes inspiradores de seu pai, e com o tipo de catolicismo da mãe, muito religiosa mas desconfiada dos padres e adepta de certo anticlericalismo.

No decorrer de 1917, segundo ano na Escola, Prestes tornou a se destacar. Em 7 de junho, a "fé de ofício" registra um elogio do presidente da República em pessoa (na época, o mineiro Venceslau Brás) "pelo fato de esta autoridade ter ficado agradavelmente impressionada com o garbo e a correção com que se apresentou no desfile comemorativo da batalha de Tuiuti, em 24 de maio". Poucos meses depois, por ocasião do desfile do Sete de Setembro, a Escola, como um todo, seria novamente elogiada pelo "extraordinário brilho" com que se apresentara, reiterando sua condição de "viveiro de futuros generais". Para os oficiais, desfilar bem era uma grande virtude... militar. No final do ano, Prestes seria aprovado com nota acima de 9 nas quatro cadeiras existentes. Numa delas teve 10.

Nos dois primeiros anos na Escola do Realengo, evidenciou-se a precariedade do ensino do Colégio Militar, em particular o de matemática. Tendo que se haver com geometria analítica, cálculo superior, diferencial e integral, além de geometria descritiva e arte militar, a maioria soçobrou. Dos 54 calouros, só oito foram aprovados no fim do primeiro ano, entre eles, e com destaque, Prestes. Começaram então a despontar duas de suas qualidades: liderança intelectual e solidariedade. Durante todo o ano, depois das aulas, se trancava numa sala com dez, quinze ou vinte colegas, estudando com eles matemática; giz na mão e quadro-negro, respondia às perguntas. "Alguns não sabiam nem somar frações [...] de modo que era um atraso tremendo."

A ignorância era compensada com a cola, instituição antiga e universal. Como Prestes era estudioso e excelente aluno, estava sempre cercado por colegas aflitos e demandantes. Houve vezes em que, no alojamento, ficava resolvendo problemas de provas de recuperação. As questões eram trazidas, solucionadas e copiadas por dez, vinte angustiados colegas. Havia o método chamado "submarino". Como as salas da Escola eram construídas sobre um conjunto de porões, havia ali pequenos orifícios, onde se colocava a cola salvadora. Outro recurso era incrustar a cola no mata-borrão que rodava pela sala, às vezes levado pelo próprio professor, transformado em mensageiro involuntário de transgressões.

Havia professores que facilitavam. Saíam da sala, deixando as provas em cima da mesa. Aí os próprios alunos assumiam o controle e lascavam notas, todas altas, como se pode presumir.

Como compensação pelas colas que dava, Prestes não precisava se engalfinhar com os demais quando vinham as bandejas de bifes na hora das refeições. No meio do bololô geral que se formava, todos se precipitando com garfos e facas para pegar os melhores pedaços de carne, ele podia ficar sentado e tranquilo, seguro de que receberia o "seu" bife, pelas preciosas colas transmitidas nos momentos certos.

Os estudos mais puxados eram os de matemática, química e física, suplementados por noções introdutórias à biologia, botânica, mineralogia e zoologia. Prestes destacava alguns excelentes professores, como Alberto Faria, de materiais de construção; José Osório, de matemática; Duque Estrada, de mecânica racional. Na cadeira de história universal, discutia-se com interesse e paixão o desenrolar da guerra, digladiando-se germanófilos e anglo-francófilos.

No fim do segundo ano, terminou a fase de "formação geral". A partir daí, de acordo com as opções, abriam-se as diferentes especialidades: infantaria e cavalaria requeriam mais um ano. Já os candidatos às armas de artilharia e engenharia teriam de cumprir mais dois anos. Contrariando as recomendações de Lott, com quem se reencontrou no Realengo e que lhe sugeriu a artilharia por entender que era mais promissora, pois havia poucos quadros e as promoções tendiam a ser mais rápidas, Prestes escolheu a engenharia. Numa entrevista, admitiu que, "em certa época, preferi a medicina, mas as circunstâncias da vida me levaram para outro caminho". Assim, a partir de 10 de maio de 1918, com vinte anos feitos, foi transferido para o "pelotão de Engenharia", onde, uma semana depois, matriculado no primeiro ano do curso, ganhou um novo número, 541.

Em contraste com a da Escola da Praia Vermelha, superpolitizada e "cidadã", a formação dos oficiais no Realengo apontava para uma perspectiva "profissional". Prestes afirmaria, em várias entrevistas, não se recordar de nenhuma discussão sobre a Revolução Russa de 1917. "Nem de ouvir falar" soube da revolução que iria modificar a história do século xx e de sua própria vida. O mesmo em relação às grandes greves de 17 e 18, em São Paulo e no Rio de Janeiro, onde o processo chegou, em determinado momento, a assumir dimensões de uma autêntica insurreição. Sua única lembrança dizia respeito a providências que foram tomadas para defender a Escola e a vizinha fábrica de cartuchos contra um suposto ataque dos grevistas: "Dei guarda na Estrada Real de Santa Cruz, num pontilhão que lá existia, durante toda uma noite". Aquelas agitações sociais eram analisadas em chave negativa pelos cadetes "porque todos nós estávamos educados para combater os desordeiros". A certa altura, formou-se um esquadrão de cavalaria para "meter a espada nos operários em Bangu". A sorte é que a greve já terminara.

Tais recordações seriam mesmo generalizáveis? Efeito inevitável de um processo deliberado de despolitização e de desideologização? Até que ponto essa atmosfera, reconhecida pelos contemporâneos, não se acentuava ainda mais nas condições particulares daquele cadete quase que exclusivamente entretido nos estudos e confinado no pequeno círculo familiar pelas razões já mencionadas? Como que desejando "afastar-se do mundo"?

Havia, porém, algo que empolgava Prestes — o fortalecimento do Exército. Acompanhou e aprovou, por exemplo, a campanha de Olavo Bilac pelo serviço militar obrigatório, a qual suscitou interesse nos últimos anos da Primeira Grande Guerra. Em dado momento, quando o poeta veio de São Paulo, a Escola Militar enviou uma delegação para participar de sua recepção na Central do Brasil, e Prestes tomou parte nela, apoiando com entusiasmo as ideias defendidas por Bilac.

A dedicação ao Exército manifestava-se nos desfiles. Pelo de 7 de setembro de 1918, sua "fé de ofício" registra mais um elogio do presidente da República "pelo modo brilhante com que se apresentou na parada, apesar da chuva incessante que caía".

Ainda no mês de setembro, abateu-se sobre o Rio de Janeiro o flagelo de uma gripe extremamente letal, a que se atribuiu o nome de "espanhola" talvez porque a imprensa da Espanha tivesse sido a primeira a noticiá-la em detalhes. Iniciada nos Estados Unidos em março de 1918, a epidemia espalhou-se pelo mundo todo, matando, até meados de 19, segundo estimativas imprecisas e subestimadas, cerca de 40 milhões de pessoas. No Brasil, calcula-se que morreram em torno de 300 mil pessoas, sobretudo nas grandes cidades. Conforme relato de Prestes: "A cidade ficou deserta, o comércio, fechado". No dia 11 de outubro, morreu o primeiro cadete na Escola, vítima da gripe. Prestes resolveu dar um pulo em casa, para tranquilizar a mãe e as irmãs. Havia um jardim em frente à residência, e Prestes ficou, dali de fora, gritando que estava tudo bem, que não queria se aproximar para não correr o risco de contagiar a família. Mas Leocádia, solidária, fez questão de que ele entrasse para conversar sobre o assunto. Ela na época já se tratava com homeopatia, tipo de terapia ao qual permaneceu fiel até o fim da vida, transmitindo aos filhos confiança ilimitada em suas virtudes. Foi a administração de um "específico", o *Gelsemium sempervirens*, que, de acordo com relatos de familiares, teve eficácia contra o mortal vírus. Como temia Prestes, ele logo caiu doente e toda a família foi contaminada. Leocádia cuidou dos filhos como pôde: "Ela teve gripe em pé". Entretanto, tratada com a homeopatia, a gripe teve uma pegada branda, não se agravou. Segundo Prestes, muita gente se salvou graças a esse remédio. Houve um momento, porém, em que a pequena família ficou inteiramente isolada. "Não tinha quem ajudasse [...] até o médico caiu de cama [...] não tinha jornal, não se recebia leite, não se vendia nada..." Foram de inestimável valia as galinhas que eles criavam e os ovos que elas punham. Ao se sentir um pouco melhor, Prestes foi em busca de mantimentos. Em vão. Depois de muito andar, conseguiu trazer para casa apenas uma lata de marmelada Colombo, bastante apreciada naquele período. Quando voltaram a circular os primeiros jornais, eram páginas inteiras com listas de mortos. Às vezes, nem se podiam enterrar os cadáveres, pois os coveiros também tinham sido alcançados pela doença.

A situação chegou a tal ponto que o Parlamento aprovou uma resolução determinando que os estudantes, em todos os níveis, seriam aprovados sem necessidade de prestar exames. Assim, "por decreto", como se dizia na época, todo mundo "passou de ano". De sorte que, em dezembro de 1918, Prestes foi considerado aprovado. Faltava apenas um ano para terminar o curso e suas notas continuavam suscitando admiração — em todas as cadeiras, superiores a 9.

A partir de 1919, com 21 anos, na condição de aspirante a oficial, Prestes já não era interno. Voltou a morar em casa e o seu pequeno soldo foi de grande ajuda. De fato, os magros ganhos de Leocádia, estacionados em 350 mil-réis, não competiam com a inflação desatada no período da guerra. A eles agora se somariam os 450 mil-réis do jovem cadete, mais que dobrando o orçamento familiar.

Os estudos continuavam intensos. "Das seis da manhã à uma da madrugada." Dedicação exclusiva. À Escola e à família. Nada do que entretinha e divertia os colegas — festas, teatro, cinema, cigarros, namoradas, mulheres da "zona" — era compartilhado pelo jovem Prestes. Em certo momento, chegou literalmente à exaustão. Levado pela mãe ao médico, este foi taxativo: "Você tem que suspender completamente os estudos". Prestes respondeu: "Mas não posso!". O doutor retrucou: "Não? Então, você irá com o diploma para o caixão!".

Mas Prestes sempre considerou a situação "natural". E "normal". Não aparentava dar a menor importância à vida que os demais levavam. Traçara uma meta. E decidira realizá-la. Movia-o um grande afeto, à mãe e às irmãs, e desejava ver se podia ajudá-las.

Pequenas mudanças de atitude começaram, porém, a se evidenciar a partir de 1919. Na condição de externo, com mais tempo disponível, Prestes passou a ler jornais com frequência e a acompanhar assuntos de interesse geral.

Para a sucessão de Venceslau Brás, a recondução do ex-presidente Rodrigues Alves não originou maiores problemas. No entanto, depois de eleito, e antes de tomar posse, o velho político paulista veio a falecer. A Constituição previa, no caso, novas eleições, que acabaram consagrando a improvável candidatura de Epitácio Pessoa. As forças políticas descontentes promoveram então a chamada Reação Republicana, liderada por Nilo Peçanha. Era mais uma brecha que se abria na ordem vigente, uma espécie de reedição da campanha civilista empreendida por Rui Barbosa quase dez anos antes.

Talvez por não se vincular diretamente ao eixo São Paulo-Minas Gerais-Rio de Janeiro, talvez por sua atuação na Conferência Internacional da Paz, realizada em Versalhes, de onde viera com muito prestígio, Epitácio Pessoa suscitou simpatias difusas, inclusive a de Prestes, que o acompanhou na visita que o líder político fez à Escola do Realengo e à fábrica de munições, localizada no mesmo bairro.

Uma vez eleito, o prestígio do novo presidente cedo se desmanchou: muitos oficiais de baixa patente assumiriam gradativamente posições contra o governo, acusado de envolvimento com "desmandos" e "roubalheiras", além de completo descaso com problemas básicos do Exército, como equipamentos e soldos.

A agitação e efervescência políticas resultantes eram repercutidas por vários jornais, entre os quais se destacava o *Correio da Manhã*, lido pela mãe e também por Prestes.

No último ano da Escola, Prestes confirmou a condição de excelente aluno: no primeiro período, das seis cadeiras existentes, teve 10 em cinco e 8 na restante. No segundo período, em sete disciplinas, teve 8 em uma, 9 em três e 10 nas demais.

Constaria nos anais da Escola como uma das três melhores médias finais, só comparável às de dois colegas que também se tornariam conhecidos na história do país: Ernesto Geisel, futuro presidente da República na ditadura instaurada em 1964, e Golbery do Couto e Silva, grande articulador do golpe desse ano e, mais tarde, principal assessor de Geisel no início de uma longa transição que levaria à restauração da democracia em 88.

Em 30 de dezembro de 1919, formado engenheiro militar, permaneceu adido à própria Escola. Nesse mesmo dia, foi promovido a segundo-tenente da Arma de Engenharia.

A colação de grau ocorreu no mês seguinte, em 1920: bacharel em Ciências Físicas, Matemáticas e Engenharia Militar, uma terminologia que fazia ressoar as tradições associadas a Benjamin Constant. Escolhido orador da sua pequena turma, de apenas seis alunos, Prestes fez um discurso sobre o desenvolvimento econômico brasileiro, com ênfase na importância da construção de uma indústria siderúrgica nacional. Um viés patriótico que prenunciava futuras batalhas pela autonomia da economia do país no contexto das relações com as grandes potências da época.

A dificuldade foi encontrar um anel que pudesse usar. Para colar grau, era necessário ter um anel, de turquesa, com 21 brilhantes. Nem por sonhos a família teria dinheiro para adquirir uma joia daquele tipo. A solução foi pedir emprestado ao instrutor de engenharia militar, Ari Pires. Prestes recordaria o fato com bom humor: "O anel estava sujo pra burro! Tive que escovar com sabão [...] e ele ficou lá, ao lado dos outros, novos...", comprados pelos colegas especialmente para a cerimônia. Foi colar grau e devolver o anel. Não precisaria dele para exercer a profissão.

Era do regulamento militar que o cadete que se formava em primeiro lugar tinha o direito de escolher onde desejava servir o Exército. Para ficar ao lado da família, Prestes escolheu permanecer no Rio de Janeiro, sendo afetado, em 5 de janeiro de 1920, à 1ª Companhia Ferroviária, em Deodoro. Havia lá cerca de duzentos homens, quase nenhum material, dificuldades por todos os lados, mas o recém-nomeado segundo-tenente entregou-se ao serviço com o entusiasmo, a fúria criativa e a esperança renovadora que habitam os jovens de caráter.

Prestes chegava cedo, às seis horas da manhã, e saía tarde, às vezes, às oito da noite. Para melhorar a formação do quadro, instituiu escolas para alfabetização, para cabos e sargentos. Dali a pouco recebeu cem recrutas novos, originários da Baixada Fluminense, quase todos analfabetos e com verminose. Os médicos os tratavam com brutalidade, dando-lhes doses altas de óleo de rícino. Um começou a passar mal. Levado para o Hospital Central do Exército, acabou morrendo ali. Anos mais tarde, Prestes recordou: "Foi a primeira imagem que tive do povo brasileiro".

Alguns meses depois de entrar em funções, em abril, coube-lhe uma primeira tarefa relevante: elaborar "o reconhecimento, exploração, projeto e orçamento da linha férrea Deodoro-Vila Militar-Realengo-Gericinó". De alguma forma, fazia lembrar os trabalhos a que se dedicara o pai, na longínqua Alegrete de começos do século.

Em 1920, o jovem oficial recebeu três registros elogiosos. Em 11 de março, assinado pelo chefe imediato, "pela correção e cooperação demonstradas". Em 2 de junho, o general Silva Faro, ao deixar a 1ª Divisão do Exército, assinalaria "seu amor e dedicação ao serviço, a par da capacidade profissional, amplamente revelada na instrução de que é incumbido". Em 20 de novembro, finalmente, seria "louvado pelo interesse e excelente orientação pedagógica com que inteligentemente lecionou as praças".

Em março de 1920, começaram a chegar os primeiros oficiais da Missão Militar Francesa de Instrução (MMFI), em virtude de acordo assinado no ano anterior. Vinham aureolados com o prestígio alcançado pelas Forças Armadas francesas, vitoriosas na Grande Guerra, encerrada em novembro de 18. Traziam propósitos e programas modernizantes, incluindo reformulações importantes nas escolas, currículos, diretrizes e regulamentos militares. A orientação geral enfatizava a cultura científica e a formação técnica especializada. A Missão, que permaneceu no país até 1940, ensejou expectativas contraditórias: enquanto uns a viam como portadora de aspectos positivos e renovadores, outros, como Prestes, se sentiam vexados pela evidenciação da incapacidade técnica dos oficiais mais velhos, que aprendiam com sargentos franceses a manipular instrumentos básicos como bússolas. Oficiais jovens, capacitados tecnicamente, trataram então de promover um trabalho de renovação na Escola do Realengo, ao qual atribuíram o título irônico de "Missão Indígena".

O ano seguinte, 1921, teve início sob bons auspícios. Em 5 de janeiro, Prestes foi promovido a primeiro-tenente, passando a ostentar dois galões. Na publicação da promoção, dias depois, novo registro positivo: "Louvado e agradecido pela cooperação inteligente, profícua e leal que vem prestando [...] ganhando estima dos superiores e respeito e admiração dos subordinados, exemplo de disciplina, ordem e pontualidade, interesse e infatigável amor ao trabalho".

Após breve passagem pelo comando interino da 1ª Companhia, foi convidado pelo novo comandante da Escola Militar, coronel Monteiro de Barros, a ser auxiliar de instrução da Arma de Engenharia, cargo assumido em 7 de março.

Cada arma tinha um instrutor e um auxiliar de instrução. À instrução de Engenharia cabia "abrir trincheiras, construir pontes, telegrafia, radiotelegrafia, telefonia, fotografia...". Dos dois instrutores eram requeridos conhecimentos "enciclopédicos". De seu chefe imediato, receberia prontamente um novo elogio formal:

> Habituei-me a ver no tenente Prestes um auxiliar infatigável, sabendo conduzir os nossos soldados, orientando-os [...] cioso de sua responsabilidade para com o ensino dos recrutas [...] alia a disciplina ao fraternal carinho [...] conquistou, pelo amor e capacidade de trabalho, lhaneza de sua camaradagem, lucidez de sua inteligência, confiança que não costumo prodigalizar senão aos que realmente dela são merecedores...

Em outubro de 1921, assumiu o comando da Seção de Engenharia da Escola Militar. Entretanto, relembraria Prestes, "não havia material algum!", afora uma estação velha de radiotelegrafia, um obsoleto dispositivo de telefonia de campanha e mais algum material de fotografia. Segundo suas recordações, "foi necessário esperar seis meses para receber uma terça ou quarta parte do que eu tinha pedido...". Indignado, demitiu-se. A primeira demissão de uma série de outras que se seguiriam. A indignação, em parte ao menos, devia-se também à atmosfera política geral do país e da cidade do Rio de Janeiro em particular. Formara-se nos quartéis uma sólida oposição a Artur Bernardes, governador de Minas Gerais, ungido candidato oficial à Presidência da República. As esperanças de renovação depositavam-se na figura de Hermes da Fonseca, ex-presidente, de volta ao Brasil depois de longa viagem ao exterior, de seis anos, que seus adeptos chamavam de uma espécie de "exílio". Nas casernas, cultivava-se a nostalgia do velho líder, a cujo período presidencial ficara associada a imagem de um Exército mais apoiado e prestigiado. Sucediam-se banquetes de homenagem àquele chefe militar, considerado por não poucos como "salvador da pátria".

Foi então que explodiu o escândalo de duas cartas bombásticas, publicadas pelo *Correio da Manhã* em 9 e 13 de outubro de 1921. Teriam sido escritas em 3 e 6 de junho do mesmo ano por ninguém menos que o próprio Artur Bernardes, dirigidas ao ministro da Marinha, Raul Soares, que as teria perdido.

Na primeira, aludindo a um banquete oferecido a Hermes, Bernardes referia-se a este como um "sargentão sem compostura". Denunciava "esses generais anarquizadores" e recomendava: "A situação não admite contemporizações [...] esse canalha precisa de uma reprimenda para entrar na disciplina [...] os que forem venais, que é a quase totalidade, compre-os com todos os seus bordados e galões...". A segunda referia-se a Nilo Peçanha, chamado de "moleque capaz de tudo".

Como se podia presumir, comoveram-se os oficiais do Exército. No mesmo dia da divulgação da segunda carta, foi publicada moção com oitenta assinaturas de oficiais desafiando Bernardes:

> Ou S. Exa. tem razão em nos qualificar de canalha venal, ou inutilmente ultrajou o Exército. Na primeira hipótese, o Exército deve ser dissolvido, pois a defesa da Nação não pode estar confiada a [...] canalhas; na segunda, S. Exa. criou absoluta incompatibilidade entre a sua pessoa e o Exército... existe, pois, um dilema: ou a nossa dissolução, ou o Exército não aceita que S. Exa. seja presidente da República... O Exército proclamou, consolidou e entregou a República aos senhores políticos profissionais, que podem governá-la sem ultrajar aos que têm a convicção da pobreza honrada. O Exército implora à Nação a eleição de qualquer outro brasileiro para presidente da República, pois não podemos assegurar ao Sr. Artur Bernardes o exercício desse cargo.

Uma ameaça velada de golpe? Ou apenas a gestação de mais uma crise militar?

Pouco adiantara o formal desmentido de Bernardes, denunciando o caráter apócrifo dos documentos, destinados a "malquistar-me com as respeitáveis entidades ali alvejadas, todas elas merecedoras da mais alta estima e profundo respeito". E arrematava: "Eu não mandaria esta carta a meu pai, por intermédio de meu filho".

Em sucessivas reuniões, o Clube Militar fervia de indignação. Constituiu-se uma comissão para verificar a autenticidade das cartas. Os partidários do governo e de Bernardes ponderavam que aquela inquietação estava indo longe demais, desrespeitando os regulamentos e as hierarquias. Em sentido contrário, agitava-se a doutrina de Benjamin Constant: "Os militares têm o dever iniludível de ser políticos". Nos quartéis, corriam abaixo-assinados contra e a favor. Acirravam-se os debates, evidenciando a propensão daqueles homens de armas para a retórica e para os discursos tão criticados entre os políticos.

Como oficial, Prestes era sócio do Clube Militar. Depois de muitos anos, recordaria: "Eu não gozava de nenhuma vantagem, nunca fora a reuniões do Clube, pagava só a minha contribuição [...] havia ali grandes festas [...] mas minhas irmãs não tinham nem roupa para ir lá". Em contraste com a imensa maioria dos colegas, desconfiava da autenticidade daquelas movimentações e daquela agitação.

Na Vila Militar, fora dado a Prestes observar como era a vida cotidiana dos oficiais do Exército:

> Chegavam às seis da manhã, vinham para o quartel, davam uns gritos com cabos e sargentos e iam para o cassino dos oficiais, onde ficavam jogando cartas e falando mal da vida alheia [...] era uma intrigalhada tremenda, pois moravam todos ali na Vila, e entravam também as mulheres, porque a mulher do coronel se sente uma coronela, a do capitão, uma capitoa, e cada um quer mandar nos demais [...] [isso ia] até à hora do almoço [...] [quando] comiam uma boia boa, ao contrário dos soldados, obrigados a comer uma porcaria de comida [...] depois, passavam na Companhia, assinavam o expediente e voltavam para o Cassino, onde ficavam olhando o relógio e xingando o comandante porque não saía [...] desde que este saísse, saíam todos atrás...

Quanto à instrução, obrigação dos oficiais, "botavam um cabo ou um sargento [...] e o resto era falar da vida alheia...".

A falta de camaradagem evidenciava-se também na luta encarniçada por promoções. Depois do posto de capitão, metade delas era por merecimento, metade, por antiguidade. Assim, era preciso "se agarrar a um general [...] procurar um general e ser servo dele! [...] às vezes iam até às mulheres dos generais [...] para conseguir as promoções".

Apesar disso, considerou que tinha a obrigação de participar da grande e decisiva assembleia que estava sendo convocada, pois era militar e sócio do clube.

Além disso, nunca a situação parecera tão explosiva. Numa atmosfera altamente carregada, em 28 de dezembro de 1921, sob a presidência do marechal Hermes da Fonseca, reuniram-se, afinal, cerca de seiscentos oficiais do Exército e também da Marinha para deliberar sobre o momentoso assunto. Decidiu-se, então, por ampla maioria, criar uma comissão de peritos para avaliar a autenticidade das cartas.

Para estupor dos camaradas, Prestes resolveu votar contra. Argumentava que Bernardes já se desdissera. E que os militares não ignoravam que as lideranças políticas pensavam exatamente aquilo que as cartas diziam. Apenas por conveniência não o assumiam publicamente, mas era isso mesmo que pensavam. E indagava: alguém tinha dúvida a respeito? Aduzia ainda outro argumento: e se as perícias confirmassem a autenticidade das cartas, que fariam os militares? Havia unidade para fazer alguma coisa de efetivo? Duvidava muito e também por isso votava contra.

A posição assumida, solitária entre os mais chegados, e bastante minoritária no quadro geral do Exército, evidenciava um tipo de caráter, o de um homem de convicções. Optaria por elas, fossem quais fossem as circunstâncias, não se deixando levar por maiorias eventuais, mesmo que tivesse de lutar contra ventos e marés. Com efeito, ao voltar para a Escola Militar, Prestes teve que se haver com uma censura geral. Mas ele não se abalou, explicando suas posições.

Num aspecto, porém, ele cedeu aos apelos de numerosos alunos, entre os quais alguns vultos que se destacariam mais tarde, como Edmundo de Macedo Soares, ministro da Justiça de Getúlio Vargas, José Machado Lopes, importante chefe militar, que assumiria a defesa da legalidade na crise de 1961, e Castello Branco, primeiro presidente da República da ditadura instaurada em 64: retirou a solicitação de demissão e terminou o curso iniciado, sempre com muitas exigências de estudos e trabalhos. Era querido pelos alunos, pois todos reconheciam sua dedicação e honestidade intelectual. No final, deu 10 para todo mundo, pois tinha dificuldades de agir de modo diferente, ao contrário de outros, que diminuíam as notas porque fulano não estava com a farda limpa, ou porque beltrano tinha as botas sujas. Assim feito, reencaminhou o requerimento de demissão.

Para demovê-lo, entraram em campo, dessa vez, as autoridades. Com o comandante da Escola Militar, seu amigo, Prestes foi franco: "Eu não posso dar instrução [...] estou enganando a Nação [...] fingindo que estamos formando oficiais...". Do gabinete do ministro, veio uma solicitação para que fizesse um pedido com o que considerava necessário. Ele não se fez de rogado e relacionou tudo aquilo — recursos humanos e materiais — que era indispensável.

Não houve resposta. Reiterou, então, o pedido de demissão, que foi afinal concedida em 22 de fevereiro de 1922. Menos de uma semana depois, no ato que formalizava seu desligamento da Escola, novo elogio: "Brilhante oficial e provecto instrutor, cuja capacidade de trabalho, inteligência e preparo fora posta à prova [...] quando se desobrigou [...] das funções de sua arma e comandante da seção de Engenharia [...] o modo refletido e ponderado com que sempre agiu, apesar de ser ainda um jovem oficial".

De volta à 1ª Companhia Ferroviária de Deodoro, a partir de inícios de 1922, Prestes foi convidado, por Roberto Carneiro de Mendonça, então tenente ajudante na Escola Militar, a tomar parte na conspiração em curso entre os jovens oficiais. Com o tempo, a polêmica das cartas foi amainando. Rui Barbosa, insuspeito, por oposicionista, escreveu um texto em que fulminava as acusações. Desprezando a "batalha das perícias", insuscetíveis, por contraditórias, de produzir um consenso, enfatizava aspectos que reputava essenciais: "Onde foram achadas as cartas, por que e de que maneira?". Os acusadores não tinham resposta para nenhuma dessas questões, de fato, essenciais. Em maio, finalmente, veio a pá de cal naquela polêmica: Oldemar Lacerda, que entregara as cartas ao *Correio da Manhã*, reconhecia havê-las forjado com propósitos políticos. Entretanto, as contradições — e o descontentamento — que lavravam na jovem oficialidade tinham outros fundamentos. Políticos, relativos ao caráter não republicano e elitista daquela república de eleições arranjadas e de corrupção endêmica. A ênfase aí recaía sobre os políticos profissionais — os "casacas" — considerados corruptos e incompetentes. E havia também reivindicações de ordem corporativa, relativas à insuficiência de soldos e equipamentos que convertia as Forças Armadas em instituições irrelevantes.

Articular conspirações, porém, não era fácil. Na primeira reunião de que Prestes participou, numa casa na rua Senador Furtado, na Tijuca, havia cerca de quarenta oficiais, atulhados numa pequena sala, todos consumidos pela "fogueira das vaidades". Os oficiais da Marinha acusavam os do Exército, e vice-versa. "Um berreiro tremendo, ficaram lá se atacando, se insultando."

Não havia planos nem lideranças. Era difícil imaginar que algo de sério pudesse sair daquilo ali. No entanto, ao longo dos meses, teceram-se laços e o processo foi tomando forma, embora quase que exclusivamente voltado contra Artur Bernardes, eleito em março e considerado inaceitável pela maioria. Era necessário derrubar o presidente Epitácio Pessoa e impedir a posse do escolhido. A ideia era substituí-lo pelo marechal Hermes da Fonseca, que convocaria novas eleições, "limpas e decentes".

Prestes tinha bem fechada a Companhia Ferroviária sob seu comando, com missões definidas: "ocupar a estação de Deodoro, cortar as comunicações entre a Vila Militar e o centro da cidade e ocupar os paióis de munições". Os quartéis da Vila seriam levantados sob liderança de dois tenentes: Costa e Silva e Frederico Buys. Siqueira Campos e Euclides Fonseca, filho de Hermes, levantariam o Forte de Copacabana. Como sempre, havia muita gente querendo aderir, mas só o fariam se as coisas dessem certo.

Conforme narrativa de Hélio Silva, em fins de maio lutas entre grupos oligárquicos — contra e a favor do governo — em Pernambuco precipitaram os acontecimentos. Como se disse, no contexto da Primeira República era usual que tais lutas descambassem para enfrentamentos armados. Neste episódio, o Exército foi mobilizado, o que também não era incomum, para neutralizar os oposicionistas. Hermes da Fonseca, na presidência do Clube Militar, em virtude de uma resolução aprovada em assembleia enviou, em 29 de junho, um telegrama conclamando as unidades militares a não tomarem partido nos conflitos locais, não permitindo "desviar a força armada de seu alto destino".

Epitácio Pessoa agiu rápido contra aquela manifestação. Através do ministro da Guerra, Pandiá Calógeras, interpelou Hermes da Fonseca, repreendendo-o "severamente". O velho chefe militar comoveu-se. Reclamando ter sido tratado "em termos descorteses e insistentes", afirmou que não podia "aceitar a injusta e ilegal pena".

Uma queda de braço. O presidente da República não gostava da atitude dos militares ao se considerarem "patrões da República" e não queria perder a iniciativa: determinou a prisão de Hermes na noite de 2 de julho e no dia seguinte, pela manhã, o fechamento do Clube Militar, por seis meses. O enfrentamento, agora, parecia inevitável, mesmo que a prisão do marechal tivesse sido relaxada ao meio-dia do dia 3.

Correu a notícia de que Epitácio iria à Vila Militar para assegurar-se do controle da situação. Segundo Prestes, muitos conspiradores cogitaram prendê-lo e à sua comitiva, incluindo o ministro da Guerra e o comandante da Região Militar, o que poderia desarticular o governo e abrir as portas para a vitória do movimento "revolucionário". Porém, na última hora, o presidente recuou de seus propósitos. "Roncou-lhe alguma coisa nas tripas [...] e ele não foi", comentou Prestes, anos mais tarde.

Em meio a informações e avaliações desencontradas, decidiu-se passar ao confronto. Hermes da Fonseca iria para a Vila Militar, onde os conspiradores esperavam encontrar largos apoios. A partir dali, rumaria com as tropas para o Palácio do Catete, onde empalmaria o poder. Na Zona Sul da cidade, algumas dezenas de oficiais concentravam-se no Forte de Copacabana, sob o comando de um dos filhos de Hermes, Euclides, para onde se dirigiram duas lideranças tenentistas: Siqueira Campos e Eduardo Gomes. O levante começaria na madrugada do dia 5 de julho.

A essa altura, Prestes já estava fora de combate, acometido por violenta febre. Ainda tentou sair da cama, mas caiu desfalecido, vítima de paratifo, conforme diagnosticado mais tarde. Só conseguiu deixar a cama no princípio do mês seguinte.

Copacabana amanheceu ouvindo os tiros de canhão do Forte, que marcavam o desencadeamento da revolta. Segundo estimativas, estavam ali em torno de trezentos militares, entre oficiais e soldados. O Forte foi logo cercado por tropas legalistas e intimado a render-se. Cortaram-lhe as comunicações e o fornecimento de água e luz. Dando início às *palabras*, o ministro da Guerra enviou um representante para negociar. Mas os revoltosos pareciam firmes: prenderam o emissário.

O problema é que a Vila Militar, núcleo principal da conspiração, nada fazia. Ao canhoneio do Forte, respondia com um silêncio ensurdecedor. Hermes da Fonseca, em vez de ir diretamente aos quartéis, acionando seu prestígio, e concitando oficiais e praças, preferiu ficar aguardando as tropas num sítio próximo, do deputado Mário Hermes, outro filho seu, enquanto pitava seus cigarrinhos de palha. Esperou sentado, pois a conspiração na Vila, longamente preparada, virou suco em poucas horas. Seria difícil asseverar o que foi mais decisivo para o desfazimento do processo, se a ação da polícia, ao prender ainda na Central do Brasil diversos oficiais que rumavam para seus quartéis, se a notável irresolução dos conspiradores, na expectativa de sinais e ordens que nunca vieram. Foi o caso inclusive da Companhia Ferroviária, comandada por Prestes. Estava tudo combinado para que ela entrasse em ação, cumprindo tarefas definidas. Porém, ficaram todos à espera do seu comandante. Como ele não apareceu, quedaram-se de braços cruzados. "Foi a primeira decepção da minha vida", confessou Prestes com amargura.

Houve episódios de comédia-pastelão, como o protagonizado pelo valente tenente Frederico Cristiano Buys. Segundo narrativa de Prestes, foi um dos poucos que levantou, de fato, seu pelotão, do 2º Regimento de Infantaria. Dirigiu-se para o cassino dos oficiais, onde se encontravam cerca de quarenta legalistas. Cometeu aí uma imprudência, deixando os praças de fora e ingressando sozinho no salão, revólver em punho, com o intuito de dar ordem de prisão a todos. Sua entrada produziu um pânico indescritível, os oficiais correram para todos os lados, alguns pularam pelas janelas. Um dos mais atemorizados escondeu-se embaixo da mesa. O único a preservar a dignidade e o sangue-frio foi o comandante, coronel Sezefredo dos Passos. Aproximou-se do tenente e o interpelou, travando-se áspera conversa. Mantendo a ordem de prisão e a arma apontada, Buys acercou-se da mesa, sem se dar conta de que havia ali debaixo um covarde, de quatro, escondido. Pois foi este mesmo que lhe puxou a perna, fazendo-o cair e permitindo que o comandante arrebatasse sua arma e o fizesse preso.

Nem todos ficaram esperando "os outros". A Escola Militar, sob o comando do coronel Xavier de Brito, revoltou-se, conforme o combinado. Dos 638 alunos, apenas nove se recusaram a participar. O plano previa a marcha dos cadetes até a Vila. Obtida a adesão desta, todos iriam ao encontro do marechal Hermes da Fonseca em Deodoro. Mas tal adesão, como se viu, não ocorreu. Depois de quatro horas de combates intermitentes, quando viu que os cadetes teriam que encarar chumbo grosso para prosseguir, Xavier de Brito decidiu pela sobrevivência de todos e ordenou a volta à Escola. Em janeiro de 1923, os cadetes seriam anistiados, mas os oficiais, presos, enfrentariam as agruras de um longo processo judicial.

De sorte que os revoltosos do Forte de Copacabana ficaram isolados. E cercados. No dia 6, o cerco apertou-se, por terra e por mar, com a aproximação dos couraçados *Minas Gerais* e *São Paulo*. Uma primeira troca de tiros afugentou o *São Paulo* para o fundo da baía. Outra salva atingiu o Quartel-General. O ministro protestou por telefone, os revoltosos não estavam respeitando as conversações em curso. Os legalistas fizeram ver que a derrota da revolta era inevitável. Euclides da Fonseca saiu para negociar. Foi preso. A essa altura o entusiasmo dera lugar à apreensão e ao medo. Siqueira Campos reuniu os revoltosos e liberou os que não quisessem continuar. A grande maioria não se fez esperar, os trezentos viraram 27, uma debandada. Sobraram quatro oficiais (tenentes Siqueira Campos, Eduardo Gomes, Newton Prado e Mário Carpenter), três graduados, dezesseis soldados e quatro civis. O próprio Euclides, por telefone, concitava os rebeldes a se renderem. Veio um ultimato: teriam que sair, um a um, desarmados, e se render à tropa legalista mais próxima. A situação era desesperadora.

Os 27 do Forte decidiram então tomar uma resolução heroica, completamente estranha à tradição militar brasileira. Sairiam armados e combateriam até a morte. Dividiram a bandeira do Forte em 28 pedaços (a Siqueira Campos couberam dois, o seu e o de Euclides) e foram para a rua.

Ao longo do trajeto, alguns desertaram, outros se perderam. Segundo Siqueira Campos, o mais impressionante é que as tropas legalistas, cerca de 3 mil soldados, acompanhando o capitão comandante, começaram a abandonar suas posições. Foi preciso que o corneteiro atacasse com o toque de "Alto!" para que os fujões se dessem conta. As más-línguas diziam que o tal capitão já se encontrava longe…

Na altura da praça Sezerdelo Correia, entre as ruas Barroso (atual Siqueira Campos) e Hilário de Gouveia, quando se iniciou à vera o tiroteio, sobravam apenas nove. Depois de Newton Prado cair, acertado por uma bala, apareceu outro civil e entrou na dança, mantendo o número dos que tiroteavam os governistas. Os que puderam pularam para a areia da praia e de lá responderam aos tiros das tropas. Ficaram ali até serem todos postos fora de combate, mortos ou feridos. Houve oito mortos: dois oficiais (Newton Prado e Mário Carpenter), um graduado (José Pinto de Oliveira, mecânico-eletricista), um civil (Otávio Costa), e quatro soldados (Manuel Antônio dos Reis, Hildebrando da Silva Nunes e dois de nome desconhecido). E dois gravemente feridos: Siqueira Campos, no ventre e na mão, e Eduardo Gomes, que sofreu fratura no fêmur. Foram os únicos que escaparam àquela aventura.

A pesquisa minuciosa da saga por Hélio Silva, baseado em arquivos do Exército, em especial do hospital que acolheu feridos e mortos, elucidou a trama. Os "Dezoito do Forte" que passaram à história foram criados pela *Gazeta de Notícias* que, no dia seguinte, em manchete, divulgou o número. Por ter caído no gosto do público, a preguiça intelectual encarregou-se de repeti-lo à exaustão. O resultado, como quase sempre, foi que a lenda se converteu em história.

O 5 de julho de 1922 ainda teve outros estertores. Em Niterói, na noite de 4 para 5, um grupo ocupou a Companhia Telefônica, mas foi obrigado a deixá-la em seguida. No município de Campo Grande, em Mato Grosso, um primo de Hermes, Clodoaldo da Fonseca, sublevou a tropa e marchou em direção à cidade de Três Lagoas, na divisa com São Paulo. Quando se enfrentou com tropas legalistas, no dia 13, Clodoaldo depôs as armas, após negociação. Na chefia de seu estado-maior destacava-se a figura de Joaquim Távora, futuro dirigente do 5 de julho de 1924.

Segundo Hélio Silva, o processo contra os rebeldes, contendo trinta volumes, arrastou-se por anos a fio. A anistia geral dos envolvidos só viria com a vitória do movimento de outubro de 1930, que liquidou a Primeira República.

Uma vez refeito da doença que o abatera, Prestes solicitou reintegração ao trabalho, em 2 de agosto de 1922. Cinco dias depois, avaliado por junta médica, foi declarado apto a retornar ao Exército. No entanto, conforme atesta sua "fé de ofício", desde o dia 4 uma ordem fora dada para a sua transferência para o Batalhão Ferroviário de Santo Ângelo, publicada oficialmente no dia 8, "[...] ficando agregado, por falta de vaga".

Caracterizava-se a perseguição política, contrariando inclusive o regulamento do Exército, pois, como referido, os cadetes classificados em primeiro lugar tinham o direito de escolher onde serviriam. Sem processo nem acusação formal, com uma penada, Prestes era transferido para um lugar remoto, mesmo "não havendo vaga" no local do destino.

Desde o dia 10, excluído da 1ª Companhia Ferroviária, seria alocado numa espécie de "geladeira", num "quadro suplementar", embora constasse na sua folha que, "em relação à capacidade técnica", evidenciara "inteligência de escol [...] e [...] incansável operosidade". Em começos de setembro, arranjaram-lhe ao menos uma função produtiva. Por sugestão da chefia da Missão Militar Francesa, atribuíram-lhe a revisão das provas do regulamento de pontes e equipagem, formulada pelos oficiais franceses. Finalmente, para se livrar dele, e enquanto não houvesse vaga no posto de destino, nomearam-no, ainda no mesmo mês, para a comissão de fiscalização dos quartéis desmontáveis que estavam sendo construídos no Rio Grande do Sul. Partiu, enfim, em 10 de novembro para assumir as novas funções.

As autoridades não o perdoavam. Embora não pudesse ser acusado diretamente de nada, nem processado, pois, no momento da "revolução", estava recolhido, de cama, tão logo recuperado tratou de prestar solidariedade aos feridos, indo pessoalmente visitá-los no hospital. Por outro lado, era notória sua vinculação aos rebeldes. Mal sufocado o levante, estivera na Companhia Ferroviária o major Pantaleão Teles, conhecido bernardista, à procura daquele "tenente de bigodinho". Era Prestes.

Restou o exílio interno, que atingiu também outros rebeldes. Procedimento habitual nas Forças Armadas quando se tratava de "punir" alguém que desagradasse ao governo. Não puderam, no entanto, devido à ampliação do quadro de engenheiros, deixar de promovê-lo ao posto de capitão, em 31 de outubro de 1922. *Malgré eux-mêmes*, soou como um reconhecimento.

No Rio Grande do Sul, Prestes aproveitou o tempo que faltava para a posse do novo cargo para conspirar. Foi a várias cidades: Santa Maria, Porto Alegre, Pelotas, Bagé, São Gabriel. Quando chegou a Santo Ângelo, estava desanimado com os resultados das conversas. Quase todos os colegas se achavam polarizados pelas lutas locais, entre chimangos e maragatos, que acabariam desembocando em nova guerra civil, a qual se estenderia por todo o ano seguinte.

Duraram pouco tempo as atividades de Prestes como fiscal de construção de quartéis. Os materiais usados não batiam com os planos e orçamentos. Havia muito cheiro de corrupção no ar. O capitão multiplicava denúncias e embargos. Em fevereiro de 1923, chegou a ir ao Rio de Janeiro para encaminhar e defender seus pleitos, como se fosse uma pulga picando o couro duro de um elefante. Em 24 de abril, aberta uma vaga, as autoridades o transferiram para o 1º Batalhão Ferroviário de Santo Ângelo, não sem antes, *noblesse oblige*, registrar novo elogio em sua "fé de ofício" por "sua conduta irrepreensível, critério, competência e operosidade, rara no desempenho de seus cargos". Havia ali um paradoxo: apesar de diversos elogios, Prestes não parava nos cargos que lhe eram atribuídos. Um balanço de sua curta carreira, entre 1920 e 1923, evidencia que nunca permanecera um ano num mesmo lugar. Quem sabe, agora, fixado naquelas lonjuras, o inquieto capitão não sossegasse? É possível que estas fossem as expectativas das autoridades.

Se eram mesmo, não vingaram. Apesar das dificuldades e das distâncias, constituía-se na Região das Missões um pequeno núcleo de conspiradores. Em Santo Ângelo, no comando da 3ª Companhia Ferroviária, desde outubro, estava Prestes. Em São Luiz Gonzaga, João Pedro Gay. Em São Borja, Aníbal Benévolo, que logo assumiu uma espécie de coordenação. Havia outros adeptos da conspiração em Uruguaiana e Cruz Alta. No Uruguai, Siqueira Campos assegurava a conexão com os exilados.

Além de conspirar, trabalhar era preciso e a isso dedicava-se com o habitual zelo o capitão Prestes. Na chefia da Seção de Construção, foi encarregado das obras de arte e dos edifícios da Estrada de Ferro Cruz Alta-Porto Lucena.

Como sempre gostava de fazer, Prestes botou a mão na massa. A cerca de vinte quilômetros da cidade, encontrou os duzentos homens que iria dirigir nos trabalhos de construção da via férrea em lamentáveis condições de alojamento, "barracão de palha, chão de barro, cama de vara", comida péssima e nenhum plano de instrução militar. Era o único oficial ali e os poucos sargentos comportavam-se como "burocratas terríveis".

Prestes liderou uma pequena "revolução" local. Aproveitando-se das margens de liberdade administrativa de que dispunha, contratou um cozinheiro e um padeiro, mandou fazer um forno de campanha para a produção de pão e construir um campo para instrução física e militar. Os soldados separaram-se em dois grupos de cem. Em dias alternados, enquanto uns iam para as obras de construção, divididos em subgrupos de quinze a vinte homens, com ordens escritas e responsáveis definidos, outros se dedicavam à ginástica e à ordem-unida. "Eu queria transformá-los em soldados, pensando na luta armada que viria", diria Prestes décadas mais tarde. Além disso, criou três escolas: de alfabetização, e de primeiro e segundo graus. Em três meses, todos os analfabetos, por volta de vinte soldados, já assinavam nome e liam as primeiras letras. Houve uma festa e muita emoção quando os alfabetizandos mostraram uma bandeira brasileira, confeccionada e assinada por eles, e dedicada ao novo chefe que haviam aprendido a admirar. Os demais se aprimoravam em cursos nos quais participava o próprio Prestes, dando aulas, preparando os melhores para fazer exame de cabo.

Segundo Prestes, organizou-se a rotina da companhia:

> Acordávamos com o toque da Alvorada. Tomávamos um bom café da manhã, bem diferente dos que eram servidos nos quartéis comuns, café com leite, pão fresco, saído do forno, com manteiga, e mais batata e um pedaço de carne. Depois da instrução ou do trabalho na construção, tínhamos o almoço, meia hora para descanso e então se iniciava a escola regimental que ia até às três horas da tarde. Um intervalo para um pequeno lanche com mate e, depois, mais um turno de trabalho. Quando voltávamos, estávamos todos esgotados. Era servir o jantar e o pessoal tratava de dormir.

O capitão comia o que seus soldados comiam e vivia só, numa pequena casa; trabalhava sempre até altas horas da noite, escrevendo do próprio punho as ordens para o dia seguinte. Às vezes, dormia fardado, acordando de manhã cedinho, com o toque da corneta, debruçado sobre a mesa.

A disciplina e a disposição para o trabalho transformaram-se, mesmo quando situações emergenciais exigiam horas extras noturnas. Assim, alcançaram-se níveis raros de coesão e confiança entre os soldados, e entre eles e seus chefes. Não sem motivo, mais tarde, ao longo dos combates e das aventuras pelo Brasil afora, o *ferrinho*, como era carinhosamente chamado o Batalhão Ferroviário, se destacaria sempre como uma tropa de primeira linha.

As articulações políticas ficavam para os dias de folga, quando era possível dar um pulo em Santo Ângelo e encontrar os colegas de farda e de conspiração, entre os quais se destacavam dois ex-alunos seus da Escola Militar, Machado Lopes e Mário Portela.

Em fins de 1923, apareceu por lá Juarez Távora, cearense de origem e um dos articuladores nacionais do movimento dos oficiais antibernardistas. Vinha com notícias de um próximo levante, a ter início em São Paulo. Obtivera-se a adesão de um general, Isidoro Dias Lopes, havendo grande expectativa de uma rápida vitória. Outra notícia alvissareira no apagar das luzes de 23 foi a assinatura do Acordo de Pedras Altas, em 14 de dezembro, o qual encerrou a guerra civil que, ao longo de todo o ano, opusera chimangos e maragatos, devastando o estado e liquidando vidas. Os maragatos conseguiram uma anistia geral e a interdição de um novo mandato para Borges de Medeiros, que já acumulara 24 anos de governo (1898-1906 e 1912-28). Em compensação, como se observou, reconheceriam até o fim o mandato em vigor.

No começo do ano seguinte, em 18 de janeiro, Prestes receberia um elogio do general Eurico de Andrade Neves, comandante da 3ª Região Militar, "pelos bons e reais serviços prestados, com muita dedicação, durante o período da luta armada que vem de findar, nos quais verdadeiros atos de abnegação foram revelados".

Nesse período, ele ainda teria que acorrer ao Rio de Janeiro, para ajudar a família a se mudar, uma vez que o vizinho, filho do marechal Fontoura, chefe de polícia e ferrabrás do regime, dedicava-se a proferir desaforos contra sua mãe e suas irmãs. Era assim que ia levando a vida, dividida entre as obrigações do Exército, a responsabilidade com a família e a expectativa de uma revolução que tardava.

Em fins de março de 1924, os conspiradores receberam um telegrama cifrado dando conta da próxima eclosão do movimento revolucionário, prevista para 30 daquele mês. O processo teria início na Bahia, onde se radicalizavam as lutas intraoligárquicas, e se estenderia a São Paulo, solicitando-se a adesão dos que estavam no Rio Grande do Sul. Entretanto, poucos dias antes do dia aprazado, uma contraordem adiou o movimento.

Apesar do relativo desânimo entre os mais decididos, permanecia uma atmosfera pré-revolucionária, o que não impediu Prestes de entrar em nova altercação, motivada por denúncias de corrupção. Dessa vez, o acusado era o próprio comandante do batalhão, envolvido em negócios escusos. Como era de seu feitio, o jovem capitão foi direto falar com ele. Olho no olho, dedo em riste, denunciou a negociata e revelou que iria elaborar relatório a respeito e enviar às autoridades. Apesar da fama de muito violento, o coronel ficou mudo, perplexo, não prendeu o acusador nem determinou nenhuma punição a ele. A negociata foi consumada, a denúncia feita, e, meses depois, Prestes soube pelo *Diário Oficial* que seu relatório fora arquivado. "É [...] isso é o Exército brasileiro...", ele relembrou, melancólico, anos mais tarde.

Um Exército, uma República. Em perspectiva, mereciam-se. Com a proposta de reformá-los, explodiu um novo 5 de julho.

2. Das revoltas de 1924 ao início da Grande Marcha

A saga da Grande Marcha chefiada por Miguel Costa e Luís Carlos Prestes, que atravessou o país durante quase dois anos, teve origem numa rebelião desfechada na cidade de São Paulo, em 5 de julho de 1924.

A data fora escolhida em homenagem ao levante derrotado dois anos antes. A vitória do governo não desfizera a rede de conspirações espalhadas pelo Brasil, com núcleos nas principais cidades e estados (Distrito Federal, São Paulo, Paraná, Santa Catarina, Minas Gerais, Rio Grande do Sul, Bahia e Pernambuco), e ainda em outros, mais distantes, como Mato Grosso, Amazonas, Pará e Sergipe, mobilizando civis e militares, sobretudo estes, do Exército e da Marinha. As punições, dispersando pelos variados cantos do país os oficiais implicados, só fizeram alimentar, em escala ampliada, um descontentamento que, além de ter fundamentos políticos e corporativos, ancorava-se na tradição de que os militares se viam como "anjos tutelares" da nação e da República.

O plano dos insurretos de São Paulo baseava-se na tomada de dois quartéis estratégicos, o do 4º Regimento de Infantaria, em Quitaúna, e o do 4º Batalhão de Caçadores (bc) no bairro de Santana. Num segundo movimento, cairia o complexo de quartéis da Força Pública do Estado, na praça da Luz, onde se contava com o Regimento de Cavalaria e com seu comandante, o major Miguel Costa.

Assegurado o controle da cidade, partiria um destacamento para o norte, pelos trilhos da Estrada de Ferro Central do Brasil, rumo ao entroncamento de Cruzeiro. Outro seguiria para Santos, pela São Paulo Railway. Se tudo desse certo, antes do fim do dia essas posições estariam ocupadas, suscitando-se, a partir daí, a adesão de núcleos conspirativos no Rio de Janeiro, Rio Grande do Sul e outros estados, o que precipitaria a queda do governo de Epitácio Pessoa, impedindo a posse de Artur Bernardes, eleito em março, e garantindo o triunfo dos rebeldes. Na direção do processo, sensibilizados pelos tenentes e capitães, apresentavam-se alguns altos oficiais, como o general (de reserva) Isidoro Dias Lopes, e os coronéis Odílio Bacellar, João Francisco e Olinto Mesquita. No trabalho prático de articulação, destacavam-se, entre muitos outros, os chefes efetivos da revolta: Miguel Costa, os irmãos Távora — Joaquim e Juarez —, Eduardo Gomes, Simão Eneas e Emídio Miranda, ex-aluno da Escola Militar.

Entretanto, como quase sempre acontece em processos insurrecionais, mesmo os vitoriosos, uma coisa é planejar, outra é realizar o plano previsto. Não apenas as forças com que se conta não se movem com a organização e no ritmo idealizado. Os inimigos também, ainda que tomados de surpresa, são capazes de decisões e comportamentos inesperados. A insurreição, diria um revolucionário do século XX, é uma arte, mas nem o artista mais inspirado pode imaginar todos os desdobramentos possíveis antes do seu início.

Assim, e já na madrugada do dia 5, malogrou-se a tomada do quartel de Quitaúna. Por outro lado, os insurretos conseguiram apoderar-se do 4º BC, em Santana. Caiu também, como um castelo de cartas, o complexo da Força Pública, sob liderança de Miguel Costa.

Quando a situação parecia sob controle, apareceu, porém, a figura do general Abílio de Noronha, comandante da Região Militar. Apoiado apenas num grupo de oficiais, e na coragem pessoal, retomou alguns quartéis da Força Pública. Acabou sendo preso por Joaquim Távora e João Francisco, mas sua ação, enquanto durou, desarticulou o efeito surpresa da insurreição, pois a resistência oferecida pelos quartéis por ele recuperados se prolongaria, fixando os revoltosos na cidade e impedindo as marchas previstas para o norte e para o litoral. A rigor, a ação e a reação decisivas dos chefes seriam uma característica essencial daquela revolta e das que lhe sucederiam, como bem evidenciou, entre muitos outros, o depoimento de João Cabanas. Este chegou, na manhã do dia da insurreição, ao quartel da Força Pública onde servia, e, embora fosse oficial e amigo, seria "recrutado" por Miguel Costa sob a ameaça de um revólver no peito, seguindo-se rápido diálogo, transcrito pelo próprio Cabanas no livro que escreveu sobre o assunto:

— Você é brasileiro?
— Sou!
— Então, tem que aderir à revolução!

João Cabanas aderiu, e as singulares circunstâncias de seu recrutamento não o impediram de se tornar, depois, um dos grandes líderes militares da revolta de julho de 1924, comandando a famosa "coluna da morte".

Com os revoltosos paralisados em São Paulo, o governo federal ganhou fôlego e tempo para articular-se. Nos dias subsequentes, desembarcavam em Santos centenas de marinheiros, trazidos pelo couraçado *Minas Gerais*, neutralizando a "saída" dos insurretos para o litoral. Ao mesmo tempo, concentravam-se forças consideráveis em Guaiaúna, nas proximidades de São Paulo, para iniciar o cerco. Nem sequer a cidade os revoltosos conseguiram dominar, pois surgiram inesperadas resistências no Palácio do Governo estadual e em diversos outros quartéis.

No dia 8 de julho, descrendo da esperada vitória fulminante, o chefe dos rebeldes, general Isidoro Dias Lopes, resolveu jogar a toalha. Deparou-se, no entanto, com a desobediência de Miguel Costa, que ainda apostava na luta. O último tinha razão. Pouco depois, foi o presidente do estado, Carlos de Campos, que entregou os pontos e a cidade, fugindo para onde se encontravam as forças federais.

A notícia da fuga espalhou-se como um rastilho, provocando a desmoralização e a rendição de focos remanescentes de resistência à rebelião. A população saiu às ruas dando vivas e protagonizando numerosos saques, sobretudo no comércio de alimentos e de tecidos. A Força Pública, encarregada de manter a ordem, preferiu fechar os olhos para os episódios de violência, declarando que somente reprimiria incêndios e atentados à vida. Deixou correr o arrombamento do mercado municipal e a subsequente distribuição de gêneros alimentícios, e ainda se permitiu ameaçar de morte quem ousasse especular com os preços. Narra-se que havia bois esquartejados nas ruas, no contexto de uma atmosfera de euforia e de festa popular.

Isidoro e os oficiais do Exército assustaram-se. Proclamaram, em nota, fidelidade à ordem e à paz, ameaçando os "desordeiros" com prisão. Seguiram-se reuniões com representantes das associações de comerciantes e de industriais, garantindo-se a "normalidade". Aquilo, segundo os insurretos, não era uma revolução "bolchevique", nem eles deixariam que se transformasse em algo parecido.

Um primeiro manifesto publicado pelos rebeldes deixava claras as coisas: "O Exército quer a Pátria como a deixou o Império, com os mesmos princípios de integridade moral, consciência patriótica, probidade administrativa e alto descortino político". O movimento revolucionário era "um gesto de indignação e de patriotismo". O próprio Carlos de Campos fugira porque assim o quisera. Se desejasse permanecer governando o estado, poderia tê-lo feito com toda a tranquilidade. Quanto aos prefeitos das cidades do estado, inclusive o da capital, "serão mantidos em suas investiduras". O alvo dos rebeldes, embora criticados "os governos de nepotismo, de advocacia administrativa e de incompetência técnica", tinha nome e sobrenome: Artur Bernardes, o presidente da República, eleito através de um processo corrompido e considerado ilegítimo. E faziam questão de sublinhar que "nenhuma responsabilidade tivemos em saques, depredações ou incêndios [...] e assim prosseguiremos até o completo restabelecimento da ordem". A República, proclamada e sustentada pelos militares, degradara-se. Urgia reconstruí-la. E voltar às origens, a 1889, quando fora fundado o novo regime. Os militares rebeldes se apresentavam como "patrocinadores dos direitos do povo", defensores da Constituição e dos poderes constituídos, em luta contra a "descrença popular pelos benefícios do regime adotado em 1889".

Em 9 de julho, a capital estava sob controle, mas a rebelião tinha perdido a iniciativa, formando-se contra ela um cerco que lhe seria fatal.

Dali a dois dias, as tropas federais começaram a alvejar a cidade com canhões de grosso calibre, chegando, em alguns momentos, a fazer 130 disparos por hora. Sem alvo militar ou civil discriminado, mas com preferência para os bairros populares do Brás, Mooca, Hipódromo e Belenzinho, o bombardeio suscitou pânico, em meio a cadáveres, incêndios e ruínas. Os rebeldes, perplexos e indignados, ouviam Carlos de Campos, o presidente fujão, dizer com calma que estava certo "de que São Paulo prefere ver destruída sua formosa capital antes que destruída a legalidade no Brasil".

Enquanto dezenas de milhares de pessoas fugiam da cidade, movimento incentivado pelo próprio governo federal, líderes operários solicitavam dos rebeldes armas para que se formassem batalhões populares, prevendo-se inclusive grupos guerrilheiros que poderiam fustigar as tropas governistas. Em vão. O jornal *A*

Plebe, de 25 de julho, publicou "Uma moção de militantes operários ao Comitê das Forças Revolucionárias", enunciando um esboço de programa: salário mínimo, jornada de trabalho de oito horas, tabela de preços máximos, liberdade para a imprensa operária, entre outros pontos. Entretanto, como Everardo Dias, dirigente sindical, afirmou, os oficiais rebeldes desconfiavam dos trabalhadores, apesar de Isidoro, segundo John F. Dulles, ter empreendido conversações com lideranças sindicais e comunistas antes de a rebelião começar. O máximo que se conseguiu foi a autorização para que voluntários se alistassem nas trincheiras. Na sequência, também seria permitida a formação de batalhões de estrangeiros, por nacionalidade. Alemães e italianos, entre outros, alguns com experiência de combate na Primeira Grande Guerra, constituíram unidades próprias que desempenhariam certo papel nos enfrentamentos seguintes.

A expectativa de que o combate em São Paulo poderia incentivar outras rebeliões se concretizou, mas numa escala muito reduzida. Houve alguma luta em Mato Grosso, logo contida. Em Sergipe levantou-se, na capital, o 28º Batalhão de Caçadores, liderado pelo capitão Eurípedes Esteves de Lima e pelos tenentes Augusto Maynard Gomes, João Soarino de Melo e Manuel Messias de Mendonça. A sublevação, iniciada em 13 de julho, prendeu o presidente do estado, dominou Aracaju, mas em 3 de agosto estava sufocada. Na capital do Amazonas, os tenentes Alfredo Augusto Ribeiro Jr., Joaquim de Magalhães Barata e José Backer Azamor conseguiram também, em 23 de julho, assumir o controle depois de tomarem o 27º Batalhão de Caçadores. A revolta alcançou Belém, mas ali não demorou a ser reprimida. Em fins de agosto, uma flotilha da Marinha subiu o rio Amazonas e esmagou os rebeldes em Manaus. Pouco se soube dessas revoltas, silenciadas pela combinação de censura, distâncias e precariedade de comunicações. Enquanto as liquidava, uma a uma, o governo federal apertava o cerco sobre São Paulo, usando artilharia pesada, aviões com bombas e tanques.

Sem alternativas, após várias tentativas de enfraquecer o cerco, os chefes rebeldes decidiram retirar-se, o que se fez entre 27 e 28 de julho, por trem, a partir da Estação da Luz, em direção ao interior do estado. Deixavam uma cidade traumatizada. De acordo com dados oficiais, depois de quinze dias de bombardeios havia 4846 feridos, 503 mortos e 1800 prédios danificados ou destruídos. Seguiram-se dias de desordem e caos, com saques e destruições, cometidos agora pelas tropas federais e pela polícia local, além de repressão generalizada, levando à cadeia milhares de pessoas, muitas, sobretudo as mais pobres, torturadas pela polícia, "esta instituição torpe, indecorosa e sórdida que nos envergonha perante o mundo", segundo as palavras de Lourenço Moreira Lima.

Antes de saírem da cidade, os rebeldes evidenciariam mais uma vez suas concepções, num último manifesto, assinado por Isidoro Dias Lopes. Depois de agradecer o apoio do povo, esclarecia:

> Nosso objetivo era e é a revolução no Brasil que elevasse os corações, sacudisse os nervos, estimulasse o sangue da raça enfraquecida, explorada, ludibriada e escraviza-da. Para isto era necessário um fato empolgante, como o da ocupação da capital paulista [...] nós vamos [agora] continuar o movimento libertador no Brasil [...] A semente está plantada [...] conseguimos matar o marasmo político que avassalou o Brasil [...] continuamos nossa missão [...] e não haverá [mais] bombardeio da cidade.

Anos mais tarde, o general Abílio de Noronha, em depoimento ao jornal *A Nação*, teria uma explicação para a derrota dos rebeldes: "O exército do general Isidoro [...] foi vencido não pelos generais bernardistas, mas pelo capitalismo que a eles se aliara e depois miseravelmente os engazopara...".

O fato é que, em 30 de julho, reinava a ordem em São Paulo. Mas os rebeldes continuavam vivos e dispostos a lutar.

Bauru foi uma primeira escala, ocorrendo aí uma reorganização das forças disponíveis. Muitos queriam levar a luta adiante, certos de que outros focos de rebelião tenderiam a aparecer no país. Contudo, havia alguma confusão no ar: o que se queria exatamente? Dar início a uma guerra de movimento? Encontrar uma nova posição defensiva? O general João Francisco, entre outros, fiel às tradições gaúchas, defendia a primeira hipótese. "Um exército parado é exército [...] perdido. A ação e o movimento são prelúdios de vitória." Mas a preparação profissional da maioria dos oficiais envolvidos e o próprio aparato da retirada apontavam para a segunda, que acabou sendo adotada. Foi então aprovado o deslocamento para as margens do rio Paraná, através da Estrada de Ferro Sorocabana, aonde as tropas chegaram entre 15 e 17 de agosto, tomando o porto de Presidente Epitácio, logo batizado de Joaquim Távora, em homenagem ao líder morto em São Paulo.

A ideia era tomar Três Lagoas, em Mato Grosso, e fazer dali uma nova base de operações, estabelecendo-se conexões com guarnições favoráveis naquele e em outros estados. O plano, entretanto, falhou. Uma coluna de oitocentos homens sob o comando de Juarez Távora foi fragorosamente derrotada, deixando no terreno centenas de mortos e feridos. Prevaleceu, assim, a proposta de descer o rio Paraná até Foz do Iguaçu. Quando se completou a manobra, as tropas rebeldes estendiam-se de Guaíra a Foz, criando-se novo perímetro defensivo, protegido pela serra dos Medeiros, a leste, com os rios Piquiri ao norte, Iguaçu ao sul e Paraná a oeste. Dos estimados 6 mil homens que saíram de São Paulo, sobravam agora entre 3 mil e 3800, os demais tendo ficado pelo caminho, presos, extraviados ou desertores. Os que restavam, porém, tinham armas e munições. Organizaram-se em três brigadas, comandadas respectivamente por Bernardo Padilha, João Francisco e Miguel Costa, promovidos ao generalato por Isidoro Lopes. Com a missão de derrotá-los, o governo nomeara em setembro, chefiando cerca de 12 mil homens, bem armados e municiados, o general Cândido Rondon.

As expectativas transferiam-se agora para o Rio Grande do Sul, de onde chegavam notícias animadoras. Na Região das Missões, em particular, mas também em outras cidades do estado, movimentavam-se os núcleos conspiratórios coordenados pelo tenente Aníbal Benévolo. Havia igualmente grupos civis, os maragatos, chefiados por caudilhos e articulados sob liderança de Assis Brasil. Como referido, os conflitos entre maragatos e chimangos tinham sido superados por um acordo firmado em 1923, no entanto ameaçavam renascer, atiçados por lutas de distinta natureza. Os conspiradores militares gostavam e não gostavam dos aliados civis. Na espécie de luta que preconizavam, apoios não eram de desprezar, sobretudo com armas nas mãos. Mas até que ponto seriam sólidos? E em que medida tais alianças não envolveriam os revoltosos em disputas estranhas a seus ideais? Os maragatos devolviam as desconfianças na mesma moeda, subestimando a disposição combativa, a experiência e a capacidade militar dos jovens tenentes e capitães do Exército.

Por sobre quaisquer considerações, porém, urgia suscitar um novo foco, ou um novo "fato empolgante", no mínimo para enfraquecer a pressão do governo federal sobre a sublevação paulista. Com a missão de incentivá-lo, foram enviados ao Sul Juarez Távora e o general Olinto Mesquita. João Francisco também se deslocaria. Com Siqueira Campos, iriam fazer de tudo para que, o quanto antes, se revoltasse o Rio Grande do Sul.

Prestes, em Santo Ângelo, impacientava-se com as tradicionais delongas, das quais sempre fora muito crítico. Como sempre, os jovens oficiais das Forças Armadas, assim como seus maiores, eram dados às *palabras*, tendências "bacharelescas" que tanto gostavam de condenar. Falavam mais do que faziam e acabavam "morrendo pela boca", presos pela imprudência de articulações malconduzidas e facilmente desbaratadas pela polícia. Não à toa, muitas conspirações eram abortadas *in nuce*. Verdade que os que estavam no Rio Grande do Sul só tinham sabido pelos jornais da eclosão da revolta em São Paulo. Mas o fato é que a luta estava em curso havia meses, os revoltosos cada vez mais pressionados pelo governo federal, ameaçados de aniquilamento. Alguma coisa precisava ser feita, e rapidamente.

Assumira o batalhão de Santo Ângelo um novo comandante, o major Eduardo Sá de Siqueira. Por suas orientações e decisões, Prestes logo compreendeu que fora nomeado para provocá-lo, arranjar pretextos para eventuais punições. Tratou, assim, de se livrar com uma solicitação de licença-saúde. Em 14 de maio, "dera parte de doente". Cinco dias depois, foi inspecionado por uma junta médica no hospital de Santo Ângelo, a qual o considerou incapacitado para "todo o serviço no Exército" pelo período de três meses, diagnosticado com "gripe com astonia geral". Em 19 de agosto, outra inspeção concedeu-lhe mais três meses. Diagnóstico: "astonia pós-gripal". Ambas as "inspeções", embora teoricamente efetuadas por uma "junta", eram assinadas por um só capitão-médico: Antonio Gentil Basílio Alves, decerto um simpatizante das conspirações. Assim, ao longo desses meses Prestes teve mãos livres para articular e conspirar à vontade.

Em seu batalhão, começaram as perseguições contra os suspeitos de envolvimento na conspiração: Paulo Kruger e Mário Portela, que teve de desertar para não ser preso. Outros, porém, abandonavam a revolução, como Costa e Silva, que, contrariando acordo entre os conspiradores, acompanhou seu regimento, de Santa Maria, transferido para participar do cerco de São Paulo. Alegou que, chegando lá, passaria para o lado dos rebeldes, o que acabou não acontecendo. Participou dos movimentos de 1922 e 1924 de modo muito peculiar, pois não se envolveu em nenhum combate.

De toda parte, choviam as objeções e as desculpas costumeiras: faltava sempre alguma coisa aqui, outra coisa ali. Em certo momento, Prestes chegou a ameaçar os colegas de sublevar-se sozinho com seu batalhão. Segundo depoimento prestado anos depois, diria:

> Escrevi um bilhete ao Benévolo [tenente Aníbal Benévolo] em que eu dizia que, se até o dia 31 [de outubro], eu não recebesse nenhum telegrama marcando a data para levantar, ia me levantar de qualquer maneira, sozinho mesmo [...] então, marcaram

para a madrugada do dia 29 de outubro [...] eu recebi o telegrama com antecedência de dois dias, dia 27, e realmente, levantamos, eu e o Portela, o Batalhão na noite de 28 para 29 de outubro.

Nessa noite, o movimento insurrecional começou quase que simultaneamente em São Borja (2º Regimento de Cavalaria Independente, Aníbal Benévolo e Siqueira Campos), Santo Ângelo (1º Batalhão Ferroviário (BF), Luís Carlos Prestes e Mário Portela), São Luiz Gonzaga (3º Regimento de Cavalaria Independente (RCI), João Pedro Gay) e Uruguaiana (5º Regimento de Cavalaria Independente, Juarez Távora). Dois dias depois, vinham notícias positivas de Alegrete (2º Regimento de Artilharia a Cavalo, João Alberto Lins de Barros). Outras tentativas ocorreram em Cachoeira, Dom Pedrito, Santana, Santiago e Palmeira. Assim, boa parte da Região das Missões parecia ter caído sob controle dos revoltosos. Associavam-se também líderes civis maragatos, como Honório Lemes, Felipe e João Portinho, Leonel Rocha, Pedro Aarão, Zeca Neto, Inocêncio e João Silva, Juca Raimundo, Júlio Barrios, Mário Garcia, Sezefredo Aquino, Nestor Veríssimo, liderando alguns milhares de homens montados, com armas leves mas muita disposição combativa.

Em Santo Ângelo, para sublevar o Batalhão Ferroviário, Prestes e Mário Portela conceberam um estratagema dividido em duas partes. Primeiro, trataram de prender o comandante do batalhão em sua própria casa. Para tanto contaram com o auxílio de um grupo armado civil, chefiado por um curandeiro local, o Siciliano. Quando recebeu a ordem de prisão, o major começou a deblaterar, ameaçou fazer escândalo. Prestes, que observava tudo de longe, acionou então outro auxiliar, muito destemido, Pedro Bins. Ele foi lá, deu um soco no major e o derrubou no chão. Em seguida, amarraram-no com a empregada, ambos com a boca tapada por lenços vermelhos. Passou-se à segunda fase: Prestes e Portela, já fardados, dirigiram-se aos tenentes que estavam no quartel e lhes apresentaram um telegrama, feito pelo estafeta dos Correios, partidário da conspiração, supostamente do Comando da Região Militar, designando Prestes como comandante do batalhão. Os tenentes já tinham sido avisados e concordaram com o estratagema. Como estavam em cima do muro, encontrou-se esta "saída". Eles "acreditariam" no telegrama e passariam o comando. Foi o que se fez. Tudo na mais completa "legalidade", sem esquecer os boletins formais, devidamente assinados, de transferência e investidura de Prestes no comando do batalhão. Perfilada a tropa, anunciou-se o movimento revoltoso, suscitando-se de imediato entusiasmada adesão.

Sem perder tempo, e ainda na escuridão daquela noite, Prestes enviou um destacamento à casa do prefeito de Santo Ângelo requerendo, por escrito, a entrega de todas as armas havidas pela administração municipal. Não era muita coisa, cerca de cinquenta fuzis, mas passaram ao controle dos rebeldes, neutralizando eventuais resistências.

A facilidade e a rapidez com que aconteceram as coisas deveram-se, em grande medida, ao fato já referido de que Prestes era muito querido pelos soldados, tendo granjeado enorme prestígio entre eles.

Antes de partir para a revolta, um toque pessoal: Prestes escreveu uma carta à mãe, informando-a dos tempos difíceis que se aproximavam e lembrando que não estava fazendo mais do que aprendera com suas lições de vida. O texto evidenciava as relações fortes, e particularíssimas, que mantinha com a mãe. De fato, não é tão usual que revolucionários, ao partirem para a ação, redijam cartas para as respectivas mães.

Controlada a cidade, um manifesto "Ao povo de Santo Ângelo" dizia bem das intenções dos que se revoltavam:

> Já é tempo de estancar o sangue brasileiro [...] de fazer o governo respeitar a vontade do povo [...] de restabelecer a harmonia na família Brasileira [...] de lutarmos ombro a ombro para restabelecermos a situação financeira do Brasil, para recobrar o dinheiro que os nossos maus governos nos roubaram e podermos assim, evitar que [...] o Governo Inglês venha tomar conta das nossas alfândegas [...] para cobrar a dívida do Brasil.

A formulação dos objetivos da revolta vinha acompanhada de conclamações à luta: "É chegada a hora solene de contribuirmos com o nosso valoroso auxílio para a grande causa nacional", dirigidas, em especial, ao povo gaúcho, "altaneiro e altivo, de grandes tradições a zelar, sempre o pioneiro de grandes causas nacionais". Apresentando um quadro otimista: "Todo o Brasil, de Norte a Sul, ardentemente deseja [...] a vitória dos revolucionários", o manifesto procurava tranquilizar: "Não queremos perturbar a vida da população, porque amamos e queremos a ordem como base do progresso. Podem estar todos calmos que nada acontecerá de anormal". Mas a situação estava longe da "normalidade", pois todos os proprietários de automóveis, carroças e cavalos deveriam imediatamente pô-los à disposição do 1º Batalhão Ferroviário. Por outro lado, que adiantava asseverar: "Todas as requisições serão documentadas e assinadas sob a responsabilidade do Ministério da Guerra"? É mais do que provável que aquelas garantias soassem como promessas vãs. Assinava o manifesto, "pelo governo revolucionário do Brasil", o capitão Luís Carlos Prestes.

O problema é que a revolta não conseguira empolgar todo o estado, e mesmo na Região das Missões havia muita resistência — e ativa. Tentativas de ampliar o raio de ação do processo iniciado falharam em sequência: não foi possível tomar Itaqui, onde morreu o tenente Aníbal Benévolo, grave baixa, pois se tratava de um dos principais cérebros da insurreição; mais reveses seriam registrados em Ijuí e Alegrete. Além disso, numerosa tropa de insurretos, incluindo unidades militares, comandada pelo caudilho Honório Lemes, sofreria outra derrota desastrosa em Guaçu-Boi. Os governistas, civis e militares, estavam bem armados, municiados e com disposição de luta. O levante, a princípio promissor, enfrentava desafios inesperados.

Os revoltosos afluíram, então, para São Luiz Gonzaga, sede do 3º RCI, para onde se transferiu o 1º BF, de Santo Ângelo, comandado por Prestes. Pouco tempo depois, ali se encontravam as mais importantes forças sublevadas. A cidade, em virtude do seu relativo isolamento — mal servida por estradas de rodagem e de ferro —, oferecia melhores condições de defesa.

A situação era caótica. De início, foi necessário restabelecer a disciplina entre soldados e sargentos do regimento comandado por João Pedro Gay. Reinava ali a anarquia e não foi fácil enquadrar aquela gente. As tropas rebeldes formavam um conglomerado desigualmente armado. Muitos anos mais tarde, em entrevista, Prestes estimou em 1500 homens o contingente disponível, metade armada de fuzis, nenhuma metralhadora pesada, o resto, com pistolas, revólveres, lanças e facas, porém havia uma grande expectativa — depois, frustrada — de que viriam armas e munições através da Argentina. O pessoal, ao menos, estava bem montado — em função das requisições efetuadas, cada homem tinha dois cavalos à disposição. As tropas vinculavam-se a distintos batalhões do Exército e se misturavam com civis dirigidos por caudilhos. Eram maragatos, mas lá existiam diferenças, cada grupo com suas armas, os chefes com acentuado senso de autonomia.

Entre os oficiais, Prestes tinha a maior patente — capitão. Além disso, era muito respeitado por todos os sublevados, como um homem decidido, corajoso e inteligente. Entretanto, decepcionava os chefes civis gaúchos, que o viam como um líder de baixa estatura, apenas 1,63 metro, magrinho e pouco hábil no manejo dos cavalos. João Alberto dele diria mais tarde: "Seu aspecto, montado [...] o culote a subir-lhe pelos joelhos e a sela militar ladeada de alforjes cheios de mapas davam à sua figura pequena um aspecto grotesco, incompatível com a tradição do chefe gaúcho, sempre vestido a caráter, temerário, desafiador, espetacular". Sensível à precariedade da situação, o general João Francisco, ele mesmo também gaúcho, e delegado de Isidoro Dias Lopes, para reforçar a posição de Prestes promoveu-o à patente de coronel, nomeando-o comandante da Coluna do Centro da Divisão Revolucionária do Noroeste do Rio Grande do Sul. O título era épico e pomposo, mas não pareceu impressionar os caudilhos.

Em torno de Prestes constituiu-se logo uma espécie de Estado-Maior: Mário Portela, Siqueira Campos, João Alberto, Cordeiro de Farias, Emídio Miranda, Aristides Leal, Ari Salgado Freire, Juarez Távora — todos tenentes —, e mais André Trifino Correia, considerado pelos outros como tal, apesar de ter sido expulso da Escola Militar por atos de indisciplina. Eram muito jovens: Prestes, o mais velho, ia ainda completar 27 anos, mas se tornariam um núcleo sólido de chefes militares e políticos. Unindo-os, a ideia de refundar a República, procurando reativar suas "puras" origens, o programa liberal, comprometido com as liberdades civis e políticas, a decisão de partir para a luta armada contra o governo e o fato, capital nas circunstâncias, de se vincularem a uma mesma instituição — o Exército nacional.

Tratava-se, agora, de organizar a força sublevada. Formaram-se três destacamentos, comandados respectivamente por Mário Portela, João Alberto e João Pedro Gay. O desafio maior — missão impossível — era enquadrar as lideranças gaúchas, nas quais se misturavam "coronéis" e mesmo "generais". A Divisão recém-nomeada estendia-se, com eixo em São Luiz Gonzaga, por cerca de noventa quilômetros. As expectativas num levante geral dissipavam-se, embora outros movimentos insurrecionais continuassem ocorrendo: no Rio de Janeiro, no mês anterior, conspirações foram abortadas na Marinha e no Exército; no próprio Rio Grande do Sul, em Cachoeira, em 9 de novembro, levantou-se o Corpo de Engenharia, logo dominado. Dias antes, no dia 4, sublevou-se o couraçado *São Paulo*, no Rio, sob o comando do tenente Hercolino Cascardo. Não tendo encontrado apoio, partiu para o Sul, e sua tripulação acabou exilando-se em Montevidéu. Alguns marujos participariam, logo em seguida, sob o comando do caudilho Júlio

Barrios, de uma coluna que invadiu o território do Rio Grande a partir de Santana do Livramento. A operação resultou em novo fracasso. Na fuga, e já em território uruguaio, dezessete homens seriam presos, degolados e esquartejados pelos governistas. Os episódios evidenciavam uma atmosfera disseminada de rebeldia, com levantes, em estágios desiguais de preparação e realização, registrados em vários estados. Mas o fato é que a revolta iniciada na Região das Missões estava localizada, ao menos a curto prazo. E cercada.

Enquanto isso, no Paraná, desde 15 de novembro começara uma grande batalha pelo controle de Catanduvas, ocupada pelos rebeldes, uma localidade que se tornara estratégica, porque abria caminho para o rio Paraná e para as comunicações entre Porto Mendes e Foz do Iguaçu. Nesses embates, o auxílio dos revoltosos gaúchos poderia ser precioso. Assim, definiu-se o objetivo de os gaúchos marcharem para o norte a fim de efetuar a junção com os paulistas. Seria preciso, no entanto, lidar com o poderoso dispositivo, formado pelas unidades do Exército governista, e mais a Força Pública do estado do Rio Grande do Sul, e ainda numerosas unidades sob o comando de líderes civis fiéis ao governo — os chamados "provisórios". Tinham como estratégia o cerco e o aniquilamento dos revoltosos.

Uma primeira sortida, no início de dezembro, em direção a Tupaceretã, foi derrotada. Revelou-se ali, e mais uma vez, a superioridade dos governistas em armas e munição. Mas os revoltosos não se abalaram. Uma carta escrita por Prestes, logo depois, dá bem a medida do seu ânimo: "Absolutamente não fomos derrotados [...] avançamos a peito descoberto contra as posições do inimigo [...]. Mantivemos o inimigo em suas trincheiras [...] e retiramos em completa ordem [...] ficou provado que, em campo raso, ninguém nos derrotará e que a nossa vitória é, portanto, certa". Podiam não estar derrotados, mas também não eram vitoriosos. E enfrentamentos daquele tipo, se repetidos, levariam os rebeldes à ruína.

Numa tentativa de quebrar o isolamento e a censura, e procurando divulgar seus pontos de vista, os revoltosos, talvez inspirando-se em experiência análoga dos paulistas, imprimiram seis números de um jornal, *O Libertador*, sob direção de José Pinheiro Machado. Um pingo d'água no oceano de desinformação que a censura garantia em escala nacional.

O grande problema era como sair do "anel de ferro" que os governistas apertavam com 14 mil homens, distribuídos em sete colunas. Elas já convergiam para São Luiz Gonzaga e um combate frontal certamente resultaria no aniquilamento dos revoltosos. Se cerco havia, era preciso furá-lo. Naqueles momentos de tensão extrema, Prestes reafirmou-se como chefe. Nas palavras de João Alberto: "Prestes estava à altura da missão que escolhera. Infatigável, aparecia em toda parte, apressando a tropa para marchar, dando ordens e tomando providências".

A retirada foi então concebida por ele e executada a partir de 27 de dezembro. Enquanto João Alberto atraía com seu destacamento os governistas para São Luiz, o grosso dos rebeldes, em manobra ousada, passou entre duas colunas inimigas em marcha noturna. Quando o famoso "anel" se fechou, os rebeldes já tinham saído do cerco.

Dias depois, Prestes comemorou o 27º aniversário comandando as tropas no violento combate da Ramada, em campo aberto, de oito da manhã às quatro da tarde, quando os rebeldes perderam cerca de 150 homens, entre mortos e feridos, mais ou menos o equivalente às perdas governistas. Mas conseguiram, de novo, furar o cerco e tomar o caminho que os levaria ao norte. Entre os dias 25 e 31 de janeiro, a coluna guerrilheira atravessou, em Porto Feliz, o rio Uruguai, entrando em Santa Catarina. Não foi nada fácil, considerando-se que a marcha até ali fora realizada tendo na sua cola os efetivos governistas. Mas estavam livres, a curto prazo, da ameaça do aniquilamento.

Entretanto, as perdas não tinham sido pequenas. Além dos mortos e feridos, quase todos os chefes maragatos desertaram, levando com eles mais de metade dos efetivos. A razão principal, segundo Prestes, era que, "para o gaúcho, passar para Santa Catarina era emigrar [...] e nós ficamos com efetivos reduzidos [...] mais ou menos, uns quinhentos a seiscentos homens...". Não era uma questão apenas do território, mas também da forma de lutar, porque, nas picadas em que a coluna ia se embrenhando, não dava para levar a cavalhada, e aqueles gaúchos sem os cavalos... mal podiam conceber-se. O fato é que, dos catorze caudilhos em postos de chefia em São Luiz Gonzaga, onze caíram fora carregando consigo homens, cavalos, armas e munições.

Entre os oficiais, particularmente sentida por Prestes foi a morte do tenente Mário Portela, na margem oeste do rio Pardo, defendendo a retaguarda da coluna. Com ele morreram dezoito homens. Fora seu fiel companheiro de conspiração e camarada na tomada do 1º Batalhão Ferroviário em Santo Ângelo. Um bravo, reconhecido pelos rebeldes e pelos próprios legalistas. Outra perda sentida foi a de João Pedro Gay, que liderara o levante em São Luiz Gonzaga. Desanimado, passara a incentivar o 3º Destacamento, sob seu comando, a desertar. Depois de repreendido, foi preso. Prestes conseguiu que fosse condenado à morte, mas João Alberto, mais flexível, acabou lhe dando a oportunidade da fuga.

Anos mais tarde, Prestes recordaria: "O João Alberto, com o grande coração que ele tinha, deu fuga para o Gay [...] porque sabia que eu ia fuzilar mesmo [...] de maneira que é um crime de menos que eu tenho nas costas". Gay foi substituído por Siqueira Campos no comando do 3º Destacamento. Cordeiro de Farias ficou no lugar de Mário Portela no do 1º, mantendo-se João Alberto no comando do 2º.

Finalmente, numa marcha extenuante pela mata cerrada do oeste de Santa Catarina, a coluna guerrilheira, depois de atravessar o rio Iguaçu, chegou, em 7 de fevereiro, a Barracão, no extremo sudoeste do estado do Paraná. Ali se deu o encontro com o "coronel" Fidêncio de Mello, enviado pelos paulistas, e que tinha planos de, juntamente com os gaúchos, atacar pela retaguarda as tropas governistas, comandadas por Rondon, que apertavam o cerco sobre Catanduvas.

Diversas tentativas foram feitas nesse sentido, nas direções de Clevelândia, Laranjeiras, Palmas e Colônia Mallet, mas sem sucesso. Era uma demonstração a mais de que, na guerra de posições, baseada na defesa ou no ataque de pontos fixos, os rebeldes não teriam muito futuro.

Antes mesmo desses novos fracassos, também inspirado nas tradições gaúchas e manifestando uma visão já defendida por outros chefes, como João Francisco, Prestes tinha escrito uma carta ao general Isidoro Dias Lopes em que defendia alternativa distinta — a guerra de movimento: "A guerra no Brasil, qualquer que seja o terreno, é a guerra de movimento. Para nós, revolucionários, o movimento é a vitória. A guerra de reserva é a que mais convém ao governo que tem fábricas de munição, fábricas de dinheiro, e bastantes analfabetos para jogar contra as nossas metralhadoras". Ao contrário do que se diz em certa hagiografia, Prestes não estava sendo original na defesa dessas posições, mas, sem dúvida, as exprimia com força e convicção.

Depois de um balanço da marcha desde São Luiz Gonzaga, Prestes oferecia um quadro de sua situação: "Estamos com oitocentos homens, dos quais menos de quinhentos armados, e tendo ao todo cerca de 10 mil tiros e dez fuzis-metralhadoras". Solicitava que os paulistas enviassem, o mais pronto possível, "100 mil tiros e quatrocentas armas", além de mapas dos estados do Paraná e Santa Catarina. Embora reconhecendo que, até então, "tivemos de lutar mais com a fraqueza e desânimo de certos companheiros do que com o próprio inimigo", o texto veiculava determinação e otimismo: "Com a minha coluna armada e municiada, sem exagero julgo não ser otimismo afirmar a V. Exa. que conseguirei marchar para o Norte e dentro de pouco tempo atravessar o Paraná e São Paulo, dirigindo-me ao Rio de Janeiro, talvez por Minas Gerais". Terminava afirmando que a vitória final da revolução "não parece mais duvidosa", mesmo porque, sem a vitória, "perdemos o Brasil".

Prestes, otimista, exagerava, e muito. Este seria, quase sempre, um traço do seu caráter: a confiança na vontade, o otimismo na avaliação da correlação de forças. Ao contrário do que ele imaginava, a vitória da chamada "revolução" era mais que "duvidosa". E isso ficou evidente na resposta enviada por Isidoro dias depois. Reconhecendo e celebrando o valor de Prestes — "liderança, capacidade de organização, determinação e disciplina" —, o chefe dos paulistas desenharia nessa carta um quadro desanimador: "Temos 300 mil tiros de infantaria e muito poucos de artilharia; em caixa, vinte contos de réis; disponíveis, 1500 armas [fuzis]; os oficiais e muitos soldados estão seminus e descalços; a República Argentina nos sitia".

Assim, e contrariando expectativas, não vieram armas, munições ou mapas. Não veio nada. Além disso, as ações na região de Barracão não estavam dando resultados positivos. O que chegou foi a ordem de Isidoro para que os gaúchos marchassem para o norte, a fim de efetuar a junção com as tropas que dirigia. As circunstâncias dos paulistas tornavam-se cada vez mais críticas, e ainda mais ficariam quando, em 29 de março, o ferrolho de Catanduvas caiu nas mãos dos governistas. A dúvida agora já não era se dava para vencer, mas se daria para sobreviver.

Depois da queda de Catanduvas, cresceu a atmosfera de desânimo e de derrocada, principalmente entre os paulistas. Combatendo desde julho do ano anterior, acumulando derrotas e retiradas, pareciam em agonia irrecuperável. O único aspecto positivo era a chegada da coluna gaúcha. Um reforço em homens, aguerridos, bons combatentes. Embora também em retirada, vinham com o moral alto, pela superação de toda sorte de obstáculos: do "desânimo de certos companheiros" à feroz perseguição do inimigo, passando pelo enfrentamento da natureza braba, com suas matas cerradas a desbravar e seus rios caudalosos a atravessar. Na marcha de 1650 quilômetros que fizeram, haviam arrostado imensas adversidades e se sentiam capazes de figurar os reveses como triunfos, as derrotas como vitórias. Mesmo porque tinham, de fato, histórias positivas e épicas para contar: o cerco furado em torno de São Luiz Gonzaga, a Batalha da Ramada e, já na marcha final para o Paraná, um novo combate, o de Maria Preta, quando, mais uma vez, num hábil estratagema concebido por Prestes, fora possível fintar duas colunas inimigas fazendo-as, à noite, tirotearem-se mutuamente, enquanto os rebeldes passavam incólumes.

A junção das duas colunas operou-se, afinal, entre fins de março e começos de abril. Um primeiro encontro entre Miguel Costa e Prestes teve lugar em 3 de abril. Os dois acordaram em que não haveria rendição nem fuga para o exílio. Na cidade de Foz de Iguaçu, em nova reunião com os oficiais paulistas, em 12 abril de 1925, o mesmo ponto de vista seria defendido, afirmando-se, assim, o "otimismo persuasivo" de Prestes.

Anos depois, ele recordou que, chegando a Foz do Iguaçu, encontrara um quadro de derrotismo. Teria feito, então, um discurso positivo, em que levantava duas hipóteses: "[…] Primeiro, vamos tentar sair daqui [...] se não conseguirmos, vamos resistir. E só na terceira hipótese é que vem a passagem para a Argentina".

Nem todos, no entanto, estavam ganhos pelo derrotismo. O próprio Isidoro Dias Lopes, e mais Bernardo Padilha, Miguel Costa, Paulo Kruger, Juarez Távora, Mendes Teixeira, entre outros, mantiveram-se firmes, apesar das sombrias perspectivas. Apreciaram a "franca lealdade de Prestes", que falava, segundo anotou Ítalo Landucci, "com clareza e simplicidade, argumentando com dados convincentes, como se estivesse empenhado em resolver uma equação [...] fazendo largo uso da linguagem algébrica na explanação de todos os problemas".

A situação era bastante difícil. Os rebeldes contavam com 1300 a 1400 remanescentes da sublevação de São Paulo e em torno de seiscentos a oitocentos gaúchos. Bem armados, contudo, apenas 150. Em face de 15 mil soldados inimigos, bem armados e municiados, e ainda mais determinados depois da tomada de Catanduvas. Geograficamente, os rebeldes encontravam-se num "fundo de garrafa", como dizia Rondon, e bem arrolhada, ou seja, estavam cercados e, aparentemente, sem saída. Decidiram, então, "quebrar o fundo da garrafa", escapando pelo Paraguai, e, através do país vizinho, voltar ao Brasil por Mato Grosso. Uma opção nada convencional, guerrilheira, que surpreendeu Rondon e os próprios paraguaios. Salvou a vida dos rebeldes, conferindo novo fôlego à rebelião.

Para efetuar a inesperada manobra, os rebeldes resolveram reorganizar-se: foi criada a 1ª Divisão Revolucionária, constituída por duas brigadas: a paulista e a gaúcha. Isidoro e Padilha, mais velhos, considerados inaptos para enfrentar a imprevisível marcha que se anunciava, iriam para o exílio, onde manteriam entendimentos com Assis Brasil e outros líderes políticos. Tratariam ainda de encontrar formas de enviar armas e munições aos que ficassem no país. Para comandar a Divisão criada, foi designado o major Miguel Costa, promovido a general-brigadeiro. A Brigada Rio Grande do Sul foi atribuída ao comando do coronel Luís Carlos Prestes e a de São Paulo, ao tenente-coronel Juarez Távora. Também foram promovidos, a tenentes-coronéis, os então majores Cordeiro de Farias, João Alberto Lins de Barros e João Cabanas, e a majores, os capitães Filinto Müller, Paulo Kruger, Virgílio Ribeiro dos Santos e Manoel Alves Lira. Naquele momento, e durante toda a marcha que se seguiria, os rebeldes não perderiam certa veneração pelos galões e o sentido da hierarquia, adquiridos na corporação de que faziam parte, e mantidos, apesar do "estado de rebelião" em que se achavam.

A travessia entre Porto Mendes, no Brasil, e Porto Adela, no Paraguai, foi empreendida entre 27 e 29 de abril, através de um lanchão brasileiro, o *Assis Brasil*, e um vapor paraguaio, o *Delta*, abordado e capturado por João Alberto. Em carta às autoridades paraguaias, os rebeldes afirmavam estar recorrendo à "legítima defesa" e prometiam respeitar as leis do país vizinho enquanto atravessassem seu território. Antes disso, mais perdas — dois oficiais expulsos, em atos oficiais, das fileiras rebeldes. Filinto Müller, em 19 de abril, "por haver covardemente se passado para o território argentino [...] com armas e munições pertencentes à revolução [...] deixando abandonada a localidade de Foz do Iguaçu, que se achava sob sua guarda". Humilhado, o expulso remoeria rancores, e procuraria vingar-se mais tarde. Uma semana depois, em 26 de abril, João Cabanas também seria excluído: "Desertou de nossas fileiras [...] fazendo constante propaganda de dissoluções, tendo por meio escuso [...] obtido deste comando um salvo-conduto, a fim de tratar de sua saúde no estrangeiro".

João Cabanas deve ter sentido um baque. Ao contrário de Filinto, ele era um chefe guerreiro e, paradoxalmente, naquele mesmo dia 26, assinara, com os demais chefes rebeldes, e com a patente de coronel, como a de Prestes, a carta às autoridades paraguaias. No comando de sua tropa, a "coluna Cabanas" ou "coluna da morte", responsabilizou-se pela retaguarda da retirada que vinha desde São Paulo, quando se destacou pela bravura e destemor, e pela afeição que suscitava entre os soldados por ele liderados. Avesso à perspectiva de "defesa estática", atuava com considerável independência, decidindo manobras e determinando castigos físicos e condenações à morte. Por mais de uma vez, desrespeitou ordens do Estado-Maior, conforme revelou em suas memórias. A coluna Cabanas transformara-se, de fato, numa tropa temível e quase emancipada, com um alto grau conquistado de autonomia.

Talvez por essa razão Cabanas tenha incomodado Prestes. Quando combateram juntos, evidenciaram divergências e rivalidades que foram se tornando insanáveis. Não se entenderam. Nem se entenderiam. Mas nas memórias que escreveu, publicadas em 1926, Cabanas não se referiu à exclusão de que foi objeto. Teria tomado conhecimento dela? O fato é que muitos a lamentaram na época, considerando-a infeliz e injusta, porque se perdia ali um bravo comandante.

A travessia do território paraguaio — cerca de 125 quilômetros — foi realizada em menos de três dias. Assim como quase todos, Prestes fez o trajeto a pé. Enquanto o governo anunciava no Rio de Janeiro o "desbaratamento definitivo da revolução", eis que ressurgiam os rebeldes em Mato Grosso, no dia 2 de maio, organizados e armados. Tinham escapado e vencido o cerco. O "fundo da garrafa" fora estourado, mas estavam todos exaustos e a tropa apresentava "um aspecto de miséria".

Ao menos as condições para a recomposição das forças — alimentar a todos, vesti-los e conseguir montarias para eles — eram muito melhores no sul de Mato Grosso. Havia fartura de gado e de cavalos. As requisições voltaram à ordem do dia e para isso foi providencial a chegada a Campanário, sede da Mate Laranjeira, grande companhia dedicada a explorar a erva-mate.

Recordaria Prestes:

> Havia um grande armazém na cidade. Tão grande, que nós requisitamos mercadorias no valor de duzentos contos [...] era muita coisa naquela época. Tivemos que dar recibo [...]: calçado, botas, arreios [...] estava chovendo muito e fazendo frio [...] compramos umas peças de lã vermelha [...] e dávamos um metro e pouco [...] para cada soldado fazer um poncho. Quer dizer, cortava assim, para passar a cabeça e botava aquele poncho. A Coluna ficou toda de vermelho [...]. Poncho vermelho!

Tratava-se, agora, de definir melhor um rumo para aquela "marcha sem destino".

3. A Grande Marcha pelos Brasis

Bordejando a fronteira de Mato Grosso com o Paraguai, já no dia 9, a vanguarda da Coluna, chefiada por João Alberto, chegara a Ponta Porã, ocupando a cidade, abandonada na antevéspera pelas forças governistas. Aí encontrou todo um trabalho de articulação político-militar para levantar o sul do estado, empreendido por Bernardino Câmara Canto, pelos tenentes Paulo Kruger, Orlando Leite Ribeiro, Pedro Rocha e Hercolino Cascardo, e pelo engenheiro militar Rafael Bandeira Teixeira.

A ideia de conquistar o estado, fazendo dele uma base segura de operações contra o governo federal, abandonada depois da fracassada tentativa de tomar Três Lagoas, se reatualizava. Uma proclamação, feita em 16 de maio de 1925, constante da ata de ocupação de Ponta Porã, é significativa: "O novo governo investe-se tendo por base os princípios [...] da revolução, a saber: moralidade pública e administrativa, liberdade de manifestação [...] garantias individuais perfeitas a todos os cidadãos e completo respeito à Constituição tão violada e espezinhada pelo nefasto governo de Artur Bernardes...". "A "liberdade do voto" e a "inviolabilidade do lar" seriam garantidas pela "bandeira augusta do Exército Libertador" no sentido de "reconquistar a liberdade a que tem direito pelo seu adiantamento moral e político a nação brasileira".

Entretanto, a tentação de relançar uma nova guerra de "defesa de posições" teria curto fôlego. O combate travado nas cabeceiras do rio Apa, em 14 de maio, de indecisos resultados, e a presença de uma forte coluna militar governista, chefiada por Bertoldo Klinger, que se estabeleceu em Campo Grande, evidenciavam o ponto fraco dos revoltosos — a escassez de armas e de munições. Além disso, e ainda mais perigosa, a proximidade da fronteira estimulava deserções que começaram a se multiplicar, entre elas as dos tenentes paulistas Cunha e Raff, a do major Coriolano de Almeida Jr. e a de um dos últimos "coronéis" gaúchos, João Silva. Prestes reconheceu o fato: "Já muita gente voluntariamente estava fugindo, estava desertando", inclusive porque se filtravam notícias de desentendimentos entre os chefes revolucionários no exílio argentino. De fato, Isidoro e João Francisco se permitiam, publicamente, trocar insultos e desaforos, acusando-se como responsáveis pelas derrotas, o que fazia as delícias dos jornais governistas. Os rebeldes, em carta assinada por Miguel Costa, Luís Carlos Prestes e Juarez Távora, solidarizaram-se com Isidoro, mas as brigas entre os chefes exilados não eram de bom agouro.

O entrincheiramento na fronteira do estado poderia levar ao rápido aniquilamento dos rebeldes. Por outro lado, uma nova conspiração abortada no Rio de Janeiro, nos primeiros dias de maio, que levou à morte o tenente Jansen de Melo, mostrava que era necessário investir mais na construção de "fatos empolgantes", capazes de suscitar outras rebeliões no país. Ora, para tanto, os rebeldes precisavam sobreviver como força militar autônoma. E isso só seria possível com o movimento constante, ou seja, pela invasão, em profundidade, de Mato Grosso, rumo ao Norte.

A decisão, depois do reingresso no Brasil, de abandonar a artilharia, penosamente trazida desde São Paulo, e que tanto trabalho havia dado, marcaria a prevalência da proposta da "guerra de movimento", da qual Prestes se tornara ardente defensor.

É expressivo que se tenha dito que os canhões ficariam "bem ocultos […] provisoriamente, em território pátrio, de sorte que pudéssemos reavê-los…". Um tributo formal, porém simbólico, a uma concepção que os rebeldes estavam deixando para trás (o que não quer dizer, como veremos mais tarde, que ela estivesse definitivamente superada). Os soldados artilheiros não gostaram: uma parte desertou… outra se perdeu. Como os gaúchos que não suportaram deixar seus pagos — e seus cavalos —, eles não concebiam a guerra sem "seus" canhões.

Faltava ainda harmonizar as contradições no interior das forças rebeldes, divididas, desde a formação, em abril, da chamada Divisão Revolucionária, em duas colunas — a paulista e a gaúcha. Havia ali formações profissionais distintas, diferentes chefes e origens geográficas, e muito bairrismo. A longa marcha — indeterminada e indefinida — que se divisava recomendava maior coesão, uma organização que potencializasse o intercâmbio de experiências na perspectiva de construção de uma força combatente única.

Com o acordo de Miguel Costa, de Prestes e de quase todos os principais chefes, em 10 de junho, na Fazenda Cilada, em Jaraguari, empreendeu-se a reorganização da Divisão Revolucionária para "pôr termo à ligeira desarmonia [...] entre os soldados paulistas e rio-grandenses, o que, às vezes, motivava brigas, ameaçando degenerar em séria rivalidade". O que se queria era alcançar "perfeita e completa concórdia em toda a tropa...".

Havia outras desarmonias, não explicitadas, entre soldados e oficiais provenientes das forças públicas e do Exército; entre militares e civis; entre homens e mulheres — algumas dezenas de vivandeiras que se tinham agregado desde o Rio Grande do Sul; mesmo entre os chefes havia diferentes ângulos de análise.

Assim, "por conveniência do serviço" (o vocabulário militar não podia ser mais simbólico de um universo que se queria manter, apesar das circunstâncias), formaram-se quatro destacamentos, cada um com cerca de quatrocentos homens, chefiados, respectivamente, pelos tenentes-coronéis Osvaldo Cordeiro de Farias, João Alberto Lins e Barros e Antônio Siqueira Campos, e pelo major Djalma Soares Dutra. Cada destacamento tinha também um subcomandante, um "fiscal", todos escolhidos de modo a promover equilíbrios entre diferentes demandas e interesses (Virgílio Ribeiro dos Santos, Manuel Alves Lira, André Trifino Correia e Ari Salgado Freire). A adequação dessas escolhas poderia ser comprovada com o tempo — a estrutura de comando se manteve até o término da aventura guerrilheira. Só caiu um deles — em combate —, quase no fim da marcha, Manuel Lira, o "fiscal" do 2º Destacamento.

A reorganização também criou unidades especiais e complementares: duas seções de metralhadoras pesadas; um pelotão de disciplina, uma espécie de polícia interna da Coluna, comandada pelo tenente Hermínio Fernandes Amado, destinada a assegurar o respeito às determinações dos chefes e punir eventuais soldados responsáveis por "excessos"; e um corpo de saúde. A rigor, a Coluna tinha apenas um médico, que partiu em "missão" logo depois das primeiras marchas. Restaram um veterinário "que preferia a emoção da linha de fogo à prática da ciência de Hipócrates", dois oficiais improvisados e uma enfermeira.

O conjunto passou a ser comandado por um Estado-Maior com Prestes na chefia e Juarez na subchefia, mantendo-se Miguel Costa no comando geral. A reorganização efetuada foi aprovada, com uma única voz dissonante — a de Juarez. Alegaria, sem fundamento, que a coluna paulista fora "engolida" pela gaúcha.

Lourenço Moreira Lima, nomeado secretário da Coluna, uma espécie de cronista oficial, diria então que Prestes "enfeixou em suas mãos a direção da guerra, controlando por completo o comando". Sua "ascendência crescia dia a dia, até tornar-se absoluta [...] sua opinião era sempre predominante [...] ninguém o igualava em inteligência e capacidade militar. Todos lhe reconheciam a superioridade intelectual, e gravitavam em torno de sua pessoa...". Há aí, certamente, algum exagero, comum nos que se empolgam com o carisma dos chefes. Na verdade, os rebeldes, sobretudo os chefes mas não apenas eles, eram donos de seu nariz, prezavam a própria autonomia e cultivavam elevada autoestima. Além disso, Prestes tinha o cuidado de ouvir sempre os comandantes de destacamento e mesmo os soldados, sem falar no respeito a Miguel Costa, sentimento que ele jamais abandonaria. Essa capacidade de ausculatação, o "otimismo persuasivo" e a "franca lealdade" é que fizeram dele um chefe reconhecido em todas as memórias.

A Coluna levou 53 dias para atravessar Mato Grosso, cerca de 2 mil quilômetros, média de quase 38 diários. Foram adotados alguns procedimentos que vale a pena analisar de perto, porque se manteriam no futuro.

De acordo com o que se tinha feito desde o Rio Grande do Sul, o princípio adotado foi o da alternância de posições dos vários destacamentos. De três em três dias, havia uma rotação. O que estava na vanguarda descansava, era substituído pelo que vinha em seguida, via passar o conjunto da Coluna e assumia a retaguarda.

Ítalo Landucci, comissionado no Estado-Maior, relataria em suas memórias:

Cabia à vanguarda o reconhecimento do terreno e o levantamento topográfico da frente e dos flancos [...] os croquis que remetia para o QG continham todas as localidades, estradas e rios, com as respectivas distâncias em léguas (cada légua correspondia, grosso modo, a 6,6 quilômetros), compreendidas numa faixa profunda e larga, considerada zona de temporária influência, através da qual a Coluna transitava em perfeita segurança.

Abrir caminho era missão da responsabilidade de um destacamento. O grosso ficava a duas ou três léguas da vanguarda e à mesma distância da retaguarda, ocupando a Coluna, de uma extremidade a outra, cerca de quarenta quilômetros.

O serviço de vanguarda durava 24 horas e era rendido pela manhã. O destacamento terminava-o permanecendo acampado até a passagem da retaguarda, cujo controle assumia; descansava assim um dia inteiro antes de entrar no novo serviço e se havia inimigo no nosso rasto, azar dele que devia combater por mais 24 horas. Este revezamento proporcionava a cada unidade três dias de folga, em períodos normais.

Uma corrente contínua de ligações assegurava contato permanente do QG com todas as unidades em movimento, enquanto que os flancos iam sendo explorados pelos piquetes de potreadores.

"Potreadores" e "potreadas" eram uma tradição gaúcha. Consistiam em pequenos grupos, de cinco a seis soldados, que se "destacavam" do conjunto da Coluna para fazer explorações de todo tipo, capturar cavalos e gado, trazer informações e informantes, e fustigar eventualmente tropas inimigas, induzindo-as, quando possível, a erros de avaliação quanto ao rumo geral do grosso das tropas. Multiplicando-se, as "potreadas" eram frequentemente confundidas com "vanguardas" da Coluna, levando o inimigo a se entrincheirar, à espera de ataques que não vinham.

Entre as potreadas e os destacamentos, era necessário assegurar um fluxo contínuo de informações e comunicações, as "ligações", um trabalho perigoso do qual, no entanto, dependiam a boa marcha e a segurança da Coluna. Às vezes, considerando a importância fundamental de uma determinada "ligação", Prestes incumbia-se pessoalmente de efetuar o trabalho, deslocando-se na companhia do ajudante e de um ou dois soldados. Acionando seu privilegiado senso de orientação, favorecido pela capacidade de se guiar, à noite, pelas estrelas, percorria léguas e léguas sem perder o rumo. Nessas circunstâncias, "ele não descansava e nem comia". "De dia ou de noite", conta Ítalo Landucci, "a pé ou montado, andava sem parar [...] e o perigo não o amedrontava..." Prestes arriscava-se: afastava-se, para fazer explorações e observações, zombando das advertências a respeito dos perigos incorridos: "Os chimangos são camaradas, não vão me matar...". Pura ironia: se o encontrassem, os chimangos o estripariam. Por isso, quando o viam escrever, temendo receber missões de "ligação", os soldados tratavam de passar de fininho, para não serem chamados. "Quem tivesse um bom cavalo, era irremediavelmente condenado a uma ligação."

A estrutura interna da Coluna era baseada em "fogões", grupos de seis a oito soldados — ou de soldados com oficiais — que constituíam uma unidade específica do ponto de vista da alimentação e do abastecimento em geral. Ganhavam certa autonomia e certo nível de iniciativa, e esse foi um procedimento decisivo, pois combinava unidade de comando com descentralização operacional, essencial para garantir o êxito de uma "guerra de movimento". Além disso, como se pode imaginar, os "fogões" criavam, na base da Coluna, laços de companheirismo e coesão que desempenhariam papel-chave no enfrentamento das duras condições das marchas e dos combates. Havia "fogões" mais bem organizados e abastecidos, como o de Miguel Costa, ou os dos chefes de destacamento. Não era o caso de Prestes, que se contentava com pouco e dizia, ironicamente, que "comer é um vício".

No "fogão" de Miguel Costa, ou nas pausas para descanso, quando as circunstâncias o permitiam, costumavam reunir-se os chefes da Coluna, ali dedicando-se a debates de vária natureza.

> Havia a erudição do grupo dos enciclopedistas e dos versados na literatura, havia a sabedoria dos engenheiros e também havia o cinismo dos indiferentes. Prestes era insuperável na solução de equações algébricas [...] Paulo Kruger [...] dominava as ciências físicas [...] argumentava com Prestes que a quadratura do círculo e o movimento perpétuo podiam apresentar solução, sendo, porém, difícil encontrá-la. Os bacharéis [...] abusavam dos recursos linguísticos [...] qualquer disciplina servia de pretexto para um ensaio e a conclusão de um conceito era alcançada após uma torrente de palavras [...] a política, entretanto, entrava em jogo com pouca frequência, dado que todos pertenciam à oposição, comungando dos mesmos pensamentos.

Muito apreciada era a leitura de jornais e de livros, sempre compartilhados. Também se desenrolavam campeonatos de xadrez. Prestes e João Alberto eram considerados os melhores enxadristas. Nessas conversas, apertavam-se os laços de camaradagem e de coesão.

Recordando tais laços de "fidelidade à Coluna", forjados em suas bases pelos "fogões", Prestes ressaltaria a "abnegação" dos soldados e sua disposição para morrer, se fosse o caso, "cumprindo seu dever". O decisivo aí não era propriamente a consciência política, mesmo porque "eles não tinham nada na cabeça e nós não tínhamos um programa — era tirar o Bernardes, só". Mais importante era "a fidelidade aos chefes e o orgulho de pertencer à Coluna" e mais "o espírito de aventura [...] esse sentimento de ser uma aventura...".

A velocidade da marcha dependia de muitas condições: terreno, clima, possibilidade de andar à noite, perseguição de inimigos. Lourenço Moreira Lima registrou uma grande variação, com uma média de cerca de 36 quilômetros (cinco léguas) diários. Houve dias de descanso — raros — em que a tropa andava apenas uma légua, ou 6,6 quilômetros. Em outras "etapas" (períodos contínuos de marcha) — excepcionais — podiam andar até treze, ou mesmo quinze léguas (85 a 99 quilômetros).

Segundo a narrativa do secretário, a Coluna tinha uma rotina:

> Acordávamos às quatro horas da manhã. Fazíamos as nossas abluções, tomávamos café e às vezes comíamos um churrasco e começávamos a viajar às cinco da manhã. [...] quando não havia café, servia-se um abundante xibéu, beberagem feita de várias coisas: cravo, canela, erva-doce, limão e de uma variedade imensa de folhas: cajueiro, goiabeira, laranjeira, limoeiro, açoita-cavalo, capim-santo [...] entre dez e onze horas, parada para sestear. Almoçávamos, dormíamos até catorze horas, novo café ou copioso xibéu, e mais marcha até cinco ou seis horas da tarde... Ou seja, oito a dez horas de marcha por dia [...] quando dava, aproveitava-se o luar para a realização de grandes etapas; outras vezes, acampávamos noite feita, para aproveitar aguadas e pasto.

Mas não marchavam apenas homens. A Coluna também integrava algumas dezenas de mulheres, quase todas do Rio Grande do Sul. Prestes bem que tentou proibir sua permanência, ordenando-lhes que não atravessassem o rio Uruguai. Em vão. Na manhã seguinte, já as encontrou montadas e prontas para a etapa do dia. Decidiu, porém, a partir daí, determinar a exclusão de "novas voluntárias". Siqueira Campos "não as suportava, nem mesmo de passagem pelo seu destacamento. Tomava-lhes os animais e as deixava no meio das estradas, sem contemplação, razão pela qual era por elas temido e odiado". Pelas costas, chamavam-no de "olho de gato" ou "barba de arame". Os demais comandantes eram tolerantes com a presença das vivandeiras. O fato é que elas não destoariam nas marchas e nos combates, e ainda muitas sobressairiam como enfermeiras e em outros trabalhos auxiliares.

"Havia as que se mantinham fiéis aos seus amásios e havia também as que borboleteavam de fogão em fogão, levando uma vida de boemia alegre..." Algumas sobreviveram, ficaram com a Coluna até o fim. Entre elas, Lourenço Lima e Ítalo Landucci destacariam a Onça, "mulata rio-grandense, dançarina de maxixe"; a Santa Rosa, que, como algumas outras, teve um menino na marcha e, "vinte minutos depois", já saiu montada; Isabella, a "Pisca-pisca", "Cara de macaco", que também teve filho durante a marcha; Elza, alemã loura e bonita; Hermínia, que, além de enfermeira, potreava e laçava como um gaúcho; e Alzira, considerada meio maluca, que gostava de ficar nua quando provocada pelos soldados. Um dia, avisado de que ela estava aprontando, Prestes mandou três homens trazerem-na. Dali a pouco, eles voltaram de mãos abanando — "disse que só viria nua". Não houve jeito, foi preciso desistir. Muitas seriam assassinadas com requintes de crueldade pelos governistas. Como Ernestina, que ficou escondida numa cidade cuidando do seu homem, o tenente Agenor, cujo pulmão fora atravessado por uma bala. Encontrada, foi trucidada. O mesmo destino teve a Maria Preta, na Paraíba.

E havia ainda algumas crianças, entre doze e catorze anos: Jaguncinho, Aldo, Tibúrcio, Pedrinho e José Tomás. Este último chegou a ser promovido a anspeçada por atos de bravura e "altas qualidades morais".

Foi ao longo da travessia de Mato Grosso que Prestes consolidou sua condição de chefe do Estado-Maior da Coluna. "Sua atividade era inigualável, resolvendo todos os assuntos, dos mais transcendentes aos mais simples... Aparecia em toda a parte, na vanguarda, nos flancos, no centro, na retaguarda." Com o capitão Ítalo Landucci, fazia viagens longas e fatigantes, a cavalo e a pé, percorrendo os destacamentos, conversando com os soldados, conhecendo-os e a suas dificuldades. Ao contrário de outros comandantes, dormia com seus oficiais debaixo de um grande encerado, compartilhando as duras condições — espartanas — da maioria dos soldados. "Os nossos comandantes", diria Landucci, "nos falavam como Jesus: não possuais ouro nem prata, nem tragais dinheiro em vossas cintas, nem alforjes para o caminho, nem duas túnicas, nem calçado nem bordão [...] traziam a carabina e o revólver menos para o mal do que para o bem."

Desde maio, como referido, o chefe da repressão aos rebeldes era o general Bertoldo Klinger, considerado um caso raro de chefe militar competente. À frente de destacamentos das forças públicas do Rio Grande do Sul e de São Paulo, muito bem abastecido de armas, munições e caminhões, Klinger foi pioneiro em perceber a estratégia da "guerra de movimento" adotada pela Coluna.

As escaramuças sucediam-se, mas os rebeldes, aproveitando-se das condições do terreno, escassamente atravessado por rodovias e ferrovias, evitavam combates decisivos, fintando as provocações. Em seus relatórios, Klinger seria um dos primeiros a reconhecer as quase insuperáveis dificuldades no caminho de quem quisesse cercar e destruir a Coluna. Não gratuitamente, em duas oportunidades — em maio e em junho —, proporia a chamada "paz dos bravos" aos rebeldes. No entanto, nos termos em que eram vazadas, as propostas foram consideradas "infames" pelos chefes da Coluna. Na primeira, escrita logo em 21 de maio, o general oferecia, em troca da rendição e da entrega das armas e munições, "livre trânsito para [...] passarem a fronteira mais próxima". Mas apenas aos oficiais e a um décimo das praças.

A respeito, Prestes fez o seguinte relato: "Klinger mandou, em automóvel, um sargento com uma carta [...] que nós consideramos indigna [...] nem demos resposta. Tomamos conta do automóvel, prendemos o sargento e não demos nenhuma resposta".

Mais de um mês depois, em 29 de junho, uma nova proposta: a "oferta" agora incluía somente "plena garantia de vida". Dessa vez, os rebeldes responderam. Em carta datada de 30 de junho, assinada por Miguel Costa, além de insultar Klinger chamando-o de "ex-companheiro" e "traidor" (ele chegara a participar de articulações com os irmãos Távora, tendo sido, inclusive, preso por quatro meses), solicitavam dele que não mais incomodasse "com as vossas cartas tão cheias de orgulho por comandardes valentes esbirros de Bernardes". E a carta terminava com um presságio agourento: "A maldição pelo sangue derramado cairá um dia na consciência dos traidores". Era a guerra, apenas a guerra. Rebeldes e governistas só conversariam através das armas.

Em 23 de junho de 1925, a Coluna entrou em Goiás, os governistas no rastro. No sul do estado, em virtude de uma rede melhor de estradas, as condições de cerco da Coluna tornavam-se mais favoráveis. Passada uma semana, deu-se, na invernada Zeca Lopes, um dos piores combates da marcha. Uma batalha frontal contra caminhões armados de metralhadoras.

Em sua narrativa, décadas depois, Prestes diria:

O Klinger tinha uma potência de fogo muito superior à nossa [...]. Mas resolvemos [...] parar e conter a marcha dos caminhões [...]. Barramos. O Klinger foi obrigado a parar e, nessa noite [...] o Siqueira Campos foi atacar o acampamento dele pela reta-

70

guarda. E se travou um combate sério, mas a potência de fogo do Klinger [...] em cada caminhão, ele tinha duas, três metralhadoras pesadas. De maneira que o desastre foi total. Perdemos aí uns trinta homens, que morreram. Um deles, o capitão Modesto.

Lourenço Moreira Lima registrou a ação do capitão:

[...] reunindo seus homens [...] avançou contra o adversário num arranco admirável de heroísmo, afrontando [...] o fogo terrível que lhe era dirigido e caindo morto [...] O pelotão, porém, não parou. Continuou a avançar, conseguindo apoderar-se de dois carros [...] os outros caminhões concentraram então o fogo das suas metralhadoras contra aqueles, varrendo-os ferozmente, ferindo e matando quantos se haviam apoderado deles e obrigando os restantes a bater em retirada.

Inferiores em forças, os rebeldes cortaram o contato com as tropas governistas, tomando, à noite, o rumo do norte, através de caminhos que não pudessem ser trafegados por automóveis ou caminhões. Na marcha noturna, Prestes caiu num buraco com o cavalo, tendo se machucado bastante. Ficava evidente, mais uma vez, que os rebeldes se dariam mal se tentassem travar combates decisivos.

"Foi um erro", reconheceu Prestes, "porque não adotamos uma tática justa para guerrilhas. Aprendemos que teríamos que ser prudentes e só atacar quando tivéssemos a certeza da vitória. E quando não tínhamos a certeza, então a velocidade de marcha nos garantiria a vitória." "Essa foi a grande lição [...] só deveríamos aceitar combate quando fôssemos mais fortes que o inimigo. E não aceitar combate numa situação de inferioridade."

De fato, em comunicado formulado pelo Estado-Maior dos rebeldes se estabelecia que, "atendendo a que a expulsão do inimigo ou o seu aniquilamento [...] custaria grande sacrifício de vidas além de perigoso dispêndio de munições e considerando que a marcha da Divisão estava plenamente assegurada [...] foi resolvido o levantamento do cerco [às tropas de Klinger] e a continuação da marcha...".

Consolidava-se a concepção da guerra de movimento em oposição à tradição da "guerra de posições", que desempenhara papel-chave na formação dos militares brasileiros nos anos 1920 e 1930.

No lado governista, além de Klinger, alguns outros, poucos, perceberam as implicações da opção estratégica dos rebeldes pela guerra de movimento. O general Pantaleão Teles Ferreira determinou a formação de um Destacamento

Montado de Goiás que adotaria, na perseguição, as mesmas táticas da Coluna. Pouco depois, seria formado um Destacamento Volante, de vida igualmente breve. De modo geral, o Estado-Maior e a maioria dos oficiais governistas continuariam apegados às concepções da guerra de posições. Ao menor sinal de aproximação da Coluna, punham-se logo a cavar trincheiras. Tendiam também a se concentrar nas cidades, temendo que a Coluna se dispusesse a tomá-las de assalto, construindo, a partir delas, como tinham feito em São Paulo, centros de resistência e difusão de suas perspectivas.

Em 5 de julho de 1925, a Coluna chegou à cidade de Rio Bonito, atual Caiapônia, onde houve missa campal, comemorativa do primeiro aniversário da revolução em São Paulo. A Coluna, que já tinha um padre, monsenhor Landell de Moura, remanescente da tropa de Cabanas, reforçou-se com a adesão de mais um: Manoel Macedo. Este, além de sacerdote, era violeiro e chegado aos copos. A rigor, já fora destituído das ordens, mas não se constrangia em continuar oficiando. Mais tarde, doentes, os dois tiveram que se afastar da marcha.

Depois da comemoração, decidiu-se enviar uma missão ao general Isidoro Dias Lopes, solicitando armas e munições, a serem adquiridas na Argentina ou em outro país estrangeiro e entregues em algum lugar do Nordeste. Havia ainda a convicção de que seria possível contar — no Maranhão, no Ceará e na Bahia — com oposições locais e regionais que se formavam contra o governo Artur Bernardes. Caberia aos líderes no exílio acionar e mobilizar essas contraelites e, através delas, fazer chegar apoio material e político à Coluna.

De concreto, porém, um fracasso a mais — a conspiração empreendida no Rio de Janeiro pelo capitão Costa Leite e pelo general Barcelos, abortada, em julho, pela polícia antes que pudesse aflorar.

Livrando-se da perseguição de Klinger, a Coluna tomou o rumo leste, entrando em Minas Gerais com a perspectiva de chegar ao rio São Francisco e, eventualmente, atravessá-lo, se as condições fossem favoráveis. Mas não foi o que aconteceu — o rio estava bem guarnecido e os rebeldes não tiveram nenhum indício de que sua presença pudesse suscitar apoios ou movimentos locais de oposição de qualquer natureza. Ainda assim, causaram estrago, emboscando e pondo em fuga tropas da polícia baiana que transitavam pelo curso d'água. Receosos de cruzar o Velho Chico e emparedar a Coluna entre o rio e o litoral, numa região desconhecida e sem maiores informações, os rebeldes resolveram, depois de percorrer estreita faixa na Bahia, reingressar no estado de Goiás.

Na cidadezinha de Posse, fronteira de Goiás com a Bahia, nos começos de setembro, uma carta a Batista Lusardo, assinada por Miguel Costa, Prestes e Juarez Távora, traçou um quadro revelador da situação e das perspectivas da Coluna. Em quase dois meses, apenas quatro combates haviam sido travados: nos dias 24 e 28 de julho e 6 e 11 de agosto: "Apesar das asperezas da campanha, força é confessar que ela se tem abrandado nos últimos tempos, graças à completa liberdade de ação que nos permitem as forças governistas". E aduziam, irônicos: "A eficiência dos nossos adversários é cada vez menos sensível. Dir-se-ia que adivinham sempre onde não estamos e para aí marcham…".

Apesar da frase de Rondon, segundo a qual o Brasil já atingira a "idade orgânica", repelindo "movimentos subversivos" e condenando "todos os revolucionários", a verdade é que a repressão não estava dando conta daquela rebeldia. Pura incompetência? Concepções ineficazes para combater o "fato guerrilheiro" e a "guerra de movimento"? Corporativismo? Preferência pela tradição da "guerra da saliva"? Tudo isso junto e misturado?

O fato é que o Exército era bastante débil na época, cerca de 36 mil homens. Subtraindo-se a robusta alta oficialidade (651 generais, coronéis, tenentes-coronéis e majores) e quase 5 mil oficiais médios (capitães, tenentes e aspirantes), restavam perto de 5 mil graduados, 4500 soldados engajados e 11 861 conscritos. Para um país de dimensões continentais, não era muito.

Nessas condições, a marcha poderia durar no tempo: "Não é pois absurdo que prevejamos a possibilidade de prolongar esta campanha ingrata indefinidamente [...] sem julgarmo-nos fortes, ousamos confessar que, por meio da exclusiva violência, será difícil ao governo submeter-nos". Uma guerra sem vencidos e vencedores?

Para baixar as armas, os rebeldes propunham "como limite mínimo de nossas aspirações liberais [...] a revogação da lei de imprensa e a adoção do voto secreto [...] com tais medidas, uma natural anistia e a imprescindível suspensão do estado de sítio". E concluíam: "Eis aí as bases para uma paz grata para nós, honrosa para o governo e proveitosa para o país". Uma significativa evolução, pois a queda de Artur Bernardes já não era aludida.

A proposta foi lida na Câmara, mas não comoveu o governo.

O Estado-Maior fixara agora o objetivo de alcançar o Maranhão e, através dele, os estados do Nordeste, de onde vinham informações estimulantes. A Coluna manteve o rumo norte, atravessando o território do atual estado do Tocantins, num percurso relativamente tranquilo, já que nenhuma tropa importante a perseguia, apenas pequenos destacamentos policiais. Vigiavam mais do que procuravam combate.

E foi assim que chegaram a Porto Nacional, às margens do rio Tocantins, em 16 de outubro de 1925. A população local os recebeu cordialmente, desempenhando aí o papel de mediadores os frades dominicanos franceses, em especial o superior, frei José Audrin. Enquanto os soldados se espalhavam pela cidade e arredores, o Estado-Maior dos rebeldes ficou abrigado no convento.

Prestes contaria: "Fomos muito bem recebidos pelos frades [...]. O quartel-general ficou no convento [...] tivemos aí uma boa comida, conservas e vinhos franceses". Mais tarde, frei Audrin não regatearia elogios a Prestes: "De todos os membros do exército revolucionário [...] o coronel Luís Carlos Prestes era o mais ponderado e atencioso para com os nossos sertanejos...".

No pátio interno do convento, que dava para o Tocantins, fez-se uma foto histórica. Na primeira fila, hierarquicamente sentados, os chefes dos quatro destacamentos (Djalma Dutra, Siqueira Campos, João Alberto e Cordeiro de Farias), o chefe e o subchefe do Estado-Maior (Luís Carlos Prestes e Juarez Távora), tendo, ao centro, Miguel Costa, comandante geral da Coluna. Atrás, em pé, mais onze chefes, entre os quais três subcomandantes: Ari Salgado Freire, Trifino Correia e Manuel Lira.

Foram sete dias de descanso e paz. Talvez os melhores, de qualquer maneira únicos, em toda aquela aventura. Um dia, nadando no rio, Prestes quase se afogou, levado pela correnteza. Salvou-o o major Lira, ex-capitão de navio no rio Paraná.

Naquelas lonjuras, pouco ou nada ficaram sabendo da nova tentativa de Honório Lemes de "invadir" o Rio Grande do Sul, derrotado, ainda dessa vez, pelos chimangos.

Como se fazia em todas as vilas e cidades, queimaram-se as listas e livros de cobrança de impostos, sendo igualmente destruídos os instrumentos de tortura: troncos, gargalheiras, palmatórias. Lá se descobriu, preso, acusado de homicídio, um velho homem, negro: João Francisco. Absolvido pelo júri, ele fora, no entanto, condenado pelo juiz que, narra a lenda, estaria bêbado quando redigiu a sentença. Ninguém contestara a decisão para não ofender Sua Excelência. O homem — uma sombra de homem — estava ali fazia em torno de onze anos, os sete primeiros num tronco, os quatro últimos acorrentado. A Coluna passaria em centenas e centenas de vilas, vilarejos e pequenas cidades — nunca deixou de encontrar, nas cadeias locais, instrumentos de tortura. Também nunca foi possível encontrar uma escola — quando havia escolas — mais bem construída que a cadeia local. Em cerca de quinhentas cidadezinhas, vilas e vilarejos, nenhum hospital.

De Porto Nacional, os chefes rebeldes formularam uma proclamação, assinada por Miguel Costa, Prestes e Juarez: "Depois de quinze meses de luta encarniçada [...] iniciada aos 5 de julho, na capital gloriosa de São Paulo, engrossada mais tarde pelos bravos filhos da terra gaúcha...". Afirmavam suas grandes referências: "os princípios liberais consagrados na Constituição", "o cristianismo da cultura brasileira" e "as tradições de generosidade de nossa raça", para reiterar que "os soldados revolucionários não enrolarão a bandeira da Liberdade enquanto não se modificar esse ambiente de despotismo e intolerância que asfixia, num delírio de opressão, os melhores anseios da consciência nacional...". Guerreavam, porém, pela paz: "Queremos a paz e não é senão por ela que, há mais de quinze meses, nos batemos [...] uma paz sem opróbrios, cimentada na justiça, e não a paz sombria e trágica que encobre o vilipêndio das senzalas".

O texto, impresso num novo número de *O Libertador*, incompreensível para o povo comum, era dirigido às elites do litoral. Era com elas que dialogavam os chefes da Coluna. Não teve resposta do governo.

Pouco antes de deixarem a cidade, Miguel Costa recebeu uma carta de frei Audrin. Depois de muitos rapapés, sobre o "cavalheirismo" e a "bondade" e também "a sinceridade das [...] aspirações patrióticas" dos rebeldes e de asseverar que "somos e permaneceremos [...] seus admiradores sinceros e [...] amigos compadecidos e dedicados...", o frade "pedia licença para apresentar algumas observações e formular alguns desejos". Daí em diante, não poupou palavras:

A passagem da coluna revolucionária através de nossos sertões, e por nossa cidade, tem sido lamentável desastre que ficará, por alguns anos, irreparável. Em poucos dias, nosso povo, na maioria pobre, viu-se reduzido à quase completa miséria [...] este humilde povo nenhuma culpa teve nos acontecimentos passados, ignorando até, em sua quase totalidade, os acontecimentos de 1924, em São Paulo e no Rio Grande do Sul.

Embora reconhecendo que "os danos materiais sofridos pela população em gado e animais [...] são apenas uma imposição vexatória, mas fatal, das duras necessidades da Guerra", e admitindo a "elevada disciplina" e o "respeito aos lares" demonstrados pelos rebeldes, o frade "deplorava tais prejuízos" e contra eles protestava. E encerrava, citando os apóstolos: *Non possumus non loqui* ("Não podemos deixar de falar").

Em sua resposta, assinada por Miguel Costa, Prestes e Juarez, os rebeldes ressaltavam sua honestidade de propósitos e reconheciam que o povo era realmente "a vítima mais sacrificada".

A carta do frade punha o dedo numa grande ferida, a das complexas relações entre a Coluna e os habitantes das regiões por onde passava. Os rebeldes queriam "salvar o país e o povo", e arriscavam sua vida, mas subestimavam, desprezavam ou simplesmente ignoravam as condições desse mesmo povo, o que se torna evidente nas variadas observações do secretário da Coluna. Ao se referir a uma numerosa família negra que hostilizou a passagem dos rebeldes em Mato Grosso, prováveis remanescentes de antigos quilombos, comentou: "Pobres negros papudos, um verdadeiro fim de raça, extinguindo-se naquelas brenhas". Lamentando o pouco apoio popular, alternava expressões de ressentimento e de crítica: "Os nossos patrícios, que viviam sob o azorrague das oligarquias, conservaram-se nas suas casas ou escondidos nas brenhas, enquanto nos batíamos..."; "Este afastamento [entre a Coluna e o povo] foi a resultante lógica da profunda e inominável ignorância dos nossos sertanejos, que são inteiramente destituídos de patriotismo"; "No interior, o povo é semibárbaro, não tendo noção nítida da Pátria [...] acostumado a ser esmagado [...] encara o seu esmagamento secular como uma fatalidade do Destino [...] a sua alma de vencido não lhe permite as atitudes nobres de revolta que levanta os corações dos fortes diante da brutalidade das derrotas".

Lourenço Moreira Lima não economizava baldões:

O povo [...] não possui a menor noção da sua personalidade e dos direitos inerentes ao homem livre [...] é uma massa amorfa que não tem ideia de liberdade, um verdadeiro rebanho de brutos, vivendo uma vida puramente vegetativa [...] é um simples ajuntamento de párias, guiados pelos impulsos inconscientes dos instintos inferiores [...] o sertanejo, evidentemente, estacionou nos degraus inferiores da escala ascendente da civilização.

De vez em quando, bem-humorado, formulava comentários benevolamente racistas, bem na tradição brasileira: "O soldado Henrique, um preto paulista de vinte anos, magro vivaz como um grande macaco, repicava os sinos com um entusiasmo frenético...". Ou quando debochava dos "erros de linguagem" dos iletrados: *gunverno*, *dereitos*, e assim por diante.

Irritava a Coluna ver o vazio se formando à sua frente. Era constante encontrar vilas e pequenas cidades abandonadas pelos habitantes, que fugiam apavorados com a chegada dos rebeldes. De tudo se fazia para apaziguar as gentes, mensagens e mensageiros eram enviados, garantindo tranquilidade e ordem, e apelando para que as pessoas permanecessem em suas casas, sendo esta a melhor atitude para preservar os próprios bens. Debalde. Em grande parte dos casos "as populações fugiram para os matos, ou se colocaram ao lado do governo [...] foi ridículo o número de voluntários que se nos apresentaram...". Nesse caso concreto, a queixa não procedia, porque o próprio Estado-Maior rebelde definira um tamanho ótimo para a coluna, que não devia ser ultrapassado, para não prejudicar a velocidade das marchas. Por outro lado, considerada a escassez de munições, de nada valeria aumentar os efetivos além de certa medida.

Prestes, décadas mais tarde, reconheceria que "a adesão [dos lavradores] foi muito pequena [...] eles viam que estávamos lutando contra o inimigo deles [...] mas não tinham perspectiva. Achavam que éramos loucos, uns aventureiros [...] que estávamos sonhando...".

Outra questão que atormentava os rebeldes era a escassez de mapas e de informações sobre o terreno em que pisavam. Mais de uma vez, tal ignorância geraria problemas, inclusive pondo em risco a sua sobrevivência, o que se tentava compensar com as pessoas que iam sendo encontradas pelos caminhos e que poderiam servir, pelo conhecimento que tinham, de guias ou de "vaqueanos".

Mas extrair informações daquela gente não era fácil: "Lutávamos com as maiores dificuldades para obter informações [...] não só pela má vontade de quase todos os vaqueanos [...] como também pela inacreditável ignorância dos pobres matutos, que mal sabem falar [...] e o medo que inspirávamos [...] pela timidez que se apodera dos humildes e rústicos quando se acham na presença de pessoas que reconhecem ser superiores...".

Sem falar nas dificuldades de comunicação: "O linguajar dos tabaréus era quase enigmático para a maior parte dos oficiais". Quando não havia má-fé: "Muitos, de propósito, fingiam ignorar os caminhos, ou então os ensinavam erradamente…". Nesses casos, os rebeldes podiam recorrer a ameaças, intimidações e castigos físicos. Ou à "coação", como admitiu Cordeiro de Farias. Mesmo os que colaboravam podiam ser amarrados em troncos de árvore, à noite, para não fugirem.

Na arte de bem conversar com os sertanejos, destacavam-se, segundo o secretário da Coluna, Miguel Costa, Prestes, João Alberto e Juarez. Já Siqueira Campos, Djalma Dutra, Cordeiro de Farias e Ari Salgado Freire tinham "mão dura" com os recalcitrantes. Todos eles, porém, e mesmo Prestes, eram "pessimistas acerca da nossa gente".

Entre os rebeldes e o povo do interior, um abismo cultural, de mal-entendidos e de incompreensões. Aliado à violência desabrida, inerente a qualquer conflito armado, ele geraria frequentemente atos arbitrários contra as populações que iam sendo encontradas pelo caminho, os chamados "excessos" — pequenos e grandes roubos, assédio sexual e mesmo estupros, além de "represálias" de toda sorte contra "fujões" ou atos de resistência, armados ou não.

Piores eram os praticados pelas forças da repressão. Constituídas quase sempre pelas forças públicas, ou por tropas arregimentadas pelos senhores de terra — compostas pelos chamados "jagunços" —, barbarizavam as populações, atribuindo seus crimes aos rebeldes. Totó Caiado, grande senhor de terra de Goiás, inauguraria um padrão que mais tarde seria retomado, em larga escala, pelos senhores do Nordeste, e da Bahia em particular, com seus "batalhões patrióticos": roubava e pilhava, vendendo depois o produto do saque em mercados legais e ilegais. O próprio Bertoldo Klinger escreveria relatórios denunciando o latifundiário e solicitando a dissolução de suas "tropas". E ainda havia os bandidos, que, nessas circunstâncias, sempre aparecem para tornar mais penosa a vida das pessoas comuns.

No meio daquele furacão de violências, os chefes rebeldes bem que tentavam distinguir-se. Assim, quando procediam às "requisições", tinham sempre o cuidado de restringi-las ao máximo, além de passar o devido "recibo" para que fosse, mais tarde, cobrado do "governo revolucionário". Falavam aos soldados para não esquecerem "de que lutamos pelo bem do povo humilde e laborioso de nossa Pátria, cuja fraqueza tem sido explorada e escarnecida pela brutalidade dos maus governos…". Para coibir os abusos, determinou-se uma série de disposições, divulgadas no sentido de proteger as populações: "Somente os comandantes de destacamentos ou oficiais, com ordem escrita deles, poderão penetrar em casas, habitadas ou não"; "As roupas, as joias e o dinheiro dos particulares, em hipótese alguma, poderão ser requisitados [...] é falta gravíssima o desrespeito às senhoras e principalmente os atentados ao pudor [...] é crime gravíssimo atirar sobre civis pacíficos ou maltratá-los pelo fato deles fugirem ao avistar nossas forças [...] somente contra os que nos agredirem, temos o direito de voltar as nossas armas...".

Prestes era intratável e muito rigoroso com abusos cometidos contra as pessoas indefesas, em particular os relativos aos "atentados ao pudor". Ao longo da marcha, não faltaram punições que compreendiam advertências, castigos de diversa natureza, a exclusão da Coluna, o que às vezes significava o fim, pois, se os expulsos fossem apanhados pelas forças da repressão, não escapariam com vida.

Seria problemático, porém, caracterizar como "iguais" os rebeldes e as tropas mobilizadas para dar caça à Coluna, como se fossem "dois demônios". Contudo, fato era que a passagem desta frequentemente infernizava as gentes. No final, baixada a poeira das cavalhadas — dos rebeldes, da repressão e dos bandidos —, o povo, como dizia frei Audrin, "na maioria pobre", via-se reduzido "à quase completa miséria".

No início de novembro, a Coluna enfim entrou em terras maranhenses. Havia grandes esperanças de encontrar ali apoios, graças a rivalidades de potentados locais ou regionais com o poder central. Germinava, mais uma vez, como em Mato Grosso, a ideia de fazer do estado um baluarte da "revolução". Uma nova "base fixa"?

Paulo Kruger chegou a ser enviado em missão para articular as oposições a Bernardes, em especial no Partido Republicano Maranhense, nas pessoas do desembargador Deoclides Mourão e do médico Tarquínio Lopes Filho. Sua prisão em Grajaú, no entanto, prejudicou o projeto, o que não impediu Juarez de escrever várias cartas, em nome do Comando, a personalidades de oposicionistas, na vã tentativa de incentivá-las a uma sublevação.

O jornal da oposição em São Luís abriu páginas de louvações à Coluna. É preciso lembrar que Urbano Santos, ex-governador do estado, e na época ainda personagem influente, fora eleito vice-presidente de Artur Bernardes. Assim, a luta política no Maranhão reproduzia, em escala regional, contradições nacionais das quais os rebeldes eram protagonistas.

A recepção em Carolina, centro importante no sul do estado, foi também de grande entusiasmo. Ainda no caminho, os rebeldes receberam amistosa carta assinada por líderes locais garantindo ajuda e boa acolhida na luta comum por uma "República sã e moralizada". A euforia tomou conta da cidade. Segundo Prestes, havia "sensação de vitória — pensavam que íamos ganhar", e de tal forma que "vinham nos pedir emprego. Queriam emprego público e vinham pedir à direção da Coluna". Em 19 de novembro, como sempre faziam, queimaram na praça pública "talões e listas de cobrança de impostos", além de libertar os presos e de destruir os instrumentos de tortura. A cerimônia foi precedida do hasteamento do "pavilhão nacional", ao som do Hino à Bandeira, e da distribuição de mais um número de *O Libertador*.

Houve no Maranhão algumas notáveis adesões, como a do lavrador Manoel Bernardino, conhecido como o Robin Hood ou o Lênin do Sertão, socialista e espírita, e a de Euclides Neiva. Com eles, 250 homens integraram-se no destacamento de João Alberto, "armados de Winchester e municiados". Não à toa, Ítalo Landucci diria que "o Maranhão foi o estado que mais contribuiu em homens e recursos [...] ali a coluna teve sua época áurea".

A despeito dos sucessos, ficou logo evidente que não havia forças suficientes para fazer do estado uma base sólida de resistência ao governo central. Notícias do Ceará, contudo, da família Távora, indicavam que lá, sim, os rebeldes poderiam encontrar o apoio que procuravam.

Decidiu-se assim rumar para aquele estado. Em três segmentos, a Coluna dirigiu-se para o rio Parnaíba. "Foi uma [...] divisão estratégica", argumentou Prestes. "Uma parte ficou comigo, na direção do rio das Balsas, que corre no sul do Maranhão [...] uma segunda [...] mais ao norte, comandada pelo Siqueira Campos [...] [visou] [...] Floriano [a segunda cidade no Piauí]. E a terceira [...] comandada pelo João Alberto [...] pelo centro."

Antes de a Coluna sair do Piauí, entretanto, ocorreu um episódio que bem exprime o tipo de relação que Prestes estabelecia com os soldados. Foi no arraial de Loreto, em 3 de dezembro, segundo narrativa de Lourenço Lima. Houve ali uma "baderna" de soldados. Chamado, Prestes enfrentou-os com serenidade e firmeza, exigindo que o chefe deles, um sargento, lhe entregasse a arma. Mesmo ameaçado por este e pelos demais, mantendo a calma, conseguiu que fossem desarmados e postos na cadeia. Miguel Costa queria puni-los com severidade, mas Prestes sugeriu outro caminho. Identificando como causa do mau comportamento dos soldados o seu chefe imediato, Benício dos Santos, um gaúcho mal-afamado, autorizou, no dia seguinte, que todos fossem soltos e voltassem ao acampamento. Em seguida, ordenou uma marcha de flanco e, apenas acompanhado por um ajudante de ordens, colocou-se na chefia de uma "marcha punitiva" com aqueles homens. Assim, "amansou alguns dos mais selvagens espíritos da Coluna".

Ao se aproximarem de Benedito Leite, às margens do Parnaíba, cidade maranhense em frente a Uruçuí, já no Piauí, teria havido, de acordo com os governistas, uma das maiores batalhas da história da Coluna. Com um detalhe: ela não aconteceu.

Narrando o episódio, Prestes recorda:

> [...] tínhamos informação de que, em Benedito Leite, estavam 2300 homens. [...] O nosso piquete de vanguarda teve um contato com um piquete de exploração deles [...] às quatro da tarde. Houve tiroteio [...] e o piquete deles recuou. Nós não pretendíamos atacar [...] então, aproximamos o mais possível de Benedito Leite e tomamos a direção Norte, em direção ao rio Parnaíba.
>
> No dia seguinte [...] os moradores nos informaram [...] que, durante a noite, tinha havido um tiroteio tremendo. [...] Atiraram nas sombras. Gastaram toda a munição. É significativo [...] à meia-noite, a munição [...] acabou.

Sem munição, o chefe, Jacob Manoel Gaioso e Almendra, resolveu fugir com as tropas no único barco disponível. Foi uma debandada. Os que não puderam entrar tentaram atravessar o rio a nado. "Morreu gente afogada [...] um verdadeiro desastre." Mais tarde, quando chegaram a Floriano, os rebeldes descobririam um telegrama de Gaioso ao governador do estado, no qual dizia que "o combate tinha sido uma coisa formidável, que os revolucionários vinham morrer nas trincheiras e que, à meia-noite, ele ficou sem munição. Então, retirou".

Em nova edição de *O Libertador*, os rebeldes estampariam em primeira página "o telegrama de Gaioso e a nossa grande vitória em Uruçuí". Uma grande fuga, referida mordazmente por Prestes: "Quando eles retiraram [...] saímos atrás deles. Foi a maior perseguição que já houve: são trezentos quilômetros de corrida do Gaioso, descendo o rio, e nós acompanhando por terra, até bater em Teresina".

Enquanto as tropas governistas se concentravam na capital do estado, na expectativa de que os rebeldes desejariam tomá-la, estes acampavam em Floriano, uma segunda pausa, como em Porto Nacional. Oito dias de descanso.

Em fins de dezembro de 1925, Teresina encontrava-se praticamente cercada.

Prestes recorda: "Em Teresina estavam 4 mil homens [...] eles fizeram uma trincheira [...] ligando os rios Poti e Parnaíba. E nessa trincheira, à noite [...] todas as noites, era um tiroteio tremendo". João Alberto comentaria ironicamente: "Decididamente, estão gastando toda a nossa munição". Mas os rebeldes, embora tivessem pensado no assunto, não tinham condições para desferir nenhum ataque decisivo contra a capital do Piauí.

No último dia do ano, uma perda: Juarez Távora, subchefe do Estado-Maior, caiu preso numa ação de reconhecimento na margem do rio Parnaíba, entre Areias e Caieiras. Uma história controvertida. Mau cavaleiro, seu animal teria empacado e tomado direção oposta à que ele queria, indo parar nas mãos dos governistas? Ou, vítima de dolorosa doença renal, teria se entregado para receber o necessário tratamento?

Prestes defende a primeira hipótese: "Há muitos boatos de que ele se entregou [...] mas tudo isto é falso. Ele era desastrado, mas não um covarde, absolutamente. Ele foi até a vanguarda para dar ordem de retirada. E aí o inimigo cercou e atacou. A vanguarda conseguiu escapar, mas o Juarez teve dificuldade de montar a cavalo e foi preso". Entretanto, na pesquisa feita por Domingos Meirelles, testemunhas afirmaram que "Juarez, ao se entregar, revelou que estava muito doente e necessitava ser medicado com urgência". Outro autor, Higino Cunha, citado por Meirelles, também confirmaria que Juarez "entregou-se por estar sofrendo de cistite". Foi um choque.

Diga-se, a favor de Juarez, que, da cadeia, escreveu uma carta a Prestes solicitando que a Coluna não atacasse Teresina. Implicitamente, para assustar o inimigo, dava a entender que as forças da Coluna eram muito superiores. Serviu de correio o bispo do Piauí, d. Severino Vieira de Mello. Prestes, consultados Miguel Costa e os comandantes de destacamento, retrucou que o ataque só não seria feito sob duas condições — a libertação de Juarez e a não perseguição da Coluna. Negando a primeira, os governistas aceitaram a segunda, o que deu latitude aos rebeldes para marchar para o Ceará com tranquilidade. Disso muito precisavam: a essa altura, cerca de 60% dos soldados estavam devastados pela sarna e pelo paludismo. Mas, com Juarez, perdia-se um elo importante de articulação com as oposições cearenses, cuja suposta existência, até aquele momento, incentivava os rebeldes na marcha para o leste.

Em Natal, pequena cidade do Piauí, atual Monsenhor Gil, outro encontro, contudo, encorajaria os rebeldes. Apareceram ali o capitão Waldemar de Paula

Lima e o jornalista Josias Carneiro Leão. Vinham, em nome do histórico dirigente comunista, Cristiano Cordeiro, e do tenente Cleto Campelo, anunciar uma conspiração, em curso nas cidades de Paraíba, atual João Pessoa, e do Recife, planejada para explodir em meados de fevereiro. Marcou-se, então, para 12 desse mês, encontro em Triunfo, no interior de Pernambuco. Se a "revolução" tivesse êxito, os rebeldes em marcha batida iriam para o litoral. Em caso de insucesso, os derrotados se integrariam à Coluna para reforçá-la. Foi aprovada uma mensagem aos revolucionários de Pernambuco em que apareciam palavras e expressões inusitadas — ainda não haviam sido mencionadas, e não voltariam a ser repetidas na longa trajetória da Coluna: "Chegou o momento de pegar em armas, desfraldando [...] a bandeira vermelha da revolução nacional". Num dos itens de uma espécie de "programa comum", previa-se a garantia de "completa liberdade de pensamento [...] e a mais ampla liberdade de ideias socialistas e comunistas, bem como de organização de sociedades e partidos operários, sem a indébita e vexatória intervenção policial".

Esses episódios ocorreram nos primeiros dias de janeiro. Em 3 desse mês, Prestes completou 28 anos. Disse a Ítalo Landucci: "Hoje é meu aniversário. Tenho no alforje umas bananas, vamos comê-las?". Haviam feito uma marcha de mais de cem quilômetros, efetuando "ligações", que permitiram, como planejado, concentrar as forças rebeldes. A longa barba e os olhos profundos e tristes davam-lhe uma aparência de muito mais velho. Mas, "com o sorriso habitual", o comportamento e a atitude evidenciavam um homem amadurecido.

Retomada a marcha, em 20 de janeiro, na vila de Riachão, atual Monsenhor Hipólito, ainda no Piauí, Prestes foi promovido a general de brigada. Nos considerandos que justificavam a promoção, Miguel Costa enalteceu "a bravura, inteligência, dedicação, abnegação, capacidade de comando, estoicismo e desinteresse pessoal que provocaram justamente a admiração deste Comando, da tropa, de seus companheiros e, sobretudo, da quase totalidade dos 35 milhões de almas que povoam o Brasil, o qual o considera com o posto de general, e assim o trata...".

O nome de Prestes começava a se tornar um mito: "seu estoicismo sem alardes [...] a retidão de sua Justiça" suscitavam, nos soldados, "uma afeição decidida e desinteressada, capaz dos maiores sacrifícios". "Mais um amigo [...] no qual se confia em absoluto, do que como chefe." Lendas corriam a seu respeito. Que era "um adivinho, dotado de poderes extraordinários, um mestre da magia — num piscar de olhos, fabricava milhares de cartuchos, apenas esfregando as mãos". Os rebeldes teriam o "corpo fechado" por uma feiticeira, a Tia Maria, que dançava nua diante das metralhadoras e ao som de um flautim. E traziam consigo ninguém menos que a princesa Isabel. Atravessavam os rios com um "aparreio de mangaba" que estendiam sobre as águas, e tinham uma rede de apanhar cavalos e homens, "não havendo vivente que lhe escapasse...". A velocidade da coluna devia-se ao fato de que os rebeldes "só comíamos as partes dianteiras do gado para andarmos depressa".

Em 22 de janeiro, a Coluna entrava no Ceará. "Terminara o passeio", como diria o cronista, para se referir aos dias duros que, daí em diante, haveriam de vir.

4. O sertão não vira mar: a retirada

No Ceará ingressaram cerca de 1500 homens, montados e equipados, mas ainda com escassa munição. Sobrava disposição de luta, pois o clima seco e quente curou a sarna e o paludismo, porém a desarticulação das oposições no estado evidenciou o isolamento político e social em que se encontravam. Novos reveses se seguiram na forma de deserções. Como ocorrera já em outras oportunidades, muitos que haviam aderido no Maranhão ou no Piauí não se sentiram encorajados a atravessar o Nordeste. Assim, a Coluna perdeu Manoel Bernardino, o Lênin do Sertão, e, mais grave, Batista Santos, um político de Goiás que teria denunciado às forças governistas, mais tarde, os planos revolucionários, inclusive as articulações na Paraíba e em Pernambuco.

Enquanto as tropas do Exército, como sempre, concentravam-se e se entrincheiravam em Fortaleza e nas cidades mais importantes, os grandes senhores de terra mobilizavam-se, contando com generosos subsídios do governo central. Narra a lenda que um deles, Floro Bartolomeu, recebeu mil contos em fundos e mais um trem carregado de munições. Conseguiram envolver até mesmo o padre Cícero, que, embora protestando neutralidade, acabou contribuindo para isolar ainda mais os rebeldes, ao lhes fazer propostas de paz que, de fato, significariam uma rendição sem condições. Em carta de 26 de fevereiro, o santo homem não media as palavras: "O caminho que seguis vos vai conduzindo a um inevitável abismo", porque almejam resultados "provadamente impossíveis". Conclamava os rebeldes a refletirem "na viuvez e na orfandade que [...] se espalham por toda a parte" e na "fome e na miséria" provocadas pelas suas ações. Previa para eles a "ruína moral" e a "ruína material", porque estariam passando "perante a maioria de vossos compatriotas, por celerados comuns, já se vos tendo comparado [...] aos mais perigosos facínoras do Nordeste". Terminava a carta solicitando aos rebeldes que deixassem a luta em favor de "uma paz abençoada por Deus, bendita pela Pátria e aclamada pelos concidadãos". Seguiu-se, no mesmo movimento, a sagração de Lampião como capitão do Exército patriótico do padre Cícero. No entanto, apesar de ganhar benesses, armas e munições, e a nova patente, muito simbólica, não combateu nunca os rebeldes. Registre-se que, mais tarde, na Paraíba, um primo dele, tendo sido vaqueano da Coluna, ofereceu-se para mediar um encontro mas a proposta foi recusada.

Uma relativa inércia marcaria igualmente as milícias formadas no Ceará pelos senhores de terra. Muito barulho, muitas prebendas e subsídios, mas pouca ação. O que não significa que não cometiam atrocidades várias e pesadas. Lourenço Lima as descreveu: "As tropas bernardescas [...] arrasavam as propriedades e cometiam as maiores violências contra os habitantes, furtando, roubando, incendiando, estuprando mulheres e matando os homens com uma ferocidade inaudita". Um padrão definido e que se manteria.

Deu-se continuidade, assim, a uma concepção de luta já ensaiada em Goiás. Em vez do Exército patriótico do padre Cícero, ou mesmo das forças públicas, lançar contra os rebeldes tropas civis, os chamados "batalhões patrióticos", armados e municiados pelo governo central, mas liderados pelos grandes senhores, também agraciados com patentes da Guarda Nacional. Além de consolidar alianças regionais, tinha a vantagem de conferir à perseguição maior eficácia potencial. Com outro nível de sistematização, a concepção seria praticada, como veremos, e em larga escala, a partir da Bahia. Mas já então João Alberto registraria: "Começando no Ceará, sentimos os efeitos de uma resistência obstinada à nossa marcha por parte da população".

Os rebeldes ingressariam em 3 de fevereiro no Rio Grande do Norte, em cujo extremo sudoeste passariam apenas dois dias. Exasperados com a hostilidade dos habitantes, saquearam São Miguel, pequeno burgo de 1300 habitantes, e o arraial de Luís Gomes, causando prejuízos vultosos, segundo queixas dos nativos.

No dia 5, a Coluna entrou na Paraíba. Lançou-se, então, um manifesto "Ao povo paraibano", que exprimia bem suas ideias e referências:

Por ordem do Marechal Isidoro Dias Lopes, generalíssimo do exército revolucionário da República, e de acordo com o manifesto da Junta de São Paulo, publicado em julho de 1924, desfraldamos a bandeira revolucionária nas terras paraibanas. [...] temos em mira [...] a libertação de nossa cara Pátria, o prestígio da lei e do direito suprimidos pela tirania Bernardesca; o acatamento à Constituição eclipsada pelas nuvens densas dessa noite tenebrosa que envolve o Brasil; o esmagamento completo da política profissional que reduziu o povo brasileiro à condição de escravo. [...] Aqui estamos em obediência às ordens do general Miguel Costa e do Coronel Prestes, chefes do grande exército do Norte [...] não somos bandoleiros, somos combatentes leais e desinteressados de uma causa santa, de uma causa que resume as mais ardentes esperanças da nossa nacionalidade.

Nos vivas finais, eram referidos o povo paraibano, o marechal Isidoro, o dr. Assis Brasil e a revolução brasileira. A proclamação era assinada por Miguel Costa, Prestes e pelos dois chefes da conspiração no estado: os tenentes Aristóteles de Souza Dantas e Lourival Seroa da Mota.

O texto, mais uma vez, tinha escassas possibilidades de ser compreendido pelo povo do sertão. Este, aliás, não era o seu objetivo. Referências históricas e políticas e o estilo retórico evidenciavam o interlocutor desejado: as elites sociais das cidades do litoral. Também é interessante registrar a ênfase nas hierarquias militares. Era "em obediência a ordens" dos chefes que os rebeldes lutavam. Ainda, as patentes eram sempre lembradas, inclusive na assinatura do manifesto. Havia ali, como observou Macaulay, uma inflação de galões: para cerca de 1300--1500 homens, um major-general (Miguel Costa), um general de brigada (Prestes), dois coronéis (Siqueira Campos e João Alberto), dois tenentes-coronéis (Cordeiro de Farias e Djalma Dutra), sem falar no coronel honorário Manoel Bernardino, o Lênin do Sertão, que, a essa altura, já abandonara as fileiras.

No mesmo dia 5 de fevereiro foi desbaratada a conspiração paraibana, liderada pelos tenentes Souza Dantas e Seroa da Mota. Os rebeldes ainda ignoravam que, em 18-19 de janeiro, uma outra, em Aracaju, chefiada pelo tenente Maynard Gomes, também fracassara. A barra estava ficando mais pesada, conforme comentou Ítalo Landucci: "Na Paraíba, fomos rudemente caçados e não combatidos".

Restava agora o Recife. Mas, antes de a Coluna entrar em Pernambuco, houve o massacre de Piancó, na Paraíba, em 9 de fevereiro de 1926. Tratava-se de uma pequena cidade do sertão. Ali havia se entrincheirado Aristides Ferreira da

Cruz, chefe político local, deputado estadual e ex-padre, com seus homens de mão e outros, recrutados nas vizinhanças, além de reforços policiais. De acordo com Prestes, ele confundira as tropas da Coluna com grupos de bandoleiros e resolveu recebê-los à bala.

Segundo os soldados do destacamento de Cordeiro de Farias, então na vanguarda, Aristides Cruz, para atrair os rebeldes, mandara desfraldar bandeiras brancas nas janelas das casas, em sinal de paz. No entanto, mal entraram na única rua do vilarejo, acertou-os um fogo cruzado. Os homens de Cordeiro, indignados, cercaram o lugar e desferiram o ataque. Foi uma batalha difícil, "seis horas de luta sangrenta. Com muitos mortos e feridos de ambos os lados".

Cordeiro de Farias, décadas depois, diria em seu depoimento: "As primeiras balas mataram à queima-roupa seis homens que vinham comigo desde o Rio Grande [...] isso me provocou um ódio incontrolável [...] ninguém evita o ódio numa situação daquelas. Perdi entre trinta e quarenta soldados em Piancó [...] que nos acompanhavam desde o Rio Grande e São Paulo".

O ex-padre resistiu como pôde e, afinal, entregou-se com alguns de seus homens, sobreviventes. Foram, então, mortos sem piedade. Narra a lenda que alguns foram degolados na tradição gaúcha, os corpos atirados numa vala cheia de água. Outros, depois de amarrados a cavalos e arrastados até morrer, foram deixados para os urubus.

Antes de morrer, Aristides ainda recebeu uma coronhada no rosto e uma punhalada no ombro direito. Em seguida, cortaram-lhe a carótida. E um dos rebeldes o castrou, enfiando-lhe na boca os testículos... Um dos protagonistas do episódio, segundo Domingos Meirelles, o soldado Nelson Pereira de Souza, o Bamburral, localizado em Corumbá, confirmou a degola e a castração.

Em seu relato, Prestes sustentou que o ex-padre e seus homens teriam sido fuzilados. Mas reconheceu que "havia soldados — depois eu ainda vi — que, quando entravam na cidade e viam o corpo do sargento [Laudelino Pereira da Silva], iam meter a espada lá na cara do cadáver, lá no olho do padre, de tão indignados que estavam. Sabe o que é a indignação [...] quando morre um companheiro querido?". Também houve ali uma espécie de represália — não poucos soldados da Coluna, inclusive mulheres e crianças, tinham já sido degolados e escorchados pelos governistas. Exprimindo a indignação dos rebeldes, Siqueira Campos teria determinado que "os presos teriam a sorte decidida pelos soldados que os prendessem".

Seja como for, não foi um dia de glória para a Coluna, e as forças governistas iriam, naturalmente, explorar à exaustão o episódio, camuflando as próprias atrocidades e as atribuindo aos rebeldes... como "provado" em Piancó.

Sem embargo, Cordeiro de Farias sustentaria que "o padre tinha inimigos em toda aquela região. Então, começamos a receber manifestações de regozijo por termos acabado com ele". Numa ousada interpretação, e generalização, do acontecido, houve quem dissesse, como Anita Prestes, que, "a partir do episódio de Piancó, o prestígio da Coluna viria a crescer no Nordeste". Já existiam trovas circulando pelo sertão, nas quais se misturavam admiração, horror e temor.

Em 11 de fevereiro, a Coluna entrou em Pernambuco. A situação logo começou a ficar feia, pois a região em que pisavam agora era relativamente bem dotada de estradas de rodagem. Agravando o quadro, como se soube pouco depois, a conspiração liderada por Cleto Campelo havia sido desbaratada. Os rebeldes retiraram-se do Recife, tomaram Jaboatão e de lá partiram de trem para o interior. Mas, por infelicidade, Cleto acabou morto num choque em Gravatá, alcançado, involuntariamente, por um soldado da própria tropa. Desorientados, os remanescentes, liderados por Waldemar de Paula Lima, embrenharam-se no mato, mas foram cercados e mortos, todos degolados, em Tapada. A ferocidade dos governistas era, como sempre, indescritível. Chegavam a desenterrar cadáveres, expondo-os aos urubus. Assim, a ideia acordada no Piauí, de fazer junção com a Coluna, malogrou.

Em certo momento, ataques dos governistas ameaçaram dividir a Coluna ao meio. "Prestes, entrevendo a extensão do desastre, não perdeu a calma [...] serenamente, improvisou [...] uma defesa de emergência, expediu ordens de retirada [...] esperou a retaguarda e, com todos, seguiu por um caminho acidentado. Meia hora depois, a situação estava salva." "Passada a crise", continuou a narrar Ítalo Landucci, "perguntamos a Prestes [...] o que o fez escolher o caminho certo. Foi o resultado de uma rápida decisão, disse-nos." Prestes, de fato, era um homem de "resoluções imediatas". Gostava de dizer: "Vale mais uma decisão rápida, embora errada, do que outra tardia e certa".

O fato é que o oeste de Pernambuco era uma armadilha que se fechava. Urgia sair dali. Tomou-se a decisão de atravessar o rio São Francisco e entrar na Bahia. Os rebeldes esperavam, também ali, aproveitar-se de contradições locais e regionais com o poder central. Além disso, haviam recebido dos líderes exilados indicações de que no estado encontrariam gente que lhes forneceria as armas e as munições de que tanto necessitavam. Mas não seria fácil sair de Pernambuco, pois o cerco apertava e o governo, informado, já mobilizava tropas e barcos para impedir a travessia do Velho Chico.

Salvaram a situação o conhecimento do terreno — obtido graças a informações prestadas pelos habitantes — e a ousadia de Prestes, que previu uma série de manobras arriscadas que desorientariam os inimigos, compreendendo um arco de quase 152 quilômetros, "através de caatingas, por veredas terríveis, com atoleiros quase intransponíveis", debaixo de uma chuva torrencial e fazendo marchas noturnas. A descrição de Lourenço Moreira Lima, mais uma vez, impressiona:

> Atravessamos o atoleiro durante a noite. Penetrei nesse tremedal às sete horas da tarde, somente conseguindo sair dele às duas da madrugada. Marchávamos a pé, enterrando-nos [...] até quase a barriga. Os animais [...] atolavam-se a cada passo, dando um trabalho indescritível para serem salvos. As padiolas eram levadas à mão e as cargas conduzidas nos ombros dos soldados. Descansávamos de quando em vez, para conseguir romper aquele grande lamaçal e ao chegarmos à fazenda Brejinho, estávamos quase exaustos pelos esforços despendidos naquela penosa travessia, de cuja brutalidade é difícil dar uma ideia perfeita.

O Velho Chico foi, afinal, cruzado, segundo o secretário da Coluna, no dia 25 e na madrugada do 26 de fevereiro entre o lugar Várzea Redonda e a cidade de Jatobá, seguindo uma "ordem de operações", de 24 de abril, assinada por Prestes e que previa meticulosamente a difícil travessia. "Uma calamidade", disse Ítalo Landucci. Mais uma vez, evidenciou-se, então, a resistência de Prestes, na direção dos trabalhos, horas e horas sem se alimentar e sem se queixar, animando a todos com o tradicional provérbio: "Querer é poder". E o que tinha que ser feito foi feito, iludindo as forças governistas, concentradas mais ao norte.

No dia 26, a Coluna estava do outro lado do São Francisco, os pés firmes no estado da Bahia. Cerca de 1200 homens e poucas dezenas de mulheres. Quanto aos cavalos, grande parte não atravessou o rio, e os poucos disponíveis foram cedidos aos feridos e doentes. Dali para a frente, teriam que andar a pé ou capturar jumentos.

Prestes comentou:

> Quando havia falta de cavalo, eu era o primeiro a dar o meu para o doente, para o estropiado [...] e marchava a pé. E era útil para mim, porque eu, marchando a pé,

90

tinha contato com toda a fileira de homens. Às vezes, eu organizava a retaguarda, depois ia marchando, passando pela coluna inteira até alcançar a vanguarda. Com isso eu falava com todos os soldados. Conhecia todos eles, de nome e apelido também [...] todos eles tinham nome e apelido.

Na Bahia, contrariando as expectativas, embora houvesse ali um histórico de desavenças e lutas entre senhores regionais e locais e o poder central, não foi possível suscitar nenhum esboço de aliança, nenhum apoio. Em contraste, a realidade da caatinga: "com sua estranha vegetação de espinheiros e touceiras intermináveis de xiquexiques, macambiras, cabeças-de-frade, um confuso emaranhado de espinhos compridos, ou recurvos como unhas de gatos, que agarravam e feriam. Nela entramos e nela sofremos".

A Coluna, quebrando para sudoeste, atravessou toda a Chapada Diamantina, um planalto de oitocentos metros de altitude e trezentos quilômetros de comprimento, no sentido norte-sul, sem encontrar um ponto de sustentação. Entre 26 de fevereiro e 18 de abril, ou seja, ao longo de 52 dias, os rebeldes cortaram o estado, numa média diária de 36,3 quilômetros, descontados quatro dias de descanso. A maior marcha, em 13 de março, alcançou quase sessenta quilômetros, as menores, 16,5, em 10 e 12 de abril. Quase todos a pé, ou apoiados em burros e bodes. As promessas de armas e munições eram só ilusões, não se concretizaram, assim como não se realizaram sublevações ou motins nas cidades do litoral ou do interior.

Os habitantes de vilas, vilarejos e pequenas cidades, aterrorizados — e intimidados — pela propaganda oficial, continuavam, quase sempre, a "fazer o vazio" à aproximação da Coluna. Dela se dizia que os homens "fediam como animais [...] barbados e descalços, tiram roupa até de cadáveres, não poupam mulheres, derrubam cercas, invadem casas, levam tudo, por onde passavam, deixavam rastro de fome e miséria...".

O pior era que a tática da perseguição tinha sido agora sistematizada numa outra concepção: a "caçada à raposa", como diria o general Álvaro Guilherme Mariante, que assumira a chefia das operações no oeste baiano, tendo como chefe do Estado-Maior o capitão Pedro Aurélio de Góes Monteiro. Seus relatórios, estudados por Anita Prestes, mostram as inovações introduzidas.

Mariante afirmava que era preciso "libertar-se das fantasias da imaginação, para encarar exclusivamente a realidade das coisas". E qual era a "realidade das coisas"? "Não possuímos unidades em condições materiais e morais de eficiência para executar o gênero de operações que aprendemos nos regulamentos." Além disso, e mais importante, a aplicação dos regulamentos provara-se ineficaz. As tropas governistas não conseguiam impedir que os rebeldes "desaparecessem no horizonte vastíssimo dos chapadões ou nas selvas". Na verdade, lamentava-se o general, "a organização das tropas existe apenas no papel, nos uniformes [...] e em outras poucas aparências". A solução? "Apanhar os rebeldes e não mais os largar [...] até reduzi-los por completo em sua atividade, isto é, torná-los impotentes de qualquer maneira. Como, praticamente, realizar este objetivo, com meios pouco eficientes e atendendo às demais circunstâncias que os têm tornado invulneráveis pelo dinamismo que imprimem às suas operações? De um modo simples: caçá-los."

O general propunha organizar grupos de cem a trezentos homens. "Grupos de caça [...] bem móveis, aliviados de viaturas e de tudo mais que os faça pesados: munição distribuída aos homens; viver da exploração dos recursos locais, caminhar dia e noite, se preciso; deixar para trás tudo que entorpeça o movimento."

A ideia era assimilar a tática dos rebeldes, uma formulação, *avant la lettre*, da teoria "da contrainsurgência", como se tornaria conhecida décadas mais tarde. Em vez de grandes batalhões, pesados e de difícil manobra que, de resto, o Exército brasileiro não tinha, pequenas equipes, do próprio sertão, conhecedoras do terreno, dedicadas a "emboscadas e tocaias". Assim, liderados por seus chefes, e mesmo sozinhos, muitas vezes, passaram a fustigar permanentemente os rebeldes.

Com esse objetivo, Mariante apostaria na mobilização e organização dos senhores de terra. Com seus homens, constituiriam os "batalhões patrióticos". Cerca de dez seriam organizados na Bahia. O principal, sob o comando do "coronel" Horácio de Mattos, o "batalhão patriótico Lavras e Diamantina", formado em abril de 1926, tinha 1500 homens. Destacavam-se ainda, entre outros, todos com centenas de homens, os liderados por Franklin Lins de Albuquerque, Abílio Wolney, José Honório Granja, Deocleciano Teixeira. Mariante tinha deles uma visão crítica nada amena: "[...] constituídos em regra por aventureiros e acaudilhados que o mercenarismo *profiteur* alista entre os parasitas e desclassificados sociais". Sem embargo, seriam eles que, juntos, infernizariam a vida da Coluna, empreendendo a "caça à raposa", e não mais a largariam até o exílio na Bolívia.

João Alberto registraria: "Nossos soldados iam caindo em emboscadas preparadas por inimigos invisíveis. As cargas de cavalaria comandadas pelo Coronel Ari Salgado Freire não encontravam resistência. Nenhum obstáculo frontal [...]

mas não podíamos atravessar uma pequena aldeia, uma fazenda importante, ou mesmo acampar numa boa aguada, sem pagar tributo de sangue".

As potreadas eram objeto frequente da mira dos sertanejos, que, lamentava Lourenço Lima, "nos agrediam diariamente de dentro das caatingas, nos desfiladeiros, por detrás das penedias, numa fúria satânica...".

"Eles [os sertanejos] nos trataram com crueldade", confirmou Ítalo Landucci, "[...] em lugares desabitados, na caatinga, durante a marcha e enquanto repousávamos, em cada curva da Estrada, havia emboscadas nos esperando. Os revolucionários foram brutalmente caçados, não combatidos [...] num inferno de emboscadas e tormentos de toda espécie..." Para os sertanejos, "a Coluna encarna Lúcifer e Prestes é o chefe dos anjos do inferno...".

Os "coronéis", naturalmente, eram cobertos de títulos, galões, prebendas e subsídios, além de promessas de prêmios. Um telegrama, interceptado em 7 de abril de 1926, de Deocleciano Teixeira para o "coronel" Duarte dizia: "Aqui estou para auxiliar, defender nossos sertões invadidos por esta horda de bandidos [...] que depredam nossa terra. Não esperem ataques [...] mande atacá-los, destruí-los, sem piedade [...] estou autorizado pelo Dr. Presidente da República a assegurar aos chefes civis que, quem liquidar esse movimento, terá o prêmio de quinhentos contos de réis". Quando da passagem pelo Piauí, já se sabia que o presidente da República oferecera cem contos de réis pela cabeça de cada chefe da Coluna.

Quanto aos rebeldes, nada lhes restava senão marchar, agora, para o sul.

Em 19 de abril, a vanguarda da Coluna adentrou Minas Gerais. Ali a esperava, no entanto, além do rio Jequitinhonha, "transbordante com as chuvas torrenciais que caíam", um conjunto de tropas que dissuadia qualquer perspectiva de progressão. Por outro lado, no encalço, vinham os "batalhões patrióticos". Um novo "fundo de garrafa"?

Mais uma vez, interveio a ousadia de Prestes, que concebeu o estratagema do chamado "laço húngaro", pela semelhança com o ornamento do uniforme do Exército da Hungria. Manobrando com grande audácia, enganando o inimigo, os rebeldes voltaram sobre os próprios passos. Na narrativa de Lourenço Lima:

Prestes mandou apagar a "batida" da Coluna e avançou em sentido contrário, mas paralelamente ao eixo da marcha [das forças inimigas] e a pequena distância [...] pouco depois, ao cruzarmos a estrada por onde marcháramos para o Sul, passamos entre duas colunas inimigas, que avançavam nessa direção, e distantes uma da outra umas três horas de marcha [...] as nossas patrulhas de observação [...] assistiram à passagem destas sem serem notadas...

Em 30 de abril, os rebeldes reentravam na Bahia, agora, em direção ao norte, depois de percorrerem cerca de 670 quilômetros no território mineiro em apenas onze dias.

Antes da manobra, porém, ou no seu curso, uma decisão estratégica foi tomada: a de empreender uma retirada para o exílio. Os chefes rebeldes consideraram vários aspectos: aquela marcha estava virando uma errância. Apesar de seu prestígio em muitos círculos políticos do litoral, a Coluna fora incapaz, como era a expectativa inicial, de suscitar sublevações vitoriosas nos centros urbanos. Em vários momentos, sem dúvida, surgiram conspirações, projetos de sublevações, mas todas abortadas ou debeladas. Era claro o isolamento político e social. E a escassez de armas e munições tornava-se crítica. Por outro lado, em 1º de março de 1926, novas eleições tinham se realizado, consagrando um novo presidente, Washington Luís, que tomaria posse em novembro. Mais uma vez, eleições distorcidas, fraudadas, condenadas pelos rebeldes, mas a perspectiva de se livrar de Bernardes se concretizava: não havia sido possível derrubá-lo pela violência, mas se desenhava agora, num horizonte de poucos meses, a sua efetiva substituição.

No relato de João Alberto:

Resolvemos, então, retroceder, voltar para a Bahia [...] atingir novamente Pernambuco, Piauí e finalmente Goiás e Mato Grosso a fim de abrir caminho para a emigração. Nossa marcha duraria quase um ano, o tempo necessário para que se esgotasse o quatriênio de Artur Bernardes, cujo governo combateríamos até o último instante [...] Voltávamos agora as costas, em definitivo, às nossas esperanças [...] para somente prosseguir na luta pela existência, não nos deixando bater [...] a caminhada para a emigração seria longa [...] mas não nos faltava coragem para a empresa [...] nesses 10 mil quilômetros que teríamos ainda de percorrer em busca da nossa própria salvação.

A decisão foi mantida em segredo, apenas compartilhada pelos comandantes e subcomandantes da Coluna, nem mesmo os demais oficiais foram informados. Tomada, segundo João Alberto, "sem relutância", salvo por Prestes, que a teria aceitado "com repugnância". Disseram aos soldados que a marcha agora seria para a capital da Bahia. "Não havia necessidade de explicação para os nossos homens", justificou-se João Alberto. "Eles confiavam cegamente em nós [...] tanto lhes importava prosseguir [...] quanto regressar. Marchar para o Sul como para o Norte, era-lhes indiferente. Bravos, queridos companheiros!"

No seu caminho de volta, portanto, a grande questão para os rebeldes era sobreviver. Um desafio. Antes de tudo, enfrentar a "caça à raposa".

De acordo com o secretário da Coluna:

> A jagunçada redobrou a violência em seus ataques [...] especialmente contra as potreadas [...] o governo dizia que valia mais matar um revolucionário do que achar um diamante, prometendo pagar bem pela cabeça de cada um de nós [...] a esperança desse lucro ignóbil alvoroçou a jagunçada, cuja mentalidade bronca era idêntica à dos bernardescos de casaca: enriquecer por todos os meios, mesmo os mais infames.

Não era tão simples assim, como reconheceria honestamente o próprio Lourenço Lima em outros momentos. Ao mobilizar os sertanejos, os senhores de terra acionavam laços de lealdade e fidelidade, cujos fundamentos não repousavam no "vil metal".

"O povo está brabo", diria um habitante dos sertões.

Um episódio, narrado ainda pelo cronista, é revelador e muito simbólico:

> Num lugarejo, Roça de Dentro, a vanguarda do Destacamento Dutra foi recebida à bala. Travou-se um combate. Eram uns trinta homens que, afinal, foram derrotados, embora se houvessem batido bravamente. Dutra mandou carregar sobre os últimos defensores [...] a fim de desalojá-los [...] neste momento, um jagunço praticou um ato de extraordinária bravura, que nos encheu de assombro [...] Arrojou-se sozinho, de machado em punho, sobre a tropa que avançava [...] inteiramente exposto, numa atitude de heroica beleza. Os soldados [...] deram-lhe uma descarga a pouca distância, que o não atingiu. O jagunço girou então o [...] machado, com as duas mãos, em torno da cabeça e o arremessou violentamente sobre os nossos, num último gesto de energia. A arma [...] rodopiou no espaço e foi cair a poucos passos de nossa linha, sem a alcançar. Houve uma descarga e o herói abateu-se morto no chão como um gigante fulminado por um raio...

Os sertanejos não lutavam propriamente por dinheiro.

Neste mesmo lugar, um jagunço matou um companheiro nosso, e saiu correndo. Perseguido, foi morto à bala, uns quinhentos metros adiante, tal a rapidez com que corria. Ele [...] escondera-se naquele lugar para ter a satisfação de abater um inimigo, tendo quase a certeza da sorte que o esperava, pois se achava em meio de toda a nossa força. Era bem o jagunço temeroso dos recuos e das tocaias, magistralmente descrito por Euclides da Cunha...

Jagunços ou sertanejos? Entrelaçavam-se as imagens. Era jagunço o sertanejo que atirava contra a Coluna. E sertanejo, o jagunço que combatia a favor. O fato é que suas qualidades — jagunço ou sertanejo — eram notáveis, como observava o cronista: "[...] o sentimento de solidariedade, as alternâncias de inércia e rapidez, na verdade, economia de energia, a lealdade com os chefes, tenaz, mais resistente, mais perigoso, mais forte e mais rijo que o gaúcho [...] na emboscada [...] paciente, astucioso, um demônio na briga...".

Euclides tinha descrito a brava luta dos sertanejos de Canudos contra o Exército nacional. A Coluna não estaria sendo, embora involuntariamente, tão "estranha" àquela gente como o foram os soldados de Moreira César?

O fato, reconhecido, era que os soldados, não raro, reagiam à resistência dos nativos ou à política de "terra vazia", com terríveis represálias, como foi o caso, entre outras, das localidades de Água da Rega, Tiririca dos Bodes, Olho d'Água, Roça de Dentro, Lagoa Grande e Canabrava do Gonçalo — tomadas, saqueadas e incendiadas. Lourenço Lima o admitiria: "Nossas forças foram obrigadas a tomar certas medidas extremas como represália, mas somente naquelas localidades cujos habitantes se armaram e nos receberam à bala...".

Foi um duro mês para os rebeldes, aquele maio de 1926 nos sertões da Bahia. À perseguição dos "bernardescos" somavam-se calamidades naturais, não tão raras na região, mas inusitadas pela intensidade com que se abateram então. Surpreendiam os rebeldes, mal informados sobre os fenômenos climáticos e pouco habituados a eles. As chuvas torrenciais, os atoleiros consequentes e as resultantes cheias dos rios — os da Chapada Diamantina e também o São Francisco — estorvavam, às vezes impediam, a marcha. O pior é que traziam de volta o flagelo do paludismo e outras doenças associadas. Sem médicos, os rebeldes contavam, como já se viu, apenas com um veterinário, uma enfermeira e dois "práticos".

Recorriam, então, a homens que entendiam de ervas. E de mezinhas: perebas, sarnas e feridas purulentas na pele "tratavam-se com uma infusão de fumo e cachaça". Os que preferiam beber a cachaça lançavam mão de "sabão de cinza". Rezas fortes e simpatias, poderosas, também surtiam efeito. Para dente cariado, por exemplo, só o trabalho de um curandeiro: "Estando o paciente de costas, ele pronunciava palavras incompreensíveis acompanhadas de sinais feitos no ar para desconjurar o mal. Terminava enterrando uma faca no chão que provocava reação dolorosa na vítima, mas a dor desaparecia e o dente se esfarelava". Cavalos também eram curados, "amarrando-se três palhas de milho simetricamente no alto da cauda do animal".

Para muitos soldados, pior do que as doenças era a escassez de cachaça. Os comandantes a baniam, conservando somente algumas poucas para uso médico, à guisa de anestésico, e mandando destruir o grosso das garrafas que continham "o precioso líquido". Desesperados, muitos apelavam para elixires ou qualquer remédio que pudesse ter uma gota de álcool, arriscando-se, às vezes, a beber purgantes, se fosse o caso, para esquentar com ele o coração e o corpo.

Uma vez, um soldado morreu de obstrução urinária. Prestes chegou a ordenar a mudança de rumo da marcha na esperança de encontrar uma vila com farmácia que pudesse aliviá-lo; em vão. Às vezes, havia amputações, feitas a frio, com serrotes improvisados, o que não impediu alguns homens de se recuperarem e escaparem com vida. Em outra oportunidade, "foram recolocados os intestinos à mostra de um ferido no abdome". Mas ele veio a falecer de peritonite.

De resto, era aplicar iodo, pomada de banha de porco e ácido bórico. "Havia milagres, mas também gente morria, gritando de dor"; "A tropa estava quase toda a pé e desprovida de mantimentos [...] numa região paupérrima e devastada pela enchente [...] andávamos muitas vezes com água até a cintura [...] em outras, transpondo atoleiros imensos...".

Os chefes, embora jovens, mantiveram-se à altura dos desafios. Em rápidos esboços, as características de alguns seriam comentadas: Siqueira Campos, sempre irônico, acompanhado por Djalma Dutra e Ari Salgado Freire. Cordeiro de Farias, sorridente e conciliador. Miguel Costa, bairrista, cismando com São Paulo. João Alberto, homem de "mil instrumentos", audacioso, voluntarioso. Quanto a Prestes, se não estava conversando, incentivando e organizando os soldados, com quem gostava de brincar de adivinhações, "passava as noites em silêncio, pensativo, olhar distante, sorriso contido, pensamentos longe...". Quando zangado, andava em círculos, assoviando baixo. "Reservado", diria dele João Alberto. Entre outras, quatro qualidades o distinguiam: resistência, rapidez, energia e vontade. Uma vez, contou Lourenço Lima, indagado sobre a hipótese de atravessar a Amazônia, "respondeu-me com aquele sorriso triste que lhe é próprio, com aquela maneira singela com que exprime as determinações irrevogáveis de sua vontade inquebrantável: não há nada impossível. Nós atravessaremos a Amazônia, se for necessário fazê-lo".

No caminho de volta, no entanto, e antes de uma eventual Amazônia, seria necessário tornar a atravessar o Velho Chico. "O bom êxito do plano", dizia Prestes, otimista, "depende da firmeza de nossos propósitos." O problema é que o rio estava "coalhado de tropas", no lado baiano e no lado pernambucano. Para confundir o inimigo, Prestes orientou, então, a Coluna numa sucessão de manobras, ziguezagueando para sudeste, nordeste, norte, noroeste. Nos últimos 32 dias na Bahia, entre 1º de junho e 2 de julho, a Coluna traçou um grande arco de cerca de 1470 quilômetros, desorientando os perseguidores, e já não se sabia para onde estava indo aquela gente. A confusão era tanta, e tão desencontradas as informações, que, quando chegou a Monte Alegre, depois de percorrer uma rota paralela ao litoral, a Coluna foi festivamente recebida pela cidade, que pensava estar recebendo as tropas governistas!

Iludida a perseguição, houve, finalmente, a travessia, no dia 2. Ao outro lado, em Pernambuco, chegaram por volta de novecentos homens, fatigados, mal armados e mal municiados, mas sãos e salvos. "A triste experiência baiana custara-nos a brincadeira de cerca de trezentas vidas...", sem contar "o elevado número de feridos", comentou, com amargura, Ítalo Landucci. Um extraordinário feito: entre 30 de abril, quando se encerrou a manobra do "laço húngaro", e 2 de julho, os rebeldes percorreram quase 3 mil quilômetros, numa média diária de 46. Em alguns dias, anotados pelo cronista, andaram 54 quilômetros. No conjunto da campanha desenvolvida na Bahia (ida e volta) e em Minas Gerais, a Coluna percorrera em torno de 5 mil quilômetros, a maior parte do tempo e com a maioria dos soldados a pé.

Ítalo Landucci indagaria: "De onde eles auferiam tamanha resistência? Por que sempre dispostos e resignados? Qual a disciplina que os mantinha unidos na desgraça...?". E ele mesmo respondeu: "Só a cega confiança nos seus chefes e a solidariedade fraternal, cimentada por sequência ininterrupta de perigos comuns podiam realizar o milagre daquela coesão". Reconhecendo esses aspectos, Prestes mencionaria também o espírito de aventura ("Vamos dar água de beber aos cavalos lá na Amazônia") e o amor adquirido à sua tropa.

Em versos singelos, um soldado, muitos anos mais tarde, na Bolívia, falaria da coragem daquelas gentes:

Valente não teme a luta
enchente não teme o rio
macaco não teme o pau
touro não teme o frio
viola não teme a prima
poeta não teme a rima
nem teme o desafio
nenhum soldado tem minha faca
nem brasa tem meu tição
nem o defunto teme a cova
nem sentar junto ao cão
peixe não teme o mergulho
nego não teme o barulho
nós não teme o valentão.

Em 3 de julho, a marcha para o oeste seria retomada. Dois dias depois, os rebeldes devem ter lembrado que aquela aventura começara dois anos antes, mas não houve registros de comemorações.

No dia 11 desse mês, retornaram ao Piauí, onde, em Floriano, no dia 23, lançou-se um último número de *O Libertador*. Houve comício e aplausos, mas não aparecia "uma só pessoa [...] que usasse da palavra". Por onde passavam, no caminho de volta, os rebeldes ouviam queixas de saques, incêndios, surras, assassinatos e estupros cometidos pelos governistas. Ecoavam as advertências de frei Audrin sobre a miséria causada por aquelas lutas e reforçavam as convicções favoráveis à emigração para o exílio.

No encalço, mordendo a retaguarda, os flancos e as potreadas, os homens de Horácio de Mattos, José Granja, Franklin de Albuquerque e Abílio Wolney. Os deste último "praticavam as maiores violências, cometendo assassínios e roubos, incendiando fazendas, vilas e cidades, por mero espírito de malvadez".

Num dia, trazido por uma potreada, Prestes recebeu um pequeno bilhete, datado de 12 de julho, de Queimados, localidade pernambucana:

Ilustre prezado amigo General Prestes. Cordiais saudações e muitíssima felicidades junto os que vos acompanha lutando pelo nosso direito que há muito não temos, e já muitíssimos anos vivemos debaixo de uma escravidão tirana, e que nosso pai Redentor será sempre a vossa guia para libertar nossos direitos [...] muito desejava conhecer V. S. pessalmte. porém não faltará ocasião, apenas tendo a boa tradição que de coração abraça-o. Viva e Revolta. João Carvalho.

Uma luz de apoio na imensidão do sertão. Um piscar de olhos. Reconforto e estímulo, lidos pelo cronista como expressão do "sentir das populações sertanejas".

As condições de marcha eram penosas, escasseavam os mantimentos, faltou o sal, a carne também era pouca e a maior parte avançava a pé.

Enquanto os governistas estavam certos de que a Coluna tomaria o rumo do Maranhão, os rebeldes reingressaram, em 20 de agosto, em Goiás. O clima aí melhorou: "Paira sobre estas terras uma primavera perene. Nem grandes frios, nem fortes calores, nem densos nevoeiros...", entusiasmando o cronista: "Dos píncaros das serras [...] alongávamos a vista para o horizonte, embevecidos pela contemplação dos panoramas empolgantes que se desdobravam por todos os lados, esquecendo-nos por momentos dos inimigos que nos rondavam à distância".

Uma semana depois, um grande susto: conduzidos por um desertor, soldados inimigos penetraram no perímetro defensivo do Estado-Maior e feriram gravemente Miguel Costa, quase matando-o. Foram repelidos e mortos, mas mataram oito e feriram dez dos rebeldes. O episódio reforçou a preocupação com a segurança da Coluna, sempre ameaçada.

Apesar disso, melhoravam as condições do "passadio". Em pouco tempo, já em setembro, a tropa estava quase toda montada, viabilizando a travessia do extenso planalto de Goiás.

Os governistas imaginaram então um novo "fundo de garrafa". De um lado, ao sul, a tropa da Força Pública de São Paulo, comandada pelo coronel Pedro Dias de Campos, estenderia em torno de 4 mil homens numa linha de quatrocentos quilômetros, onde se chocaria com a Coluna, acossada pelos "batalhões patrióticos". Um plano imaginoso... e ineficaz. O resultado foi que, em 2 de outubro, uma nova manobra conduzida por Prestes, a exemplo de outras, faria se chocarem as tropas paulistas com o batalhão patriótico comandado por Horácio de Mattos. Enquanto os inimigos se tiroteavam mutuamente por cerca de seis horas, perdendo por volta de duzentos homens, os rebeldes passaram por mais essa "barreira intransponível".

A essa altura, segundo relatório estudado por Anita Prestes, o governo mandava contra os rebeldes contingentes de forças públicas de dezessete estados, do Pará ao Rio Grande do Sul. Foi mobilizada até mesmo uma flotilha de aviões. Para Bernardes, seria um triunfo exterminar a Coluna antes de transmitir a faixa presidencial em novembro. Contudo, nada dava resultado. Lamentava-se o general Setembrino de Carvalho, ministro da Guerra: "Não se destroça uma tropa sem que com ela se tenha contato... E não há contato porque os rebeldes fogem...".

Sempre fintando o governo, que esperava uma invasão do Triângulo Mineiro, a Coluna reingressou em Mato Grosso no dia 19 de outubro de 1926. Mas a saga estava chegando ao fim. Restavam cerca de oitocentos homens, aptos para o combate apenas seiscentos, "armados com fuzis descalibrados, winchesters e revólveres, para os quais havia escassa munição". Entre os demais, "muitos feridos e [...] incapazes de continuar em campanha, devido ao depauperamento físico, sem contar os [...] velhos, cujas forças estavam esgotadas". Os feridos, em padiolas improvisadas, sem medicamentos, contavam somente com a solidariedade dos camaradas e com a sorte. Além disso, e sem dados precisos, os rebeldes tinham dificuldades em se orientar. Enquanto João Alberto escrevia que estava "apertando" caboclos para obter informações, o próprio Prestes, sempre paciente, e disposto a conversas, em dado momento ordenou ao tenente Hermínio, chefe do destacamento de disciplina, que enrolasse uma corda no pescoço de um vaqueano para que ele falasse. Este preferiu falar a morrer, mas o episódio indicava um nível preocupante de isolamento.

Voltou-se ao debate a respeito da emigração para o exílio. Reuniram-se os comandantes da Coluna. Paraguai ou Bolívia? Não seria nada fácil atravessar centenas de quilômetros de pântanos, embora estivessem ainda relativamente secos, pois mal começara a estação das chuvas.

Como estavam numa região de garimpo, de difícil acesso, ocupada por milhares de homens armados, de origem e vida duvidosas, mas valentes e resistentes, Prestes defendeu a proposta de organizar uma guerrilha, fragmentando a Coluna em grupos menores e formando ali um núcleo de resistência, à espera de notícias do exterior. Falava-se até numa nova tentativa de "invasão" do Rio

Grande do Sul pelos líderes maragatos de sempre. Na verdade, como se viu, segundo João Alberto, Prestes aceitara "com repugnância" em Minas Gerais a ideia da emigração. Agora, voltava a sustentar, "calorosamente, a tese da continuação da luta".

Miguel Costa opôs-se, com igual veemência, à ideia de Prestes. Receava um fim inglório para a Coluna — "repartida em bandos armados de idealismo duvidoso" —, inclusive porque, conforme o próprio Prestes reconheceu, já se notavam certos "atos de degenerescência", como roubos e outras transgressões. Não houve, então, votação, pois, sempre segundo João Alberto, "não queríamos, assim, numa reunião, desgostar Prestes, velho companheiro, repelindo por unanimidade o seu alvitre. Isto equivaleria a uma destituição de comando".

Mais tarde, João Alberto e Siqueira Campos o procuraram em sua barraca. Eram grandes amigos e lideravam os destacamentos mais fortes: "Não foi preciso argumentar muito. Prestes já havia sentido que também éramos pela emigração".

Embora não tenha contraditado explicitamente essa versão, e a da decisão da retirada ainda no norte de Minas, é importante sublinhar, contudo, que Prestes nunca as assumiu, nos longos e variados testemunhos a respeito da saga da Coluna. Ao contrário, em seus depoimentos, aparece como defensor da retirada para o exílio, em comum acordo com os demais chefes militares.

Decidida a emigração, escolheu-se a fronteira mais próxima, a da Bolívia. Resolveu-se, no entanto, que, antes de penetrar o território do país vizinho, seria o caso de obter um aviso formal dos chefes do exílio, Isidoro Dias Lopes e Assis Brasil, na Argentina. Para esse objetivo foram designados Djalma Dutra e Lourenço Moreira Lima. Um piquete os acompanharia rumo à fronteira com o Paraguai. A missão partiu em 26 de outubro de 1926. Para melhorar as condições de sua segurança, o grosso da tropa faria manobras de diversão ao norte de Mato Grosso e ao sul de Goiás. Ao mesmo tempo, Siqueira Campos, com cerca de oitenta homens, tomaria o rumo de Campo Grande, para distrair os governistas da Coluna e do piquete.

Djalma Dutra e Lourenço Lima atravessaram a fronteira do Paraguai no dia 4 de novembro. Levaram dez dias para chegar a Paso de los Libres, na Argentina, onde encontraram Isidoro Lopes ocupado com um novo movimento de invasão do Rio Grande do Sul que, com efeito, teve início em 14 de novembro, um dia antes da posse de Washington Luís, com cinco destacamentos, sob o comando, respectivamente, de Bernardo Padilha, Zeca Neto, Felipe Portinho, Leonel Rocha e Júlio Barrios. No interior do estado, houve sublevações em São Gabriel e Santa Maria.

Empolgado com as perspectivas do movimento que começava, Isidoro Lopes escreveu uma carta a Miguel Costa e Prestes. Muito cuidadoso, o marechal diria: "Não me julgo com autoridade para ordenar a quem tanto batalhou, que permaneça em armas durante algum tempo mais...". No entanto, se fosse possível, "pedia" que a Coluna permanecesse na luta por mais dois meses, acompanhando o que se passava no Rio Grande do Sul. "Expirado o prazo, se a situação no Sul não lhes desse oportunidade de continuar a agir, que emigrasse [...] e se transportasse para o Rio Grande ou, não sendo isto possível, que se dedicasse ao preparo de novas campanhas."

Havia ali um duplo erro: imaginar que Washington Luís fosse mera continuação de Bernardes. Não o foi, abrindo-se, então, no país um novo quadro político. No último dia do ano de 1926, o presidente suspenderia, afinal, o estado de sítio. Pouco depois, dezenas de oficiais presos, do Exército e da Marinha, assim como lideranças civis, seriam soltos. A imprensa recobrava liberdade de crítica. O segundo erro foi pensar que as lutas iniciadas em 14 de novembro pudessem representar uma reedição do processo de 24. Não aconteceu. Como fogo de palha, apagaria rápido.

Lourenço Moreira de Lima partiu de Paso de los Libres no dia 23 de novembro. Quando encontrou a Coluna, em 3 de fevereiro, ela já estava instalada na Fazenda Capim Branco, em território boliviano, extenuada e exilada.

A marcha última dos rebeldes foi uma das mais tremendas que teve de enfrentar. Entre 19 de novembro e 10 de dezembro, fizeram quase oitocentos quilômetros. No dia 11, partiram rumo ao noroeste de Cuiabá, perto da fronteira com a Bolívia, onde deveriam encontrar os emissários enviados à Argentina. Estes não apareceram e a situação tornou-se cada vez mais crítica. Cordeiro informava a Prestes: "O vaqueano não sabe nada para a frente. Estou em tiras com o pessoal a pé". Sob chuvas torrenciais e perseguidos pelo inimigo, a marcha se arrastava com dificuldade. Em 19 de dezembro, nas margens do rio das Garças, uma emboscada matou o major Manuel Alves Lira, subcomandante do destacamento de João Alberto. Em 3 de janeiro, Prestes fez 29 anos, mas, de novo, sem motivos para comemorar. Dois dias depois, outro oficial, Filogônio Antônio Teodoro, o Filó, sargento da Força Pública de São Paulo, morreu, alcançado pelas balas dos homens de Franklin de Albuquerque. Era um veterano, com apenas 22 anos. Os rebeldes atravessaram o rio Paraguai no dia 8. A partir do dia 10, começaram a longa travessia dos pantanais que se estendem até a Bolívia. "Foi a marcha mais difícil que a Coluna fez", anotou o secretário, "e somente se lhe pode comparar a que fizemos na margem do São Francisco quando regressamos de Minas Gerais, tendo sido esta, porém, muito mais fácil e menos dolorosa do que aquela." Parecia uma nova Retirada da Laguna.

Os animais desapareciam.

> Muitos soldados viajavam montados em bois [...] utilizados na condução de cargas e de padiolas [...] dentro de pouco tempo, a Coluna estava a pé, sem recursos, alimentando-se de palmitos e dos poucos bois que lhe restavam [...] sem ter sequer um pouco de sal para temperar a carne [...] muitas vezes com água pelos peitos e, em certas ocasiões, a nado [...] descansava-se trepando nas árvores [...] durante as noites, milhões e milhões de pernilongos perseguiam os homens e as bestas, não permitindo que dormissem...

Um bilhete de fins de janeiro, recebido por Prestes, de João Alberto, que se encontrava perdido, é revelador: "Estou completamente em tiras. Até agora, ainda não chegou metade do pessoal. O cargueiro de munição que tanto me custou, foi completamente saqueado e mais de 2 mil tiros de rifle desapareceram. Não sei a que hora poderei marchar. Tenho homens que causam dó. Marcharei com a noite até encontrar a Coluna ou rebentar. Estou completamente às cegas sobre as distâncias...".

Em 27 de janeiro, na travessia do rio Jauru, perderam-se mais dezoito combatentes, mortos pelo pessoal de Horácio de Mattos. No dia seguinte, mais um ataque dos homens de Franklin de Albuquerque, auxiliados pela polícia de Mato Grosso. O último combate, segundo Prestes, deu-se às margens do mesmo rio:

> A tropa de Franklin de Albuquerque chegou a nos atacar, mas nós contra-atacamos. Porque eles pensavam que nós, antes de chegar à Bolívia, ainda fôssemos obrigados a debandar, ingressássemos na Bolívia desmoralizados. De maneira que eu, aí, com o Cordeiro de Farias [...] fomos para a linha de frente. Eu disse: nós temos que morrer, mas não tem importância [...] e contra-atacamos. E eles foram derrotados e retiraram...

Era o dia 30 de janeiro. Naquele mês, fizeram 1041 quilômetros em 34 dias, na média diária de pouco mais de trinta.

Em 3 de fevereiro de 1927, a Coluna levantou acampamento às cinco e meia da manhã. Pouco depois, cruzou a fronteira, precedida por destacamento comandado por Ari Salgado Freire, que negociara o exílio com o comandante boliviano da guarnição de San Matías, em cujas imediações, na Fazenda Capim Branco, os homens foram acampar.

A Coluna estava agora reduzida a 620 homens, incluindo-se algumas crianças, e cerca de dez mulheres. Um espetáculo "tristemente desolador". "Homens depauperados, descalços [...] muitos embrulhados em trapos de cobertores, que mal lhes encobriam as vergonhas, e inúmeros vestidos com vagos farrapos que tinham sido calças ou ceroulas."

Fora uma longa marcha, um percurso de 3742,5 léguas, ou 24 947 quilômetros. Restara um orgulho de sobreviventes. E a decisão de continuar uma luta por todos considerada ainda inacabada.

Para Prestes, começava agora um primeiro exílio.

5. O primeiro exílio

Em 4 de fevereiro, segundo o acordo feito por Ari Salgado Freire, houve o inventário do armamento em poder dos exilados e foram entregues às autoridades bolivianas "noventa fuzis Mauser, quatro metralhadoras pesadas, dois fuzis-metralhadoras e cerca de 8 mil tiros". Era o que restava da Coluna, e dizia bem da situação precária, em termos de armas e munições, em que se encontravam os rebeldes quando saíram do território nacional.

No documento oficial, assinado pelo major Heliodoro Carmona Rodó, em nome das autoridades bolivianas, e por Miguel Costa e Prestes, em nome dos rebeldes, estes foram autorizados a conservar "armas leves" — revólveres, facas e facões —, além de uma winchester por grupos de dez homens para a "defesa pessoal". Precauções necessárias, pois rondavam por ali, ameaçadores, os homens de Franklin de Albuquerque e seus capitães. Profanavam túmulos e mutilavam cadáveres, fazendo exibição de crueldade, como um certo Teixeira que, em São Luís de Cáceres, no estado de Mato Grosso, ostentava um colar de mais de trinta orelhas. Chegaram a se instalar em barracas a uma distância de doze quilômetros do acampamento, reclamando "as armas do Exército brasileiro" e o documento oficial que formalizava o exílio. Retiraram-se, afinal, intimados pelos bolivianos, mas levaram as armas entregues pelos rebeldes.

Era preciso agora manter o "movimento revolucionário", estabelecer conexões com as lideranças exiladas na Argentina e no Uruguai, e tratar do destino daquelas centenas de homens no mais completo desamparo. Combinou-se então que Miguel Costa, João Alberto e Cordeiro de Farias partiriam para Paso de los Libres, na Argentina, onde se encontravam Isidoro Dias Lopes e Assis Brasil, em busca de informações e auxílios. Prestes, Djalma Dutra, Moreira Lima e outros permaneceriam com os homens, tentando arranjar trabalho para todos e encaminhando para o Brasil os que quisessem ou pudessem, já que o novo governo presidido por Washington Luís anunciara que, embora não fosse conceder anistia aos chefes, não prenderia os soldados da Coluna nem abriria processo contra eles.

Garantir sobrevivência digna para todos não seria nada fácil naquelas lonjuras. Surgiu, então, a hipótese de ir para La Gaíba, localizada mais ao sul, no extremo oriente boliviano, a um dia de lancha de Corumbá. Uma companhia inglesa, a Bolivian Concessions Ltd., estava precisando de gente para o trabalho pesado na floresta. Ela arrendara por 25 anos o direito de explorar e colonizar um território de cem léguas quadradas, "com regalias e vantagens excepcionais". Na prática, "uma verdadeira alienação territorial".

Em nova marcha, às vezes com água pela cintura, Prestes levou os homens para lá, conseguindo trabalho para duzentos e abrigo para os demais. Uma ironia amarga: depois de anos denunciando a voracidade dos capitalistas estrangeiros, beneficiários da incompetência e da corrupção dos políticos profissionais brasileiros, eis que, agora, para sobreviver, aqueles revolucionários iriam trabalhar para uma empresa inglesa que explorava o território boliviano em padrões tipicamente neocoloniais.

Foi uma difícil adaptação. Sedentarizar aqueles nômades. "Abrir caminhos, fazer derrubadas, semear [café e cana-de-açúcar], serrar madeiras, construir habitações." Em função de suas qualificações ou aptidões, alguns se converteram em sapateiros, alfaiates, marceneiros, relojoeiros, dentistas, farmacêuticos, pequenos comerciantes. Prestes, chefe reconhecido e engenheiro profissional, recebia as tarefas e as distribuía. Só dele os soldados ouviam ordens e só a ele obedeciam, repartindo-se igualitariamente os rendimentos. Ferramentas, víveres e roupas eram retirados de um armazém comum, administrado por Djalma Dutra e Virgílio Ribeiro. Um "comunismo" de sobrevivência, espartano. Mantinha-se a disciplina militar, herança dos anos da Coluna, favorecida ainda pelo fato de que a maioria daqueles homens tinha um passado militar, no Exército ou em forças públicas. Meses depois, foi possível inaugurar uma estrada de cerca de cem quilômetros, entre La Gaíba e San Carlos, construída pelo trabalho dos ex-soldados. A localidade transformava-se. Segundo Ítalo Landucci, "com a nossa chegada, Gaíba cresceu. Sem planejamento e de acordo com o temperamento irrequieto dos novos moradores, apresentava-se sob uma forma original com as suas barracas, casas improvisadas, cobertas de folhas de palmeira, armazéns, tudo espalhado desordenadamente. À noite, a turma se reunia em alegres batucadas e bailes, cantos, tiros, davam vida àquele pedaço de floresta, antes silenciosa". O núcleo mais importante, e mais respeitado, era o dos brasileiros, mas acorreu para lá muita gente, atraída pela prosperidade da pequena localidade e pela expansão dos negócios da companhia.

Os feridos e doentes mereceram tratamento especial: "Os aptos sustentavam os inválidos". A mosquitaria atacava sem piedade. Um homem chegava a matar centenas de mosquitos num dia. Quando picavam no rosto, testemunhou Prestes, "você não sente tanto, mas na mão, com maior sistema nervoso, v. fica batendo e o sangue correndo". Pior quando picavam através das roupas, nem dava para soprar.

O paludismo, contraído no Brasil, voltava a assolar. O próprio Prestes foi uma de suas vítimas e houve um momento em que se temeu pela vida dele. Recuperado, dedicava horas a estudar meios de ajudar os enfermos. Ganhara um Chernovitz, um vade-mécum da alopatia da época, e aplicava os remédios que imaginava convenientes. Às vezes, havia centenas de doentes. Quando na Coluna, os homens suportavam todas as enfermidades e se mantinham saudáveis. Agora, em segurança, sem tensões, contraíam febres incessantes. Vários, inclusive Prestes, aprenderam a aplicar injeções intravenosas, como a de Paludam, para baixar a febre palúdica, e a de cafeína, para impedir que a temperatura caísse demais. Para as úlceras nos pés, recorria-se à pomada de azul de metileno com vaselina. Extremavam-se os cuidados para minorar o sofrimento dos camaradas.

A habitação do chefe da Coluna, pobre e despojada, reiterava os hábitos austeros: paredes de estuque, chão de terra batida, mesa pequena e prateleiras de madeira, atulhadas de papéis e livros. Como assentos, um caixote e um banco sem encosto. Ao lado deste, uma caixa grande sobre um barril fazia as vezes de armário.

Apesar dos cuidados, 25 homens morreram nos primeiros meses. Em sua homenagem, em 5 de julho de 1927, na comemoração revolucionária anual, construiu-se uma modesta herma com uma inscrição épica: "Glória aos bandeirantes da liberdade". Prestes formou a tropa para ouvir o discurso emocionado e gongórico de Lourenço Moreira Lima. Era a praxe da época, e os chefes ainda não tinham aprendido a falar uma linguagem que fosse inteligível às pessoas comuns.

Foi naquele fim de mundo que Prestes concedeu entrevistas a jornais do Rio de Janeiro, com ampla repercussão nacional. A primeira, realizada por Rafael Correia de Oliveira, de *O Jornal*, acompanhado por um fotógrafo de Corumbá, Miguel Peres, ocorreu em 25 de fevereiro, poucos dias após a chegada dos exilados a La Gaíba.

Publicada ao longo de três dias, a partir de 10 de março de 1927, nela o repórter apresentou um expressivo retrato de Prestes:

> Eu encontrei Luís Carlos Prestes [...] em plena mata boliviana, num rancho de pau a pique, coberto de palha, sem portas, com paredes ainda por concluir. Estava de pé, no meio de sua gente, com um lápis na mão, tomando notas [...] eu me encontrava diante de um homem baixo, magro, pálido, de barba e cabelos crescidos e descuidados. A sua roupa era ordinária e malconservada. As botas deixavam ver suas meias azuis de má qualidade [...] aquele espírito devia saber o travo de uma amargura terrível. Enganei-me. Luís Carlos Prestes é a mais doce criatura [...] tudo nele respira serenidade e modéstia [...]. Mas esse olhar [...] onde, às vezes, há fulgurações metálicas, habitualmente doce e tranquilo, de quando em vez denuncia a quase sobre-humana energia [...] que forra a alma robusta do extraordinário batalhador.

Na conversa, Prestes reconhecia as mudanças na conjuntura política produzidas pelas iniciativas do governo de Washington Luís a partir de janeiro de 1927: "A situação modificou-se. Foi suspenso o estado de sítio, deu-se liberdade aos presos políticos, regressaram aos lares os deportados de Clevelândia, a imprensa pôde livremente emitir as suas opiniões e pregar as suas doutrinas. O governo dava, inquestionavelmente, os primeiros passos em prol da pacificação". A esse novo quadro atribuía a decisão de migrar para o exílio, não se referindo às versões de que ela fora tomada bem antes, ainda nos sertões de Minas e da Bahia, e que ele resistira o quanto pudera ao seu encaminhamento prático.

No novo quadro, os rebeldes permaneciam fiéis ao programa que "nós juramos obedecer e cumprir". Amplamente divulgado, "o Dr. Assis Brasil o resumiu em duas palavras: representação e justiça". Um liberalismo consequente contra as manhas e as artimanhas de uma oligarquia cujos ideais liberais eram negados por suas práticas autoritárias e corrompidas.

Mantinham-se, assim, o programa e os chefes definidos em 1924. "A revolução armada" tinha sido "um recurso extremo de protesto". Agora, estavam nas mãos do governo os "destinos da paz e da ordem no Brasil". O "espírito da revolução" era um só — "na luta franca ou na guerra civil". A primeira era preferível, "é o que nós desejamos sinceramente". Mas a segunda hipótese poderia ser acionada, se o novo governo voltasse a fazer do poder "o instrumento de ódios e paixões tanto mais tristes e irritantes quanto eram de natureza estritamente pessoal".

Entre os exilados prevalecia uma atmosfera de expectativa. Entretanto, enquanto os horizontes políticos não clareassem, era preciso sobreviver, preservando o espírito solidário forjado nas andanças da Coluna. Prestes defendia o trabalho cooperativo: "Aqueles que estão ganhando atualmente ajudarão os outros". Todos no trabalho. Os não engajados em serviços definidos trabalhariam na agricultura. "E assim, dentro de algum tempo, eles poderão ao menos melhorar as roupas."

Ele não alimentava projetos de retorno ao Exército. Em sua versão, não atestada na "fé de ofício", já solicitara demissão das fileiras. E atribuía o "abafamento" do requerimento a segundas intenções, "para que eu possa ser processado como desertor". Ao contrário dos colegas, que almejavam a anistia e a reincorporação nas Forças Armadas, sentia-se "meio enojado de tudo o que se referia ao Exército".

A matéria jornalística não poupava elogios ao "general". Sua capacidade de comando, de manter "uma disciplina de quartel" sem "uma aspereza, sem um gesto violento, sem uma palavra crespa". Suscitava a devoção e "a dedicação cega" dos comandados, e isso só era possível porque, segundo os homens que o repórter ouvia, todos o respeitavam como o chefe inquestionável da Coluna: "Os movimentos de tática, as operações estratégicas, os golpes de alcance político — embora ele o negue firmemente — foram seus". E completavam, definitivos: "Nessa revolução ele foi tudo".

A reportagem ecoava um processo disseminado no país desde que a censura fora suspensa: a construção do mito Prestes. Ele, que fora o chefe e o guia da Coluna, agora se tornara o Cavaleiro da Esperança. A expressão foi usada pela primeira vez por Isidoro Dias Lopes, inspirado na figura e na saga do general Lazare Hoche, da Revolução Francesa, conhecido como Le Chevalier de l'Espérance. De origem pobre, soldado aos dezesseis anos, general aos 25, morto aos 29, ele simbolizara a determinação, o espírito prático (*les choses, pas les mots*: "as coisas, não as palavras"), a coragem e a generosidade da juventude revolucionária.

Prestes era o novo Hoche, ou melhor, a versão brasileira de Hoche, com uma vantagem: sobrevivera. Maior que Aníbal, no comando da Coluna Fênix, a ave que sempre renasce das cinzas (outro achado do mesmo marechal Isidoro), mil vezes aniquilada, nos comunicados do governo, mil vezes reaparecendo nos imensos sertões. A longa marcha — uma epopeia — que Prestes dirigira, anunciavam os corifeus, só perdia para a comandada por Alexandre Magno. No diapasão próprio do espírito corporativo, particularmente forte no Exército, os colegas de farda faziam coro, apagando progressivamente a figura e a importância de Miguel Costa. Com efeito, não ficaria bem para jovens oficiais do Exército nacional serem lembrados como tendo sido comandados por um oficial da Força Pública, pois esta era considerada, do ponto de vista da Defesa Nacional, uma força auxiliar e subordinada às Forças Armadas regulares.

Cabe registrar que, até o fim da vida, Prestes defenderia a importância de Miguel Costa e seu papel como comandante em chefe da Coluna. Mas não pôde conter a onda caudalosa que o erigia como um herói "sem jaça". Deixou-se arrastar. E seria inumano esperar algo de radicalmente diferente de um jovem de menos de trinta anos.

De fato, desde 3 de janeiro de 1927, quando Prestes completou 29 anos, já suspensa a censura, derramou-se por todo o país, vocalizada pela imprensa de oposição, com força poderosa, a sua mitificação. Contribuíam para isso os espetáculos da época, as populares "revistas". No Teatro Carlos Gomes, no Rio de Janeiro, retumbava a super-revista *Viva a paz*. No Recreio, encenava-se *Prestes a chegar*, com Lia Binatti, a "arquigraciosa artista brasileira". Os números bisados e trisados já o celebravam: "Lá vem o homem que eu gosto", "À procura do barbado" ou "O homem, ele". Um estudioso do Brasil comentaria, com ironia, que a sociedade que não quisera fazer a revolução se comprazia agora em "fazer" um herói revolucionário.

Em fevereiro, por ocasião de eleições parlamentares — naquele período, a inscrição de candidatos não dependia de filiação partidária, mas apenas de livre indicação —, Prestes seria sufragado em inúmeras circunscrições, no Rio de Janeiro e no Rio Grande do Sul, mesmo não fazendo campanha, sequer sabendo que "concorria" a cargos eletivos.

Quase três meses depois, em maio, uma boa notícia. Uma carta de Siqueira Campos, datada de 30 de abril, escrita em Buenos Aires, onde se encontrava já novamente conspirando com Orlando Leite Ribeiro. Comunicava em detalhes "a marcha dentro da marcha" que ele fizera com cerca de oitenta homens. Perdera quarenta, mas recrutara outro tanto e, em certo momento, "todo o meu pessoal estava armado de fuzil e mosquetão (novinhos), cada soldado a cem tiros e mais de 10 mil de reserva". Traçara uma "circunferência grandiosa" de 6 mil quilômetros, percorrendo territórios de Goiás, Mato Grosso e Minas Gerais (Triângulo Mineiro). Não conseguira "arrastar a cauda do cometa" em sua direção, de acordo com os planos, mas andara um bocado e se divertira mais ainda. Em seu estilo irônico e debochado, típico, inventariava aventuras diversas. Atravessara matos e estradas, como de hábito, mas também navegara rios em lanchas capturadas e até "passeara" de estrada de ferro, chegando, em Pires do Rio, a rebatizar a estação local com o nome de Luís Carlos Prestes. "Mudei o nome da estação, mas não sei se eles respeitarão a ideia." Depois de saber que a Coluna se exilara na Bolívia, ingressara, finalmente, no Paraguai, em 24 de março de 1927, com 65 homens.

Formavam-se, agora, nas cidades, correntes de solidariedade aos exilados, múltiplas, enviando remédios e dinheiro. Rafael de Oliveira foi portador de uma primeira subscrição: um conto e 350 mil-réis em medicamentos. Na volta, trouxe cerca de sessenta números do jornal impresso ao longo da marcha, *O Libertador*, para serem rifados, leiloados ou vendidos como recordação. Alguns, anunciava--se, vinham "manchados de sangue", e pode-se imaginar o frisson que provocavam quando manuseados no Rio de Janeiro ou em São Paulo. Houve gente que pagou 200 mil-réis por um número. O jornal revolucionário, feito para mobilizar as gentes, transformara-se em relíquia. Na sequência, chegariam os resultados de outras subscrições: Luís Amaral, autor de uma nova grande reportagem, levou dezessete contos arrecadados por Assis Chateaubriand. Em outubro de 1927, *O Globo* amealhou quarenta contos de réis. Por mais austera que fosse a administração, aqueles recursos, porém, eram sempre escassos. Siqueira Campos, certa vez, teria sugerido a ideia de pedir ajuda à União Soviética. Não prosperou, vetada inclusive por Prestes. Eram notórias as posições anticomunistas de vários chefes, principalmente Juarez Távora.

Na entrevista a Luís Amaral, publicada em julho, Prestes fez questão de reafirmar que não solicitava a anistia para ele ou para os demais comandantes, que a dispensavam, mas para "os meus companheiros e soldados, toda essa multidão que me acompanha no exílio". No entanto, mostrava-se cético quanto à aprovação a curto prazo da medida, pois os políticos, em vez da voz do povo, "preferiam escutar a voz dos próprios caprichos". Além disso, "a anistia não resolveria o problema político do Brasil, nem garantiria, por si só, uma paz duradoura". Uma coisa era certa: o regime não conseguiria se manter "apenas pela força". Reformas eram necessárias, e elas viriam, com ou sem o apoio dos homens do poder. Nesse sentido, citava a famosa frase de Antônio Carlos de Andrada, então presidente de Minas Gerais: "Façamos a revolução antes que o povo a faça".

Evidenciava-se, de fato, uma profunda insatisfação política, sobretudo nas grandes cidades, e no Rio de Janeiro em especial. Em fins de maio, a conturbada posse de Artur Bernardes como senador da República, cercado por multidões que o vaiavam e o achincalhavam, e, em contraste, a ovacionada posse, dias depois, de Assis Brasil, eleito deputado, atestavam o crescimento das oposições nas grandes cidades. Reafirmando a necessidade da reforma eleitoral e do voto secreto, o "chefe civil da revolução" veria naquelas manifestações "mais uma prova de que o ideal da revolução [...] é um ideal que empolga todo o Brasil".

O governo, preocupado com o crescimento da onda oposicionista, tratou de derramar água fria naquela fervura. Apoiado numa lei aprovada pelo Congresso, de autoria de Aníbal de Toledo, a chamada Lei Celerada, intensificou a repressão a manifestações e a sindicatos, tolhendo inclusive a liberdade de expressão. Desapareceram, então, *A Plebe* e *A Nação*, jornais representativos de correntes radicais de oposição. O primeiro, tradicional porta-voz do anarquismo. O segundo, de propriedade de Leônidas de Resende, fora entregue, desde janeiro, ao controle dos comunistas, que dele fizeram um órgão de divulgação de suas propostas e análises. Octavio Brandão, um dos mais importantes dirigentes comunistas ao longo dos anos 1920, pouco antes já afirmara que o Brasil estava se transformando numa espécie de "Rússia tsarista". Havia ali certo exagero, mas era evidente que o governo de Washington Luís estava pondo fim a um primeiro período de relativa abertura e tolerância às vozes oposicionistas.

Na segunda quinzena de dezembro de 1927, Prestes recebeu, em Puerto Suárez, outra visita: "um moço de pele rosada, cabelos louros e olhos azuis, usando óculos de aros de ouro". Era Astrojildo Pereira, na época o principal líder e secretário-geral do Partido Comunista. Aquela viagem enfrentara não poucas resistências até que, após sucessivas reuniões, foi finalmente aprovada. Segundo Leôncio Basbaum, alguns, como Joaquim Barbosa e Rodolfo Coutinho, membros do Comitê Central, consideravam a Coluna um empreendimento "pequeno-burguês". Aproximar-se de Prestes equivaleria a "trair todos os ensinamentos de Marx e Engels".

Durante dois dias de "longas conversas" com Prestes e mais "dois oficiais da Coluna", debateram-se as propostas políticas dos comunistas brasileiros. Como recordou Astrojildo trinta anos depois, tratava-se de "coordenar as nossas forças tendo em vista objetivos comuns". Em jogo, uma aliança "entre os comunistas e os combatentes da Coluna Prestes, ou, em termos mais amplos, entre o proletariado revolucionário sob a influência do Partido e as massas populares, especialmente as massas camponesas, sob a influência da Coluna e do seu comandante".

O secretário-geral do PC ainda aproveitou para transmitir informações da URSS, onde já estivera em 1924, e entregar literatura marxista: "uma boa dúzia de volumes, quase todos em francês, das edições de *L'Humanité*".

A entrevista, redigida livremente por Astrojildo com base em notas sumárias, foi publicada em três edições do diário *A Esquerda*, em 2, 3 e 4 de janeiro de 1928, alcançando ampla repercussão.

Os comunistas formavam um pequeno partido, mas inspirado em grandes acontecimentos. No Brasil, a empolgação com as ondas grevistas que haviam abalado o país entre 1917 e 1920, com momentos fortes, entre outros, na greve geral de São Paulo, em julho daquele primeiro ano, e no movimento insurrecional, em novembro de 18, no Rio de Janeiro. No plano internacional, o Outubro russo, em 17, que incentivaria expectativas e sonhos revolucionários em todo o mundo. Essas marcas genéticas, comprometidas com as lutas "em movimento" e com uma revolução "catastrófica", sempre acompanhariam o Partido, apesar de todos os seus numerosos zigue-zagues futuros.

Com ambições nacionais, ao contrário dos demais partidos existentes naquele momento no país, todos de âmbito regional, o PC reduzia-se, porém, quando do Congresso de fundação, em março de 1922, a apenas 73 militantes, quase todos provenientes de sindicatos ou de grupos anarquistas, distribuídos em núcleos no Rio de Janeiro, Niterói, Porto Alegre, Recife, São Paulo, Cruzeiro, Santos e Juiz de Fora (os representantes das duas últimas cidades não puderam comparecer). Os propósitos eram bem maiores do que a existência real e por isso, "a não ser [...] entre os ativistas do movimento operário, a fundação do PCB passou completamente despercebida da opinião pública".

Se mal eram ouvidos no próprio país, os comunistas brasileiros, entretanto, e depois de várias tentativas, obtiveram um desconfiado reconhecimento, em 1924, da Internacional Comunista, por ocasião do V Congresso, realizado em Moscou. Poderiam autodenominar-se, desde então, e orgulhosamente, Seção

Brasileira da Internacional Comunista, como eram chamados os partidos comunistas que se espalhavam pelo mundo afora.

Contudo, em fevereiro de 1925, quase três anos após a fundação, o Partido ainda era "de uma insignificância a bem dizer ridícula": por volta de trezentos inscritos, quase metade concentrada no Rio e em Niterói. Na época, segundo os dados do Censo de 1920, coligidos e estudados por Astrojildo Pereira, havia só na cidade do Rio de Janeiro em torno de 300 mil assalariados, dos quais 60 mil operários em cerca de 1500 fábricas. O setor têxtil, mais concentrado, tinha 20 mil operários em setenta fábricas, sendo 15 mil deles distribuídos em somente dez grandes fábricas. Em São Paulo, já o segundo centro industrial do país, o Partido apenas existia.

O II Congresso, realizado em maio de 1925, reuniu representantes dos núcleos existentes no Rio de Janeiro, Niterói, Recife, São Paulo, Santos, Cubatão. O núcleo de Porto Alegre não conseguiu enviar delegados. Aprovaram-se então as teses defendidas por Octavio Brandão, publicadas no ano anterior em livro intitulado *Agrarismo e industrialismo*, e que já orientavam a direção existente.

Estabelecia-se aí que a revolução "democrático-burguesa" no Brasil exprimia uma "contradição fundamental" entre "o capitalismo agrário semifeudal" (apoiado pelo "imperialismo inglês") e "o capitalismo industrial moderno" (sustentado pelo "imperialismo norte-americano"). Os movimentos militares de 1922 e 1924, chamados de "a primeira e a segunda revoltas", eram a expressão política dessa contradição que, tendendo ao acirramento, explodiria numa próxima "terceira revolta". Caberia ao Partido ampliar alianças para participar desse processo, promovendo uma articulação entre o proletariado, o campesinato e a pequena burguesia das cidades.

O II Congresso formulou também o objetivo de alcançar seiscentos filiados, "quantidade ainda insignificante", mas o dobro dos efetivos disponíveis na época.

Desde a fundação, grande parte das energias políticas dos comunistas consumira-se em driblar a repressão policial, sempre atuante desde julho de 1922, quando o Partido fora posto na ilegalidade, e em batalhas políticas com os anarquistas, cuja influência declinava nos meios operários mais combativos, e com os chamados "amarelos" (sindicalistas que procuravam aliança com o Estado e sob a proteção deste). Os "amarelos" já então constituíam "do ponto de vista numérico e social" a tendência mais importante, com força nos transportes marítimos e terrestres, entre os portuários e também na indústria têxtil.

Naquela trajetória de cinco anos, entre 1922 e 1927, quase todo o primeiro quadriênio fora passado sob legislações de exceção, os "estados de sítio", propostos pelo governo de Artur Bernardes e aprovados pelo Congresso. Os comunistas, apesar da repressão, registravam alguns sucessos nas lutas sindicais. A partir de 27, já no governo de Washington Luís, não mais tolhidos pela repressão, passariam, como referido, a contar com *A Nação*, jornal diário importante no Rio de Janeiro. Em fevereiro daquele ano, participariam ativamente das eleições parlamentares, formando o Bloco Operário, apresentando candidatos e contribuindo para reeleger Azevedo Lima, destacado "tribuno da plebe". Pela primeira vez, o Partido aparecia à luz da chamada "grande política".

Enquanto durou, pouco mais de oito meses, *A Nação* foi uma expressiva plataforma de agitação política, trazendo em página própria um relevante informativo a respeito dos problemas e movimentos sindicais. Entretanto, em virtude de uma "feição sectária", manifestada através do "verbalismo revolucionário", os comunistas ainda estavam confinados em minúsculos grupos, limitados, sem audiência.

Tratava-se de ampliar os horizontes, concretizando as orientações do II Congresso, conquistando para a agremiação um lugar no grande jogo político nacional e reduzindo a influência dos que temiam que o Partido, ampliando-se, perdesse sua "pureza" original. Com essas perspectivas em mente é que Astrojildo Pereira foi encontrar Luís Carlos Prestes em Puerto Suárez.

Para os comunistas, o "seu" partido era o "representante histórico do proletariado". Já a Coluna representava "a pequena burguesia radical". Levando-se em conta sua trajetória épica e a experiência acumulada, surgia como expressão das lutas das massas camponesas. Unidas, tais classes sociais e seus "representantes políticos" (o Partido Comunista e a Coluna) poderiam significar um trunfo na "terceira revolta" que se aproximava.

Em retrospecto, a "teoria" parecia não ter pé nem cabeça. E não tinha mesmo. Entretanto, na época, foi por muitos considerada uma peça vertebrada à qual podia faltar chão social e histórico mas que não deixava de ter uma dose elevada de audácia imaginativa. Aceitas suas premissas, aparentava uma armadura que parecia se sustentar, inclusive porque supostamente apoiada numa grande revolução vitoriosa, a Revolução Russa, que se afirmara, a ferro e fogo, contra os ventos e as marés das descrenças, superando todas as previsões negativas, até mesmo as das suas próprias lideranças, os bolcheviques. Aquela improvável vitória incendiara a imaginação revolucionária nos quatro cantos do planeta. A ideia, assentada por Marx e outros teóricos do século XIX, de que as revoluções socialistas começariam ali onde o capitalismo estivesse mais desenvolvido, fundamentada numa pujante classe operária, fora substituída pela celebração da "vontade revolucionária", encarnada em partidos de vanguarda, comunistas, capazes de, a favor de circunstâncias explosivas, dirigir processos radicais de transformação. A Rússia, país "atrasado" por excelência, fizera uma revolução socialista, "queimando" em poucos meses a etapa "democrático-burguesa". Por que o exemplo não poderia ser seguido por outras sociedades igualmente "atrasadas"? Em qualquer caso, nada se poderia esperar da burguesia, cuja vocação revolucionária havia muito se atrofiara. O proletariado, ainda que reduzido no quadro de sociedades agrárias, dirigido por suas "vanguardas", estava desafiado historicamente a assumir a "hegemonia" das revoluções "democrático-burguesas".

O aparente rigor teórico cativou a inteligência matemática de Prestes. Entretanto, não quis se comprometer de imediato, nem isso lhe foi solicitado pelo tímido Astrojildo Pereira. Iria consultar os "camaradas", inclusive porque ele se sabia como um "primus inter pares", mas os pares, no caso, eram cabeças pensantes, e não somente "guiados", como queria certa imprensa laudatória.

Prestes, de natural reservado e introspectivo, parecia, mais do que nunca, imerso em profundos pensamentos. Cismava, silencioso, na sorte dos soldados. Ele sempre dizia: "É preciso, primeiro, cuidar dos soldados". Agora, eles começavam a voltar, a conta-gotas, para o Brasil, com um subsídio de um conto de réis por cabeça, fruto das remessas financeiras que vinham do país. Não seriam reintegrados no Exército, mas também não sofreriam perseguições. E qual seria o seu destino e o dos demais chefes rebeldes? Toda aquela aventura, para que servira? Qual o seu significado histórico? Qual o sentido dos sacrifícios consentidos... não seria congruente a situação continuar a mesma. E quais eram, realmente, os fundamentos daquela situação? A grande questão resumia-se apenas a substituir algumas cabeças? Efetuar mudanças na ordem política?

Aqueles questionamentos minavam antigas e sólidas convicções. Astrojildo semeara em terreno fértil, ao menos na cabeça de Prestes.

No dia 3 de janeiro de 1928, celebrou-se o trigésimo aniversário de Prestes, figurado agora por muitos como um "formidável guerrilheiro libertador". Desde o início do exílio na Bolívia, processara-se uma espécie de metamorfose. Os rebeldes eram celebrados de modo exaltado. Prestes, inclusive, teve direito à missa solene na Lapa, onde se reuniram diferentes nuances e o grand monde da política nacional. Já não havia quem fizesse restrições. "Habita uma cabana miserável", observava Octavio Brandão, "e este homem delgado, pálido, pobre é a esperança e a força do povo brasileiro." Choviam os ditirambos no quadro de uma suspeita unanimidade. Até o "milionário Geraldo Rocha", proprietário de *A Vanguarda*, acusado de ter oferecido, em certo momento, quinhentos contos pela cabeça de Prestes, o incensava como "o maior soldado brasileiro". Getúlio Vargas, ex--ministro da Fazenda de Washington Luís e novo governador do Rio Grande do Sul, ponderado e conservador *par excellence*, sublinhava o "grande caráter" de Prestes, afirmando que tinha "a impressão [de que] ele é homem mais para construir do que para destruir".

Os festejos e as alabanças não se limitavam às grandes cidades. Havia registros de celebrações até mesmo nos interiores do Rio Grande do Sul e do Paraná, em São Paulo, no longínquo Mato Grosso, no Nordeste, em Pernambuco. Era uma maré montante, avassaladora, um contentamento geral, não havia quem não quisesse aderir.

Entretanto, nem assentada estava aquela glória, e já se desenhava a luta pela apropriação do "verdadeiro" Prestes. Referindo-se ao Cavaleiro da Esperança como "a maior figura do Exército nacional", *A Esquerda* dizia esperar que "o condottiere deste punhado de bravos da têmpera de Juarez, de Miguel, Cordeiro, Siqueira, João Alberto, e tantos outros" levasse o Brasil "mais tarde", com seus "pulsos de ferro", ao regime da "verdadeira e única democracia".

Qual seria a "verdadeira" e "única" democracia? A liberal, devidamente reformada, segundo os princípios de "representação e justiça", como postulava Assis Brasil? Ou outra coisa qualquer que "pulsos de ferro" garantiriam?

O jornal desejava demarcar campos: "Enganam-se os políticos profissionais, os prostituidores do regime [...] embriagados na farra imensa de suas bacanais administrativas, fisicamente relaxadas por uma existência desbragada [...] serão vítimas dos erros de todos os opressores [...] Prestes, Miguel [...] estão destinados para salvar o Brasil...".

Nas mãos daqueles "símbolos de vitalidade", em que consistiria exatamente a "salvação" do Brasil? Havia ali um toque de repreensão moral e de severa condenação em torno das quais, decididamente, seria mais difícil encontrar um acordo tão amplo. Homens como Getúlio Vargas e Geraldo Rocha, por exemplo, certamente não subscreveriam aquelas exortações.

Em fins de fevereiro de 1928, Prestes deu uma indicação importante, meio perdida na época: "Não há solução possível para os problemas brasileiros dentro dos quadros legais vigentes". Uma demarcação de campos.

Ele se encontrava, então, na Argentina. Estabilizada a vida em La Gaíba, muitos dos soldados já tendo voltado ao país, rendera-se, afinal, aos apelos dos camaradas de armas, que urgiam sua presença nas articulações que se desenvolviam febrilmente em Paso de los Libres, na fronteira com o Brasil, e em Buenos Aires e Montevidéu, onde se concentravam quase todos os exilados.

Enquanto Djalma Dutra, com documentos falsos, viajara de vapor diretamente para Buenos Aires, Prestes, partindo em 10 de fevereiro, teve que atravessar, em lombo de boi, durante dois longos dias, o território do Chaco. Chegando à cidade de Río Negro, no Paraguai, amigavelmente recebido pelas autoridades do país vizinho, desceu o rio até Assunção, onde tomou o trem para Buenos Aires. Por onde passara, recebera homenagens carinhosas; o homem transformara-se num personagem histórico.

Pouco depois, em visita a Libres para encontrar Isidoro e Miguel Costa, Prestes concedeu nova entrevista a João Batista Barreto Leite Filho, publicada em *O Jornal*, em 6 de abril de 1928. Ali já se evidenciava um pensamento radical. Dele dizia o repórter: "Resume a situação brasileira como uma máquina opressora, solidamente instalada, oprimindo e reprimindo todos os movimentos democratizadores, acreditando, por isso, pessoalmente, na eficácia da guerra civil como único meio de solucionar os problemas…" devidos à "incompetência", à "falta de visão" e à "má vontade dos atuais dominadores do regime".

O registro da fala "em nome pessoal" poderia ter chamado a atenção do repórter. O "limite" de consultar os camaradas antes de qualquer passo importante, tacitamente consolidado na aventura da Coluna e nos primeiros tempos do exílio, estava sendo ultrapassado sem maiores reservas. O homem Prestes estaria se rendendo ao Prestes mito? De "primus inter pares", descolando-se, convertendo-se em alguém que falava "em seu próprio nome"?

A "máquina opressora", segundo Prestes, teria "profundíssimas e solidíssimas bases, capazes de resistir aos mais fortes ataques pacíficos". Assim, o Brasil não teria "solução constitucional" nem "remodelação que se opere sem violência". No entanto, continuava apontando Assis Brasil como "único chefe autorizado para dirigir no terreno político a ação renovadora", sublinhando uma "coincidência de pontos de vista" com Maurício de Lacerda e sua "confiança no Partido

Democrático", dissidência do Partido Republicano Paulista, recentemente organizada, e que se aproximara das propostas defendidas pelas lideranças rebeldes.

Na análise misturavam-se referências tradicionais, típicas dos chefes da Coluna, com outras, ainda imprecisas, mas já se definindo, a respeito de um sistema que não poderia mais ser reformado através da negociação, por meios pacíficos.

No fim da entrevista, Prestes dizia-se "entregue à causa da revolução". Nem uma eventual anistia o tiraria desse caminho, que era seu "e do último soldado da Coluna".

Em Buenos Aires, depois de passar alguns dias no apartamento de Orlando Leite Ribeiro, Prestes instalou-se na esquina de Gallo com Mansilla, endereço que cedo se tornaria uma referência para os exilados. Ali, no bairro de Palermo, organizou-se um escritório de representação para venda de produtos brasileiros, onde trabalhavam Orlando — que conseguira fugir de um hospital em São Paulo depois de pegar uma condenação de catorze anos de cadeia por suas atividades "subversivas" em Mato Grosso — e outros exilados, a exemplo de Siqueira Campos. Começaram com café. Não deu certo. Tentaram cabos de vassoura. Também não foi em frente. "Tinham que ser vendidos a pequenos comerciantes — os grandes já tinham seus fornecedores — que no fim do mês, não tinham dinheiro para pagar." Era um trabalho pesado e prosaico. Siqueira Campos reclamava de dores nas costas de tanto carregar cabo de vassoura. Nada épico para um comandante que infernizara as tropas governistas. Alugaram uma espécie de armazém, onde, num quarto de fundos, "uma verdadeira geladeira", morava Prestes. Em outros lugares, os revolucionários viviam "empilhados". A comida, rala. Todos os dias, comiam puchero, uma espécie de cozido que ninguém aguentava mais. A austeridade habitual. A situação era de muita pobreza. Prestes pensava na família: a mãe e as quatro irmãs passavam privações no Brasil, queria trazê-las para a Argentina, mas com que recursos poderia mantê-las? Bons momentos tinha quando recebia do Brasil bilhetes das famílias dos soldados da Coluna, acusando e agradecendo recebimento de ajudas — 500 mil-réis, um conto — ou votos de condolências. O fato de tê-los guardado em seus papéis pelo resto da vida é simbólico dos laços — fortes — tecidos entre o chefe e seus subordinados. A preocupação em administrar criteriosamente cada centavo das subscrições encaminhadas do Brasil ficaria evidenciada na prestação de contas, minuciosa, que fez em fins de 1928, através da Agência Brasileira, graças aos bons ofícios de Alberto Araújo, amigo de Siqueira Campos. Na época, houve certo escândalo, pois o arrecadado pelo jornal *O Globo*, embora divulgado, não fora efetivamente entregue aos exilados.

A capital portenha era, naquele período, o maior centro cultural da América do Sul, amplas avenidas, sólidas e belas livrarias e bibliotecas, sedutores cafés, mas os exilados, não fossem eles exilados, preferiam dedicar-se a contatos e conversas sobre a evolução dos acontecimentos no país de origem. Prestes recebia visitas e trabalhava, sem nenhum sucesso. Domingo era dia de ficar só. Ouvia discos numa vitrola que a mãe lhe enviara e passeava pelo bairro. Uma vida quase monástica, sempre longe das farras e bebedeiras a que muitos camaradas eram dados, inclusive o melhor amigo, Siqueira Campos. Ainda em 1928, recebeu uma primeira e breve visita da mãe, que ficou por uma semana. Já não se viam fazia quatro anos. Quem muito contribuiu para o sucesso da viagem de Leocádia foi Riograndino Kruel, casado com uma argentina, bem de vida, que dispunha de automóvel, o qual emprestou ao contemporâneo de Escola para que passeasse com a mãe por Buenos Aires.

Prestes preocupava-se com a sorte do movimento revolucionário. Assis Brasil, agora deputado eleito, consagrado, e o Partido Democrático falavam muito sobre a hipótese da anistia, que, segundo eles, amadurecia. Concentravam-se em articulações políticas, cálculos abstratos, intermináveis conspirações. Tessituras de Penélope. Prestes não cultivava ilusões a respeito. A Paulo Nogueira Filho, do Partido Democrático de São Paulo, a Carlos de Lima Cavalcanti, ao próprio Assis Brasil, com quem chegou a estar, clandestinamente, em Melo, no Uruguai, e aos demais que então o visitavam, falava de uma necessária, e próxima, insurreição armada. Solicitava recursos para comprar armas. Paulo Nogueira prometera trezentos contos, mas só oitenta tinham sido entregues até agosto. Muito pouco para uma aventura revolucionária de dimensões nacionais. Prestes irritava-se, escrevia protestando: "O movimento armado é fatal". O "voto secreto" já lhe parecia insuficiente. Quanto à anistia, sempre a desprezara. Havia ali muitas palavras, mas poucos fatos. A luta armada é que era decisiva.

Paralelamente, teciam-se os laços com os comunistas e o comunismo.

O Partido Comunista Argentino era legal, o que facilitava aproximações. O tempo político parecia clarear-se com a eleição de H. Yrigoyen, em abril de 1928, comprometido com políticas progressistas. Prestes visitou a sede do Partido, tornou-se assinante do jornal da agremiação e conversou com Victorio Codovilla, secretário-geral, mas, segundo ele mesmo, "os contatos não foram intensos";

olhavam-no com simpatia, mas com certa indulgência, pois não passava de um "pequeno-burguês radical". Continuava a receber, e a adquirir, nas excelentes livrarias argentinas, mais livros sobre marxismo e comunismo. Escritores enviavam livros autografados, como Oswald de Andrade, Plínio Salgado, Graça Aranha, Afonso Schmidt e Monteiro Lobato, o que evidenciava seu prestígio entre os intelectuais.

A situação melhorou em fins de 1928, com a hipótese de um bom trabalho, em Santa Fé, oferecido por um empresário brasileiro, Otávio Botelho, sócio de uma espécie de empreiteira de serviços de engenharia e construção civil. A cidade, próxima de Buenos Aires, "era tranquila e tinha boas livrarias". E sempre era possível dar um pulo na capital. Narra a lenda que Getúlio Vargas esteve por trás desse emprego, mas Prestes de nada desconfiava. Atirou-se com entusiasmo ao trabalho. Décadas depois, diria, irônico: "Descobri logo nos primeiros dias que era um bom explorador da força de trabalho do operariado. Organizei o trabalho e fiz o pessoal render o dobro". Retomava, em outras condições, a experiência do *ferrinho* lá em Santo Ângelo e a de La Gaíba. Como o sol era muito forte durante o dia, contou Prestes mais tarde a Denis de Moraes e Francisco Viana, inverteu os horários. "O trabalho passou a se iniciar às quatro e terminar ao meio-dia", com quinze minutos de descanso. Os patrões, desconfiados da mudança, acabaram aprovando. "Os donos da construtora ganharam muito dinheiro nas minhas costas [...] mas a solução beneficiou a todos."

Se Getúlio almejava afastar Prestes do jogo, o tiro saiu pela culatra. Após o trabalho, longe da agitação de Buenos Aires, o homem estudou como nunca. Prestes conta: "Para mim, foi a época que mais tive tempo para estudar o marxismo. Chegava em casa, tomava um banho, almoçava, descansava e ia ler". Depois, em depoimento, reconheceria que a estada na cidade naquele ano fora decisiva: "Estudei marxismo. Convenci-me que o caminho era o indicado pelo Partido Comunista Argentino e pelos comunistas brasileiros [...] Li *O capital*, de Marx e de Engels, Ludwig Feuerbach e o fim da filosofia clássica alemã; *A origem da família, da propriedade privada e do Estado* e *Do socialismo utópico ao socialismo científico*". No entanto, frisou, o mais decisivo de todos fora *O Estado e a Revolução*, de Lênin. Uma descoberta. Diria mais tarde que "o pensamento lógico e a base materialista adquiridos nos estudos de ciências naturais na Escola Militar, facilitaram a apreensão dos postulados marxistas".

Talvez haja nessa rememoração alguma dose de "reconstrução retrospectiva". Senão, seriam incompreensíveis, como se verá, certas hesitações e zigue-zagues que ainda marcariam sua trajetória posterior. O fato é que, em fevereiro de 1929, deu outra entrevista em que, sibilinamente, declarava: "Não devemos temer o fantasma bolchevique".

Todos queriam ouvi-lo e não pareciam avaliar a radicalização por que passava aquele homem. Ao *Diário Popular*, na mesma época, não media as palavras: "O Brasil está [...] dominado por chefes políticos que possuem enormes latifúndios, onde milhares de famílias vivem de parcos frutos de um pedaço de terra mal plantado. Se os militares revolucionários haviam aberto o caminho [...] compete ao povo concluir esta obra e livrar-se do organismo parasitário implantado no Brasil pela política das oligarquias". E completava: "A revolução é fatal, de natureza popular, ela amadurece, agravada pelos erros políticos, desorientação econômica, aventuras monetárias e apertura de vida das classes populares". Essa confiança no "povo" era nota nova, estranha às concepções que antes compartilhara com os camaradas da Coluna.

Amadurecia a perspectiva de uma revolução "popular". Quando da aventura pelos sertões, Prestes admitiria mais tarde, os rebeldes não faziam nenhuma distinção entre os grandes — e ricos — proprietários de terra e os pequenos — e paupérrimos — trabalhadores do campo. Era como se vissem um livro sem saber ler. Agora, com as "chaves" proporcionadas por Marx e, sobretudo, por Lênin, e pelas conversas com os comunistas, era como se um mundo diferente se abrisse, ou melhor, era como se, com olhos diferentes, pudessem ver aquele mundo de outra forma.

Uma revelação. Trazida pela "boa palavra". Assim como outros comunistas, antes e depois dele, Prestes empolgou-se com os horizontes descortinados e com a ideia de que estava se tornando capaz de conhecer o mundo e as leis da história que o regiam. A autoconfiança daí derivada incomodaria os antigos camaradas.

João Alberto, um de seus bons amigos, comentava: "Prestes começava a se destacar [...] e a se tornar irascível. Não admitia ficar esperando [...] deixar em outras mãos nosso destino [...] não admitia situações intermediárias, doutrinava e não perdoava distrações". Miguel Costa, indulgente, falava das "maluquices do Prestes". Já Siqueira Campos aconselhava compreensão, sublinhando as dificuldades que o amigo vivera desde a infância. Alguma coisa lhes parecia escapar na evolução do chefe querido e respeitado, mas aquilo tudo seria superado quando a "revolução" com que tanto sonhavam voltasse a se tornar uma tarefa imediata.

Para concretizá-la, os principais chefes da Coluna partiam para articulações clandestinas no Brasil. Juarez agitava em Pernambuco e na Paraíba, sem perder as conexões familiares no Ceará. Cordeiro de Farias, Eduardo Gomes e Nelson de Mello estavam no Rio de Janeiro. Djalma Dutra conspirava em Minas Gerais. João Alberto, também em função de laços familiares adquiridos, atuava no Rio Grande do Sul, assim como Estillac Leal, Hercolino Cascardo e Amaral Peixoto, entre outros. Próximos da fronteira, vinham uma vez ou outra à Argentina.

Prestes tomava caminho próprio: "Tive a sensação de que tinha mesmo era que fazer toda uma raspagem de tudo que tinha aprendido antes, para começar a estudar um novo pensamento. Senti uma modificação considerável na minha maneira de pensar".

O "homem íntegro" transformado já num "anjo vingador"? Ainda não, mas a metamorfose estava em curso.

Numa de suas idas a Buenos Aires, discursou, numa primeira fala pública, política, no Congresso Anti-Imperialista e pela Paz, promovido pelos comunistas argentinos. Desenhavam-se as perspectivas de uma aproximação maior.

No Brasil, na clandestinidade, os chefes da Coluna e outros camaradas, coerentes com o lema de sempre, "representação e justiça", mergulhavam em conspirações e alianças que a Prestes pareciam cabulosas e incongruentes. O que aquilo tudo tinha a ver quando comparado ao discurso revolucionário cristalino de Lênin? E o que se poderia esperar das eleições previstas para março de 1930?

No mundo da "grande política", Washington Luís, ignorando as demandas dos políticos de Minas Gerais e os insistentes apelos de Getúlio Vargas, que solicitava o apoio do presidente da República a seu próprio nome, lançara um candidato à Presidência, Júlio Prestes, presidente de São Paulo, apoiado por dezessete províncias, como eram então chamados os atuais estados. Nos padrões das eleições daqueles tempos, era uma máquina invencível. Encurralado pela manobra, sem opção dentro da coalizão governista, Getúlio reagiu e articulou uma candidatura alternativa, apoiada nos "presidentes" (atuais governadores) de Minas (Antônio Carlos de Andrada) e da Paraíba (João Pessoa), bem como em forças políticas de oposição em São Paulo e no Rio de Janeiro.

A grande maioria dos camaradas da Coluna orientou-se por esse caminho e em consequência começou a trabalhar, pressionando Prestes para que também participasse. Se Getúlio Vargas perdesse as eleições, o que era provável, quase certo, haveria um amplo enfrentamento armado, alegavam, agora em escala muito maior do que durante a marcha da Coluna, e com muito mais chances de êxito. Em julho de 1929 chegou um telegrama de Carlos de Lima Cavalcanti solicitando formalmente o seu apoio a Getúlio. Em Buenos Aires estavam, então, Juarez, Djalma Dutra e Siqueira Campos. Prestes reuniu-se com eles e defendeu uma recusa veemente. Siqueira concordou. Dutra vacilava e Juarez queria apoiar Getúlio. Prevaleceu a proposta de Prestes, que redigiu uma negativa contundente.

Contudo, a onda crescia. Choviam os apelos. Aquilo era uma "hemorragia": migravam os "tenentes", *en masse*, para o lado de Getúlio, enquanto este, apoiado pelos camaradas, convidava Prestes para chefe militar de uma eventual insurreição.

Prestes resistia. Em agosto, *O Jornal* publicou uma declaração sua sublinhando que os "revolucionários exilados" se mantinham numa atitude de "absoluta independência", "livres de compromisso [...] na defesa intransigente das justas reivindicações de um povo empobrecido na tirania".

No entanto, acabou aceitando um encontro com Getúlio Vargas e Oswaldo Aranha, em 29 de setembro, no Palácio Piratini, sede do governo. Entrou clandestino no Rio Grande do Sul, foi bater em Pelotas e chegou a Porto Alegre. Na companhia de Emídio Miranda, apareceu, constrangido, altas horas da noite, mais para atender à pressão dos amigos e camaradas de armas do que convencido da utilidade da conversa.

Prestes falou mais do que ouviu. Muitos anos mais tarde, recapitulando a reunião, contou: "Eu era terrivelmente sectário [...] a primeira coisa que disse a Getúlio foi que não estava ali para apoiar sua candidatura [...] jamais apoiarei a sua candidatura porque, se o senhor for eleito [...] irá fazer a mesma coisa que os outros. Vim aqui porque meus companheiros dizem que o senhor quer fazer uma revolução". Foi um discurso duro, só o interessava a luta armada, as eleições nada resolveriam. Para a luta armada, estava disposto. Mas precisava de recursos. Getúlio ouvia, tentando conciliar. Reconheceu, entre afável e irônico: "O Senhor tem a eloquência da convicção", garantindo que não o decepcionaria. Um diálogo difícil, a raposa e o porco-espinho. Um entendimento feito de desconfianças e subentendidos. Separaram-se com a promessa de que Prestes receberia, em curto prazo, mil contos de réis — uma bela quantia na época — para a compra de armas. No dia seguinte, Aranha deu-lhe um passaporte falso, em nome de João de Souza, com a respectiva inscrição eleitoral.

Pouco antes desse encontro, lançara-se, afinal, oficialmente, a Aliança Liberal. Muitos a viam como uma reedição, em ponto maior, da Reação Republicana, liderada por Nilo Peçanha em 1921, e das campanhas civilistas anteriores de Rui Barbosa. Formou-se uma atmosfera de embates, eletrizando as cidades, onde se juntavam multidões nos comícios eleitorais. A articulação ampliava-se, estendendo-se até mesmo a Artur Bernardes e Epitácio Pessoa, ex-presidentes, detestados pelos "tenentes" e agora seus aliados.

Em outubro, Maurício de Lacerda, reconhecido como uma espécie de "tribuno da plebe" pela opinião progressista, e que se dizia "um soldado de Prestes", com quem já estivera na Argentina, anunciou em público o apoio a Vargas, "por ordens de Prestes".

Aquilo era um falso testemunho, danou-se Prestes. Queria desmenti-lo também em público, mas entrou em cena a turma do deixa-disso. João Alberto, Miguel Costa e Siqueira Campos botaram os panos quentes; intervieram também Cordeiro de Farias e Silo Meireles, desaconselhando uma intervenção prematura. Que esperasse uma carta, ela esclareceria tudo. Quando chegou, não esclarecia nada, "a carta era toda para justificar a posição do Maurício".

Prestes mandou a Silo uma resposta seca, de uma página, afirmando que "a divisão já existe entre nós: eles estavam com Getúlio e defendiam Maurício". Sobre a disputa presidencial, elucidava a própria posição: "Dia a dia aumenta em mim a convicção de que os tais liberais desejam tudo, menos a revolução". E completava: "Resta-nos um único caminho [...] pelo qual venho há muito me batendo [...] levantarmos com toda a coragem uma bandeira de reivindicações populares, de caráter prático e positivo, capazes de estimular a vontade das amplas massas de nossa paupérrima população das cidades e do sertão".

Concluía com a proposta de uma reunião em Buenos Aires dos "principais elementos revolucionários de todo o Brasil, a fim de resolver definitivamente a atitude a tomar nesta emergência". O encontro nunca se realizou.

Desesperando-se no exílio, Prestes transformava-se num "general sem soldados". Sobre os antigos camaradas, diria, amargo: "Não ganhei um só, não ficou ninguém". Teria sido mais exato dizer: "a imensa maioria", porque alguns, como Emídio Miranda e outros poucos, permaneceram ao seu lado, mas, de fato, eram exceções que destoavam da regra.

Depois de vários comícios no Rio Grande do Sul e em São Paulo, Getúlio Vargas, na presença de uma multidão, em começos de janeiro de 1930, na Esplanada do Castelo, no Rio de Janeiro, apresentou o programa da Aliança Liberal. Previa a anistia, a abolição da censura, liberdade de expressão e de manifestação, a reforma da legislação eleitoral, o voto secreto, a reforma do Judiciário e do sistema de ensino. Uma retomada, em grandes linhas, das propostas dos "tenentes", cujo lema, "representação e justiça", era enfatizado. Prometia ainda um novo tratamento da "questão social", ampliando e consolidando a legislação já existente, com a adoção de um Código do Trabalho, que previa, entre outras coisas, salário mínimo, férias e previdência social para os trabalhadores. As promessas surpreenderam positivamente até mesmo os especialistas mais progressistas de então, como Joaquim Pimenta, cujos conselhos, mais ponderados, seriam ignorados em favor de perspectivas mais abrangentes.

Contudo, toda aquela animação, visível especialmente nos grandes centros urbanos, não iludia os analistas mais sóbrios e argutos. Getúlio perderia as eleições, e por isso era necessário continuar apostando em outro plano, o da insurreição armada. Foi isso que motivou um segundo encontro entre Prestes, Getúlio e Aranha, em janeiro de 1930, mais uma vez em Porto Alegre, na presença de João Alberto.

Prestes, de saída, esclareceu que não estava ali para falar de candidaturas, que desprezava, nem de eleições, nas quais não acreditava, e o disse com sua habitual firmeza — e rudeza. Queria saber dos recursos para a luta armada — prometidos e ainda não encaminhados, apesar da indicação de um banqueiro de confiança em Montevidéu para receber o dinheiro. Aranha reafirmou que, em breve, isso seria feito, graças a uma remessa prometida por Antônio Carlos, de Minas Gerais. Segundo Prestes, no final da reunião, Getúlio indagou se ele lera o programa da Aliança Liberal. Prestes respondeu, seco, pela afirmativa. "E, então", insistiu Getúlio, "o Senhor não poderia apoiar minha candidatura?" A resposta não poderia ser mais taxativa: "Lamento que eu não tenha me feito entender, estou aqui para apoiar uma revolução, não uma candidatura...". Getúlio teria se limitado a comentar: "... mas que coisa!". E a conversa morreu por aí.

Conforme o acordado, pouco mais tarde houve a remessa dos dinheiros: "Eu recebi 100 mil pesos uruguaios, cerca de oitocentos contos de réis", admitiu Prestes.

João Alberto ficou chocado com a entrevista. Na saída, criticou Prestes: "Não é assim que se constrói uma aliança". Mais tarde, rememorou: "Prestes tomava ares de mestre e sentenciava — quase ordenando — a orientação a seguir".

Tinha se tornado, efetivamente, um "sectário", como reconheceu mais tarde. Em boa medida, isso se devia a seu caráter — de homem íntegro, reforçado pela habitual autoconfiança. Mas havia ali igualmente uma crescente irritação com a amplitude daquela "Aliança Liberal", onde cabiam homens como Artur Bernardes e Epitácio Pessoa, o que não deixava de preocupar vários que estavam mergulhados até o pescoço na conspiração, como Siqueira Campos e Miguel Costa. Era preciso apertar muito o nariz para não sentir o cheiro daquelas companhias. Em sua defesa, argumentavam que depois, uma vez no poder, dar-se-ia um jeito naquilo. Finalmente, em medida difícil de avaliar mas evidente, o "sectarismo" de Prestes devia-se à conversão, a qual se acelerava, a um marxismo--leninismo que, apesar de rudimentar, ou por isso mesmo, parecia oferecer chaves com as quais se podia compreender o mundo e a história.

Em 1928, entre julho e setembro, na longínqua Moscou, houve um acontecimento que mudaria muito as circunstâncias em que todos aqueles atores estavam envolvidos: o VI Congresso da Internacional Comunista. As propostas de "frente única", aprovadas em congressos anteriores, foram revogadas em proveito de um programa radical de enfrentamento aberto com o capitalismo internacional. Depois de uma primeira fase de "ascenso revolucionário", entre 1917 e 1921, marcada pelo triunfo da Revolução Russa, e de uma segunda fase, caracterizada pelo "refluxo" da revolução internacional nos anos 20, abria-se, agora, um "terceiro período", no qual se acirrariam novamente as contradições sociais e se delineariam hipóteses revolucionárias. Em toda parte os comunistas estavam desafiados a "clarificar" suas posições, a favor da revolução social. "Frentes políticas" só seriam possíveis "pela base", pressupondo a adesão das demais tendências às propostas comunistas. O aprofundamento da crise internacional, evidenciada, pouco mais tarde, em outubro de 29, com o craque da bolsa de Nova York, devastando em ondas concêntricas a economia mundial, "confirmara" a validade do novo programa. Tratava-se de uma conjuntura de luta aberta, "classe contra classe", onde as nuances de complicadas articulações deveriam ser sacrificadas em benefício da clareza cristalina do ponto de vista revolucionário, e em função disso era urgente que todos os partidos se "proletarizassem".

Em toda parte, e também na América Latina, acionaram-se os mitos revolucionários fundadores do movimento comunista internacional, desde seus primórdios, em 1919. Eles faziam parte — mais do que isso, eram elementos essenciais — do credo bolchevique, imantado na gênese do movimento comunista: a perspectiva de uma revolução épica, catastrófica, a reconstrução radical do mundo e da sociedade, o surgimento do "homem novo", já presente — esboçado — em partidos dispostos para a luta numa disciplina férrea, militar, em nome do proletariado, cujos interesses históricos eles estavam certos de representar. Como "anjos vingadores", os homens da "vanguarda" redimiriam o sofrimento dos oprimidos e dos explorados.

É ignorar as razões — e as desrazões — da teia comunista internacional imaginá-la na base de um centro que "dirige" e de "tentáculos" que apenas obedecem, como na sinistra metáfora do "polvo", tão do agrado das forças conservadoras e das polícias políticas. O que ali havia era uma sólida "comunidade de convicções", de princípios, e, na base deles, a ideia da revolução social como catástrofe, uma esperança que haveria de se realizar porque, de fato, o "mundo marchava para o socialismo" e "os amanhãs cantavam". Um poderoso messianismo, mobilizador e dinamizador, como todos os demais, mas de caráter laico. Nesse quadro, a URSS e os comunistas soviéticos eram um "exemplo" reconhecido e respeitado, pelo êxito conquistado, pela experiência acumulada e pela "eficácia" demonstrada. Como se fosse um "grande irmão", de quem todos se orgulhavam e que era necessário defender, arriscando a própria vida.

No VI Congresso da IC estiveram presentes delegados dos PCs do Brasil, Argentina, Uruguai, Cuba, Paraguai, Equador e Colômbia. No informe sobre as colônias e semicolônias, que foi lido por O.W. Kuusinen, voltado fundamentalmente, como sempre, para a Ásia, acrescentara-se outro, de Jules Humbert-Droz, sobre o subcontinente sul-americano. Havia ali incongruências como a proposta de uma "União Federativa das Repúblicas Operárias e Camponesas da América Latina", mas Astrojildo Pereira, eleito para o honroso cargo de membro do Comitê Executivo, congratulou-se com a discussão. Afinal, a IC "descobrira" a América Latina, e isso reconfortava os comunistas latino-americanos e a delegação brasileira formada por Paulo Lacerda, Leôncio Basbaum e Heitor Ferreira Lima.

É mais do que provável, em virtude da "comunidade de convicções" compartilhada, que os dirigentes brasileiros não tenham estimado o impacto que a "nova linha política" haveria de ter no partido que dirigiam, e na sua sorte em particular. Mas vale lembrar que, quando se realizou o III Congresso do Partido Comunista do Brasil, entre 29 de dezembro de 1928 e 4 de janeiro de 1929, não houve dificuldades em reiterar como "linha política" as teses de Brandão sobre a "terceira revolta", as quais, além de ignorar a radicalização agora proposta pela IC, não eram explícitas quanto à hegemonia do "proletariado", questão agora definida como "essencial". Em janeiro de 29, encerrado o Congresso brasileiro, Astrojildo partiu, empolgado, para Moscou, sem desconfiar que na sua ausência o Partido passaria por completa metamorfose.

Entretanto, o enquadramento estava em curso e as novas diretrizes aprovadas em 1928 seriam operacionalizadas na América do Sul pelo Secretariado da Internacional Comunista para a América Latina, sediado em Montevidéu. Criado em 26, a cargo dos comunistas argentinos, mantinha um órgão de divulgação, *La Correspondencia Sudamericana*, publicado a partir de abril daquele ano. Em junho de 29, na capital uruguaia, reuniu-se uma conferência de dezoito PCs da América Latina, sob a batuta de Jules Humbert-Droz. Na ordem do dia, a nova linha política do VI Congresso. Agora, era "classe contra classe" no quadro da "revolução agrária e anti-imperialista". Tornava-se completamente fora de propósito nas novas condições a concepção de alianças prevista no Bloco Operário e, desde 28, no Bloco Operário Camponês, o BOC. A participação ativa dos comunistas nas eleições municipais de outubro daquele ano, sufragando dois intendentes para a Câmara do Rio de Janeiro, um deles Octavio Brandão, considerada até então um sucesso maior, seria agora lida como um "desvio" a ser corrigido. Do mesmo modo, saíam do radar as articulações favoráveis à candidatura de Prestes à Presidência da República. A proposta chegara a ser feita por Leôncio Basbaum e Paulo Lacerda, de resto sem resultado positivo, pois Prestes nunca apostara no jogo eleitoral.

Em novembro e dezembro de 1929, em Moscou, os dirigentes da IC voltariam a discutir em particular o "caso brasileiro". Foram, então, extensa e duramente criticadas as teses do PC brasileiro, acusadas de "reboquismo" em relação à pequena burguesia. "Fomos acusados", relataria mais tarde Heitor Ferreira Lima, "de [...] abandonarmos a questão camponesa [...] de escondermos o Partido atrás do Bloco Operário e Camponês [...] de não cuidarmos de um partido independente [...] de não nos preocuparmos com os problemas dos negros e dos índios [...] de adotarmos uma política pequeno-burguesa, contrária ao leninismo."

Não sobrou pedra sobre pedra. "Fomos totalmente arrasados na ideologia e na ação prática que seguíamos." Apareceu nessa conferência um comunista soviético, nascido em Riga, na Letônia, Abraham Heifetz, aliás, Kleine, ou Lepetit, que os brasileiros chamariam de Guralski, o Rústico, aureolado com grande prestígio por haver participado de aventuras revolucionárias na Rússia, na Hungria e na Alemanha. Dele viriam as críticas mais ríspidas; chegou mesmo a dizer que Luís Carlos Prestes era uma espécie de Chiang Kai-Shek brasileiro. Referia-se ao general nacionalista chinês, dirigente do Kuomintang (partido do povo chinês), responsável, cerca de dois anos antes, pelo rompimento da Frente Única na China e pela ordem de prisão e assassinato de milhares de comunistas chineses.

Astrojildo Pereira, presente, calou-se. Não apareceu ninguém para defender as teses de Brandão, escolhido como bode expiatório de uma concepção que tinha sido aceita, afinal, durante anos, por muitos no Partido.

Num processo conturbado e repleto de oscilações, efetuou-se uma importante transformação no Partido Comunista. De acordo com certa apreciação, uma espécie de lugar-comum, o que se seguiu, a partir daí, foi um encadeamento de ações e resoluções que poderia ser equacionado na base de uma polarização simplificada: a IC "manda" e os comunistas brasileiros "obedecem". Tudo se explicaria pelas "ordens" da IC, quando não pelo "ouro" de Moscou. Mas há outro ângulo possível para analisar esse mesmo processo: o de que as orientações da IC iriam suscitar velhos "demônios" inscritos na gênese do PCB — as ideias dos "movimentos de massa", dos enfrentamentos apocalípticos, da revolução catastrófica.

Desse ponto de vista, as orientações do VI Congresso correspondiam às reservas formuladas por muitos comunistas à "política de frentes" conduzida por Astrojildo e Octavio Brandão. A participação nas eleições de fevereiro de 1927 com o Bloco Operário, e, depois, a formação do Bloco Operário Camponês em 28, as articulações com os notáveis da política nacional, a própria aproximação com Prestes e, pouco mais tarde, o convite à sua candidatura à Presidência da República, em 29, tudo isso cheirava a "contaminação". O Partido estava perdendo suas "raízes" e suas "referências ideológicas". Não poucos militantes, sobretudo os de origem popular, perdiam o "chão" e tinham dificuldades em participar naquele jogo que para eles era etéreo e incontrolável. Haviam entrado para o Partido Comunista para "fazer a revolução", e não para desperdiçar tempo conversando com "burgueses" e "pequeno-burgueses". Para toda essa gente, o VI Congresso da IC, com suas definições "pão, pão, queijo, queijo", seria uma preciosa reorientação, um reencontro, uma salvação.

O drama foi terem atribuído ao próprio Astrojildo Pereira, num padrão bem bolchevique, a "tarefa" de "aplicar" a nova "linha política" ao partido que ele ajudara a fundar. O triste foi ele tê-la aceitado. Mas, nas suas circunstâncias, e feitas as escolhas que fizera, teria outra opção? O fato é que, desde que voltou ao Brasil, a partir do início de 1930, ele mesmo deu início ao processo de "proletarização" do PCB.

Os expurgos começaram por cima, pelo próprio Secretariado da IC para a América Latina, com a queda do suíço Humbert-Droz, acusado por Stálin em pessoa de ter "afundado no lamaçal do oportunismo covarde". Assumiria seu lugar, vindo se estabelecer em Montevidéu, Guralski, o Rústico.

As eleições presidenciais realizaram-se, afinal, em 1º de março de 1930. As cartas naquele jogo, como se dizia, estavam marcadas. Mais uma razão para que os comunistas se distanciassem, considerando a disputa como uma luta entre "imperialismos" — o inglês e o norte-americano, sendo os políticos brasileiros apenas marionetes de interesses e forças que os controlavam. Apurados os resultados, os oposicionistas só ganharam nas províncias em que governavam. Do mesmo jeito que perderam onde perderam, pela fraude. Júlio Prestes, candidato de Washington Luís, fora eleito presidente do Brasil. Fracassada a opção pelo voto, chegara a hora das armas. Era, ao menos, o que muitos esperavam.

No entanto, nas cúpulas da Aliança Liberal, prevalecia uma atitude de espera. O líder, Getúlio Vargas, hesitava. Não fosse ele uma figura comprometida mais com barganhas do que com enfrentamentos. Era seu histórico — na política rio-grandense e em plano nacional. Resolvia os entreveros com os adversários através de conversas e de negociações.

Alguns de seus amigos, porém, como Oswaldo Aranha, o pressionavam, advogando a luta armada. Na mesma posição estavam os "homens da Coluna", queriam decidir o impasse pelas armas. Vargas, contudo, negaceava. Convidado a ter uma terceira reunião com Getúlio, Prestes recusou-se, mas, para sua tristeza e "raiva", Miguel Costa não só foi como se deixou fotografar num churrasco amigo com lideranças getulistas.

Prestes exasperava-se com aquilo tudo. Desde fins de 1929, urgia uma reunião com seus camaradas. Em abril, um mês depois das eleições, declarara que todas aquelas questões que tinham mobilizado as gentes — voto secreto, liberdade eleitoral, honestidade administrativa, respeito à Constituição, moeda estável, ou seja, o condensado do programa da Coluna —, nada daquilo interessava "à grande maioria da nossa população", sem a qual "qualquer revolução seria uma simples luta entre oligarquias". Havia ali uma sintonia quase perfeita com as teses que agora prevaleciam entre os comunistas latino-americanos, aprovadas em conferência promovida pelo Secretariado da IC no mesmo mês, em Montevidéu.

Afinal, como queria Prestes, teve lugar, em começos de maio, a reunião entre ele e alguns dos principais chefes da Coluna. Cordeiro e Juarez não puderam, ou não quiseram, comparecer. Estavam presentes Miguel Costa, Siqueira Campos e João Alberto, os mais próximos, mas já se distanciando do Cavaleiro da Esperança. Prestes mostrou o texto que pretendia divulgar. Dirigido ao "proletariado sofredor [...] aos trabalhadores oprimidos das fazendas [...] à massa miserável do nosso sertão [...] e aos revolucionários sinceros", denunciava a "última campanha política como uma farsa eleitoral", onde "os interesses populares foram sacrificados e vilmente mistificado todo o povo". O país vivia uma luta entre "interesses contrários de duas correntes oligárquicas, apoiadas e estimuladas pelos dois grandes imperialismos que nos escravizam", o inglês e o norte-americano. Reconhecendo que havia grande número de revolucionários na Aliança Liberal, formulava uma autocrítica por não ter feito antes essa denúncia, enquanto os "liberais [...] abusaram do nome da revolução". O programa da Aliança Liberal era caracterizado como "anódino". Era preciso "golpear as duas vigas mestras das oligarquias: a grande propriedade territorial e o imperialismo anglo-americano". A "exploração semifeudal" era a base da "dependência financeira" em que se encontrava a economia. Não havia outra opção senão uma revolução das "verdadeiras massas trabalhadoras" que estabelecesse um governo baseado em "conselhos de trabalhadores da cidade e do campo, soldados e marinheiros". Esta seria a verdadeira revolução, "agrária e anti-imperialista, realizada e sustentada pelas grandes massas da população".

Os amigos, embora informados das evoluções de Prestes, não o imaginavam tão longe. Ficaram pasmos, aturdidos, "estatelados", e não queriam admitir que estavam ouvindo uma condenação radical do "movimento que organizávamos". "Aquela revolução que queríamos desencadear de nada serviria para o povo." O que mais incomodava era a confissão de adesão ao "credo comunista", da qual decorria a afirmação de que os oitocentos contos recebidos de Aranha iriam ser entregues aos representantes credenciados do movimento comunista internacional na América Latina para serem usados na preparação de uma "verdadeira revolução". Miguel Costa zangou-se. Ameaçou dar um tiro em Prestes. Devia uma quantia a especialistas húngaros, contratados para transmitir técnicas de lança--chamas, e contava pagar sacando do dinheiro doado. O clima azedou-se. Finalmente, Prestes acedeu em pagar a soma, mas o grosso ficaria em suas mãos, e não seria destinado a lutas "intraoligárquicas".

Segundo a narrativa de João Alberto, Prestes "agitava-se" numa "argumentação confusa para nós, bisonho no linguajar marxista, querendo convencer-nos a seguir seu exemplo [...] se é que não estávamos vendidos aos capitalistas". Falava "mais com o tom de quem quer ser obedecido do que compreendido". "Parecia um fanático, transbordando de violência contra adversários e amigos da véspera e colocando todos [...] na classe de exploradores do povo."

Quando Miguel Costa perguntou ironicamente por que Prestes fazia exceção aos três amigos presentes, o homem exasperou-se, quase havendo um desforço físico. Siqueira Campos fez a mediação, acalmando os ânimos. A verdade é que os três reconheciam que aquela não era a revolução com que sonhavam. Mas o que restava? João Alberto, conforme Prestes, fez uma frase realista: "Sair do movimento e aderir ao comunismo?". E completou, pragmático: "Tudo isso que você diz aí é verdade, mas agora chegou a nossa hora e eu não nasci para apóstolo". Em certo momento, até Siqueira Campos ia perdendo a calma. Foi quando se discutiu a questão da dívida externa. A proposta de Prestes era não pagá-la. Siqueira objetou: "E a esquadra inglesa?". A resposta foi seca: "Vamos para o interior, retomar a luta que a Coluna deixou pela metade". "Para o interior?", repetiu Siqueira Campos com a ironia habitual. "Assim pensaram os índios, seu Prestes, quando chegou Cabral, e ainda hoje andam pelo interior." João Alberto também se escandalizou com críticas "ao conceito e ao sentimento que a família nos merecia". Como Prestes, "um celibatário", indagava, podia aventurar-se nesse terreno?

A conversa prolongou-se, amarga e sem resultados. Prestes perguntava a Siqueira Campos: "Mas como é que tu vais marchar, vais participar de um movimento com Bernardes, Epitácio, Borges de Medeiros, com toda essa cambada?". "São os primeiros que eu fuzilo", respondia Siqueira, e acrescentava: "O essencial é arrasar isso tudo [...] depois a gente vê". "Tu estás equivocado", ponderava Prestes, "eles é que vão te fuzilar, porque, qual a força que tu tens? Estão todas elas do lado do Getúlio! [...] eles vão fazer a política [...] da oligarquia gaúcha [...] a política deles, o que eles quiserem."

Consumava-se um afastamento. Siqueira Campos, desesperado com o impacto negativo que aquele manifesto poderia ter, caso publicado, solicitou um prazo para que se pudesse conversar e, de algum modo, preparar o terreno. Ele esperava que a "revolução", a curto prazo, poderia arrebentar, criando uma nova situação. Prestes concordou com trinta dias, improrrogáveis, depois dos quais divulgaria o texto.

João Alberto e Siqueira Campos saíram dali correndo para pegar o primeiro avião que partisse para o Brasil. Naquela mesma noite, 9 de maio, encontraram um. Combinaram não contar a ninguém sobre aquela conversa e apressar o mais possível o desencadeamento do movimento armado.

Não tiveram sorte. A noite era de breu e chuvosa, e o avião caiu no Rio da Prata. Dos cinco passageiros, só escapou João Alberto. Siqueira Campos morreu. Levou sete dias para o corpo ser localizado.

Prestes ficou "prostrado com a perda do único amigo que realmente tivera". Participou das cerimônias fúnebres em Montevidéu, que precederam o embarque do corpo para o Brasil, desobrigou-se com João Alberto do prazo combinado e fez publicar o manifesto em 30 de maio de 1930.

Como era de esperar, foi uma bomba. Juarez e Isidoro publicamente o rejeitaram. Vinte dias depois, Miguel Costa elaborou uma carta circular para os homens da Coluna na qual recomendava manter "prudente distância" de Prestes e dos que o apoiavam, citando nominalmente Emídio Miranda, Renato Tavares, Alberto Araújo, Fernando Garagorry, Fernando Orey e Silo Meireles. Mesmo na longínqua La Gaíba, onde ainda estavam dezenas de soldados da Coluna, houve, segundo Ítalo Landucci, "incredulidade e ceticismo": a perda de Siqueira Campos "em que[m] confiávamos cegamente abalou nossas esperanças que desapareceram quando saiu publicada a famosa carta de rompimento de Prestes com a corrente revolucionária".

A cisão abalou o movimento conspirativo, incentivando dúvidas, "uma fenda", na expressão de Raymundo Faoro.

Também entre os comunistas as coisas "clarificavam-se", embora a proletarização encontrasse dificuldades imprevistas. Um ferroviário, proletário autêntico, escolhido para substituir Astrojildo Pereira como secretário-geral do Partido, não aparecia, pois estava sempre viajando. Em seu lugar, assumiu outro operário, metalúrgico, José Vilar, o Miguel. Gostava de falar errado e andar de forma desleixada, mas essas características "proletárias" não pareciam ajudar os comunistas a se guiarem naquela difícil conjuntura. Em agosto de 1930, um encontro entre Guralski, Astrojildo e Octavio Brandão, sempre em Montevidéu, selaria a reviravolta, consolidando-se Brandão, para sua grande amargura, como bode expiatório dos erros do PC.

Assim como muitos comunistas brasileiros saudaram as orientações emanadas do VI Congresso da IC, elas também foram para Prestes uma dádiva, uma luva perfeita na mão ansiosa por épicos enfrentamentos. A Coluna, agora, teria um desdobramento, não mais fruto apenas da vontade, livremente formulada, mas de uma "compreensão científica das leis da História". Se ninguém quisesse acompanhá-lo, palmilharia o caminho só. Sempre fora assim na sua história de "homem íntegro": ele precisava apenas estar de acordo com as próprias convicções.

Quanto aos comunistas, envolvidos no redemoinho de metamorfoses em que se encontravam, radicalizando suas propostas e programa à luz do VI Congresso da IC, também eles rejeitaram os termos do manifesto de Prestes. Já em 3 de junho, responderam, conclamando a "desnudar o revolucionarismo de Prestes" e a "liquidar as ilusões a respeito dele, de Maurício de Lacerda [...] e de outros cogumelos". Uma semana depois, o próprio Octavio Brandão, em entrevista publicada em *O Jornal*, embora admitindo "palavras de ordem revolucionárias" no texto, observava que Prestes não passava de um "revoltoso pequeno-burguês" que se atribuía impossível missão: "substituir o proletariado pela pequena burguesia na direção da revolução agrária e anti-imperialista". Com essa linha de demarcação, Brandão tentava, ao mesmo tempo, atenuar os ataques que sofria, por ter "conciliado com a burguesia e com a pequena burguesia" e por ter subestimado a "hegemonia do proletariado". Outro documento do Comitê Central, ao mesmo tempo que chamava à luta contra os "restos da ideologia pequeno-burguesa que ainda existem no Partido e na sua direção", esclarecia sobre "novos e mais sérios perigos" criados "pela atitude de uma parte da Coluna Prestes (com Luís Carlos Prestes à frente) que procura apoiar-se nas massas para dirigi-las contra o proletariado e seu partido, o que seria condenar a revolução previamente ao fracasso e à capitulação diante do imperialismo".

Os únicos interessados positivamente no manifesto foram os trotskistas do Grupo Comunista Lênin. Sua principal figura, Mário Pedrosa, que se tornaria no futuro um grande crítico de arte e referência como pensador revolucionário, e Aristides Lobo, jornalista, professor e militante comunista, vieram conversar com Prestes, convidando-o a se associar a um jornal que o Grupo pretendia fazer circular no Brasil. Prestes recusou o convite, mas aquela aproximação, mesmo que superficial, só contribuiria para suscitar as piores desconfianças dos comunistas do PCB, em luta aberta contra o trotskismo internacional. Para eles, Tróstski era a personificação de tudo o que de pior podia haver no movimento comunista internacional e os trotskistas, um bando de "agentes do inimigo".

Parecendo destinado a um esplêndido isolamento, Prestes reagiu a seus críticos de modo diferenciado. Em relação a alguns ex-companheiros, assumiu uma atitude contundente, não hesitando em caracterizar Juarez Távora como "reacionário" e Maurício de Lacerda como um "político oportunista" e um "revolucionário sem programa". Quanto ao Partido Comunista, foi prudente, sustentando que a crítica de Brandão, "conquanto justa e perfeitamente compreensível para um comunista", fora "exagerada e omissa". Admitia que os comunistas cometeriam "um grave erro de tática" se dessem todo o apoio ao seu programa. No entanto, desde que fosse reconhecida sua sinceridade, a frente única entre ele e o Partido "era um fato iniludível".

Apostando nesse "fato iniludível", publicou, em julho, outro manifesto, reiterando os princípios defendidos em maio e lançando uma nova organização política: a Liga de Ação Revolucionária, a LAR. Acompanhavam-no na empreitada Emídio Miranda, Silo Meireles e o ex-trotskista Aristides Lobo, a quem, mais tarde, seria atribuída a redação de vários manifestos então assinados por Prestes. Era muito pouca gente, mas ele conservava uma grande autoconfiança. Décadas mais tarde, admitiria que pretendera na época constituir uma força política autônoma, em aliança com os comunistas. Chamou-a de "um órgão técnico", criado para organizar os revolucionários não identificados com "o proletariado em todos os seus fins" e para incentivar e organizar "o levante das massas". Imaginara contar com o estímulo dos comunistas, embora estes não perdessem sua autonomia de ação. A fim de viabilizar a ação da LAR, Orlando Leite Ribeiro, outro que se mantivera fiel, foi enviado à França para comprar armas. Levou duzentos contos, retirados do dinheiro doado por Oswaldo Aranha. Segundo depoimento de Emídio Miranda a John Dulles, as armas chegaram a ser compradas, mas tomaram destino ignorado.

Ao constituir a LAR, Prestes tivera o cuidado, numa tentativa de aparar as críticas formuladas por Brandão, de enfatizar o papel do proletariado e do "seu Partido", o PCB. Em vão. Através de seu órgão oficial, *A Classe Operária*, os comunistas diriam que a Liga se transformaria num "partido confusionista". Apesar de falar nos sovietes, suas propostas estavam repletas de "fórmulas evasivas da luta revolucionária". Em virtude de suas ideias equivocadas, e do prestígio e da popularidade de que gozava no país, Prestes era apontado como "o adversário mais perigoso do Partido Comunista [...] uma espécie de Chiang Kai-Shek brasileiro", retomando-se uma crítica feita por Guralski na conferência de Moscou em 1929. A Liga seria uma versão brasileira do Kuomintang chinês, partido nacionalista mas anticomunista, uma segunda Coluna, "muito mais perigosa que a primeira". Era preciso lutar contra ela.

Os comunistas batiam forte, figurando "a Coluna Prestes" como um "instrumento manobrado pelo imperialismo ianque". Nessa leitura, a Coluna desempenharia "um papel reacionário, de apoio à luta da contrarrevolução, dirigida contra as massas operárias e camponesas". Seus chefes eram "generais mercenários, a serviço do capitalismo estrangeiro", e não havia camponês ou operário que não soubesse disso. Com aquelas posições Prestes caminhava para "o pântano da contrarrevolução".

O grande receio dos comunistas, agora sob as novas orientações da "classe contra classe", era que surgisse um polo revolucionário alternativo, apoiado no prestígio pessoal de Prestes e enfraquecendo as frágeis posições do PCB. De nada valeram as ponderações de Prestes de que a "hegemonia do PCB amedrontaria a maior parte da população". *A Classe Operária* atacava: "Somente os inimigos da revolução operária e camponesa temiam a hegemonia do proletariado".

A verdade é que não se entendiam os propósitos da Liga, pois aquilo não fora articulado com ninguém. Até o Rústico, que simpatizava com Prestes, e que apoiara o texto de maio, o procurou, inquieto: aquilo era um "passo atrás", o que ele queria, afinal, com a LAR?

Fossem quais fossem as intenções, o fato é que a capacidade de articulação da Liga no Brasil resultou pífia, não justificando os receios. Uma viagem de Emídio Miranda a Porto Alegre, quando encontrou, entre outros, Hercolino Cascardo e Estillac Leal, não produziu efeito algum. Outras tentativas também fracassaram. Prestes diria mais tarde: "Eu era um general sem soldados". E as coisas para ele ainda iriam piorar.

Em 26 de julho de 1930, foi assassinado, no Recife, João Pessoa, presidente da Paraíba e candidato à Vice-Presidência na chapa derrotada encabeçada por Getúlio Vargas nas eleições de março. Embora o crime tivesse motivação pessoal, foi associado às lutas que então se desenvolviam na província, onde a oposição ao morto era incentivada pelo governo de Washington Luís. Politizado, o assassinato provocou comoção nacional, sobretudo nas grandes cidades, reacendeu as conspirações no âmbito da Aliança Liberal e contribuiu, juntamente com os efeitos da crise de 29 que começavam a impactar o país, para reforçar as correntes decididas a um enfrentamento armado. Reafirmou-se em quase todos os "homens da Coluna" a ideia de que seria mais viável, apesar dos pesares, participar de um enfrentamento sob a bandeira da Aliança Liberal e da liderança de Vargas, agora redivivas após a morte de João Pessoa, do que se aventurar na articulação de uma nova organização, a LAR, sob liderança de um Prestes que quase ninguém reconhecia e que, além do mais, propunha uma aliança com os comunistas... que a repudiavam. Aquelas ideias apontavam para um beco sem saída. E foi nele que se consolidou o isolamento de Prestes. Rodolfo Ghioldi e Abraham Guralski, embora criticando as "inconsequências" da LAR, deram-lhe mão forte, prestigiando-o e conversando com ele, o que lhes renderia seu apreço definitivo. Em relação a Guralski, diria, muitos anos depois: "Foi ele quem me ajudou a tomar pelo caminho acertado [...] a renunciar [...] às honrarias com que pretendiam seduzir-me os partidários do imperialismo e do latifúndio [...] e converter-me num soldado do [...] movimento operário e comunista".

Outro consolo, e não dos menores, foi a vinda da mãe e das quatro irmãs para Buenos Aires na última semana de setembro. Uma retomada de fios partidos desde 1924. Um conforto afetivo.

A relativa felicidade durou muito pouco. Em 2 de outubro, a casa foi invadida, à noite, e Prestes, preso. Um susto para a família recém-chegada do Brasil. Um corre-corre para salvar o dinheiro enviado por Aranha. Rápido, Emídio Miranda sacou a grana e a escondeu numa lata de querosene. Enquanto isso a polícia argentina interrogava Prestes a propósito de uma entrevista dada em agosto e... não publicada, mas que fora parar em suas mãos. Nela, referindo-se a um golpe recente na Bolívia, Prestes previa que o mesmo poderia ocorrer na Argentina, o que de fato aconteceu com os militares, tomando o poder sob o comando do general Uriburu. O almirante que o interrogou chegou a ameaçá-lo de fuzilamento, mas ele acabou sendo solto, com ordens para deixar imediatamente o país, expulso. Há uma versão de que a prisão teria sido requerida pelo governo brasileiro.

Ajudado pelos comunistas, Prestes achou refúgio em Montevidéu. Foi ali, num quarto de hotel, e inteiramente marginalizado, que soube do movimento que passaria à história como "a Revolução de 1930", iniciada no dia 3 de outubro. Armara-se uma ampla aliança, integrando Minas Gerais, Rio Grande do Sul, Paraíba, o Partido Democrático em São Paulo e importantes forças políticas no Distrito Federal, Rio de Janeiro, Pernambuco, Bahia e Piauí. Dissidências de tradição oligárquica e militares de oposição mas também de outras orientações, conservadoras, irmanavam-se com o propósito de derrubar o governo existente e impedir a posse de Júlio Prestes, prevista para 15 de novembro.

Quase todos os ex-companheiros da Coluna, todos os principais comandantes, menos Prestes, participaram do movimento, e em posições de direção ou chefia. Djalma Dutra (morto por acidente) e Cordeiro de Farias em Minas. Juarez Távora, ungido grande comandante das tropas do Nordeste. Miguel Costa e João Alberto em posições importantes de comando nas tropas que vinham do Sul. Em menos de um mês, o dispositivo militar governamental desmoronou-se após alguns poucos combates, no Rio Grande do Sul, em Minas e em Pernambuco. Itararé, na fronteira do Paraná com São Paulo, "a maior batalha da história da América Latina [...] que não houve", foi o grande símbolo de mais uma "guerra da saliva". No dia 24 de outubro, os próprios ministros militares de Washington Luís, homens de sua confiança, o depuseram, instalando uma Junta Governativa. Sem força efetiva, contudo, foram logo persuadidos a entregar o poder. Em 3 de novembro de 1930, um mês depois de iniciado o movimento, Getúlio Vargas assumia a chefia de um "governo provisório". A composição de seu primeiro ministério evidenciava, para além de sua imensa habilidade política, proverbial, o amplo leque de forças que sustentara aquela "revolução" ou acabara a ela aderindo. Ali estavam representadas as três províncias que haviam sido o eixo das oposições nas figuras de Getúlio Vargas, Assis Brasil e Lindolfo Collor (Rio Grande do Sul), Francisco Campos e Afrânio de Melo Franco (Minas Gerais) e José Américo (Paraíba), ladeados por dois chefes militares da... "República Velha", Isaías de Noronha e José Fernandes Leite de Castro. Ao mesmo tempo, em posições de destaque, os "homens da Coluna".

Enquanto multidões se formavam nos centros urbanos, aclamando a "revolução", a alegria se propagava, em ondas, até alcançar longínquos rincões, como La Gaíba, onde os remanescentes da Coluna receberam "com indescritível alegria a comunicação do triunfo total". Pouco depois, "com recursos enviados pelo nosso general Miguel Costa", narra Ítalo Landucci, "deixamos Gaíba por Corumbá e de lá, de trem, embarcamos para São Paulo, lá chegando em janeiro de 1931".

Entretanto, havia gente que via aquilo tudo como uma grande farsa. Um mero rearranjo entre elites. Brigas de brancos. A maioria, porém, no polo oposto, enxergava o processo como a culminação da gesta iniciada em 1922, retomada em 24 e prolongada até 27 pela marcha épica da Coluna Fênix. Uma oportunidade histórica para, enfim, concretizar um programa liberal no país. Como quase sempre, contudo, não prevaleceram nem o preto retinto nem o alvo branco, mas os meios-tons das cores misturadas, e na exploração dessa atmosfera o grande mestre seria, sem dúvida, Getúlio Vargas.

Em março de 1931, Prestes daria por encerrada a Liga de Ação Revolucionária, a rigor uma iniciativa natimorta. Sua mensagem só chegara, e muito parcialmente, a alguns quartéis do Rio Grande do Sul. Pessoalmente, Prestes estava numa situação crítica, pois perdera o bom emprego que tinha na Argentina, frustrando-se a tentativa de continuar na filial uruguaia da mesma empresa. Há quem sustente que aí esteve o dedo de Getúlio Vargas. Assim como "dera", através de Botelho, aquele emprego, agora o "tirara". Teve que trabalhar como engenheiro, mas ganhando como capataz em obras de canalização de águas pluviais. Uma vida duríssima, morando na casa de um operário, cheia de frestas por onde passava o frio do vento gelado que vinha do polo Sul. "Não havia aquecimento interno…" Como se não bastasse, estava infestado pelos *sabañones*, frieiras na ponta dos dedos. "Todo o abrigo que você botasse, capas ou roupas de lã […] você continuava sentindo frio…" A situação o angustiava, pois a mãe e as irmãs tinham ficado em Buenos Aires. Felizmente, salvara-se, ao menos, a pequena fortuna que, da lata de querosene, foi, afinal, entregue nas mãos de um representante da IC no Uruguai, o alemão Arthur Ernst Ewert, o Harry Berger.

O fato seria reconhecido e valorizado pelos homens da IC, mas não bastou para instaurar a concórdia entre os comunistas brasileiros e Prestes.

Aquela era uma situação singular. Embora com posições quase idênticas, do ponto de vista programático, sobretudo depois da extinção da LAR, e formulando as mesmas desconfianças quanto à "Revolução" de 1930, o PCB insistia em criticar, e de forma contundente, Prestes e o que chamavam de "prestismo". Os trotskistas ironizavam: "Prestes quer ser o Dom Quixote da burocracia, e esta a Dulcineia de Prestes". Entretanto, como na epopeia de Cervantes, as coisas não se arranjavam entre aqueles "noivos".

O Partido Comunista vivia momentos de extrema dificuldade. Conclamava, sem êxito, as massas a se levantarem contra uma "revolução" que as multidões estavam aplaudindo. Só numa pequena cidade do Rio Grande do Sul, Itaqui, fora possível organizar algo que se assemelhasse a um "conselho" revolucionário de trabalhadores, logo desbaratado. Mas os comunistas fizeram disso um "exemplo" e tentavam generalizá-lo. Em vão. Ao mesmo tempo, sofriam intensa repressão do novo governo.

Os comunistas estavam fazendo o possível para incorporar as resoluções políticas ultrarradicais do VI Congresso da IC, que pressupunham, como já se viu, a "proletarização" do Partido. Dava-se caça a todo tipo de "desvio", o principal dos quais era a "origem pequeno-burguesa". Este era, aliás, um dos grandes "problemas" da aliança com Prestes — a origem "pequeno-burguesa" do Cavaleiro da Esperança e o "caráter pequeno-burguês" do prestismo. Tal aliança poderia "engolir" o Partido, desviando-o de seus rumos. Em fins de 1930, imaginou-se uma pausa estabilizadora com a designação de Heitor Ferreira Lima para a secretaria--geral. "Encontrei o partido desarvorado", diria este último, "quase paralisado, como se estivesse acuado, numa das piores, senão na pior fase de sua existência…". Salvo em São Paulo, por toda parte, "o marasmo"… Dirigentes da IC, como um certo Pierre, e Inês Guralski, esposa do Rústico, manobravam com desenvoltura. Quase todos os consideravam representantes legítimos da IC, quadros bolcheviques, mesmo que, mais tarde, em relatos retrospectivos, aparecessem apenas como rematados intrigantes.

Mas era justamente nesse partido que Prestes queria ingressar. E era por ele rejeitado porque poderia "desnaturá-lo". Uma bizarra situação, explicável somente pela aura épica e revolucionária que então rodeava os comunistas e que se manteria por décadas, contra ventos e marés, ou, talvez, exatamente por causa deles.

A vitória da "revolução" abrira uma conjuntura instável. O governo provisório, chefiado por Getúlio Vargas, era confrontado com os imensos desafios provocados pela grande crise internacional. Internamente, era preciso equilibrar os interesses do arco heterogêneo e contraditório que sustentava a "revolução". Em algumas áreas, como nas políticas a respeito do café, não se evidenciava o que de "revolucionário" tinha aquele governo. Havia muitas demandas a satisfazer — e a contrariar. De um lado, dera-se início à edição de uma legislação social que parecia atender às demandas históricas dos movimentos de trabalhadores. Fora criado um Ministério do Trabalho e, em março de 1931, os sindicatos eram reconhecidos e institucionalizados, mas sob controle estrito das autoridades. Era o triunfo dos sindicalistas "estatistas", chamados de "amarelos" pelos comunistas e anarquistas. Ao mesmo tempo, para quem se opusesse, e para as manifestações públicas não autorizadas, medidas repressivas que faziam lembrar os sinistros tempos de Bernardes. Prisões, deportações e espancamentos eram constantemente denunciados. Em janeiro, uma "Marcha da Fome", incentivada pelo PC, fora violentamente dispersada. A tradicional manifestação do Primeiro de Maio também foi reprimida a patas de cavalo. Recomeçaram as deportações. Casos emblemáticos, assustadores presságios, evidenciando linhas de continuidade entre a "revolução" vitoriosa e a "República Velha".

Para o Partido, condições difíceis: em junho, a polícia expulsou do país Brandão com a mulher e três filhas menores. Outros dirigentes, como Paulo Lacerda, Caetano Machado e Roberto Morena, tinham sido presos. O mesmo aconteceria com Heitor Ferreira Lima, detido quando em missão ao Nordeste. A direção política emigrara para São Paulo, novamente sob o comando de José Vilar.

Em Montevidéu, na dura luta pela sobrevivência, vivendo em modestíssimas condições, Prestes recusara a anistia oferecida pelo novo governo e a manobra de Vargas que, em dezembro, por decreto, o reincorporara ao Exército. Se Prestes não viesse ao Brasil assumir seu posto, seria considerado "um desertor". Reagiu com um texto desaforado, denunciando "os mistificadores do povo [...] lançando-lhes à cara, os galões de capitão do exército burguês".

Não parava de escrever cartas para amigos e camaradas, cartas abertas para jornais e sucessivos "manifestos". Num deles, escolhera como alvo João Alberto, nomeado interventor em São Paulo. Ironizava, sarcástico, o antigo companheiro: "Deem papel e tinta a João Alberto e ele reformará o mundo". Acusava os ex-camaradas, como Miguel Costa, Juarez Távora, o velho marechal Isidoro, por já terem recebido "a glorificação material" pelo seu "heroísmo". Decidido, permanecia só, "ao sol e ao sereno do isolamento".

Depois de dissolver a LAR, redigiu mais um texto, endereçado "a todos os revolucionários sinceros e honestos e às massas trabalhadoras que, neste momento de desilusão e desespero se voltam para mim". Reiterava a indicação de "um caminho": "a revolução agrária anti-imperialista sob a hegemonia incontestável do partido do proletariado, o PCB, seção brasileira da Internacional Comunista". Havia ali um duplo exagero: "as massas" nem estavam propriamente desiludidas e desesperadas (mas era o que dizia delas o Partido), nem se voltavam para ele, embora seu prestígio, difuso, permanecesse alto. Por outro lado, o "caminho" indicado não parecia viável, nem eram formuladas com clareza as maneiras de trilhá-lo. Talvez, o que importasse mais ali não fosse a adequação das palavras à realidade do país, mas a mão estendida aos comunistas, que se explicitava igualmente em furiosas palavras dirigidas aos ex-camaradas que continuavam fazendo gestões em busca de uma reconciliação: "Como já lhes devolvi os galões de capitão, com que me quiseram insultar, corro-os agora como cães danados, apelando aos soldados e marinheiros para que, com as armas de que dispõem, auxiliem os seus irmãos trabalhadores a liquidarem essa canalha".

Em carta a um camarada, de maio de 1931, Prestes confirmava sua adesão ao comunismo: "Sempre me lembro [...] que eu era um caudilho da burguesia. Incontestavelmente, meus progressos foram muito grandes e rápidos. Em um ano fiz muito". Consolava-o o fato de que "os esquerdistas romperam comigo, já não podem explorar meu nome..." e manifestava compreensão para as tensas relações com o Partido: "É mais do que natural que o proletariado ainda desconfie de mim".

Mas o Partido não lhe dava trégua. No mesmo mês, fazia circular um manifesto, datado do dia 18, intitulado: "Contra Luís Carlos Prestes e as organizações que ele criou, formemos um Partido de classe independente do proletariado". E completava: "O prestismo representa a parte mais pauperizada da pequena burguesia das cidades que luta contra o proletariado pela hegemonia na revolução agrária e anti-imperialista". Em junho, conclamava a "romper com tendências aliancistas e prestistas" e listava os principais "desvios" a serem combatidos: "aliancismo, democratismo, miguelcostismo, prestismo, trotskismo, anarquismo, caudilhismo".

Era de desanimar. Contudo, Guralski não o largava de mão, mantendo com ele longas conversas, encorajando-o. Com o tempo, observando a progressiva radicalização de Prestes, Guralski iria rever, e gradualmente, seus pontos de vista formulados em Moscou. Os diálogos entre os dois — cada vez mais frequentes, e intensos — conduziriam à conversão definitiva do Cavaleiro da Esperança ao marxismo-leninismo.

Não foi um processo fácil nem rápido, reconheceu Prestes:

> Tive que travar tremendas lutas comigo mesmo, na medida em que me convencia do que havia de falso e ilusório no mundo de preconceitos que haviam sido metodicamente arrumados na minha cabeça. Foi a especulação teórica, em busca da solução de um problema político, que me levou ao marxismo. Não nasci marxista, muito ao contrário, não foi sem vencer as maiores resistências do meu próprio eu que consegui assimilá-lo. Para ser honesto comigo mesmo, não podia deixar de tomar o caminho revolucionário. Era preciso entregar-me por inteiro à causa da luta pela transformação radical da situação do povo brasileiro.

Veio então, através dos comunistas uruguaios, a proposta de partir para a União Soviética, onde poderia trabalhar como engenheiro, estudar marxismo e conhecer a experiência de construção do socialismo. Poderia inclusive ir com a família, a mãe e as quatro irmãs. Uma luz naquele horizonte duro e sombrio em que se convertera a sua existência em Montevidéu. Com prévio acordo da família, resolveu aceitar.

Numa de suas últimas cartas, a um camarada de Pernambuco, indicou seus motivos:

> Grandes lutas se avizinham para o proletariado brasileiro. Para que meu concurso [...] possa ser realmente útil e proveitoso, é indispensável que me transforme num comunista, rompendo com a Aliança Liberal, com os demagogos nauseabundos como Maurício de Lacerda e Batista Lusardo, com os chefes militares de 22 e 24, traidores como Távora, João Alberto e Miguel Costa [...] rompendo com todos os grupos e grupelhos da pequena burguesia, como a LAR, o prestismo, o trotskismo [...] procurando me impregnar da teoria e da tática do proletariado vitorioso, o marxismo-leninismo.

E anunciava os planos para o futuro imediato: "Pretendo, dentro de pouco, ausentar-me desta capital, viajando para a Rússia Soviética. Ali poderei aprender o marxismo-leninismo [...] assim como conhecer a organização do único estado proletário [...] na pátria do socialismo, poderei empapar-me melhor da grande experiência do proletariado, transformando-me, assim, mais rápida e seguramente, num comunista".

Embarcou em Montevidéu, com destino à URSS, em 28 de setembro de 1931, com um passaporte em nome de Pedro Fernandes, cidadão uruguaio, no navio francês *Eubée*. Dois dias depois, também da capital uruguaia, partiram com o mesmo destino d. Leocádia e as quatro irmãs, Clotilde, Heloísa, Lúcia e Lígia, no *Monte Sarmiento*.

Um último texto dessa fase, publicado com a data de 1º de outubro, anunciava a viagem para a URSS a fim de "aprender o marxismo-leninismo, o instrumento teórico em que se apoiou o proletariado para tomar o poder em 1917". Reiterando críticas aos ex-camaradas, reafirmava a opinião de que "somente o Partido Comunista poderia dirigir as massas trabalhadoras do Brasil". Dizendo-se "um soldado [...] entre operários e camponeses...", encerrava com vivas à "Rússia Soviética, pátria do proletariado, ao PCB e à Internacional Comunista".

Depois de sua partida, em 25 de outubro, o Partido reconhecia, afinal, seus "progressos", mas com muitas ressalvas. Repisando que a LAR ajudara as "legiões fascistas de Miguel Costa, os sindicatos policiais [...] e os piores politicastros", sustentava que, "com suas últimas declarações, Prestes rompe com o prestismo, manifestando sua decisão de assimilar a ideologia marxista-leninista do proletariado e de transformar-se num comunista". Mas ainda estava longe de ganhar a confiança do "partido do proletariado". Dependeria "da medida em que se aproprie da teoria, estratégia e tática do proletariado e da experiência do movimento comunista internacional", e também "de sua participação na edificação do socialismo na URSS". Se fosse bem nessas "provas", quem sabe, poderia ainda merecer a confiança do proletariado brasileiro.

6. O segundo exílio: o mundo da utopia revolucionária

A viagem do Uruguai à Europa, a caminho da URSS, transcorreu sem problemas maiores. Prestes chegou a ser visto, no navio em que embarcara, por Oscar Pedroso Horta, que subiu a bordo em Santos e o reconheceu porque o entrevistara pouco antes em Montevidéu. Foi salvo pela discrição do jornalista e advogado paulista, futuro líder político janista e do MDB na ditadura instaurada em 1964. Na escala do Rio de Janeiro, deu um pulo na praça Mauá, para comprar jornais do dia. Uma imprudência, embora sua fisionomia, sem barba, estivesse muito diferente da amplamente divulgada pela imprensa da época. Atravessando o oceano, o navio ainda fez escala na ilha da Madeira, em Lisboa, em Vigo, até ancorar no porto de Havre, na França, quase um mês depois. De lá, por trem, foi a Berlim, com parada em Paris. De Berlim, rumou para Hamburgo, onde esperaria pela família. D. Leocádia e as irmãs haviam embarcado no *Monte Sarmiento*. Prevenida, a polícia vasculhou o navio na escala do Rio, imaginando encontrar Prestes com elas. A desinformação era grande, pois correspondência policial encontrada no Arquivo Público do Rio de Janeiro, datada de 17 de novembro, ainda dava Prestes no Uruguai.

Por medida de economia, os camaradas alemães compraram bilhetes de segunda classe. Até a fronteira soviética, não houve problemas, mas, a partir dali, a viagem se tornou muito desconfortável, em trem com bancos de madeira e um cheiro insuportável de desinfetante.

Em novembro de 1931, estavam todos em Moscou. O *visa* russo atesta a entrada no território soviético no dia 6 desse mês. Chegaram à capital no dia seguinte, à noite. Ninguém os esperava na estação, foi um perrengue. Prestes, sem falar o russo, teve que se virar para fazer chegar uma mensagem a Codovilla, que ele sabia estar na cidade. Finalmente, depois de horas, uma camionete os transportou ao hotel Lux, hospedagem quase obrigatória dos revolucionários de todo o mundo. O interessante é que uma carta de Octavio Brandão, refugiado na URSS e líder dos comunistas brasileiros em Moscou, datada de 12 de novembro, ainda não assinala a presença de Prestes. Apenas má vontade ou ignorância real? De qualquer modo, simbólico…

Difícil descrever a emoção da chegada ao país dos sovietes, quase na mesma data em que se comemorava mais um ano da revolução vitoriosa. Os relatos de época são unânimes: os revolucionários estrangeiros se imaginavam como peregrinos aportando numa espécie de "terra prometida", o primeiro território que se libertara da sanha do capitalismo, a primeira sociedade engajada na construção de um mundo novo, liberto da exploração do "homem pelo homem". A Utopia descolara-se, afinal, do reino do puro desejo e das previsões teóricas para se materializar numa obra concreta, em construção, tida como magnífica e real pelos comunistas e simpatizantes do comunismo.

O país vivia então a fase final do Primeiro Plano Quinquenal, desfechado em 1928. Outra revolução, mais uma, agora "pelo alto", contra os camponeses e o espírito "pequeno-burguês" que os animava e os impedia de participar sem reservas da construção do socialismo. Embora sem dizê-lo, procedia-se ali ao rompimento da aliança social, entre operários e camponeses, que sustentara a vitória em 17 e 18. Uma "grande virada", anunciada por um artigo de Stálin, em novembro de 29. A terra seria agora coletivizada, enquadrando-se dezenas de milhões de camponeses em organizações coletivas — os *kolkhozes* e os *sovkhozes*, liquidando-se os chamados *kulaks* ("punho", em russo), camponeses ligeiramente mais abastados, ou menos miseráveis, considerados inimigos do processo, contrarrevolucionários. Em poucos anos, desapareceria praticamente a posse individual ou familiar da terra. Um processo assombroso. Como enfatizou Moshe Lewin, a ausência de limites como política. Houve uma resistência feroz, com ares de guerra civil. Muitos queimavam as plantações e matavam o gado para não entregá-lo ao Estado. Em dezenas de milhares, pessoas eram deportadas para regiões distantes da Ásia Central e da Sibéria. Na parte ocidental da Ucrânia a fome foi tanta que ocorreram casos de canibalismo.

Naquela aparente demência, contudo, havia uma lógica. Espremer os camponeses e submeter ao controle do Estado a produção agrícola de modo a assegurar crescentes exportações que viabilizariam, com as divisas arrecadadas, o financiamento da decolagem do almejado desenvolvimento industrial. Este se fez em ritmos que surpreenderam os contemporâneos, russos e estrangeiros. Em torno de grandes projetos, milhões de pessoas, intensamente mobilizadas, animadas por grandiosas utopias e, ao mesmo tempo, obrigadas por severa repressão, construíram um país novo em pouco mais de uma década. Um tremendo esforço, a economia sob comando, quase militarizada.

A URSS, na metáfora então utilizada, era "uma fortaleza cercada". Os países capitalistas, no quadro de uma crise internacional que se acirrava, iriam querer esmagar a "pátria do socialismo": era o inimigo externo. Mas havia também "os inimigos internos", ardilosos, infiltrados, sabotando as políticas do Estado. Todos deviam identificá-los e denunciá-los. Envolvendo as pessoas, a euforia de estar construindo "um mundo novo", liberto da exploração e da opressão. Um viajante entusiasmado, referindo-se ao que vira ali, diria, pouco mais tarde: "Eu vi o futuro, e ele funciona".

Era esse o ambiente que Prestes e sua família iriam encontrar. Mas as condições de existência não seriam nada fáceis. No início dos anos 1930, Moscou ainda não passava de uma "grande aldeia", como os russos a chamavam, marcada pelas construções em madeira e por meios de transporte rudimentares. O soberbo metrô, até hoje um dos maiores orgulhos da cidade, mal começara a ser construído, a pás e a picaretas. A vida era dura, e mais dura se tornaria em virtude da escassez de gêneros alimentícios provocada pela revolução "pelo alto" em curso.

Na narração que fez, décadas depois, Prestes falaria das dificuldades enfrentadas por ele e por sua família. Comida racionada e de má qualidade: *kasha* preta e sopa de repolho. A mãe, já com 55 anos, tinha que suportar aquelas dificuldades... Lojas vazias onde tudo faltava. Banhos, só em locais apropriados, pois não costumava haver chuveiros ou banheiras nos apartamentos comuns; o banho diário não era uma tradição naquelas terras frias. Tormento mesmo era ficar sem calefação, o que podia eventualmente acontecer.

Os problemas eram sempre imputados às dificuldades "inevitáveis" ou às "heranças do passado". Como o oficial russo com quem Prestes dividiu quarto num hotel para onde foi transferido, deixando a família no Lux. Ele estava sempre bêbado, "mas eu, fanatizado, deixava passar". Em outros momentos, ouviria falar mal da experiência socialista e do governo, mas isso não o impressionava — era coisa de "sabotadores".

No dia seguinte à chegada, foi recebido na sede da Internacional Comunista pelo secretário da Comissão Executiva, Dimitri Manuilski, dirigente político filiado à corrente liderada por Stálin. Como ambos falavam bem o francês, foi possível estabelecer uma boa comunicação. Ao longo do tempo, a favor de afinidades políticas e ideológicas, Prestes o teria como um grande amigo, carinhosamente apelidado de "tio Manu" na correspondência familiar.

Prestes, a mãe e as irmãs empolgavam-se, apesar dos problemas que enfrentavam. Tratava-se de reconstruir um mundo e isso tinha o seu custo. Na tradição dos "homens da Coluna", queriam viver as condições comuns aos cidadãos soviéticos, sem regalias ou privilégios. Em função de sua qualificação de engenheiro, foi designado para trabalhar no escritório central de uma grande companhia estatal que cuidava da construção civil. Um russo que falava espanhol, também com formação de engenheiro, lhe serviria de intérprete. Manuilski prometeu, após um ano de trabalho, o ingresso no Partido Comunista da União Soviética.

A tradição oral familiar sustenta que Prestes trabalhou nessa companhia o tempo todo em que permaneceu na URSS, até fins de 1934. No entanto, até hoje ainda não se conseguiram evidências a respeito de um trabalho continuado, ou do tipo de serviço que teria desempenhado. Seu pouco domínio da língua russa sugere dúvidas sobre uma atividade profissional permanente entre os nativos. O que não significa que nunca tenha trabalhado. É certo que participou, como era então comum, de "trabalhos voluntários", os chamados "sábados comunistas", o que lhe facultou inclusive a percepção de "constantes sabotagens".

Outras ocupações, porém, iriam preencher o seu tempo, e era natural que assim fosse. Embora proveniente de uma região "excêntrica" e "periférica", muito mal conhecida pelos soviéticos ("Eles não entendiam nada de América Latina", diria mais tarde), Prestes, *malgré lui-même*, era personagem político de primeiro plano do mais importante e maior país da América do Sul. Ele próprio reconheceria, com alguma dose de amargura, temperada pela ironia: "Eu queria ser um soldado, mas me tratavam como general".

No âmbito da Internacional tornou-se amigo de Julio Gomes, assessor do Secretariado latino-americano, chefiado por G. Sinani, um ex-oficial do Exército tsarista mas com participação heroica na Guerra Civil. Convidado por Gomes, assistia frequentemente a reuniões com dirigentes latino-americanos, tecendo laços com o argentino Codovilla e com o cubano Blas Roca. Teve também oportunidade de, acompanhando delegações estrangeiras, viajar pela URSS e visitar várias cidades: Kiev, Karkhov, Rostov, Leningrado (mais de uma vez), Ialta. Nessas viagens, pôde conhecer a experiência pedagógica liderada por Makarenko, que propunha uma forma inovadora de combinação entre teoria e prática, trabalhando fundamentalmente com meninos de rua. Foi na qualidade de dirigente reconhecido que tomaria parte, em 1932 e 1933, nas Reuniões Plenárias da Comissão Executiva da Internacional Comunista, a XI e a XII, em plena vigência das teses vitoriosas no VI Congresso, realizado em 28, onde ouviu debates de que participavam os grandes líderes do movimento comunista internacional, o alemão Thaelmann, o francês Thorez, o italiano Togliatti, o russo Manuilski, que sempre falava em francês e, segundo Prestes, era o melhor orador.

"O que os soviéticos diziam, eu considerava a última palavra. E a posição para a América Latina era a seguinte: revolução agrária e anti-imperialista, era isso que era necessário fazer. Deixava-me convencer, não por convicção, nem porque provavam [...] eu os seguia porque eles diziam que era esse o caminho." O depoimento, dado muitos anos mais tarde, não faz justiça às sólidas "convicções" que Prestes cultivava nos começos dos anos 1930 e que ensejaram toda a série de "manifestos" e "cartas abertas" com que agitou a vida política brasileira. Nem faz justiça ao verdadeiro "fervor" que então o animava na URSS.

Outra de suas ocupações foi participar, assistido por guias locais, junto com outros dirigentes, de viagens pela URSS, conhecendo os principais canteiros de obras que causavam admiração em comunistas e mesmo em não comunistas. Depois, haveria ainda de cicveronear os que continuavam a chegar — eram muitos, e a toda hora, vindos de todas as partes do mundo para ver aquela estranha e fascinante utopia que se transformara na meca da revolução socialista mundial.

Foi já com as novas referências marxista-leninistas que escreveu vários artigos, publicados na *Correspondência Internacional*. Num deles, ofereceu um balanço crítico da Coluna, considerada um movimento armado da pequena burguesia. O interessante é que na opinião de seu superior, Sinani, ela apresentava forte conteúdo "anti-imperialista e antifeudal". Em outro texto discorreu sobre as Forças Armadas brasileiras, mostrando simultaneamente suas fragilidades e potencial oposicionista. Também escreveu a respeito das lutas camponesas e do cangaço, abordando as opções do misticismo e da luta armada.

Depois de alguns meses, atribuíram à família um apartamento num bloco de edifícios novos, de quatro andares, construídos por engenheiros americanos, na rua Sadovaia, perto da atual praça Konsomolskaia, a cerca de três quilômetros do Kremlin. Anos mais tarde, rememorando, Prestes contou: "Era até um bom apartamento […] com três quartos, uma sala grande […] mas tinha paredes de cimento armado, relativamente finas, de maneira que o frio ali dentro era uma coisa tremenda, não havia sistema que aquecesse…". Por outro lado, eram grandes as dificuldades para equipar a nova residência: "[…] talheres, toalhas […] nós íamos aos magazines soviéticos […] e não havia nada para vender […] o contraste era tremendo com o que tínhamos visto […] em Paris e em Berlim […] lá os armazéns estavam abarrotados […] e não havia compradores […] na União Soviética era o contrário: [havia compradores] […] mas as prateleiras literalmente vazias […] eu nem sabia por que o magazine estava aberto…". D. Leocádia, dona de casa acostumada a organizar a vida doméstica, custava a se encontrar. Foi somente pouco a pouco que se conseguiu montar a casa.

Como engenheiro, Prestes ganhava oitocentos rublos por mês, e só de aluguel pagava quase metade. Falou com Manuilski e obteve um aumento, mas a situação continuava muito difícil, a ponto de fazê-lo considerar a hipótese de estar sendo pressionado a sair da União Soviética. Era o contrário. A rigor, dispunha de uma condição especial.

A Internacional designara nada menos que quatro professores para assisti-lo nas matérias de língua russa, economia política, filosofia e história do Partido Comunista da União Soviética. Falavam espanhol e iam à casa dele.

> Eu estudava […] e aprendi […] bastante coisa […]. Mas percebia que para eles a América Latina era um enigma […] o melhor professor […] morreu na guerra […] Mirochevski! Era conhecido! […] me deu noções mais claras da evolução social, das leis da evolução social, das formações econômico-sociais […] eu percebia que eles viam a América Latina como [formada] por países coloniais […] ou semicoloniais […] nenhum deles me transmitiu qualquer conceito sobre o capitalismo dependente […] não havia estudos ainda a esse respeito…

Havia situações bem piores, como a de Octavio Brandão, funcionário da Internacional Comunista, com a incumbência de ler os jornais brasileiros e preparar informação sobre o Brasil. Vivia num pequeno quarto, menor que uma sala, com a mulher e quatro filhas. A família tinha por Brandão cega admiração, considerando-o um "gênio" que devia se concentrar exclusivamente em ler, estudar e escrever. Viravam-se como podiam, e Prestes, por ter melhores talões de racionamento, sempre que possível levava biscoitos, arroz e o que houvesse para minorar as penosas condições daquelas pessoas.

Outra dureza era a falta de açúcar. Apesar de a URSS ser uma grande produtora, nem Prestes encontrava facilidade. Passava meses tomando chá sem açúcar. Às vezes, nem chá havia: "[...] No Komintern, onde a Heloísa foi trabalhar [...] tomava-se água quente, porque [...] nem chá tinha [...]. A opção era tomar água morna no inverno, para poder resistir ao trabalho...".

A exceção à regra eram as lojas que vendiam produtos estrangeiros, as *torgsin*, mais tarde chamadas de *berioskas*, mas eles só podiam ser comprados com moedas estrangeiras. Como tinha divisas economizadas, Prestes, de vez em quando, adquiria um chocolate para as irmãs, porque "[...] não tinha nenhuma sobremesa, uma coisa assim que melhorasse a vida...". Era também muito difícil conseguir leite, ao menos até 1932, quando as coisas começaram a melhorar um pouco. O pão sobrava. Prestes tinha direito a uma ração de oitocentos gramas, as irmãs e a mãe, a quatrocentos, por dia: "[...] mas era um pão terrível [...] feito com casca de trigo, naquela época toda a farinha branca era para ser exportada [...] de maneira que o pão [...] ficava [...] meio aguado, uma coisa repugnante para qualquer brasileiro". Como sobrava o pão, o trocavam por leite. Verdura também não havia: "[...] no inverno [...] era só pepino salgado...".

Quando visitou Leningrado pela primeira vez, levado pelo camarada tradutor Vorobiov, esteve com uma família ucraniana que não poupava críticas ao Estado e à coletivização forçada. Prestes também se impressionou com o descaso dos engenheiros estrangeiros, em particular os franceses e os alemães. Às vezes, aquilo lhe cheirava a sabotagem. Por outro lado, eram imensos os problemas de mão de obra. Muito raramente se encontrava um trabalhador qualificado. Muitos operários haviam morrido ou mudado de profissão desde os anos da revolução. As pessoas que trabalhavam na construção mal sabiam segurar uma colher de pedreiro.

Uma ocasião foi enviado a Ijevsk, capital da República Autônoma de Udmurt. Tratava-se de concluir a construção de edifícios de apartamento para atender a um aumento de demanda, decorrente de um projeto de duplicação de uma velha fábrica: "[...] os efetivos iam passar de 2 mil para 4 mil trabalhadores. Os edifícios já estavam com a estrutura de tijolo [...] faltava rebocar. Então, eu pedi operários, só tinha dez pedreiros [...] e eu precisava de uns trezentos para terminar no prazo [...] no fim de algumas semanas [chegaram] trezentas mulheres camponesas que nunca tinham visto uma colher de pedreiro...". Quase todos os operários da URSS, na época, eram deste tipo: pouco ou mal formados e treinados, do que resultavam grandes desperdícios... "Por outro lado, sendo escassas as noções de higiene e ordem, as moradias construídas [...] em poucas semanas, estavam quase destruídas: o serviço sanitário quebrado [...] os corrimões de madeira das escadas, queimados..." Segundo Prestes, Stálin ponderava que isto fazia parte do processo: "Os soviéticos iriam aprender com o tempo, depois se fariam outras construções".

Em toda parte era assim: "[...] havia responsáveis pela construção de alto-forno, estudando metalurgia [...] membros de confiança do partido, com essa responsabilidade. E eles tinham que controlar os próprios engenheiros...".

Um dos engenheiros com quem ele trabalhava, Kriutchkov, um dia o levou à sua casa: "[...] Ele morava num quarto que era a metade [de um cômodo normal], numa casa onde morava gente de todas as categorias [...]. Aí moravam engenheiros, operários, camponeses, tudo junto [...]. Cozinha, banheiro, tudo era [comum] [...] de maneira que era uma tragédia [...] o quarto de dormir era sala de comer, era aí que ele cozinhava, tinha um fogareiro no próprio quarto...".

Mais tarde, começou a suspeitar que aquelas "descidas à realidade" seriam atos de sabotagem promovidos pelo colega tradutor, para indispô-lo com a construção do socialismo na URSS. E diria, com uma ponta de orgulho, divertido: "Resistimos [...] vivemos, foi possível viver...".

As irmãs aprendiam russo e tentavam encontrar inserção na sociedade. Heloísa, já desde a Argentina, manifestara vontade de aderir ao movimento comunista, e arranjou um lugar nos escritórios da Internacional. Clotilde foi trabalhar como costureira, numa fábrica de capotes para soldados. As operárias não queriam acreditar que ela viera voluntariamente para a União Soviética. Quanto às duas menores, Lúcia e Lígia, foram estudar num instituto perto de onde moravam. Aprenderam desenho mecânico e logo estavam falando russo. Todas faziam o que podiam para dar um sentido "produtivo" a sua estada na pátria do socialismo. Periodicamente, eram obrigadas a preencher, como todos os cidadãos soviéticos, formulários biográficos com dados de sua vida pregressa. Nas primeiras vezes que o fez, decerto por confiar sem reservas nos "camaradas soviéticos", Lúcia não hesitou em quebrar o tabu estabelecido por d. Leocádia desde a primeira entrevista concedida à *Nação* em 1927, quando sustentou, contra todas as evidências, que as quatro irmãs eram filhas do mesmo pai, Antônio Prestes. De fato, escreveu que era filha de Eugênio Agostini, funcionário público, residente no Rio de Janeiro, e de d. Leocádia, tendo o pai abandonado a família em 1915, quando Lúcia tinha quatro anos, e tomado destino incerto e não sabido. Mais tarde, no entanto, corrigiu-se e declarou-se filha de Antônio Prestes, embora a afirmação fosse insustentável pela discrepância entre sua data de nascimento, 1911, e a da morte do pai de Prestes, 1908. A irmã mais jovem, Lígia, nascida em 1913, também não podia ser filha do "velho" Antônio Prestes.

Aquela condição meio "suspensa no ar" de "dirigente internacionalista sem partido" começou a incomodar Prestes. Considerando-se comunista e leninista, não podia continuar uma vida de militante sem estar inscrito num partido. Nada mais antileninista do que um comunista sem partido. Uma incongruência.

O Partido soviético, entretanto, não concordava em admiti-lo em suas fileiras. Apesar das promessas anteriores, Manuilski ponderava agora que os "recrutamentos estavam suspensos". O tempo estava mais para expurgos do que para admissões. Prestes inclusive presenciara sessões de denúncias, acompanhadas por infamantes autocríticas, conduzindo a expulsões, quando não a prisões e a fuzilamentos sumários, a chamada "suprema medida de defesa do Estado". Narrou experiências pessoais:

> Eu quero [contar] as cenas a que assisti de depuração [...] nas fábricas, nos trustes, nos escritórios principais, era uma assembleia de massas [...]. Comparecia todo mundo [...] os comunistas [...] tinham que fazer [...] a sua autocrítica [...]. Eu vi homens de cabelo branco chorando na tribuna, porque se levantava qualquer cidadão no meio da massa, quando ele estava falando e dizia: "Isso que você está dizendo é mentira!" [...] era uma coisa feita pela própria massa [...] eu assisti, diversas cenas dessas [...] depois é que a comissão decidia quem ficava no partido e quem era depurado...

Impressionou-se, mas estava convencido, como muitos, de que "o inimigo tinha se infiltrado e era preciso combatê-lo para preservar a revolução".

Para os comunistas brasileiros, no entanto, apesar da estada na URSS e de todas as suas metamorfoses, Prestes continuava estigmatizado como "pequeno-burguês". É bem verdade que o Partido se beneficiara de certa afluência de militantes prestistas. Alguns, que haviam se filiado à LAR, solicitaram recrutamento ao

Partido depois da extinção da organização. Mas o "prestismo", de tão execrado, era como um fantasma a ser continuamente exorcizado. Os novos dirigentes comunistas pareciam temê-lo. E o fato é que não aceitavam Prestes em suas fileiras.

Era preciso encontrar uma solução para aquele impasse. Se os comunistas soviéticos não o aceitavam, e podiam ter suas razões para isso, então que encontrassem uma fórmula para convencer os brasileiros a fazê-lo. Mas o Partido Comunista no Brasil, entre 1930 e 1934, estava afundado numa crise continuada, uma temporada de oscilações bruscas.

A "dança" dos dirigentes, incluindo-se uma sucessão incongruente de "secretários-gerais", o cargo máximo na estrutura interna, exprime bem o redemoinho em que mergulhou o PC. Dadas as versões divergentes, não é fácil recuperar esse tortuoso passado. Em começos de 1929, quando partiu para Moscou, Astrojildo Pereira deixou em seu lugar Cristiano Cordeiro. Dois meses depois, este cedeu o posto a Paulo Lacerda, sucedido rapidamente por uma troika, constituída por Fernando Lacerda, Mário Grazini e Leôncio Basbaum. Em março de 30, retornando da URSS, Astrojildo recuperou a posição e a manteve até novembro. Seguiram-se Heitor Ferreira Lima, durante aproximadamente seis meses, de novo Fernando Lacerda, por igual período, sucedido em 32 por José Vilar. Ainda nesse ano, o Partido teria mais três secretários-gerais: Caetano Machado, Duvitiliano Ramos e Domingos Brás, que manteve o leme até passá-lo em 34 para Antônio Maciel Bonfim, o Miranda. Em cerca de cinco anos, onze dirigentes máximos... É possível imaginar os efeitos desagregadores da inexistência de direções legitimadas para um partido pequeno, clandestino, perseguido pela polícia, dilacerado por revisões políticas e crescente radicalização.

Uma das principais "revisões políticas" foi, como referido, a onda da chamada "proletarização", devastadora, marginalizando, quando não excluindo, dedicados militantes, cujo maior "pecado" era ter nascido em berço "burguês". Os intelectuais eram obrigados a descobrir "raízes proletárias". Quando não havia essa possibilidade, o remédio era vestir-se mal e falar errado, como faziam, às vezes de propósito, dirigentes de origem popular. Alguns destes se compraziam, como Caetano Machado, em dizer, alto e bom som: "Detesto os intelectuais!".

Relatórios sobre o PC brasileiro guardados nos arquivos da Internacional Comunista em Moscou ofereciam dados preocupantes. Embora registrando algum crescimento, em julho de 1930, oito anos depois de sua fundação, o Partido contava com 1800 a 2 mil filiados, concentrados, sobretudo, no Rio de Janeiro e imediações (cerca de oitocentos). Os outros maiores núcleos, e desde a fundação, estavam no Recife, em Porto Alegre e em São Paulo. No entanto, e apesar da "prioridade" definida desde o II Congresso, em 25, na capital paulista, na época o segundo centro industrial do país, havia apenas entre trinta e quarenta militantes: "quase todos intelectuais, desligados das bases operárias". Preocupava igualmente a rarefação de camponeses. Os repetidos apelos e conclamações no sentido de uma política que passasse a conferir certa prioridade ao campo não surtiam efeito, caíam no vazio. E eles deviam ser mesmo muito poucos, porque nem estimativa de seu número era oferecida nos relatórios enviados a Moscou. Um problema grave, considerando-se que o Brasil, então, era fundamentalmente agrário, e que o "campesinato" era o "principal aliado" na revolução "agrária e anti-imperialista".

Os informes esmiuçavam críticas: "Os filiados não tomam iniciativas" e são "teoricamente débeis". Os cursos proporcionados de "formação teórica" davam poucos resultados porque os "professores" eram "estudantes que mal tinham lido Marx ou Lênin". Faltava também dinamismo interno ao Partido: "As células não se reúnem e estão sempre se reorganizando", havendo "constante entrada e saída de membros". Citava-se um dado alarmante: no Rio de Janeiro, em fins dos anos 1920, entravam no Partido cerca de cem pessoas por mês, mas saía dele "algo parecido".

Os dados positivos diziam da ampliação do Partido em novas regiões do Nordeste, em Minas Gerais e Mato Grosso. Pequenos núcleos. No Rio, Niterói e Petrópolis, 50% dos operários recrutados trabalhavam em grandes empresas. O problema é que apenas 35% dos filiados trabalhavam em fábricas e "mais de 30% eram desempregados".

O Partido compensava sua fraqueza com uma retumbante retórica, catastrófica, o tantas vezes autocriticado "verbalismo revolucionário". Dele já tratara o veterano Joaquim Barbosa quando, ainda em 1927, criticara os militantes que "gostavam de começar pelo fim, vencendo com velocidade astronômica [...] em palavras". A estridência não tinha limites, nem mesmo quando o Partido ensaiava políticas de alianças, agregadoras. Uma célula operária chegou a criticar o "exibicionismo revolucionário". E veio de publicação trotskista uma crítica irônica e certeira: para os comunistas "as massas estão fervendo sempre [...] uma radicalização contínua. As massas já vieram ao mundo em furiosa ebulição. Nem há necessidade de agitá-las. Bastaria organizá-las na fervura e era só tomar o poder".

No plano interno, sob o influxo da "proletarização", aconselhava-se o "máximo de energia" no combate "à lama oportunista que existe em nosso partido". Era uma luta difícil. Um relatório reconhecia que 40% a 50% dos aderentes "têm ilusões em Luís Carlos Prestes". E, apesar de todo o esforço, "apenas 40% dos filiados pagavam a cotização estipulada de 1% do salário recebido".

Em relação aos dois grandes conflitos políticos daquela primeira metade dos anos 1930, as "revoluções" de 30 e 32, que haviam galvanizado os espíritos, principalmente nas grandes cidades, o Partido mantivera uma distância olímpica. Em Moscou, aliás, Prestes escreveria um artigo denunciando "socialistas e prestistas" que conduziam "as massas" a uma guerra por simples "ilusões constitucionais". Tratava-se de lutas "intraoligárquicas", entre dois "imperialismos", o inglês e o norte-americano. Os comunistas não deveriam apoiar "nem uns nem outros", mas "lutar contra os dois bandos".

Não seria um propósito hercúleo? Era a "única solução": os trabalhadores "das cidades e dos campos" só podiam confiar "na luta revolucionária das massas". Seus únicos aliados eram "as massas operárias e camponesas", e o "único chefe e guia" era o "partido do proletariado".

No entanto, como se admitia nos relatórios, os recursos eram escassos. A imprensa partidária, pequena: "O órgão do Partido sai irregularmente, com 5 mil exemplares e não tem correspondentes operários". Somente uma célula contava com jornal próprio. Havia alguns jornais sindicais entre gráficos e metalúrgicos, mas de pouca expressão — as tiragens não passavam de 2 mil exemplares.

Um informe sobre a Juventude Comunista tinha a virtude da sinceridade: a questão central era o "baixo nível ideológico", e aí ninguém escapava, porque era um flagelo que atacava "as organizações de base e os órgãos de direção". Eram seiscentos inscritos, mas aquilo podia ser uma cifra apenas no papel, pois, "algumas vezes, ficamos dois ou três meses sem saber como nossos camaradas se reúnem e trabalham". Discutia-se "muito pouco" sobre a situação política e "isto constitui uma de nossas maiores fraquezas".

Os militantes sindicais eram "localistas" e "corporativistas". Embora "disciplinados politicamente", observou Astrojildo Pereira, "não cumprem os deveres de organização, não comparecem às reuniões de células ou comitês, não realizam os trabalhos de que são incumbidos…". Era preciso combater "a impontualidade, a displicência, a ronceirice e a rotina…". A organização sindical, em geral, era "primitiva, dispersa, fracionada e corporativista", menos de 10% eram filiados.

PRIMEIRA GRANDE CONJUNTURA: **1898-1935**

1.
Luís Carlos Prestes (com
a mão pousada no tamborete)
em sua primeira infância,
na companhia do pai, Antônio.

2. Luís Carlos Prestes com a mãe, d. Leocádia, e as duas irmãs, Clotilde e Eloísa, filhas de Antônio Prestes.

3. Em pé, no meio, Prestes na Escola Militar do Realengo, 1918.

4. Cadete formado pela Escola Militar do Realengo, fins de 1919.

5. Os rebeldes do Forte de Copacabana caminham para o último combate, julho de 1922.

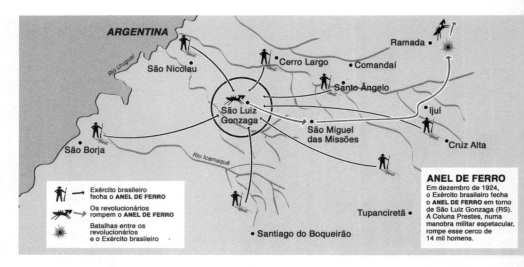

6. Esquema gráfico da manobra concebida por Prestes para romper o cerco armado pelas tropas legalistas em torno de São Luiz Gonzaga, 1924.

7. Em Porto Nacional, atual estado do Tocantins, no pátio do convento dos dominicanos, o alto comando da Coluna, acompanhado por outros chefes importantes, outubro de 1925. Em pé, da esquerda para a direita: José Pinheiro Machado, Atanagildo França, Emídio Miranda, João Pedro, Paulo Kruger, Ari Salgado Freire, Nelson Machado, Manuel Lima Nascimento, Sadi Vale Machado, Trifino Correia e Ítalo Landucci. Sentados, da esquerda para a direita, Djalma Dutra, Siqueira Campos, Luís Carlos Prestes, Miguel Costa, Juarez Távora, João Alberto e Cordeiro de Farias.

8.
Miguel Costa,
comandante
da Coluna.

9. Soldados da Coluna Miguel Costa-Prestes.

10. Soldados da Coluna Miguel Costa-Prestes.

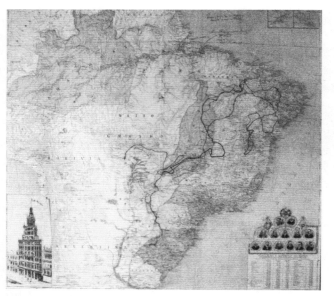

11.
Mapa do percurso da Coluna Miguel Costa-Prestes. Como consagrado, o traçado tem início no Rio Grande do Sul, de onde partiram os gaúchos, em outubro de 1924, para se encontrar com os paulistas no oeste do Paraná. A Grande Marcha, porém, só começou propriamente em abril de 1925, quando os rebeldes resolvendo furar o cerco no local em que estavam, atravessaram o território paraguaio e ressurgiram no sul do Mato Grosso, de lá partindo para os interiores do Brasil, onde permaneceram até fevereiro de 1927.

12. Exilados na Bolívia, em La Guaíba, Luís Carlos Prestes e os soldados da Coluna, 1927.

13. Manifestação em homenagem ao Primeiro de Maio, no Rio de Janeiro, 1927.

14. Em Buenos Aires, Prestes e Miguel Costa (primeiro e terceiro da esquerda para a direita), 1929.

15.
D. Leocádia, as irmãs de Prestes e amigos participam de festa em homenagem ao dia 5 de julho. Rio de Janeiro, 1929.

16. Sentados, João Alberto e Prestes (da esquerda para a direita, segundo e terceiro). Buenos Aires, c. 1929-30.

POLICIA CIVIL DO DISTRICTO FEDERAL
DELEGACIA ESPECIAL DE SEGURANÇA POLITICA E SOCIAL
SECÇÃO DE SEGURANÇA SOCIAL

PROMPTUARIO N.º 1.696

Data do inicio desta ficha: 31-5-930

Photographado em: de de 193
Nome: LUIZ CARLOS PRESTES   *Vulgo:*

Nome do identificado Luiz Carlos Prestes
Nome do pae Antonio Pereira Prestes
Nome da mãe Leocadia Prestes
Nacionalidade Brasileiro
Naturalidade Estado do Rio Grande do Sul
Localidade
Idade 38 annos   *Nascido em*   /   /
Estado civil Casado
Profissão actual ex-Capitão do Exercito
Sabe ler e escrever sim
Residencia actual
Residencia anterior

SIGNAES PARTICULARES

Individ. dactyloscópi

Secção
Serie

Pessoas que conhecem o identificado:

17. Prontuário de Luís Carlos Prestes. Polícia Civil do Rio de Janeiro, 1930.

18. Prestes em visita a uma fazenda coletiva na União Soviética, 1934.

19. Prestes preso, comparecendo ao juízo de instrução, ladeado por membros da Polícia Especial.

20. Olga Benário, pouco antes de partir da União Soviética para a aventura revolucionária no Brasil, fins de 1934.

21.
Último *spravka* (formulário de informação) respondido por Luís Carlos Prestes, antes de sua partida da União Soviética, fins de 1934.

22.
Vistos de Luís Carlos Prestes (Antonio Vilar) e Olga Benário (Maria Bergner) em 1935, quando ingressaram no Brasil.

23.
Carlos Lacerda lê o manifesto de Prestes na sede da ANL, 5 de julho de 1935.

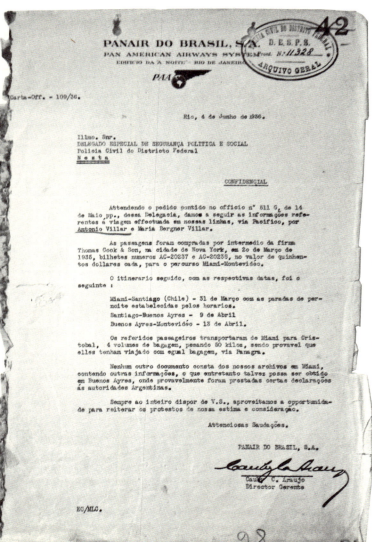

24.
Roteiro da viagem aérea rumo ao Brasil, com suas escalas, efetuada por Luís Carlos Prestes e Olga Benário em 1935. Emitido pela Panair do Brasil, por solicitação das autoridades policiais brasileiras.

Alliança Nacional Libertadora

MANIFESTO

Presidente

A formação da ALLIANÇA NACIONAL LIBERTADORA se impõe como uma exigencia da actual situação brasileira. Pernambuco, que sempre marchou na vanguarda do movimento de integração nacional em todas as campanhas civicas e libertadoras que illustram a historia do Brasil, ao tempo da colonia, sob a monarchia ou no regime republicano, não podia, neste grave momento da vida nacional e do mundo, paladino que tem sido das bôas e ingentes causas em prol dos direitos do povo, quedarse indifferente ante o grande movimento civico que se inicia sob a bandeira da ALLIANÇA NACIONAL LIBERTADORA, que, como o seu nome indica, se destina a desempenhar no país o papel historico de reunir em suas fileiras os proletarios, os pequenos commerciantes, os pequenos fazendeiros e agricultores, militares, advogados, medicos, engenheiros, estudantes, trabalhadores de todas as profissões, sem distincção de nacionalidade, credo politico ou philosophico, desde que se disponham a desenvolver uma acção effectiva em defesa do povo, do seu direito de auto-governar-se e de livremente dirigir a economia da nação, no interesse da collectividade trabalhadora e productora.

Até aqui, conduzido por governos inteiramente incapazes de solucionar os grandes problemas vitaes da nação, delegados que antes tem sido dos grupos imperialistas que nos exploram e nunca defensores da nossa independencia e soberania, o Brasil, que tem todas as condições objectivas para ser um país industrial de vanguarda e não um rebanho de escravos, u'a mera fonte de materias primas, a serviço a usura dos banqueiros internacionaes, resvala, acorrentado pelos seus proprios governantes, alliados dos grupos imperialistas que nos reduziram á precaria condição de semi-colonia financeira, para a bancarrota, a miseria economica e a escravidão politica.

Todas as nossas fontes de riqueza estão hypothecadas ao capital estrangeiro; objectos de negociatas das peores, os nossos principaes productos; prezas para sempre nos seus tentaculos açambarcadores, as nossas energias electricas; encampadas nos cofres fortes de Londres, Nova York e agora tambem de Tokio, as nossas minas de ouro e ferro, os nossos campos de cultura agricola.

De pés e mãos atados ante o Molock imperialista, seus subditos e seus cumplices, os governantes brasileiros, seduzidos pela politica facil dos emprestimos e pela inversão no país de capitaes cada vez mais avultados, e subordinando dia a dia os supremos interesses geraes aos mesquinhos interesses de grupos da classe dominante, são hoje incapazes de encabeçar a reacção nacional contra a politica de absorpção imperialista que quer reduzir o Brasil a uma situação de China americana, um mero campo de competições e esbulhos votado á voracidade incontentavel dos banqueiros internacionaes.

Nada illustra melhor a critica situação em que nos achamos, do que a missão Sousa Costa, correndo sófrega, ás portas dos nossos velhos e novos credores, de chapéu á mão, para tentar obter, a custa de nossa independencia, de nossa dignidade de povo livre, e da systematica espoliação economica das massas laboriosas do país, a concessão de mais um emprestimo, de mais algumas dezenas de milhares de contos para alivio passageiro do thesouro publico, em troca dos nossos productos de exportação, cuja taxa ficará sujeita aos caprichos dos nossos "protectores". Outra cousa não significa a reserva do nosso governo em tornar publico o recente tratado de commercio com os Estados Unidos.

E como caução garantidora dessa nova transacção com os nossos credores imperialistas, o governo brasileiro, contando com a subserviencia e reaccionarismo da Camara Legislativa, composta em sua maioria de pseudos representantes do povo, prepara, sob medida, e ao gosto dos modernos filibusteiros internacionaes, os verdadeiros donos da nossa terra e da nossa liberdade, precisamente oito mêses depois de nos conceder, como uma benemerencia, uma carta de direitos, de nos offerecer o presente de grego da Constituição de julho, a lei inicua, a lei retrograda, a lei mordaça que o espirito popular já cognominou de Lei Monstro!

Contra esse regime de odiosa exploração e de desvairado reaccionarismo que se desmanda a feudal-burguezia brasileira, preposta que é dos magnatas estrangeiros, cujos interesses defende em detrimento dos sagrados interesses da nacionalidade, é que se organiza e surge nesta hora de amargas e tremendas decepções, a ALLIANÇA NACIONAL LIBERTADORA — para coordenar e dirigir, num amplo movimento de massas, dando-lhe um sentido de libertação nacional e por consequencia anti-imperialista, todas as forças vivas da Nação, todas as camadas da população oprimida do Brasil.

Esse vasto movimento de massas não comporta estreitos exclusivismos oriundos de crenças religiosas, systemas philosophicos e até mesmo de concepções politicas, desde que accordem os seus adeptos com a ideia central por que propugna a ALLIANÇA NACIONAL LIBERTADORA, qual seja a de integrar o Brasil nos seus proprios destinos historicos e na sua autonomia, hoje ameaçada de desapparecer de vez debaixo da tutella dos nossos proximistas todo-poderosos.

Povo de Pernambuco: a situação do nosso Estado é particularmente grave. A nossa principal fonte de riqueza — o assucar — é monopolio de um numero infimo de latifundiarios. As recentes medidas tomadas sobre a producção assucareira apenas visam beneficiar os interesses dos usineiros, que dispõem, graças aos privilegios que usufruem, dos nossos destinos e da nossa vida. São elles os nossos senhores, elles que têm modelado á sua imagem os nossos governos.

A grita que nos Syndicatos dos Usineiros causou a ideia ha pouco suggerida pelo General Manuel Rabello, de aproveitamento de parte de seus desmedidos lucros na creação de colonias agricolas, é uma frizante amostra de quanto valem o decantado patriotismo da classe dominante e o seu "nacionalismo" á Goes Monteiro...

Trabalhadores manuaes e intellectuaes, proletarios e semi-proletarios das cidades e do campo, commerciantes garroteados pelo Fisco, fornecedores de canna e banguêzeiros empobrecidos, jovens e mulheres opprimidos, o povo pobre em geral — marchemos todos em fileiras cerradas e compactas sob a bandeira da ALLIANÇA NACIONAL LIBERTADORA, para defesa e realização das suas opportunas quão justas reivindicações:

Suspensão de pagamentos das dividas externas. Nacionalização das empresas e bancos imperialistas. Moratoria para os pequenos industriaes, commerciantes e agricultores e annullação de todas as dividas dos trabalhadores do campo para com os grandes senhores territoriaes. Pelo abatimento nos preços dos serviços publicos que gravam directamente as camadas populares. "Contrôle" effectivo da população sobre os preços dos generos de primeira necessidade. Contra a Lei Monstro e toda legislação reaccionaria.

Organizemos, desde já, para a luta e para a victoria, em todas as cidades do Estado, villas, povoações, fazendas, nas officinas, nos engenhos, nas escolas, em toda parte, nucleos adherentes á ALLIANÇA NACIONAL LIBERTADORA.

A ALLIANÇA NACIONAL LIBERTADORA não é um partido, mas um movimento, comprehendendo em suas fileiras todos os cidadãos que queiram se bater pelos seus principios cardiaes, substanciados no presente manifesto. Perrecistas, social-democraticos, socialistas, communistas, anarchistas, catholicos, protestantes, espiritas, theosophistas, maçons, antigos legionarios de Cleto Campello e de Luis Carlos Prestes, ex-combatentes de 30, 31 e 32, todos, sem excepção, são convidados a se alliarem neste grande movimento de libertação nacional.

ALLIANÇA NACIONAL LIBERTADORA.
(Directorio Local Provisorio)

Recife

25. Panfleto com manifesto da ANL, divulgado no Rio de Janeiro, 1935.

26.
Correspondência manuscrita de Luís Carlos Prestes a seu primo Alfredo, que residia em Porto Alegre, julho de 1935.

27.
Bilhete manuscrito de Luís Carlos Prestes no qual concita os dirigentes do Comitê Central do PCB a executar Elvira Cupello Calonio, a Elza, ou a Garota, mulher de Antônio Maciel Bonfim, o Miranda, então secretário-geral do PCB. Acusado de ser o responsável pelo crime, Prestes foi condenado a trinta anos de prisão.

28. Jornal dos revolucionários em Natal, Rio Grande do Norte, novembro de 1935.

29. O jornal *A Manhã* anuncia a irrupção do movimento revolucionário no Rio de Janeiro, novembro de 1935.

30. Portão bombardeado do 3º Regimento de Infantaria do Exército, na Praia Vermelha. Rio de Janeiro, novembro de 1935.

Não sem razão, os comunistas, às vezes, confessavam sua perplexidade: "Falta uma compreensão clara da situação em que nos encontramos".

Uma carta de Fernando Lacerda, de maio de 1931, revelava o quanto os comunistas se sentiam ultrapassados: "Por aqui vamos na mesma. A marcharmos para a frente, mas a velocidade igual a menos da metade da marcha dos acontecimentos".

Mesmo o Comitê Central reclamava. Regiões não eram visitadas por falta de dinheiro. As ligações entre elas e a Direção Nacional eram muito precárias, e entre esta e o Secretariado sul-americano da IC, "quase nenhuma". A repressão abatia-se. Em 1932, por ocasião de uma importante greve em São Paulo, a alta direção do Partido fora "destroçada". Fez-se necessário recomeçar tudo a partir do Rio de Janeiro.

Nas eleições para a Constituinte, em maio de 1933, com intensa participação de partidos e grupos socialistas ou proletários, dos 214 eleitos, anotou Dulles, "nenhum era comunista". A partir de 34, contudo, as coisas passaram a assumir um novo rumo.

As notícias, provindas do Brasil, exageradas, transmitiam a noção de um país mergulhado na instabilidade. Criticado por todos os lados, pressionado pelo movimento armado dos paulistas em 1932, a chamada "Revolução Constitucionalista", o governo provisório, presidido por Vargas, convocara, afinal, uma Assembleia Constituinte. No entanto, a nova Constituição, aprovada em julho de 34, não produzira estabilidade, nem agradava a ninguém. Grande parte dos "homens da Coluna", participantes do movimento de 30, sustentava que "as conveniências superiores da coletividade" não haviam sido devidamente consideradas. Outros entendiam que a democracia deveria ser tutelada ainda por um longo período. A formação de um Exército "forte e capaz", a "emancipação nacional" e uma "administração limpa" requeriam mais uma ditadura transformadora do que um regime constitucional, apontado como limitador. Mesmo os liberais, que tanto tinham reivindicado uma nova Constituição, agora estavam frustrados pelo seu caráter demasiadamente estatista e corporativista.

O próprio Getúlio Vargas, beneficiado com o dispositivo transitório da eleição indireta, e eleito presidente, não escondia suas preferências pelo corporativismo e pela "renovação criadora" promovida pelo fascismo na Itália. No início de 1934, seu então ministro da Guerra, Góes Monteiro, permitia-se articulações pela dissolução da Assembleia Constituinte e pela instauração de um governo "responsável e forte". A ideia de uma "república ditatorial" estava no ar do tempo, e era compartilhada à direita e à esquerda do quadro político.

O fato é que as promessas da chamada "revolução" não tinham se concretizado, ao menos não na medida que os mais radicais desejavam. Era certo que toda uma legislação sindical e trabalhista fora promulgada, mas os sindicatos — agora reconhecidos — eram, como se disse, estritamente controlados pelo Ministério do Trabalho. Quando era o caso, reprimidos pela polícia. Em outro plano, não ocorrera a desejada — e esperada — renovação dos costumes e das práticas políticas. As mudanças aconteciam, mas a passo de tartaruga. Para muitos, uma decepção. Permaneciam com grande força particularismos e regionalismos. "Elites parasitárias e exploradoras" ao lado de "massas embrutecidas e submetidas à servidão", como se dizia na época. Enfrentamentos também se anunciavam no contexto internacional. O liberalismo agonizava, mesmo para seus adeptos. Em posições antagônicas, apareciam, de um lado, os corporativismos e o fascismo, de outro, o socialismo soviético. O mundo mal saíra de uma guerra genocida, havia menos de quinze anos, e já se antevia outra, ainda mais devastadora.

No Brasil, radicalizava-se a luta política. Contra o governo, considerado frágil e, por alguns, na iminência de ser deposto, disputavam-se novas e velhas elites. As direitas extremas organizavam-se. Na Ação Integralista Brasileira (AIB), a partir de 1932, a ameaça fascista tomava corpo, inclusive porque suscitava simpatias nas altas esferas do poder.

O quadro geral, dizia-se nos relatórios enviados pelos comunistas no Brasil, apontava no sentido de uma crescente turbulência, do caráter explosivo das contradições sociais e políticas, e do persistente fortalecimento do Partido Comunista e dos movimentos sociais nas cidades e nos campos. Em janeiro de 1934, realizara-se uma conferência de reorganização partidária, tendo sido eleito um novo Bureau Político. Haveria agora outro recomeço?

Os novos dirigentes seriam descritos, em rápidas e incisivas pinceladas, por Heitor Ferreira Lima. Antônio Maciel Bonfim, o Miranda, o secretário-geral, "aparentava uns trinta anos, rosto claro, redondo, olhos vivos, boca rasgada, de grande loquacidade, escondendo no palavreado abundante sua escassa cultura geral e quase desconhecimento do marxismo". Baiano, apresentava-se como professor primário, ex-sargento do Exército (condição negada por Prestes) e ex-militante da LAR (o que não provava). Estivera preso na Ilha Grande, então e por muito tempo um dos principais presídios políticos do país, de lá tendo conseguido fugir, o que era sua maior proeza política. Não tinha nenhuma tradição partidária ou sindical. Nas palavras de Graciliano Ramos, que o conheceu mais tarde, na cadeia, Miranda passava uma impressão de "inconsistência, fatuidade, pimponice", capaz de "dizer tolices com terrível exuberância". Um aventureiro? Em todo caso, um ativista, com reconhecida capacidade de trabalho. Secundando-o no Bureau Político, como secretário de Organização, Honório de Freitas Guimarães, o Martins, "moreno, alto, cheio de corpo, cabelos e bigodes pretos, aspecto autoritário [...] falava com agressividade [...] grosseiro, de modo geral, no trato pessoal". Descendia de uma família rica e estudara na Inglaterra. Em princípio, uma "origem de classe" suspeita. Talvez por isso, para "compensar", no contexto da "proletarização", assumia atitudes ríspidas, supostamente "plebeias". De volta ao Brasil, teria se metido em aventuras várias, terminando por se aproximar do prestismo, de onde viera, como tantos outros, para o Partido. O responsável escolhido para a terceira secretaria em ordem de importância, a de Agitação e Propaganda, fora Lauro Reginaldo da Rocha, o Bangu: "franzino, rosto comprido, olhos pequenos e redondos, astuto e obstinado, cauteloso". Como Miranda, era nordestino, de Mossoró, viera da LAR e também havia sido professor primário. O trabalho sindical foi entregue a Mário Grazini, veterano operário gráfico, de São Paulo, com grande experiência sindical, que passara um ano em Moscou trabalhando na Internacional Sindical Vermelha. Compunham ainda a instância mais alta do PCB Fernando Lacerda, médico, "um homem de boa cultura" e que "lera Marx"; José Medina, operário do estaleiro de Mocanguê, em Niterói, "modesto, atento, falando pouco", com sólidas ligações com os companheiros de trabalho; Heitor Ferreira Lima, natural de Mato Grosso, "alto, magro, testa larga, orelhas grandes, bigodes espessos", com experiência sindical entre os alfaiates do Rio de Janeiro, fizera o curso de marxismo-leninismo de três anos em Moscou e chegara a ser, em 1930, por um curto período, secretário-geral do PCB; e, finalmente, Adelino Deícola dos Santos, o Tampinha, de estatura baixa, "ocultava vaidade sob aparente modéstia", sendo "tímido" na hora de tomar decisões. A eles se agregaria a figura de Guilherme Macário Yolles, representante do Bureau Sul-Americano da IC, um "homem de Guralski", argentino, espanhol fluente, "de estatura baixa, robusto, rosto vermelho, eloquente e imaginoso". Foi com esses dirigentes que o PCB enfrentou a conjuntura quente de 1934-5. Para muitos deles, desenhava-se no Brasil uma grande mudança, positiva.

Referindo-se ao influxo de lutas sociais que passaram a movimentar o país, ao menos nas grandes cidades, os mais entusiastas citavam dados objetivos: greves no Rio de Janeiro, Niterói, São Paulo, Belo Horizonte, Santos, Salvador, Recife. Os trabalhadores dos transportes, ferroviários e marítimos, o pessoal dos Correios, os bancários, os motoristas de táxi, todos formulavam reivindicações e exigiam reajustes salariais. Em Niterói, numa atmosfera de liberdade sindical, autorizada pelo interventor Ari Parreiras, formara-se uma federação sindical.

O Partido renascia, como se a fênix agora fosse ele. A euforia era tamanha que, a certa altura, no contexto de uma greve da Cantareira, companhia de barcas que ligavam o Rio a Niterói, Miranda, apoiado por Martins e Bangu, exigira dos dirigentes sindicais que providenciassem, a curto prazo, a fundação de uma nova Central Sindical, de âmbito nacional, a Confederação Geral do Trabalho. E também que, na maré montante de greve, cuidassem da organização de sovietes em Niterói. A proposta foi recusada, gerando azedas críticas, acusações e contra-acusações, afinal atenuadas pelo fim da greve.

Uma conferência de reorganização, realizada em julho de 1934, elaborou um relatório recheado de avaliações positivas e de propósitos entusiasmantes. Presentes 38 delegados do Rio de Janeiro, São Paulo, Minas Gerais (Belo Horizonte e Juiz de Fora), Rio Grande do Norte e Paraíba. Os de Pernambuco chegariam dali a dias. Era um bom momento para medir os êxitos da política de "proletarização", e o relatório sublinhava, com efeito, de modo autocongratulatório, que 90% dos delegados eram "proletários" contra apenas 10% de intelectuais. Mas a leitura da própria relação dos delegados desmentia a afirmação. Para a conta "fechar", seria preciso que ao menos cerca de 34 delegados fossem proletários. Ora, havia doze que se autodeclaravam não proletários: dois alfaiates, dois funcionários públicos, um comerciário, um pequeno comerciante, dois camponeses e quatro intelectuais. Como se não bastasse, dos treze funcionários do Partido ou de organizações para-partidárias ou sindicais, muitos eram apresentados como proletários. Casos de Miranda, ex-professor primário, relacionado como ferroviário; de Bangu, outro ex-professor, apresentado como gráfico; e de Macário, o argentino funcionário da IC, também computado como gráfico. Proletários mesmo, ligados à produção, somente doze delegados, o que evidenciava uma das carências recorrentemente apontadas na história do Partido: a debilidade de raízes operárias ou a ausência de células comunistas nas grandes empresas.

Ao contrário do que acontecera num passado recente, porém, o Partido crescia e, melhor do que tudo, novos e consideráveis conflitos se anunciavam como inevitáveis. A conferência realizava-se "sob o signo das lutas dos operários e dos camponeses e das camadas populares por suas reivindicações". No Brasil, "as massas trabalhadoras tomam, cada vez mais, a ofensiva". Outras "batalhas decisivas" ocorriam na Alemanha, Cuba, Espanha, Holanda, Estados Unidos, Chile etc. Ao mesmo tempo, "a URSS avança triunfalmente na execução do Segundo Plano Quinquenal". Desenhava-se uma clara polarização entre "o mundo capitalista, moribundo", e "o mundo socialista, que avança vitorioso". "No Brasil", afirmava-se, "as lutas de massas sucedem-se e repetem-se, muitas delas sob a influência e a direção do Partido, o que demonstra as perspectivas revolucionárias da situação brasileira." Os informes criavam uma atmosfera de ofensiva revolucionária em todas as "frentes de batalha": na URSS, na Europa, na Ásia, nas Américas e, naturalmente, no Brasil.

Para que o Partido estivesse à altura dos desafios, era necessário cerrar fileiras em torno da direção política num "balanço severo do nosso trabalho", mesmo porque, conforme se assinalava, "qualquer vacilação" seria um passo "para o campo da contrarrevolução". Numa alusão crítica ao "nosso passado de charlatães", dominado pelo "brandonismo e astrojildismo" (referências aos ex-dirigentes Octavio Brandão e Astrojildo Pereira), e se aproveitando daquele ambiente aquecido, Miranda propôs, e conseguiu aprovar, a exclusão dos responsáveis pelo trabalho sindical, acusados de "indisciplina" por não terem cumprido as orientações da direção no episódio da greve da Cantareira. Foi preciso que os punidos — Mário Grazini e Heitor Ferreira Lima — fizessem "sinceras autocríticas" para serem readmitidos.

Os delegados saíram espiritados daquela conferência. Tempos de enfrentamentos se aproximavam.

Em outubro, na sequência do assassinato do estudante Tobias Warchavski, atribuído à polícia pelos comunistas, uma grande agitação política teve lugar. A imprensa e, em especial, os jornais de esquerda, sob influência dos comunistas ou simpáticos a eles, como *O Jornal do Povo* e *A Manhã*, clamavam altas denúncias, inclusive com repercussão internacional. Formou-se no Rio de Janeiro uma Comissão Jurídica de Inquérito Popular, impulsionada por intelectuais e militantes do Partido. Mais tarde, o crime seria elucidado como tendo sido obra dos próprios comunistas, que executaram Warchavski por suspeitá-lo de colaboração com a polícia. No entanto, no segundo semestre de 1934, nada disso se sabia e a agitação sobre o assunto contribuía, sobretudo nos meios intelectuais, para reforçar a influência do PC.

Para muitos dirigentes soviéticos, e para Manuilski em particular, aquilo soava como música. No mundo, as polarizações radicais com o fascismo italiano e o nazismo alemão indicavam horizontes vermelhos. A revolução pelo alto desencadeada na União Soviética inscrevia-se nesse contexto de transformações radicais. Agora, na longínqua América do Sul, promessas de novos enfrentamentos, decisivos. Uma atmosfera épica, fazendo renascer uma perspectiva de ofensiva e de certezas.

É verdade que a ascensão do nazismo ao poder na Alemanha, em janeiro de 1933, induzira muitos a questionar tais referências. Na Espanha, desde o início dos anos 30, na França, a partir de 34, e em outras latitudes, inclusive na América Latina, como no Chile, esboçavam-se alternativas que envolviam a constituição de amplas frentes, de caráter defensivo, contra a maré montante das direitas e do nazifascismo. Por outro lado, para um olhar mais crítico da situação brasileira, talvez fosse difícil demonstrar como, de um quadro de tantas dificuldades recentes, podia ter aparecido uma situação tão promissora.

No entanto, a cultura política de ofensiva política revolucionária, da proletarização dos partidos comunistas e dos enfrentamentos apocalípticos continuava viva, mobilizando adeptos. Muitos haviam ascendido a postos de direção impulsionados por aquela onda, outros tinham aderido ao comunismo em virtude desse tipo de concepção, estavam convencidos de sua adequação e não viam com bons olhos mudanças em outras direções, "revisionistas".

Prestes era um adepto — e um produto — dessa cultura. Diria ele mais tarde que "toda a instrução que recebi em Moscou foi à luz do VI Congresso". Desde 1930, quando começara a aproximar-se dos comunistas, o que o fascinara — e seduzira — foram as concepções polarizadas, íntegras, sem concessões ou meios-termos, preto no branco, sem tonalidades cinzentas. Bem ao estilo de seu caráter e temperamento. Promessas de lutas abertas e decisivas.

O exílio soviético confirmara essas expectativas. A sociedade mobilizada dos Planos. O trabalho duro e ingente. A luta contra a sabotagem contrarrevolucionária. A caça aos inimigos do povo. A escassez consentida como provação a ser superada. A construção de uma sociedade utópica à custa dos sacrifícios necessários, mesmo que muito exigentes.

Prestes estava no seu elemento. Consolidou-se então uma convergência de afinidades e interesses entre ele e Manuilski. Compartilhavam as mesmas referências. Passariam agora a cultivar a ideia de uma aventura revolucionária no Brasil.

Esboçou-se assim um projeto, incluindo a volta de Prestes. Em consequência, já a partir de julho de 1934, tomaram-se providências no sentido de deslocar para o Brasil alguns militantes profissionais da IC, dirigentes políticos e técnicos, no sentido de aperfeiçoar a assessoria de um partido até então considerado frágil para enfrentar os grandes desafios que se anunciavam. Por outro lado, Manuilski, pessoalmente, com um "soco na mesa", impôs ao Partido brasileiro o ingresso de Prestes, afinal tornado público no país pelo órgão oficial, *A Classe Operária*, em 1º de agosto de 1934.

As melhores expectativas seriam confirmadas com a chegada a Moscou de uma importante delegação do Partido brasileiro, capitaneada pelo novo secretário-geral, o Miranda (na URSS, adotou o pseudônimo de Queirós), e mais quatro militantes — Lauro Reginaldo da Rocha, o Bangu, também do Bureau Político; José Caetano Machado, da direção política no Nordeste; Elias da Silva, o André, marítimo, e Valdovino de tal, operário do estado do Rio de Janeiro.

A delegação viera participar do Congresso da IC, programado para outubro de 1934, que acabou adiado para o ano seguinte. A viagem, contudo, seria aproveitada não apenas para contatos e intercâmbios com os dirigentes da IC, mas também para uma ampla reunião com outras delegações provindas de diferentes países da América Latina. Posteriormente, o conclave recebeu o nome oficial de III Conferência dos PCs da América Latina. Foi anunciado, para iludir as polícias políticas, que tivera lugar em Montevidéu. Porém, de fato, realizou-se em Moscou.

Prestes participaria direta e intensamente dessas conversas. É verdade que houve certo mal-estar com a delegação brasileira. Ele, a rigor, era um "estranho no ninho". Mas havia um ponto a favor: Bangu tinha passado pela experiência rapidamente abortada da Liga de Ação Revolucionária (LAR). Já Miranda dizia o mesmo, embora desmentido por Prestes. O fato é que conhecera o Cavaleiro da Esperança em Montevidéu no contexto das articulações de lançamento da Liga natimorta que, como se recorda, tinham sido cedo abandonadas. Depois os dois ingressaram no Partido, e agora apareciam em Moscou como seus representantes oficiais. No entanto, eram notórias as críticas do Partido a Prestes e ao prestismo. Mas as arestas seriam atenuadas pela pressão das circunstâncias e dos soviéticos. E sobretudo pela afinidade política que logo se estabeleceu entre as análises e os prognósticos compartilhados por todos.

As avaliações dos dirigentes brasileiros, com exceção de Elias/André, mais sóbrio, logo marginalizado, eram simplesmente fantásticas. O Partido dirigia greves operárias importantes, como a dos marítimos, com dezenas de milhares de adesões, e suas instâncias estavam recheadas de operários "transbordantes de entusiasmo". No campo havia algo "especificamente novo" — "as massas camponesas começavam a luta armada", através de guerrilhas. Miranda dava detalhes: "Na Bahia, os guerrilheiros constituem destacamentos de umas 1500 pessoas armadas de metralhadoras, providas de caminhões [...]. Lampião e seus partidários são guerrilheiros cujo nome e façanha correm de boca em boca [...] defensores da liberdade [...] da vida do camponês [...] que busca o Partido cuja autoridade cresce também no campo".

Não era exatamente isso que Prestes escrevera? Que havia a hipótese de os cangaceiros serem aproveitados na formação de "um grande movimento de massas contra o feudalismo e o imperialismo"?

Havia mais. Não apenas os "de baixo" se rebelavam. O Exército nacional estava "desagregado de alto a baixo. Não existe disciplina [...] nos quartéis desenvolve-se uma luta permanente. No Norte, os soldados leem os chamamentos do PC, que os exortam a organizar sovietes e falam da União Soviética". Mesmo na polícia tinha se infiltrado gente amiga do Partido.

Miranda estava lançado. Reconhecidamente fluente, exprimindo-se bem em francês, o vocabulário dele era expressão condensada da cultura política consagrada no VI Congresso. É certo que se murmurava que seus informes eram, como se dizia no jargão partidário, "baluartistas". Mas ele se defendia, argumentando que eventuais exageros visavam "despertar entusiasmo". A rigor, falava o que os próprios ouvidos, e os de sua audiência, queriam ouvir. Confirmou expectativas e desejos. A sopa no mel. O encontro da fome com a vontade de comer.

Manuilski passou uma semana discutindo com os brasileiros. Ele e Prestes ficaram entusiasmados e encantados com as informações e com Miranda. Apontando no mapa, o secretário do Partido brasileiro era capaz de dizer, em cada cidade, ou região, quantos militantes e quantas bases o Partido tinha. Consta que o russo suspirava nos corredores do Komintern: "Se tivéssemos aqui na Europa um secretário do partido que conhecesse assim tão bem o seu partido!". O único a questionar as avaliações de Miranda foi Elias/André. Em determinado momento, protestou, denunciando inverdades nos informes do secretário-geral. Mas, segundo Prestes, o fez com tanta veemência que se teve a impressão de que havia uma luta pessoal pelo poder entre ele e Miranda. O resultado foi que, a pedido deste último, André acabou permanecendo em Moscou, como representante dos comunistas brasileiros na Internacional Sindical Vermelha, dirigida por Lossovski, um cargo puramente decorativo.

Afirmou-se, então, embora ainda sem nenhuma decisão quanto a datas, o projeto revolucionário já confabulado entre Manuilski e Prestes: as condições no Brasil pareciam propícias, haveria ali uma explosão que tendia a arrebentar cedo ou tarde, mais cedo do que tarde — tratava-se de apostar nela. Enquanto no Chile havia um consenso a respeito da ênfase nas lutas institucionais e eleitorais, no Brasil eram altas as expectativas de um desfecho revolucionário. Tratava-se de intensificar as lutas sociais contra a ameaça fascista, os movimentos de massas, nos campos e nas cidades, a organização revolucionária nas Forças Armadas, visando uma hipótese revolucionária. Nisso convergiram a IC, na pessoa de Manuilski, Prestes e a delegação do PC brasileiro, liderado por Miranda. Todos se concebiam num grande exército internacional revolucionário, compartilhando valores, disciplinado e hierarquizado, com dirigentes e dirigidos distribuídos em diferentes estratos.

Cada esfera dispunha, porém, de certa autonomia. Dois exemplos são ilustrativos: no caso concreto do ingresso de Prestes no PCB, a Internacional teve muito que pressionar para que, afinal, o Partido o aceitasse. E a aceitação foi repleta de ressalvas. E mesmo assim, como se verá, Prestes só seria formalmente admitido no Comitê Central do PCB no ano seguinte, às vésperas do movimento revolucionário de novembro de 1935, apesar de todos os elogios de Manuilski, que o deixavam até encabulado em alguns momentos. No sentido inverso, em relação ao movimento revolucionário no Brasil, os dirigentes em Moscou é que seriam "levados pelo nariz" pelos comunistas brasileiros, por seus informes minuciosamente fantasiosos e exagerados, para não dizer mentirosos. O que explicava esse complexo agenciamento, como já se disse, eram as referências comuns que faziam funcionar aquela "máquina": as tradições revolucionárias catastróficas fundadas pela Revolução Russa, renovadas e reatualizadas pelas concepções formuladas no VI Congresso da IC, em 28. Foi isso que permitiu que os comunistas do Brasil "lessem" o processo brasileiro como uma revolução iminente. Os dirigentes de Moscou (não todos, mas especialmente Manuilski) acreditaram nisso porque era nisso que queriam acreditar. Era o que queriam ouvir e ver. Quanto a Prestes, também ele não tinha por que duvidar. Aqueles informes viabilizavam a sua volta ao país.

7. O assalto aos céus

Em fins de 1934, Prestes recebeu Manuilski em casa, em Moscou, para um brinde de despedida, emocionado e tenso. O exílio soviético estava acabando, depois de três anos. A volta ao país era uma aventura arriscada, mas estimulante. O projeto amadurecera longamente. Chegava a hora da decisão.

O dirigente da Internacional tinha muitas dúvidas a respeito da ida de Prestes. Temia pela sua segurança e fizera gestões para dissuadi-lo. Já Prestes exultava. Voltaria para participar de grandes lutas e, se fosse o caso, liderá-las no sentido de uma verdadeira revolução social. A gesta da Coluna fora épica, mas não alcançara resultados concretos. Agora, acreditava ele, sob a vanguarda do Partido Comunista, do qual já fazia parte, armado com a ciência do proletariado, o marxismo--leninismo, e com apoio da União Soviética, mudara completamente a situação, tornando-se possível e viável o assalto aos céus, como os revolucionários gostavam de se referir às tentativas de tomada do poder.

A IC destacara vários emissários, "profissionais" dos seus quadros, para participar da aventura revolucionária no Brasil, mas o grupo era bastante heterogêneo, com experiências e qualificações muito desiguais. O argentino Rodolfo Ghioldi, o Índio, e o alemão Arthur Ernst Ewert, o Harry Berger, viriam como assessores da direção política. O primeiro era considerado um dos mais preparados do Bureau Sul-Americano da IC, fundado em 1929. O outro chegara à direção do Partido

Comunista Alemão, mas ali caíra em desgraça por não aceitar as teses aprovadas pelo VI Congresso da IC, em 28, que previam enfrentamentos abertos na perspectiva de "classe contra classe", as revoluções aparecendo como produto de catástrofes históricas. Fora então incumbido de missões tidas como secundárias na China e no Uruguai. Por ironia da História, era agora convocado para assessorar um movimento que, justamente, baseava-se nas concepções catastróficas que ele tanto criticara. Para compor seus personagens, seriam acompanhados pelas respectivas esposas, Carmen Alfaya de Ghioldi e Elisa Saborovski Ewert, a Sabo. Viriam ainda Victor Allen Baron, o Raymond, jovem norte-americano, especialista em comunicações, com a missão específica de montar um rádio emissor-receptor em condições de estabelecer contato regular com Moscou; Amleto Locatelli, o Bruno, italiano, que já executara missões na Espanha; Johann Heinrich Amadeus de Graaf, o Franz Paul Gruber, perito em explosivos, também com a mulher, Erna ou Erika Gruber, a Lena; Pavel Vladimirovich Stuchevski, que se ocuparia das finanças, e sua mulher, Sofia Semionova Stuchevskaia, sob o codinome de Léon-Jules e Alphonsine Vallée. Finalmente, mas não menos importante, para a segurança de Prestes seria deslocada Olga Benário, a Olga Sinek, alemã, treinada pelos serviços especiais do Exército soviético, o chamado IV Departamento.

Quase todos chegaram nos começos de 1935. Mas outros militantes estavam radicados no país havia mais tempo, como Esteban Peano, argentino, que vivia em São Paulo. Veio também Mendel Mirochevski Losovski, o Juan, deslocado para assessorar o trabalho sindical, mas este ficou pouco tempo, de setembro a outubro de 35. E o argentino Marcos Youbman, o Arias. Há evidências de que viriam ao Brasil, ainda, Heinz e Margareth Buber-Neumann, cuja viagem foi desmarcada em cima do laço, pois o casal caiu em desgraça e foi enviado para um campo de prisioneiros na URSS. Sem falar de outros, assessores e emissários, que teriam estado no Rio ou em São Paulo mas não foram identificados.

Mesmo que se admita que, então, fazia parte das práticas e costumes da IC deslocar militantes especiais para servir de assessores ou participar de processos ou movimentos revolucionários, a equipe referida é, de algum modo, expressiva e atesta um nível alto de comprometimento e investimento — e de confiança política no projeto e nos resultados esperados. O mesmo se poderia dizer da ajuda financeira, comprovada e relativamente substancial, canalizada ao longo de 1935.

No entanto, seria necessário desmistificar certa aura de mistério e perfeito profissionalismo que, até os dias de hoje, cerca narrativas a propósito dos militantes da Internacional Comunista. No caso dos deslocados para o Brasil, não faltavam problemas: alguns nem conheciam o português, outros o dominavam mal. Nenhum tinha conhecimento prévio do país, de sua história ou costumes, nem recebeu nenhum tipo de informação sistemática sobre sua missão, o que os deixava à mercê das análises e propostas — ou das miragens — dos nativos. Em momentos decisivos, como se verá, tais deficiências serão comprometedoras. Ainda, com exceção de Johann de Graaf e do casal Stuchevski, raros haviam acumulado experiência de luta clandestina. Em grande medida, isso explicará as inadvertências e erros — às vezes, grosseiros — cometidos por quase todos nas peripécias que iriam viver no Brasil.

Valeria acrescentar que na estrutura do Estado soviético os melhores serviços e profissionais da clandestinidade estavam na contraespionagem do Exército e da polícia política. Em comparação, a Internacional primava pelo amadorismo e pelas práticas consideradas "artesanais". Os próprios soviéticos não a tinham em alta conta. Stálin, pessoalmente, sempre a desprezou, chamando-a, entre outros depreciativos, de "a lojinha". Em alguma medida, é isso que ajuda a compreender não poucas desventuras dessa organização que apenas colecionou derrotas. De fato, em 24 anos de existência, e embora tivesse sido criada para "dirigir" revoluções, não conseguiu incluir em seu currículo uma única vitória.

Prestes encontrou-se com Olga nas vésperas da viagem. Iria fazer, dali a dias, 38 anos. Um experimentado condutor de homens, provado na epopeia da Coluna. Já com alguma vivência política, era sobretudo um homem de ação, mas com experiência de luta clandestina e de vida partidária quase nula. Olga, dez anos mais jovem, era também uma mulher de ação, destemida. Ingressara em 1923, com apenas quinze anos, na organização juvenil do Partido Comunista Alemão e se destacara pela coragem demonstrada nos conflitos de rua com as milícias de direita em Berlim, para onde fora deslocada. Presa com o namorado, Otto Braun, e tendo sua prisão relaxada, liderou, aos vinte anos, ação espetacular que libertou Braun da cadeia de Moabit. Quando os dois chegaram a Moscou, para escapar da perseguição da polícia alemã, em fins da década de 20, Olga já tinha uma aura de militante provada. Por essa razão, recebeu treinamento qualificado dos serviços especiais do Exército soviético e missões de diversa natureza no exterior, tendo sido novamente presa na Inglaterra e expulsa do país. Apesar de suas qualidades e treinamento, Olga não tinha grande experiência de luta na clandestinidade. Casada e com um filho na União Soviética, sua missão, de seis meses, era oferecer as melhores condições de segurança para que Prestes pudesse ir para o Brasil e aí iniciar o trabalho revolucionário. Depois, missão cumprida, retornaria à URSS.

Partiram de Moscou em 29 de dezembro de 1934 e em torno de quatro meses depois chegaram ao Rio de Janeiro. A viagem e os episódios que viveram dizem muito da precariedade da organização a que serviam e do projeto revolucionário a que estavam dedicando a vida.

A travessia até Paris, via Escandinávia, levou cerca de trinta dias, com escalas em Amsterdam e Bruxelas. Na capital da França, já tinham se convencido de que os passaportes que traziam — em nome de Pedro Fernandes e Olga Sinek — eram inservíveis para alfândegas eventualmente mais vigilantes, como as que encontrariam na América Latina e no Brasil. Segundo diria o próprio Prestes, "eram documentos espanhóis, riscados, malfeitos". Os dois chegaram a pensar em "sabotagem". Por parte de quem, exatamente? Não sabiam ao certo, mas desconfiaram de Inês, mulher de Guralski, o Rústico, que aparecera em Paris com a missão de arranjar-lhes novos documentos. Fez um trabalho tão rudimentar que ensejou a suspeita, transmitida a Moscou.

O que não podiam deixar de saber era que, na União Soviética, já tinha começado uma gigantesca "caça às bruxas", desferida a partir do assassinato de Kirov, em 2 de dezembro de 1934. Ele era o chefe do Partido Comunista na então Leningrado e segundo homem na hierarquia partidária, tendo sido mais votado que o próprio Stálin no XVII Congresso do PCUS, realizado naquele ano. As suspeitas sobre o envolvimento de Stálin na morte de Kirov nunca foram comprovadas, mas é inegável que tirou proveito do episódio, transformando-o no marco inicial de grandes expurgos que abalaram profundamente o Estado e o Partido soviéticos, consolidando seu poder pessoal.

Nesse mês de dezembro de 1934, ou seja, antes da partida deles, Manuilski já fizera um discurso na Internacional denunciando infiltrações trotskistas na organização. Apesar de vagas, ou por essa razão, as denúncias eram muito ameaçadoras. Os expurgos em curso, no Partido e nas instituições do Estado, e que perdurariam por longo tempo, ceifavam inúmeras cabeças, e muitas ainda haveriam de rolar. Olga recebeu cartas nada animadoras de amigas de Leningrado. Prestes admitiu: "[...] as pessoas escreviam sobre o ambiente de terror que existia nos meses de janeiro, fevereiro, particularmente em Leningrado. Entre as pessoas que ela conhecia, muitas estavam sendo presas". Mesmo companheiros da Internacional, ligados a ele, como Sinani e Julio Gomes, tinham sido alcançados pelos expurgos.

E se um "inimigo do povo" houvesse se infiltrado na IC e preparado passaportes "malfeitos" com o objetivo de fazer abortar o projeto revolucionário que teria lugar no Brasil? Para Prestes e Olga essa hipótese era mais plausível do que o reconhecimento do caráter artesanal e amadorista dos "serviços especiais" da IC. De todo modo concluíram que não dava para prosseguir naquelas condições, o que os levou a encomendar, através da embaixada soviética na França, novos documentos de viagem.

Em Paris, ficaram então à espera, enervante espera, sobretudo porque os dias passavam e nada de novos passaportes. Finalmente, por indicação de um anarquista conhecido de Afonso Figueiredo, que era cunhado de Honório de Freitas Guimarães, secretário de Organização do Partido, e vivia na cidade, conseguiram uma informação preciosa: havia um cônsul português no interior do país, em Rouen, simpático à causa comunista, que poderia providenciar papéis decentes. Foi o que aconteceu. Usando os nomes de Antonio Vilar e Maria Bergner Vilar, Prestes e Olga viajariam com passaportes portugueses quase perfeitos. Quase. A ressalva merece ser sublinhada porque Prestes nunca estivera em Portugal e um eventual encontro com um português poderia pôr tudo a perder. Por outro lado, evidenciavam-se brechas inquietantes na segurança do principal líder revolucionário, pois a cadeia de contatos da qual surgiram aqueles passaportes era toda ela constituída por pessoas não vinculadas ao Partido e sobre as quais não se tinha o menor controle.

Um mau começo. Depois de cerca de um mês e meio em Paris, os circuitos supostamente profissionais não haviam funcionado. Fora necessário improvisar, confiar em amizades pessoais e na intuição, e apostar. Para testar a qualidade da documentação obtida, Olga resolveu dobrar a aposta — iriam pelos Estados Unidos, cujos serviços de imigração eram mais rigorosos do que os europeus e os latino-americanos. Por outro lado, chegar à América Latina com carimbo dos EUA seria uma segurança suplementar.

A travessia de navio, de Brest a Nova York, durou quatro dias. Viajaram em primeira classe. À noite, nos jantares, Olga desfilava de vestido longo e Prestes de smoking; foi a primeira vez que ele usou tal indumentária. Passaram três dias em Nova York e partiram de trem para Miami, onde, segundo informações da Pan American Airways System, arquivadas pela polícia política brasileira, pegaram um avião para Santiago do Chile, em 31 de março de 1935. Na época só havia voos de dia e era reduzida a autonomia. Assim, através de numerosas escalas (Havana, Kingston, Barranquilla, Colón, Guaiaquil e Arica), dormindo em duas delas, alcançaram o destino, onde ficaram alguns dias, fingindo-se de turistas. De lá, em 9 de abril, voaram para Buenos Aires com escalas em Mendoza e Córdoba. Os passaportes passaram pela prova — eram bons e estavam ainda melhores agora, recheados de carimbos. Na embaixada brasileira da Argentina, com ajuda de Manoel Paranhos, funcionário e amigo de Prestes de longa data, conseguiram o visto para entrada no país. Mais uma vez, a clandestinidade era assegurada por "amigos de confiança".

Ainda fariam uma escala em Montevidéu, aonde chegaram em 13 de abril, para contatos com o pessoal do Bureau Sul-Americano da IC, do que se aproveitou Prestes para conversar com outros conhecidos ali residentes, como o comerciante brasileiro Fernando Garagori. Por fim, em 15 de abril, compraram passagens de avião para Santos, com escala em Buenos Aires. No meio do caminho, um lance de astúcia. Valendo-se de uma parada técnica em Florianópolis, desembarcaram ali mesmo, evitando a alfândega de Santos, e foram de táxi para Curitiba. Outro táxi os levaria à capital paulista, aonde chegaram na noite do dia 17.

Sãos e salvos, ali estavam depois de quase quatro meses de viagem, prontos para participar do processo revolucionário. Foram recepcionados por Celestino Paraventi, um homem de negócios, ligado ao Partido, que os hospedou numa fazendola de sua propriedade em Santo Amaro. Começaram a esperar por Miranda. Os dias passavam, uma semana, e nada. Afinal, ele apareceu, mas não tinha nada pronto, nem carro para transportar os camaradas, nem esquema para recebê-los no Rio. Mas prometeu providências. Na conversa, formulou um discurso otimista: os movimentos sociais "avançavam" e o Partido preparava-se para "a luta armada". Prestes ficou com má impressão: "Ou Miranda estava resistindo a ele, ou sabotando [...] ou estava tudo muito anarquizado".

Não confiando mais nos arranjos do secretário-geral do Partido, impacientes, Olga e Prestes resolveram usar os meios de bordo. Outro táxi para o Rio de Janeiro. Iam armados de revólver, evidenciando ignorar ou desprezar as regras do trabalho conspirativo, onde se sabe que mais valem bons documentos — que eles tinham — do que muitas armas. O resultado foi que, numa barreira rotineira da Polícia Rodoviária, um policial, percebendo que Olga olhava muito para a bolsa, desconfiou e descobriu que ela levava um pequeno revólver, calibre 32. Duas tradições brasileiras os salvaram: a corrupção policial e a noção de hierarquia social. Prestes nem sequer foi revistado, e eles foram autorizados a seguir viagem, mas confiscou-se a arma de Olga, uma propina, uma espécie de pedágio.

Em retrospectiva, é impressionante o cortejo de imprudências cometidas pelos dois revolucionários. Por onde passavam, iam deixando grossas pegadas e múltiplas indicações a respeito da viagem que faziam. Pareciam investidos de notável autoconfiança e de um profundo desprezo pela competência da polícia. Autoconfiança desmesurada nunca é boa conselheira, mas quanto ao desprezo, ao menos em parte, era plenamente justificado.

Como primeiro pouso, enquanto não achavam casa ou apartamento, hospedaram-se numa pensão da rua Marquês de Abrantes, indicada por Miranda, a mesma que já servira a Harry Berger e a Rodolfo Ghioldi, o que mostra negligência, falta de imaginação e amadorismo. Ficaram lá, procurando casa, mais ou menos quinze dias.

Não tendo limitações de dinheiro, encontraram casas ou apartamentos para todos, em Copacabana e Ipanema. Na época, eram bairros em rápida expansão e concentravam grande número de estrangeiros, que afluíam em quantidade em virtude dos conflitos e/ou perseguições já em curso ou que se anunciavam na Europa. Cerca de 15 mil deles, 11 mil europeus, haviam entrado no país nos anos anteriores, e boa parte instalara-se em Copacabana e Ipanema, ou seja, a rigor não havia melhor lugar na cidade para estrangeiros passarem desapercebidos. Prestes e Olga conseguiram um lugar na rua Barão da Torre, numa casa de propriedade de um alemão que estava de mudança com a família. Prestes a descreveu: "[...] com dois andares, tinha, embaixo, duas salas, de visitas e de jantar, e a cozinha. Em cima, três quartos". Foi uma mão na roda, pois a alugaram com todo o mobiliário, roupa de cama e mesa, e ainda contaram com uma empregada doméstica que já trabalhava para o proprietário. Pertinho dali, na rua Paul Redfern, acomodaram-se Harry Berger e Sabo. Não muito longe, no final de Copacabana, alguns outros, como os Ghioldi e os Stuchevski e mais Victor Baron.

A IC concebera a ideia de que os "internacionais" deveriam viver em padrões altos, uma vida confortável, em contraste com as tradições de modéstia e pobreza da esmagadora maioria dos comunistas brasileiros, aí incluídos mesmo os seus dirigentes. Uma forma de distrair a atenção da polícia. Enquanto esta mantivesse o olhar para "baixo" na caça aos comunistas, os líderes revolucionários ganhariam liberdade de movimento, manobrando "no alto". Embora isso pudesse provocar estranhamento e ressentimento nas fileiras partidárias, não deixava de ter lógica e fundamento para a proteção e para a segurança das principais lideranças.

O desprezo soberano pelas mais elementares normas de segurança continuaria um padrão. No ingresso no país, Carmen Ghioldi viera com passaporte legal, emitido no próprio nome, mesmo sabendo que o marido era conhecido como dirigente comunista, com vida legal na Argentina. Já Berger e Sabo viajavam com os documentos que haviam usado na China. Em relação aos documentos de Prestes e Olga, já se viu que os fornecidos pela IC eram lamentáveis, e só a iniciativa dos próprios — à custa de sua segurança — é que corrigiria o descalabro.

Estabelecidos no Rio, os dois casais, além de Prestes e Olga, residiam muito perto uns dos outros, frequentavam-se mutuamente, e acontecia de disporem de empregados que se conheciam, como era o caso das domésticas dos casais Berger e Prestes. Olga, Sabo, Jonny e sua mulher, Lena, compartilhavam o professor de português; as militantes também iam a uma costureira comum. Berger e Ghioldi compartilhavam a secretária (Margarita, militante argentina da IC). Estes e Prestes tinham uma única motorista, Erika Gruber, cuja única credencial era ser mulher de Jonny de Graaf, o Paul Gruber. Como se não bastasse, Berger e Prestes acumulavam documentos políticos sem nenhuma reserva. Se a revolução fosse vitoriosa, facilitaria a elaboração de autobiografias ou o trabalho dos historiadores. Mas, se houvesse contratempos com a polícia, poderia ser um desastre. O mesmo ocorria entre os dirigentes do PCB, que se permitiam infringir normas de segurança fixadas por eles próprios. Como já se disse, só a inexperiência, uma imensa autoconfiança e uma profunda subestimação da polícia política poderiam explicar tais procedimentos.

Tudo isso era mais do que compensado, assim pensavam os revolucionários, pela radicalização da atmosfera política. As informações e expectativas elaboradas em Moscou pareciam, em grande medida, confirmar-se.

Lançara-se oficialmente a Aliança Nacional Libertadora (ANL), em 23 de março de 1935, no Teatro João Caetano, no Rio de Janeiro. Através de proposta de um jovem orador ligado ao Partido Comunista, Carlos Lacerda, Prestes foi eleito presidente de honra, por aclamação, já que seguia na clandestinidade.

Em pouco tempo, a organização registrou assombroso crescimento. Em três meses, já existiam 1500 núcleos distritais e municipais. Robert Levine estimou os filiados em 100 mil. Só no Rio, 50 mil aderentes. As filiações iam num crescendo: 90 mil por mês entre abril e junho. Era a primeira — e última — vez na história que todas as esquerdas do país se agrupavam sob uma única legenda. Prestes fora aclamado não propriamente por ser comunista, mas por suas tradições de crítica intransigente ao regime resultante do movimento de 1930. Um dos poucos a se manter à margem, colhia agora os benefícios do desencanto que se disseminava na opinião de esquerda — civil e militar. No entanto, os comunistas, ainda impregnados da cultura política do VI Congresso, que autorizava apenas frentes "pela base", ou seja, hegemonizadas pelos PCS, custaram a se integrar na ANL. Depois de março, porém, o fizeram, mas mantendo, como as demais forças políticas organizadas, autonomia política decisória. A rigor, tinham uma visão instrumental da ANL. Nesse sentido, as orientações aprovadas no VII — e último — Congresso da IC, realizado em julho-agosto de 35, em Moscou, favoráveis a amplas frentes sociais e políticas, defensivas, contra o nazifascismo, mesmo sem hegemonia dos PCS, pouca ou nenhuma influência tiveram entre os comunistas brasileiros e os militantes da IC deslocados no Brasil. Eles eram — e continuariam a ser —, ao menos até o fim daquela aventura revolucionária, homens e mulheres comprometidos — por convicção ou disciplina partidária, ou por ambas — com os enfrentamentos apocalípticos previstos pelo VI Congresso, realizado em 28. Caberia registrar, contudo, e isto não deixa de ser irônico, que o VII Congresso da IC representou para o PCB uma espécie de consagração internacional, pois Prestes e Miranda seriam eleitos para a Comissão Executiva Central da IC, onde figurariam ao lado dos mais importantes dirigentes comunistas do mundo na época, como Stálin, Dimitrov, Manuilski, Thorez, Togliatti, Mao Tsé-Tung, Dolores Ibárruri e Béla Kun.

Num quadro em que se exacerbavam as contradições políticas, os comunistas, e Prestes em particular, sublinhavam a importância da questão do poder — a necessidade de constituição de um governo popular nacional e revolucionário, que seria fruto de uma revolução voltada contra as duas forças consideradas inimigas da sociedade, do povo e do país, o latifúndio e o imperialismo. Carta assinada por Prestes, divulgada em abril mas datada de março, de Barcelona, para despistar a polícia, dizia: "Não há tempo a perder [...]. Nas condições atuais [...] pode a ANL chegar rapidamente a ser uma grande organização nacional revolucionária capaz de sustentar a luta de massas pela instauração de um governo popular nacional revolucionário em todo o Brasil". A carta fora entregue nas mãos de Ilvo Meireles por Olga em pessoa, no Rio, e através dela Prestes aproveitava para dizer que aceitava sua designação, por aclamação, para presidente de honra da ANL. Tais orientações seriam incorporadas pela direção do Partido Comunista em reunião plenária do Comitê Central realizada em maio.

Enquanto o governo se precavia, fazendo aprovar pelo Congresso uma legislação repressiva e inovadora — uma Lei de Segurança Nacional até então inexistente, e por isso denominada pelas esquerdas e pela ANL de Lei Monstro —, multiplicavam-se os choques violentos entre integralistas e aliancistas, e também o descontentamento entre os trabalhadores urbanos e os militares. Nas alturas do Estado e da sociedade, como expressão desse processo, articulavam-se conspirações e projetos de golpes. Em telegrama a Getúlio Vargas, Flores da Cunha, governador do Rio Grande do Sul, advertia o presidente para um clima de "conspiração generalizada em todo o país". O general Guedes da Fontoura, a propósito dos soldos militares, ameaçava "derrubar o governo" caso não fossem rapidamente aprovados os reajustes reclamados. Sucediam-se denúncias e ameaças, de direita e de esquerda, contra a ordem vigente.

Outro manifesto da ANL, assinado pelo Diretório Nacional, afirmava: "O que nós, aliancistas, proclamamos é a necessidade de um governo surgido realmente do povo em armas". Invocava-se aí a tradição que remontava a Floriano Peixoto, chegando a 1922 e passando pelos demais movimentos que se haviam sucedido até 30. Tratava-se, agora, de realizar as aspirações frustradas pelo governo liderado por Getúlio Vargas. Em outra dimensão, na agitação política entre operários e soldados, onde conseguissem fazer ouvir sua voz, os militantes do Partido incentivavam as lutas sociais na perspectiva de enfrentamentos decisivos, revolucionários.

Foi nesse quadro, por ocasião das comemorações realizadas no dia 5 de julho de 1935, que Prestes redigiu um novo manifesto, lido em comício organizado pela ANL. O texto, bastante radical, não media as palavras: "A situação é de guerra e cada um precisa ocupar o seu posto [...] as massas devem organizar a defesa de suas reuniões e preparar-se ativamente para o momento do assalto". E terminava com uma série de conclamações revolucionárias: "Abaixo o fascismo! Abaixo o governo odioso de Vargas! Por um Governo Popular Nacional Revolucionário! Todo o poder à ANL!".

O governo o usaria como pretexto para pôr a ANL na ilegalidade, razão pela qual Prestes seria crucificado por muitos sob uma dupla acusação: personalista, teria escrito o texto sem consultar ninguém; imprudente e "esquerdista", avançara palavras de ordem demasiadamente radicais, sem respaldo social, ensejando a eliminação da ANL do quadro político legal do país.

À luz da conjuntura, a acusação de "demasiado radicalismo" não se sustenta. Palavras e textos muito semelhantes — tão ousados quanto — já tinham sido formulados por várias forças políticas, à direita e à esquerda, e pela própria ANL e pelo Partido Comunista em suas agitações sociais. Por outro lado, seja dito de passagem que o manifesto, antes de lido e publicado, foi analisado e aprovado por Berger e Ghioldi. Além disso, nos dias subsequentes, não mereceu críticas. Com efeito, estas apareceram somente *depois* do decreto governamental que pôs a ANL na ilegalidade, o que só aconteceu em 11 de julho. Observe-se, finalmente, que o governo então nem chegou a fechar a ANL, apenas a "suspendeu", por seis meses.

Se o "radicalismo" de Prestes tivesse sido assim tão extraordinário, como aparece em grande parte da historiografia, o governo teria reagido imediatamente — no dia seguinte — e definitivamente — fechando para sempre a organização. Não foi o que aconteceu. A repressão esperou quase uma semana para se abater, e mesmo assim tomou o cuidado de fazê-lo de modo provisório.

Os propósitos de Prestes eram, de fato, e indiscutivelmente, irrealistas. Mais tarde, ele próprio reconheceria isso, ao afirmar que teria sido mais adequado manter o manifesto nos estritos limites do antifascismo. Mas esse irrealismo era compartilhado na época por quase todos os comunistas e aliancistas, não se justificando, assim, a tendência em fazer dele uma espécie de bode expiatório, o "culpado" pelo fechamento da ANL. Ora, o responsável político pelo fechamento da ANL foi o governo de Getúlio Vargas, numa decisão repressiva e antidemocrática. Querer atribuí-lo a Prestes, além de significar ignorância do contexto histórico, resulta de uma inversão inaceitável de responsabilidades.

O fato que, em retrospecto, pode ser considerado extraordinário, é que o fechamento da ANL não pareceu impressionar demasiadamente aliancistas e comunistas, embora muitos tenham se surpreendido com a ausência de reação — manifestações, greves etc. Alguns sentiram o golpe, é verdade, como Hercolino Cascardo, presidente da organização, que sempre se manteve um crítico contundente do manifesto assinado por Prestes. Também Miguel Costa trocou cartas com Prestes, reprovando o radicalismo do manifesto. Outros, no entanto, apesar de terem feito restrições, estavam confiantes demais na força do movimento e reverenciavam muito a figura de Prestes para se deprimir com o episódio. Imaginavam fazer ressuscitar a ANL através de outras siglas, como de fato tentaram mas sem êxito, e continuaram uma vida política normal. Só mais tarde iriam reconhecer que o governo desferira um golpe certeiro — e mortal — no processo de mo-

178

bilização social em curso. Sem o guarda-chuva da ANL, uma organização legal, o entusiasmo, de caráter maciço e social, tendeu a se esvair progressivamente. Como admitiria Miguel Costa, a ANL tinha "extensão", mas não "profundidade".

Quanto aos comunistas, que tinham da ANL uma concepção basicamente instrumental, não se deixaram abalar. Para eles, e para Miranda e Prestes em particular, o processo revolucionário amadurecia a olhos vistos.

O Partido, falando ou não em nome da ANL, continuaria a se preparar para enfrentamentos decisivos, desenvolvendo duas linhas de atuação, autônomas porém entrelaçadas. De um lado, as articulações nos meios militares. Prestes aparecia aí com grande destaque, tentando refazer os contatos formados nos tempos da Coluna. Um leque amplo de referências era então acionado: das tradições tenentistas às insatisfações com os rumos atuais do governo de Getúlio; da luta contra o fascismo ao nacionalismo revolucionário. Ao mesmo tempo, militares comunistas — oficiais e graduados — desenvolviam linhas próprias de agitação com jornais específicos — *Sentinela Vermelha* no Exército, *Asas Vermelhas* na nascente e ainda incipiente Aeronáutica, *Bandeira Vermelha* na Marinha. Nessas chaves, a ANL, mesmo posta na ilegalidade, era apresentada como "alternativa de poder", conforme os termos do manifesto de 5 de julho. Mas as articulações de Prestes não se limitavam a militares. Através de Olga, recebia e enviava informações e avaliações de Ilvo Meireles, de Américo Dias Leite e de dirigentes da ANL, como Roberto Sisson. De outro lado, atuavam os dirigentes do Partido Comunista, incentivando lutas operárias e entre trabalhadores do campo. Informações e análises eram nesse caso frequentemente ambíguas: ora se ressaltavam os problemas e as insuficiências, como, por exemplo, a fragilidade do trabalho do PC entre os camponeses, além de dificuldades e inconsistências não superadas nem mesmo no trabalho operário; ora prevaleciam, em sentido contrário, notícias estimulantes e "baluartistas" sobre guerrilhas rurais — inexistentes — ou sobre o ânimo revolucionário das massas operárias e o processo avançado de desagregação das Forças Armadas. Reapareciam, ainda, reservas e reticências quanto à ANL, cujos quadros dirigentes eram, não raro, caracterizados como "pequeno-burgueses sujeitos a vacilações", envolvidos por uma ideologia "nacional-reformista" e incapazes de assumir o "processo de desenvolvimento revolucionário do proletariado". Nessa chave, o caráter anti-imperialista e antilatifundiário da revolução que se aproximava, a ser empreendido pela aliança operário-camponesa, era devidamente enfatizado, reforçando-se expectativas e tradições de cunho popular-obreirista e a necessária — e inevitável — direção do Partido Comunista como único fiador sério dessa revolução.

As lideranças das duas linhas de atuação, respectivamente, Prestes e Miranda, encontravam-se a intervalos regulares. As reuniões eram assistidas sempre por Berger e por Ghioldi, que participavam igualmente de reuniões da direção partidária — houve três plenárias do Comitê Central entre maio e novembro de 1935. Numa delas, inclusive, Berger se permitiu fazer, em inglês, uma conferência sobre a Longa Marcha na China. Contudo, Miranda dissuadia Prestes de ir a essas assembleias, alegando "questões de segurança". Eram perceptíveis desconfianças e rivalidades, mais tarde evidenciadas nos depoimentos dos participantes. Prestes, por exemplo, só foi incorporado formalmente ao Comitê Central do Partido na reunião plenária de novembro, e é simbólico que a proposta tenha sido feita por Berger, ou seja, pouco antes de a insurreição ser decidida no Rio de Janeiro, quase um ano e meio depois de anunciado seu ingresso no PC. No entanto, mais fortes que as diferenças eram as afinidades, e sobretudo as expectativas por um desfecho vitorioso do movimento revolucionário, bem como a confiança nesse desfecho que todos aguardavam — e previam — como sendo iminente.

Prestes e os comunistas fundamentavam suas avaliações em traços fortes da conjuntura que, segundo eles, permaneciam e se aprofundavam: a pujança — potencial ou manifesta — dos movimentos sociais, a crise de credibilidade do governo e o processo de desagregação institucional, especialmente nas Forças Armadas, e mais ainda no Exército, dilacerado não apenas por divergências políticas, mas também por políticas governamentais específicas que muitos criticavam como ameaçadoras, por exemplo em relação à questão dos soldos e dos salários — muito baixos e desmoralizantes — e ao desengajamento de graduados — sargentos e suboficiais, categorias que por isso se encontravam numa situação de grande inquietação e agitação.

Era malhar enquanto o ferro estivesse quente. Apesar da repressão, argumentava Miranda, "o movimento avança com decisão e rapidez [...] todos veem que só há uma solução: pegar em armas para derrubar Getúlio". Em agosto, um texto do Comitê Central ecoava: "Devemos iniciar desde já as lutas armadas no campo, em forma de guerrilhas [...] estas guerrilhas, ligadas às lutas operárias e populares serão o 'fechamento do cerco', por assim dizer, em torno do governo [...] que enfraquece dia a dia e se torna [...] cada vez mais odiado pelo povo".

Ou seja, embora Prestes, na área específica do trabalho que desenvolvia — a militar —, acionasse as referências históricas do movimento tenentista, resgatando a saga empreendida desde 1922, a aposta do Partido — incluindo aí Prestes e os militantes da IC — era numa revolução popular, na qual seria decisiva a participação de operários e camponeses.

Em setembro de 1935, houve eleições municipais em todo o país, acirrando conflitos entre novas e velhas elites políticas. As disputas, frequentemente violentas — conduzindo inclusive a choques armados ocasionais, sobretudo em alguns estados do Nordeste, como o Rio Grande do Norte —, contribuíram para alimentar o otimismo entre os revolucionários. É importante mencionar que nas correspondências de diplomatas estrangeiros, que nada tinham de revolucionários, prevalecia a percepção de uma situação particularmente instável. Assim, em meados de outubro, o representante inglês no Rio de Janeiro anunciaria como possível a "queda e uma mudança de governo".

Ainda assim, na documentação do PC, em outubro e novembro, misturavam-se, não raro, indicações contraditórias. Sempre que se avaliava a situação concreta do Partido e de sua militância, caracterizavam-se falhas, insuficiências e toda sorte de incongruências e lacunas. No entanto, quando se descrevia, ou avaliava, o quadro geral da sociedade, eram horizontes promissores que surgiam, desafios grandiosos que poderiam ser superados com empenho e dedicação.

Não faltaram críticas, reservas e sinais de alerta. Cristiano Cordeiro, velho dirigente do Partido em Pernambuco, sustentava que um levante seria prematuro. Heitor Ferreira Lima, outro veterano, prevenia que uma eventual ação não passaria de uma quartelada. João Batista Barreto Leite Filho, jornalista e dirigente sindical, em carta a Prestes, de 26 de outubro, também faria críticas ao que chamou de "aventureirismo", advertindo-o das "mentiras" de Miranda. No mesmo sentido pronunciaram-se Febus Gikovate e os irmãos Augusto, Marino e Lídia Besouchet. Todos enviaram ponderações contrárias a precipitações, mas era como se a grade de leitura de Prestes e dos principais dirigentes os levasse a considerar apenas os estímulos para a ação — reais ou imaginados.

Em outubro, explodiram choques armados no Rio Grande do Norte entre os chamados "camaristas" — partidários de Mário Câmara, ex-interventor nomeado por Vargas —, que haviam perdido as eleições, e os adeptos de Raul Fernandes, vitorioso no pleito. O pau quebrou feio. Dezenas de prefeitos foram demitidos. *A Manhã*, jornal identificado com a ANL, e que permanecia legal, dava em manchetes que o governo estava "num beco sem saída", "acossado", "destroçado", "caindo aos pedaços". Em 20 de novembro, anunciava-se "o triste fim dos governos antipopulares".

Foi nessa atmosfera que explodiu uma insurreição popular em Natal. Era um sábado, 23 de novembro de 1935. Encerrava-se então a reunião plenária do Comitê Central do Partido, e seus membros, inclusive Prestes, de nada sabiam. Uma bomba.

A data precisa (dia e hora) e o lugar, de fato, surpreenderam. Também se diga que, em vários depoimentos, Miranda e Prestes sublinharam que havia uma orientação clara no sentido de que nada poderia ser feito sem uma diretriz explícita do "centro", ou seja, do Comitê Central sediado no Rio de Janeiro. No entanto, o fato é que as principais lideranças comunistas trabalhavam com a perspectiva de uma ação decisiva para um horizonte imediato. Com efeito, um telegrama expedido por Berger e Prestes, com data de 9 de novembro, para Moscou, depois de uma avaliação extremamente otimista, como de costume, comunicava a resolução de passar a ações decisivas em dezembro daquele ano ou janeiro do seguinte: "Decidimos passar à insurreição com nossas forças militares". No texto do telegrama apostava-se, "embora não exista ainda grande onda de greves camponesas e trabalhadoras", num desfecho revolucionário favorável, a partir do acionamento das forças militares no Rio. A ideia era que uma vitória localizada se irradiaria rapidamente por todo o país. Era o viés de Prestes, cujas articulações se limitavam à área militar.

Os dirigentes da IC não se opuseram. Ao contrário, aprovaram a decisão, atribuindo aos comunistas brasileiros o encaminhamento prático do assunto: "Decidam vocês mesmos quando acharem necessário". Aduziam, entretanto, que era preciso garantir "apoio à ação do Exército pelo movimento operário e camponês" e "tomar todas as medidas contra a prisão de Prestes".

Na reunião plenária do Comitê Central, entre 21 e 23 de novembro, a resolução política aprovada, antes que se soubesse dos acontecimentos no Rio Grande do Norte, ia no mesmo sentido: de um lado, anotava-se "a decomposição rápida [...] do campo do inimigo e do aparelho do Estado". De outro, "o movimento revolucionário sempre crescente das amplas massas populares e [no interior] das Forças Armadas do país". Finalmente, "a audácia decidida da vanguarda revolucionária" que, "com mão firme e organizadora, é dirigente [...] da revolução nacional". Em suma, as condições revolucionárias estavam maduras. Os comunistas deveriam se preparar para não serem apanhados de surpresa. Assim mesmo, a insurreição de Natal surpreendeu.

É interessante observar que a direção local do Partido Comunista fez o possível para adiar a eclosão do processo. Não só estava insegura quanto ao seu êxito, mas também conhecia a orientação, já referida, de não começar nada sem ordens expressas, evitando-se um eventual isolamento. Quando, porém, a revolta se mostrou inevitável, os comunistas integraram-se nela, desempenhando um papel decisivo.

O processo teve início no quartel do 21º Batalhão de Caçadores. Grassava um enorme descontentamento pelo efeito combinado da política chamada de "desengajamento" (exclusão obrigatória dos que tivessem mais de dez anos de serviço) e de uma dispensa em massa dos efetivos da Guarda Civil. Tomado o quartel, a insurreição estendeu-se rapidamente por toda a cidade, com a ocupação dos pontos estratégicos, tendo havido resistência — débil — apenas no quartel da Polícia Militar. As elites sociais — civis e militares — entraram em pânico, escondendo-se e fugindo, um salve-se quem puder. Nenhum oficial aderiu, apesar das gestões dos revolucionários. Caiu a cidade nas mãos do povo no contexto de uma insurreição plebeia. A multidão dava vivas à ANL e a Prestes.

No dia seguinte, domingo, com as notícias de outra sublevação, no Recife e em Olinda, parecia que a revolução se disseminava pelo país. Foi isso que se disse à multidão reunida em comício público, no dia 25, na praça do Mercado, quando se anunciou um novo governo, o Comitê Popular Revolucionário, presidido por um sapateiro, José Praxedes, e formado por Quintino de Barros, sargento músico, Lauro Lago, funcionário da Polícia Civil, José Macedo, funcionário dos Correios, e João Galvão, funcionário do Liceu Ateneu.

O novo governo decretou imediatamente a destituição do governador, a dissolução da Assembleia, "ficando os senhores deputados destituídos de seus mandatos, sem remuneração de espécie alguma". Determinou igualmente a requisição de todos os carros particulares, menos o do bispo, a da gasolina, onde fosse encontrada, e dos mantimentos e do dinheiro público disponível nos bancos ou outras repartições. Ao mesmo tempo, reduziram-se as tarifas de bonde e o preço do pão.

A população estava em festa. Na segunda-feira, dia 25, uma multidão invadiu as lojas comerciais — sobretudo as de tecidos e de alimentação. Também foram arrombados os cofres do Banco do Brasil, do Banco do Rio Grande do Norte e da Recebedoria de Rendas, onde o novo governo arrecadou pouco mais de 3 mil contos de réis, uma grande fortuna para a época. O jornal *A Liberdade*, órgão oficial da revolução, no primeiro e único número, enunciou propostas que, se efetivadas, revolucionariam o país: política industrialista, visando a autonomia nacional, reforma agrária, direito ao trabalho, educação gratuita.

Da cidade de Natal, agora sob controle, saíram duas colunas armadas para o interior do estado. A que seguiu para o norte tomou São Gonçalo e seis outros vilarejos, mas, na altura de Currais Novos, teve de parar diante das tropas informais comandadas por um grande latifundiário, o "coronel" Dinarte Mariz. A coluna do sul, depois de tomar vários povoados, chegou à fronteira da Paraíba, onde quase derrotou, no vilarejo então chamado de Panelas, uma vanguarda das forças favoráveis ao governo que vinham reprimir a insurreição.

Contrariando as expectativas otimistas, porém, a insurreição estava isolada. Forças consideráveis, da Paraíba, e mais a gente armada pelos senhores donos das terras, tendo derrotado as colunas que tentavam disseminar a revolução pelo interior, dirigiam-se para Natal. Houve uma debandada, agora no campo revolucionário. O movimento, ainda pouco organizado, desestruturou-se. As lideranças evaporaram. Os últimos a se render foram os estivadores, que haviam formado uma pequena milícia, na quarta-feira, 27 de novembro.

No Recife, tão logo souberam da insurreição popular em Natal, ainda no sábado à noite, 23 de novembro, os comunistas resolveram agir a partir do dia seguinte — domingo. Confiavam nas circunstâncias, consideradas favoráveis. O levante teve início na Vila Militar de Socorro, nas cercanias da cidade, no quartel do 29º Batalhão de Caçadores, rapidamente dominado. Entretanto, não houve a esperada adesão popular, apesar das conclamações revolucionárias e da distribuição de armas a alguns populares. Ainda assim, combates isolados prolongaram-se na capital de Pernambuco, no largo da Paz e no quartel-general da 7ª Região Militar, e igualmente em Olinda, até a tarde de segunda-feira, 25. Tentativas de levar a revolta para o interior, com epicentro em Jaboatão, também não deram certo. Da mesma forma, pequenas colunas armadas, em direção às áreas rurais, foram logo neutralizadas. Contrariando as expectativas, o campo não estava em pé de guerra e os camponeses não pareceram interessados em embarcar num enfrentamento. Assim, a despeito do heroísmo pessoal de alguns, como o sargento Gregório Bezerra e o tenente Lamartine Coutinho, consumou-se a derrota.

No Rio de Janeiro, as notícias dos acontecimentos no Nordeste começaram a chegar na manhã de domingo, 24, mas eram desencontradas e contraditórias. O próprio jornal *A Manhã* atribuiu, num primeiro momento, as turbulências no Rio

Grande do Norte a contradições entre as elites locais que, de fato, se batiam entre si desde outubro. A rigor, ninguém do Comitê Central sabia exatamente o que estava se passando, os comos e os porquês. Se com Moscou as comunicações tinham alcançado certo nível de sofisticação, através de um fluxo regular de telegramas codificados e até de um rádio transmissor-receptor, montado, afinal, por Victor Baron, em fins de novembro, o sistema de comunicações do Partido dentro do país continuava, como sempre fora, muito precário. Assim, as fontes de informação de Prestes e das demais lideranças se reduziam à imprensa convencional ou a outros meios não tão eficientes. O governo, mais bem informado, já no dia 25 decretara estado de sítio e se pusera a prender gente.

Na noite de 24, as coisas começaram a ficar claras para Prestes. Havia uma insurreição popular em Natal e se iniciara um levante no Recife. Marcou-se então, na correria, pois Miranda só fora localizado à tarde, uma reunião das principais lideranças na noite do dia seguinte, segunda-feira, no apartamento de Ghioldi.

Estavam presentes Prestes, Ghioldi, Berger, Miranda e também Locatelli, segundo relato do próprio em Moscou. Era preciso decidir: acionar ou não o dispositivo do Partido no Rio de Janeiro? Apoiar ou não os levantes em curso no Nordeste? Partir para a ofensiva revolucionária ou efetuar uma retirada preventiva, preservando as forças para embates futuros?

Prestes defendeu com empenho a alternativa de passar à ação. Fundamentou-a numa série de argumentos articulados, acionando referências compartilhadas por todos. A solidez do dispositivo militar que fora possível organizar. Uma vez em movimento, ele desencadearia forças consideráveis e levaria de roldão as defesas do governo. Este, dilacerado por tendências contraditórias, não teria como reagir. Além disso, as brigadas operárias, mobilizadas e organizadas pelo Partido, desempenhariam papel auxiliar decisivo. Era também fundamental prestar solidariedade e apoio aos movimentos detonados no Nordeste. Naquele momento, ao menos era este o dado que tinham, ainda havia luta no Rio Grande do Norte e em Pernambuco. Por outro lado, notícias davam conta de levantes no Ceará, na Paraíba, em Alagoas, no Maranhão e em Minas Gerais. Se ficassem isoladas, essas revoltas seriam esmagadas e a repressão desencadeada alcançaria todo o país, e evidentemente o Rio de Janeiro, mesmo que os comunistas resolvessem não passar à ofensiva. Nessa chave, a opção era vencer ou perder, mas com luta, ou perder sem luta. Por fim, uma vitória, considerada provável, no Rio, centro político nacional, teria um poder de contaminação irrefreável, suscitando o enorme potencial de luta existente nas cidades e nos campos do país. Houve algumas dúvidas, formuladas por Ghioldi, Berger e Miranda, porém todos acabaram aprovando a decisão de passar à ação revolucionária. Uma decisão unânime. Nessas horas, quando elas aparecem, trata-se, invariavelmente, de uma aposta. Nunca os dados são claros o bastante para que uma decisão acima de qualquer dúvida possa ser tomada. Prestes transbordava, como sempre, muita confiança, mas, como lembrou: "Todo o mundo estava muito empolgado com a luta armada...". Ele desprezara inclusive um conselho no sentido de ir para o Nordeste, onde estaria supostamente mais seguro. Como diria mais tarde: "Tínhamos uma força tal aqui no Rio que eu disse: não, eu quero ficar aqui".

Estavam todos intoxicados pelas próprias informações e avaliações, elaboradas ao longo de meses. Na imaginação deles, não partiam para uma "quartelada", nos moldes tenentistas tradicionais, mas para uma revolução social que teria nos levantes militares somente uma espécie de espoleta desencadeadora e arrebatadora. Como, aliás, havia acontecido em Natal, embora ainda não se soubesse dos detalhes do processo que lá se passara.

Decidida a ação, também por sugestão de Prestes, marcou-se o início do processo para a madrugada de quarta-feira, 27 de novembro. A insurreição começaria simultaneamente no 3º Regimento de Infantaria, da Praia Vermelha, na Escola de Aviação Militar (EAM), no Campo dos Afonsos, em alguns quartéis da Vila Militar e na Marinha de Guerra. Brigadas formadas por operários atuariam em vários pontos da cidade, auxiliando o levante, estorvando e desorganizando as defesas do governo. A vitória parecia ao alcance da mão, era preciso apenas agir com ousadia.

Graças aos relatórios dos que escaparam, até hoje guardados nos arquivos de Moscou, é possível rastrear, com alguma precisão, o que aconteceu naquelas pouco mais de 24 horas que separaram a tomada de decisão e o início da insurreição.

Houve aqui e ali gestos de audácia e coragem. No conjunto, entretanto, foi uma sucessão de desconchavos, evidenciando a imensa fragilidade — real — do Partido Comunista, de suas lideranças e dos dispositivos em que se apoiavam e nos quais acreditavam.

Na terça-feira, 26, Prestes passou o tempo escrevendo para os contatos que tinha, no Rio e em outros estados, e redigindo ordens para os insurretos. O papel do 3º RI era estratégico. Dominado o quartel, três colunas seriam formadas em

186

direção ao Palácio Guanabara, onde residia Getúlio, ao Palácio do Catete, sede do governo, e ao Arsenal de Marinha, onde se esperava encontrar a adesão do Corpo de Fuzileiros Navais, também chamado "Batalhão Naval", antiga denominação que muitos ainda conservavam. Prestes estava tão confiante que não esqueceu de formular salvo-condutos para os dirigentes comunistas poderem circular pela cidade depois da vitória da insurreição.

Os problemas e desencontros começaram logo a surgir, em cascata. A casa em Vila Isabel, designada por Miranda como sede do quartel-general da insurreição, nem sequer tinha móveis. Foi preciso improvisar com os meios de bordo, pois, desde o dia 26, as lideranças, inclusive Prestes, ali se instalaram. Também não havia motoristas qualificados e de confiança. Lena, mulher de Jonny de Graaf, não filiada a nenhum partido comunista mas que já se tornara amiga de Olga e Sabo, voltaria então a desempenhar a função de motorista, dirigindo o carro de Prestes, levando e trazendo lideranças revolucionárias e emissários. Prestou, assim, serviços relevantes, até o fim da insurreição, passando a conhecer um circuito-chave de aparelhos. Na noite de 26 para 27, trabalhou-se sem descanso. Prestes, naturalmente, estava muito tenso, e mais nervoso ainda ficaria com o afluxo das notícias, todas desconcertantes.

Os militantes do 3º Regimento de Infantaria, embora tendo recebido as ordens para o levante apenas algumas horas antes do horário marcado, conseguiram dominar o quartel, mesmo com resistência. Mas ficaram isolados. E seriam rapidamente cercados por numerosas tropas. Na Escola de Aviação Militar, o golpe de mão também não deu certo. Os quartéis da Vila Militar não se moveram, ou melhor, se deslocaram para matar a insurreição, em particular os rebeldes da EAM. O mesmo ocorreu na Marinha. Nenhuma ação. Ghioldi diria mais tarde, em amarga ironia, que nem os empregados das barcas da Cantareira tinham aderido. A greve geral, prometida por Miranda, não aconteceu. As brigadas operárias também não fizeram nada. A previsão era que pequenos grupos, com armas ligeiras e explosivos caseiros, atacassem a Light, o Arsenal de Guerra, a Polícia Municipal, a EF Leopoldina, a Casa de Detenção e a Central do Brasil. Ações de fixação, diversionistas e auxiliares, mas importantes. Nenhum grupo armado atuou. Faltaram preparação, organização e vontade. Um desmoronamento completo.

Em certo momento, pressentindo a derrota, Prestes teve a ideia de ir pessoalmente à Vila Militar. Acreditava que sua presença física poderia fazer virar o rumo dos acontecimentos. Berger e Miranda, com alguma dificuldade, o dissuadiram.

O governo, em contraste, fez funcionar suas forças com precisão. De um lado, já prevenido pelos levantes do Nordeste, pusera em prontidão as tropas no Rio de Janeiro. Recebera igualmente de fontes diversas a notícia da insurreição. O tenente José Vasconcelos, legalista, convidado de última hora para aderir ao levante, comunicou imediatamente o fato aos superiores. Outras fontes — acima de qualquer suspeita — confirmariam a informação: Pedro Ernesto, homem de confiança de Prestes — mas também de Getúlio —, delatou os planos dos revolucionários, segundo admitiu em carta do próprio punho, escrita mais tarde. Estillac Leal, outro homem de confiança, convidado a participar, recusou-se. Não apenas denunciou a trama como foi chefiar o bombardeamento dos insurretos. Do próprio Estado-Maior da insurreição, e através do Serviço de Inteligência inglês, o governo seria informado — o agente, conhecido muitos anos depois, não foi outro senão Jonny de Graaf, responsável pela preparação militar das brigadas operárias e cuja mulher, Lena, como se disse, era a principal motorista dos chefes revolucionários.

A tentativa revolucionária, iniciada às três da manhã no 3º RI, encerrou-se às treze horas com a sua rendição, após violento bombardeio, inclusive aéreo. Terá durado, assim, pouco menos de dez horas.

No dia 27, já vencido o movimento, ainda circulou o jornal *A Manhã*, com um manifesto revolucionário, redigido por Prestes na véspera, em que se anunciava "o golpe definitivo no governo de traição nacional de Getúlio Vargas". Em letras garrafais comunicava-se: "Carlos Prestes à frente da insurreição armada no Rio". Ao lado, um desenho de corpo inteiro do líder, dos tempos da Coluna, barba grande e lenço no pescoço. O jornal também informava que, "em São Paulo, o comando das forças revolucionárias foi assumido pelo general Miguel Costa...".

Ao retirar-se do QG de Vila Isabel, consumada a derrota, Prestes acionou novamente uma amizade pessoal, um oficial do Estado-Maior legalista, que o levou, são e salvo, para onde morava, em Ipanema.

As expectativas luminosas da revolução dariam lugar, agora, à sombria repressão desencadeada pelo governo. Vencido o assalto aos céus, começava a descida aos infernos.

8. Descida aos infernos

A derrota — catastrófica — não foi assim estimada por Prestes e seus companheiros mais próximos, ao menos em termos imediatos. "Vi que fora um desastre...", reconheceu Prestes, "[...] mas não tinha ainda uma observação crítica suficiente [...] [para saber] qual erro havíamos cometido."

Como outros revolucionários, em diferentes conjunturas, imaginou que apenas uma primeira onda se quebrara. Haveria outras. "A perspectiva era continuar a luta..." Nem a hipótese de prosseguir a luta armada foi descartada. Por outro lado, afirmou Prestes, "[...] eu e Berger não queríamos negar a existência daquela luta [...] um acontecimento importante [...] levantaram-se unidades como o 3º Regimento [...] [houve luta] em três estados do Brasil [...] e houve gestos de desprendimento muito grande, de dedicação [...] aquilo não podia passar em branca nuvem".

Locatelli narrou, mais tarde, em Moscou, que ouvira uma predição de Prestes a respeito da hipótese de um novo levante num prazo de seis meses. O otimismo fundamentava-se em avaliações que vinham sendo feitas havia quase dois anos. Custaria tempo para que certas realidades — como a inexistência de um movimento camponês e a inapetência revolucionária da classe operária — fossem admitidas.

Se era verdade que a repressão se desencadeava, prendendo milhares de pessoas, um fato positivo era que o núcleo da insurreição se conservara intato. "A derrota não é total. Não há desânimo", informava um telegrama enviado a Moscou. O curioso é que a vitória do governo não era dada como definitiva nem mesmo por círculos conservadores, normalmente bem informados. De certo modo, o caráter de massas que a repressão assumia indicava que a polícia política atacava às cegas, sem identificar os dirigentes. Prestes, no percurso da Coluna, já aprendera a lidar com situações-limite em várias circunstâncias. Era preciso, no momento, apesar da inevitável tensão, manter o sangue-frio e a serenidade. Esquivar os golpes imediatos, refazer as linhas de defesa do Partido e se preparar para novas ocasiões favoráveis que tenderiam a reaparecer em breve.

Nem todos compartilhavam, contudo, esse estado de espírito. Ghioldi, em particular, muito nervoso, entrara em depressão. A rigor, desde agosto ele já encaminhara a Moscou uma solicitação de retirada do Brasil, e andara tomando providências imprudentes nesse sentido, tendo inclusive perdido o passaporte num trâmite legal de pedido de visto de saída. Depois da derrota, sua obsessão era sair do país o quanto antes, o que Prestes se recusava a fazer. O próprio Berger parecia acabrunhado. Já Stuchevski, sem dúvida o mais preparado dos quadros da IC, recorrera a medidas acauteladoras, entre elas a de tentar produzir novos passaportes para Prestes e outros dirigentes, o que evidencia que seu otimismo já era temperado por outras preocupações.

O que impressiona é que Prestes, Olga, Ewert e Sabo, além de continuarem nos mesmos aparelhos, evidência de que não havia alternativas de emergência, mantinham-se em contato diário, e, mais estranho, nada fizeram para se livrar dos papéis potencialmente incriminadores acumulados nas respectivas residências. Mais uma prova de que a derrota da insurreição, segundo eles, fora apenas um "incidente de percurso", prevalecendo a profunda subestimação, em parte justificada, como já se disse, da competência da polícia política. Há numerosos indícios também de que Prestes recebia informações de dentro do aparelho policial e que isso, de algum modo, o tranquilizava.

Foi então que, em meados de dezembro, um primeiro militante do Comitê Central foi preso: José Francisco de Campos, o Bagé. Aterrorizado com a perspectiva de ser torturado, colaborou com a polícia, mas, por sorte, pouco sabia. Um sinal de alerta. Seguiu-se a prisão de outro militante, que delatou uma casa no Grajaú onde estavam granadas e outros artefatos explosivos preparados por militantes do Partido sob supervisão de Jonny de Graaf. Dias depois, caiu Orlando Leite Ribeiro, velho amigo de Prestes em Buenos Aires e que o acompanhara no voo entre Montevidéu e Florianópolis. Ele sabia os nomes legais de Prestes e Olga, usados para o aluguel da residência em que moravam. Criou-se ali um perigo iminente. A chapa estava esquentando: era preciso, e rapidamente, mudar o casal de lugar.

Marcou-se uma reunião na casa de Ewert, em 26 de dezembro, para combinar alternativas. Contudo, pouco antes da hora marcada, a polícia apareceu, prendeu Ewert e Sabo e mais a montanha de documentos que o alemão guardava zelosa e imprudentemente. A repressão chegara ao coração do Estado-Maior da revolução.

Até hoje há dúvidas a respeito de quem contou à polícia sobre o aparelho de Ewert e Sabo. Uma investigação conduzida pela direção do PCB excluiu a hipótese de delação de militantes do Partido. Vários depoimentos, já na época, registravam o Intelligence Service britânico como fonte da estratégica informação, e o Itamaraty como o canal através do qual a polícia soube do endereço do dirigente da IC. Com a comprovação, depois de décadas, de que Jonny de Graaf — que em seus depoimentos em Moscou tentou vender a versão, vaga e não verificável, de que o lugar teria sido denunciado "por vizinhos ou pela empregada" — com efeito trabalhava para os ingleses, essa parece ser a hipótese mais plausível. Ainda a confirmar essa tese, há o fato de que, por mais que a polícia brasileira fosse incompetente, e era, as características da investida sobre o aparelho de Berger apontam no sentido de uma informação "bruta", recebida secamente de alguma fonte "externa" e não produto de uma investigação realizada pela própria polícia. De fato, tornou-se muito claro que os agentes policiais não sabiam exatamente o que iriam encontrar naquele aparelho.

Os homens chefiados por Filinto Müller levariam algum tempo para se inteirar de todas as implicações dos documentos apreendidos. Mas sabiam que Berger e Sabo detinham informações preciosas. Na falta de um aparelho de inteligência, incapazes de investigar, recorreram à tradição bem brasileira da tortura.

O casal alemão começou a ser torturado logo depois de preso — receberam choques elétricos, tiveram unhas arrancadas com alicate, foram queimados com maçarico, Sabo sofreu repetidos estupros a que Berger era obrigado a assistir. A polícia queria informações de imediato valor, em particular sobre o paradeiro de Prestes e demais dirigentes. Mas nem Sabo nem Berger colaboraram.

A sorte dos revolucionários foi que a operação policial ocorreu logo antes do início da reunião programada. Os que chegavam puderam vê-la e fugiram. Olga, percebendo o que acontecia, correu em casa, preveniu Prestes, e os dois partiram deixando inúmeros documentos no cofre, o que não devia inquietá-los, pois Jonny de Graaf armara um dispositivo fatal para quem tentasse violá-lo — o cofre explodiria no ato, levando para o ar os intrometidos e parte da casa.

Graças à empregada de Ewert, a polícia chegou logo em seguida à casa de Prestes e Olga. O cofre não explodiu. Mais uma fornada de documentos caiu então nas mãos da polícia. Prestes e Olga, entretanto, estavam a salvo, refugiados, primeiro no apartamento do jovem Victor Baron, que montou as comunicações com Moscou, depois na residência dos Stuchevski, em Copacabana. Dali, passaram a outro lugar, no mesmo bairro, e foram, no dia 29 de dezembro, para um aparelho no Méier, na rua Honório, arranjado e mantido por Pavel. O local era ocupado por um casal indicado pelo Partido mas desconhecido por este e por seus dirigentes, nos quais os quadros da IC, vale dizer, não mais confiavam — é bom lembrar, no entanto, que o padrão de desrespeito a normas elementares de segurança era, àquela altura, compartilhado por quase todos os que estavam envolvidos na aventura.

Dias depois, em 3 de janeiro, outra baixa, mais grave: foram presos em seu apartamento, em Copacabana, Pavel e Sofia Stuchevskaia. Não se sabe ao certo quais pistas ou informações levaram a polícia ao lugar (simpatizantes brasileiros de seu esquema? ainda uma vez, o Intelligence Service, através de Jonny de Graaf?). Há evidências, contudo, de que os policiais tinham fortes suspeitas do grau de envolvimento e da importância do casal.

Após nove dias e muitas inquirições, mas sem ser submetido a tortura, o casal foi enfim solto, e passou a ser monitorado com discrição. Talvez a documentação perfeita, suíça (de onde Pavel era natural, filho de pais russos), os tenha ajudado. Foi uma das raras tentativas que a polícia terá feito de obter sucesso através da Inteligência e não do pau puro. E não obteve sucesso pleno. Acionando sua experiência e sangue-frio, os Stuchevski conseguiram, no dia 27 de janeiro, iludir os policiais e escapar do cerco. Puderam, então, retomar seus contatos e se refugiar com Prestes no aparelho do Méier. Entretanto, é possível que, no período em que estiveram livres e sob vigilância, tenham involuntariamente levado a polícia a Victor Baron e Ghioldi, depois presos.

Em 5 de janeiro, à noite, a polícia estava na casa de Jonny de Graaf e Lena. A pista teria sido dada pelo professor de português que o casal compartilhava com Berger e Sabo e com os Stuchevski. Como nada se encontrou, foram liberados após algumas perguntas e uma acareação com o professor, não sem antes passarem a noite na polícia, onde Jonny chegou a ver os Stuchevski mas não trocou nem uma palavra com eles, por óbvias razões. Também em relação a Jonny e a Lena, a polícia tinha suspeitas e indícios, mas soltou-os por absoluta falta de provas, ou, até hoje se especula a razão exata, por intervenção do Intelligence Service.

Na manhã em que foram soltos, no dia 6, Jonny e Lena viram nos jornais o grande estardalhaço feito pelo governo a respeito do manancial de documentos descobertos e da prisão de Ewert e Sabo, evidenciando as conexões internacionais da insurreição derrotada. A Aliança Nacional Libertadora e todo o seu discurso nacionalista apareciam como elos de uma corrente internacional comandada em Moscou. Embora, na verdade, a organização, na ilegalidade, estivesse dispersa e sem nenhuma capacidade operacional, o Partido Comunista, agindo em seu nome, acabaria por contribuir para o isolamento e enterro políticos da Aliança e de sua sigla.

Reconhecida agora a derrota, os homens da IC começaram a deixar o país. Locatelli, Jonny e Lena foram os primeiros a partir, autorizados por Ghioldi. Quando, por sua vez, este tentou fugir, na noite de 24 de janeiro, foi preso com a mulher a bordo do trem que deveria levá-los a São Paulo. Talvez por já estar desesperançado, e desesperado, diante de tantos erros cometidos, o dirigente argentino desestruturou-se completamente sob as ameaças policiais. Não precisou de muitos maus-tratos, como ele próprio admitiu mais tarde, para colaborar com informações preciosas sobre os dirigentes da IC e sobre Prestes e Olga, inclusive indicando o bairro em que se encontrava Prestes — o Méier. Disse mais sobre Olga, uma mulher alta, branca, que falava francês. Mais peças que ajudariam a polícia a montar o quebra-cabeça do núcleo da insurreição derrotada.

Uma semana antes, desde o dia 13, o desastre atingiu a direção do PCB. Foram presos Miranda, o mais alto dirigente do Partido, a mulher dele, Elvira Cupello Calonio, ou Elza Fernandes, a Garota, e o secretário Pedro Teixeira, num aparelho tido como seguro mas que já estava na mira da polícia. Miranda foi bastante torturado. Depois, perderia um rim como sequela dos espancamentos e maus-tratos sofridos. Considerando o que sabia, e o fato de que os demais dirigentes só se deram conta de sua prisão passado quase um dia e meio, resistiu um bocado. Entretanto, um veneno espalhado por Jonny de Graaf antes de partir, comprometendo Miranda, desqualificando-o como covarde e delator, iria encontrar terreno fértil na antipatia de Prestes e de outros pelo secretário-geral do Partido. Apesar das ponderações de que era preciso averiguar melhor para elaborar um conceito criterioso a respeito do comportamento de Miranda nas mãos dos algozes, Prestes e muitos outros firmaram a convicção de que ele não passava de um delator. Foram literalmente intoxicados pelas (contra)informações de Jonny de Graaf.

No dia 29, outras notícias ruins: caíram quase ao mesmo tempo Victor Baron e Arias, ambos assessores imediatos de Pavel Stuchevski, o que punha em risco iminente a segurança de Prestes, Olga e dos Stuchevski. Afinal, eles sabiam ao menos em que área do Méier estava o aparelho de Prestes, mas é controverso se conheciam o endereço exato, ou mesmo a rua. Em seu depoimento, mais tarde, Prestes inocentou enfaticamente Baron, durante bom tempo considerado o principal suspeito de ter entregado à polícia o bairro onde ele se encontrava. Mas o responsável pela localização do Méier, como referido, foi Ghioldi. Desde que isso aconteceu, nos últimos dias de janeiro, a polícia começou a bater o bairro rua por rua, casa por casa, de dia e de noite. A rede fora armada e jogada, restava puxar os fios. Iniciaram o cerco pela Boca do Mato, onde a família de Prestes residira e, do outro lado da estrada de ferro, por Cachambi. A informação da operação chegou ao Partido através de um policial, João de Souza, o Souzinha. Ele participara da Coluna e avisara Aristides Leal, que, por sua vez, informou Ilvo Meireles, o qual repassou a informação ao próprio Prestes. Este, no entanto, embora confiando em Souzinha e Aristides, temeu que aquilo fosse uma provocação, para que ele saísse, desse as caras. Nesses momentos, confidenciaria Prestes, a melhor coisa "é não mexer", não criar situações que possam sair do controle. E, de fato, ele "não se mexeu". Permaneceu ali, confinado, até ser preso, mais de um mês depois. Uma casinha, espremida com outras, onde tinha que ficar em silêncio, ou falar muito baixo, ouvindo as músicas do Carnaval de 1936, o dia inteiro, pelo rádio dos vizinhos. "Foi terrível." Até usar o banheiro era difícil, pois este se situava no pequeno jardim da casa, aonde Olga e Prestes só podiam ir à noite, para não atrair a atenção da vizinhança.

Ao avaliar a prisão de Arias e Baron, Prestes e Pavel resolveram continuar no aparelho, sinal de que confiavam nos presos ou desconfiavam das alternativas oferecidas pelo Partido. Baron e Arias, de fato, honraram a confiança neles depositada: morreram sob tortura sem aparentemente nada falar. Contudo, do ponto de vista das regras de segurança, fora cometida mais uma grande imprudência.

Também em fins de janeiro, ocorreu um episódio deveras estranho. Elza, a Garota, a jovem mulher de Miranda, reapareceu, livre. Contatara, por indicação do marido, eminentes simpatizantes do Partido, solicitando que intermediassem comunicações entre o preso e os dirigentes em liberdade. Sua história era inverossímil: a polícia a julgara inofensiva e a libertara, permitindo-lhe visitar regularmente o marido.

Era como se as coisas de algum modo não batessem. Elza admitira na polícia conhecer toda a alta direção do movimento insurrecional — o que implicava sua presença em episódios e / ou reuniões decisivas. Como podia, assim, ter sido julgada "inocente"?

Por outro lado, as notícias que vinham da cadeia não comprometiam Miranda; ao contrário, seu comportamento sob tortura, nas circunstâncias que tinham sido as suas, era considerado, se não exemplar, ao menos positivo. Não gratuitamente, logo que se integrou ao conjunto dos presos, foi alçado a funções de direção política, merecendo a confiança do chamado "coletivo".

Ainda assim, e mesmo levando-se em conta os padrões altamente inseguros com os quais se acostumara a manobrar o Partido, empregar como pombo-correio uma militante como Elza, mulher do secretário-geral, era de uma imprudência que chegava às raias do suicídio político — ou da provocação.

O pior é que não havia certeza absoluta a respeito da autenticidade dos bilhetes supostamente enviados por Miranda. Decidiu-se, assim, levar Elza para um aparelho partidário e formular um questionário — elaborado por Stuchevski e Prestes — para tentar elucidar a questão.

As respostas da Garota — consideradas incongruentes e ilógicas — não convenceram. Formou-se então um consenso, do qual participaram Stuchevski e Prestes, no sentido da eliminação de Elza, que foi assassinada por um grupo de dirigentes num aparelho do Partido em 2 de março de 1936. Mais tarde, houve uma tentativa de atribuir a Prestes a principal — ou única — responsabilidade pela execução, fazendo dele uma espécie de bode expiatório da ação. Essa conclusão, porém, não parece devidamente contextualizada, nem justificável à vista dos fatos.

Preliminarmente, é preciso sublinhar a cultura política em que estavam imersos os dirigentes políticos da IC e do PCB. Qualquer colaboração com a polícia era na época encarada como crime de traição à revolução e ao Partido, sujeita à pena de morte, ou ao "justiçamento", segundo o jargão comunista. Além disso, deve-se recuperar a atmosfera de "caça acuada" em que se encontrava o PCB, cujos dirigentes estavam sendo presos, muitos torturados e mortos pela polícia política, numa ciranda que parecia não ter fim e que se pretendia, a todo custo, estancar.

Tais referências estão muito evidentes no extenso relatório, manuscrito, elaborado por Pavel Stuchevski, em 1936, em Moscou, sobre o episódio. Ali se reconhece que Prestes assumiu uma posição favorável à execução da jovem. Num bilhete, que se tornou famoso, ele de fato concita os dirigentes a passar à ação: "Ou bem vocês concordam com as medidas extremas, e neste caso já as deviam resolutamente ter posto em prática, ou então discordam. Assim, não se pode dirigir o partido do proletariado, da classe revolucionária". O Prestes incisivo — o homem íntegro, o "anjo vingador" —, puro e duro, aparece aqui em toda a sua dramaticidade. Mas o que ele está fazendo é urgir a aplicação de uma decisão — coletiva — já tomada. E não decidindo, individualmente, um assunto, ou fazendo cumprir uma decisão em nome de sua reconhecida autoridade.

Dúvidas houve até o trágico final. E o fato de que o Partido tenha ocultado a ação — e a responsabilidade coletiva — evidencia claramente sua "má consciência". Prestes, da mesma forma, sempre recusaria responsabilidade em relação ao assunto. Nem coragem tiveram para informar Miranda do sinistro episódio. Este exigiria, solitário, durante meses a fio, explicações para o súbito desaparecimento da mulher que ele tanto amava, através de uma patética correspondência enviada da prisão, permeada de imprecações tremendas e ameaças inexequíveis. Contra ela, o Partido ergueu um muro de silêncio e, depois, uma campanha de difamação da qual Miranda nunca mais se recuperou.

Em 18 de fevereiro, os Stuchevski, tendo conseguido um novo aparelho, montado por um sargento vinculado ao Partido, deixaram a casa do Méier. Eles diriam, em Moscou, que muito insistiram para que Prestes fosse no lugar deles. Em depoimento, anos mais tarde, este confirmou que assim fora. Mas Prestes e Olga preferiam não se mover, apesar da insistência dos Stuchevski. Se o fizessem, talvez tivessem conseguido escapar, como os russos que partiram, afinal, em maio de 1936, tendo ficado até então em aparelhos do PCB. Entretanto, Olga e Prestes haviam perdido a confiança no Partido e, ao contrário, tinham se ligado muito ao casal que tomava conta da casa da rua Honório, nº 279. Prestes também recusara a ajuda de Virgílio de Melo Franco e de Pedro Ernesto, oferecida por intermédio de Ilvo Meireles. Uma mudança só seria aceita para uma eventual integração num processo guerrilheiro.

Nos primeiros dias de março, a situação de Prestes era desesperadora. Os passaportes novos encomendados por Stuchevski em Buenos Aires chegaram ao Rio mas não puderam ser entregues porque Arias, o intermediário, fora preso e estava morto. O cerco apertava-se, mas Prestes mantinha um notável sangue-frio, escrevendo sobre diversos temas: a organização partidária, os problemas da formação da frente popular, a questão agrária. Interessava-o, sobretudo, uma eventual guerrilha no Nordeste, capaz de salvá-los, a todos, daquele interminável cerco, abrindo-se aí novos horizontes para a revolução. Não aceitava a derrota e era como se, assim, pudesse se livrar da angústia de uma prisão iminente.

Foi nesse período também — nos cerca de quarenta dias que viveram no Méier — que Prestes e Olga mantiveram uma intensa relação amorosa, referida em suas memórias como "tempos inesquecíveis". É possível mesmo que só então a tenham iniciado, pois em junho do ano anterior Olga solicitara sua volta a Moscou, tendo cumprido, segundo alegara, a "missão" de trazer Prestes para o Brasil. É improvável que a solicitação houvesse sido feita se laços amorosos sólidos já unissem a ambos. Berger, inclusive contrariado, enviara um apelo à direção da IC para que prorrogasse a estada de Olga por mais algum tempo, no que foi atendido. Contudo, em agosto, esgotado o prazo, um novo telegrama de Moscou autorizava o retorno de Olga, que acabou não ocorrendo.

Também foi no aparelho do Méier, naquela atmosfera de apreensão e angústia, que Olga engravidou. Pode ser que os dois ainda não soubessem disso quando foram presos, em 5 de março de 1936, num chuvoso amanhecer. Prestes tentou fugir, de pijama, pelos fundos da casa. Mas o cerco era completo. Conta-se que, graças a seu sangue-frio, Olga teria lhe salvado a vida, postando-se na frente dele quando um policial se preparava para matá-lo. No aparelho, a polícia, mais uma vez, encontrou um novo acervo de documentos confidenciais. Aquilo parecia uma maldição, evidenciando notável inaptidão para a vida clandestina.

A chegada do casal à Polícia Central foi um alvoroço. A euforia da caçada bem-sucedida. A excitação da cachorrada quando acua o animal que vai ser morto. A polícia política e o regime mal podiam acreditar que tinham, afinal, posto a mão no chefe político mais importante do comunismo brasileiro. Para comprovação da identidade, chamaram velhos camaradas da Coluna que haviam aderido ao regime. Cordeiro de Farias prestou-se ao papel. O chefe de Polícia, Filinto Müller, exultava. Prestes logo começou a ser inquirido pelos delegados Bellens Porto e Canabarro Pereira, encarregados do caso.

De Olga, a polícia quase nada sabia, embora as empregadas domésticas já houvessem se referido a ela e Ghioldi, mais tarde, tivesse confirmado a existência de uma "Olga", "mulher branca, alta", "que falava francês" e que estava sempre com Prestes. Entretanto, ainda não se tinha conhecimento nem mesmo de seu nome real, pois na identidade dela constava o de Maria Bergner Vilar, esposa de Antonio Vilar, nomes conhecidos desde o estouro do aparelho em Ipanema. Conservando o sangue-frio, Olga se autoidentificaria como Maria Prestes e se recusaria a falar sob o argumento de que não queria "comprometer o marido".

A polícia separou o casal no próprio hall da Polícia Central. Prestes e Olga nunca mais se veriam.

O primeiro ano, o de 1936, foi o mais difícil. Trancafiaram Prestes num quarto, com janela gradeada, na sede da Polícia Especial, no morro de Santo Antônio, no centro do Rio de Janeiro. À sua disposição, apenas um banquinho, uma mesa, uma cama e um cobertor: "Fazia um frio danado naquele período de chuva". O aposento não tinha sequer privada. Para satisfazer as necessidades, era preciso pedir que viesse algum policial e o acompanhasse ao banheiro. Um regime de completa incomunicabilidade por longos dez meses. Em abril, assustados com boatos sobre um suposto ataque ao quartel, os policiais postaram uma metralhadora na porta, avisando Prestes de que, à menor tentativa de fuga ou de assalto à prisão, o metralhariam imediatamente. Não podia ler nada nem conversar com ninguém, nem mesmo com advogados. Era vigiado, de dia e à noite, por uma dupla de agentes, em revezamento permanente, encarregados de espionar seus menores movimentos. Sem o que fazer, andava de um lado para outro, na diagonal, sete passos para cá, sete passos para lá: "[...] a única distração que eu tinha era decorar os múltiplos de sete, e já sabia todos até não sei quantos múltiplos...".

A situação piorava depois que o sol se punha, porque havia tortura e espancamentos todas as noites: "Me lembro muito da noite de 30 de abril para 1º de maio, foram espancados muitos marinheiros". Tendo identificado os acusados, levavam-nos para a garagem, onde se guardavam os caminhões da Polícia Especial: "O indivíduo era espancado, batiam com a cabeça no caminhão, mais de um morreu nas ferragens dos caminhões, apanhando ali".

Prestes gritava sozinho, protestando, mas em vão.

Eusébio de Queiroz chefiava aquele calabouço. De bons modos e conversa educada, unhas bem aparadas, sempre asseado, considerava-se um homem de centro. Devotado à tortura — essa específica atividade humana, de longa tradição no Brasil —, não discriminava ideologias, tendo barbarizado comunistas e integralistas. Prestes não foi fisicamente torturado. Entretanto, sofreu tortura moral e psicológica por parte de diversas autoridades e diferentes algozes, do início ao fim do período de encarceramento, quase sem interrupção.

Poucos dias depois da prisão, houve uma acareação com Miranda, preparada por Eusébio de Queiroz. O dirigente do PCB ficou mudo. Prestes viu no seu comportamento intimidado, nos olhos baixos, no corpo trêmulo, indícios de que "estava a serviço da polícia". O policial começou a gritar: "Então, Sr. Miranda, o que o senhor tem a dizer?". Nada acontecia. Dirigindo-se a Queiroz, Prestes tomou a iniciativa: "O senhor não deve gritar com ele, deve gritar é comigo, porque ele não está falando por causa da minha presença". A acareação acabou ali.

O pior, no primeiro ano, foi ouvir os gritos dos seviciados pelos policiais de Getúlio Vargas e de Filinto Müller. Espancavam e batiam com canos de borracha; afivelavam máscaras no rosto dos presos, mantidos em pé, sem respirar; enfiavam sob as unhas estiletes de taquara ou alfinetes; arrancavam-nas com alicate; apagavam charutos na pele das pessoas; queimavam-nas com maçarico; estupravam as mulheres na presença dos homens. Os que não resistiam e morriam eram enterrados como indigentes. Desaparecidos. Outros enlouqueciam. Foi o caso de Harry Berger.

Nos meses iniciais Prestes ainda teve que suportar uma diversão de Queiroz: ele trazia pessoas que tinham curiosidade de ver Prestes, como a uma fera num zoológico. Reagia com descomposturas, mas ficava por isso mesmo.

Foi então ajudado por policiais anônimos que, de quando em quando, lhe passavam jornais, escondidos e lidos debaixo do cobertor, do princípio ao fim. Uma fonte de informação. E única distração. Quando descobertos nas inspeções regulares na cela, não se ousava indagar sua origem. Um tributo de respeito a Prestes. Uma pequena vitória sobre os policiais.

Até a deportação de Olga para a Alemanha nazista, em setembro de 1936, ainda foi possível trocar com ela — e com a família — alguma correspondência, cheia de afeto e amor. No Arquivo Público do Estado do Rio de Janeiro, guardam-se até hoje uma carta de Prestes para a mãe e as irmãs, uma resposta da mãe, três da irmã Lígia e, escritas em francês, cinco cartas de Olga para as autoridades, reivindicando direitos, como a assistência médica e jurídica; mais sete de Olga para Prestes e seis dele para ela, em português.

Em seus textos, e embora tendo perdido doze quilos, Olga demonstrava firmeza e serenidade: "Estou pronta para enfrentar as dificuldades que possam aparecer". Em outro momento, reiterou: "Você pode estar seguro de que não me faltarão a força e a coragem necessárias". Procurava igualmente tranquilizá-lo quanto ao seu estado de saúde: "Fique tranquilo quanto ao meu estado de saúde [...] nas condições que são as da prisão, tudo se passa de maneira mais ou menos normal". Após um primeiro exame ginecológico, contou, em fins de maio: "Há indicações que teremos um menino. Sei que você não tem preferência de sexo para nosso filho [...] enfim, em alguns meses, teremos certeza". Quando sua identidade verdadeira foi descoberta, neste mesmo mês, graças aos bons serviços das polícias alemã e francesa, comunicou o fato a Prestes, informando-lhe como estava se comportando durante os interrogatórios — seu mote era aquele então recomendado aos comunistas em todo o mundo. "Nada a declarar": "Desde o primeiro dia da prisão, recuso-me a fazer declarações, mesmo a propósito de nosso casamento. Quero deixar com você, que poderá avaliar melhor as circunstâncias, total liberdade para oferecer explicações". Quanto a Prestes, respondia no mesmo tom, sempre com palavras tranquilizadoras e encorajadoras, como neste bilhete de julho: "Minha querida companheira, tu bem podes imaginar o quanto me inquieta teu estado de saúde. É a minha maior e constante preocupação [...] quanto a mim, podes ficar tranquila, porque a saúde vai resistindo a todos os golpes da vida. Eu te asseguro que a tudo resistirei [...] na esperança de ainda poder receber tuas notícias e mesmo talvez de te poder ver, beija-te com carinho o teu Carlos".

Em julho, Olga mandou para Prestes um suéter que ela mesma tecera: "Agora, que faz frio, pode ser útil". Entretanto, as esperanças de um eventual encontro frustraram-se.

Em 17 de outubro de 1936, já a bordo do navio *La Coruña*, que a levaria e a Sabo, deportadas, escreveu um último bilhete, a lápis:

> Escrevo esta carta algumas horas antes de Hamburgo [...] a polícia brasileira me obrigou a subir num navio alemão, sem roupa, quase sem dinheiro, para ser entregue à polícia alemã. Apenas alguns dias me separam do nascimento do nosso filho. Não preciso falar o que sinto. Minha grande preocupação é a vida de nosso filho. Carlos, eu te prometo resistir enquanto tiver forças e me mostrar digna de ti e de nossa causa. Querido, faltam-me palavras para dizer mais. Você sabe que eu estarei com meus pensamentos e meu coração com você, e, apesar de tudo, esperarei o momento de estar novamente com você. Receba meus beijos mais doces. Até logo, querido! Tua... Olga.

Num postscriptum, acrescentou: "Faça-me chegar o reconhecimento de paternidade, para que eu possa garantir, junto à embaixada brasileira, teus direitos de pai...".

Desde o início de maio, conforme ofício assinado por Affonso Henrique de Miranda Correa, delegado especial de Segurança Política e Social, definia-se sua sorte, destinada a ser "processada e expulsa do território nacional, por nociva à ordem política e social, estabelecida na Constituição da República...". Em 18 de junho, outra correspondência policial informava estar em "fase final" o processo de expulsão. Em 11 de setembro, documento assinado por um médico, dr. Orlando Carmo, atestava que "nada a impede de viajar", apresentando-se "em boas condições", "sem nenhum sintoma de aborto, sem edema de qualquer natureza e em temperatura normal". Finalmente, em 15 de setembro, seria retirada da Casa de Detenção. Para iludir e neutralizar o protesto dos demais presos e presas, alegou-se que Olga estava sendo transportada para acompanhamento médico no hospital alemão.

Grávida, não lhe deram sequer o direito de se despedir. Todos os recursos interpostos pelo advogado Heitor Lima aos tribunais superiores brasileiros foram recusados. Ele fora indicado por Prestes com Justo de Moraes e Evaristo de Morais, mas os dois últimos declinaram a causa. O Supremo Tribunal Federal negou por unanimidade o habeas corpus. Clóvis Bevilacqua, consultor jurídico do Tribunal, pronunciou-se no mesmo sentido. Assim, não apenas Getúlio Vargas, o presidente, Vicente Rao, ministro da Justiça, e Filinto Müller, chefe de Polícia, que a decidiram, tiveram responsabilidade pela deportação, mas também os ministros do governo que a aprovaram, os delegados e promotores — que acusaram — e os juízes do Supremo Tribunal Federal, que, por unanimidade, não concederam a proteção da Justiça, baseados em pareceres de não menos excelentes jurisconsultos.

Todos eles tomaram parte ativa nessa triste história, apoiados, de resto, pela indiferença ou pelo silêncio de muitos. Poucos protestaram, salvo os presos, que fizeram o maior alarido, tentando impedir a deportação. Em vão. Uma infâmia insanável na história da sociedade brasileira. E não a única. No ano anterior, outra estrangeira, romena, Genny Gleiser, fora deportada para o país de origem, uma ditadura, apesar dos impedimentos legais, ignorados pela polícia, pelo governo e pelos tribunais. A rigor, era uma sombria tradição, pois centenas de ativistas de diferentes movimentos sociais já tinham sido também deportados nas décadas de 1910 e 1920.

Das batalhas jurídicas para evitar a deportação, afinal consumada, do nascimento da filha, da campanha internacional que se fazia para a sua libertação e a de Olga, Prestes soube por ouvir dizer, informações fragmentadas, transmitidas pelos guardas.

Quase dez meses depois de preso, pôde ter as primeiras conversas com advogados que não conhecia: de início, Eugênio Nascimento, designado pelo Conselho de Justiça Especial; depois, Heráclito Sobral Pinto, que permaneceria à frente de sua defesa até o fim do período de cadeia. Católico fervoroso, anticomunista por convicção, reacionário no sentido próprio da palavra, Sobral era o exato antípoda de Prestes, mas, imbuído pela ética dos advogados e dos cristãos, solidarizara-se com a sorte do revolucionário e, sobretudo, se horrorizara com as notícias sobre as torturas e o tratamento infligido a Berger, para quem invocaria, em vão, os dispositivos da Lei de Proteção aos Animais.

Prestes desconfiou. "O preso é um desconfiado por natureza", diria mais tarde. Acabou aceitando a assessoria jurídica do advogado, mas sem abrir mão de fazer a própria defesa, que acreditava ser essencialmente política.

Assim, em 25 de fevereiro de 1937, apareceu pela primeira vez em público, numa sala repleta, apertada de gente, na caserna da Polícia Especial, em que se encontrava para responder a uma acusação inicial: a de ter desertado do Exército brasileiro. Um julgamento já fora realizado por um Conselho de Guerra, em 36, concluindo pela absolvição. No entanto, o Supremo Tribunal Militar o anulara pelo fato de o acusado não ter estado presente, conforme exigência da lei.

Tratava-se, a rigor, de uma picuinha de Vargas. Logo depois da vitória do movimento de 1930, decretou-se uma anistia, abrangendo os envolvidos em conspirações contra os governos anteriores, participantes nas sublevações de 22 e 24, e também na Coluna guerrilheira que percorrera o país de 24 a 27. Todos foram autorizados a se reincorporar às Forças Armadas com os direitos garantidos. Prestes foi dos poucos a não se apresentar.

Repudiou a anistia e, em consequência, não se reintegrou ao Exército. Aliás, ele sustentaria que, pouco antes de explodir a sublevação militar no Rio Grande do Sul, em setembro de 1924, encaminhara oficialmente a demissão do Exército. A solicitação transitara pelos canais burocráticos, mas não chegara a ser despachada pelo ministro, não constando em sua "fé de ofício". Ou seja, em termos formais, podia-se argumentar que Prestes continuava nos quadros militares. Foi o que o governo alegou, aproveitando-se do detalhe para considerá-lo, em fins de 31, como desertor, pois não se apresentara ao Exército, embora anistiado.

Da picuinha de 1931 fez-se um processo judicial, enquadrando o líder revolucionário de 35 no crime de deserção. Era também uma vingança mesquinha de Filinto Müller, por ter sido denunciado em 24, e aí com fundadas razões, como trânsfuga e ladrão pelos comandantes da Coluna, dela sendo então expulso.

Prestes aparece inteiro nesse episódio. Por ter se preocupado em se demitir do Exército antes de se revoltar contra a ordem. Atitude única entre os conspiradores, evidenciando rara fidelidade ao princípio de lealdade institucional. Depois, a recusa da anistia, já aí fruto do compromisso assumido com o movimento comunista. Nas duas decisões, a afirmação singular de uma personalidade. Na segunda, em contradição com a primeira, a manifestação de certo enfado com o Exército, uma espécie de nojo, como reiterou em vários depoimentos, resultado de decepções acumuladas.

No Tribunal, Prestes desqualificou os juízes, denunciando as inconsequências jurídicas do processo e seu viés claramente político. Assim faziam quase todos os presos políticos. Recusavam legitimidade ao Tribunal de Segurança Nacional, criado em 1936. Ridicularizavam os juízes, vários iam arrastados, alguns, em cuecas, provocavam.

As relações entre o preso e seus carcereiros permaneceram tensas. Em maio de 1937, sobreveio outro incidente. Sobral já protestara contra constrangimentos impostos pela polícia aos encontros com seu constituinte. No dia 4 daquele mês, ao tentar o preso entregar ao advogado um texto escrito, o comandante da polícia ordenou que o mesmo fosse submetido a censura prévia. Recusando a ordem, Prestes começou a leitura em voz alta, denunciando arbitrariedades das autoridades presidiárias. Quando quiseram impedi-lo de continuar, passou a rasgar em tiras o papel, seguindo-se luta corporal com vários guardas que tentaram arrancá-lo à força, cometendo, segundo reclamação encaminhada por Sobral, "gravames de rara e excepcional intensidade".

No seu "julgamento", os protestos de Prestes também em nada resultaram: em 7 de maio, condenaram-no a dezesseis anos e oito meses de cadeia, mas a sentença seria depois reformada pelo Supremo Tribunal Militar, e, apesar de todos os recursos dos procuradores do Estado, o processo foi arquivado por insubsistente. Mais tarde, em outubro de 1941, o mesmo Tribunal confirmou a absolvição.

Só um ano após a prisão é que Prestes deu início a uma correspondência regular com a família, embora sujeita, como se verá, ao arbítrio dos carcereiros. Foi quando soube, através de informações confiáveis da mãe, do que já lhe fora comunicado mas de modo fragmentário: o nascimento da filha Anita Leocádia em 27 de novembro de 1936, na prisão de Barnimstrasse, em Berlim. Também se inteirou da luta que d. Leocádia Prestes, ajudada pela irmã caçula, Lígia, empreendia na Europa por sua libertação e a de Olga e de Anita. De fato, tão logo tomou conhecimento da prisão do filho e de sua mulher, d. Leocádia, até então sem saber da gravidez de Olga, solicitara dos soviéticos e, em particular, de Dimitri Manuilski, ainda influente na IC e amigo pessoal de Prestes e de sua família, apoio para uma campanha internacional. Quando a gravidez se evidenciou, intensificou-se a campanha com sede em Paris, onde passaram a residir d. Leocádia, Lígia e, pouco mais tarde, Octavio Brandão, também residente com a família em Moscou, deportado desde 1931, e que se voluntariara para ajudar.

Envolveram-se na campanha comunistas franceses e espanhóis, e a imprensa comunista um pouco por toda parte, em particular na América Latina, além de personalidades de diversos partidos e intelectuais sem filiação partidária, na Inglaterra, nos EUA, na Bélgica, entre outros países, cuja participação e comprometimento buscava Octavio Brandão articular. Na França e na Espanha, republicana na época, houve alguns grandes comícios, com ampla distribuição de cartazes e material de propaganda. Telegramas e abaixo-assinados de intelectuais ilustres eram enviados aos governos brasileiro e alemão, na tentativa de sensibilizá-los.

Embora politicamente orientada, a campanha procurava suscitar, em particular depois do nascimento de Anita, a questão humanitária de uma recém-nascida na prisão e de sua mãe, presas e separadas do pai e marido, também detido, do outro lado do mundo, despertando sentimentos de solidariedade e compaixão. Cedo a prioridade passou a ser tirar Anita da cadeia, e o mais rápido possível, pois os regulamentos alemães previam, após seis meses, a entrega de eventuais recém-nascidos a orfanatos do Estado, no caso, do Estado nazista.

Prestes tinha escassa informação das dificuldades imprevistas que se acumulavam. D. Leocádia era dotada de gênio e vontade fortes, determinação e capacidade de trabalho, mas nenhuma experiência política, muito menos talento para articular forças e interesses diferentes em torno de um objetivo comum. A participação de Octavio Brandão não resolvia todas as dificuldades. Em alguns comitês de apoio, sobretudo entre militantes não comunistas, havia resistências e pouco entusiasmo. Os próprios soviéticos, para desgosto da mãe e da irmã de Prestes, pareciam, às vezes, negacear apoio político e financeiro.

Detalhes formais, mas fundamentais, evidenciavam falta de decisão política, ou estranhas hesitações, como, por exemplo, a questão da certidão de casamento entre Prestes e Olga. Eles não eram de fato casados, mas os nazistas exigiam o documento para liberar Anita. Os soviéticos poderiam em nome de razões políticas e humanitárias ter fornecido uma atestação falsa, mas não o fizeram, a despeito dos apelos de d. Leocádia. O fato de que Olga era casada com outro homem na União Soviética, tendo inclusive um filho lá, não seria impedimento para um Estado acostumado a não poucas transgressões. Mas não havia interesse na resolução positiva do caso e, assim, o atestado não foi liberado, o que constituía um grande transtorno, comprometendo o êxito das gestões pela libertação da recém-nascida e da própria Olga. Sem contar os constrangimentos, alimentados por intrigas, como as veiculadas por pessoas importantes do próprio Estado-Maior da campanha, entre elas a sra. Willard, francesa, uma de suas destacadas dirigentes, que se comprazia, privadamente e em público, em dizer que o histórico de Olga era o de uma "mulher de muitos homens" e que não havia prova de que Anita fosse realmente filha de Prestes. Um escândalo, suscitando a consternação e a indignação de d. Leocádia e de Lígia, que reportavam tais fatos a Moscou.

Salvou a situação uma declaração de paternidade assinada pelo próprio Prestes, atestada por um tabelião que se deslocou pessoalmente até a cadeia, depois de superadas múltiplas objeções do Ministério da Justiça do Brasil. Tudo isso aconteceu graças a um concurso especial de circunstâncias, à diligência de Sobral Pinto e, em parte, ao famoso jeitinho brasileiro. E assim, por um triz, Anita não acabou num asilo de órfãos do Estado nazista.

Afinal, em 21 de janeiro de 1938, a filha de Olga e Prestes foi entregue em Berlim a d. Leocádia pelas autoridades carcerárias alemãs que, por pura e humana maldade, arrancando a menina dos braços da mãe, as duas desesperadas e chorando na cela, não informaram para onde estavam levando a criança, apesar dos apelos da avó, que propusera ao menos um bilhete de sua parte para tranquilizar a mãe. Solicitação negada. Só muito mais tarde, através da correspondência regular, soube Olga do que tinha de fato acontecido.

Nos anos seguintes a campanha prosseguiria, agora pela libertação da mulher de Prestes. Em outubro de 1938, porém, o avanço do nazismo na Europa aconselhou d. Leocádia e Lígia a emigrar, levando Anita para o México, e Brandão voltou para Moscou. Foi um golpe para Olga, que via se afastarem para outro continente, além da filha, as pessoas que mais se empenhavam por sua liberdade. A mãe de Prestes chegou a cultivar certo arrependimento por esse passo, que se impôs, no entanto, considerando-se as ameaças que se acumulavam. A guerra, iniciada na Europa em setembro de 1939, dificultaria ou mesmo impediria qualquer tipo de deslocamento internacional. No México e na América do Sul, principalmente no Chile e no Uruguai, onde havia fortes partidos comunistas, manteve-se a campanha. Houve momentos em que foi possível imaginar a hipótese da sua libertação. Negociações encaminhadas por d. Leocádia, com patrocínio do general Cárdenas, pareceram ter chances de êxito. Olga transitaria por Londres em direção ao México. Outra hipótese, depois do acordo germano-soviético, em agosto de 39, passaria pela conexão entre Moscou e Berlim. A URSS não poderia negociar com os nazistas a libertação de revolucionários presos na Alemanha? Em diversas cartas, Prestes chegou a incentivar d. Leocádia a falar com "as manas [Clotilde, Heloísa e Lúcia] em Moscou" para que fizessem gestões com o "tio Manu", referindo-se a Manuilski, cujo declínio na IC ele ignorava. Prestes apostava mais nesta segunda hipótese, temendo uma eventual detenção em Londres, no trânsito para a América. Nesse caso, diria numa carta, "que diferença existiria entre Olga ficar presa em Londres ou em Berlim?".

Nenhuma das hipóteses, afinal, se concretizou. De um lado, a polícia inglesa bloqueou os trâmites do México, apreendendo o dossiê encaminhado a Berlim. De outro, os soviéticos não manifestaram nenhum interesse em libertar comunistas presos na Alemanha nazista. Ao contrário, como testemunhou Margareth Buber-Neuman, chegaram a entregar dezenas de comunistas alemães, presos na URSS por motivos de divergência política, à Gestapo e à morte. De mais a mais, Olga fora treinada pelo IV Departamento do Exército, instituição devastada pelos expurgos soviéticos que tiveram lugar entre 1936 e 1938, atingindo o Exército Vermelho em particular neste último ano. Muitos dos seus amigos foram então presos e liquidados. Mas disso não sabia Prestes e não o compreenderia, se soubesse. O fato é que, enquanto durou o pacto germano-soviético, entre agosto de 39 e junho de 41, Olga e Prestes, e mais d. Leocádia, cultivaram esperanças — e ilusões — numa intervenção soviética — que não viria — a favor de Olga. Como diria d. Leocádia, anos tormentosos…

Apesar de tudo, porém, depois de um primeiro ano de estrito confinamento, 1937 parecia animador. Permitida pela polícia, iniciara-se uma correspondência mais ou menos regular, o que não era pouco, vistas as circunstâncias. Eleições presidenciais marcadas para o começo de 38, com quatro candidatos, ensejavam uma atmosfera de debates. Num intervalo entre sucessivos "estados de guerra", solicitados pelo governo, desde dezembro de 35, e aprovados pelo Congresso, o ministro da Justiça, José Carlos de Macedo Soares, mandara soltar, em maio de 37, todos os presos sem processo — a "macedada". Além disso, visitara Berger e Prestes, chocando-se com as condições do alemão, preso no socavão de uma escada do prédio da Polícia Especial, onde, dada sua alta estatura, nem sequer podia ficar de pé. Com uma esteira por catre, desfigurado pelas torturas, a razão perdida, eis o que restara do dirigente comunista.

Foi então providenciada a mudança de cadeia. Em 12 de julho de 1937, ambos os prisioneiros foram transferidos para a Casa de Correção, na rua Frei Caneca. Prestes chegou a imaginar o fim do isolamento. Mas Macedo Soares o manteve, determinando a construção de uma espécie de casamata na enfermaria do presídio, onde os dois permaneceriam encerrados, lado a lado. A toda hora, principalmente à noite, Prestes ouvia os gritos desconexos de Berger, que bebia e comia os próprios dejetos. Animava-o com palavras no seu idioma, tentando sossegá-lo, mas os gritos não cessavam, nem as alucinações. Noite e dia, era preciso conviver com aquela tragédia.

Entretanto, em comparação com as instalações da Polícia Especial, a nova prisão era algo melhor. Ou menos pior. Em todo caso, já não estavam no último círculo do inferno. Dirigia então o presídio Carlos de Lassance, de boa índole, profissional correto, o que lhe valeria elogios do próprio Prestes. A condição do preso mudou. As refeições eram levadas por um preso comum que logo estabeleceu boas relações com Prestes. Trazia regularmente pacotes de recortes de jornais enviados pelos outros presos. Num desses pacotes, um dia do mês de agosto, veio uma resolução política do Comitê Central, sob a direção de Bangu. Deu-se início a um intercâmbio entre Prestes e os demais comunistas presos. Um primeiro raio de sol naquelas sombras.

Podia agora receber revistas e jornais (quatro, por dia), e também livros, enviados pela mãe, do exterior, de familiares, do Rio Grande do Sul, alguns trazidos por Sobral Pinto ou pelo diretor, emprestados pela biblioteca do presídio. A correspondência foi agilizada, recebida e postada com rapidez. A instalação de uma boa lâmpada viabilizava a leitura noturna, Prestes dormia em cama com lastro de arame e colchão, e fizeram-lhe a promessa de que, em breve, poderia começar a tratar dos dentes.

"Parece que estou despertando de um mau pesadelo", escreveu à mãe, detalhando o cotidiano no início de agosto de 1937. "Levanto às sete horas, tomo chimarrão e lá pras oito horas, o café. Leio jornais e estudo francês. Meio-dia: almoço. Depois, ando um pouco no pátio interno para o qual se abre a cela. Janto às dezessete e vou deitar às 22. E ainda posso ler de noite, com a lâmpada de cabeceira. Sábados, recebo visitas regulares de meu advogado."

Contudo, permaneciam dificuldades. As cartas postadas continuavam a ser bloqueadas por forças anônimas. Em setembro, comparecendo ao Supremo Tribunal Militar para o julgamento de um dos processos, Prestes foi agredido pelos guardas que o cercavam e, embora protestasse junto ao presidente da Corte, general Andrade Neves, tudo ficou por isso mesmo. Mas a situação melhorava, e tanto, que Prestes chegou a acalentar esperanças de um reencontro familiar no ano seguinte, de acordo com os rumores otimistas que começavam a circular dando conta de uma eventual anistia após as eleições previstas para o início de 1938.

Cedo, porém, o processo histórico decantou-se em sentido inverso. Em 1º de outubro de 1937, reinstaurou-se o "estado de guerra", aprovado pelo Congresso, suspendendo as garantias constitucionais, em virtude do anúncio do Plano Cohen, forjado pelo coronel integralista Olímpio Mourão Filho e publicado com grande estardalhaço. Uma farsa, que o Exército divulgou, atribuída aos comunistas, como se houvesse uma retomada da ofensiva dos "vermelhos". Recriou-se uma atmosfera de "caça às bruxas", levando, em novembro, ao golpe do Estado Novo, que mergulhou o país numa longa ditadura, a qual durou até o fim da Segunda Guerra Mundial, em 45.

Milhares de pessoas foram presas, inclusive o diretor Carlos de Lassance, demitido e acusado de simpatias comunistas. Assumiu a direção da Casa de Correção, em dezembro, o tenente Vitório Caneppa, que dirigia o presídio da Ilha Grande. Dizia-se um "especialista em carceragem", e, segundo Prestes, era um "conhecido torturador". Não retirou de imediato os direitos adquiridos por Prestes, mas tornou sua vida difícil. Já nos inícios de 1938, o preso que trazia as refeições para ele, e que se convertera numa espécie de aliado, "um formidável baiano", foi substituído por outro: "um velho camponês [...] um homem gasto, um tipo imundo...". Posto ali para fiscalizar. Prestes reagiu com uma greve parcial de fome. Não comeria o que aquele homem tocasse. Nada do que viesse aberto seria tocado. Limitava-se a beber um potinho de leite tampado, e a comer um pedaço de pão envolto num guardanapo e uma laranja. Como resultado, foi definhando, parecia um faquir. Também o impediam de conversar com Berger, nos raros períodos em que este conhecia momentos de lucidez. Prestes protestava e, mais de uma vez, houve choques físicos com os guardas, que o jogavam à força na sua cela.

Caneppa atacava igualmente com outros castigos, entre os quais sobressaíam a suspensão inopinada da correspondência, o seu intermitente retardamento, a proibição aleatória da leitura de jornais e livros e do direito de visita do advogado. O sistema, a rigor, permaneceu vigente até o último dia de Prestes na cadeia, embora abrandado, conforme as conjunturas. Pior era a ausência de justificativas e de prazos determinados. Houve momentos em que Prestes chegou a ficar dez meses sem ver o advogado. Sem jornais, quase um ano. Quanto à correspondência, não raro era interrompida por semanas a fio.

Ao abatimento provocado pela derrota política e pelo despedaçamento da família, espalhada pelos quatro cantos do mundo, acrescentava-se agora o tormento da insegurança, a imprevisibilidade das condições carcerárias ritmadas por sucessivas medidas arbitrárias que desabavam sem aviso prévio ou comunicação esclarecedora. Um processo de tortura psicológica, tramado para desestabilizar o preso e levá-lo ao desequilíbrio físico e mental.

Desde a instauração do Estado Novo, até 1941, Prestes conheceu ainda outros momentos difíceis. Em maio de 40, altas horas da noite, irrompeu Caneppa em sua cela, comunicando que ele iria ser transportado para a Polícia Central. Lá, o deixaram numa sala com todos os jornais anunciando em letras garrafais a queda de Paris. Foi um choque. Pouco depois, viria uma nova acareação, com a direção do Partido Comunista que acabara de ser destroçada. Embora de modo irregular, Prestes continuara a manter correspondência com o Comitê Central, inclusive escrevendo e recebendo cartas de Bangu. Aquelas quedas cortavam os débeis laços que foram tecidos. Como sempre, os dirigentes tinham sido muito torturados e, agora, estavam ali, na sua frente, deprimidos.

Bangu parecia mais caído, desmoralizado, e, quando começou a falar, Prestes o interrompeu: "[...] falando assim, aí mesmo é que você vai apanhar muito". Foi o que bastou para o retirarem. Terminara mais uma acareação.

Levado à presença de um oficial do Exército, então chefe do Departamento de Ordem Política e Social, o Dops, a polícia política da época, Prestes se permitiu esculhambá-lo, denunciando as torturas, sua situação de isolamento, a de Berger, e a vergonha pelo fato de o Exército estar apoiando aquilo tudo. O homem limitou-se a rir e o mandou de volta à Casa de Correção.

Nesse mesmo ano de 1940, dois novos golpes viriam sob a forma de mais duas sentenças condenatórias: em maio, dezessete anos pela participação no movimento revolucionário de 35 e, em novembro, mais trinta anos, acusado de mentor do assassinato de Elvira Cupello Calonio, a Garota, mulher do Miranda. Assim, em fins de 40, ele acumulava 63 anos e oito meses de pena.

Dessas provações, salvaram-no traços de caráter, experiências de vida, convicções políticas e, sobretudo, laços afetivos. O caráter de um homem íntegro, quase estoico, forjado desde a primeira juventude. Um profundo sentido do cumprimento do dever, dos sacrifícios que isso pode implicar e da necessidade de assumir as consequências das decisões tomadas e das ações praticadas. Também certo altruísmo, a relativização do próprio sofrimento no contexto de um mundo convulsionado.

Em sua formação, regida por d. Leocádia, tais virtudes eram normas de vida, aperfeiçoadas nas escolas militares, na existência de escassez e de pobreza digna que sempre fora a da família, e consolidadas nos anos da Coluna, em meio a asperezas, perigos, tensões e duríssimas condições. Os anos dos sucessivos exílios, entre 1927 e 1934, na Bolívia, na Argentina, no Uruguai e mesmo na União Soviética, tinham sido igualmente árduos, espartanos.

Nesse quadro é que Prestes fizera a opção pelo comunismo. Ora, a cultura política do comunismo naquela década de 1930 era marcada por um profundo otimismo revolucionário, ensejando o enfrentamento calmo dos piores desafios e das mais contundentes derrotas, mesmo porque o "mundo marchava para o socialismo". E, ao mesmo tempo, por um voluntarismo a toda prova: "não havia fortaleza que não pudesse ser tomada por um verdadeiro bolchevique". Essa combinação de celebração da vontade e de conhecimento da necessidade constituía para os marxistas-leninistas a essência da liberdade. Mesmo nas condições mais adversas, como diria o próprio Prestes, era possível perceber, em movimento, as leis da História, e estas apontavam para um futuro luminoso, o que permitia aos revolucionários suportar quaisquer trevas com a alma leve e a razão serena. Deveriam também oferecer-lhe estímulo as experiências de prisão de outros revolucionários. As dos bolcheviques sob o tsarismo. As dos comunistas alemães sob o nazismo.

Os livros, da mesma forma, o ajudariam a aguentar os longos anos de prisão. Mais de uma vez, Prestes chegou a elaborar planos de estudo — de línguas estrangeiras, sobretudo o alemão, para viabilizar uma correspondência direta com Olga, de matemática, de filosofia, de economia, de literatura. Contudo, com os castigos de Caneppa, as angústias, as expectativas desfeitas, os maus pressentimentos, era quase impossível cumprir uma disciplina intelectual continuada.

Mas nada disso o manteria de pé não fossem os laços afetivos com as figuras femininas familiares. Acima de todas, a mãe, d. Leocádia Prestes, insuperável na devoção e no amor ao filho. Encorajando sempre, estimulando a resistência, compartilhando as dores e as aflições, também ela estoica, perante as duras circunstâncias adversas. Despedaçou-se contra elas, enfraqueceu-se. Morreu, dilacerada e exausta, em junho de 1943.

E houve Olga, enquanto durou. A primeira mulher, o primeiro amor. Em muitos aspectos, sobretudo nos traços de caráter, qualidades semelhantes às de d. Leocádia. Determinada e pronta para os sacrifícios decorrentes de suas opções. Formada na impiedosa escola dos bolcheviques e da III Internacional, endurecida e disciplinada, profissional da revolução, era uma aventureira, no melhor sentido do termo. Do primeiro bilhete escrito, ainda em 1936, à última carta recebida, de começos de 42, sem deixar de mostrar receios e agonias, inevitáveis, dadas as circunstâncias, nunca faltou com palavras de ânimo e de estímulo.

Das irmãs, Clotilde e Heloísa, do primeiro casamento, Lúcia e Lígia, que vieram depois, as três primeiras ficaram em Moscou. A certa altura, devido ao contexto da guerra, tiveram que ir para Tula, trabalhar em fábricas, costurar. No relato de Ermelinda Prestes, "cada uma tinha apenas um par de botas e um vestido". Privações e escassez eram partilhadas com todos.

Em relação a Prestes, a distância e as circunstâncias da guerra as afastaram muito, mas eram constantemente referidas com carinho, lembradas nas datas familiares, e presentes através de telegramas e cartas esparsas. A caçula, Lígia, foi mais assídua na correspondência com o irmão. Tendo acompanhado a mãe quando partiu, ainda em 1936, da União Soviética, compartilhou a criação de Anita, tornando-se, após a morte de d. Leocádia, uma espécie de mãe adotiva da sobrinha. Teve sua vida moldada por contingências que se impuseram e, em alguns momentos, a massacraram. Mas segurou todas, também ela rígida e disciplinada.

Finalmente, a filha Anita, nascida na cadeia e cedo envolvida num turbilhão de acontecimentos que levou tempo para compreender. As notícias de seu crescimento, transmitidas com ternura sobretudo pelos "relatórios" de Lígia, como Prestes denominava suas longas cartas, descrevendo as travessuras, as primeiras brincadeiras, os problemas de saúde, os sorrisos, as cóleras, os espantos e as descobertas da menina, foram um alento para o pai, que reclamava, indignado, por estar sendo privado do prazer da companhia de uma filha que se desenvolvia à sua revelia. Depois, logo que se apropriou das primeiras letras, a partir de 1943-4, Anita passou a escrever para o pai curtos bilhetes e enviar desenhos que o encorajavam a viver e a achar graça na vida, apesar das circunstâncias.

Essas mulheres formaram o que Prestes chamava "a constelação feminina de sua vida". Salvo para Olga, de trajetória singular e autônoma, com luz própria, ele era o sol delas, que giravam e gravitavam em torno dele. Sua vida e suas vicissitudes marcaram as delas. Disso elas nunca se queixaram. Porque Prestes, sua trajetória, glórias e abismos, as exaltavam e as glorificavam. Mas, sem elas, é muito provável que ele não tivesse sobrevivido.

Além da constelação feminina, contudo, Prestes teceu outras relações afetivas nos tempos de cárcere. Houve a estranha amizade com Sobral Pinto. No dizer do prisioneiro, os extremos então se tocaram. Momentos de tensão, sem dúvida. E de desconfianças amarguradas, quando Prestes e a mãe chegaram a se perguntar se valeria a pena manter a assistência daquele advogado que, às vezes, parecia ausente, ou desinteressado. Mas os percalços e dúvidas foram vencidos em benefício da construção de uma relação fundada no respeito e na confiança.

Com a família de d. Leocádia, no Sul, em particular com a avó materna, d. Ermelinda Felizardo, enquanto ela viveu, até 1941, e com alguns dos primos gaúchos também foi possível manter e desenvolver, nas adversas condições da prisão, relações de amizade desinteressada. Dentre estes destacou-se o primo Alfredo Felizardo, pela constância em abastecer Prestes de publicações que pudessem ajudá-lo ou distraí-lo. Mais tarde, outro primo, Antônio Justino Prestes de Menezes, este por parte de pai, muito assíduo a partir de 43. E a distante prima Eivlys, a quem Prestes dedicou ternas e delicadas cartas, enlevado que ficou com seu encantamento e doçura. É verdade que d. Leocádia não se privava, às vezes, de se lastimar de parentes que fugiam dela para não se comprometer. No entanto, no final do período de prisão, depois de 43, mais primos apareceram, trazendo inclusive filhos e mulheres para ver o preso cuja fama e glória agora se espalhavam e se consolidavam.

Os amigos que foram escasseando até 1942, quando o governo brasileiro declarou guerra às potências do Eixo, multiplicaram-se a partir daí, tornando-se quase torrencial a peregrinação ao cárcere. Tratava-se daquela disposição bem humana de chegar perto das estrelas ascendentes mesmo que atropelando, às vezes, padrões mínimos de decoro. De planeta opaco, imperceptível, o preso se converteu numa espécie de astro rei.

Mas a abertura a todas essas amizades se fez de modo gradual, ziguezagueante. Em julho de 1941, uma primeira luz: um cartão de Emídio Miranda, veterano da Coluna, amigo de fé, camarada, embora aderente ao regime de Vargas. Logo em seguida, a normalização das regras de entrega das refeições. Uma pequena vitória do preso contra o carcereiro.

Em dezembro desse ano, começaram as visitas, espaçadas porém regulares, do velho amigo, ex-tenente e sócio no exílio argentino Orlando Leite Ribeiro, agora alto funcionário do Ministério das Relações Exteriores, de quem Prestes guardava boas lembranças mas contra quem tinha reservas, explicitadas tanto por ele como por d. Leocádia, que não acreditava em Orlando. Pairavam dúvidas sobre o real jogo que jogava: amigo de Prestes, tentando persuadir o regime a melhorar suas condições? moço de recados da ditadura, informando Getúlio das avaliações dele? desejaria ganhar o prisioneiro para eventuais alianças? Ambivalências emblemáticas. Quantos amigos e admiradores de Prestes não haviam aderido à liderança de Vargas e à ditadura do Estado Novo? Como ser amigo do carcereiro e do encarcerado? A alguns, o preso votava indisfarçável desprezo. A outros, apesar dos pesares, continuou ligado, através de laços nada fáceis de compreender. Entre tantas, considere-se a figura de Nestor Veríssimo, valente a não mais poder na Coluna, preso já em 1925, na Bahia, fiel a Prestes e a Miguel Costa, de quem sempre se julgou um comandado, honesto personagem, reconvertido, contudo, em diretor da prisão da Ilha Grande, defensor dos direitos dos presos mas vinculado às instituições carcerárias de um regime que prendia e torturava antigos camaradas. Pois ainda visitou Prestes, levando cartas e bilhetes de presos sob sua guarda. A morte de Nestor, pouco depois, seria lamentada, como a de um amigo que parte deixando saudades.

Em começos de 1942, houve uma primeira entrevista à imprensa, a um jornalista de origem equatoriana, José Joaquim da Silva, repórter do jornal comunista chileno El Siglo. Veio acompanhado de Orlando Leite Ribeiro. A fotografia dos três mostrou a extrema magreza de Prestes. Quando publicada, obteve repercussão internacional, porque exprimia uma inflexão considerável do regime. Acontecera o ataque japonês à base norte-americana de Pearl Harbor, a guerra aproximara-se das Américas, e o governo dos EUA acionava tratados existentes de defesa mútua, pressionando os países do continente a se perfilarem em torno de seus interesses e ameaçando-os. Há algum tempo se sabe que, se o Brasil não aderisse, os EUA cogitavam a hipótese de invadir o Nordeste do país para se assenhorear do controle da região, considerada então vital para garantir o acesso ao Norte da África e para proteger o continente de eventuais incursões nazistas. Os laços entre a Inglaterra e os EUA, firmados desde 40, transformaram-se, após a invasão da URSS, em junho de 41, na Grande Aliança entre essas três potências contra o nazifascismo e o Japão.

Ao longo do ano de 1942, as condições continuariam melhorando. Prestes sonhava com a integração no coletivo dos presos comunistas. Quando soube que eles tinham sido transferidos para Fernando de Noronha, animou-se. Se pudesse ir para lá... Sua imaginação voava alto: "Eu tinha todo um plano que formulei na minha cabeça — [havia] um navio que chegava, de quinze em quinze dias, um barco com víveres. Quem retirava a mercadoria do navio eram os próprios presos [...] podíamos dominar a guarnição, tomar conta do navio e desembarcar na costa do Ceará e tocar por ali adentro [...] nenhum dos presos teve essa ideia, talvez utópica [...] fugir de Fernando de Noronha e lançar a luta armada no interior do Brasil...".

Em outubro, Prestes descreveria mais uma vez seu cotidiano:

Acordo cedo, às cinco e meia, e trato logo de aquecer o chimarrão. Alguns minutos de ginástica, arrumação da cela e, às sete, café com leite com pão e manteiga; em seguida, meia hora de caminhada no pátio ainda sem sol. Depois, leituras de jornais e livros. Às nove e meia, mais meia hora de caminhada. Em seguida, banho. Às dez e meia, almoço: arroz, feijão, um pedaço de carne ou peixe, verdura cozida, tomates crus, banana e laranja, às vezes, um ovo frito. Depois do almoço, mais meia hora de caminhada e retorno aos livros, notas, mapas, cartas e retratos. Às dezesseis, tomo café com pão com manteiga acompanhado ou não, conforme o apetite, de um pedaço de carne, arroz ou uma verdura cozida, ou então, uma banana. Ainda meia hora de caminhada antes de recolher-me. Às vinte, um pouco de chá, para ser tomado durante os estudos noturnos, prolongados até às 22. e, raramente, até meia-noite. Durante o dia, se sinto sede, chupo uma laranja e, à noite, se sinto vontade, acompanho o chá com um pouco de leite ou um pedaço de marmelada.

214

Uma vida regalada, dizia Prestes, em habitual autoironia para tranquilizar a mãe, mas o fato é que nenhum relato semelhante poderia ser feito, na época, por um preso dos nazistas ou dos soviéticos.

No jogo maior da guerra, o Brasil de Vargas foi pressionado a aderir à luta contra o nazismo. No interior da ditadura eram importantes as forças que pendiam nessa direção, encabeçadas por Oswaldo Aranha. Quanto ao ditador, cultivara simpatias pelo nazifascismo, compartilhadas por muitas lideranças que, depois, não quiseram mais se lembrar do assunto. Entre outras referências, registre-se um notável discurso, em 11 de junho de 1940, no Dia da Marinha, em que Vargas defendeu uma espécie de comunidade de destinos entre o Brasil e as potências do Eixo. Contudo, homem pragmático, reconhecendo a correlação de forças, inclinou-se no sentido da aliança com os EUA.

Assim, em janeiro de 1942, uma conferência interamericana, realizada no Rio de Janeiro, alinharia as nações americanas, à exceção da Argentina e do Chile, com os EUA. Na sequência, o afundamento de navios brasileiros por submarinos alemães, provocando centenas de mortes, suscitaria movimentos sociais favoráveis à entrada do país na guerra. Houve inclusive quebra-quebras de propriedades e empresas de origem alemã ou italiana. Em agosto, após uma declaração ainda ambígua sobre um chamado "estado de beligerância", que ninguém sabia ao certo o que significava, veio, afinal, a declaração de guerra às potências do Eixo.

As repercussões desses acontecimentos na vida de Prestes foram imediatas. Embora reservado numa primeira fase, passara, logo depois de o Brasil entrar na guerra, a defender a "união nacional" com o governo na luta contra as potências do Eixo. Falou-se muito que houvera um acordo — secreto — entre Getúlio Vargas e Prestes, mas isso nunca ficou provado. Em junho, ele recebeu, pelos canais oficiais, carta de Agildo Barata, oficial comunista, preso, um dos dirigentes do movimento de 1935. No mês seguinte, Leite Ribeiro apareceu na companhia do líder comunista cubano, Blas Roca, que fazia um périplo pelas Américas a favor da guerra contra o nazifascismo. Só o fato de sua presença em território brasileiro ter sido autorizada legalmente pelo governo já era simbólico. Inclusive porque Blas defendia uma política de aliança franca e sem reservas com os EUA. Em Cuba, constituíra-se um governo de união nacional, liderado por Fulgencio Batista, presidente eleito democraticamente, apresentado como um modelo a ser considerado.

Nas brechas, os comunistas brasileiros rearticulavam-se, propagando também as teses de união nacional contra o nazifascismo, em torno do governo Vargas, apoiadas por Prestes. Ocorriam grandes manifestações, nas quais apareciam, em misturas improváveis, colossais retratos de Vargas, Roosevelt, Churchill e... Stálin. Uma vertigem.

Houve resistências, é claro, entre lideranças liberais, algumas exiladas, e mesmo entre comunistas, que consideravam impossível aliar-se ao ditador, o homem que deportara Olga e que autorizara a tortura de centenas de revolucionários. Mas tais restrições foram levadas de roldão. A Grande Aliança impunha sacrifícios. Um pouco por toda parte, havia sapos a engolir. O inimigo principal precisava ser abatido, defendia Prestes. Disso dependia a sorte da União Soviética, e do conjunto do movimento comunista internacional. Em nome da democracia e das liberdades, uniam-se inimigos de outrora, mesmo que muitos não fossem democratas nem prezassem as liberdades, pois surgira no horizonte algo maior, que os queria matar a todos: o nazifascismo. A empolgação com a união nacional foi tamanha que muitos exilados comunistas voltaram ao Brasil para serem presos tão logo cruzavam as fronteiras. Na concepção da ditadura, a união nacional não admitia, ainda não, a legalidade dos comunistas.

Em determinado momento, das próprias entranhas da ditadura surgiu uma corrente liberal, que defendia que se derrubasse o regime antes da entrada na guerra. Queriam a cabeça do ditador, articulando-se com chefes militares que iam, progressivamente, abandonando as simpatias pelo nazifascismo e substituindo-as por posições favoráveis aos EUA. Foi como expressão dessa tendência política que apareceu o "Manifesto dos mineiros", em outubro de 1943.

De certa forma, essas posições ecoavam reservas dos próprios generais norte-americanos, que protelavam o envio de uma força expedicionária brasileira aos campos de batalha da Europa, o que se daria apenas no segundo semestre de 1944. Contribuíram para isso razões de ordem doutrinária e política, razões práticas, relativas ao despreparo militar do Exército do Brasil, e alguma aversão ao combate, estranha característica dos militares brasileiros, sempre determinados na repressão a movimentos e sublevações populares, mas cautelosos e timoratos ante combates de grande envergadura, capazes de pôr em risco suas instituições e vidas.

O fato é que o país — ao menos em tese — estava em guerra. Uma guerra que se espalhara por todo o mundo. Na principal frente, onde se batiam a Alemanha e a União Soviética, na virada de 1942 para 1943, houve Stalingrado. Na sequência, Kursk. Dois enfrentamentos apocalípticos. Duas vitórias soviéticas. Nunca se queimou tanta carne humana e aço em tão pouco tempo. Começara o chamado "rolo compressor", a reconquista do território soviético e, em seguida, o avanço pela Europa Central rumo a Berlim.

Entre os comunistas, e na cela onde se encontrava Prestes, as esperanças renasciam. O Partido, esfacelado pela repressão da ditadura de Vargas, começara a se reorganizar: havia um núcleo importante na Bahia, ligado a grupos em alguns estados do Nordeste, remanescentes em São Paulo, e uma articulação com ambições nacionais, a Comissão Nacional de Organização Provisória, a CNOP, reunindo militantes em São Paulo, Rio de Janeiro e outros estados. Para além da vigilância policial, desconfianças recíprocas, rivalidades pessoais e contradições políticas dificultavam o processo. Todos desejavam que o Brasil entrasse na guerra contra o nazismo, e concordavam com as teses da união nacional. Contudo, havia os que, liderados por Fernando Lacerda, veterano dirigente nacional, do Rio, desejavam simplesmente dissolver o Partido em torno do governo de Getúlio Vargas. Outros, como o historiador Caio Prado Jr., sustentavam que a união nacional deveria se construir na luta simultânea contra o nazismo e Vargas. Já os militantes da CNOP postulavam a preservação do Partido mas numa unidade incondicional com o governo na perspectiva da guerra. Parecia um paradoxo, desses que a luta política, às vezes, impõe, segundo as circunstâncias: lutar contra o nazismo em torno de uma ditadura que, até pouco antes, não escondera disposições favoráveis aos regimes liderados por Hitler e Mussolini. Para não poucos, era como se o Partido se transformasse numa espécie de "linha auxiliar" de Vargas. Mas os partidários da CNOP realizaram, afinal, uma reunião na prosaica cidade de Engenheiro Passos, no Rio, transfigurando-a na Conferência da Mantiqueira, de caráter supostamente nacional, nome e propósito, sem dúvida, de grande apelo romântico e épico, como exigia o momento. Aconteceu em fins de agosto de 1943, reunindo 46 delegados do Rio de Janeiro, Paraná, Bahia, Minas Gerais, Pará, Rio Grande do Sul e Distrito Federal. Um novo ponto de partida no processo de reorganização partidária.

Os delegados elegeram um Comitê Central e uma Comissão Executiva, dando como reconstruídas as instâncias dirigentes. O Partido ainda não estava propriamente unificado, mas avançava agora com outras disposições. E crescia. Quanto a Prestes, mesmo preso, fora eleito secretário-geral do Partido, uma consagração.

O destino, entretanto, lhe reservara mais um golpe, de ordem pessoal: a morte da mãe, d. Leocádia, em junho de 1943. O governo mexicano e, em particular, o general Cárdenas fizeram o possível para que Vargas autorizasse a ida de Prestes às cerimônias fúnebres, uma última despedida, garantindo, com sua palavra de honra, a volta do prisioneiro ao cárcere. Mas Vargas foi insensível. Quatro dias, guardas de honra perfilados, o velório da mãe esperou pela chegada do filho. Em vão. Ela seria enterrada com todas as homenagens, acompanhada por uma bela elegia de Pablo Neruda, que a cantou no leito de morte: "una madre de choro, de luto e de bronze, grave como um anjo de pedra". Por tê-la feito, e lido, perdeu o posto de cônsul do Chile na capital mexicana. Em contraste, o embaixador brasileiro no México, Caio de Lima Cavalcanti, permitiu-se a atitude de estampar nos jornais de lá, em matéria paga, nota crítica à figura de Prestes. Mereceu repúdio, mesmo de figuras conservadoras daquele país.

Em 1944, o filme começou a passar mais rápido. Em 27 de abril, circularia uma carta de Prestes, só publicada em março do ano seguinte, preconizando, sob certas condições, em torno do governo Vargas, a unidade nacional, contra o nazismo. Pouco depois, em junho, veio o desembarque das tropas aliadas na Normandia, ampliando a Segunda Frente, já aberta pelo desembarque no Norte da África, em 42, e na Itália, em 43. Os exércitos soviéticos aproximavam-se, cada vez mais, das fronteiras alemãs.

No pequeno mundo de Prestes, multiplicavam-se visitas de parentes e amigos, às vezes o sufocando, fazendo-o lembrar-se, melancólico e irônico, das virtudes e das vantagens do isolamento e da solidão: "Viver longe do barulho inútil tão frequente entre os homens. Não ter obrigações a cumprir com exatidão rigorosa [...] não será um bem?". O fato, diria, é que "acompanhar os acontecimentos me desorganiza os estudos". Desde 14 de março de 1945, as visitas foram inteiramente liberadas por Vargas, publicando-se reportagem de Pedro Motta Lima sobre Prestes na cadeia, na presença de um primo seu e de Caneppa. No dia seguinte, *A Noite* publicaria com grande estardalhaço o texto de Prestes, que circulara no ano anterior, preconizando a unidade nacional. Os boatos corriam soltos, não faltando quem dissesse que Prestes seria anistiado para se tornar ministro de Vargas.

Atribuíam-se a Prestes frases emblemáticas, condenando os que "agora, estão apedrejando Sr. Getúlio Vargas, depois de sete anos de submissão, ou de tácito apoio ou ainda de cooperação efetiva com o Estado Novo".

As articulações e as conversas se desdobravam, sem fim, especulações, avaliações, prognósticos. Prestes já não conseguia ler livros e revistas, que se empilhavam numa nova cela, mais ampla e arejada, para a qual fora transferido. Passara a escrever textos, amplamente divulgados, defendendo, embora com reservas, a política de união nacional, que interessava obviamente a Vargas. O governo fingia não vê-los, enquanto o ditador multiplicava manobras e contramanobras para se manter no poder.

Ainda teve Prestes que lidar com derradeiras ameaças veladas de Caneppa, a quem não subestimava e de quem suspeitou até o fim, receando a hipótese de um perverso golpe. Mas os ventos sopravam forte a seu favor. E foi com essa sensação, misto de preocupação e de alívio, que sentou com os amigos para fazer a última refeição na prisão.

À mesa abancaram-se, pouco antes do meio-dia, Orlando Leite Ribeiro, Agildo Barata, Carlos Marighella, Antônio Tourinho, Gregório Bezerra. Comeriam peixe ensopado, feijão e arroz, e já falavam do presente e do futuro, numa atmosfera de euforia, agitação e movimento que parecia a Prestes estranha e cansativa. Agora estava chegando ao fim o período de mais de nove anos de cadeia.

Ocorrera uma guerra mundial que arrasara a Europa, fazendo da União Soviética e dos Estados Unidos superpotências. O movimento comunista, de início batido e enfraquecido, crescera e se afirmara em toda parte. No Brasil houvera a instauração e o auge da ditadura do Estado Novo. Agora, o seu declínio. Em sentido inverso fora a trajetória do Partido Comunista: quase liquidado, reerguera-se e se tornara "o partido de Prestes". O prisioneiro, apesar da longa prisão, talvez por isso mesmo, convertido em líder e chefe incontestável. Além de mitificado, objeto de consagração em prosa e verso.

De quantas mortes morrera — de angústia, de solidão, de tristeza, de paixão, de tédio, de saudade, de raiva, de indignação. Mas sobrevivera àqueles "anos tormentosos".

E então aquilo tudo acabou. A foto o flagrou atravessando as grades, meio corpo já fora da cadeia, meio ainda dentro, pasta e chapéu na mão, de terno e gravata, muito magro, o semblante circunspecto, um esboço, apenas, de sorriso nos lábios.

Ao entrar num carro de amigos, ouviu-se um grito em meio à pequena multidão que se agrupara ali para presenciar a cena histórica: "Viva o general Prestes!".

Era 19 de abril de 1945. Anistiado, Prestes recuperava a liberdade para mergulhar novamente no redemoinho da história que nunca cessara de se mover mas que o esperava, agora, como a um ator relevante.

9. Nos braços do povo

Prestes saiu da cadeia para entrar num redemoinho. Da solidão do cárcere, tempo de espera, à vida pública, tempo de decisões. Um cavaleiro da esperança ou um agente de Moscou? Fosse como fosse, tornara-se um dos atores mais relevantes da cena política, todos queriam ouvi-lo, saber como avaliava o momento, o que iria dizer e propor, o que faria. O mundo e o país estavam mudando, e depressa.

A guerra mundial, ao menos na Europa, aproximava-se do fim. Havia um clima de euforia no ar. Abriam-se largos horizontes para a construção da paz, da democracia, da independência dos povos e da justiça social, bandeiras na guerra contra as potências nazifascistas. Na Conferência de Yalta, realizada em fevereiro, em pose histórica, fumando charuto e cigarros, calmos, sorridentes, aliados, Roosevelt, Stálin e Churchill anunciavam para o mundo uma nova fase histórica. A aliança, que fizera e ganhara a guerra, construiria a paz.

O Brasil fervilhava de debates e esperanças. Em janeiro, o I Congresso Brasileiro de Escritores reivindicou a liberdade de expressão, o sufrágio universal, a instauração da democracia. No início do mês seguinte, o general Góes Monteiro, líder militar do golpe que instaurara a ditadura do Estado Novo, braço direito de Vargas, declarava-se a favor da anistia e da realização de eleições.

De todos os lados, mutações. Tornara-se quase impossível encontrar partidários ou simpatizantes do nazifascismo numa nação que agora se queria conquistada pelos valores democráticos. Caíra a censura à imprensa, após uma entrevista não autorizada de José Américo de Almeida a favor de eleições. Manifestos de jornalistas e artistas cobravam aberturas democráticas. Os trabalhadores, por meio de greves, tentavam recuperar perdas provocadas pela inflação, frequentemente maquiada, que roera o valor dos salários durante a guerra.

Reagindo às pressões, Getúlio Vargas manobrava. Através do ato adicional nº 9, ainda em fevereiro, anunciou a convocatória de eleições num prazo de noventa dias. Em começos de abril, determinou o restabelecimento das relações diplomáticas com a União Soviética. Ao mesmo tempo, reabriu-se a Sociedade dos Amigos da América, fechada em 1944, que reunia liberais antifascistas e comunistas, e realizou-se a Semana Pró-Anistia, de grande repercussão, evidenciando uma atmosfera de liberdades que ninguém mais ousava contestar.

As forças políticas lançavam candidatos à Presidência da República. Primeiro, o brigadeiro Eduardo Gomes, que seduzia inclusive gente de esquerda. Logo em seguida, o general Dutra, encorajado pelo próprio Vargas. O brigadeiro era o único sobrevivente dos Dezoito do Forte, em 1922. Participara da Revolução de 24. É certo que, na sequência, arrefeceram-se suas disposições revolucionárias. Depois de um ano de prisão, e da anistia de 30, fez carreira exemplar durante a ditadura, perante a qual manteve um comportamento discreto. Quanto ao general Dutra, ministro da Guerra da ditadura, tinha sido, com Góes Monteiro, uma figura de proa do grupo germanófilo, favorável ao nazifascismo no governo. Em 41, chegara a propor que o Brasil declarasse guerra à Inglaterra. Agora, os três apresentavam-se como portadores da renovação democrática. Naquela atmosfera, tais metamorfoses pareciam naturais. Mesmo porque, se fossem excluídos os que de alguma forma tivessem participado do Estado Novo, pouquíssimos escapariam. Prestes era um desses poucos. Daí o brilho moral que o circundava. Difícil recuperar e estimar seu carisma. A admiração que o cercava. O preso, enquanto os demais usufruíam da liberdade. O que resistira aos apelos do poder e do adesismo. O que se mantivera firme em suas convicções. O mártir.

Quando se viu livre da cadeia, já acumulara acervo considerável de informações. A incomunicabilidade, como se viu, fora quebrada muito antes: visitas de comunistas e não comunistas, lideranças políticas e intelectuais, proporcionaram-lhe um quadro de referências no qual, meio aturdido, tentava orientar-se.

Em 1945, o Partido Comunista era ainda um núcleo pequeno, juntando cacos, algumas centenas de militantes, mas determinados, aguerridos, autoconfiantes. Com a anistia, haveria o reforço de gente experiente e endurecida pelas longas penas de prisão.

Prestes, embora com restrições, apoiara a orientação política dos homens da Comissão Nacional de Organização Provisória, a CNOP, que haviam organizado a chamada Conferência da Mantiqueira. Sabia da determinação daqueles dirigentes. Seus nomes começavam agora a sair das sombras. Contudo, mal os conhecia. Admiravam-no, certamente, mas percebeu logo que tinham luz e vontade próprias. Não eram intelectuais sofisticados, e sim, tal como ele, homens de ação. Um padrão que a Internacional Comunista forjara e consolidara. Cada um se formara nos árduos enfrentamentos com a polícia política varguista, mais do que em livros. Nenhum conhecera a União Soviética, ou se relacionara com emissários da Internacional. Homens práticos. Revolucionários. Duros na queda. Poderiam imaginar servir-se dele para consolidar posições de mando e de prestígio. Naquele momento, no entanto, eram seus homens. Mas não seria fácil fazer deles comandados. Chefe político incontestável, Prestes não tinha, porém, nenhuma experiência de militância partidária. Infundia respeito, admiração, culto. Mas não possuía os truques e os traquejos da luta e da organização clandestinas. Era o dirigente máximo, sem dúvida, mas, em grande medida, parte de uma máquina que não dominava, e de sua ideologia, de seus princípios e mitos. E assim seria por longos anos.

Essa relação complexa de Prestes com os homens do aparelho partidário sempre seria um problema. Para ele, para os homens do aparelho e para todos os que pensaram sobre o assunto. Quando saiu da prisão, Prestes hospedou-se na casa de Leôncio Basbaum. Uma semana depois, ainda em abril, realizou-se uma reunião em Santa Teresa entre ele e os dirigentes consagrados na Conferência da Mantiqueira. Estavam lá Diógenes Arruda Câmara, Maurício Grabois, João Amazonas e Amarílio Vasconcelos, entre outros. Duas questões dominaram o debate: a de manter ou não o Partido e a de apoiar ou não Getúlio Vargas, e em que condições. Tais questões, tidas como essenciais, já vinham polarizando os comunistas desde a entrada do Brasil na guerra, e mesmo antes.

A ideia de dissolver o Partido vinculava-se ao chefe do Partido Comunista dos EUA, Earl Browder, que propunha, enquanto durasse a Grande Aliança entre a URSS e os EUA, a dissolução dos partidos comunistas. Era o chamado "browderismo". Fortaleceu-se com a dissolução da Internacional Comunista, em 1943, e teve certa influência entre os comunistas da América Latina. No Brasil, passou a ser defendido por Fernando Lacerda e outros intelectuais. Alguns o sustentavam igualmente por considerar que o Partido no Brasil estava "podre", repleto de policiais infiltrados. Segundo Prestes, Carlos Marighella e outros comunistas presos pendiam para essa posição. Havia que reconstruir o Partido na legalidade, gradativamente. Os homens da CNOP, entre outros, chamavam essas posições de "liquidacionistas". Prestes, do mesmo modo, os criticava em textos que remontam a fins de 44.

A questão da aliança com Vargas também dividia os comunistas, e desde a entrada do país na guerra. Havia os que abominavam o ditador, com ele não se poderia fazer aliança de espécie alguma. Outros, no entanto, como Prestes e os homens da CNOP, afirmavam que os comunistas não poderiam ser guiados por ressentimentos pessoais ou políticos. O apoio a Getúlio se inseria no contexto geral da Grande Aliança contra o nazifascismo, era isso que devia contar, acima de tudo. Mas não seria um apoio "incondicional", como preconizavam Arruda e seus amigos. Tiveram que ceder nesse ponto à argumentação de Prestes, assim como em outro importante aspecto, referente à reforma agrária. Tratava-se de algo essencial, descurado por aqueles que enfatizavam apenas a preocupação com o desenvolvimento industrial, ponto forte do Estado Novo e dos discursos de Getúlio.

O acordo em torno das duas questões — a luta contra o liquidacionismo e a união nacional sob a liderança de Vargas — consolidaria a aproximação entre Prestes e os homens da CNOP. Sob a égide desse acordo, formou-se um Comitê Central e uma Comissão Executiva. Desta faziam parte Prestes, Arruda, Grabois, Amazonas, Francisco Gomes e Agostinho de Oliveira. No Comitê Central, por sugestão de Prestes, ingressaram também alguns oficiais recém-libertados, como Agildo Barata, Ivã Ribeiro e Leivas Otero.

Pouco depois de libertado, Prestes foi à embaixada dos Estados Unidos participar de uma solenidade em homenagem a Roosevelt, morto em 12 de abril. Deixou-se fotografar numa das janelas do prédio. Um ato simbólico: aliados na guerra, aliados na paz. No Brasil, como em todo o mundo, a união nacional, forjada na luta contra o nazifascismo, continuaria a ser defendida pelos comunistas.

As lideranças políticas o procuravam. Em 7 de abril, fundou-se a União Democrática Nacional (UDN). Meses depois, o Partido Social Democrático (PSD). Na UDN seria difícil encontrar democratas convictos, de longa data, uma raridade. O PSD era um partido de chefes políticos, os chamados "interventores", indicados pelo ditador para governar os estados. Há uma história de que receberam um telegrama de felicitações da Internacional Socialista, que se reconstruía na Europa. Um partido social-democrata no Brasil parecia um assombro. Uma especificidade? Um equívoco conceitual, na verdade. Pois não havia ali nem operários nem democratas, muito menos socialistas. Era preciso informar àqueles europeus que as palavras mudavam de significado ao sul do Equador. Já os antigos não diziam que os elefantes voavam nestas paragens?

Havia, no entanto, uma enorme expectativa em relação aos comunistas. Que fariam e proporiam eles? Os liberais da UDN e outras forças de esquerda abrigavam a perspectiva de atraí-los para uma frente comum contra Vargas, suas manobras e iniciativas. Como um ditador poderia conduzir o país no rumo da democracia? Não seria mais natural que os partidários da democracia se articulassem contra o chefe do Estado Novo? Assim, houve um primeiro encontro entre o brigadeiro Eduardo Gomes e Prestes, mediado por um velho camarada da Coluna e do exílio argentino, Silo Meireles, por quem Prestes e sua família haviam nutrido especial afeição, contraditada embora pelo adesismo de Silo ao regime. Mas tantos tinham aderido à ditadura...

Não houve acordo. Prestes esclareceu a posição dos comunistas no estilo habitual, franco e direto, quase ríspido. Era a sua característica, que já o distinguira e o distinguiria ao longo da vida. Segundo as circunstâncias, podia ser um defeito. Ou uma qualidade. O primeiro passo para a construção democrática envolvia as eleições de uma Assembleia Constituinte. Até a aprovação de uma nova Constituição, que ficasse o ditador no poder. Havia congruência naquele paradoxo. Afinal, Getúlio não vinha conduzindo com mão firme a democratização? Apeá-lo do governo em nome de quê? E para colocar quem no lugar? O presidente do Supremo Tribunal Federal, José Linhares? Mas não fora ele nomeado pelo próprio Vargas? Não era ele "um boneco de Vargas"? Ou seria o caso de empossar Eduardo Gomes? Ou Dutra? Mas ambos eram tão parecidos... Não tinham servido, os dois, à ditadura?

Entretanto, havia ainda certas questões incômodas: a polícia de Getúlio não torturara os comunistas? Não enlouquecera Berger de tanta porrada? Não barbarizara o próprio Prestes? Não deportara Olga, sua mulher, para a Alemanha nazista?

Prestes sustentava, como já referido, que não se deviam misturar traumas pessoais e partidários com questões políticas que interessassem ao país. A nação precisava de ordem e tranquilidade. Nada de aventuras golpistas que pudessem desestabilizar o processo. Certo, Vargas ocupava ilegalmente o poder, mas substituí-lo por um golpe seria menos ilegal? A rigor, a ilegalidade se iniciara em 1937, ou mesmo antes, na repressão à Aliança Nacional Libertadora, ainda em 35. Legalidade, agora, só com a Constituinte. Que ela fosse eleita e se preparasse uma nova Carta. Aí, sim, já sob um novo marco legal, que se elegesse um novo presidente da República. A proposta de uma união incluindo os comunistas contra Vargas morreu naquela primeira conversa entre Eduardo Gomes e Luís Carlos Prestes.

Começou a germinar entre muitos a suspeita de uma secreta aliança entre Vargas e Prestes, insinuada e denunciada porém nunca evidenciada. Em maio, ocorreu uma primeira reunião pública dos dirigentes comunistas de todo o país, emocionado e emocionante reencontro dos liderados com o líder, dos comandados com o chefe. Uma atmosfera eletrizante, mas contida, sóbria, à imagem dos comunistas de então.

Na mesa da direção dos trabalhos, ao lado de Prestes, econômico de palavras, pontificou Arruda Câmara, pernambucano de origem, ativo na Bahia e em São Paulo. Um dos chefes da CNOP, participara da rearticulação do Partido na dura clandestinidade do Estado Novo; era um homem e um líder da máquina partidária, tinha as qualidades reconhecidas de organizador. Secamente, apresentou a ordem do dia, atalhando e recusando propostas diversas. Os camaradas tivessem paciência, mas as múltiplas tarefas, todas urgentes, impunham uma reunião rápida. Era necessário organizar o Partido, a imprensa comunista, manifestações e comícios, não havia tempo a perder. Muita gente chegava, pedindo ingresso no Partido: de menos de um milhar, o Partido passara a ter dezenas de milhares de filiados, era preciso organizar aquela energia, transformá-la em força material. Alguns tinham a impressão de que não se estava ali para discutir, mas para ouvir. E cumprir. Afinal, como gostavam de dizer os comunistas, aquilo não era um clube, e sim um partido. Do proletariado. Um bloco sistemático, centralizado, eficaz.

Foi confirmada a orientação política favorável à democracia, à justiça social, à paz e à ordem. Se fosse o caso, que se apertasse a barriga e se aguentasse a fome, melhor do que fazer greve e agitações, úteis apenas para os inimigos, os fascistas remanescentes e as esquerdas não comunistas, acusadas de fazerem o jogo da reação mais empedernida.

Prestes saiu apressado: tinha que ir ao estádio de São Januário, do Vasco da Gama, em São Cristóvão, o maior do país na época, onde se realizaria o primeiro de uma série de grandes comícios organizados pelo Partido Comunista. O encontro, afinal, com as massas do povo brasileiro.

Arruda o conduziu até uma pequena comissão de três militantes, armados de revólver, encarregados da sua "segurança". Entraram os quatro num carro, mas, ao desembarcar, devem ter cometido um equívoco, pois se viram de frente para um muro alto. Foi necessário então ladeá-lo, a passos apertados, quase correndo, em direção ao portão de entrada. "Era assim que caminhávamos na Coluna", disse Prestes aos camaradas que o acompanhavam. Aquela lembrança de guerra em meio às multidões que se dirigiam ao estádio, o Cavaleiro da Esperança e três seguranças armados, anônimos, protegendo-o de quem? Havia ali um simbolismo, o apego a outra época, que mal se encerrara, de perseguição, prisão e morte, e talvez, pelo lado do avesso, a nostalgia da catástrofe revolucionária, uma resistência dissimulada, acaso inconsciente, a um novo tipo de ação política, democrática, de massas, pacífica.

Encontrada a comissão de recepção, Prestes entrou no estádio em grande estilo, em carro aberto, o povo escandindo aos brados, devagar: "Luís... Carlos... Prestes... Luís Carlos Prestes... Luís Carlos Prestes". Eram já nove horas da noite daquele 23 de maio de 1945. Uma vibração eufórica, intensa, atordoante. A menos de 45 dias, ainda na cadeia, nove anos de isolamento. Agora, milhares de rostos alegres, delirantes. O líder e os liderados. O povo, seu povo, seus liderados. Quantos? Algumas narrativas falam de 100 mil, outras, 50 mil pessoas. O fato é que se espremiam todos e não havia lugar para mais ninguém, muitos de fora, sem poder entrar, à escuta do que quer que fosse, testemunhas de um dia histórico, poderiam contá-lo a netos e a bisnetos.

Na tribuna de honra, misturados, eminentes representantes de partidos comunistas da América Latina. Entre eles, Rodolfo Ghioldi, companheiro da aventura revolucionária de 1935, e mais chefes políticos de diferentes tendências, ou seus representantes, amigos e companheiros, todos foram cumprimentados, um a um.

Um velho camarada, décadas mais tarde, ainda recordaria, como se tivesse vivido a experiência no dia anterior: o imenso retrato de Prestes, de quase dez metros de altura, iluminado a gás néon, combinando-se, no gramado, com a palavra B-R-A-S-I-L. Tentando contrariar a propaganda adversária, os comunistas faziam questão de se afirmarem como patriotas.

Depois de lida uma mensagem de saudações, assinada por personalidades internacionais, atestando a amplitude de apoios de que dispunha o PCB, e de outras pequenas falas, mais de saudação e homenagem, veio o grande momento. A multidão rugia, aplaudindo sem parar, até que ele, com um gesto de mão, apaziguou a excitação geral. E então falou, e as massas, silentes, seduzidas pelo seu carisma, escutaram.

Falou de si: "Sou um comunista, e o meu partido é o partido comunista". Já alguém observou o duplo sentido do possessivo empregado: era dele o Partido? Ou pertencia ele ao Partido? O fato é que assinalava uma identidade clara, demarcação de campos. Evocou 1935, fora uma derrota, mas preparara o caminho para a vitória, atual. Homenageou os mortos com emoção contida. Apostrofou com veemência o nazifascismo, recordando a Grande Aliança que viabilizara a vitória e citando os líderes mundiais: Roosevelt, Stálin, Churchill.

Era necessário manter aquele pacto na paz conquistada. Como isso se traduziria na prática? "Os comunistas lutam contra o estado de coisas intoleráveis e injustas predominante em nossa terra, querem a negação [...] da miséria, da fome, do atraso, do analfabetismo, da tuberculose e do impaludismo, a negação do barracão e do trabalho de enxada de sol a sol nas fazendas do senhor, a negação, enfim, da exploração do homem pelo homem."

Mas essas lutas se fariam "sem rancores, nem ressentimentos, dentro da lei e da ordem, das quais os comunistas seriam o esteio máximo". Pacificamente, harmonizados os interesses de operários e patrões. Com base na união nacional, vitoriosa na guerra, retomada para construir a paz, abrigando todas as correntes progressistas: operários, camponeses, estudantes, profissionais liberais, burgueses e mesmo fazendeiros que a tal se dispusessem, e sob o governo de Getúlio Vargas até que uma nova Constituição fixasse a data e as modalidades da eleição de um novo presidente da República. A perspectiva tornara-se quase um mote obsessivo: evitar o golpe contra Getúlio. Desde antes de conseguir a liberdade, Prestes sustentava que um golpe contra Getúlio acabaria fazendo dos comunistas o alvo principal. Era necessário evitá-lo a todo custo.

Estava fixada a linha política para o período. Outros comícios, imensos, a confirmariam. No mês de julho, em São Paulo, no estádio municipal do Pacaembu, na presença de mais de 100 mil pessoas, o ato público tinha um título e ele era todo um programa: São Paulo a Luís Carlos Prestes. Novamente o paroxismo das multidões, entusiasmadas, sobretudo quando Pablo Neruda, precedendo Prestes, disse com voz emocionada: "Silêncio, com a palavra o capitão do Povo. Silêncio: que o Brasil falará por sua boca".

Depois da consagração, quando tomava o trem em São Paulo para o Rio de Janeiro, Prestes teve a confirmação oficial, por um jornalista, da morte da mulher, Olga Benário, assassinada no campo nazista de Bernburg na primavera de 1942. Em outra versão, foi Pedro Pomar quem lhe deu a notícia. Já suspeitava do trágico desfecho. Mas, nessas circunstâncias, enquanto não há confirmação comprovada, sempre restam esperanças. Foi um choque brutal que teve de enfrentar com o estoicismo próprio de seu caráter. Segundo Armênio Guedes, que o acompanhou na viagem, Prestes passou a noite arfando, respirando forte, insone, "acho que chorava". Já na chegada ao Rio, controlou as emoções. Nenhum estremecimento era capaz de alterar os planos de trabalho. Outras tarefas, múltiplas, sempre urgentes, o esperavam, o exigiam.

Construía-se uma identidade entre Prestes e o país, e era isso que fundamentava a esperança que aquele homem suscitava. Em fins de novembro, às vésperas das eleições, em Salvador, 70 mil pessoas voltariam a se congregar para ouvi-lo na tradicional praça da Sé. De acordo com os contemporâneos, a maior concentração de massas da história da Bahia, aplaudindo o "capitão do povo". Ao chegar ao palanque, para seu aborrecimento, porque não gostava disso, Prestes seria levantado por um troncudo estivador. Dois dias depois, o fenômeno se repetiria no Parque 13 de Maio, no Recife. As massas de pé, aplaudindo. Pouco antes de seu discurso, do meio da multidão, um grito irreverente de moça, anônima: "Ei, bonitão!". Motivou risos, mas também olhares e sinais de censura e repreensão. Para muitos, Prestes já se tornara uma figura sagrada.

Ele começava a se acostumar aos "banhos de massa". Por onde passava, ovações entusiasmadas, as pessoas aplaudiam, aplaudiriam qualquer coisa, vinham para ver e vivar o seu gladiador, o que ele dissesse. Mas houve controvérsias. Murmúrios, mesmo entre os comunistas. Muitos não engoliam a figura de Vargas. Críticas dos liberais e das esquerdas não alinhadas com o PC. Para estes, os comunistas consolidavam-se como linha auxiliar do Palácio do Catete. Prestes os desprezava e os vituperava, eram a "canalha trotskista".

O quadro político-partidário diversificara-se: o Partido Trabalhista Brasileiro (PTB) reunia lideranças sindicais e intelectuais adeptas da legislação e dos ganhos sociais introduzidos pela ditadura do Estado Novo. Criticado como uma espécie de braço esquerdo do varguismo, tinha autonomia própria, apesar das críticas dos adversários, que o queriam reduzido a um biombo do ditador. O Partido Republicano Progressista (PRP), sob a liderança de Ademar de Barros, ex-interventor da ditadura em São Paulo, fiel ao ideário social da legislação trabalhista mas aspirante a voos próprios na nova conjuntura política de liberdades. Surgiram também o Partido Republicano e o Partido Libertador, com força relativa em Minas Gerais e no Rio Grande do Sul, respectivamente, assim como um pequeno Partido Democrata Cristão, com bases em São Paulo e no Paraná. Até os integralistas de Plínio Salgado, a liderança esmaecida pela derrota do nazifascismo, se organizaram no Partido de Representação Popular (PRP). No total, treze partidos conseguiram se formar. Um mosaico representativo — e fragmentado — da sociedade de então.

Nesse quadro de cacofonias, Getúlio continuava a manobrar, editando decretos com força de lei. Em maio, a Lei Eleitoral. Partidos nacionais disputariam no voto, secreto, sob a regência de uma Justiça Eleitoral, eleições para a Câmara Federal (286 deputados) e para o Senado (42 senadores). O programa do movimento de 1930, como um fantasma redivivo, quinze anos depois, atualizado. Quanto às atribuições constituintes, permaneceram vagas. Os eleitos decidiriam. No fundo do quadro, mantinha-se vigente a Constituição do Estado Novo. Uma lei sibilina. As sutilezas do ditador. O pleito foi marcado para 2 de dezembro de 1945.

No mês seguinte, veio a Lei dos Atos Contrários à Economia Nacional, logo apelidada de Lei Antitruste, que criou restrições aos monopólios estrangeiros no país. Previa-se uma Comissão de Defesa Econômica com poderes para expropriar empresas estrangeiras que ferissem a segurança e os interesses nacionais. Um apelo nacionalista. Uma ameaça aos capitais estrangeiros.

Nas ruas, sucediam-se manifestações. Os comunistas propunham a formação de comitês para defender os interesses dos trabalhadores. Afluíam ao Partido milhares e milhares de novos adeptos, nem todos propriamente simpatizantes do comunismo, boa parte nem sabia o que era isso, mas ansiosos por aderir a um partido comprometido com a luta contra a injustiça, a desigualdade, a miséria, as arbitrariedades da polícia. Houve caso de assembleias de operários, em fábricas, filiando-se em massa. Na porta das sedes partidárias, formavam-se filas de pessoas querendo se filiar. Por outro lado, o PTB, a partir de agosto, lançou manifestações de massa, cada vez mais calorosas, pela continuidade de Getúlio Vargas no poder. Era o movimento queremista: "Queremos Getúlio!".

Trabalhistas e comunistas já disputavam o controle dos movimentos sindicais, mas tinham um acordo básico: a Assembleia Constituinte deveria eleger-se e promulgar uma nova Constituição com Getúlio no leme do governo. Propunham que só depois disso se fizesse a eleição para presidente da República, sob normas definidas pela nova Carta.

As oposições a Vargas exasperavam-se. O brigadeiro Eduardo Gomes e o general Eurico Dutra giravam no vazio, candidatos a um cargo — a Presidência — que não estava oficialmente em disputa. Observavam com apreensão o crescimento político e organizativo de trabalhistas e comunistas. Inquietavam-se, ainda, as elites sociais e as alturas das burocracias civil e militar. O que estaria tramando aquela velha raposa: um novo golpe, com apoio nos trabalhadores urbanos, em aliança com os comunistas?

O novo embaixador dos EUA, Adolf Berle Jr., fez um discurso de advertência em começos de outubro. A atmosfera do pós-guerra não admitiria a continuidade de ditaduras, sobretudo daquelas simpáticas ao nazifascismo. A ingerência foi repudiada pelos comunistas e por Vargas. Este, em mais uma manobra, nomeou o irmão, Benjamin, para a chefia de Polícia do Distrito Federal. Prestes teve um encontro com ele, e propôs um acordo formal entre comunistas e getulistas contra o golpe e a ingerência norte-americana. Sentindo o interlocutor evasivo, compreendeu que Getúlio preferia um choque entre os comunistas e as direitas para que ele pudesse aparecer como árbitro. Entretanto, os comandantes das Forças Armadas, que já vinham conspirando, decidiram que Vargas tinha ido longe demais.

Com um golpe militar, em 29 de outubro de 1945, apearam-no do poder e instalaram em seu lugar o presidente do Supremo Tribunal Federal, José Linhares. Muitos anos depois, Prestes diria ter sido favorável a uma resistência ao golpe. Na véspera, fora prevenido por um homem do Partido no Exército de que uma coluna de tanques, chefiada pelo coronel Álcio Souto e com apoio da Vila Militar, seria mobilizada para depor Getúlio. O líder comunista avisou a quem pôde, e se refugiou numa casa em Ipanema arranjada por Arruda Câmara. No dia seguinte, porém, foi convidado por Orlando Ribeiro a ir para um apartamento na rua Buarque de Macedo, no Catete, próxima ao Palácio, onde se encontravam, entre outros oficiais, Estillac Leal e Osvino Ferreira Alves. Enviaram então Orlando ao Palácio para concitar Getúlio a resistir, com a garantia de que contaria com o apoio dos comunistas. O jogo poderia assim ser invertido no contexto de uma resistência armada, que poderia salvar a posição de Vargas. O relato de Orlando foi, no entanto, desanimador. Nas palavras posteriores de Prestes, Getúlio estava "lá estatelado numa cadeira e não quer saber de nada [...] esperando que o golpe chegasse [...]. Aquilo lá está uma marmelada, todo mundo [...] avacalhado [...] a única pessoa indignada com a situação era a dona Darcy, a mulher do Getúlio, chamando de traidores os elementos do golpe".

Não resistindo, Vargas evidenciara, segundo os comunistas, sua condição de classe e de elite. Mas o fato é que eles próprios tampouco haviam organizado um dispositivo que pudesse entrar em ação, o que seria, aliás, incongruente com a política de defesa da lei e da ordem. A rigor, também foram pegos no contrapé. Em muitos lugares, principalmente no Rio de Janeiro, dirigentes foram presos, as sedes do Partido, saqueadas.

Prestes chegou a imaginar o pior, a volta à clandestinidade. Aqueles meses todos tinham sido febris, frenéticos.

Em fins de outubro, surgiu a hipótese de uma brecha, uma pausa. Chegaram do México a filha que Prestes ainda não conhecera, Anita, e a irmã Lígia, transformada pelas circunstâncias em mãe adotiva. Quase dez anos... Como pensara na filha nos longos anos de cárcere. Os planos que fizera para aquele encontro, as viagens imaginadas, anunciadas na correspondência da prisão, quando prometera correr o país com ela, mostrando-lhe, através do traçado da Coluna, as gentes, as árvores e os animais do Brasil.

Entretanto, tudo ficou no reino dos sonhos nunca realizados. No dia seguinte à chegada da filha e da irmã, já o golpe que derrubaria Getúlio Vargas virou tudo pelo avesso. A correria para escapar a uma eventual prisão, às pressas, novamente as urgências, as exigências da prática política, a vida particular encolhendo-se, soterrada pelas demandas de uma vida pública avassaladora. Mais uma vez, ainda uma vez, foi preciso calar os interesses e os afetos privados. No entanto, era isso mesmo que o interessava e o atraía; desde a aventura da Coluna, tornara-se um homem público, e nunca deixaria de sê-lo.

Seus piores pressentimentos, porém, não se concretizaram: a democracia fora preservada, mais pela atmosfera geral do pós-guerra e pelas rivalidades dos próprios golpistas, divididos em duas alas — a de Dutra e a de Eduardo Gomes —, do que pela vontade dos comunistas. Através de dois decretos, editados em novembro, José Linhares manteve o pleito de 2 de dezembro, reiterando as atribuições constituintes dos deputados e senadores eleitos, e estipulando que, no mesmo dia, haveria votação para presidente da República. Em outro movimento, simbólico, revogou a Lei Antitruste.

Nas novas condições, o partido que não tivesse candidato à Presidência estaria enfraquecido. Uma sinuca para os comunistas, que apostaram na permanência de Getúlio enquanto durasse a Constituinte. Prestes, candidato ao Senado, dada a sua enorme popularidade, tinha a eleição assegurada. Se pretendesse a Presidência, provavelmente seria derrotado. Um sacrifício que ele considerou inútil. Do ponto de vista partidário, no entanto, poderia ter sido valioso. Não sendo ele, quem seria o candidato? Foi necessário improvisar. Era uma corrida contra o tempo. Escolher alguém que pudesse fazer a ponte com os trabalhistas e, eventualmente, ter o apoio de Vargas. Prestes chegou a sondar Prestes Maia, ex-prefeito de São Paulo. O homem vacilou. Assim, com apenas quinze dias de antecedência, em 17 de novembro, limite máximo para a inscrição de candidatos, por indicação de Agildo Barata o Partido Comunista lançou o nome do engenheiro Iedo Fiúza, ex-prefeito de Petrópolis, um homem do Estado Novo, ilustre desconhecido em âmbito nacional mas próximo de Getúlio Vargas e do PTB. Mais tarde, Prestes manifestou arrependimento por não ter solicitado expressamente o apoio de Getúlio. Gestões nesse sentido teriam dado resultado? Improvável, pois Vargas indicou o voto em Dutra, ainda que não o apreciasse. Não nutria nenhuma simpatia pelos comunistas, e tinha o receio, acima de tudo, da vitória de Eduardo Gomes. O menor dos males seria a eleição de seu ex-ministro da Guerra.

Em 2 de dezembro, o PSD triunfou: elegeu o presidente da República (o general Eurico Gaspar Dutra) e 177 constituintes (26 senadores e 159 deputados), maioria absoluta da Assembleia de 328 deputados e senadores, embora com apenas 43% dos votos válidos. A UDN elegeu 89 constituintes (26,6% do total), e o PTB, 23 (6,8%). Os comunistas apareceram em quarto lugar, com dezesseis constituintes (4,7%). Os demais partidos elegeram 25 deputados e senadores (7,2%).

O êxito do PSD assinalou a hegemonia das forças conservadoras, bases de uma democracia autoritária, como alguns a chamariam mais tarde. A própria UDN, em cujas fileiras se encontravam muitos opositores do Estado Novo, era dominada por um pensamento liberal conservador, avesso à participação política das camadas populares.

Apesar disso, as eleições foram um sucesso para os comunistas e um triunfo pessoal para Prestes. O número de eleitos era modesto, mas no contexto da época foi um desempenho digno de registro. Basta considerar a inexistência de tradições democráticas e de um partido comunista no país, o curto tempo de campanha, os recursos limitados do Partido, a precariedade dos meios de transporte e de comunicações, a imensa proporção de analfabetos (mais de 50% da população adulta), excluída do voto, as maiorias sem acesso a debates contraditórios. Acrescentem-se ainda as distorções do sistema proporcional, que atribuía valor desigual aos votos, segundo os estados e os municípios do país, privilegiando-se as áreas rurais em detrimento dos centros urbanos. Para se ter uma ideia, no cômputo geral os comunistas receberam 8,6% dos votos válidos, mas apenas 4,7% dos constituintes. O mesmo aconteceu com o PTB: 10,2% dos votos válidos, apenas 6,8% dos constituintes.

Quase toda a votação dos comunistas foi conquistada nas cidades grandes ou de médio porte, e na região Sudeste, onde era mais forte e estruturada a sociedade civil e pesava mais o voto dos trabalhadores. O Distrito Federal, capital da República, constituiu o exemplo mais expressivo: de um conjunto de dezenove, os comunistas elegeram quatro constituintes, pouco mais de 20% do total.

Prestes foi eleito senador pelo Distrito Federal com 157 397 votos, a maior votação em pleitos equivalentes da história política brasileira até então. Ao mesmo tempo, como permitido pela legislação, foi sufragado como deputado federal por três colégios eleitorais: Distrito Federal, Pernambuco e Rio Grande do Sul.

O candidato dos comunistas à Presidência, o desconhecido Fiúza, mesmo sem o apoio de Getúlio e dos trabalhistas, conseguiu também, apesar de medíocre orador, um resultado bastante positivo. Registre-se que, em grandes comícios, sempre que possível na correria frenética da campanha, Fiúza foi acompanhado por Prestes, o que surtiu efeito: embora duramente difamado pelos adversários, obteve 569 818 votos, num conjunto de 5,84 milhões de sufrágios, quase 10% dos votos válidos. Os eleitores não tinham votado nele, mas em Prestes e no Partido, o que, na época, era quase a mesma coisa. Resultados encorajadores para os comunistas. Assustadores na mesma medida, do ponto de vista das elites políticas.

Apesar das contemporizações, não fora simples conseguir o registro legal do PC, encaminhado em setembro mas só concedido em novembro de 1945. Prudentemente, eliminaram-se as referências ao marxismo-leninismo e ao comunismo. Nos estatutos apresentados à Justiça Eleitoral, o Partido dizia-se fiel à unidade, à democracia e ao progresso da pátria.

Em janeiro de 1946, uma reunião da Direção Nacional, presidida por Prestes, reafirmaria esses critérios. O objetivo era reformar o país, respeitando-se a lei e a ordem no quadro de amplas alianças, inclusive, se fosse o caso, com o novo presidente eleito.

Contudo, as forças conservadoras não demonstraram nenhum interesse nesse jogo. A mão estendida dos comunistas ficou no ar. Na Assembleia Constituinte eles estavam e permaneceriam isolados. Quanto aos partidos de esquerda alternativos, o PCB os veria com desconfiança, pois se considerava o único representante autêntico da classe operária e dos trabalhadores em geral.

O destino das minorias parlamentares plasmou-se numa espécie de guerrilha política. Liderados por Prestes, os comunistas se dedicariam a ela com persistência e coragem. Mas a maioria esmagadora os derrotaria sempre, salvo em detalhes sem maior significação.

Não foi possível aprovar uma alternativa ao presidencialismo imperial, herdeiro da ditadura do Estado Novo. Nem o parlamento unicameral. Ou um rigoroso sistema proporcional, capaz de sanar as distorções do voto. Nem pensar em universalizá-lo, estendendo-o a analfabetos, a soldados e a marinheiros. Tampouco a redução dos mandatos parlamentares. Ou a autonomia dos municípios, numa perspectiva descentralizante.

Outra grande questão em debate foi a reforma agrária. Prestes mostrava dados, comparava números, evidenciando que, mesmo em países capitalistas, a propriedade rural era muito mais disseminada do que no Brasil: "O latifúndio, senhores, é que determina o atraso da nossa agricultura".

> Sabeis, senhores, o que é esse atraso: é a agricultura da enxada, semelhante à do Egito dos Faraós, da qual não podemos sair porque é impossível, é impraticável a aplicação da técnica agrícola, enquanto existir essa massa de milhões de operários sem trabalho [...]. É a miséria da grande massa camponesa sem terras que determina a miséria da renda nacional, e consequentemente, da renda pública [...] é o monopólio da terra que gera as oligarquias estaduais e municipais [...] vivemos os do povo sob o predomínio dos coronéis, chefes e chefetes, senhores de baraço e cutelo. Não se propunha uma reforma socialista, mas um impulso ao capitalismo...

Na cabeça de Prestes tratava-se de estruturar uma ampla frente nacional, reunindo operários, camponeses, camadas populares urbanas, assalariados, profissionais liberais, industriais, fazendeiros progressistas, como diziam os comunistas: "as forças vivas da nação". De uma reforma agrária resultaria um vigoroso mercado interno, a prosperidade nacional, as condições de enfrentamento da dominação estrangeira. Para os comunistas, o país passava ainda pela etapa do desenvolvimento de um capitalismo nacional. Os principais entraves eram o "latifúndio e o imperialismo". Era preciso removê-los. Sob as tradições "feudais", padecia-se mais da ausência que da presença do capitalismo. Sob o domínio do "imperialismo", era inviável imaginar um desenvolvimento autônomo. A grande referência teórica era o livro de Lênin: *As duas táticas da social-democracia russa*. Prestes diria mais tarde que os comunistas analisavam "[...] o Brasil [como se] fosse um país autocrático como a Rússia de 1905. Era este o nosso erro". Nessa perspectiva, só em outra etapa, posterior, a revolução socialista entraria na agenda.

Tratava-se de uma proposta reformista moderada, mas naquele cenáculo, entre deputados e senadores eleitos, não entusiasmava quase ninguém. Não passou. Nem mesmo com a ressalva de que fosse realizada no futuro. Nem hoje, nem amanhã, nem nunca. Constituintes ilustres permitiam-se dizer que não havia questão agrária no Brasil. E bradavam: "Temos espaço para 900 milhões de pessoas aqui neste país". Outros defendiam: "A grande propriedade é um bem e o latifundiário, um benemérito". E aduziam: "Não há brasileiros que queiram terra e não a tenham. A terra é que precisa de gente e não encontra brasileiros". Um dia, Aliomar Baleeiro, da UDN da Bahia, interrompeu um discurso de Prestes sobre a reforma agrária e exercitou a virtude da sinceridade: "Vossa Excelência devia compreender que está perdendo tempo [...]. Nós aqui todos somos filhos ou genros de fazendeiros [...] não vamos aceitar essa reforma agrária". Diziam o que pensavam, num tempo em que isso era ainda possível. A reação no sentido próprio da palavra.

A favor de uma Constituição conservadora, formara-se ampla aliança, integrada pelo PSD e por muitos da UDN, e apoiada nas alturas do Estado e das Forças Armadas, na imprensa, com aquiescência e aplauso dos homens de negócio, empresários e fazendeiros. Nesse quadro, eram escassas as possibilidades de vitória das propostas dos comunistas. Não apenas foram politicamente derrotados, mas tiveram de lidar com toda sorte de críticas e mesmo de insultos e ameaças.

Desde 1945, circulavam por toda parte as piores afrontas: os comunistas não eram pessoas, mas autômatos, subservientes à Rússia (referindo-se à União Soviética, as direitas sempre falavam da Rússia), estipendiados pelo ouro de Moscou, paus-mandados de Stálin. Prestes era um mero agente estrangeiro, cultuado como Stálin, Hitler e Mussolini, tudo farinha do mesmo saco. Só queriam perturbar, subverter a ordem, desvairados, capazes de tudo, inimigos da pátria, incompatíveis com a democracia.

Os maiores jornais debochavam da falta de traquejo dos comunistas, que tropeçavam nos discursos, não acostumados às sutilezas dos debates, dos apartes e das questões de ordem. Pegavam no pé do deputado comunista Claudino José da Silva, único negro da bancada: "um crioulo que visivelmente não tem ideias". E batiam firme, denunciando o PCB como germe da destruição da liberdade, e veiculando moções e telegramas que clamavam pelo fechamento daquele antro. Tachados de insignificantes, os comunistas eram ao mesmo tempo responsabilizados por todas as agitações, greves, manifestações e movimentos que surgiam no país. Conspiradores experimentados e maquiavélicos, portadores de ideias estranhas, dissimulavam-se, espertos, em público celebrando a ordem e à socapa incentivando a desordem.

Um debate tornou-se memorável, opondo Prestes a um conjunto de lideranças de vários partidos conservadores. Teve lugar em 26 de março de 1946 no recinto da Assembleia Constituinte. Indagado sobre o que fariam os comunistas se houvesse uma guerra entre os Estados Unidos e a União Soviética — o mote fora dado por uma discussão ocorrida dias antes entre o líder comunista e uma assembleia de funcionários públicos no Rio de Janeiro —, e o Brasil fosse chamado a tomar parte ao lado dos EUA, Prestes respondera que, nesse caso, os comunistas agiriam como haviam feito muitos na Europa durante a Segunda Guerra Mundial: lutariam contra seus governos e contra a guerra de caráter imperialista, a favor dos interesses do povo e dos trabalhadores.

Juracy Magalhães, deputado pela UDN da Bahia, retomando o assunto, reformulou a questão: o que faria Prestes se o governo brasileiro, legalmente constituído, e com a aprovação do Parlamento, declarasse guerra à Rússia: ficaria do lado do Brasil ou da Rússia?

A pergunta lidava com uma hipótese improvável, quase absurda. Mas era simples e direta. Se Prestes se recusasse a responder, seria denunciado como fujão e partidário enrustido da Rússia. Como enfrentar a questão? Prestes tentou ganhar tempo, enrolou-se. Tergiversou. Acuado, teve de responder que, nesse caso, também se trataria de uma guerra imperialista, e ele e os comunistas lutariam com o povo e contra o governo brasileiro. Bastou isso para que os meios de comunicação não parassem mais de bater na tecla de que Prestes não era um patriota. Confessara em público que se posicionaria, em caso de guerra, a favor da Rússia e contra o Brasil. Naquela arquitetura simplificada, própria das armadilhas parlamentares, surgiu um eixo propagandístico que se estenderia pelos tempos, municiando as forças conservadoras e dificultando o trabalho político dos comunistas. A polêmica evidenciava um propósito: caracterizar os comunistas como estrangeiros, planta exótica que precisava ser arrancada. Pela raiz.

Nem bem a Constituinte começara seus trabalhos, passados menos de dois meses, já chegara ao Tribunal Superior Eleitoral uma denúncia, solicitando a cassação do registro do Partido Comunista. O autor era um ex-procurador do extinto Tribunal de Segurança Nacional, Himalaia Virgulino, que infernizara a vida de Prestes quando ele se encontrava na cadeia. Pouco depois, outra solicitação no mesmo sentido, de um deputado do PTB, Barreto Pinto, alegava que o PCB possuía dois estatutos, um para inglês ver, apresentado à Justiça Eleitoral, outro, para valer, secreto. Uma terceira, oficial, de um procurador da República, Alceu Barbedo, insistia no mesmo ponto: o duplo estatuto impunha a cassação do registro do PCB.

O governo Dutra, apoiado na Constituição de 1937, em vigor por decisão da Constituinte (nisso também os comunistas haviam sido derrotados), atropelava, editando decretos e legislando segundo suas conveniências. Para se ter uma ideia da fúria legislativa do governo Dutra, entre fevereiro e setembro de 46, enquanto durou a Assembleia Constituinte, editaram-se 1457 decretos-leis.

Um deles, publicado em março, o decreto-lei nº 9070, anulou na prática a possibilidade de movimentos grevistas. Em maio, outro autorizaria o cancelamento de partidos que não respeitassem a democracia ou recebessem orientações do exterior.

A polícia, particularmente no Rio de Janeiro, principal centro político do país, desencadeava-se contra movimentos e comícios em praça pública. Sucediam-se proibições de manifestações e ações repressivas, às vezes com mortos e feridos. Mesmo os parlamentares comunistas eram desrespeitados em suas imunidades. Assediados em suas residências, invadidas, assim como os comitês partidários. Os jornais comunistas, suspensos, quando não empastelados.

Um cerco ia se apertando. Para o PCB, tratava-se de uma situação delicada. Vivia-se numa atmosfera de reivindicações sociais, quase todas legítimas, dezenas de greves. Nas bases do próprio Partido, não poucos as estimulavam e as consideravam razoáveis. Urgia conduzir a bom porto aquela maré montante. Mas não havia porto. As elites políticas e as classes dominantes não abriam brechas para um programa e uma política reformistas.

Prestes e seus dilemas. A ideia de união nacional, nas novas condições, não colava mais. Das classes médias para cima, predominava o anticomunismo. A proposta da reforma agrária e da ampliação do mercado interno não entusiasmava os supostos aliados burgueses, nem as elites burocráticas do Estado e das Forças Armadas. Para os comunistas, os opositores da união nacional eram fascistas ou vendidos ao capital estrangeiro, mas era muita gente para caber nessas definições limitadas e injuriosas.

A questão da democracia também se apresentava numa complexidade imprevista. Que democracia era aquela? O Estado Novo reaparecia apenas retocado na nova Constituição. Suas instituições básicas: o governo todo-poderoso, as estruturas corporativas, controladas pelo Estado, o campo intocado pela reforma agrária, a política repressiva, a alergia à participação política das massas permaneciam quase incólumes. A rigor, os comunistas tinham alguma responsabilidade nisso: não haviam apoiado Getúlio Vargas até o golpe que o derrubou? A seu modo, isso não reforçara a transição pelo alto? De que adiantara derrubar o ditador se o que viera depois era o varguismo sem Vargas, e piorado, porque o nacionalismo fora subtraído da herança?

Os comunistas, embora moderados, eram acusados de tendências insanáveis à ditadura. As estruturas internas e o culto deslumbrado ao próprio chefe, Prestes, eram apontados à execração pública, como aquele personalismo poderia rimar com a democracia? As alianças internacionais, em particular a fidelidade à União Soviética — só os comunistas não viam que ali havia uma ditadura —, as citações repetidas e tediosas ao camarada Stálin, como aquilo podia ser associado ao patriotismo de que se orgulhavam os comunistas? A arrogância no trato com esquerdas não comunistas, consideradas todas uma canalha pequeno-burguesa, ou pior, trotskista, dificultava uma política mais ampla. E ainda o vocabulário militarizado, a preferência pelo segredo, a atitude — frequente — de atropelar os aliados, a rispidez no trato com os próprios companheiros por muitos dirigentes. Seria possível que um partido como aquele se figurasse democrático?

Podia-se alegar que, em parte, eram as heranças da vida clandestina, sequelas do enfrentamento com a repressão, as prisões. Mas até que ponto, argumentavam alguns, não permaneciam vigentes concepções que determinavam práticas não democráticas ou mesmo antidemocráticas?

Em julho de 1946, por ocasião da III Conferência Nacional do PCB, Prestes reconheceu os sucessivos golpes que a democracia vinha recebendo no Brasil. A reação apertava o cerco. A força dos fascistas crescia no interior do governo. Era preciso desmascará-los. Mas nem todos os antidemocratas eram fascistas. Por outro lado, ele sempre elogiara as Forças Armadas como exemplo de democracia e de patriotismo, quando os chefes militares é que estavam liderando os golpes à democracia...

O fato é que os comunistas se encontravam sob fogo cruzado, da polícia, do governo, da grande imprensa, das Forças Armadas, dos partidos conservadores, dos trabalhistas e das esquerdas não comunistas. Cada qual com seus motivos. Um episódio, ocorrido em 1º de agosto, ilustra bem a situação de cerco que se criava. À tarde, no centro da cidade, manifestações estudantis foram reprimidas, gerando quebra-quebras generalizados. A polícia chamou o Exército e as ruas foram ocupadas pelos militares. Na Assembleia Constituinte, os trabalhos foram até as oito horas da noite, e Prestes dirigiu-se à sua residência, na rua Gago Coutinho, em Laranjeiras. Informado de que estavam ocorrendo prisões de dirigentes comunistas, foi levado por Diógenes Arruda para a casa de Maurício Grabois, no Leblon, considerada menos visada. Alta madrugada, bateu a polícia, vinha prender Grabois. A sorte é que o apartamento era no térreo. Os dois escaparam pelos fundos, tendo que pular um muro e indo se refugiar na casa de outro companheiro. "Um senador pulando um muro", comentou Prestes, "um mês e pouco antes da promulgação da Constituição..." Quanto às massas, não se mobilizavam e não se organizavam em sua defesa.

Em setembro de 1946, quando a Constituição foi promulgada, havia não poucas tensões no ar. A Assembleia Constituinte, desde o início, funcionara condicionada pelo governo e pelas Forças Armadas. Seu atributo histórico essencial — a soberania — nunca existira de fato. Era dominada por maiorias conservadoras, liberais, quando não reacionárias. Era nesse quadro legal difícil e adverso que os comunistas tinham que trabalhar.

Determinado pela Constituição, o pleito de janeiro de 1947, para governadores e deputados estaduais, confirmou, porém, a força relativa do Partido de Prestes, sobretudo nos seus principais redutos: as cidades grandes e de médio porte. Mas não houve ganhos em relação às votações de 45, e sim perdas leves. Algo para inquietar os mais argutos.

Numa eleição majoritária, os comunistas conseguiram eleger Abel Chermont suplente de senador no Distrito Federal, mais 46 deputados estaduais em quinze estados. Além disso, foram eleitos dois deputados federais sob a legenda do pequeno Partido Social Trabalhista (PST). No Distrito Federal, que não tinha governador ou Assembleia Legislativa (o prefeito era nomeado pelo presidente da

República), antecipou-se a eleição para a Câmara de Vereadores e o Partido Comunista elegeu a maior bancada. Um grande sucesso, com repercussão nacional. Em vários estados, contudo, o Partido fizera alianças consideradas "espúrias" pelas esquerdas não comunistas. Promessas de votos foram trocadas por recursos financeiros. Foi o caso de São Paulo com o apoio a Ademar de Barros e a seu novo partido: Partido Social Progressista (PSP). Também houve aliança na Bahia, para eleger um liberal da UDN, Otávio Mangabeira. Os comunistas defendiam-se com o argumento de que arrancavam compromissos políticos, favoráveis à legalidade do Partido e à consolidação da democracia. E os recursos financeiros seriam canalizados para a Boa Causa. A história dos meios e dos fins. Se os fins eram revolucionários, qualquer meio serviria. E os intérpretes dos fins eram eles mesmos, os comunistas, que estudavam, compreendiam e encarnavam as leis da História.

Em abril de 1947, em novas eleições municipais, o Partido elegeu as maiores bancadas também nas cidades de Santos, Rio Grande e Recife. Em todo o país, elegeram-se dezenas e dezenas de vereadores. Ao mesmo tempo, as filiações cresciam: entre o início e o fim de 45, o PCB saltara de poucas centenas para cerca de 50 mil filiados; em meados do ano seguinte alcançaria 200 mil filiados, segundo estimativas imprecisas, algo lendárias, mas sempre citadas por Prestes, e que sinalizam uma ordem de grandeza.

Entre os partidos conservadores, e até no PTB, competidor pelas mesmas bases sindicais e eleitorais, aumentava a inquietação. A artilharia política e midiática não lograra os resultados esperados. Era preciso mais.

Amadurecia a perspectiva da eliminação dos comunistas do jogo político. Em 7 de maio de 1947 o Tribunal Superior Eleitoral, através da resolução nº 1841, decidiu por três a dois cassar o registro legal do PCB. Entre os ministros que participaram da decisão, um contraste. Enquanto os juízes Sá Filho, relator do processo, e Ribeiro da Costa se atinham aos autos numa argumentação exclusivamente jurídica, evidenciando a inconsistência de provas, os demais, José Antônio Nogueira, Cândido Lobo e Rocha Lagoa, que votaram pela cassação, permitiam-se inflamados discursos políticos. O único argumento jurídico dizia respeito ao fato de que a Constituição vedava o funcionamento de partidos que contrariassem o regime democrático, baseado na pluralidade dos partidos e na garantia dos direitos fundamentais do homem. Para eles, o movimento comunista internacional e o PCB em particular eram incompatíveis com o enunciado constitucional. Mas não havia nos autos provas que demonstrassem que os comunistas brasileiros tivessem ofendido de fato os aludidos princípios constitucionais. Exaltado, Nogueira chegara a clamar que a cassação do PCB era uma questão de salvação nacional, de vida ou morte, para a qual estavam convocados "os valores espirituais e morais", para que o país não mergulhasse "nas ondas da incultura e do primarismo de origem e inspiração estrangeira". Um espírito de cruzada que, afinal, prevaleceu.

Entre os comunistas, a tristeza, a surpresa, o estupor. Atarantados, corriam para todos os lados e para lado nenhum. Uma catástrofe política. Um desastre.

10. De volta aos subterrâneos

Atarantados. Nenhuma palavra traduziria melhor o estado de espírito dos comunistas e de Prestes no entardecer daquele dia 7 de maio de 1947.

Uma semana antes, nas comemorações do Primeiro de Maio, no Recife, ele falara para quase 200 mil pessoas, ignorando intimidações que, na última hora, haviam sido suspensas. Pouco antes do julgamento, em conferência para militantes na Casa do Estudante, declarou: "A cassação é inviável, o processo judicial parte de inexpressivo grupelho fascista, a burguesia progressista não tem interesse em tamanho disparate...". Jacob Gorender confirma: ainda na manhã daquele fatídico dia, ele estava seguro de que a sentença corroboraria o registro.

O Partido encontrava-se novamente na ilegalidade, e ninguém, no entanto, se preparara para a hipótese. Uma estabilidade conquistada a duras penas, riscada do mapa. Não se sabia agora o que aconteceria, nem que fim levaria o IV Congresso, convocado para aquele mesmo mês de maio, cujas teses para discussão já haviam inclusive sido publicadas desde fins de março. Seu destino tornara-se incerto. A hipótese da clandestinidade voltava a ser cogitada. E os parlamentares — o único senador, os deputados federais e estaduais, os vereadores —, que seria deles?

Em 10 de maio, o ministro da Justiça determinara o encerramento das atividades do Partido. Seguiram-se intervenções em sindicatos e a interdição da Confederação Geral dos Trabalhadores Brasileiros (CGTB), controlada pelos comunistas. Em alguns estados, as coisas continuaram quase como antes. Em outros, houve ações repressivas, como na Bahia, onde oficiais e soldados fardados, em viaturas do Exército, permitiram-se empastelar à luz do dia o jornal *O Momento*, de Salvador, sem nada lhes acontecer. No Distrito Federal a polícia passou também à ofensiva, invadindo e depredando comitês e jornais, prendendo gente. Assim, caiu em suas mãos o fichário central do Partido: uma mina de informações para a polícia política, um tormento para milhares de filiados que sofreriam no futuro assédio e perseguições. Para Prestes, uma perda particular: parte da correspondência de Olga, recebida nos tempos do cárcere e guardada na sede central, no bairro da Glória, no Rio de Janeiro, fora apreendida, ou destruída, pela polícia.

Foi uma correria para escapar de eventuais detenções. Nem mesmo Prestes ou os principais dirigentes tinham locais e carros seguros ("aparelhos", no jargão partidário) de reserva.

À noite, evitando voltar às suas casas, Prestes, Arruda, Pedro Pomar, João Amazonas e Maurício Grabois, a Comissão Executiva do Comitê Central, foram aboletar-se na residência provisória de João Falcão, dirigente comunista baiano, que se deslocara recentemente para o Rio a fim de organizar o trabalho de finanças do Partido. O apartamento nem era dele, e sim de um amigo. Mal entraram, batidas na porta assustaram o grupo. Armados de revólver, prepararam-se para o pior. Mas era apenas um vizinho com um recado pessoal. No dia seguinte, à noite, novo contratempo. Apareceu o dono do apartamento. No corre-corre, Prestes escondeu-se num dos quartos. Queimara-se o aparelho. O homem não gostou do que viu e pediu o imóvel de volta. Era preciso descobrir alternativas. Uma improvisação inquietante.

Designado por Arruda para cuidar da segurança de Prestes, embora não fosse conhecedor da cidade nem tivesse experiência de clandestinidade, Falcão recebeu, dias depois, dois automóveis, um revólver, uma metralhadora e boa quantia de dinheiro. Foi ele mesmo quem descobriu um novo lugar onde abrigar Prestes, a casa de um ex-militante, casado, com um filho menor. Desligara-se do Partido, mas se mantinha fiel. Morava no subúrbio de Todos os Santos, entre o Méier e o Engenho de Dentro.

Era um apartamento pequeno, de dois quartos e sala. O casal espremera-se no quarto dos fundos com o menino, e Prestes e Falcão dividiram o outro, que dava para a frente. Ali ficariam dois meses, no mais rigoroso isolamento, os laços com o Partido assegurados apenas por Arruda Câmara.

Prestes procurava adaptar-se. Desencorajado pela mulher do simpatizante a ajudar nas tarefas domésticas, carregava o pequeno quando chorava, demonstrando paciência e carinho. Os camaradas observavam seu caráter metódico. A cada hora, uma tarefa, sem esquecer de pôr o terno depois do banho diário, antes do jantar. Sempre afável e compreensivo, nunca se queixando de nada.

Aproveitava os tempos mortos para ler e escrever, e matutar sobre os acontecimentos recentes e os desafios do futuro próximo. A situação não parecia clara. A cassação do registro legal baseara-se mais em discursos políticos do que em argumentos jurídicos. A orientação era interpor recurso para o Supremo Tribunal Federal na perspectiva de revogá-la. Prestes mostrava-se confiante. Para ele, a maioria apertada que decidira a cassação fora forjada por uma provocação de Dutra.

Em todo o país, os comunistas mantinham-se em atividade, numa espécie de semilegalidade. Os parlamentares, no exercício dos mandatos. Seriam cassados? Havia controvérsias, políticas e jurídicas. Os jornais legais do Partido continuavam circulando, mesmo que sujeitos a eventuais empastelamentos.

A evolução da conjuntura internacional desmentira a tese da conciliação das três potências vencedoras, a tal etapa do desenvolvimento pacífico, em que tanto insistira Stálin e confiara Prestes. Seu grande intérprete nos EUA, o presidente Roosevelt, desaparecera em abril de 1945. O vice-presidente, Harry Truman, logo mudaria a direção da política internacional norte-americana. As bombas atômicas lançadas sobre o Japão, em agosto, sem consulta prévia aos soviéticos, foram um primeiro indício. Em março do ano seguinte, Truman assistira impassível ao discurso agressivo de Churchill no Westminster College, em Fulton, Missouri, sobre a Cortina de Ferro.

A Guerra Fria, portanto, já começara quando, em março de 1947, Truman confirmou, com a doutrina do *containment*, o fim da Grande Aliança. O nazismo saía de cena. Tratava-se agora de conter, a todo custo, e se fosse o caso pelas armas, o expansionismo soviético.

No Brasil, as forças políticas conservadoras não esperaram por essas evoluções para passar à ofensiva. O cerco midiático ao PCB, o crescimento da intolerância, as solicitações jurídicas encaminhadas ao TSE pela cassação do seu registro legal — que o governo incentivava —, a repressão a comícios e a lideranças populares, tudo atestava o recrudescimento das tensões políticas e o amadurecimento da perspectiva de eliminar os comunistas do jogo político legal.

Prestes reconhecia essas tendências. E as comentava e denunciava em discursos no Congresso, na imprensa e nas manifestações públicas. No entanto, o Partido não se preparara para enfrentar a hipótese da cassação do registro legal, o que exprimia um envolvimento, talvez demasiado, nas lutas institucionais. *Cretinismo parlamentar?* Atualizava-se a velha crítica de Marx aos revolucionários que se deixavam prender à atmosfera dos Parlamentos, esquecendo ou subestimando os conflitos em curso nas sociedades em que viviam. Por outro lado, para além dos discursos, era duvidoso que os comunistas acreditassem mesmo naquele processo democrático. Prova disso era a atmosfera de iniciados que ainda predominava, herança do Estado Novo, povoada de segredos, marcada pela rispidez no trato, pelo dirigismo vertical, sem falar na excessiva preocupação com a segurança, como se revólveres e metralhadoras pudessem garantir alguma coisa; havia ali uma nostalgia de enfrentamentos apocalípticos.

Expressiva também era a forma sectária e autoritária como os comunistas tratavam outros setores de esquerda, por exemplo, quando Prestes se referia ao líder do PSB, João Mangabeira, como "agente do imperialismo". Os próprios camaradas eram duramente atacados, desde que manifestassem divergências.

Pretendendo se tornar um partido de massas, nacional, representativo de amplos segmentos sociais, o PCB adotara uma orientação de abertura para o jogo democrático. Mas era como se muitos não acreditassem na aposta. De um lado, crença em instituições que ainda engatinhavam. De outro, desconfianças no jogo institucional. A mistura algo paradoxal desses ingredientes levara os comunistas àquela situação de absoluta perplexidade.

A dificuldade em processar o episódio da cassação explica, talvez, o silêncio do Partido. Foi preciso esperar quase um mês para que a *Imprensa Popular*, jornal diário dos comunistas do Rio de Janeiro, publicasse uma primeira versão de Prestes sobre os acontecimentos.

Em entrevista, ele acusou o governo Dutra de estar em marcha batida para a instauração de "um governo de traição nacional", exigindo a renúncia do presidente eleito. Às vezes, nas entrelinhas, parecia que a ditadura já existia de fato. Contudo, acreditava ainda na reversão da sentença do Tribunal e sublinhava a exequibilidade das vias legais: o PCB recorreria ao Supremo Tribunal Federal e, no caso de a cassação ser confirmada, previa a fundação de um novo partido com outra denominação.

Havia ali propósitos conflitantes. A denúncia violenta do governo e o convite à luta aberta por sua substituição combinava mal com a reafirmação da confiança na legalidade e no respeito à Constituição. A ideia de que o país e a democracia se encontravam numa encruzilhada, entre democracia e ditadura, disfarçava o fato de que os comunistas se encontravam ameaçados novamente pela clandestinidade. Ou seja, eram o PCB e o próprio Prestes que se encontravam numa encruzilhada.

Foram ralas as manifestações contra a cassação do registro legal do Partido. Em Salvador, no dia seguinte, houve uma tentativa de comício, dispersada à bala. Outra, no vale do Anhangabaú, ocorreu uma semana e meia depois, sem grande repercussão. Os efeitos foram quase nulos. Não surgiram as ondas de protesto esperadas.

Nesse meio-tempo, o Partido conseguira recursos para alugar, em Ipanema, uma casa melhor para Prestes, de dois andares, com um bom recuo em relação à rua; dava para um terreno baldio, oferecendo condições para uma eventual fuga. Falcão mantinha-se na condição de zelador da segurança, indo residir com a mulher num apartamento na vizinhança.

A casa era confortável. No andar térreo, uma sala de jantar, uma boa sala de estar, um quartinho, banheiro e dependências. Na frente, uma varanda e um jardim. No andar superior, três quartos amplos, com um banheiro e uma sala menor. Prestes ocupava um dos quartos, com mesa de trabalho e estante para livros e jornais. Enviado pelo Partido, chegou, com seu filho, um casal de militantes gaúchos que assumiu a guarda e a organização do aparelho. Em relação ao menino, mimado pelos pais, Prestes, mais uma vez, revelou-se pessoa paciente e bondosa, autorizando gastos para as pequenas extravagâncias da criança. Quanto a si mesmo, não era nada exigente e comia pouco.

Vivia confinado, como se tivesse voltado para uma espécie de prisão. Não retornara à rua Gago Coutinho, no largo do Machado, onde morara com a filha Anita e duas irmãs, Lígia e Clotilde, e mais os camaradas Armênio Guedes e Gregório Bezerra. Não via ninguém, salvo os membros da Comissão Executiva do Comitê Central, em saídas raras e furtivas, organizadas por Arruda Câmara.

A ofensiva do governo e das forças de direita prosseguia. Redobravam as acusações e os insultos. Prestes foi criticado por se ausentar das sessões do Senado, inclusive quando se votou a questão sensível da autonomia do Distrito Federal. Em sua defesa, batiam-se os deputados do Partido e algumas figuras liberais.

Em fins de julho, uma vitória. O TSE, por maioria, ao responder a uma consulta do PSD, manteve os mandatos dos parlamentares do extinto PCB. Considerando-os produto da votação popular, os juízes decidiram que a sua supressão não era um problema jurídico, mas político. Contudo, negaram registro ao Partido Popular Progressista (PPP), legenda através da qual os comunistas pretendiam retornar à legalidade.

Prestes questionava o isolamento em que se encontrava. Parecia-lhe importante reassumir a cadeira no Senado, oferecer seu ponto de vista de viva voz e não apenas através de entrevistas dadas na clandestinidade. A direção política, porém, e Arruda, em especial, relutavam. E se fosse preso? A hipótese, julgada plausível, seria um golpe a mais no prestígio combalido do Partido.

Afinal, em 5 de agosto de 1947, após estudada operação, que implicou troca de carros para ir e voltar, Prestes reapareceu no Senado e, cercado por grande interesse e curiosidade, pronunciou discurso de repercussão nacional. Denunciou as versões contraditórias sobre atividades subversivas a que estariam dedicados ele próprio e os comunistas. Criticou os projetos de cassar os mandatos dos parlamentares eleitos pelo PCB, evidenciando sua falta de substância jurídica, segundo pareceres, que leu, de eminentes juristas. Vinculou a resistência à cassação às lutas democráticas iniciadas nos anos 1920, ao movimento de 30, à Revolução Constitucionalista de 32, às lutas contra a ditadura do Estado Novo e à participação da Força Expedicionária Brasileira (FEB) na guerra contra o nazifascismo. Em seu discurso, o PCB seria herdeiro legítimo de toda essa gesta democrática. Antes de concluir, reafirmou posições a favor da ordem, da união nacional, da Constituição e da democracia. Embora fosse outra a conjuntura, defendeu a necessidade de manutenção da paz e da democracia conquistadas, e a união nacional para resolver os graves problemas do Brasil. O PCB era oposição, sim, mas dentro da lei, com disposição inclusive de apoiar propostas do governo, sempre e quando estas contribuíssem para a superação da crise em que o país se encontrava. Em relação à entrevista de junho, substanciais diferenças. Não se mencionava mais a necessidade da renúncia de Dutra, e se estabeleciam nuances entre o presidente e o "grupo fascista" que o cercava.

Um discurso de conciliação. Mas havia ali um contratexto, apocalíptico. Prestes anunciava tempos sombrios: o mundo aproximava-se de uma crise "muito pior do que a de 1929". Quanto à situação do país, era "catastrófica, calamitosa", agravada pelas políticas que o governo adotava. O povo passava fome, prenunciando-se "o aniquilamento físico da nação", num contexto "de escravização da pátria". Tal quadro se concretizaria se os comunistas não fossem ouvidos ou se fossem marginalizados do jogo político. E aí o "Brasil se transformaria numa espécie de Paraguai".

Até outubro, Prestes voltaria à tribuna do Senado mais seis vezes. Vigilantes, os adversários sempre o assediavam com questões referentes à URSS e aos regimes ditos de democracia popular que se estabeleciam na Europa Central com apoio soviético. Era o seu ponto fraco. Não conseguia resistir àquelas provocações; perdia o fio do raciocínio, mas não deixava de defender "a pátria do socialismo".

Em 26 de setembro, engajou-se em polêmica simbólica, a propósito do enforcamento de Nikola Petkov, líder político búlgaro. Petkov participara da resistência armada contra o nazismo. O pai e dois irmãos haviam morrido em campos de concentração. Depois da guerra, tornara-se chefe do Partido Agrário, popular entre os pequenos camponeses, e tomara parte num governo de união nacional, liderado por Georgi Dimitrov, dirigente comunista. No entanto, como em vários outros países da região, ao desfazer-se a aliança, passaram os agrários à oposição. O governo búlgaro forjou, então, a acusação de que Petkov era um agente do imperialismo. De nada adiantaram os argumentos da defesa, lembrando seu passado de patriota. Nem sua condição de parlamentar. Detido em 5 de junho, um julgamento sumário, em agosto, o condenou à pena máxima, executada em 23 de setembro de 1947.

Era sobre esse assunto que versava o discurso do senador Bernardes Filho. Prestes não deixou por menos: afirmou, em aparte, que a pena tinha sido justa, o enforcamento, "merecido". "Petkov fora julgado de acordo com a lei do país." Que "os reacionários não se iludissem, porque este era o tratamento que os povos no poder davam aos agentes do imperialismo".

Os senadores das mais variadas correntes levantaram-se contra ele. Mais ríspidos ou mais suaves, todos o condenaram. Era como se Prestes tivesse conseguido a proeza de reunir todos contra si. Mostravam-lhe como a sua situação no Brasil se assemelhava, com sinais invertidos, à de Petkov na Bulgária. Em vão. Prestes defendia-se. E atacava. Desafiava. Desqualificava os contra-argumentos, dizendo-os fascistas ou inspirados no fascismo. Às insinuações, respondia com firmeza que Petkov merecera morrer, e aduzia: "[...] se Vs. Exas. quiserem me condenar à morte, façam-no. Mas não me metem medo". E ali ficou, como um espadachim, o verbo em riste, esgrimindo, soberbo. Uma coragem que merecia melhor causa.

Seu último pronunciamento foi em 20 de outubro. Uma fala curta. Denunciou as arbitrariedades do governador Silvestre Péricles, de Alagoas, cuja polícia prendera militantes que distribuíam jornais comunistas legais. Um deles, José Lira Sobrinho, tecelão, fora encarcerado, injuriado, maltratado e ilegalmente deportado para o Rio de Janeiro, onde, depois de ouvir ameaças, foi posto na rua, sem lenço e sem documento. Outros, detidos com ele, tinham desaparecido: Manuel Santana, Manuel Amâncio de Nascimento e Antônio Teixeira. Prestes também leu telegramas sobre atos repressivos ocorridos em Pernambuco, e relacionou as vítimas dos desmandos policiais. Trabalhadores com nome e sobrenome, no Senado, um registro raro.

Nesse mesmo dia, o governo rompeu relações diplomáticas com a União Soviética e ordenou o fechamento da Associação Brasileira dos Amigos da URSS, da União da Juventude Comunista e da Federação das Uniões Femininas, todas ligadas ao PCB. No dia seguinte, a polícia empastelou as oficinas da *Imprensa Popular*, que funcionavam na rua do Lavradio, no Rio de Janeiro. Passada uma semana, o Senado aprovou o projeto do senador Ivo d'Aquino, declarando extintos em todo o país os mandatos dos parlamentares comunistas.

O projeto ainda iria à votação na Câmara dos Deputados. Até o fim do ano, travaram-se calorosos debates. Ao lado e a favor dos comunistas, intervieram dezenas de deputados de outros partidos, vários da UDN, aos quais se juntou o próprio brigadeiro Eduardo Gomes. Batiam-se, mas era uma batalha de retaguarda.

Vez por outra, Prestes mostrava-se em público. Nas eleições para vice-governador de São Paulo, em novembro de 1947, trabalhistas e comunistas aliaram-se em torno do deputado Cirilo Jr., mas perderam para o candidato de Ademar de Barros, Novelli Júnior, genro do presidente Dutra. Foi a primeira e única vez que Prestes esteve, num palanque, junto com Getúlio Vargas.

Aparecia para desaparecer, numa espécie de semiclandestinidade. Não parava de escrever, sempre à mão, encarregando Falcão de fazer chegar os manuscritos à direção do Partido. Seu último texto dessa fase seria divulgado em 15 de novembro, um elogio à atuação dos comunistas na Constituinte e, depois, na Câmara dos Deputados, em defesa dos direitos dos trabalhadores e na denúncia dos "inimigos e traidores do povo". O canto de cisne de uma legalidade que dava os últimos suspiros...

Afinal, em 7 de janeiro de 1948, após sete horas, a Câmara aprovou a lei nº 211, determinando a extinção dos mandatos dos parlamentares do PCB em todos os níveis, no Senado e na Câmara dos Deputados, nas Assembleias Legislativas estaduais e nas Câmaras de Vereadores, em algumas das quais eles constituíam a bancada mais numerosa, como no Distrito Federal, no Recife, em São Paulo, Santos, Santo André, Olinda e Jaboatão.

Em foto histórica, os deputados federais, cassados, em pé sobre os assentos, os braços estendidos e os punhos cerrados, na saudação comunista, gritaram: "Nós voltaremos". Não voltaram.

Processo análogo ocorreu em outras partes da América Latina e do mundo. Encadeara-se a dialética da Guerra Fria. Na França, na Itália, na China, os comunistas eram afastados dos governos de união nacional, quando não eliminados do jogo político. Em contrapartida, nas áreas em que dominavam, lideranças liberais ou de direita eram marginalizadas, presas e, não raro, liquidadas.

Assim, foi o PCB empurrado para a clandestinidade. A essa altura, no entanto, Prestes já não se encontrava no Rio de Janeiro. Em 2 de janeiro, de carro, à noite, acossado por tremendo temporal, deslocara-se para São Paulo, aonde chegou na manhã do dia seguinte. Estava fazendo cinquenta anos, mas o aniversário passou sem homenagens ou festas.

A residência — o aparelho — tinha a segurança supervisionada por João Amazonas. Em seguida, e até 1950, foi Teodoro de Mello, o Melinho, que passou a intermediar os contatos entre Prestes e a Comissão Executiva. No troca-troca de casas, aconteciam, às vezes, situações inusitadas, e até constrangedoras, como quando Prestes ficou aos cuidados de d. Eugênia, uma portuguesa, que se apaixonou por ele, querendo se casar. "Logo depois", porém, como disse Prestes, "ela se acalmou", e ele foi viver em companhia de Melinho.

Prestes passaria um longo tempo confinado em aparelhos. Não era o mesmo que uma prisão, mas a solidão não diferia grande coisa. Contatos partidários, apenas através do Secretariado, constituído por Arruda, Amazonas e Grabois. Um pouco mais tarde, por exigência dele mesmo, as conversas incluíam, às vezes, a Comissão Executiva. Informações, somente pela "imprensa burguesa" ou pelos jornais legais do Partido. Depois, alegou que protestara contra o isolamento forçado, considerando a clandestinidade absoluta um exagero. Mas os dirigentes afirmavam o contrário, qualquer exposição do secretário-geral poderia levar à sua prisão e à desmoralização do Partido. Prestes reconheceria: "Eu sou o responsável maior de ter aceitado essa situação, devia ter combatido isso e rompido essa clandestinidade". Só romperia muitos anos mais tarde...

Em sua ausência, Arruda imperava. Mandava e desmandava. Era secretário de Organização e falava em nome do Partido, de Prestes e, quando voltou da URSS, de Stálin: "um triplo poder".

Foi nos aparelhos do Partido que Prestes redigiu o chamado "Manifesto de janeiro de 1948", publicado na edição de abril da revista *Problemas*, órgão comunista de divulgação teórica que se mantivera na legalidade. No ano seguinte, em maio, a Direção Nacional confirmou a orientação do texto anterior, aprofundada e consolidada no "Manifesto de agosto de 1950", também assinado por Prestes. As análises e opções enunciadas nesses documentos, estimuladas, desde 1949, pela vitória da Revolução Chinesa, constituíram, em grande medida, um retorno, atualizado, às propostas revolucionárias da década de 30.

Tempos sombrios, catastróficos. Esfumara-se a fase de desenvolvimento pacífico. Entretanto, mantinha-se uma perspectiva otimista dada pelo fortalecimento do campo socialista com a inclusão da China e das democracias populares na Europa Central, quebrando o isolamento da URSS. Por outro lado, apesar do poderio dos EUA, o desmoronamento dos impérios coloniais europeus na Ásia evidenciava a possibilidade de novas vitórias. Tempos duros, mas a revolução triunfaria, uma lei da História.

No Brasil desaparecera a confiança nas liberdades democráticas. Em seu lugar, o retorno a polarizações rigorosas: de um lado, elites corrompidas e traiçoeiras, "fascistas". De outro, "o povo explorado, oprimido, depauperado, desempregado, faminto", sobrevivendo em padrões de "miséria crescente e fome crônica".

Em tais circunstâncias, "a democracia atual é uma simples ditadura das classes dominantes", na qual se infiltraram "elementos nazistas", tornando-se "particularmente agudo o perigo fascista". Os governantes não passavam de "um bando de assassinos, negocistas e traidores". Uma atmosfera de beco sem saída. O país, ameaçado de "aniquilamento físico pela fome", não tinha outra saída senão a "solução revolucionária". Qualquer outra opção não passaria de "ilusão reformista". Os comunistas autocriticavam-se: "Não estudamos a realidade, insistimos na política de mão estendida", "não criticamos a Constituição nem falamos dos objetivos estratégicos", nem sequer "assinalamos as grandes mudanças no plano internacional".

A revolução exigia confiança nas massas: "Elas querem lutar e só aguardam a orientação dos comunistas". Duas propostas foram apresentadas: a "Frente Democrática de Libertação Nacional e o Exército Popular de Libertação Nacional". O programa político articularia as reivindicações mais sentidas dos trabalhadores, mas o objetivo geral era livrar o país do "atraso" e formar um "governo democrático popular", capaz de promover a "imediata libertação do Brasil do jugo imperialista". Já o exército popular seria formado por "oficiais nacionalistas e elementos populares", sem que ficasse muito claro como tudo isso aconteceria. Tratava-se de "expulsar das Forças Armadas todos os fascistas e agentes do imperialismo", reintegrando-se os militares delas afastados "por motivo de suas atividades democráticas e revolucionárias". Era previsto o "livre acesso das praças de pré ao oficialato" e o "armamento geral do povo" no contexto de uma "reorganização democrática das Forças Armadas na luta pela libertação nacional". A orientação era no sentido de abandonar as instituições existentes — partidos e sindicatos — e construir uma rede paralela de organizações comprometida com as reivindicações populares e o programa revolucionário.

Do processo participariam "operários, camponeses, assalariados em geral, profissionais liberais, intelectuais honestos e pequenos e médios proprietários". "Uma revolução agrária e anti-imperialista" seria conquistada através de lutas efetivas, capazes de "abalar o país" e "jogar a maioria da população contra o governo". Dos grandes capitalistas, nada se devia esperar, pois eram "retrógrados, pusilânimes, covardes".

Entre 1948 e 1950, o discurso de Prestes e os documentos oficiais do PCB que ele elaborava mantiveram esse padrão. A revolução "democrático-burguesa", sob a "direção do proletariado", desembocaria "num desenvolvimento não capitalista", e daí "diretamente ao socialismo".

Cabia ao Partido "unir e organizar as massas", não apenas "marchar adiante", mas "arrastar consigo as grandes massas". O problema era que, por onde se olhasse, o povo não se dispunha a "marchar" com essas propostas, muito menos a ser "arrastado". Ao contrário: mantinha-se num "estágio lamentável" de organização e de luta, sendo "alarmante", advertia Prestes, a "fraqueza orgânica das forças populares". Em toda linha, comparando-se com os resultados obtidos em fins de 1945, havia inegáveis recuos "políticos e eleitorais". Em abril de 48, ele já indagava, inquieto: "Por que diminuiu, a partir do pleito de 2 de dezembro [de 1945], de eleição em eleição [...] a votação obtida pela legenda de nosso Partido?". E martelava: "Orgulhávamo-nos de nossos 200 mil membros [...] mas íamos ficando em geral a reboque dos acontecimentos que, repetidamente, nos surpreendiam...".

Como, então, partir para o assalto ao poder? Uma coisa era formular ideias apocalípticas. Outra, bem diferente, fazê-las sair do papel e incorporá-las à vida prática.

A um militante de base que, um dia, indagou de que maneira seria possível fundar um comitê da Frente Democrática de Libertação Nacional, Arruda Câmara ensinou: "Arranje um local, uma casa, onde seja, pegue uma tabuleta, escreva FDLN, e pronto, você já tem uma base, o comitê terá uma sede. A partir daí, vá à luta e mobilize a população".

Incentivados, muitos militantes executariam ações ousadas, como a protagonizada por Hércules Corrêa e três companheiros que desencadearam uma greve *sui generis* numa firma da Tijuca, no Rio de Janeiro. "Nenhum de nós era empregado da fábrica", conta Hércules, "mas havíamos resolvido que a Odeon, empresa imperialista, tinha que paralisar as atividades." Assim, depois de estudar durante alguns dias a movimentação dos operários, marcaram uma data e chegaram cedo ao portão. "Encostei no porteiro enquanto os demais camaradas se misturavam à massa dos trabalhadores que se preparavam para entrar. Quando o sujeito ia abrir o portão, enfiei o cano de um revólver nas suas costelas e disse: Se abrir, morre!"

Começaram de imediato os discursos. Como, porém, os trabalhadores não se entusiasmassem, "um dos nossos sacou o revólver e começou a atirar para o alto: a fábrica está em greve, todos para casa!". O pessoal saiu correndo e "nós atrás deles, disparando para cima, perseguindo-os por um bom pedaço". Segundo Hércules, no dia seguinte, "o jornal do Partido estamparia a manchete: Greve vitoriosa na Odeon...".

Assim, os militantes tentavam greves e manifestações. Algumas, de fato, aconteceram, mas expondo lideranças que eram, muitas vezes, sumariamente demitidas, ou presas, sem provocar maior emoção entre os companheiros de trabalho.

Em outros momentos, explorando o descontentamento da população com os serviços públicos, em particular o dos bondes, principal meio de transporte urbano de massa nos anos 1950, os comunistas não hesitariam em recorrer a meios extremos.

SEGUNDA GRANDE CONJUNTURA: 1936-1964

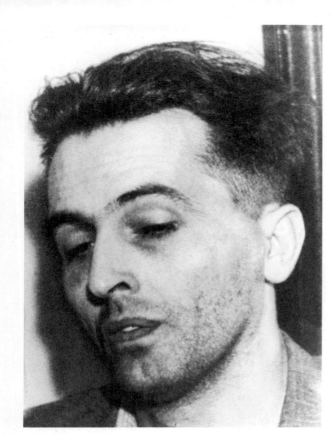

31.
Luís Carlos Prestes
no dia de sua prisão,
5 de março de 1936.

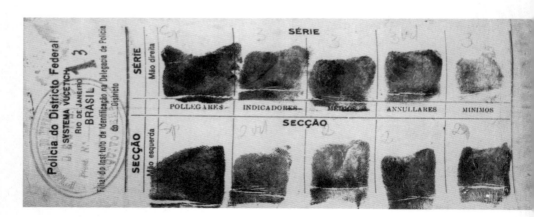

32. Impressões digitais de Luís Carlos Prestes tiradas quando foi preso.

33.
Olga Benário, acompanhada por um policial, dirige-se ao interrogatório onde será identificada, março de 1936.

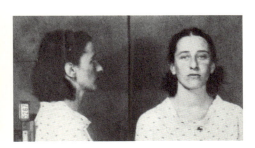

34.
Identificação e impressões digitais de Olga Benário, 1936.

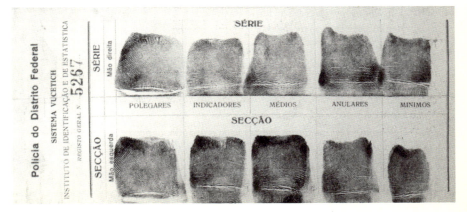

POLICIA CIVIL DO DISTRICTO FEDERAL
Delegacia Especial de Segurança Política e Social
GABINETE DO DELEGADO

N.

Relação de objectos remettidos pela Delegacia Especial de Segurança Política e Social a D. Maria Bergner, presa na Casa de Detenção:

Um par de sapatos pretos;
Tres calças;
Tres soutiens;
Tres combinações;
Duas camisas de dormir;
Dois pyjamas;
Uma escova de dentes;
Um tubo de pasta de dentes;
Tres sabonetes;
Tres pares de meias; (Foi entregue um par-restando dois pares)
Dois pares de soquetes;
Uma cinta para meias;
Uma thesoura de unhas;
Um pente;
Um aro para cabello;
Um par de chinellos;
Um roupão;
Um chambre;
Um livro "Guia das Mães";
Uma boina preta;
Cinco metros de cambraia de linho;
Uma carta de agulhas;
Tres carreteis de linha;
Um vidro de Hormocalcio;
Um vidro de Sal de Frutas;
Seis lenços.

Rio de Janeiro, 14 de Maio de 1936.

Recebi os objectos da presente lista.

16.5.36.   Maria Prestes.

35. Relação de objetos pessoais devolvidos pela polícia a Olga Benário, já presa, maio de 1936.

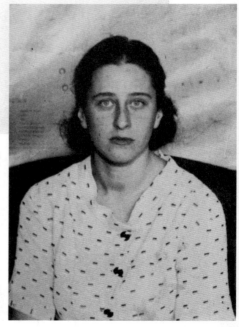

36. Olga Benário identificada pela polícia, 1936.

37.
Carta de Olga Benário
a d. Ermelinda, avó
materna de Luís Carlos
Prestes, na qual ela
assina como "neta",
agosto de 1936.

38.
Carta de Luís Carlos
Prestes à avó materna,
d. Ermelinda,
setembro de 1937.

"Revista de Economia e Estatística" - orgão do Instituto Brasileiro de Geografia e Estatística - Rio de Janeiro. Ano III, nº 1, 1938

Coleção "Brasiliana" - alguns dos seguintes nºs: 25, 29, 39, 44, 57, 65, 81, 84, 90, 96.

Gilberto Freyre - "Nordeste". Coleção Documentos Brasileiros - Rio, 1937

Arthur Ramos - "As culturas negras do Novo Mundo". Edição Civilização Brasileira - 1938

Raphael Xavier - "Aspectos Econômicos da Vida Brasileira". Publicação do Ministério da Agricultura. Rio, 1938

Roberto C. Simonsen - "Aspectos da economia nacional". S. Paulo, 1935 e "A indústria em face da economia nacional", S. Paulo, 1937.

J. F. Normano - "O Brasil Econômico". Trata-se de uma obra publicada originariamente em inglês mas que, creio eu, já está publicada

39.
Relação de livros solicitada por Luís Carlos Prestes a parentes no Rio Grande do Sul. A diversidade de autores evidencia os interesses ecléticos de Prestes.

40.
Carta de Lígia Prestes escrita no México, 9 de maio de 1939.

México, Maio/9/39.

Querido amigo:

Quero accusar hoje, ainda que em breves linhas, o recebimento dos seus ultimos bilhetes que têm vindo para o endereço da nossa amiguinha. Desejo sobretudo falar-lhe sobre o de 22/4 ultimo. Talvez você jamais poderá fazer uma idea da impressão horrivel que o mesmo nos causou. Todos os que ouviram a sua leitura - e não foram poucos - ficaram estupefactos de ver a ligeireza com que se transmitte uma noticia tão monstruosa á uma mãe. Nós, que teconhecemos bem, sabemos perfeitamente que tudo o que fizeste foi com a melhor das intenções, e o que te vou dizer não é propriamenteuma censura, e sim apenas uma advertencia para o futuro, pois casos semelhantes podem repetir-se. Primeiro já houver 100 por cento de garantias de que a mesma é verdadeira (neste caso será o irremediavel...) ou quando houver um desmentido cabal, que não deixe nem um millesimo de duvida. Para nós, caro amigo, a palavra do secretario particular do agneau não tem a minima autoridade neste assumpto, nem mesmo se fosse do proprio agneau. Tanto mais que elle limitou-se a assegurar que não existia telegramma - não te parece que isso é muito pouco?! - Teu bilhete veio encontrar-me de cama, com um forte ataque de grippe, e Mamãe naturalmente estava bastante atrapalhada cuidando de um doente e de uma criança pequena. O que nos valeu foram os bons amigos que temos e que nos acompanharam realmente neste transe horrivel. Immediatamente foram enviados varios telegrammas urgentes para diversas personalidades importantes, para sair contas etc., e também, ao advogado de Pedrinho, pedindo informações a respeito. Deste já recebemos resposta, onde assegura que é absolutamente falsa, mas ainda assim não ficamos tranquillas, pois uma tal monstruosidade deve ter algum fundamento Alguma cousa aconteceu com Pedrinho, e é isso que tem dado nascimento a tantos boatos alarmantes. Pensamos tambem, e somos-cos de accordo todos os amigos, de que pode tratar-se de uma sondagem habil da opinião publica, para ver como é recebida a noticia do "suicidio" do menino. E se ninguem protesta, se nao se faz barulho se nos vamos contentar com as asseverações do secretario do agneau etc., etc. isto virá mostrar que elles, os medicos, estão com as mãos livres para darem ao enfermo o tratamento que entenderem, inclusive o mais radical de todos. Por aqui estamos/o maximo que é possivel no sentido de divulgar os planos monstruosos dos zeladores do nosso menino. Delle continuamos sem noticias até hoje, quero dizer sem cartas. Sem embargo, continuamos escrevendo regularmente todas as semanas. - Ontem recebemos um rol, vos Revistas da Semana e um pacote via Pará. Antes já haviamos recebido um numero do "Observador Economico e Financeiro", muito interessante. Talvez tenhamos recebido outras cousas, mas com tantas atrapalhações, doenças, más noticias, etc., já perdi a conta. Ademais, estamos de mudança. O nosso novo endereço é: Avenida Baja California nº 325, departamento 10 - México D.F. - Quanto ao endereço da nossa amiguinha, que tens utilizado ultimamente, tenho a dizer-te que não deves usal-o senão para cousas ultra-reservadas, como a copia da carta de Ped. de 12/II. Para recortes e bilhetes como você tem mandado ultimamente, contando cousas conhecidas, como os boatos deve ser utilizado o meu nome e o nosso endereço particular. Com muitos votos de boa saude para você e Augusta, abraça-o o

fazendo

41.
Rodolfo Ghioldi, 1938. Dirigente comunista argentino, um dos líderes do movimento revolucionário de 1935, preso no ano seguinte.

42.
Questionário pessoal de Pavel Stuchevski, respondido em Moscou, depois que conseguiu fugir do Brasil, em 1936.

43. Carteira de identificação de Pavel Stuchevski emitida pela Internacional Comunista.

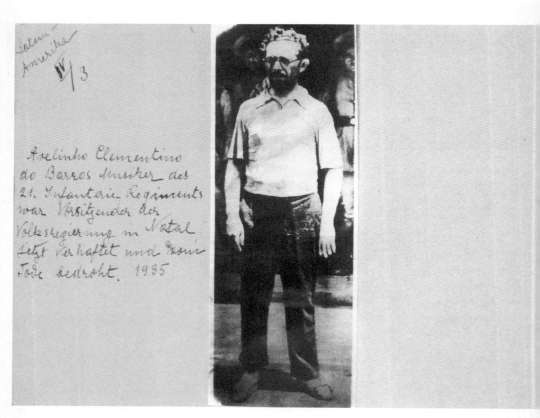

44. Avelino Clementino de Barros, músico do 21º Regimento de Infantaria, de Natal. Um dos líderes do movimento revolucionário que ocorreu na cidade em novembro de 1935.

5. Campanha internacional para a libertação de Luís Carlos Prestes e Olga Benário. Desenvolveu-se em países europeus, sobretudo na França e na Espanha. Depois, propagou-se também em países latino-americanos, em particular no México, na Argentina e no Chile.

6. D. Leocádia Prestes, mãe de Luís Carlos Prestes, no México.

47. Funeral de d. Leocádia Prestes. Cidade do México, 14 de junho de 1943.

48.
Antônio Maciel Bonfim, o Miranda, secretário-geral do PCB por ocasião do movimento revolucionário de 1935.

49.
Formulário de identificação pessoal de Lúcia Prestes, irmã de Luís Carlos Prestes, no qual ela declara ser filha de Eugênio Agostini, funcionário público. Moscou, 1941.

50. Da esquerda para a direita, Orlando Leite Ribeiro, ex-tenente, diplomata e amigo de Luís Carlos Prestes, e José Joaquim da Silva, jornalista equatoriano. A fotografia ilustrou a primeira entrevista concedida por Prestes na prisão, em 28 de novembro de 1941, ao referido jornalista. Foi publicada no Chile.

51. Fotografia de Anita Leocádia Prestes, filha de Luís Carlos Prestes e Olga Benário, enviada do México.

52. Anistiado, Luís Carlos Prestes sai da prisão em abril de 1945.

53. Luís Carlos Prestes em visita de pêsames à embaixada norte-americana no Rio de Janeiro, por ocasião do falecimento de Franklin Delano Roosevelt, presidente dos Estados Unidos. Na foto, em companhia do embaixador norte-americano no Brasil, Adolf Berle Jr., abril de 1945.

55. Comício organizado pelos comunistas no estádio do Pacaembu, em São Paulo, do qual Luís Carlos Prestes foi o principal orador, 15 de julho de 1945.

54. Primeiro grande comício organizado pelos comunistas depois da anistia. Realizado no estádio de São Januário, no Rio de Janeiro, teve Luís Carlos Prestes como principal orador, 23 de maio de 1945.

56. Manifestação pela convocação de uma Assembleia Constituinte, 1945.

57. No retorno dos pracinhas da Itália, a presença dos comunistas, 1945.

58. Luís Carlos Prestes (segurando o chapéu), acompanhado por (da esquerda para a direita) Carlos Marighella, Maurício Grabois e Diógenes Arruda Câmara, na chegada da Força Expedicionária Brasileira (FEB) ao Rio de Janeiro, 1945.

59. Prestes encontra-se com a filha, Anita Leocádia, pela primeira vez, outubro de 1945.

60 (à esq.) e 61.
Prestes, senador da
República, 1946.

62.
Luís Carlos
Prestes entre os
trabalhadores
da Mooca,
fevereiro de 1946.

63.
Bancada comunista na Assembleia Constituinte de 1946. Da esquerda para a direita, Prestes é o quarto da fileira da frente.

64. Comício no Rio de Janeiro para comemorar a promulgação da Constituição de 1946.

65.
Luís Carlos Prestes e Getúlio Vargas num mesmo palanque — um acontecimento único — por ocasião da eleição para vice-governador de São Paulo, em 1947. Mais tarde, a propaganda anticomunista acusaria Prestes de ter segurado o microfone para Getúlio falar, acusação sem o menor fundamento.

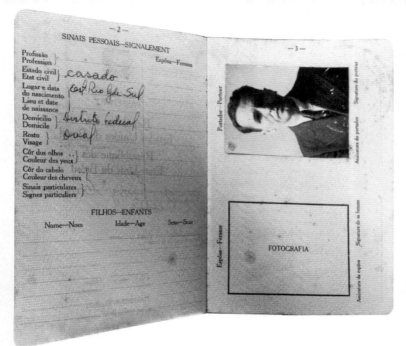

66. Passaporte de Luís Carlos Prestes, 1947.

67. Convite para a festa em homenagem ao aniversário de Luís Carlos Prestes, janeiro de 1948.

68. Bico de pena de Luís Carlos Prestes, 1946.

Quando do anúncio de um aumento de passagens de bonde, em 1949, narra uma liderança sindical: "Preparamos bolas de pano de aniagem feitas com breu e parafina, bem como garrafas de gasolina e querosene. A partir do amanhecer, atacamos, abordando os bondes, discursando e tacando fogo. [...] Em duas horas, grande parte dos bondes em circulação estava em chamas, e todo o trânsito da cidade interrompido". Houve quem aplaudisse, mas a maioria da população assistiu àquilo estarrecida.

Em outras ocasiões, executaram-se ações de sabotagem, com emprego de dinamite, subtraída de pedreiras, e lançamento de bombas incendiárias sobre patrulhas militares.

A repressão desencadeava-se, impiedosa. Desde 1946, de forma intermitente, radicalizando-se mais tarde, a polícia atacava com cavalos e balas as manifestações. Prestes rememorou aqueles tempos duros:

> [...] no Governo Dutra, 55 companheiros nossos foram assassinados em comícios e manifestações. A primeira na lista [que elaborei] foi a Zélia Magalhães no Largo da Carioca. No dia 1º de maio de 1947, em manifestação na cidade do Rio Grande, mataram a Angelina Gonçalves e um outro companheiro, o Requi, ficou com uma bala na espinha, paralítico [...] viveu muitos anos numa cadeira [...] morreram três ou quatro na cidade de Santana do Livramento. Em Pernambuco, foi assassinado o jornalista Jaime Calado. Em Santos, mataram o Diocleciano dos Santos, um negro, portuário. Em São Paulo, na cidade de Tupã, no governo do Ademar, a polícia fuzilou o Marma e o Godói, um operário e um camponês, eles morreram dentro da própria casa. Em Nova Lima, Minas Gerais, morreu o presidente do sindicato, o William Gomes.

Aquela era uma democracia peculiar. O presidente Dutra dizia estar sempre com a Constituição — que ele chamava de "o livrinho" — no bolso, mas, acusava Prestes: "A polícia matava mesmo".

Nos começos da década de 1950, animados com o êxito das guerrilhas rurais asiáticas, os comunistas olhavam esperançosos para o campo. Numa ambiciosa visão panorâmica, e partindo da concepção de que "dada a extensão do território" seria necessário desencadear a guerra revolucionária rural em "dois ou três núcleos distintos", a direção do Partido definira as regiões mais favoráveis:

1º — uma área abrangendo as partes oeste de Minas Gerais, noroeste de São Paulo, sul de Goiás e sudeste de Mato Grosso, com centro no chamado triângulo mineiro;

2º — o sertão do nordeste brasileiro, abrangendo o noroeste baiano, o interior do Sergipe, Alagoas, Pernambuco, Paraíba e Rio Grande do Norte, mais o sul do Ceará;

3º — a região situada a oeste do Paraná, Santa Catarina e Rio Grande do Sul, zona de fronteiras com a Argentina e o Paraguai.

O plano sugeria a participação de Prestes, a experiência e o conhecimento adquiridos na saga da Coluna guerrilheira dos anos 20.

Em certo momento, no noroeste de Goiás e no norte do Paraná, contradições entre posseiros e latifundiários e grileiros tomaram a forma de enfrentamentos armados, parecendo dar razão aos comunistas.

Em Goiás, os camponeses de duas pequenas localidades — Trombas e Formoso —, frustrados por promessas de distribuição de terra não cumpridas e assediados por grileiros, organizaram-se e ofereceram resistência armada. Foi duro de roer. Na fase mais brava, os jagunços mataram e torturaram gente, obrigando posseiros a engolir sapos vivos e a comer fezes de companheiros. Mas as pessoas não se intimidaram e mantiveram a luta.

Na região Sul, outro importante conflito teve lugar na divisa entre Paraná e São Paulo, às margens do rio Paranapanema, região de Porecatu. Os contendores de sempre: posseiros versus latifundiários e grileiros. Organizados e armados, os posseiros não recuaram. Eram quase 1500 famílias e o bicho pegou. Como disse alguém, as terras roxas ficaram cheias de sangue.

O Partido enviou militantes e incentivou a ocupação das terras e sua defesa com armas nas mãos. Talvez dali pudessem originar-se lutas maiores, quem sabe bases de camponeses armados, a primeira fase de uma guerra de guerrilhas. O fantasma da Revolução Chinesa parecia pairar... Mas as coisas se passaram de outro modo. Receando desdobramentos imprevisíveis, as autoridades intervieram; garantindo-se a posse dos lotes, os posseiros venceram. Mais interessados nas terras conquistadas do que numa revolução, tenderam a se acalmar depois de conseguirem o que pretendiam. Ao contrário da metáfora maoista, a pradaria não pegara fogo.

Mas a aposta era que pegaria, mais cedo do que tarde. As informações que Arruda Câmara trouxera de uma viagem feita à União Soviética, em 1949, apontavam para uma radicalização geral das lutas sociais e políticas no mundo, não se excluindo a hipótese de uma nova conflagração mundial. O bloqueio de Berlim, que durou quase um ano, entre junho de 48 e maio de 49, ameaçando outra guerra, tensionava os espíritos. Pouco mais tarde, em junho de 50, teve início a Guerra da Coreia. Os tempos pareciam anunciar novos cataclismos.

No Brasil, porém, as lutas e os conflitos tomavam outras direções. As gentes mobilizavam-se em torno de objetivos e formas de luta nada apocalípticos. O que realmente empolgava eram as eleições de 1950, sobretudo a disputa pela Presidência da República. Como dizia uma marchinha, tratava-se de "botar o retrato do Velho" no mesmo lugar, ou seja, de reconduzir Getúlio Vargas ao Palácio do Catete, no Rio de Janeiro, onde residiam então os presidentes. As leis sociais e a proteção do Estado contra a ganância dos capitalistas, a defesa da nação e do desenvolvimento industrial contra a cobiça estrangeira, tudo isso calara fundo e faria de Vargas um personagem histórico para as grandes massas de trabalhadores urbanos e boa parte dos trabalhadores rurais.

A campanha eleitoral mobilizou multidões. Getúlio, lançado pelo PTB, fez aliança com Ademar de Barros, cujo partido, o PSP, indicou o candidato a vice, Café Filho. As direitas, capitaneadas pela UDN, insistiram no brigadeiro Eduardo Gomes. Já o PSD indicou uma liderança política mineira, Cristiano Machado.

Para Prestes, os candidatos eram farinha do mesmo saco, como seis e meia dúzia: "Vendidos ao imperialismo. Traficantes de votos. Manipuladores de consciências. Traidores da Nação. Reacionários". Queriam substituir "Dutra por outros Dutras". "Voto nulo", gritavam os comunistas nas portas das fábricas. Os trabalhadores respondiam com apupos, vaias, às vezes socos e pontapés, pondo para correr os militantes. "O próprio Arruda e os outros me contaram", diria Prestes, que "[nossos militantes] [...] eram corridos pelos operários quando iam chamar os operários na porta das fábricas para não votarem no Getúlio, porque a maioria era getulista…"

Em outubro de 1950, Vargas foi maciçamente sufragado pelos trabalhadores. Venceu com 48,7% dos votos, contra 29,7% e 21,5% dos votos dados ao brigadeiro e a Cristiano Machado, respectivamente. Um triunfo político e pessoal.

Para as Casas Legislativas, sob a legenda do Partido Republicano Trabalhista (PRT), o PCB lançou um candidato ao Senado, pelo Rio de Janeiro, Valério Konder, e vários deputados, os "candidatos de Prestes". A tentativa de explorar o prestígio histórico do líder não funcionou. Elegeram-se uns gatos-pingados: um deputado federal e um estadual em Pernambuco, alguns vereadores no Distrito Federal. Um fracasso.

O abstencionismo na campanha presidencial foi politicamente fatal aos comunistas. O capital político acumulado, malbaratado, em ruínas. O Partido esvaíra-se. Em 1947, com seus anunciados 200 mil filiados, era, de longe, o maior PC da América Latina. Atrás, os do Chile e de Cuba tinham cerca de 50 mil, e os demais, mesmo o argentino, mais tradicional, oscilavam entre 10 mil e 30 mil inscritos. Em 50, o PCB perdera quase nove décimos dos efetivos, reduzindo-se a algo em torno de 20 mil filiados, conforme estimativa do veterano Moisés Vinhas.

As causas do fenômeno gerariam e geram até hoje controvérsias, mas alguns fatores de desgaste eram reconhecidos, como os pactos com candidatos conservadores em troca de recursos financeiros; a política de apertar os cintos, enquanto durou a legalidade; o desencanto dos trabalhadores com os resultados da Constituinte, que o Partido tanto celebrara, sugerindo que poderia resolver os problemas essenciais da nação; o sectarismo com aliados e com os próprios militantes, muitos dos quais se afastavam.

Entretanto, outras causas surgiram no horizonte, como a defesa nacionalista da exploração do petróleo. "O petróleo é nosso!": o grito espraiou-se como um rastilho, pondo na defensiva os partidários de uma abertura, mesmo que parcial, aos capitais estrangeiros. Quem não fosse a favor era "entreguista". Na polarização da Guerra Fria, os nacionalistas eram acusados de "fazer o jogo dos comunistas".

O Clube Militar transformou-se num centro de debates. Era grande na época o prestígio da instituição, e as discussões ali travadas alcançavam repercussão nacional. As controvérsias desembocaram em concorrida campanha pela direção da entidade, quando dois oficiais nacionalistas — Estillac Leal e Horta Barbosa — encabeçaram uma chapa que venceu as eleições de maio de 1950, derrotando os seguidores de Cordeiro de Farias e Juarez Távora, e assumindo o controle do Clube no biênio seguinte.

Os militantes comunistas no Exército e nas Forças Armadas participaram ativamente do processo, sofrendo inclusive represálias. Não deixava de ser paradoxal: militares de um partido favorável à luta armada investindo seu tempo e energias numa disputa eleitoral de um Clube Militar. Sem embargo, a vitória dos nacionalistas representara uma derrota para as direitas brasileiras.

Quando assumiu a Presidência da República, no ano seguinte, Getúlio Vargas empossou Estillac no Ministério da Guerra (do Exército, na nomenclatura atual). Contudo, ao menos no início, seu governo e propostas passaram ao largo de uma clara definição nacionalista e popular.

Apesar de legitimado por uma consagradora votação, Vargas foi extremamente cauteloso, preferindo compor um governo de ampla frente, onde se incluíram até mesmo lideranças da UDN, como João Cleofas, conservador notório, nomeado para a pasta da Agricultura. Era como se estivesse anunciando: reforma agrária, não! Da corrente nacionalista mais aguerrida, além de Estillac, apenas um ministro: Danton Coelho, do Trabalho. Os principais postos seriam entregues ao PSD (Fazenda, Relações Exteriores, Justiça, e Educação e Saúde) e ao PSP (Viação e Obras Públicas e o Banco do Brasil).

A Guerra Fria esquentara com a Guerra da Coreia, iniciada em junho de 1950. Enquanto durou, até julho de 53, e mesmo depois, condicionou uma arquitetura simplificada, definida pela polarização entre EUA e URSS. Governos, partidos, intelectuais e organizações diversas eram pressionados a se definirem por um ou pelo outro lado.

As denúncias contra o caráter "imperialista" do conflito e a luta pela não intervenção do Brasil mobilizaram o Partido Comunista, que, articulando-se com amplo movimento internacional, desencadeou campanhas contra a guerra e pela paz. Abaixo-assinados, comícios, agitação, propaganda, múltiplas formas de atuação eram acionadas para manter o país fora daquele vespeiro.

A primeira campanha nacional foi em torno do chamado Apelo de Estocolmo, manifesto inspirado pelos soviéticos mas também assinado por personalidades independentes e que postulava o desarmamento, a desativação das armas atômicas e negociações pacíficas. Em 1950, de março a setembro, a meta era conseguir 4 milhões de assinaturas. Foi um esforço tremendo. Nos estados, municípios, empresas, bairros, entre as mulheres e os jovens, os comunistas envolveram-se até o pescoço, atingindo e superando o objetivo fixado. Coroando o processo, uma delegação brasileira foi a Varsóvia, em janeiro de 51, onde mais de 2 mil participantes, provenientes de oitenta países, realizaram o II Congresso Mundial dos Partidários da Paz. Nos mesmos moldes, houve uma segunda campanha, o Apelo de Berlim. Haveria ainda uma terceira, em 55, o Apelo de Viena, mas já sem a mesma intensidade.

Havia ali um paradoxo: como um partido favorável à luta armada se empenhava tanto em campanhas pela paz? Afinal, a que deviam se dedicar os militantes comunistas: à guerra ou à paz? Às duas, argumentavam os dirigentes. A luta pela paz debilitava as forças reacionárias que desejavam uma nova guerra mundial. Se o país ficasse fora da Guerra da Coreia, as direitas se enfraqueceriam. Por outro lado, a luta armada no Brasil, como na China, era a via para conduzir o povo, liderado pelo Partido Comunista, ao poder. Era mais fácil dizer do que fazer.

O fato é que, entre a paz e a guerra, sobretudo depois do fim dos conflitos no Paraná e em Goiás, os militantes comunistas entregaram-se mais, e com mais eficácia, às lutas e campanhas pela paz do que a tentativas de guerrilhas rurais. Mantiveram, contudo, até a morte de Vargas, um verbo contundente contra o governo, acusado de "traição nacional".

É verdade que o velho líder tergiversava, exercitando a conhecida perícia. Trocava ministros, quando pressionado, deixando cair até os mais fiéis, como Estillac Leal, em 1952, e João Goulart, em 54. Ainda em 52, ao recuperar o controle do Clube Militar, a Cruzada Democrática perseguiu os oficiais nacionalistas ou suspeitos de simpatia aos comunistas, suscitando afastamentos, transferências e mesmo prisões. Houve então denúncias fundamentadas de torturas. Mas Getúlio assistiu impassível a tudo. Como impassível assistiu, no apagar das luzes do governo Dutra, à aprovação da lei nº 1057-A, ou Lei da Reforma dos Oficiais, autorizando a transferência para a reserva, sem processo judicial, de qualquer "suspeito". Ou da Lei sobre os Crimes contra o Estado e a Ordem Política e Social, de janeiro de 53, considerando deliquentes os que, sem autorização da polícia, convocassem ou participassem de comício ou reunião pública. Mantinha na Fazenda um adepto da cooperação com os EUA e, ao mesmo tempo, cercava-se de assessores nacional-estatistas. Em discursos, denunciava o capital estrangeiro, mas a retórica não se traduzia em políticas. Quanto aos trabalhadores, os mesmos zigue-zagues: pouco depois de afastar Jango, assinou, em 1º de maio de 1954, o aumento de 100% do salário mínimo, que ele propusera, causando escândalo e consternação nas direitas.

Assim era Vargas: dava uma no cravo e outra na ferradura, acendendo as velas que fosse preciso, a Deus e ao Diabo. No próprio encaminhamento ao Congresso do projeto original de criação da Petrobrás, em dezembro de 1951, abriu espaços à presença do capital estrangeiro, tentando conciliar forças disparatadas, como era costume seu. A lei nº 2004, que afinal instituiu a empresa estatal, só seria aprovada em outubro de 53, e foram emendas da UDN e do PTB que garantiram o monopólio sobre a exploração do petróleo.

Apesar de tudo, seu governo voltava-se para a defesa das teses nacionalistas — embora com moderação — e dos trabalhadores — embora nada fizesse para incentivar, ou acolher, a radicalização das lutas sociais, estranhas às suas concepções políticas.

Na América Latina, condicionada pela Guerra Fria, ressurgiam movimentos nacionalistas. Houve a Revolução Boliviana, em 1952. Na Guatemala, o reformismo nacionalista de Jacobo Arbenz foi derrotado por golpe abertamente apoiado pelos EUA. Na Argentina, em 55, outro golpe derrubou Perón.

No Brasil, as direitas questionavam a legitimidade da eleição de Vargas, propondo um golpe de Estado contra o presidente eleito. Batendo na tecla do moralismo, caro às classes médias, o jornalista Carlos Lacerda, líder da UDN, alegava que um "povo honrado" não podia ser governado por "ladrões". E os comunistas adotavam discursos contra o governo, denunciando-o como a serviço de "uma camarilha de latifundiários e grandes capitalistas que [...] infelicita a nação".

O ataque desabrido a Getúlio Vargas e a seu governo, sob ofensiva das direitas, despertaria várias resistências no interior do próprio Partido. Foi se criando com o tempo um abismo entre a "linha geral" e o cotidiano dos militantes, empenhados em tarefas práticas. A teoria dos dirigentes e a prática dos militantes pareciam duas hastes de uma tesoura que se abria cada vez mais. Nos aparelhos, os dirigentes continuavam aferrados às fórmulas catastróficas: o governo de "traição nacional" haveria de ser derrubado pela luta armada, em padrões que faziam lembrar a vitoriosa Revolução Chinesa, de 1949.

A realidade, entretanto, era mais complexa. E foi para enfrentar essa complexidade que, em 1952, pouco mais de dois anos após a edição do "Manifesto de agosto", uma conferência operária recomendara a volta às lutas sindicais no interior das estruturas corporativas criadas pelo Estado Novo e mantidas pela Constituição de 46. Uma abertura de bom senso para o processo histórico, marcado pelas lutas nacionalistas, pelas campanhas pela paz, e pela retomada das lutas reivindicatórias, desembocando inclusive em greves salariais, como a de março de 53, que envolveu dezenas de milhares de trabalhadores em São Paulo.

Mais tarde, Prestes reclamaria a paternidade dessa revisão, sustentando que redigira a resolução conferindo novos rumos ao trabalho sindical. Desde 1949, teria sugerido à Comissão Executiva reformulações nesse sentido. Não foi ouvido. Suas propostas, no entanto, se formuladas, desapareceram nos torvelinhos da clandestinidade.

Contudo, a maior abertura para as lutas sociais não conduzira a nenhuma redefinição das relações com o governo. Getúlio Vargas continuava sendo destratado como um líder comprometido com a "traição nacional". Na conjuntura que se inicia em 1954, crescentemente aquecida, enquanto as forças conservadoras batiam em Vargas "pela direita", os comunistas faziam o mesmo "pela esquerda". Anos mais tarde, Prestes formularia uma autocrítica a respeito das posições "esquerdistas" do Partido, argumentando que os comunistas deveriam ter com Getúlio a mesma atitude que tiveram com o governo de JK na segunda metade da década de 50. Se tal tivesse acontecido, talvez pudessem ter antecipado de alguns anos a semilegalidade, ou legalidade de fato, que obtiveram em 58.

Mas essa virada não aconteceu, não antes da morte de Vargas. A edição da *Imprensa Popular*, de 24 de agosto de 1954, dia do suicídio de Getúlio, trazia uma entrevista de Prestes fazendo ataques contundentes ao presidente e a "seus policiais", acusados de terem "instintos sanguinários" e de haverem "torturado e assassinado" trabalhadores. No final, conclamava a união e a organização de "nossas forças" para "pôr abaixo o governo [...] e substituí-lo por um governo democrático de libertação nacional".

Ora, o suicídio do presidente desatou uma reação popular maciça. As ruas foram invadidas para pranteá-lo, inclusive com a presença de militantes comunistas. Jornais de direita e do PCB foram empastelados com violência no Rio de Janeiro e em Porto Alegre. Atordoados, muitos dirigentes, tarde demais, perceberam os erros de avaliação. Arruda não entendia nada, e chegou a sonhar em aproveitar a comoção para suscitar uma greve insurrecional revolucionária. Todos estavam perplexos. Alguns, como Marighella, incorporaram-se às manifestações dos segmentos populares, aos olhos dos quais Vargas fora atacado em virtude das políticas sociais adotadas por seu governo.

Vale registrar que Prestes, ignorando a entrevista publicada na *Imprensa Popular*, insistiria mais de uma vez, a posteriori, ter sido sensível ao processo de radicalização antivarguista e antipopular, liderado pelas direitas, e em consequência disso teria formulado in extremis proposta de aproximação com o presidente. Por contraditar as perspectivas então vigentes, de oposição radical a Getúlio, a Comissão Executiva, ainda dessa vez, não teria discutido nem divulgado suas novas posições. Segundo Prestes, estas só apareceriam numa edição do jornal do Partido, a *Tribuna Popular*, uns quinze dias depois do suicídio de Vargas. Entretanto, o texto não foi encontrado nem nos arquivos nem na memória de velhos militantes consultados, embora sua existência tenha sido confirmada por Maria Ribeiro, segunda mulher de Prestes, que informou igualmente que o dirigente reconheceria, em conversas privadas, a responsabilidade do PCB na morte de Vargas.

A reviravolta veio logo em 1º de setembro de 1954, o país ainda sob comoção. O Comitê Central denunciou o "assassínio de Vargas" por um "golpe sangrento", que instaurara uma "ditadura americana" regida por Café Filho, vice de Getúlio. O texto saudava as "corajosas manifestações contra os generais fascistas e seus patrões norte-americanos", atribuindo-as ao "esforço esclarecedor dos comunistas", o que já era forçar a nota, pois muitas dessas manifestações haviam se voltado contra eles próprios e seus jornais.

A Constituição, antes definida como um "código de opressão", agora precisava ser defendida "pela união e pela luta". O momento exigia dar as mãos aos "trabalhistas, nossos irmãos [...] em defesa das leis sociais já conquistadas". Virada radical, confirmada um mês depois por um novo manifesto, assinado por Prestes, propondo uma aliança formal: "É indispensável que trabalhistas e comunistas [...] as mais poderosas correntes do movimento operário em nosso país, unam suas forças [...] na luta contra o inimigo comum". Uma união considerada não apenas "necessária", mas "uma fatalidade". "Somos irmãos, e é como irmãos que devemos lutar, ombro a ombro [...] e em defesa da Constituição." Não se tratava mais de ir à luta armada, mas às urnas, para derrotar eleitoralmente os "entreguistas" e "a ditadura americana de Café Filho".

É interessante, no entanto, constatar que a proposta de luta armada seria reiterada pelo IV Congresso do Partido Comunista do Brasil, realizado em novembro de 1954, em São Paulo, do qual Prestes também não participou, por alegadas "questões de segurança". O grosso volume da revista *Problemas* que editou as resoluções, em fevereiro de 55, manteve as concepções revolucionárias catastróficas: só a luta armada vitoriosa promoveria as mudanças de que carecia a sociedade brasileira para encontrar a justiça, a igualdade e a prosperidade. Arruda Câmara inibiu qualquer tipo de discussão ao afirmar que o programa fora revisto por Stálin. Numa reunião do Comitê Central, lera, registrado num caderno, suposto diálogo que tivera, em 52, com o líder soviético em pessoa. Fazendo um dueto de vozes, a sua e a de Stálin, com entonações diferentes, apresentou as perguntas que fazia e as respostas do interlocutor, esclarecendo, elucidando. Os dirigentes ouviam-no extasiados. Com tal legitimação, quem ousaria formular alguma emenda àquele texto? Mas no próprio material veiculado pela revista *Problemas* apareceriam dissonâncias, como no informe de Carlos Marighella, apoiado por Prestes.

Depois de fazer um balanço circunstanciado das eleições de 1954, que em contraste com os pífios resultados de 50 permitiram uma notável recuperação do PCB — vários dos seus candidatos se elegeram por outras legendas, pois o Partido permanecia ilegal —, Marighella fecharia sua fala com uma síntese simbólica: "O partido deve contar com o apoio eleitoral das massas a fim de que mais rapidamente possa tornar vitoriosa a revolução democrática de libertação nacional de cunho agrário e anti-imperialista". Uma espécie de colagem da orientação favorável às lutas institucionais, a que se dedicavam na prática os comunistas, temperada por tributos rituais ao programa aprovado. Como se o Congresso, rendendo-se à pressão da sociedade e dos próprios militantes de base, tateasse outros rumos, preparando--se para arquivar os propósitos revolucionários. Mas ninguém ousou contrariar formal e/ou frontalmente o programa, salvo uns poucos, como João Saldanha, na época secretário de Agitação em São Paulo. Como "castigo", Arruda o transferiu para Londrina, no Paraná, de onde ele só saiu porque resolveu abandonar o Partido.

A evolução seria confirmada em 1955, com o apoio dos comunistas à chapa de Juscelino Kubitschek, governador de Minas Gerais, do PSD, e João Goulart, ex--ministro do Trabalho e principal herdeiro político de Vargas no PTB. O Partido passava formalmente à defesa da Constituição e às lutas institucionais, aprofundando uma virada política que já se desenhava.

Derrotadas no pleito, as direitas articularam-se para impedir a posse de JK. Mas os movimentos conspiratórios seriam abortados pelo contragolpe de novembro de 1955, conduzido pelo general Lott, à frente de um grupo de oficiais--generais legalistas. A maioria do Congresso aprovou o impeachment de Café Filho e do presidente da Câmara, Carlos Luz. Assumiu então o presidente do Senado, Nereu Ramos, favorável à posse dos eleitos, em janeiro de 56.

Os comunistas defenderam a legalidade, denunciando a hipótese de uma "ditadura terrorista". Não mais se cogitava pegar em armas para travar uma luta de libertação nacional, mas promover "a mais ampla unidade de patriotas e democratas em defesa das liberdades e pela salvação da pátria".

O programa do IV Congresso, não formalmente revogado, já se tornara anacrônico.

Do momento em que seu mandato foi cassado, em janeiro de 1948, até 58, quando emergiu novamente para a legalidade, Prestes viveu duas fases bem diferentes. Na primeira, que terminou em 52, voltou a comer o pão que o diabo amassou. A vida nos aparelhos, confinado. A volta a uma rigorosa clandestinidade. A circulação reduzida ao mínimo. A hemorragia de filiados e militantes fizera o Partido retornar à condição de um pequeno núcleo, de "puros e duros". Uma vida espartana. As finanças, curtas, mal davam para o gasto. A polícia política no encalço, mas desorientada. Segundo os registros, consultados no Arquivo Público do Rio de Janeiro, circulavam as informações mais desencontradas: Prestes estaria tuberculoso, ou em Goiás, ou em Mato Grosso. Outras informações o davam em São Paulo, escondido no palácio de Ademar de Barros, ou em São Borja, sob proteção de Vargas, ou ainda na Bolívia ou no México.

O PCB continuava sendo o "partido de Prestes". No entanto, quem mandava, orientava e decidia de forma cada vez mais centralizada e verticalizada era o pequeno grupo articulado em torno de Arruda Câmara: João Amazonas, Maurício Grabois, Pedro Pomar, entre outros. Vinham de longe, forjados nos subterrâneos do Estado Novo, experimentados nas lutas e manobras da clandestinidade. Como já se disse, podiam ser conhecidos como os "homens de Prestes", mas eram deles as rédeas do Partido.

Carambolando de aparelho em aparelho, Prestes penou. Em 1950, uma separação a mais: a filha e a irmã Lígia partiram, em dezembro, para a URSS, onde Anita, aos catorze anos, teria melhores condições de estudar. Pouco antes, em outubro, o Supremo Tribunal Federal autorizara sua prisão preventiva. Em 6 de junho de 1951, a 3ª Vara Criminal, no Rio de Janeiro, expediu mandado de prisão contra ele. O sumário de culpa teve início em 19 de setembro, prosseguindo nos meses seguintes a oitiva de testemunhas. Como advogados de Prestes, atuavam Sinval Palmeira, Francisco Augusto Belem, Francisco Chermont e Benedito Calheiros.

A autoestima em declínio. Já não punha o terno para cear e retomara hábitos do cárcere e da Coluna. Austeridade absoluta, combinada com uma dose alta de estoicismo. Concentração total na revolução, desprezo completo pelas aparências. A roupa gasta, o descuido consigo mesmo, a barba e o cabelo por fazer. O costume de arrancar a cutícula das unhas dos dedos das mãos e dos pés, que ficavam sangrando, indicava nervosismo e certa incúria pela apresentação pessoal. Muito magro, Prestes secava, amargurado.

Foi assim que, em fins de 1952, no dia 4 de dezembro, chegou a outro aparelho, localizado no bairro do Jabaquara, em São Paulo, que foi arranjado por seu novo chefe de segurança pessoal, Giocondo Dias. Uma casa simples, de dois andares, porém confortável. Em cima, um quarto e um banheiro. Embaixo, sala, outro quarto, outro banheiro, cozinha e uma garagem, requisito para garantir entradas discretas. E um pátio, resguardado da curiosidade da vizinhança. Ali viviam dois militantes que faziam figura de casal, José das Neves e a bela Maria do Carmo Ribeiro, então com apenas vinte anos.

Passado o primeiro momento de espanto e inquietação, Maria estava empolgada. Ter a responsabilidade de cuidar do aparelho de Prestes, e de sua segurança pessoal, não era para qualquer um. Verdade é que, embora muito jovem, ela já era uma "veterana" nas lutas sociais e na militância partidária.

Nascida em 2 de fevereiro de 1932, no Recife, filha de João Rodrigues Sobral, o camarada Lima, militante do PCB desde 30, e de Mariana Ribas Pontes, ganhara o nome de Altamira Rodrigues Sobral, e um apelido, Mira. Órfã de mãe muito cedo, ela e os cinco irmãos logo perderam o pai de vista, preso pela repressão desencadeada após o movimento revolucionário de 35. Até os seis anos, foi criada por parentes e amigos.

Em 1938, o pai reapareceu. Ao ser transportado de navio para o Rio de Janeiro, numa escala feita em Salvador conseguira fugir, a nado. Juntou os filhos e retomou a vida política em Maceió. Na clandestinidade, teria início o troca-troca de nomes. Um dia, inocentemente, Mira lhe perguntou, dentre os vários nomes que usava, qual era o seu nome verdadeiro. A resposta não podia ser mais esclarecedora: "São todos esses nomes, depende do lugar onde você estiver morando".

Em 1945, recobrada a legalidade, a família retornou ao Recife, e já então Mira, com apenas treze anos, começou a participar das lutas sociais e políticas, a frequentar comícios, fazer pichações e distribuir panfletos. O pai, candidato derrotado à Câmara de Vereadores, tornara-se assessor parlamentar da bancada comunista. Vida estabilizada. Contudo, duraram pouco os tempos de bonança.

Desde 1947, os comunistas estavam de volta à clandestinidade, e Mira perdeu novamente contato com o pai, dedicado a reorganizar o PCB no Nordeste. Foi morar com a avó paterna, em Poções, sertão de Pernambuco. Ali, diria Mira, "aprendi com a avó a trabalhar no roçado, a lidar com os animais, a fazer farinha de mandioca". As asperezas da vida rural: levantava cedo, acordava às quatro horas da manhã, tomava leite no curral e, depois, ia para as roças de milho e de feijão. Não faltava comida: "xerém [milho pilado grosso] com leite fervido, mandioca, feijão e carne de bode".

266

Em 1949, voltara ao Recife e à militância partidária. Nesse mesmo ano, aos dezessete anos, casou-se com outro jovem quadro do Partido, Arnaldo Holanda Cavalcanti, com quem teve seus dois primeiros filhos, William (em homenagem a William Dias Gomes, assassinado em novembro de 48), nascido em 1º de agosto de 1950, e Luís Carlos (em homenagem a Prestes), de 15 de junho de 1951.

Altamira teve então, ainda em 1950, direito à sua primeira prisão e a maus-tratos dela decorrentes, agressões e cabeça raspada. Uma vez libertada, retomou, porém, as atividades políticas. Em seguida, dois meses após o nascimento do segundo filho, foi a vez de Arnaldo, o marido, ser preso. As notícias, veiculadas pelos jornais, sobre o comportamento dele na cadeia não foram boas. Mais tarde, as acusações se revelariam infundadas, mas, no calor do momento, numa época em que os comunistas não admitiam a menor falha de militantes presos, a palavra "traição" estava em todos os lábios. Declarando-se "vexada", Mira escreveu carta ao pai: "Quero lhe dizer que não posso compartilhar nada com um traidor". Pegou os dois filhos, a carteira de identidade da sogra, Maria Ribeiro, assumiu o novo nome e partiu para a Bahia. Foi de lá que veio para São Paulo cuidar do aparelho onde iria morar, em fins de 52, Luís Carlos Prestes.

Menos de um mês depois de chegar, em 3 de janeiro de 1953, Prestes completou 55 anos, mas a data do aniversário dessa vez não passou em branco. Maria, ótima cozinheira, caprichou no cardápio: salada de legumes e peixe de forno com dendê. De sobremesa, doce de coco. Giocondo e José das Neves, o motorista-"marido", participaram da mesa e dos elogios à excelência da comida.

Sua eficiência, comunicabilidade, simpatia e beleza logo cativaram o velho dirigente. A vida em comum os aproximou. Em pouco tempo, após breve namoro, passaram a viver como se casados fossem.

Foi nessa nova casa que Prestes ouviu, pelo rádio, emocionado, como todos os comunistas no mundo, a notícia da morte de Stálin, em março de 1953. Maria testemunhou sua tristeza, e a companhia dela deve ter contribuído para consolá-lo.

Já no mês de junho, Maria engravidou. O primeiro filho do casal nasceu em 24 de março de 1954. Chamou-se Antônio João, um nome que homenageava os dois avós — Antônio Pereira Prestes e João Rodrigues Sobral. Comovido e rejuvenescido, Prestes parecia outro. No ano seguinte, em 22 de janeiro, veio à luz uma filha, Rosa. Entretanto, nem sempre o casal podia ficar junto; chamado que era para viagens e tarefas do Partido, Prestes ia constantemente ao Rio de Janeiro.

A pressão policial só arrefeceu depois da eleição de Juscelino, e então puderam retomar uma vida mais calma, em Diadema, num dos melhores aparelhos que ocuparam na atribulada vida clandestina dos dois. Em suas memórias, Maria contou, encantada, que a casa, situada num amplo terreno, tinha um eucalipteiro, por onde passava um riacho. Havia um quarto para o casal e outro para Antônio João e Rosa. Mais sala e cozinha, "esplêndida, grande e espaçosa". Nos fundos, um terceiro cômodo transformado em escritório. Ao lado, dormia Severino Dedino, novo motorista. Ali foram de fato felizes: no terreno, Prestes plantou roseiras, que sempre amara cultivar. Chegou a construir um viveiro de pássaros, com periquitos e pombos, que, no entanto, não vingou, porque certo dia o pequeno Antônio João abriu todas as portinholas, libertando os passarinhos. Maria e Prestes lamentaram, mas viram no ato do filho manifestação precoce de apreço pela liberdade. Um vizinho tinha uma criação de cavalos, o que permitia a Prestes galopar no amplo terreno, levando o filho no colo. Se isso não era exatamente um reencontro com a memória da Coluna — Prestes confidenciou a Maria que pouco montara ao longo da marcha; dizia, irônico, que, em vez de Cavaleiro da Esperança, deveria ser conhecido como Andarilho da Esperança —, completava o quadro bucólico da vida em Diadema.

A única tristeza foi a separação dos filhos maiores de Maria. Já crescidos, William e Luís Carlos, que se haviam tornado Pedro e Paulo, poderiam, sem querer, falar ou fazer algo que pusesse em risco as condições do aparelho. Foram assim levados para viver com Clotilde, irmã mais velha de Prestes. Um golpe para os garotos e uma amargura para Maria, a sobreposição das exigências da clandestinidade aos interesses pessoais.

Em fevereiro de 1956, menos de um mês depois da posse de Juscelino, Nikita Khruschóv faria seu relatório "secreto" ao xx Congresso do Partido Comunista da União Soviética. Stálin, o "guia genial" e o "maquinista da locomotiva da História", aparecia como um monstro, capaz de crimes inomináveis. Uma bomba, um terremoto, que não cessaria de repercutir durante as décadas seguintes.

A delegação brasileira, dirigida por Arruda Câmara, permanecera ignorante de tudo, salvo murmúrios e boatos, que foram desprezados. Assim, em março, Arruda tomou o rumo da China, onde permaneceu longos meses fazendo contatos e turismo político, e onde acabou sabendo, por intermédio dos chineses mas de modo fragmentário, da existência do relatório e de suas terríveis denúncias.

De volta a Moscou, em julho, inquieto, encontrou-se com Osvaldo Peralva, ex-representante brasileiro no Kominform, com sede em Bucareste, organização então já dissolvida. Peralva soubera de tudo pelos soviéticos, e através da imprensa dos países capitalistas a que tinha acesso. A essa altura o mundo todo conhecia e comentava o texto de Khruschóv. Vários jornais americanos e europeus, e até brasileiros (*O Estado de S. Paulo* e *Diário de Notícias*), de posse de uma cópia autêntica do relatório, contrabandeada pelos comunistas poloneses, publicaram-no na íntegra. Arruda solicitou dos soviéticos uma versão oficial. A suas instâncias, um funcionário do PCUS leu para ele o famoso relatório, proibindo, conforme a regra, que tomasse notas.

Um escândalo devastador. Por toda parte, os comunistas reagiam com raiva, denunciavam como apócrifo o texto divulgado, mais uma trama das agências de inteligência capitalistas, interessadas em difamar a União Soviética e Stálin. No Brasil não foi diferente. A direção do PCB negava de pés juntos a veracidade das "infames invencionices" do FBI e do Departamento de Estado, aquelas "máquinas de mentir", como afirmara o habitualmente crítico Astrojildo Pereira.

Em fins de abril, Prestes fez um artigo sobre o XX Congresso, publicado na imprensa comunista. Condicionado pela informação "oficial" disponível, limitou-se a registrar o que os soviéticos celebravam como inovações: o reconhecimento da pluralidade de caminhos para alcançar o socialismo; a "coexistência pacífica" como imperativo dos novos tempos, e como crítica implícita ao "catastrofismo revolucionário"; e o caráter indispensável e "leninista" da "direção coletiva". Eram referências dificilmente compatíveis com as elaborações firmadas no IV Congresso do Partido Comunista, mas a isso Prestes não fazia nenhuma alusão, mesmo porque correspondiam à viragem em curso, que ele apoiava, no sentido das lutas democráticas e institucionais.

Nos meses seguintes, houve outros registros, sempre acompanhando a informação soviética "autorizada". Em começos de julho, publicara-se uma longa declaração do Comitê Central do PCUS sobre a "eliminação do culto da personalidade e de suas consequências". A autocrítica fora uma "demonstração de força" que, segundo os soviéticos, nenhum partido em países capitalistas ousaria se permitir. Um editorial do *Pravda*, divulgado dias depois, batia na mesma tecla: "As condições históricas do stalinismo, ligadas ao cerco dos inimigos internos e externos, haviam desaparecido".

Os termos, porém, continuavam vagos demais. No Brasil, predominava uma atmosfera de desinformação e de perplexidade, na qual germinavam a apreensão e as dúvidas. Mesmo porque, estranhamente, Arruda Câmara, o chefe da delegação brasileira, não dava as caras — sumira.

Somente no final de agosto, cerca de seis meses depois da primeira leitura do relatório, ele se reuniu com dirigentes partidários. Inicialmente, com a Comissão Executiva. Confirmou então as versões publicadas pelos jornais no Ocidente e no Brasil. Foi um choque. Prestes, presente nessa reunião, também ficou perplexo. Arruda soltava os cachorros não apenas contra Stálin, mas contra toda a direção do Partido Comunista Soviético, permitindo-se insultá-la, inclusive com palavrões. Uma reviravolta drástica. A surpresa de Prestes transformou-se logo em inquietação. Segredou a Dias, que também tudo ouvira: "Olha, um dirigente que usa essa linguagem [...] é um traidor. Nós vamos ter que mudar tudo, porque ele sabe de tudo, ele conhece onde é que eu moro, a casa em que eu moro...". Sentia-se "completamente no ar [...] nas mãos de um traidor". "Porque a impressão que eu tive", aduziu, "é que era um traidor." Quanto aos demais, "ouviam todos calados. Ninguém dizia nada, nada".

No encontro com o Comitê Central, que se seguiu, houve gente vomitando e chorando. O impossível acontecera. Khruschóv, o maior dirigente soviético, realmente dissera, com todas as letras, que Stálin não passara de um reles criminoso. Arruda Câmara, mais uma vez, apareceu como um campeão das críticas a Stálin e aos soviéticos. Talvez imaginasse que o "Stálin brasileiro" seria Prestes. Enganou-se. Quem arcou com as consequências foi ele próprio, Arruda, e, em ponto menor, seus camaradas de Executiva, Amazonas e Grabois.

Desorientados, sem saber o que fazer e o que decidir, os membros do Comitê Central tomaram a resolução de convocar uma nova reunião a curto prazo. Ela estava em pleno curso, em começos de outubro, quando estourou, na imprensa comunista, sem autorização, a discussão pública do relatório.

Prestes estivera ausente das reuniões do Comitê Central. A alegação fora a de sempre: razões de segurança. Mas sabia dos debates e estava abalado, como os demais. Arruda chegou a dizer que pensara em suicídio. Mesmo não confirmada por outras fontes, a informação, ou a fofoca, denota a atmosfera reinante.

O fato é que, agora, a discussão entre os comunistas se tornara aberta. A iniciativa coubera aos dirigentes e às redações dos dois órgãos mais importantes da imprensa partidária: *Voz Operária*, periódico dedicado aos militantes, e *Imprensa Popular*, jornal noticioso diário, vendido nas bancas. Por baixo dos panos, entretanto, havia um grupo organizado, uma "fração", no jargão do Partido, debatendo o assunto, o autodenominado "Sinédrio". Seus membros consideravam que era preciso formular "novas ideias, novos métodos, através de uma autocrítica geral". Outra fração, liderada por Agildo Barata, era conhecida como PCF, Partido Comunista das Finanças, pois controlava boa parte dos recursos partidários.

Mas foi o Sinédrio que resolveu dar início ao debate, uma heresia estatutária que, no entanto, diz bem do clima de inquietação existente. Em 6 de outubro de 1956, foi dada a primeira salva, um artigo que marcou época, de autoria de João Batista de Lima e Silva: "Não se pode adiar uma discussão que está em todas as cabeças". Exprimia as angústias, o descontentamento e a revolta dos intelectuais do Partido contra a passividade e a paralisia que pareciam ter acometido as direções partidárias diante dos rumores que corriam soltos a respeito do chamado relatório "secreto", que de secreto já não tinha nada havia muito tempo.

Iniciado, o debate pegou fogo. Por toda parte, nos jornais que o Partido mantinha no Rio de Janeiro, em São Paulo, Belo Horizonte, Salvador, Porto Alegre, todos falavam e se manifestavam, livremente. Conforme uma testemunha da época, "aquela alegria, pura e selvagem, de escravos rebelados". O Comitê Central não teve outra saída senão legitimá-lo, declarando, através de uma resolução formal, que estava aberta a discussão, a qual de fato já se abrira. No conteúdo do texto da direção partidária, ambivalências: de um lado, o estímulo à liberdade de expressão; de outro, advertências para os debatedores não se desvirtuarem.

Os críticos, organizados, disparavam fogo nutrido. Artigos bem concatenados, argumentados, escritos pelo que havia de melhor na intelectualidade do Partido. Jorge Amado, Dalcídio Jurandir, Moacir Werneck de Castro, Santos Moraes, além dos mencionados, criticavam os erros políticos, a estrutura verticalizada, centralista, autoritária, o "mandonismo" da Comissão Executiva e, em especial, de sua figura de proa: Diógenes Arruda, o Arrudão. Embora ninguém lhe negasse capacidade de trabalho, seus defeitos agora apareciam à luz do dia, denunciados. Autoritário, não admitia críticas ou restrições. Por qualquer coisa, ameaçava de expulsão do Partido, e expulsou muitos por terem ousado contrariá-lo. Quem não dissesse amém às suas ordens, "caía em desgraça". Prestes ecoava as críticas: "Era terrorismo. E qualquer um tinha medo, qualquer coisa que fizesse, podia ser expulso. Para a maioria, o partido [...] era uma religião, o comunismo era uma religião. Então os indivíduos não queriam perder, sair da sua religião, da comunidade, serem excomungados, ele expulsava mesmo [...] qualquer coisa, estava expulso, se não seguisse bem as regras [...] uma violência, disciplina de ferro. Não se podia discordar de coisa nenhuma...".

Metia-se em tudo, intrujão, espionava inclusive a vida particular das pessoas. Além disso, falso moralista, pronto para chamar de "prostitutas" as mulheres que se desviassem de seus supostos princípios, os quais ele próprio, alegremente, desrespeitava em sua vida pessoal. Grosseiro, hostil aos intelectuais, por sua culpa vários deles se afastaram do Partido, como Carlos Drummond de Andrade, Cândido Portinari, Álvaro Moreira, Monteiro Lobato.

Atribuíam a Arruda, entre outros "desvios", a responsabilidade por uma falta maior: a subserviência do PCB aos soviéticos. Não poucos, com honestidade, implicavam-se nos equívocos cometidos, como Antônio Bulhões, crítico de teatro: "Durante tempo demais nos enganamos, fomos enganados e, pior ainda, enganamos os outros".

Havia amargura naquele reconhecimento. Muitos, decepcionados, começavam a abandonar o Partido. Explodiam ressentimentos por toda parte, no contexto de uma "revolução dos engraxates", assim ironicamente chamada por um dirigente, porque todos ali, em momentos anteriores, lustravam, prazerosos ou intimidados, os sapatos do "Stálin brasileiro".

Os homens do aparelho custaram a reagir, mas reagiram. O próprio Arruda veio a público para admitir falhas. Grabois, Amazonas, Pomar, mesmo Prestes e Marighella, entre outros, entravam no debate, reconhecendo problemas. Alertavam, porém, sobre eventuais derivas inconsequentes, a serem evitadas, que os debates não enfraquecessem o Partido, que os "inimigos" não se aproveitassem para golpear os interesses da classe operária.

O caldo engrossou quando as críticas a Stálin e ao stalinismo se tornaram mais contundentes, atingindo a União Soviética. Não poucos artigos cortavam fundo na carne do PCUS. O mote fora dado pelo esmagamento da Revolução Húngara pelos exércitos soviéticos em começos de novembro de 1956. Uma rebelião, de caráter essencialmente popular, questionara a ditadura política dos comunistas, exigindo reformas. Ernesto Luís Maia e Boris Nicolaievski bateram firme nos tanques internacionalistas.

Prestes alarmou-se. Deve ter se recordado do que dizia Stálin: "A URSS é a pedra de toque do movimento comunista internacional". Numa linguagem mais poética, também se dizia que era a "pupila dos olhos" dos revolucionários de todo o mundo. Aquilo já tinha ido longe demais. Escreveu uma carta, divulgada em 20 de novembro, vazada em termos duros, formulando limites que os debates não poderiam ultrapassar. A crítica continuaria livre, desde que respeitasse alguns preceitos: o internacionalismo proletário (leia-se: o PCUS e a URSS); a defesa do marxismo-leninismo; a defesa do Partido e de seus princípios. Parecia claro, mas não era: os pontos tão gerais e de tamanha amplitude poderiam aplicar-se a qualquer artigo publicado, justificando a tesoura, conforme o olhar ou o rigor do censor. Mesmo assim, foram aprovados pelo Comitê Central em reunião de emergência solicitada pelo próprio Prestes.

Os mais rebeldes acusaram o golpe, chamando o texto de "carta-rolha". Os debates, contudo, não foram imediatamente tolhidos, mas um novo caminho havia sido traçado. Iniciou-se um processo de endurecimento, parafusos apertando. As direções dos jornais, quase todas nas mãos de intelectuais críticos, corcoveavam, repudiando restrições. As discussões azedavam. Em alguns momentos e lugares chegou-se a vituperações, a ameaças de desforço físico. Exasperavam-se as divergências. Ninguém confiava em ninguém, desfeito o mito da "solidez inexpugnável" do Partido e de sua "disciplina militar". A direção política, a reboque da discussão, perdera o controle do processo.

Constituíram-se três alas. Os autodenominados renovadores, acusados pelos adversários de "revisionistas", eram também chamados de "abridistas", por serem favoráveis a manter abertos os debates e a aprofundar as autocríticas. Para além dos bodes expiatórios, cabia identificar os fundamentos sociais, históricos e políticos daquela "degenerescência", como havia apontado o líder comunista italiano Palmiro Togliatti. Tratava-se de fazer o inventário dos "crimes" cometidos, do autoritarismo endêmico, e do correlato desprezo pelas bases, de métodos de trabalho apoiados "em bocas tapadas" e em injúrias assacadas contra adversários da direção, das mais suaves ("pequeno-burguês") às mais pesadas ("policiais infiltrados" e "agentes do imperialismo"). A subserviência ao PCUS e à União Soviética, a "desnacionalização" do PCB, o culto à personalidade e o "mandonismo", o sectarismo político, com ênfase nas críticas às propostas de luta armada, mereciam igualmente críticas aceradas.

A Comissão Executiva e grande parte do Comitê Central, apelidados de "conservadores", queriam estancar a sangria que reduzia ainda mais os efetivos do Partido. Ficaram conhecidos como "fechadistas", por serem favoráveis a encerrar as discussões. Apoiados por militantes de base, desorientados naquele tiroteio, exigiam a aplicação rigorosa da "carta-rolha". Telma de Carvalho exprimiria, cândida e autenticamente, o sentimento de impotência dos militantes comuns: "Ouçam um conselho: vão escrevendo cada dia menos e depois calem. Tudo será esquecido e ficará como está. Antes que as divergências de opinião façam com que os menos esclarecidos se afastem e os cultos se dividam em grupos a favor ou contra". Outros se queixavam da saúde: "Confesso que me sinto prejudicado fisicamente [sistema nervoso] sempre que me deparo com referências grosseiras [...] e humilhantes dirigidas diretamente à pessoa de Stálin". Segundo um alto dirigente, não se podia tolerar "a liberdade de introduzir no partido da classe operária os pontos de vista e as teses do inimigo de classe".

A partir de certo momento, quebrando a polarização entre "renovadores" e "conservadores", surgiu uma "terceira margem", ou "terceira posição", alcunhada pejorativamente de "pântano", jargão comunista para designar posições intermediárias. Era liderada por dirigentes partidários mais jovens, e que se situavam fora do núcleo "duro" da Comissão Executiva. Um deles, Jacob Gorender, diria de forma emblemática: "O Partido carece de uma profunda renovação", mas acrescentava: "Estejamos vigilantes para que não brote e se expanda livremente a erva daninha do revisionismo". Era necessário, argumentava outro, valorizar o "sopro renovador", desde que se afirmasse a unidade interna, "limpando os desvios de direita e de esquerda".

Prestes estimulou essa tendência e se ligou a ela, passando a liderá-la. Embora confinado havia anos, ou exatamente por isso, continuava respeitado, como admitia até mesmo um de seus críticos mais ferozes, como depositário "da honra do Partido, de sua capacidade de trabalho, de devoção à Causa e de espírito de sacrifício".

Sua ausência das reuniões do Comitê Central, em agosto e outubro de 1956, criticada por não poucos à boca pequena, acabara sendo positiva, pois o livrara dos desgastes inevitáveis nesses encontros dedicados a "lavar a roupa suja". Nas complexas relações que mantivera com Arruda Câmara, até hoje sujeitas a controvérsias (instrumentalização de um pelo outro? quem instrumentalizava quem?), havia sido preservado, cabendo a Arruda o papel de "bode expiatório". Foi o que lhe deu latitude para liderar a "terceira margem".

Apoiando-se no núcleo duro da Comissão Executiva, seu primeiro movimento foi retomar o controle dos jornais partidários, inclusive com o recurso a operações violentas, desfechadas por militantes de base. Em abril de 1957, com a imprensa sob vigilância, afastados os intelectuais rebeldes, reuniu-se o Comitê Central. Aprovou duas resoluções: a primeira, "Sobre a Unidade do Partido", criticava duramente os renovadores. A segunda fixava o encerramento dos debates para dali a trinta dias, comprometendo-se o Comitê Central a elaborar um balanço crítico do que se alcançara.

As discussões definharam, domesticadas. E se encerraram no prazo previsto. Em agosto de 1957, veio a pá de cal. Reunido o Comitê Central, já com a presença de Prestes, aprovou-se, simultaneamente, uma crítica aos "revisionistas de direita" (os renovadores) e ao "sectarismo de esquerda" (mandonismo). Mas foi apenas por um voto (treze a doze) que o Comitê Central autorizou mudanças na Comissão Executiva. Caíram os mais comprometidos com o "mandonismo": Arruda, Grabois, Amazonas, Pomar, e ingressaram os partidários da "terceira margem": Mário Alves, Dinarco Reis, Ivã Ribeiro, Ramiro Luchesi.

Pressionado a fazer autocrítica, Agildo Barata, um dos líderes mais evidentes dos "revisionistas", desdisse o que dissera para, mais tarde, voltar atrás, arrependido, o que o enfraqueceu. Em entrevista à revista *Manchete*, saiu para o combate frontal contra o que chamava "a máquina infernal do Partido". Desligou-se publicamente do PCB, o que não o impediu de ser formalmente expulso das suas fileiras. Seus partidários ainda tentaram formar uma tendência alternativa, de caráter nacionalista. Fundaram um jornal semanal: *O Nacional*, e uma revista teórica: *Novos Tempos*. Em vão. Cedo se desagregariam, apesar de a conjuntura política que então se abria ser favorável a propostas inovadoras e alternativas.

Os "sectários de esquerda", os homens da Comissão Executiva e do Secretariado, também receberam punição: perderam os cargos no aparelho central e foram rebaixados a posições intermediárias. Um triunfo completo, político e pessoal, de Prestes e da "terceira posição".

Depois das turbulências sombrias de 1956, o ano de 57 fora mais do que positivo. Em janeiro, nascera sua terceira filha com Maria, Ermelinda. Politicamente, Prestes deixara a postura de "homem encarcerado", reaparecendo como grande líder político, sensível às necessidades de renovação do Partido, equilibrado, distanciando-se dos "desvios" de "esquerda" (sectarismo) e de "direita" (revisionistas).

A URSS e o PCUS recuperavam-se em parte do traumatismo das revelações do XX Congresso. A invasão do Egito por uma força expedicionária anglo-francesa-israelense, em outubro-novembro de 1956, contrabalançara o desgaste gerado pela invasão da Hungria. Os europeus haviam se equivocado de século, mas o nacionalismo árabe ficaria devendo aos EUA e à URSS a retirada das tropas de intervenção e o triunfo das políticas de Nasser para o canal de Suez.

A proposta de coexistência pacífica de Khruschóv suscitava a admiração mundial, assim como suas aberturas ao chamado "Terceiro Mundo": visita à Índia, apoio ao mundo árabe, restabelecimento das relações com a Iugoslávia. Por outro lado, ainda em outubro, o lançamento do *Sputnik*, o primeiro satélite artificial, aureolava o socialismo soviético como grande potência científica.

Novos tempos, novos ares. Depurado de suas facções extremas, o Partido necessitava agora de um novo programa político para completar o seu processo de atualização, o *aggiornamento*, como diziam os italianos.

11. O reencontro com a legalidade

Era preciso agora formular um novo programa político ou, no jargão partidário, uma nova "linha" política. Quanto mais cedo, melhor. Articulou-se, com o aval de Prestes e da Comissão Executiva, um grupo de dirigentes e de intelectuais defensores da vitoriosa "terceira posição". Em pouco tempo prepararam a *Declaração sobre a política do PCB*, aprovada, em março de 1958, por uma reunião do Comitê Central.

Foi uma reviravolta histórica. Mudara quase tudo: as concepções gerais sobre a sociedade e o capitalismo no Brasil. A estratégia de poder. As alianças de classe. As táticas e as formas de luta. O desenvolvimento capitalista tornara-se "o elemento progressista por excelência da economia brasileira". "O povo sofre mais do atraso do que do desenvolvimento capitalista." A democratização do país era "uma tendência permanente". Os comunistas deveriam lutar por um governo nacionalista e democrático, no quadro de uma ampla frente única em que participariam "o proletariado, os camponeses, a pequena burguesia urbana, a burguesia nacional e mesmo setores latifundiários". A hegemonia do PCB teria que ser disputada, sem sectarismos, devendo concentrar-se no jogo eleitoral e institucional. Somente no caso de uma reação violenta dos inimigos do povo — o imperialismo e o latifúndio — poderia ser necessário recorrer a uma "solução não pacífica". A hipótese da luta armada não era sequer aventada.

Prestes também estava otimista com o cenário internacional. O mundo vivia uma "época histórica", marcada pela "decomposição do imperialismo", "desagregação do sistema colonial" e "força crescente do sistema socialista", o que suscitava a esperança de uma "transição pacífica ao socialismo".

As propostas épicas de uma revolução catastrófica davam lugar a um processo gradual de mudanças, conquistadas através da legalidade democrática. A orientação aprovada, embora a favor da democracia, fora obtida mediante um autêntico "golpe de Estado" interno. Tudo foi preparado sem autorização ou conhecimento de nenhuma instância regular, salvo a Comissão Executiva, mas esta, apesar de localizada no vértice da pirâmide partidária, não podia elaborar uma nova linha política. Não custa recordar que o Partido tinha um programa, definido no IV Congresso, em 1954. Só outro Congresso poderia alterá-lo ou revogá-lo. Não foi o que aconteceu. O Comitê Central, passando por cima da "legalidade partidária", proclamou, sob o nome de *Declaração política*, uma nova linha política.

Entretanto, não houve questionamentos. Os "revisionistas" já tinham sido expulsos ou haviam se desligado; os que restavam se achavam muito enfraquecidos para fazer algo de concreto. Os "sectários" e "dogmáticos", sem ação, encontravam-se em cargos de menor expressão e desmoralizados. Por outro lado, e mais importante, a nova orientação correspondia às aspirações da imensa maioria dos militantes remanescentes.

Um dia depois da publicação da *Declaração sobre a política do PCB*, em 19 de março de 1958, por sentença do juiz José Epaminondas Monjardim Filho, da 3ª Vara Criminal, revogou-se a prisão preventiva de Luís Carlos Prestes. A decisão atendia a uma demanda formulada pelos comunistas desde meados de 57, quando fora derrotado no Congresso um projeto de lei concedendo a anistia. O processo, de doze volumes, mereceu substanciosa sentença, de 45 páginas. O magistrado sustentava que a própria solicitação do acusado evidenciava suas boas intenções, não sendo possível afirmar que a sua liberdade pudesse de algum modo ameaçar a ordem pública. Duas condições foram impostas: que Prestes não saísse do Rio de Janeiro sem autorização judicial e que comparecesse à polícia duas vezes por mês até que houvesse uma decisão definitiva.

Onze anos de clandestinidade tinham fim. Dos subterrâneos, reapareceu, então, o Cavaleiro da Esperança. A manchete da *Última Hora*, exprimindo surpresa e ironia, gritou: "Prestes em liberdade, polícia de prontidão".

A reportagem do *Cruzeiro*, uma das revistas mais importantes da época, conseguiu surpreender, na tarde seguinte à decisão judicial, o reencontro com as quatro irmãs (Clotilde, Heloísa, Lúcia e Lígia) e com a filha Anita, que voltara havia pouco da União Soviética e fora objeto de pungente reportagem em dezembro do ano anterior, apresentada como a moça que havia vinte anos não sorria.

O chefe comunista na intimidade era para o grande público um raro flagrante. E o fato de ele ter permitido a reportagem já dizia muito de uma atitude de abertura, uma tentativa de romper os velhos estereótipos que fixavam os comunistas como pessoas reservadas, quase sombrias, separando o público e o privado.

Alegre e otimista, com sessenta anos completos, e contrariando muitos que esperavam vê-lo "velho e acabado", e mesmo "careca", Prestes esbanjou saúde: "Não tomo conhecimento nem do fígado, nem do coração, nem da idade. Tudo vai muito bem".

Depois de longos abraços, propôs que os irmãos morassem juntos, retomando uma convivência estabelecida após a redemocratização em 1945. Considerando o tempo que Anita passou longe, arriscou uma ideia sonhadora: dar a ela um "curso prático" de brasilidade — uma viagem de jipe a Brasília, ao Araguaia e aos interiores do país, um passeio só a dois, pai e filha.

Sobre a Coluna, Prestes confessou uma recordação "viva e profunda, como se fora uma realidade recente". E relembrou emocionado os amigos já falecidos, Siqueira Campos, João Alberto e Miguel Costa, a quem se referiu como o comandante da aventura revolucionária.

Em seguida, rememorou acontecimentos do tempo de prisão, a solidariedade dos guardas, as malvadezas de Vitório Caneppa, os dribles que dava em algumas de suas ordens arbitrárias. E se permitiu sonoras gargalhadas, "como se estivesse recordando um passado feliz", observava, curioso, o jornalista.

Ao se dar conta da surpresa dos repórteres, que o esperavam caladão e avesso a conversas livres, explicou sorridente que sempre fora acessível aos jornalistas, pronto a responder a todas as perguntas.

Naquele ambiente de abertura e descontração, apenas uma sombra, não percebida, talvez nem pressentida pela maioria dos presentes: nenhuma palavra fora pronunciada sobre Maria e seus filhos, filhos também de Prestes. Um silêncio constrangido, constrangedor, evidenciando censuras implícitas, culpas inconfessáveis. Uma fratura que se exporia nos anos vindouros, insanável. Disso, porém, ainda quase ninguém sabia, e o que apareceu foi um Prestes sorridente, otimista, desconhecido. Novos tempos, novo programa político, novo líder.

Uma semana depois da matéria no *Cruzeiro*, houve uma primeira entrevista coletiva na casa do advogado Sinval Palmeira, em Copacabana. Dezenas de jornalistas lá se comprimiam, câmeras de televisão, flashes de fotógrafos, microfones de rádios, a balbúrdia e a cacofonia de costume, um clima de excitação: não é a toda hora que se entrevista alguém que emerge de onze anos de clandestinidade…

Prestes apresentou-se como "patriota e democrata", a "mão estendida" às pessoas de boa vontade. Voltava à legalidade "sem ressentimentos e sem nenhum rancor", confiante no "patriotismo da Justiça e das Forças Armadas brasileiras".

Transbordava confiança. A situação internacional era "excepcionalmente favorável": o socialismo "transformara-se num sistema mundial" e avançavam por toda parte "as lutas dos povos contra a exploração dos monopólios imperialistas". Impunha-se a coexistência pacífica, mas uma eventual guerra seria um desastre para o capitalismo, precipitando o "advento inevitável do socialismo".

No Brasil "cresciam as forças do proletariado e da burguesia". "Dentro da lei e da Constituição", seriam possíveis mudanças "no sentido da democracia e da independência nacional", capazes de assegurar uma política exterior independente e uma política interna progressista, garantindo um "nível de vida digno para todos os trabalhadores e suas famílias". Destacou duas reformas: a agrária, com a distribuição da terra aos camponeses, e a eleitoral, com direito de voto ao analfabeto.

Os comunistas queriam a legalidade e iriam ter participação ativa nas eleições seguintes, previstas para outubro de 1958, quando seria possível escolher "governadores progressistas e reforçar as posições dos nacionalistas no Parlamento, nas Assembleias Legislativas e Câmaras Municipais".

Sobre o 24 de agosto e o suicídio de Vargas, reconheceu erros de avaliação: "O certo teria sido fazer uma frente única com a ala nacionalista dos partidos que o apoiavam", contra a "obra do imperialismo", responsabilizado pela morte de Getúlio. E defendeu o contragolpe de novembro de 1955, declarando conhecer o general Lott desde os tempos do Colégio Militar, tendo-o na conta de "um patriota culto e honrado".

A construção de Brasília, a nova capital, que mobilizava o país, era "uma ideia interessante", contudo muito mais importantes eram "o problema vergonhoso das secas do Nordeste" e a necessidade de uma "reforma agrária".

Quando perguntado sobre a hipótese de os comunistas chegarem ao poder, surpreendeu a todos com uma resposta otimista: "Sem dúvida". "E quando isso acontecerá?", insistiu o jornalista. A resposta veio firme: "Não sou profeta, mas, talvez, em menos tempo do que muita gente pensa".

A entrevista, irradiada por várias emissoras para todo o país, tinha sido uma grande *rentrée* de Prestes na vida política e uma excelente oportunidade de divulgar as novas teses do Partido. Palavras confiantes e encorajadoras. Abertura, flexibilidade, disposição ao diálogo. Ao mesmo tempo, nas considerações autocríticas, mensagem de humildade, congruente com a expectativa de "tolerância e de compreensão". "Lobo em pele de cordeiro", como denunciavam os anticomunistas intransigentes? Ou um líder reformado e atualizado?

Em 1958, o governo de Juscelino Kubitschek estava a meio caminho. A construção de Brasília, indústrias e obras de infraestrutura atestavam seus êxitos, alardeados pela mídia pró-governamental. Em junho, a conquista da primeira Copa do Mundo gerou slogans ufanistas: "Com brasileiro, não há quem possa". Uma atmosfera de euforia. Até hoje o país recorda, num exercício saturado de memória, os chamados "anos de ouro".

Mas a situação não era assim tão idílica. Havia tensões no ar, crescentes. As direitas atacavam, delatando malfeitos, corrupção deslavada. No Parlamento, os deputados udenistas, liderados por Carlos Lacerda, Afonso Arinos, Adauto Lúcio Cardoso e Bilac Pinto, entre outros, infernizavam o governo. Eram bons oradores, agiam como se fossem uma "banda de música", denunciando desonestidade e incompetência.

Entre os trabalhadores, inquietação e descontentamento. A inflação saltara de 19,2% em 1956 para mais de 30% em 60. Um fenômeno desconhecido, penalizando os que viviam de salário ou de aluguéis e outros rendimentos não reajustáveis, ou seja, as camadas médias e mais pobres da população.

As greves começaram a pipocar, com o apoio das esquerdas e a compreensão de alguns governadores, como a emergente liderança de Jânio Quadros, de São Paulo. Em 1957, entre 15 e 25 de outubro, uma greve nesse estado reuniria seis categorias profissionais, cerca de 400 mil trabalhadores. Outras se seguiriam. No campo, surgiram as Ligas Camponesas, lideradas por Francisco Julião. Iniciaram-se no Nordeste, espraiando-se pelo país afora: queriam uma reforma agrária — uma bandeira que tomaria corpo ao longo do tempo.

Os comunistas cedo se tornaram atores relevantes no mundo sindical, liderando chapas pela disputa do controle de sindicatos, federações e confederações, ou delas participando.

O governo cedia e concedia, mas não raro a polícia reprimia, às vezes baixava o pau. JK, porém, mantinha o diálogo, procurando o centro político. Constituíra poderosa coligação parlamentar, apoiada no PSD e no PTB, e também no PSP, além de partidos menores.

Em relação ao governo, Prestes defendia o "apoio crítico". Os comunistas haviam feito a campanha pela chapa formada por JK e Jango, mas não concordavam com a "desnacionalização da indústria". Nas lutas sociais aliavam-se com os trabalhistas e, no caso de São Paulo, também com setores vinculados ao janismo e ao ademarismo, como na grande greve de 1957. A manutenção de certo diálogo com o governo não impedia a autonomia. Eram mordidos e soprados. Devolviam na mesma moeda: mordiam e sopravam.

Recuperada a legalidade, Prestes desdobrava-se, atendendo a convites de programas de televisão, entrevistas, comícios, visitas a núcleos de militantes em cidades do interior.

Em agosto, anunciou alguns candidatos que seriam apoiados pelos comunistas para as eleições de 1958. Em São Paulo, Ademar de Barros; Virgílio Távora no Ceará; Lutero Vargas, para o Senado, no Distrito Federal; Cid Sampaio em Pernambuco; Roberto Silveira no Rio de Janeiro; e Leonel Brizola no Rio Grande do Sul. Brizola rejeitava publicamente o apoio dos comunistas, contudo, mesmo assim, estes o mantiveram, para derrotar o candidato alternativo, considerado "reacionário". As alianças preferenciais eram com o PTB e o PSP, mas, segundo as circunstâncias, compreendiam também políticos da UDN, como no Ceará.

Em setembro, Prestes participaria de vários comícios, sobretudo no Rio e em São Paulo, superando, graças à decisão da Justiça, questionamento legal do chefe do Departamento Federal de Segurança Pública, Amauri Kruel, incomodado com o seu ativismo e o dos comunistas em geral.

Nas eleições realizadas ganharam o PSD e a UDN, forças conservadoras, mas Prestes formulou um balanço positivo: candidatos apoiados pelo PC venceram em sete estados. Três vitórias suscitavam particular otimismo: a de Cid Sampaio sobre Etelvino Lins, em Pernambuco; a de Roberto Silveira sobre Amaral Peixoto, no Rio de Janeiro; e a de Leonel Brizola sobre João Neves, no Rio Grande do Sul.

Ventos novos pareciam soprar. O ano de 1959 começou com o triunfo da Revolução Cubana. As multidões armadas que aplaudiam Fidel, os braços levantados, alongados pelos fuzis, eletrizavam as consciências. Como em toda revolução, a surpresa, inquietando as direitas e encorajando as esquerdas. No Brasil, o fuzilamento de figurões e de torturadores comprometidos com a ditadura deposta foi logo carnavalizado:

Em Cuba, Cuba, Cuba,
Entrou na contramão,
Vai descansar no paredão.

Uma ampla simpatia, difusa. Não se sabia exatamente o que desejavam aqueles "barbudos" nem no que aquilo tudo iria dar, mas ressentimentos contra a riqueza e a prepotência dos Estados Unidos desaguavam agora nas figuras épicas de Fidel e Che Guevara, como se fossem antigos Robin Hoods, saídos das matas para as cidades, justiceiros, castigando os poderosos e redimindo os desvalidos. Entre os comunistas, de início, reservas e um apoio desconfiado e condicionado: Fidel e Che tinham o ímpeto da pequena burguesia revolucionária, mas também sua inconstância.

As lutas nacionalistas ganhavam ânimo. A Frente Parlamentar Nacionalista (FPN), integrada por deputados de vários partidos, formada em 1956, intervinha cada vez mais nos debates políticos.

No Brasil, JK rompeu com o Fundo Monetário Internacional (FMI). As esquerdas festejaram e programaram grande manifestação no Catete, de apoio ao que parecia ser uma virada nacionalista do governo. Prestes estava entre os manifestantes e quase foi preso pelo general Nelson de Melo, ferrenho anticomunista e chefe da Casa Militar de JK. Foi necessária a intervenção pessoal do presidente para evitar o estrupício.

No mesmo ano, em maio, o governador do Rio Grande do Sul, Leonel Brizola, expropriou a Companhia de Energia Elétrica Rio Grandense, filial da Bond & Share no Rio Grande do Sul. Mais tarde, em 1962, fez o mesmo com a Companhia Telefônica Rio-Grandense, filial da poderosa International Telephone & Telegraph (ITT). As duas ações fariam de Brizola o líder do nacionalismo radical brasileiro, uma espécie de Fidel à brasileira, imagem que ele iria cultivar nos anos seguintes.

Os ânimos acirravam-se, a chapa estava esquentando. Prestes participou ativamente da campanha de Miguel Arraes para a prefeitura do Recife. As eleições, realizadas em 2 de agosto, registraram grande vitória da chamada Frente do Recife, uma coligação popular, apoiada pelas esquerdas, incluindo a "burguesia progressista". Uma confirmação do programa de 1958?

O Partido ressurgia das cinzas e Prestes era seu grande líder. Entre 16 de setembro e 20 de dezembro de 1959, fez suas primeiras viagens internacionais legais como chefe político do PCB: à República Popular da China, à União Soviética, à Tchecoslováquia e à República Democrática Alemã (RDA).

Na China, comemorando o décimo aniversário da revolução, foi recebido por Mao Tsé-Tung. Conversaram sobre o Brasil e foi possível perceber que o presidente chinês estava muito mal informado a respeito do estágio de desenvolvimento do país. Prestes permitiu-se atalhá-lo para recordar que a produção brasileira de aço era comparável à da China, 4 milhões de toneladas. Mao fazia questão de passar uma impressão de modéstia, referia-se à "experiência chinesa", mas não desejava que ninguém a "copiasse". No entanto, ao se expressar, assumia uma postura de "maestro", falando sempre muito baixo, uma técnica para forçar a atenção da audiência. Prestes não gostou foi da companhia de Ramiro Luchesi e Carlos Danielli, membros da delegação brasileira. É que os dois fumavam desesperadamente e, como de hábito na época, jogavam a fumaça dos cigarros direto no seu rosto. Ficaram lá quase um mês, visitando Cantão, Nanjing, Pequim, entre outras cidades. Na volta, a imprensa partidária divulgaria um conjunto de artigos de Prestes celebrando as realizações da "China Popular".

Radicalizavam-se as contradições sino-soviéticas, mas Prestes era firme defensor da "unidade do movimento comunista internacional". Uma forma de dizer que se mantinha fiel ao Partido Comunista da União Soviética.

Da China foi à URSS, onde passou dez dias. Uma viagem carregada de simbolismo. Um quarto de século depois, voltava à "pátria do socialismo", de onde partira, com Olga Benário, em 1934, para a aventura revolucionária que eclodiria no ano seguinte, resultando na longa prisão e em todo um cortejo de tragédias políticas e pessoais. A recepção soviética, entretanto, em grande medida, frustrou suas expectativas. Não lhe faltaram as honras protocolares devidas, recebido por uma delegação chefiada por Mikhail Suslov, considerado então o "ideólogo" do PCUS. Porém, as conversações desenrolaram-se principalmente com Boris Ponomariov, dirigente do Departamento de Relações Internacionais do PCUS, um alto funcionário, sem dúvida, mas não um dirigente político de primeira linha.

Além disso, Prestes não conseguiu autorização para ver amigos de longa data, dos anos 1930, como Júlio Gomes, comunista chileno, oficialmente em férias no mar Negro, e o veterano Abraham Guralski, que tão importante papel desempenhara no seu recrutamento em fins da década de 20 na América do Sul. Os soviéticos lhe disseram que, depois de ter caído em desgraça nos sombrios anos dos expurgos, o velho comunista fora reabilitado mas ainda era tido como suspeito.

Antes de voltar ao Brasil, outra passagem carregada de simbolismo, pela Alemanha Oriental, terra de origem de Olga, onde foi recebido pelo presidente do país, Wilhem Pieck.

A viagem foi intensamente noticiada pelos jornais comunistas. Tratava-se de construir o chefe do PCB como uma figura de prestígio, de estatura internacional, ao menos no mundo socialista. Num balanço da viagem, ainda no começo de 1960 Prestes escreveu, como referido, vários artigos sobre a China. Silenciando sobre as divergências sino-soviéticas, em estágio inicial, preferiu chamar a atenção para a integração da burguesia no processo de construção do socialismo chinês. Os capitalistas chineses estariam "cada vez mais convencidos de que o mundo marcha [...] para a completa vitória do socialismo [...] pensam os camaradas chineses que a maioria esmagadora dos elementos burgueses poderiam ser transformados...". Assim, "o governo da República Popular da China vai conseguindo reeducar a burguesia para a sociedade socialista". Era uma forma de "confirmar" o programa de 58 à luz da experiência revolucionária da China.

A rigor, contudo, os resultados da viagem foram mitigados. Prestes deve ter percebido, de longe, a sombra das novas estrelas ascendentes da revolução latino-americana. Elas estavam em Cuba e se chamavam Fidel Castro e Ernesto Guevara. O PCB, como referido, não recusara apoio à Revolução Cubana, mas ainda a via com reservas. Seus métodos, concepções e lideranças sugeriam a conformação de caminhos alternativos ao comunismo latino-americano.

De volta ao Brasil, um susto: Maria tinha passado por um grave acidente. O fusquinha que dirigia fora esmagado por um ônibus desgovernado, e ela perdera os sentidos. Os filhos que a acompanhavam escaparam ilesos, mas Maria levara quase trinta pontos e estava internada num hospital, embora já passando bem e fora de qualquer perigo.

A essa altura, mais de um ano depois da recuperação da legalidade, ele continuava a viver em duas casas. Em certa medida, duas vidas. Uma chácara em Jacarepaguá, um então distante subúrbio do Rio de Janeiro, onde residiam Maria e os filhos. E outra, em Copacabana, onde viviam Lígia e Anita.

Não era fácil entrosar as duas partes da família. Anita ficara chocada quando soubera de Maria e de seus filhos. As irmãs, com exceção de Lúcia, mais compreensiva, também sentiram o golpe. Admitiam que Prestes fosse um homem público, e até gostavam disso: nessa qualidade ele pertencia à História e ao Partido. Em termos afetivos, porém, imaginavam que ele era "delas" e só "delas". Quanto a Olga, era como se a relação com ela, épica, devesse ser sacralizada, conservada numa redoma, insubstituível.

A reação conservadora a Maria era partilhada por muitos no Partido, e nesse sentido as irmãs, sobretudo Lígia, e Anita apenas vocalizavam um movimento que emergia das fileiras partidárias. Misturavam-se aí ressentimentos e preconceitos. Murmurava-se sobre a diferença de idade: Prestes tinha sessenta anos completos, Maria, somente 26. Falava-se ainda das origens populares de Maria. Ela não teria condições intelectuais de ser mulher do líder do PCB. Um clima deletério, um mal-estar, uma atmosfera de "traídos" e de "viúvas": como Prestes fora capaz "disso"?

Pouco depois, ocorreu outro acidente, dessa vez com o próprio Prestes. Num tombo feio, sua coluna vertebral foi atingida, o que o deixou com dificuldades de locomoção. Abrigado na casa de Lígia, deitado, tolhido por um colete de aço, carente de cuidados especiais, foi Lúcia quem ponderou que era necessário chamar Maria. Afinal, era a sua mulher, como continuar tentando ignorar isso?

Maria chegou. Além de jovem, bonita e elegante, era inteligente e tinha senso prático. Tomou conta do pedaço, cuidou do seu homem, e ele logo se recuperou. Foi só a partir daí que o casal começou a aparecer oficialmente como marido e mulher. Do episódio, muito mais tarde, Maria diria, entre irônica e amargurada, e fazendo pitoresco trocadilho, que, "se não fosse a coluna do Prestes, eu e os meninos ainda estávamos na chácara de Jacarepaguá...".

Mudaram-se todos, então, para uma casa na rua Dezenove de Fevereiro, em Botafogo, onde por algum tempo, pouco tempo, e pela única vez, conviveram Maria, os quatro filhos dela com Prestes (nascera em junho de 1959 o quarto, batizado com o nome do pai, Luís Carlos), Lígia e Anita. Pedro e Paulo, os filhos do primeiro casamento de Maria, permaneceram na casa de Clotilde, que os criava desde 54. Mas a convivência era difícil. Enquanto Maria segurava o trabalho doméstico pesado, Lígia e Anita estudavam e conversavam. Em depoimentos, visitas relatam que era comum Lígia e Anita "receberem", enquanto Maria e os filhos ficavam "lá dentro". Para falar com a mulher de Prestes, só indo "lá dentro".

O ano de 1960 seria rico em acontecimentos e reviravoltas. A casa de Botafogo fervilhava, transformada em lugar de passagem — quase obrigatória — para os dirigentes comunistas, amigos, aliados e simpatizantes. Na pauta dos debates e dos conchavos, o V Congresso do PCB, que se realizaria em agosto-setembro, seguido, logo depois, em outubro, pelas eleições presidenciais.

Prestes imaginava o evento como destinado a consagrar a viragem efetuada pela *Declaração política* de 1958. Um momento de afirmação das novas orientações políticas. E de celebração da reconquista de uma espécie de semilegalidade, ou de uma legalidade de fato. Isso se refletiria na realização do próprio Congresso, que aconteceu à luz do dia, num prédio da rua Álvaro Alvim, no centro do Rio de Janeiro, embora mediado por concessões formais para não provocar a polícia política. No ato de encerramento, por exemplo, no auditório da Associação Brasileira de Imprensa (ABI), o Congresso foi pudicamente chamado de Convenção dos Comunistas.

Tão logo, porém, se abriram as discussões públicas, o Congresso transformou-se em arena de dissensões. Através da "Tribuna de debates", publicada pelos jornais partidários desde abril, o núcleo de dirigentes afastados (João Amazonas, Maurício Grabois, Pedro Pomar, entre outros) surgiu com desenvoltura, evidenciando prévia organização, defendendo os pontos de vista derrotados em 1958 e atacando a "linha política" então introduzida.

Todos os aspectos essenciais eram questionados. A direção defendia uma "política oportunista de direita" e "a Declaração de Março de 1958" não tinha legitimidade, pois fora obra de um "pequeno grupo de camaradas", formulada "à revelia dos membros do Comitê Central e apresentada de surpresa a esse órgão dirigente na reunião em que foi aprovada...". O PCB, de partido revolucionário, estava se convertendo em outro, reformista.

Foi um choque. Embora em posições subalternas, afastados do centro do poder partidário, ou ali desempenhando funções menores, eram dirigentes históricos, respeitados, frequentavam a casa de Prestes, conservando prestígio inquestionável. Houve reação, também organizada. Os partidários do Comitê Central passaram à contraofensiva. Mário Alves, Jacob Gorender, Giocondo Dias, Roberto Morena, Pedro Motta Lima, Marco Antônio Coelho, Zuleika Alambert, Carlos Marighella, Apolônio de Carvalho, Alberto Passos Guimarães defenderiam as teses, alguns insinuando o caráter "antipartido" do grupo considerado "esquerdista". Deu-se o embate, aberto, público, como se o Partido, em escala menor, voltasse às grandes discussões de 1956-7.

Enquanto elas esquentavam e os campos opostos quebravam o pau, Prestes parecia mais interessado na "grande política", escrevendo artigos sobre a situação internacional, e participando de comícios e de articulações relacionadas com a campanha presidencial em curso. É possível que tenha subestimado a força das contradições, ou imaginado que, na condição de poderoso líder, não deveria se imiscuir em batalhas que se travavam em rasa campanha. Ou ainda concluído que seria recomendável reservar-se um papel eventual de árbitro. Seja como for, o fato é que a presença de Prestes não se tornou muito visível naqueles embates.

Afinal, manteve-se a unidade partidária, mas foi preciso fazer importantes concessões políticas. Na nova "linha política" aprovada, os camponeses eram referidos como "aliados fundamentais" da revolução brasileira. Quanto à burguesia, tratava-se de "uma força anti-imperialista inconsequente". Aparecera um tom desconhecido, agressivo. Qualquer avanço dependia agora da "mobilização das massas e da ação enérgica dos trabalhadores e do povo". Só assim seria possível "quebrar a resistência das forças entreguistas e reacionárias" e das "tendências conciliadoras", mesmo porque o "caminho pacífico" não significava "passividade ou espontaneísmo". Também se deixava claro que "a resistência do inimigo" poderia impor o recurso "à luta armada". A expressão passara a ser pronunciada com todas as letras, superando a fórmula imprecisa de "solução não pacífica".

Pouco depois, um comentário oficial, escrito por Jacob Gorender e publicado na revista *Estudos Sociais*, advertia que o PCB não tinha compromissos com o capitalismo, mas "[...] com as premissas imprescindíveis ao salto qualitativo para a etapa socialista da revolução". Uma frase sibilina, enigmática para a maioria, um recado, em linguagem de Esopo, afirmando a vocação revolucionária do Partido. E completava: "[...] se os inimigos recorrem à violência, podem criar uma situação em que a revolução não teria outra possibilidade de vencer senão através do caminho da luta armada".

Haviam sido revogadas as orientações de 1958? O fato é que agora o tom era outro; outras, as ênfases. No calor dos debates, constituíra-se um esboço de interpretação "de esquerda", certo "estado de espírito", uma predisposição. Dependendo das circunstâncias, poderiam ganhar expressão. No plano da organização, no entanto, a nova maioria impôs-se — nenhum dos dirigentes esquerdistas "históricos", como Amazonas, Arruda e Grabois, seria reconduzido ao Comitê Central. Ficou apenas Pedro Pomar, mas, mesmo assim, na condição de suplente.

Na eleição dos novos dirigentes, outro incidente — público — provocou rumores. Apolônio de Carvalho, insatisfeito por não ingressar no Comitê Central, protestou abertamente, ao ouvir explicações de Giocondo Dias de que ele era ainda "muito novo" e que "não tinha provado suas qualidades de comunista". Foi o ponto de partida para uma duradoura inimizade entre os dois.

Em pronunciamento feito em 8 de setembro de 1960, Prestes preferiu ignorar essas nuances e querelas, e aproveitou o momento para explicitar o apoio dos comunistas à chapa formada pelo general Henrique Lott e por João Goulart, candidatos à Presidência e à Vice-Presidência pela coligação PSD-PTB. Os comunistas retomavam três exigências programáticas: a reforma agrária, o direito do voto ao analfabeto e a legalização do PCB. Prestes as defendia em entrevistas e comícios — em São Paulo, Caxias, São Gonçalo, Londrina —, aparecendo não apenas como dirigente partidário, mas também, e principalmente, como o líder do PC perante a sociedade, um "líder de massas", no jargão do Partido. Em setembro, ele participaria de um verdadeiro rush de comícios: São Paulo, Campos, Curitiba, Porto Alegre, Recife, Fortaleza, Belém. Era como se estivesse de volta aos tempos do pós-Segunda Guerra Mundial — aquele homem franzino, aparentemente reservado e até tímido, se transmudava nos palanques, parecendo empolgado com os "banhos de massa". Maria o acompanhou em alguns eventos, como num comício em Petrópolis, embora sempre se sentindo como um peixe fora d'água. Segundo ela mesma: "Minha simplicidade incomodava as estrelas do partido".

O PCB vivia uma boa fase, de rearticulação e de reinserção nos movimentos sociais. Um recenseamento da direção feito na época contabilizava, contudo, apenas 5 mil filiados, longe, portanto, do grande auge registrado na conjuntura de 1945-7. A participação nas eleições de 60 iria contribuir, sem dúvida, para fortalecer sua presença e aumentar seus efetivos.

Mas não foi uma campanha fácil. O candidato escolhido, o general Lott, não era um político profissional nem tinha experiência de participação em eleições. Católico fervoroso, não escondia reservas ao comunismo e aos comunistas, e ao próprio governo JK. Além disso, João Goulart, esperto, sentindo as dificuldades de uma campanha "oficial", fazia um trabalho em faixa própria, formando os chamados comitês Jan-Jan (Jânio e Jango), pois na época era permitido votar para candidatos a presidente e vice-presidente de chapas distintas. Os principais candidatos das oposições, Ademar de Barros, apresentado pelo PSP, e Jânio Quadros, por uma heterogênea coligação, na qual sobressaía a UDN, eram líderes carismáticos, de apelo popular, e exploravam as insuficiências do governo, criticando sobretudo as altas taxas de inflação e a carestia, abominada pelos trabalhadores e pelas classes médias.

Jânio, muito hábil, trabalhava em vários registros. Seduzia com um discurso moralista os setores conservadores, mas também se apresentava como o representante dos "pequenos" contra os "grandes", do "tostão contra o milhão". Além do mais, defendia bandeiras tradicionais das esquerdas: uma política externa independente, apoio à autodeterminação de Cuba, e o restabelecimento das relações diplomáticas e comerciais com o mundo socialista.

Elegeu-se com folga: 5,6 milhões de votos contra 3,8 milhões de Lott e 2,2 milhões para Ademar. Um percentual equivalente ao de Vargas em 1950 (48% do total), mas a quantidade bruta dos votos impressionou os contemporâneos, sendo devidamente trombeteada pelos correligionários, que não paravam de falar nos "6 milhões" de votos conquistados. Outros resultados eleitorais evidenciaram predomínio das forças conservadoras, com destaque para a vitória de Magalhães Pinto em Minas e a de Carlos Lacerda na então Guanabara, em pleitos disputadíssimos.

Os comunistas marcaram presença. Embora sem dispor de registro legal, era notável o retorno do PCB à vida política. Num balanço otimista do pleito, publicado ainda em outubro, Prestes apontou as causas da derrota da chapa encabeçada por Lott: a habilidade demagógica de Jânio Quadros; o maciço apoio que lhe deram os meios de comunicação; a candidatura de Ademar de Barros, dividindo os votos populares; a carestia e a inflação, desgastando o candidato do governo; sem falar nos segmentos de direita do PSD e do PTB, que nunca tinham entrado para valer na campanha. Consideradas todas essas circunstâncias, os resultados obtidos não haviam sido assim tão maus. Agora, tratava-se de estimular a "pressão de massas" para que a composição e a orientação do novo governo fossem as mais próximas das teses defendidas pelas esquerdas e pelo PCB.

Um aspecto importante aproximava os comunistas de Jânio Quadros: a defesa da Revolução Cubana, que se radicalizava cada vez mais. Os comunistas abandonavam suas reservas iniciais e passavam a apoiar decididamente a Ilha revolucionária, já com apoio soviético. Pouco depois das eleições, Prestes escrevera que a "defesa da revolução cubana era um dever patriótico". Ainda que em registros diferentes, o PCB e o presidente eleito condenavam as pressões dos EUA sobre Cuba.

Antes de se encerrar o ano, Prestes fez nova viagem internacional. Dessa vez, iria chefiando a delegação do PCB a um encontro de partidos comunistas, a chamada Conferência dos 81 Partidos, realizada em Moscou, entre 10 de novembro e 1º de dezembro. Na ordem do dia, uma tentativa de contornar as divergências sino-soviéticas. O clima vinha se deteriorando desde 1956. A URSS havia suspendido acordos de cooperação, acusando os chineses de "irresponsabilidade" e "aventureirismo". À ousada formulação de Mao: "O imperialismo é um tigre de papel", Khruschóv respondera: "Mas tem dentes atômicos". A ideia de que poderiam morrer centenas de milhões de pessoas, desde que isso fosse benéfico para o socialismo, foi retomada pela delegação chinesa e suscitou hilaridade quando o delegado de Luxemburgo ponderou que, na hipótese, sobrariam chineses mas seriam escassas as possibilidades de restar um único luxemburguês.

Na reunião, as divergências explicitaram-se com direito a um bate-boca público entre Enver Hodja, chefe comunista albanês, que acusava o líder soviético, Khruschóv, de não ajudar o seu país e Dolores Ibárruri Gómez, a famosa La Pasionaria, do PC espanhol, firme aliada dos soviéticos. Os partidos latino-americanos fechavam com o PCUS, mas Prestes, apoiando também Moscou, preferiu manter uma posição mais discreta. O que ele queria mesmo, e nisso representava o pensamento dos comunistas brasileiros, era o apaziguamento, evitar a todo custo um racha, considerado nocivo para as lutas contra o capitalismo e o imperialismo.

A discrição de seu comportamento acabou sendo útil, pois, num momento seguinte, auxiliado por Ho Chi Minh, os dois conseguiram fazer os bons ofícios entre soviéticos e chineses, contribuindo para que todos pudessem, afinal, assinar a Declaração Final. Estava salva a unidade, ao menos formalmente e por mais algum tempo.

Entretanto, já ninguém duvidava: as contradições sino-soviéticas tinham virado uma cisão. Algo difícil de conceber. Os comunistas não imaginavam que a frase "tudo que é sólido desmancha no ar", há muito tempo atribuída a Marx, pudesse aplicar-se ao seu próprio movimento.

Em Moscou, Prestes não deixou de sentir algum desconforto ao ser tratado com certa negligência, apesar dos protocolos cordiais. Muito tempo depois, foi possível pôr a mão num relatório que um funcionário soviético, Dimitri Diakonov, designado para acompanhá-lo, fizera sobre a sua estada na cidade, acusando-o de "sensível ao culto à personalidade" e de "academicismo". Num tom indulgente, quase paternalista, Diakonov se permitia sugerir que ele fizesse "viagens pelo interior da URSS" para ter um conhecimento em primeira mão do socialismo. Segundo Maria, que fez essas revelações em suas memórias, o relatório teria condicionado a apreciação dos soviéticos sobre Prestes durante vários anos. Era visível que a direção do PCUS estava seduzida pelos revolucionários cubanos. As demais estrelas do comunismo latino-americano, como o Cavaleiro da Esperança, pareciam em declínio, ofuscadas.

Em viagem, Prestes não pôde acompanhar a onda de movimentos sociais que assolou o Brasil nos dois últimos meses do ano. Na transição entre os governos JK e JQ, era como se o país tivesse entrado numa espécie de "terra de ninguém". Em recenseamento publicado então pelo PCB, de autoria de Jover Telles, estimava-se, nos meses de outubro e novembro, a impressionante soma de 1,5 milhão de grevistas. Ele só regressou em março de 1961, chegando a tempo de ver o nascimento de mais uma filha, Mariana, cuja fisionomia, no futuro, se mostraria notavelmente semelhante à de d. Leocádia, sua mãe.

O país entrara então no curto, tenso e tumultuado período presidencial de Jânio Quadros. Havia um Jânio de direita, representado pelos ministros militares, pela equipe econômica e pelas medidas moralizantes. Mas, na condução de uma política externa independente, havia outro Jânio, de esquerda, expresso nas restrições à política norte-americana para a América Latina e na orientação de restabelecer relações com o mundo socialista. Quando da declaração do governo brasileiro a favor da retomada das relações com a União Soviética, o próprio Prestes fez questão de enviar um telegrama de congratulações ao presidente da República.

Jânio agradava as direitas e irritava as esquerdas nas políticas internas. E irritava as direitas e agradava as esquerdas na política externa. Ao mesmo tempo, desprezava articulações partidárias. Tomava iniciativas sem consultar ninguém, o que desagradava e irritava a todos, suscitando suspeitas de derivas ditatoriais.

Os comunistas, enquanto isso, consolidavam sua presença no cenário político, usufruindo, mais e mais, de uma "legalidade de fato". Permitiam-se a organização pública de cursos sobre a doutrina marxista e o incentivo, cada vez maior, dos movimentos sindicais que se radicalizavam, construindo e fortalecendo organizações autônomas em relação aos controles do Estado.

É verdade que militantes mais argutos apontavam certos problemas, como a "ausência do proletariado agrícola" e também uma "crescente concentração dos esforços na cúpula do movimento". Outros observariam "a falta de massas nos sindicatos". Vozes isoladas numa atmosfera de otimismo. O próprio Prestes, às vezes, parecia envolvido pela euforia. Mesmo quando advertia para os perigos do "esquerdismo", fazia questão, igualmente, de mencionar o "oportunismo conciliatório", muito presente, segundo ele, na campanha eleitoral de 1960. O Velho oscilava, e o Partido junto.

No começo de agosto, Prestes deu entrada na Justiça Eleitoral à solicitação de registro legal para o PCB, renomeado como Partido Comunista Brasileiro para não dar margens à velha acusação de vinculações internacionais proibidas pela lei. De acordo com Moisés Vinhas, a decisão nesse sentido fora tomada numa reunião do Comitê Central, em abril. Entretanto, Anita Prestes citaria resoluções aprovadas no Congresso que explicitamente autorizariam procedimentos com vistas à legalização do Partido. Num suplemento especial do semanário *Novos Rumos*, de 11 a 17 de agosto de 1961, foram publicados o "Manifesto", o programa e os estatutos do novo partido.

Nesse mesmo mês, Jânio resolveu condecorar o astronauta soviético Iúri Gagárin. Os conservadores rilharam os dentes, mas engoliram. Afinal, era o primeiro homem a ir ao espaço, um "cidadão do mundo". Quinze dias depois, veio a condecoração de Ernesto Che Guevara. Ele era o símbolo do que havia de mais esquerdista na Revolução Cubana, na América Latina e, talvez, em todo o mundo. Pois foi-lhe concedida, por decisão presidencial, a mais alta comenda nacional — a Grã-Cruz da Ordem Nacional do Cruzeiro do Sul.

Ora, ninguém podia ignorar que a Revolução Cubana, após a fracassada invasão da baía dos Porcos, em abril, se transformara em revolução socialista, apoiada pelas esquerdas radicais e igualmente pelo PCB. O próprio Prestes não dissera que "a revolução cubana é a vanguarda da nossa própria revolução"? Os comunistas não haviam liderado manifestações de apoio à Cuba revolucionária no Primeiro de Maio, quando Prestes lançara que "defender Cuba é um dever patriótico e revolucionário"? Que significado poderia então ter a condecoração de um líder dessa revolução? Às direitas também não agradava a aparente convergência entre os comunistas e o presidente em vários assuntos quentes das relações internacionais.

Fora a gota d'água. Enquanto as direitas espumavam de raiva, as esquerdas jubilavam. Para as primeiras, os limites haviam sido ultrapassados. Sob ataque da grande mídia e de Carlos Lacerda, governador da Guanabara, numa campanha de intensidade semelhante à que levara Getúlio Vargas ao suicídio, Jânio não aguentou o tranco e renunciou ao cargo de presidente da República em 25 de agosto de 1961.

Até hoje se discute se a renúncia foi uma tentativa de golpe bem pensada mas mal organizada; um repente de um megalomaníaco, certo de que todos correriam para implorar sua volta; ou expressão de uma aguda crise de melancolia, adubada com álcool, diante daquelas imensidões desamparadas, secas e impessoais do Planalto Central. O fato é que foi aceita sem delongas pelo Congresso Nacional, cuja maioria estava mais do que farta do presidente. Como o vice, João Goulart, encontrava-se em viagem oficial à China comunista, assumiu o cargo, na ordem de sucessão, o presidente da Câmara dos Deputados, Ranieri Mazzilli, do PSD.

Tudo parecia nos conformes quando sobreveio o veto dos ministros militares à posse de Jango. Associando a posse do vice gaúcho à formação de "milícias comunistas" e ao "caos e à anarquia", os ministros é que davam início a uma crise que colocaria o país à beira de uma guerra civil. Estabeleceram a censura e ordenaram que se reprimissem manifestações contrárias. No então estado da Guanabara, governado por Carlos Lacerda, a polícia atacou e prendeu oposicionistas de várias orientações.

Prestes e as lideranças comunistas tiveram que cair novamente na clandestinidade. Segundo Maria, sua mulher, grupos não identificados "jogaram baldes de tinta vermelha nas paredes e portas da casa onde moravam". No dia 28 de agosto, policiais permitiram-se, sem ordem judicial, invadir a residência e vasculhar o escritório e os papéis de Prestes sob os protestos de Maria, com Mariana no colo, de Anita e de Lígia. O mesmo teria acontecido com outros dirigentes comunistas.

Entretanto, contrariando o cálculo dos golpistas, houve resistências. No Congresso Nacional, protestos. Nas ruas de algumas cidades, manifestações de estudantes e de trabalhadores. A Comissão Executiva do PCB reuniu-se numa casa em Ipanema. De acordo com Prestes, prevaleceu sua posição, favorável a que o Partido defendesse, sem reservas, o respeito à Constituição e a posse de Jango. Mas o fator decisivo para abortar o golpe foi a atuação de Leonel Brizola, governador do Rio Grande do Sul. Sua frase ficou famosa: "Desta vez, eles não levarão pelo telefone", referindo-se à principal arma dos militares brasileiros, através da qual contabilizam, no contexto das tradicionais "guerras da saliva", as forças de cada lado para resolver que atitude tomar.

Tendo conseguido o apoio da Brigada Militar, convocou o povo para defender a Constituição e organizou uma rede nacional de rádio, a "cadeia da legalidade". Sua posição seria reforçada pela adesão de grupos de sargentos do Exército e, na sequência, pela do comandante do III Exército, sediado no Rio Grande do Sul, general Machado Lopes.

O ímpeto golpista vacilou. Abriram-se negociações, em torno de fórmulas conciliatórias. Surgiu entre deputados e senadores a ideia de aceitar o retorno de

Jango em troca da limitação de seus poderes presidenciais. Tomou corpo a emenda parlamentarista, aprovada por ampla maioria do Congresso em 2 de setembro de 1961, que instituía um parlamentarismo à brasileira: nem era o presidencialismo "imperial" existente, nem o parlamentarismo clássico, no qual a Presidência não passa de um cargo honorífico. Um meio-termo. Um lance de gênio da imaginação conciliadora dos brasileiros? Ou um monstrengo? Foi preciso neutralizar a oposição de direitas extremadas. E convencer Brizola, que queria a posse de Goulart com os plenos poderes constitucionais.

Desde que se anunciara o veto dos ministros militares, Prestes lançara um manifesto cujo título já era um programa: "Solução para a crise: Jango na Presidência". Na sequência, os comunistas envolveram-se em manifestações que se realizaram no Rio de Janeiro, em São Paulo, no Recife, em Belo Horizonte e Niterói. Os jornais do Partido, em edições extras, preconizavam a greve geral e a resistência: "O caminho dos democratas e patriotas só pode ser um: derrotar os golpistas e a ditadura". Também condenavam com vigor a conciliação da emenda parlamentarista: "Conchavos em torno de fórmulas jurídicas [...] só podem significar a consumação do golpe". E sustentavam que "qualquer conciliação com o grupo golpista é um crime". Conclamavam a formação de "comitês de resistência democrática" e a preparação de todos para "travar a luta em qualquer terreno". Anos mais tarde, Prestes sustentou que teve embates com os partidários dessas propostas, através de bilhetes que enviava da clandestinidade ao Secretariado. Para ele, embora a emenda parlamentarista fosse frustrante, uma vez aprovada não havia como revogá-la, em termos imediatos. Ao entrar por essa via, o Partido estaria deixando a bandeira da "defesa da legalidade" e ingressando numa posição "irrealista" e "esquerdista", pois em choque com a maioria da oficialidade das Forças Armadas que, no episódio, não se afastaria de suas tendências legalistas.

Depois de muita conversa, Jango aceitou os termos do grande acordo que castrava, em parte, suas prerrogativas legais. Na sequência, os comunistas, e Prestes em particular, saudaram a posse do vice, que afinal ocorreu no dia 7 de setembro de 1961, como uma "vitória popular". No entanto, evidenciaram-se, ao longo da crise, posições radicais, divergentes, no PCB e em outras forças de esquerda, favoráveis a enfrentamentos "em qualquer terreno". Elas ressurgiriam, mais tarde, com ânimo renovado.

Um mês depois, baixada a poeira e serenados os ânimos, Prestes empreendeu nova viagem à URSS, mais uma vez representando o PCB, agora no XXII Congresso do PCUS. Os soviéticos resolveram radicalizar os ataques a Stálin, retirando-o do mausoléu onde jazia ao lado de Lênin e abrindo margens até então impensáveis de crítica aos padrões stalinistas de organização política e partidária. Para os velhos comunistas, não deve ter sido um momento fácil.

Em longas conversas com Khruschóv, sempre muito franco e comunicativo, Prestes ouviria histórias de arrepiar sobre as últimas "barbaridades" cometidas por Stálin, em particular a obsessão do chefe máximo dos comunistas por descobrir, desmascarar e eliminar potenciais rivais. Nem mesmo antigos camaradas, fiéis entre os fiéis, conseguiram escapar das desconfianças. Aconteceu com Vyacheslav Molotov, outrora poderoso ministro soviético das Relações Externas, intimidado com a prisão da própria mulher. E com Klimenti Voroshilov, veterano amigo da guerra civil, acusado, em dada ocasião, de ser agente do serviço secreto inglês.

A história rocambolesca da prisão de Laurenti Béria, depois da morte de Stálin, numa reunião do Comitê Central foi igualmente contada em detalhes. Segundo Khruschóv, Béria levava sempre consigo, numa caixa, uma metralhadora e, sendo o único elemento do Comitê autorizado a entrar armado no Kremlin, ingressava com ela nas reuniões. Para neutralizá-lo, foi necessário chamar generais de confiança que, armados, ficaram esperando, numa sala contígua, o sinal de uma campainha de mesa. Quando esta foi acionada por Khruschóv, precipitaram-se no recinto da reunião e efetuaram a prisão do chefe soviético da Segurança.

A melhor historiografia sobre a União Soviética, realmente, confirma que ali se preparavam novos grandes expurgos pouco antes da morte do velho tirano. A respeito da prisão e execução de Béria também se contam histórias mirabolantes, no mesmo sentido do relato que fez Khruschóv a Prestes.

Em Moscou, houve ainda uma reunião dos partidos comunistas da América Latina, já com a presença dos cubanos, admitidos agora na família socialista. Numa atmosfera de forte entusiasmo, em que se celebrava o exemplo da Ilha, da "dissolução do exército da ditadura" e do "povo em armas", Prestes fez uma intervenção moderadora. Sobre as Forças Armadas das "classes dominantes", admitiu que "teriam que ser substituídas", "reestruturadas", afastando-se delas "os elementos pró-imperialismo e reacionários", que deveriam ser desarmados. Mas a forma como isso se daria obedeceria às realidades nacionais, afirmando-se a especificidade de cada revolução latino-americana.

A onda vermelha da Revolução Cubana crescia, declinando o prestígio das lideranças comunistas tradicionais de "Nuestra América". Aquilo tinha algo de paradoxal: uma revolução socialista feita por não comunistas e a partir de um programa nacional-democrático. Parecia a realização do "Manifesto de agosto", mas no Caribe. E logo agora que os comunistas brasileiros haviam reformulado completamente suas orientações...

Essas reservas não impediram uma primeira viagem de Prestes a Cuba, logo depois de ter assistido às sessões do XXII Congresso. Foi um voo extenuante. Uma primeira etapa, de três horas, entre Moscou e Murmansk, no norte da URSS. E de lá, direto, sem escalas, em catorze horas, até Havana.

Já em 1960, quando comparecera à Conferência dos 81 Partidos, em Moscou, ele teve conversações com Aníbal Escalante, dirigente comunista cubano que alardeava "controlar" Fidel Castro. As notícias que tinha pareciam contradizer as bazófias do cubano, mas preferiu manter uma posição reservada. Agora, em 61, o que lhe foi dado ver só aumentou suas inquietações:

[...] fui bem recebido, mas a situação do partido comunista cubano era terrível, o Escalante [já tinha caído] e o Fidel tinha feito aquele célebre discurso em que dizia — "enquanto estávamos na Sierra Maestra lutando, os comunistas estavam embaixo da cama". De maneira que os velhos comunistas estavam todos deprimidos [...] até o próprio Blas Roca estava num cargozinho qualquer, o Fidel tinha passado também uma descompostura nele [...]. O líder sindical, o Lázaro Peña, defendia as ideias as mais estranhas, que era preciso acabar com as escolas [...] o marxismo se ia aprender na prática [...]. Quanto à política externa [...] Fidel fazia uma política externa de insultos a todos os governantes da América Latina. Ao presidente do Equador ele chamava de bêbado em praça pública. O melhor presidente naquela época na América Latina, o mais avançado, era o [Eduardo] Frei, do Chile [...] pois ele atacava também o Frei. Quer dizer, isolava Cuba de toda a América Latina e os Estados Unidos ganhavam, aproveitavam-se disso. Era uma política externa de autoisolamento, antileninista.

Prestes também fez restrições à política de estatização generalizada, que incluía até pequenas empresas familiares. Na Ilha teve ainda que aturar as relações privilegiadas que os cubanos mantinham com Francisco Julião, líder das Ligas Camponesas, e com seu representante por lá, o advogado Clodomir Morais, ex--deputado comunista por Pernambuco. Como muitos mais, os dois estavam empolgados com o "exemplo" cubano. Situavam-se em posições radicais, à esquerda do PCB, e defendiam a preparação imediata do desencadeamento da luta armada no Brasil. Os cubanos os tinham em alta conta e faziam questão de introduzir, em todas as entrevistas publicadas de Prestes, lado a lado, uma contraentrevista de Julião ou do próprio Morais.

De Cuba, portanto, Prestes não traria notícias estimulantes. Seria necessário continuar apoiando aquela revolução, mas ele não a via num bom caminho, longe disso.

De volta ao Brasil, Prestes teve que se haver com uma pequena revolução doméstica: a mudança para São Paulo. O argumento político era o de que o principal líder comunista brasileiro deveria estar próximo do mais importante centro econômico do país e das bases da classe operária. O problema é que o Rio de Janeiro, apesar de não ser mais capital da República, continuava sendo a caixa de ressonância por excelência dos acontecimentos políticos, e tanto isso é verdade que, depois de consumada a mudança, Prestes não conseguiria evitar constantes idas e vindas entre as duas cidades, e estadas relativamente prolongadas, algumas por meses, no Rio, aí se hospedando onde residiam Anita e Lígia Prestes, na rua Voluntários da Pátria.

Ao menos o conflito familiar se atenuava, e é possível que tenha sido ele a causa fundamental da mudança. De fato, Lígia e Anita resolveram ficar no Rio, encerrando a tentativa — frustrada — de uma convivência harmônica entre os dois ramos da família. Mudaram-se Prestes, Maria, os cinco filhos de ambos, e Paulo, do primeiro casamento de Maria, permanecendo Pedro com Clotilde.

Estabeleceram-se na Vila Mariana, numa casa grande, de dois pavimentos, na rua Dr. Nicolau de Sousa Queirós, nº 153. Ali viveriam a conjuntura mais crítica da história da República, que se estendeu até o golpe civil-militar de 1964.

12. Entre reforma e revolução

A posse de Jango, apesar das limitações do parlamentarismo, foi interpretada por quase todas as forças de esquerda como uma vitória. Uma virada. Passar de Jânio Quadros, "um líder da reação", para João Goulart, um veterano líder trabalhista, votado pelas classes populares, sensível a suas reivindicações, constituía uma reviravolta inesperada e positiva. E uma nova derrota das direitas. Depois de 1954 e 1955, pela terceira vez frustrava-se o golpe que almejavam.

A liderança de Brizola a favor da legalidade, a adesão de vários generais, como Machado Lopes, comandante do III Exército, à luta pela legalidade, a atuação de muitos parlamentares no Congresso, exprimiam uma clara divisão entre as elites do poder a respeito da aventura golpista. Mas o que a maioria das forças legalistas defendia era a normalidade democrática, e não um programa de reformas, o que fora bem interpretado por Prestes quando persuadiu a Comissão Executiva do Partido a apoiar a emenda parlamentarista com suas evidentes limitações.

No entanto, no discurso que faziam sobre tais episódios, muitos comunistas e dirigentes de outras forças de esquerda tinham ênfases distintas dessa. A decretação de uma greve geral contra o golpe, acompanhada, de fato, por pouquíssimos setores, era apresentada como "um dos mais importantes fatores da derrota do grupo militar que tentou instaurar uma ditadura de tipo fascista em nosso país". Compartilhando esse viés, Prestes abandonou suas reservas e, empolgado, diria ainda em setembro que "o povo esmagou o golpe contra a liberdade", tendo tido "papel determinante" no desfecho positivo da crise. Sublinhava-se a ação de praças e sargentos da Aeronáutica que teriam impedido o bombardeamento do Palácio Piratini, sede do governo gaúcho, por parte de oficiais golpistas da Força Aérea. Era, sem dúvida, uma leitura otimista. Mas, até o golpe de 1964, grande parte das esquerdas, incluindo-se aí o Partido e por vezes o próprio Prestes, a manteria.

O mesmo ponto de vista transparecia na interpretação do quadro internacional. De acordo com Prestes, "os acontecimentos provam que o imperialismo decai e o socialismo avança". O sistema liderado pela União Soviética parecia inexpugnável, apesar dos problemas. Porque havia problemas. Para começar, o racha com a China. Tornara-se impossível negá-lo. Isso sem falar na desestalinização, evidenciando tenebrosos crimes. Essas contradições, contudo, não anulavam o que valia a pena enfatizar: nunca o socialismo fora tão forte.

A vitória em Cuba, "primeiro território livre de América", o atestava. O socialismo chegara às Américas. Uma revolução nacional-democrática comandada, segundo o jargão dos comunistas, pela "pequena burguesia radical", encabeçada por um líder considerado "burguês", Fidel Castro, desencadeara um processo de reformas revolucionárias, vencera uma invasão apoiada pela CIA e fundara um país socialista nas barbas da maior potência mundial. Uma demonstração a mais da força do socialismo, do fato de que "nada poderia alterar o curso dos acontecimentos e inverter o sentido da marcha da história" para o socialismo, mesmo que a "marcha" tomasse imprevistas rotas.

No Brasil, a evolução dos acontecimentos parecia também confirmar as teses do Partido. Com a posse de Jango, iria se tornar possível a constituição de um governo nacionalista-democrático pelo qual lutavam os comunistas desde que tinham recobrado a legalidade.

Mas, em meio ao entusiasmo e à autoconfiança readquirida, existiam zonas de sombra no Partido, que Prestes não ignorava. Na dura luta política promovida em 1960, caíram, entre outros, Diógenes Arruda, João Amazonas, Pedro Pomar, homens que o acompanhavam desde a mítica Conferência da Mantiqueira, em 43, quando ele ainda se encontrava na cadeia. Estiveram com ele, lutaram com ele mais de dez anos até o famoso relatório secreto de Khruschóv. Desde então, as divergências foram minando os laços construídos na clandestinidade. Afastados de cargos de responsabilidade, voltaram, organizados, nos debates do V Congresso. Derrotados mais uma vez, continuavam ali, à espreita, a qualquer momento dariam um bote. Homens decididos, obstinados, não haveriam de se conformar com posições secundárias.

No seu lugar, surgiram outros, igualmente experientes, líderes da "terceira posição", ou que se tinham adaptado a ela: Mário Alves, o mais inteligente dentre eles, e ainda Armênio Guedes, Dinarco Reis, Carlos Marighella, Jacob Gorender, Giocondo Dias, Ramiro Luchesi, Orlando Bonfim, Apolônio de Carvalho, todos também profissionais da revolução, além de inúmeros outros, parlamentares como Marco Antônio Coelho (eleito pela legenda do Partido Social Trabalhista — PST), lideranças sindicais (Hércules Corrêa, Luís Tenório e Osvaldo Pacheco, entre muitos outros) e intelectuais, todos defendendo alternativas ao "revisionismo" de Agildo Barata e ao "dogmatismo" de Amazonas, Pomar e Grabois.

O que Prestes poderia esperar deles? Eram confiáveis, sem dúvida, mas não havia entre eles e Prestes (salvo, talvez, no caso de Giocondo Dias, que tratava de sua segurança pessoal) a liga — agora rompida — que se forjara com os denominados "dogmáticos" e "esquerdistas". Prestes já conhecera, porém, outras rupturas em sua vida.

A conjuntura que começava seria de radicalização das lutas sociais. Desde fins de 1959, os movimentos populares estavam cada vez mais ativos. Cada vitória parcial, um estímulo para os embates seguintes. Depois do triunfo da Revolução Cubana, então, parecia que tudo se tornava possível. O Partido estaria preparado para enfrentar os desafios?

A linha política aprovada em 1960 batia no cravo e na ferradura. As definições claras de março de 58, por uma transição lenta e pacífica, sob hegemonia da burguesia nacional, já não existiam, substituídas por formulações imprecisas, abrindo-se o leque das hipóteses. Havia acordo quanto à etapa nacional-democrática da revolução. Mas de quem seria a hegemonia? E com que formas de luta? A luta armada voltava a ser cogitada por alguns (Gorender, Mário Alves, Marighella), embora ainda de maneira vaga. O esquerdismo e o mito de uma revolução catastrófica, tradicionalmente muito fortes no Partido, poderiam revigorar-se. Ao mesmo tempo, seria necessário manter a pressão sobre os habituais conciliadores, o "oportunismo de direita". Uma luta em duas frentes, difícil, como sempre.

O quadro também se complicava entre as esquerdas: outras forças surgiam na cena política, quebrando o tradicional monopólio do PCB. Em primeiro lugar, as lideranças de Francisco Julião, no Nordeste, e de Leonel Brizola, encabeçando uma corrente nacionalista de esquerda entre os trabalhistas. Segundo Prestes, tratava-se de expressões da burguesia e da pequena burguesia radical, que cultivavam ilusões a respeito da possibilidade de uma revolução rápida no Brasil, mas contavam com audiência social expressiva.

Entre os católicos, aparecera uma corrente radical, a Ação Popular (AP). Influente entre os universitários, com grande capacidade de articulação, ganhara a hegemonia da União Nacional dos Estudantes (UNE). Mesmo entre os comunistas, os problemas passariam a se agravar. Fazia parte da cultura política do Partido considerar-se o "único representante" do comunismo no Brasil. Os pequenos grupos trotskistas e anarquistas, quase insignificantes, eram soberbamente ignorados. Em 1961, no entanto, surgira a Organização Revolucionária Marxista-Política Operária (ORM-Polop), reunindo intelectuais de vários estados, provenientes do PTB, do PSB e de grupos menores. Sem maior expressão social, estabeleceu-se, porém, como uma concorrente nos debates entre os intelectuais e os estudantes.

Mais ameaçador, um ano depois, foi o racha empreendido pelos "dogmáticos". Resolveram, por fim, deixar o Partido, como já se esperava, mas, num lance ousado, o fizeram reivindicando serem "o verdadeiro partido", fundado em 1922. Criticando a solicitação à Justiça Eleitoral do registro legal, encaminhado pessoalmente por Prestes, em julho de 62, com 53 mil assinaturas, que mudara o nome do Partido (de Partido Comunista do Brasil — PCdoB — para Partido Comunista Brasileiro — PCB), evitando-se pretextos à recusa da legalização pretendida, acusaram-no, e a seus aliados, de ter trocado os princípios revolucionários pelo reconhecimento institucional. Apresentaram-se então como "refundadores" do Partido, conservando a velha sigla. Embora largamente minoritários, passaram a constituir um rival de certo peso. Até pelo renome de suas principais lideranças, seria difícil ignorá-los.

Mas era no próprio PCB, sobretudo após o V Congresso, que se localizavam as maiores contradições, porque as nuances da nova linha política começaram a gerar, progressivamente, tendências diferenciadas: moderadas — ou de "direita"; centristas, o chamado "pântano"; e radicais — de "esquerda".

A verdade é que as mudanças empreendidas na URSS, mais as contradições e o cisma sino-soviético, autorizavam o pluralismo das concepções sobre o socialismo. Os comunistas italianos o reivindicavam explicitamente, enfatizando a contribuição original de Gramsci, militante e teórico, preso na época do fascismo e solto por Mussolini quando já estava muito doente, apenas pouco tempo antes de morrer. Enfraquecera-se o "centro dirigente", o "farol" da revolução mundial, como todos chamavam a "pátria do socialismo", a União Soviética. A emergência da heterodoxa Revolução Cubana só fizera incrementar a confusão. O monopólio do velho Partido fragmentara-se, como um caleidoscópio, e todas as peças arguiam legitimidade histórica. A ignorância da história da Ilha revolucionária e a autocelebração dos líderes cubanos induziam à crença de que um pequeno grupo podia operar milagres. Bastava ter vontade e *cojones*, como gostavam de dizer os cubanos.

Tempos de luta se aproximavam, mas Prestes, agora com 63 anos, considerava-se maduro e em condições de enfrentar os desafios. Enquanto durou o parlamentarismo, até janeiro de 1963, três questões interligadas concentrariam a sua atenção.

A primeira era como incentivar e, ao mesmo tempo, controlar, ou dirigir, como preferiam dizer os comunistas, os movimentos sociais. No campo, destacava-se a luta pela reforma agrária, empreendida com audácia crescente pelas Ligas Camponesas e pelos sindicatos rurais. Nas cidades, as lutas por melhores condições de vida e de trabalho. Diante da alta inflação, era como se os trabalhadores não quisessem mais pagar sozinhos a conta. Reclamavam reajustes contínuos, uma escala salarial móvel, elevando-se os salários desde que a inflação ultrapassasse certo patamar. No campo e nas cidades, sobretudo em encontros de lideranças, delineava-se um projeto alternativo de sociedade. Tratava-se de modificar as bases da sociedade brasileira: sistema político, legislação eleitoral, propriedade agrária, organização das cidades, sistema bancário, tributação, relações com os capitais internacionais, ensino, saúde. Eram as chamadas "reformas de base". Radicalizava-se a tradição nacional-estatista, construída no período do Estado Novo e reatualizada no último governo Vargas, entre 1950 e 1954. O reformismo conciliatório e pelo alto, associado a Getúlio, dava lugar agora a reformas revolucionárias — se fossem realizadas, provocariam, sem dúvida, uma revolução social no país.

Por vocação e por interesse, os comunistas não poderiam senão participar dessas mobilizações. Correspondiam a suas concepções, e, através delas, eles ganhavam força política e outros militantes. Mais influência e poder. Mesmo porque, se não o fizessem, corriam o risco de ser tragados pelas novas forças de esquerda.

A segunda questão era que o Partido tinha de competir com a oratória incendiária de Francisco Julião e de suas Ligas Camponesas. Com a de Leonel Brizola, o deputado mais votado do país, transformado em líder das esquerdas brasileiras. Com Miguel Arraes, prefeito do Recife. Não tinha o verbo radical de Julião e Brizola, mas também gozava de popularidade.

Quem seria o Fidel Castro brasileiro? Julião, Brizola, Arraes? O exemplo de Cuba suscitava esperanças e todos queriam reeditar a saga da sua revolução. E havia ainda as demais organizações alternativas de esquerda. Compensavam a escassez de seus quadros com uma retórica sempre contundente, pressionando, criticando a "conciliação" de Prestes, capturando, às vezes, a militância mais aguerrida e empurrando literalmente o Partido para posições mais agressivas.

Era preciso lutar ao lado dessas forças e contra elas. Com elas e contra elas, o que se articulava com a terceira questão: como o PCB se relacionaria com Jango e seu governo?

Considerado um aliado, as esperanças em Jango, porém, decantaram-se com rapidez, tão logo foi anunciada a composição do governo parlamentarista. Tancredo Neves, líder do PSD, indicado como primeiro-ministro, era um político moderado, conciliador, sem compromisso com políticas radicais nacionalistas e democráticas.

O PCB logo lançou duras críticas: "O programa econômico do governo mantém a espoliação imperialista". Jango e Tancredo Neves também não demonstravam interesse em "punir os golpistas", uma exigência dos comunistas. Numa resolução de novembro de 1961, o PCB não deixou por menos: "O governo é débil, instável [evidencia] compromissos com o imperialismo norte-americano [adota] uma política econômica idêntica à de Jânio Quadros". Em outras palavras: "O novo governo [o de Jango e Tancredo] é, em sua essência, reacionário e entreguista".

Havia naquelas formulações um quê de retórica, uma perspectiva de "fazer pressão" sobre Jango, no sentido de que efetuasse mudanças na composição do governo. Ao mesmo tempo, um sinal para as esquerdas alternativas e para o próprio "público interno": o PCB não era "conciliador", oportunista "de direita". Prestes e o seu Partido localizavam-se na oposição.

Era, contudo, um jogo intrincado, um quebra-cabeça difícil de montar. Incentivavam-se os movimentos sociais, mas trabalhando para que não se radicalizassem além da medida. Com os nacionalistas radicais, conversava-se em busca de alianças, mas evitando que levassem os comunistas pelo nariz, batalhando para conservar a hegemonia. Quanto ao governo, cumpria pressioná-lo, para que tomasse outros rumos, mas não a ponto de impeli-lo a cortar as pontes — e o diálogo — com os comunistas.

Jango e os representantes de seu governo faziam o mesmo, jogando também em várias frentes: com as forças conservadoras, e até reacionárias, com o centro político — representado por parte do PSD — e com as esquerdas, inclusive o PCB.

Lutavam e negociavam entre si. Todos com todos e contra todos. Desconfiados e desconfiando uns dos outros. E assim seria até o golpe de 1964.

Nas discussões internas, Prestes procurava uma posição de equilíbrio, situando-se entre os extremos que se digladiavam ainda em surdina: o Partido flutuava entre a moderação definida em 1958 e a radicalização inscrita como hipótese na linha de 60. Mas Prestes tinha dificuldades em manter-se em posições de "centro".

Publicamente, o Partido "mandava brasa". Em novembro de 1961, no I Congresso Nacional de Lavradores e Trabalhadores Agrícolas, realizado em Belo Horizonte, o discurso esquerdizante eletrizou. Segundo Gregório Bezerra, os comunistas tinham ali maioria, controlando a organização que convocara o Congresso, a União dos Lavradores e Trabalhadores Agrícolas do Brasil (ULTAB). No entanto, os delegados que representavam as Ligas Camponesas, muito ativas na época em alguns estados do Nordeste (Paraíba e Pernambuco), apareciam com discursos radicais, empolgando audiências. *Novos Rumos*, em reportagem assinada por Rui Facó, deu em grande título a palavra de ordem que entusiasmou então os delegados: "Reforma agrária na lei ou na marra".

Um mês depois, uma aliança entre comunistas e sindicalistas de esquerda venceu as eleições para a poderosa Confederação Nacional dos Trabalhadores da Indústria — CNTI (1100 sindicatos e 52 federações), desbancando o notório Deocleciano de Hollanda Cavalcanti, associado a Jango, presidente da entidade havia quinze anos. Um sinal expressivo da radicalização dos ânimos e dos movimentos sociais que, embora reprimidos em vários estados, ganhavam força e dinâmica. Um artigo publicado em *Novos Rumos*, assinado por Amaro Valentim, citando os exemplos da Revolução Russa, da Chinesa e da Cubana, afirmava: "Os comunistas consideram justo e necessário preparar as massas para levar a cabo a revolução social — pacificamente ou não".

No dia 1º de maio de 1962, Prestes diria aos trabalhadores reunidos na Cinelândia: "Cresce entre os operários [...] a consciência da necessidade de um novo regime social. É a classe operária sob a direção do seu partido [...] que vem mostrando real capacidade de orientar [...] a nação na luta pela conquista deste novo regime — o regime socialista que só poderá ser alcançado através de luta vitoriosa pela completa emancipação nacional".

Mesmo dando os descontos possíveis ao simbolismo da data e à atmosfera aquecida de um comício em praça pública, eram definições que se afastavam de um reformismo moderado.

O Partido pressionava o governo "pela esquerda". Exigia outro ministério, de caráter nacionalista e democrático. O que isso queria dizer? Por nacionalista, impedir os abusos das empresas estrangeiras no país, limitando as remessas de lucros para o exterior e dando um basta à ineficiência das concessionárias de serviços públicos. O exemplo de Brizola no governo do Rio Grande do Sul, expropriando as filiais da Bond & Share e da International Telephone and Telegraph (ITT), sem pagar um centavo de indenização, era mostrado como caminho a ser seguido. Por democrático, empreender a reforma agrária, quebrando o monopólio da terra e distribuindo terras aos camponeses; conseguir uma reforma eleitoral, dando o voto aos analfabetos (então, quase metade da população adulta) e aos graduados das Forças Armadas. Na alça de mira, os dois grandes inimigos da chamada "revolução brasileira": o latifúndio e o imperialismo norte-americano.

Desde o início, Jango hesitava. Preconizava, naquela conjuntura efervescente, um arco impossível de alianças, que ia do PSD ao PCB, pela aprovação no Congresso das reformas de base. Nem as posições do Brasil no cenário internacional, como a abstenção no voto de expulsão de Cuba da OEA, na conferência de Punta del Este, realizada em janeiro de 1962, convenciam os setores mais radicais.

Ao longo desse ano, duas crises evidenciariam as limitações desse tipo de proposta. Em junho, Tancredo Neves, candidato ao governo de Minas Gerais nas eleições programadas para o mês de outubro, teve que largar o cargo de primeiro--ministro, por exigência legal. Os comunistas e as esquerdas viram aí a brecha através da qual seria possível constituir um ministério "nacionalista e democrático". Enquanto Jango negaceava, desencadeou-se uma greve geral — de caráter político — decretada pelo então formado Comando Geral de Greve (CGG). Em seu apoio, diria Prestes: "A ação dos trabalhadores pode impedir a conciliação e impor um gabinete nacionalista [...] sem compromissos com a reação e o entreguismo, formado por nacionalistas e democratas autênticos".

Depois de muitas idas e vindas, o novo governo, chefiado por um inexpressivo político gaúcho, amigo de Jango, Brochado da Rocha, também de "conciliação", decepcionou as esquerdas. Prestes voltaria a público, mostrando insatisfação: "Os comunistas colocam-se, portanto, em oposição ao atual governo dos Srs. Goulart e Brochado da Rocha, contra a política de conciliação com a reação e o entreguismo. As reformas não podem esperar mudanças na Constituição [...] devem e podem ser feitas já...".

Em setembro, nova crise. O governo solicitava de um Congresso reticente — e resistente — leis de "delegação de poderes" para executar as reformas consideradas inadiáveis. Os sindicatos, organizados agora em torno do Comando Geral dos Trabalhadores (CGT), desencadearam outra greve política — para que os deputados e senadores aprovassem a legislação solicitada e também a antecipação do plebiscito sobre a manutenção do parlamentarismo, originalmente previsto apenas para o fim do mandato de Jango, em outubro de 1965.

Num contexto de radicalização das lutas sociais — no campo e nas cidades (os comunistas contabilizavam 3 milhões de trabalhadores parados, em sucessivas greves, em setembro e outubro) —, e sob pressão de alguns altos chefes militares, o Congresso, afinal, cedeu, e aprovou a antecipação do plebiscito para 6 de janeiro de 1963. A "arma" da greve geral produzira resultados positivos pela segunda vez, incentivando a euforia entre as esquerdas.

Da crise de setembro, em virtude da renúncia de Brochado da Rocha, emergiu um terceiro governo parlamentarista, chefiado por Hermes Lima, um governo-tampão, até que viesse o plebiscito. O parlamentarismo não convencera, e muito poucos duvidavam da volta do regime presidencialista.

Um mês antes, em agosto, uma declaração política dos comunistas revelava um partido seguro de si e caminhando no sentido da radicalização. Explicitava-se a crítica aos "compromissos": a burguesia nacional "podia participar da Frente Única, mas não liderá-la". Tratava-se de fortalecer o "movimento de massas" e a "greve", por um programa nacionalista (rompimento com o FMI, efetivação da Lei de Remessa de Lucros, expropriação das companhias estrangeiras concessionárias de serviços públicos) e reformista (reforma agrária radical, controle estatal do câmbio, revogação da Lei de Segurança Nacional, legalidade para o PCB, reforma eleitoral com voto a analfabetos e soldados). Ao mesmo tempo, por inspiração de Prestes, solicitava-se ao Partido cuidado com os dois "desvios" clássicos: de um lado, posições consideradas "exaltadas", querendo o impossível — no jargão comunista, "os esquerdistas". Eram os que pretendiam "desconsiderar" o imperialismo norte-americano como destinatário do "golpe principal"; nesse sentido, era preciso concentrar os ataques nos representantes diretos do capital estrangeiro;

de outro, criticava-se a moderação excessiva, ainda no jargão comunista, "os direitistas", que desejavam ir a reboque de João Goulart, imaginando que os trabalhadores não fossem capazes de ir além dos conselhos moderados de Jango. Propunham-se quatro eixos de luta: 1. contra o imperialismo norte-americano e o latifúndio; 2. contra a conciliação de João Goulart; 3. a realização imediata das reformas; e 4. contra a carestia e por melhorias nas condições de vida e de trabalho (escala móvel de salários e congelamento dos preços dos gêneros de primeira necessidade). Tais formulações seriam depois reafirmadas por uma Conferência Nacional, realizada em dezembro de 1962.

O Partido procurava situar-se no "centro" das forças de esquerda, mas tinha-se a impressão, às vezes, de que perdia o controle, empurrado pelas circunstâncias e pelos movimentos sociais para posições que ele próprio, formalmente, considerava "esquerdistas".

A chapa parecia estar realmente esquentando: em meados do ano, fora descoberto e neutralizado um campo de treinamento de guerrilhas em Dianópolis, organizado pelas Ligas Camponesas. Julião e seus correligionários tinham decidido mesmo iniciar a luta armada no país.

Em outubro, a localização de foguetes soviéticos em Cuba e o bloqueio subsequente da Ilha pelos norte-americanos poriam o mundo sob ameaça de uma guerra atômica entre os EUA e a URSS. Foi uma oportunidade a mais para o PCB e Prestes manifestarem apoio à Revolução Cubana. No episódio evidenciaram-se divergências com Jango, acusado, mais uma vez, de "conciliação", e com Brizola, que no auge da crise se declarara contra os "dois imperialismos" — o soviético e o norte-americano. As relações entre comunistas e Leonel Brizola, apesar das posições comuns, nem sempre eram amigáveis. Prestes, mais tarde, diria que Brizola o evitava sob o argumento de que eventuais encontros "não seriam bons para nenhum dos dois".

Nesse mesmo mês houve eleições no Brasil, com vitória das forças conservadoras. No Congresso, elas mantiveram a hegemonia e ainda ganharam os governos dos mais poderosos estados da Federação: Minas Gerais, São Paulo e Rio Grande do Sul, com Magalhães Pinto, Ademar de Barros e Ildo Meneghetti, respectivamente.

Entretanto, esquerdas e comunistas preferiam uma leitura otimista, celebrando os ganhos obtidos: o crescimento do PTB, que se tornou o segundo maior partido, o fortalecimento da Frente Parlamentar Nacionalista, com mais de 150 deputados, e a eleição de Miguel Arraes e Roberto da Silveira para os governos de Pernambuco e do estado do Rio de Janeiro.

Apesar das vitórias inegáveis, desenhava-se um impasse: as esquerdas não tinham conseguido forças para revogar pelo Congresso o famoso dispositivo legal, o parágrafo 16 do artigo 141 da Constituição, que proibia desapropriações de terras, salvo através de indenizações "prévias e em dinheiro". Era um ferrolho que inviabilizava a reforma agrária preconizada pelas esquerdas, baseada em indenizações através de títulos públicos.

O ano encerrou-se com o anúncio do Plano Trienal, por Celso Furtado, designado ministro do Planejamento, e com pesquisas evidenciando a próxima vitória do presidencialismo. Para os comunistas, pouco significavam. Como afirmara em nota a Confederação Nacional dos Trabalhadores na Indústria (CNTI): "Se o retorno do presidencialismo não significar uma radical mudança [...] terá sido uma esperança a menos e um passo a mais para a convulsão social do país". Nos primeiros dias de janeiro, Prestes complementaria: "É grande ainda o desinteresse das massas populares pelo plebiscito". Já em novembro, antecipara: "A forma de regime é importante, mas o decisivo são as reformas".

Em fins de 1962, em meio às tensões políticas, um consolo e um agradável acontecimento afetivo para Prestes: nascera, no aniversário da Revolução Russa, 7 de novembro, uma sexta criança com Maria — uma menina, batizada de Zoia, em homenagem à brava guerrilheira soviética assassinada pelos nazistas. Na escolha do nome, talvez, prenúncios de batalhas que haveriam de vir.

A vitória do presidencialismo foi estrondosa. Pouco menos de 9,5 milhões contra apenas 2 milhões de votos. Mas não foi só uma vitória de Jango, uma vez que a maioria dos líderes políticos, de direita e de esquerda, todos já pensando nas eleições de 1965, também haviam feito campanha contra o moribundo regime parlamentarista.

Quando se deu a conhecer o novo ministério, com homens do PSD e do PSP nos principais cargos, os comunistas mantiveram suas posições — continuariam na oposição. Prestes reiterou críticas ao "compromisso e à conciliação com o imperialismo e o latifúndio", considerando-os atos de desprezo "ao voto popular de 6 de janeiro". Não havia ali nenhuma mudança em relação às questões decisivas: o câmbio, as remessas de lucros, as relações com o FMI, as concepções monetaristas de combate à inflação, a diminuição das despesas públicas, o aumento dos impostos indiretos, o corte nos subsídios ao consumo.

O Plano Trienal, segundo a crítica do PCB, não passava de "uma tentativa da Burguesia Nacional para conciliar o desenvolvimento econômico e a redução do ritmo inflacionário com a manutenção dos privilégios do capital imperialista e do setor latifundiário exportador". Entre as medidas preconizadas "não figura a mais mínima que possa causar um arranhão sequer na dominação imperialista".

Celso Furtado defendia-se argumentando que Jango lhe pedira um programa de governo e não um plano revolucionário. Mas as esquerdas não se convenciam. Para Brizola, a política financeira era "orientada pela embaixada ianque". A proposta de Jango, "um veneno".

Após uma viagem à URSS e a Cuba, passando pela Tchecoslováquia, Prestes faria um importante pronunciamento em 25 de março de 1963, nas comemorações do 41º aniversário do PCB, na ABI. Depois de afirmar que o objetivo dos comunistas era o socialismo e que "não havia entre a atual etapa e o socialismo uma muralha da China", discutiu as difíceis e complexas relações entre o PCB e Jango: "Podeis imaginar que uma tática tão flexível não é fácil de ser aplicada. Não, não é fácil de ser aplicada. Não somos nós que temos uma política contraditória, é a vida que é, por excelência, contraditória". Era preciso lutar simultaneamente contra o esquerdismo (e não abandonar Jango) e o direitismo (submeter-se acriticamente a Jango). Mantinha, no entanto, a confiança no caminho pacífico: "[...] a possibilidade de um caminho pacífico existe em nossa terra e [...] nós devemos utilizá-lo até o fim". Em maio, reiteraria esses mesmos propósitos em Havana, sede e centro das articulações por um caminho armado para a revolução latino-americana.

Apesar das dificuldades entrevistas, Prestes apostava na pressão das massas. Em junho, conclamou o povo à ação para romper com o FMI e conquistar as reformas: "A situação política do país se caracteriza pela crescente divergência entre as aspirações da maioria da nação e a política que vem sendo seguida pelo governo".

Nesse mesmo mês, os comunistas definiram suas perspectivas sobre a reforma agrária: "desapropriar todos os latifúndios de mais de quinhentos hectares e, nas zonas vizinhas às grandes cidades, mesmo os que tivessem menos extensão, desde que improdutivos". As terras assim obtidas deveriam ser distribuídas entre posseiros, parceiros, arrendatários e pequenos proprietários. Era preciso "acabar com os latifundiários como classe". Quanto às formas de luta, "se for possível abrir caminho através da pressão de massas [...] iremos por aí. Se as classes dominantes opuserem resistência e tentarem impedir tal caminho, as massas realizarão a reforma agrária radical por outros caminhos sem medir as consequências que possam daí resultar...".

À radicalização das lutas sociais e à agressividade das forças conservadoras, Jango respondia com evasivas, no seu estilo habitual, negaceando. Acionava chefes militares amigos, como o general Amauri Kruel, comandante do II Exército (com sede em São Paulo), notório por seu ferrenho anticomunismo, e Albino Silva (chefe da Casa Militar), além de lideranças sindicais conhecidas por seu peleguismo (Crokratt de Sá), em manobras turvas, através das quais acenava com a possibilidade de cassações à direita e à esquerda (deposição simultânea de Carlos Lacerda e de Miguel Arraes, governadores da Guanabara e de Pernambuco). Até quando seria possível adiar a resolução da crise?

Prestes previa ser "inexorável o fim da situação atual", sublinhando que "não serão os aspectos positivos da política externa do governo [...] que poderão impedir esse fim". Transpareciam as dúvidas na possibilidade das reformas dentro da lei e da ordem: "Nenhuma força será capaz de impedir a reforma agrária que, se não se realizar dentro da Lei e da Constituição, terá de ser feita pela ação das forças progressistas através dos caminhos que se tornarem necessários".

Quais seriam esses caminhos? Que os trabalhadores "tomassem a iniciativa de lutar concretamente contra o monopólio da terra". Como? "Negando-se a pagar a meia, o foro ou o arrendamento, não aceitando o pagamento de vales [...] enfrentando com decisão os grileiros [...] planificando a ocupação dos latifúndios inexplorados." Citava exemplos: "Já são numerosos os casos de posseiros que por haverem lutado, inclusive de armas na mão, em defesa da terra [...] acabaram por receber o título legal de propriedade...". Era preciso formar um governo nacionalista e democrático em que não estivessem presentes representantes do imperialismo e do latifúndio. Quem eram esses representantes? Prestes dava nome aos bois: "o sr. Kruel, os ministros do PSD e do PSP, Antônio Balbino, Pinheiro Chagas, Monteiro de Barros", e também "os executores do Plano Trienal, srs. Santiago Dantas e Celso Furtado".

As direitas vociferavam, denunciando a "comunização" do país, a ameaça de uma iminente "república sindicalista". Seus líderes mais extremados já preconizavam a necessidade de se armarem para enfrentamentos apocalípticos que viriam mais cedo do que tarde.

Nesse quadro de radicalização, houve um teste de força. Rubem Berta, liderança empresarial de direita, presidente da Varig e amigo de Jango, demitiu o comandante Melo Bastos, representante sindical dos aeronautas e membro da comissão executiva do CGT, atentando contra a lei, que lhe garantia imunidade.

O CGT acionou uma greve geral, parando portos, aeroportos, estaleiros, refinarias e ferrovias. Um deus nos acuda. Afinal, depois de muitas negociações, o sindicalista foi readmitido, evidenciando a força do chamado "dispositivo sindical". Mas foi para a "geladeira" da empresa, ou seja, nunca mais pilotou um avião, o que exprimia uma conciliação típica do janguismo.

Prestes vivia dias febris. Tomava a palavra em comícios, sempre aguilhoando o governo: "O povo quer reformas e não promessas". E ainda encontrava tempo para elaborar a opinião do Partido sobre questões do movimento comunista internacional. Em julho, foi publicado, com uma introdução sua, um tabloide sobre o conflito sino-soviético, com textos de ambos os partidos. No mês seguinte, um pequeno livro sobre o mesmo assunto traria um artigo de sua autoria. Havia ali uma tentativa de compreender a crise brasileira no contexto dos avanços do socialismo internacional.

Pressionado pelas direitas e pelas esquerdas, Jango abandonou o Plano Trienal e constituiu outro governo, novamente desagradando gregos e troianos. Demitia ministros de direita e de esquerda. E readmitia, com outros nomes, representantes das mesmas forças. Os comunistas responderam no ato: "O ministério que está nascendo não tem futuro e viverá pouco".

Em setembro, outro teste de força: uma sublevação de graduados das Forças Armadas em Brasília. Tomaram pontos estratégicos da cidade, protestando contra a cassação, pelo Supremo Tribunal Federal, dos mandatos de deputados-sargentos, eleitos em outubro de 1962. O motim foi controlado, mas desencadeou uma tempestade de protestos: as direitas clamavam por "punições exemplares". As esquerdas apontavam a injustiça da cassação e defendiam uma reforma eleitoral que tornasse elegíveis sargentos, cabos e soldados. Se os oficiais tinham direito, por que não os graduados? A luta era justa e os revoltosos deveriam ser anistiados.

Jango hesitava. Participava de comícios populares em que defendia as reformas. Recebia lideranças sindicais e mesmo os comunistas, tendo encontros com Prestes. Mas não abria mão de alianças com partidos de centro e de direita, como o PSD, que se recusavam a aprovar no Congresso leis que viabilizassem as chamadas "reformas de base".

Em outubro, tentou uma manobra surpreendente: com o beneplácito dos ministros militares, solicitou ao Congresso a decretação do estado de sítio, com a suspensão das garantias constitucionais. Manobra semelhante fora esboçada no mês de abril, acionada pelo general Kruel, compadre de Jango e então ministro da Guerra. Não dera certo, assim como não daria agora a proposta de suspensão temporária das garantias constitucionais. Com efeito, suscitou oposição generalizada, das direitas e das esquerdas. A essa altura, todos desconfiavam do presidente e tinham suas razões, de tal maneira as manobras dele eram obscuras e contraditórias. Jango foi obrigado, afinal, a retirar o pedido, evitando a derrota, mas se enfraqueceu politicamente. O CGT e a UNE, apoiados pelos comunistas, desempenharam um papel importante na recusa da proposta do sítio. Mais tarde, refletindo sobre o episódio, diria Prestes: "O pretexto era a luta contra Lacerda. Mas quando li o projeto, compreendi imediatamente que o estado de sítio era contra nós. Interpretei naquele jogo uma tentativa de Jango de romper com o movimento sindical". Alguns se deixaram seduzir: "Os militares e os parlamentares nacionalistas estavam a favor do projeto [...] tivemos que travar uma luta muito séria [para convencê-los]".

Mais uma vez, começou-se a falar em "recomposição do governo". Mas Jango limitava-se a substituir seis por meia dúzia. Os comunistas, embora dialogando com ele, consideravam, em acordo com as esquerdas radicais, que uma aliança com o PSD era "mais do que um engodo, chega a ser uma ofensa à inteligência".

Em novembro, o Partido publicou um suplemento comemorativo sobre a Revolução Russa. Um artigo de Prestes recordava o XXII Congresso do Partido Comunista da União Soviética, realizado em 1961, e suas promessas de alcançar o comunismo em vinte anos. No auge da autoconfiança, os congressistas autodenominaram-se os "construtores do comunismo". A humanidade, segundo o autor, "marchava para o comunismo". Esse otimismo, sem dúvida, gerava implicações na análise da "revolução brasileira".

Em 3 de janeiro de 1964, ao completar 66 anos, Prestes foi entrevistado no *Pinga Fogo,* programa de audiência nacional, transmitido pela TV Tupi. Com a franqueza que lhe era peculiar, esclareceu que os comunistas "somos revolucionários, lutamos pelo socialismo e [...] estamos convencidos de que o capitalismo leva inexoravelmente ao socialismo". Não faltaram, como de hábito, elogios ao mundo socialista e à URSS: "A liberdade de escolha na URSS é total. Lá só existe um partido porque só há uma classe social". E também a defesa, mesmo de aspectos aparente-

313

mente indefensáveis como, por exemplo, o Muro de Berlim, construído, segundo Prestes, para "evitar provocações". Aliás, os que morriam tentando atravessá-lo eram todos provocadores "que ficaram ilhados e tentam retornar, ou pessoas equivocadas, em particular os que sofreram mais a influência da educação nazista".

Quanto ao país, "a revolução brasileira, no momento atual, é nacional e democrática". Assim, na ordem do dia, estava a luta "por um governo revolucionário das forças anti-imperialistas e antifeudais", que poderia ser conquistado "pelo caminho pacífico", já que os comunistas "não provocamos e não desejamos a guerra civil", mas também não a temeriam, se fosse o caso. Prestes tinha disso uma visão mais geral: "Se o socialismo está vitorioso em escala mundial, o que interessa à classe operária [...] é chegar ao socialismo com o menor sacrifício possível". E completou ironicamente: "Cada dia de paz é um passo que o imperialismo está dando para a cova".

Depois de afirmar que Jango era um "aliado" e que "o êxito seria certo", sempre e quando petebistas e comunistas estivessem unidos, lamentou as hesitações do presidente: "João Goulart se declara favorável à reforma agrária [...] já está há dois anos no poder e infelizmente ainda não a realizou. Nós insistimos e esperamos que a realize". Os comunistas apoiariam sempre os atos positivos do governo, mas combateriam "com toda firmeza, as suas concessões ao imperialismo e ao latifúndio, e o atraso na realização das reformas de base". Negou ter dito a frase, veiculada pelo *Jornal do Brasil*, segundo a qual os comunistas "já estariam no poder, faltando-lhes apenas governo". Foi enfático: "Foi deturpada. Eu não disse isso, nem poderia dizê-lo", mas ressalvou: "Estamos influindo cada vez mais no poder, isso estamos".

Ao referir-se a Brizola como representante do "setor mais radical da burguesia brasileira", estimou que ele "poderia desempenhar o papel de Fidel Castro na revolução brasileira". O próprio Jango, "se se desprendesse de certos interesses que [...] ainda tolhem a sua ação também poderia ser este 'chefe'".

Em determinados momentos, deixava ambiguidades no ar: "O congresso atual está bastante desmoralizado [...] é difícil defendê-lo [...] como está não é bom, mas sem ele é pior". No entanto, afirmou sibilinamente: "Se um governo desse as garantias necessárias [...] poderíamos concordar com a [sua] dissolução" para que desse lugar a uma Assembleia Constituinte, desde que houvesse eleições "efetivamente livres, com uma nova lei eleitoral, com registro para todos os partidos políticos e voto para analfabetos, soldados e marinheiros".

314

Finalmente, em relação às Forças Armadas, ressaltou a especificidade brasileira: "o caráter democrático e a tradição democrática, em particular, do Exército", citando, inclusive, seu caso pessoal como prova da abertura das escolas militares a pessoas que se encontravam na base da pirâmide social.

Os telespectadores viram um Prestes rápido nas respostas, incisivo, irônico, autoconfiante, otimista. No Brasil, "o processo democrático avança e a reação não o consegue conter". "Nunca o movimento operário [...] esteve tão forte quanto é hoje." E brincou: "O CGT é o fantasma da reação. O Sr. Júlio de Mesquita treme de medo diante do CGT". No mundo, "o socialismo está vitorioso" — não haveria mais forças capazes de derrotá-lo.

Logo em seguida, ainda em janeiro, Prestes partiu para uma nova viagem internacional, acompanhado por Maria. Era a primeira viagem internacional dos dois, casados, embora não formalmente. A primeira escala foi em Paris, onde houve contatos com os dirigentes comunistas locais. Prestes apresentou então Maria, mas era visível seu constrangimento com aquela relação amorosa "transgeracional". Quando incentivado a ter filhos com a jovem e bela mulher, elogiada pelos camaradas franceses, evitou confessar que já tinha seis filhos com ela e que um sétimo se anunciava para dali a meses. Para Prestes, não terão faltado estranhas recordações — e evocações: quase trinta anos depois, voltava à cidade onde estivera, em 1935, com Olga, a caminho do Brasil, para realizar o sonho revolucionário afinal frustrado com a derrota do movimento de novembro daquele ano. Agora, a "revolução brasileira" estava novamente próxima de um "desfecho" e o otimismo, mais uma vez, era de lei.

De lá foram para a União Soviética, onde encontraram uma atmosfera de expectativas otimistas. Sem deixar de valorizar a experiência cubana, Prestes procurava mostrar as diferenças entre a pequena Ilha e o Brasil, formulando críticas à política externa cubana, que contrariava "os princípios leninistas de convivência pacífica".

No começo de fevereiro, deixando em Moscou a mulher, que vivia, segundo as próprias palavras, "um conto de fadas", Prestes fez uma viagem secreta a Cuba. O que lá conversou com Fidel, nunca se soube. Mas é interessante observar que, apesar das divergências e das críticas mútuas, os dois líderes sempre preservaram publicamente uma relação amistosa. E também vale dizer que Prestes e o PCB invariavelmente se mantiveram favoráveis à defesa da Revolução Cubana, em qualquer circunstância.

De volta a Moscou, Prestes foi recebido por Khruschóv em pessoa, almoçando com os mais relevantes líderes políticos: Brejnev, Andropov, Mikoian, Suslov e Ustinov, entre outros. Considerando a importância conferida pelos soviéticos à etiqueta, não podia haver maior demonstração de prestígio.

Em palestra para os quadros do Departamento de Relações Internacionais, em 7 de fevereiro, Prestes fez a defesa da aliança com João Goulart e da via pacífica para a "revolução brasileira", mostrando-se otimista quanto à próxima legalização do PCB e com o "poder paralelo" adquirido pelos movimentos sindicais, rural e urbano.

Deixou claro, no entanto, que o Partido estava preparado para qualquer hipótese: "Lutamos por uma via pacífica [...] mas [isso] não depende só de nós, depende também do imperialismo norte-americano". Diante da possibilidade de um golpe de direita, contemplou a hipótese de "uma guerra civil". E completou: "Nós, comunistas, não desejamos, mas não tememos, a guerra civil, se ela vier. Se a reação arrastar o Brasil para um confronto [...] estará levando o nosso povo para a batalha que culminará com a implantação de um governo socialista. Em outras palavras, se a reação levantar a cabeça, nós a cortaremos de imediato".

Maria, presente, recordou em suas memórias que a audiência ovacionou, "eletrizada", as palavras que o Velho dissera com "segurança e firmeza". Depois de Cuba, a hipótese de um Brasil socialista suscitava antigos sonhos revolucionários naqueles velhos, experimentados e pragmáticos dirigentes.

De retorno ao país, Prestes caiu em cheio no torvelinho de uma crise revolucionária.

As condições pareciam favoráveis. Na CNTI, as esquerdas tinham batido novamente as velhas lideranças sindicais associadas ao governo. O PCB passara a controlar a recém-fundada Confederação Nacional dos Trabalhadores Agrícolas (Contag), tendo feito seu presidente (Lindolfo Silva) e secretário (Nestor Vera). Fracassara também a última tentativa de Jango de articular uma ampla frente — do PSD ao PCB — para implementar legalmente as reformas. Havia uma atmosfera de euforia, acentuada pela virada do presidente que, desde dezembro de 1963, parecia inclinado, enfim, a deixar de lado sua política conciliatória e a exercer as margens consideráveis de poder que detinha, sintonizando-se com os movimentos sociais que se radicalizavam cada vez mais.

No âmbito de suas atribuições, Jango começou a legislar. Regulamentou, em janeiro, a Lei de Remessa de Lucros, em relação à qual tanto hesitara; decretou o monopólio da importação do petróleo; anunciou para breve a desapropriação das terras às margens das rodovias e ferrovias federais. A ideia era combinar a "ofensiva presidencial" com a "pressão de massas", e para isso articulou-se uma sucessão de comícios: o primeiro se realizaria no Rio de Janeiro, em 13 de março de 1964. O último, em São Paulo, em 1º de maio. Se o Congresso não cedesse, falava-se num plebiscito para decidir da oportunidade de uma Assembleia Constituinte "popular", com voto aos analfabetos, aos graduados das Forças Armadas e aos marinheiros e soldados.

As direitas acusaram o golpe e passaram a se mobilizar e a mobilizar as gentes, temerosas do "caos", da "república sindicalista" e do "comunismo ateu". Deram-se as mãos forças heterogêneas, articulando-se setores tradicionalmente reacionários, liberais de diversa índole, classes médias apavoradas e mesmo segmentos populares assustados. Cuba tornara-se socialista. As reformas de base não encaminhariam o Brasil para a órbita do comunismo?

As esquerdas, aparentemente unidas em torno do programa das reformas de base, entretinham propostas diferentes, e permaneciam desconfiadas umas das outras.

Jango pensava numa mudança constitucional que viabilizasse a sua candidatura à Presidência, nas eleições previstas para outubro de 1965. Brizola não descartava essa hipótese, mas se lançara numa perspectiva nacionalista revolucionária — queria mesmo ser o Fidel Castro brasileiro —, organizando esquema próprio: os Grupos dos Onze e o Movimento Nacionalista Revolucionário (MNR). Tinha jornal e programa de rádio, e incentivava a rebeldia entre os graduados das Forças Armadas, onde gozava de grande popularidade. Miguel Arraes, única liderança nacional de esquerda habilitada legalmente a concorrer em 65, espreitava, e desconfiava dos dois políticos gaúchos. Os católicos de esquerda, da Ação Popular, estabeleciam articulações em todas as áreas, inclusive com Jango. Entre as esquerdas comunistas, também se aprofundavam as dissensões — a Polop flertava com Brizola. O PCdoB fazia o possível para aparecer à esquerda do PCB. Por fim, até entre os que estavam, formalmente, sob a liderança de Prestes, despontavam contradições cada vez mais claras. Marighella e Mário Alves aproximavam-se de Brizola. Os mais moderados, como Giocondo Dias, preconizavam prudência. No meio desse tiroteio, Prestes tentava manter o equilíbrio entre correntes contraditórias que se digladiavam mesmo no interior do PCB e do CGT.

Com os olhos postos num "desfecho", que todos consideravam inevitável, até mesmo Prestes, apoiavam-se, em suas análises, na experiência de 1961, confiando que eventuais botes golpistas seriam detidos pelos militares nacionalistas e legalistas, muitos dos quais eram amigos de Jango. Tais forças passaram a ser conhecidas como o "dispositivo militar" do presidente, confiado à direção de um fanfarrão: o general Assis Brasil.

A rigor, para além das desconfianças mútuas e profundas, estavam todos embarcados na canoa do nacional-estatismo, embora tivessem sobre ele apreensões mais ou menos radicais. Daí o protagonismo conferido ao Estado e, em particular, a Jango, de quem, paradoxalmente, todos desconfiavam, e com razão.

No campo das direitas, lavravam igualmente não menos profundas dissensões. Disputavam-se núcleos conspiratórios civis e militares. Estavam mais unidos pelo medo do que poderia acontecer do que por propostas positivas e construtivas. As principais lideranças civis (JK, Lacerda, Ademar e Magalhães Pinto) tinham sua atenção também voltada para as eleições de 1965, em que se encontrariam como rivais. Quanto aos militares, os núcleos articulados, escaldados por sucessivas derrotas, juntavam destacamentos pouco numerosos, incapazes de propor um plano de ação que conjugasse forças expressivas.

No início de março, Prestes defendeu em artigo um programa atualizado para a conjuntura. Continha quinze pontos, entre os quais se destacavam o monopólio estatal do câmbio; a reforma agrária; a reforma eleitoral; a revogação da Lei de Segurança Nacional e do decreto nº 9070 (antigreve), editado por Dutra e ainda vigente, embora desativado na prática; liberdade completa para as manifestações populares; ação decisiva contra os golpistas; anistia para os sargentos implicados no movimento de setembro de 1963; e legalidade para o PCB. Sustentava o "papel crucial das massas", a necessidade de manter a pressão sobre o Congresso e a de "mais medidas e não retórica", numa crítica implícita a Jango.

Num encontro realizado em 8 de março, entre Prestes e Jango, no apartamento do segundo, em Copacabana, junto do hotel Copacabana Palace, "ele chegou a me dizer que contava com treze generais que estavam integralmente com ele e que ele queria fazer um encontro meu com esses generais".

Espantado, Prestes desconfiou. Seria aquilo uma provocação? Porém, houve acordo em torno da "orientação de intensificar a luta pelas reformas de base e a unificação das forças nacionalistas". E não se falou de golpe nem de ameaça de golpe.

Mas as desconfianças subsistiam. O primeiro comício da série planejada, realizado em 13 de março, foi um sucesso de público. Até certo ponto, inesperado, pois teve que enfrentar uma série de medidas tomadas por Carlos Lacerda, governador da então Guanabara, que decretou ponto facultativo, tentando esvaziar a cidade. Até hoje há dificuldade de avaliar os presentes, variando as estimativas entre 100 mil e 350 mil pessoas. De qualquer modo, um êxito, sobretudo para as tendências mais radicais, cujas palavras de ordem apareceram em maior quantidade nos coros e nas faixas.

Entre as lideranças o pau quebrou, ficando claras as dissensões e as desconfianças. Em certo momento, Jango desistiu de dar as caras, temendo supostos atentados. Acabou indo, encorajando-se com muitas doses de uísque. Ainda assim, estava trêmulo e mal se sustentava em pé no palanque, entre a "bela" — sua mulher, d. Maria Teresa — e a "fera" — o líder sindical comunista Osvaldo Pacheco. Na saída, entrando no carro, o presidente deitou a cabeça no colo da mulher, assustadíssima também com tudo o que acontecia e, em especial, com aquela multidão indistinta, por quem nutria simpatia mas com a qual não tinha laço algum. Brizola queixou-se de não ter sido convidado. Assim mesmo, falou, e "mandou brasa", como muitos pediam. Arraes defendeu linha própria, mais prudente.

Havia ali uma cacofonia de mau augúrio, abafada, contudo, pelo entusiasmo do povo, que parecia satisfeito com o protagonismo adquirido e com os decretos anunciados por Jango: a encampação das refinarias particulares, o tabelamento dos aluguéis, e a desapropriação de terras à beira dos eixos rodoferroviários e dos açudes. Teria início o tão aguardado "reformismo presidencial", ou seja, o aproveitamento das margens legais de que dispunha o presidente da República, como havia tempos preconizava o PCB? Mais tarde, Hércules Corrêa, então líder do CGT, e um dos principais organizadores do evento, diria, entre irônico e amargurado, que aquele fora um "comício das lavadeiras", porque reunira "tanques e trouxas". Os primeiros, do Exército, protegiam "as massas", e estas iludiam-se com uma força que não tinham.

Entretanto, na época, essa não era a avaliação das esquerdas e dos comunistas. Quatro dias depois, em ato na ABI pela reforma da Constituição, Prestes esboçou um balanço do comício: "A significação deste comício será verificada na prática dos próximos meses, talvez mesmo das próximas semanas, ou dos próximos dias". Vinculando a "revolução nacional-democrática" à "luta pelo socialismo", deixou claro que se tratava de "expulsar da nossa terra os monopólios imperialistas e [efetuar] a revolução agrária". E terminou otimista: "Meus amigos, nós, patriotas e democratas, estamos elaborando, no dia a dia, na prática, o caminho da revolução brasileira…".

As direitas contra-atacaram, articulando-se lideranças políticas, empresariais e religiosas. Programaram uma série de Marchas da Família com Deus pela Liberdade. Esboçava-se ali uma poderosa aliança, entre a Cruz, a Espada e o Capital. A primeira realizou-se em 19 de março, na cidade de São Paulo, reunindo meio milhão de pessoas. Logo em seguida, outra, também maciça, em Santos. No plano das conspirações, no entanto, permanecia um grande desencontro, semelhante ao que havia entre as esquerdas. Entre estas, o cimento da euforia. Entre as direitas, o do medo.

No meio desse torvelinho, Jango foi pescar. Exaurido pela pressão das circunstâncias, só pensava em descansar com a família, longe, nos seus pagos gaúchos. O interessante a observar é que, apesar da retórica contundente, os estados-maiores das esquerdas comportaram-se de modo análogo. Falavam em "desfecho", mas não se preparavam — não se prepararam — para ele.

Foi então que ocorreu um episódio imprevisto: uma reunião comemorativa da Associação dos Marinheiros e Fuzileiros Navais, que completava o segundo ano, foi proibida pelo ministro da Marinha, a despeito de uma orientação verbal de Jango no sentido de que fosse permitida. Os marinheiros, radicalizados, resolveram afrontar a proibição. Foram para o Sindicato dos Metalúrgicos do Rio de Janeiro, em São Cristóvão, e ali iniciaram os festejos, regados a discursos extremados. O velho João Cândido, líder da Revolta da Chibata, em 1910, convidado de honra à assembleia, observou serena e ironicamente que ali havia uma incongruência, pois "sindicato não era navio". Se os marujos quisessem se manifestar, ou até mesmo se revoltar, não seria mais adequado fazê-lo a bordo dos navios e não em prédios sindicais? O fato é que a ordem do ministro, ainda que pudesse ser considerada arbitrária, não anulava outra evidência, a de que estava em curso, pelos padrões legais, uma clara indisciplina, que assim foi avaliada pela esmagadora maioria da oficialidade das três Forças Armadas, incluindo-se aí oficiais nacionalistas e de esquerda, que eram numerosos.

Classificando os marinheiros de "amotinados", o ministro mandou prendê-los, mas os fuzileiros navais enviados para executar a ordem largaram no chão as armas e acabaram se juntando aos que estavam no sindicato. Formou-se um impasse. Jango voltou às pressas para o Rio de Janeiro. Nem mesmo sua experiência conciliatória, porém, foi capaz de encontrar um consenso. As direitas reclamavam "punições exemplares". As esquerdas defendiam "anistia" para os marinheiros.

Afinal, os marinheiros foram presos por forças do Exército, mas imediatamente libertados, anistiados por um novo ministro nomeado por Jango. Teria sido evitado, ainda uma vez, o famoso "desfecho"? Muitos pareceram acreditar nessa hipótese, apesar da grita das direitas, que agora reivindicavam — e pregavam — um golpe de Estado para "salvar a legalidade e a democracia". Em memórias publicadas mais tarde, várias lideranças de esquerda relataram que então, como era próprio naquelas circunstâncias, desenvolviam intensas atividades. Da mesma maneira, Prestes e as lideranças do Partido cumpriam agenda lotada de compromissos: comícios, palestras, entrevistas. Foi com esse espírito que se realizaram diversas comemorações pela passagem do 42º aniversário do PCB, em março, como a que ocorreu, no dia 29, no Pacaembu, com a presença do próprio Prestes.

Em sua penúltima edição desse mesmo mês, o semanário *Novos Rumos*, órgão oficial dos comunistas, divulgou um tabloide contendo um texto, formulado pelo Comitê Central, com propostas para uma nova "linha política" a ser aprovada no âmbito do VI Congresso do PCB. Como se dera em 1960, as "teses" seriam debatidas de forma ampla e pública. Em outras palavras: o Partido preparava-se para uma longa e profunda discussão, não para um enfrentamento imediato — e armado. Numa edição extra, de 27 de março de 1964, o mesmo periódico registrava que a "nação inteira [estava] ao lado dos marinheiros e fuzileiros". E recomendava atender suas reivindicações.

Ao contrário do que acontecera na crise da renúncia de Jânio Quadros, a defesa da legalidade já não era uma prioridade, como se os comunistas almejassem, ou considerassem inevitável a curto prazo, um "desfecho". Entretanto, suas ações, estranhamente, não correspondiam à crença de que um desenlace radical estava prestes a ocorrer.

Mas foi o que se passou. O golpe começou na noite de 30 de março, a partir de uma iniciativa do general Mourão Filho e de um dispositivo político-militar articulado em Minas Gerais sob a liderança do governador do estado, Magalhães Pinto. O estopim foi um novo encontro de Jango com graduados das Forças Armadas e das polícias militares no auditório do Automóvel Clube, no Rio de Janeiro.

Para surpresa geral, e dos próprios conspiradores, quase sem tiros o golpe foi vitorioso, em pouco mais de 24 horas. Uma derrota catastrófica e desmoralizante para as esquerdas, para os comunistas e para Prestes em particular.

13. Novamente nas catacumbas

"Como baratas tontas, cada qual buscava um refúgio improvisado. Era um exército em debandada ao toque do 'salve-se quem puder'." Foi assim que Marco Antônio Coelho, então deputado sob a legenda do Partido Social Trabalhista (PST), e também dirigente do Comitê Central do PCB, descreveu a situação crítica em que se viram os comunistas nos dias 31 de março e 1º de abril de 1964, quando houve a vitória do golpe que instaurou a ditadura. Descrições idênticas se encontram em outras memórias publicadas mais tarde.

Em toda parte, um rastro de perplexidade e de impotência. Depois das comemorações pelo 42º aniversário do PCB no estádio do Pacaembu, em 29 de março, Prestes, desconfiado, decidiu não voltar para casa, na rua Dr. Nicolau de Sousa Queirós, na Vila Mariana, já ostensivamente vigiada pela polícia de Ademar de Barros. Foi direto ao Rio de Janeiro, aonde chegou no dia seguinte. Deu-se ali uma reunião da Comissão Executiva do Partido, presidida por ele, e da qual participaram Carlos Marighella, Mário Alves, Jover Telles, Giocondo Dias, Velhão, Ramiro Luchesi, Geraldão e Bonfim.

As notícias de um golpe iminente vinham de todos os lados, fervilhavam. Entretanto, a nota aprovada pela Comissão manteve uma perspectiva ofensiva, preconizando-se a formação imediata de "um novo governo" que "pusesse termo à política de conciliação". Exigia-se, além disso, um plebiscito para decidir sobre a oportunidade da convocação de uma Assembleia Constituinte, ameaçando-se o Congresso Nacional: "O Plebiscito deverá ser convocado pelo Congresso ou, no caso de omissão, protelação ou recusa deste, pelo próprio Poder Executivo". Era supor uma força que já não tinham.

Prestes mostrava-se otimista: "É bom que eles venham mesmo, porque vão perder". Já Mário Alves, mais cético, admitia que "eles podem ganhar". Por precaução, decidiu-se que Prestes, Dias e os demais integrantes da Comissão Executiva ficariam, a partir do dia seguinte, em casas separadas. Prestes recolheu-se, com Teodoro de Mello, à casa de um amigo, perto da praça Nossa Senhora da Paz.

No dia 31, embora as notícias fossem muito contraditórias, era claro que o golpe estava em andamento. O dono da casa trouxe informações pessimistas. Prestes parecia surpreendido pelo caráter fulminante com que se anunciava a derrota. Telefonou então, ainda na noite do dia 31, diretamente ao brigadeiro Teixeira, vinculado ao Partido e comandante da Zona Aérea, "perguntando a ele se tinha condições de bombardear o Palácio Guanabara", onde se entrincheirava o governador Carlos Lacerda, um dos principais líderes políticos das direitas brasileiras. Ao que o brigadeiro respondeu: "Meus tenentes todos [ou seja, os pilotos] já estão do lado de lá". As tropas deslocadas para conter as forças que vinham de Minas Gerais também ficaram paralisadas, antes de se desfazer. Por toda parte, os militares nacionalistas, ligados ao "dispositivo militar de Jango", ou ao próprio Partido, primavam pela inação, esperando ordens que não vinham.

Segundo Prestes, as expectativas de que lutariam se desvaneceram: "Nós estávamos convencidos que os militares nacionalistas compreendiam que tinham que lutar até a morte, porque [...] todos eles iam sofrer as consequências de uma vitória da reação [depois], realmente sofreram, foram expulsos". Mas eles não lutaram. A maioria deles nem queria lutar.

Em algumas cidades, grupos de pessoas se reuniam e se mobilizavam, alguns solicitando armas. No centro do Rio, em Maceió, em Brasília, em Porto Alegre, no Recife, houve agrupamentos relativamente importantes, que acabaram se dispersando, desorientados e desmoralizados.

O Comando Geral dos Trabalhadores (CGT) convocou uma "greve geral", chamado previsto para a contingência. De modo geral, não se efetivou. Onde realizada, foi um desastre, pois os trabalhadores ficaram em casa, impotentes.

Quando a derrota afinal se configurou, Prestes, percebendo "o isolamento da classe operária", ordenou a retirada para "evitar o massacre".

Mas não houve retirada, foi uma debandada. Um salve-se quem puder.

Para Prestes, era uma imprudência permanecer em Ipanema. Assim, em companhia de Mello, recuou para um aparelho de reserva, no Engenho Novo. "Chegamos lá e não tinha ninguém", recorda Mello. "A dona da casa tinha saído e não tinha hora pra voltar." Daí, Mello perguntou: "Camarada Prestes, v. tem alternativa?".

Acabaram se virando com um velho amigo de Prestes, morador do Grajaú, um general reformado, Vítor César da Cunha Cruz. Mais uma vez, relações pessoais salvavam o secretário-geral do PCB. No outro dia, foi possível, enfim, encontrar em condições o aparelho anterior. Dali, Prestes passou para outro, em Vila Isabel e, um pouco mais tarde, para uma casa na Taquara, em Jacarepaguá, onde ficou até partir para o exterior.

As atribulações de Prestes não foram uma exceção à regra, corresponderam a um padrão. Toda a cúpula do Partido se encontrou desarticulada e paralisada. Perderam-se por vários meses as ligações do Comitê Central com numerosos comitês estaduais. O PCB, assim como as demais organizações de esquerda, evidenciou total incapacidade para manter as atividades em condições de clandestinidade. Três anos e meio depois, a resolução do VI Congresso, em dezembro de 1967, reconheceria, no momento da derrota, "completa falta de recursos técnicos de impressão e distribuição", além de inexistência de "aparelhagem indispensável".

Na vertigem daqueles dias, do ponto de vista pessoal, o mais desolador foi o achado das "cadernetas de Prestes", quando a polícia invadiu sua casa, em 9 de abril. Vinte cadernetas, das quais uma se extraviou, a de nº 17, minuciosamente anotadas, do próprio punho, em que se registravam reuniões partidárias, o conteúdo de intervenções, nomes de dirigentes, impressões, avaliações, reflexões, diretivas, orientações, relações políticas nacionais e internacionais. E mais dezenas de pastas de documentos políticos. Não houvera tempo, ou cuidado, para retirar ou destruir aquelas evidências.

A rigor, lá não havia nada que pessoas bem informadas não soubessem. Nem terríveis segredos foram então desvelados. Também ninguém foi preso de imediato pelas revelações encontradas. No entanto, foi possível, a partir das cadernetas, montar um volumoso processo, incriminando dezenas de pessoas, mais tarde perseguidas — algumas, condenadas — com base no que ali estava formulado e estabelecido.

Prestes comportara-se como um dirigente político de um partido legal. Não fora exatamente uma exceção à regra geral. O PCB e outras organizações clandestinas de esquerda haviam conquistado, desde o governo JK, uma legalidade "de fato". Como já se disse, seus dirigentes, inclusive Prestes, circulavam abertamente pelo país, conferenciavam, participavam de comícios, faziam reuniões, tomavam parte em seminários e congressos. Porém, formalmente, o Partido continuava ilegal.

Ora, antes do golpe, o próprio Prestes, equilibrando-se entre as posições moderadas e radicais, não se furtara a criticar o chamado "liberalismo", ou seja, no jargão comunista, o descaso ou a subestimação das questões de segurança que deveriam ser consideradas, em qualquer circunstância, pelos militantes comunistas. Assim, o barulho feito em torno das cadernetas, no contexto da derrota histórica, sem anular sua liderança, contribuiria, sem dúvida, para enfraquecer seu prestígio.

Quanto a Maria, teve também que improvisar. Grávida de quase seis meses, com sete filhos sob seus cuidados, todos menores de idade, valeram-lhe a experiência adquirida, o sangue-frio e a coragem de sempre. Quando recebeu orientações para fugir, já estava preparada para o pior. De início, estiveram numa casa na rua Pio XI, no Alto da Lapa. Sem móveis e sem colchões. Ali, recorda-se Ermelinda Prestes, uma das filhas, "não havia nem cama, dormíamos no chão, forrado com jornais". Segundo Paulo, foi então que Luís Carlos pegou pneumonia. Deixando o pequeno doente com amigos, Maria partiu para o interior do estado com as meninas — Zoia, Mariana, Ermelinda e Rosa —, Antônio João e Paulo. Esteve em Guararema. Depois, em Americana, numa fazenda, propriedade de um fabricante de tecidos simpatizante do Partido, onde se reintegrou à família Luís Carlos, já melhor.

Quando, finalmente, voltaram para a Dr. Nicolau de Sousa Queirós, encontraram a casa devastada. Sem gás e sem energia. A garagem, esburacada pelos policiais, em busca de esconderijos secretos. O escritório de Prestes, destruído. A polícia saqueara tudo: "Dois caminhões levaram até as lâmpadas", acusou Maria. Em outubro, com as coisas mais serenadas, através do dr. Aldo Lins e Silva, amigo da família, requereu-se na Justiça, em vão, a devolução dos bens roubados. Um procedimento que, mais tarde, seria adotado em inúmeras oportunidades pela polícia política do regime ditatorial — o saque dos aparelhos dos militantes de esquerda, distribuindo-se o "butim" pelos agentes repressivos: oficiais das Forças Armadas e policiais civis.

A imprensa ainda trombeteou a propósito de um casaco de pele, um par de botas e um gorro, presentes recebidos por Maria na viagem à União Soviética. Anunciava-se que "era assim que os líderes comunistas tratavam suas mulheres". Mistura de ignorância e má-fé, pois não havia nada de luxuoso naquelas vestimentas. De resto, como relatou Paulo, Maria não comprava nunca roupas para os filhos; vestiam-se com doações que chegavam em grandes caixas de papelão — usavam o que desse e o que não desse.

Em 7 de julho de 1964, nasceu o último filho de Maria com Prestes. "Nunca me senti tão desolada", diria ela mais tarde. Apesar da gravidez conturbada, Yuri nasceu forte, boa saúde, com 3,850 quilos e 51 centímetros. O alento foi um buquê de rosas "príncipe negro", as preferidas de Prestes, enviadas por ele mesmo da clandestinidade. Sozinha, vigiada pela polícia, ajudada por algumas poucas companheiras e por um padre, conhecido no Alto da Lapa, e que se apiedara da situação, Maria não podia deixar de pensar em Olga e Anita, temendo por sua prisão e pela separação traumática dos filhos. Os piores presságios, porém, acabaram não acontecendo.

No topo da primeira lista de cassações de direitos políticos, formulada pelo autodenominado Supremo Comando da Revolução e publicada em 10 de abril de 1964, figurava Luís Carlos Prestes. Havia ali um duplo reconhecimento: o de que era ele o chefe político incontestável do PCB e o da importância relativa dos comunistas entre os inimigos dos golpistas vitoriosos.

A derrota estava consumada, e aquela, decididamente, fora uma estranha derrota. Assim Marc Bloch se referiu à debacle da França diante da invasão alemã de maio de 1940. Embora dispondo de forças consideráveis, os franceses preferiram, então, e estranhamente, não lutar. De modo semelhante, as esquerdas brasileiras, a começar pelas principais tendências, comunistas e trabalhistas, escolheram evitar o enfrentamento, nem sequer iniciá-lo. Preferiram a derrota sem luta.

Não foi uma derrota como a de 1935, quando houve luta. O Partido quase foi destruído, é verdade, mas sobreviveu, e mesmo alquebrado continuou sendo considerado uma ameaça. Na memória elaborada pelos comunistas, o movimento revolucionário, valorizado, permaneceu como uma referência preciosa, um momento de combate e de heroísmo. Na contracorrente da barragem propagandística da ordem, que não se cansaria de repetir mentiras evidentes, como a de

326

que a "Intentona" assassinara "companheiros de farda dormindo", os comunistas sempre se orgulhariam da luta que haviam travado, embora reconhecendo os erros de avaliação cometidos.

Tampouco se parecia com a derrota de 1947. O PCB, surpreendido, não se julgou então, em termos imediatos, em condições de recorrer à violência para enfrentar a decisão arbitrária da Justiça Eleitoral, complementada mais tarde pela não menos brutal cassação do mandato dos parlamentares eleitos do Partido pelo próprio Congresso Nacional. Contudo, após um momento de grande confusão, os comunistas retiraram-se praticamente incólumes, e souberam reestruturar-se na clandestinidade. É verdade que perderiam, em anos seguintes, dezenas de milhares de filiados, mas isso se deveu muito mais às orientações de luta armada, incompatíveis com a dinâmica da sociedade, tomadas em 1948-50, do que propriamente ao episódio da cassação do registro legal.

Não gratuitamente, onze anos depois, em 1958, o PCB reemergiria da clandestinidade para a vida política normal ainda como o polo hegemônico e principal partido das esquerdas socialistas e comunistas.

Nada comparável ao que ocorreu em 1964. Agora, o Partido e Prestes estavam diante de uma derrota histórica, catastrófica. Sem luta. Desmoralizante. A fuga de Jango, aos soluços, do Rio de Janeiro para Brasília, da capital para Porto Alegre e dali para o Uruguai tem sido apontada como decisiva. Seus movimentos erráticos, tíbios, realmente deixaram um rastro de indecisão e foram um convite para a debandada. Considerando-se a preeminência do Estado e de seu chefe na tradição nacionalista brasileira, o caráter "imperial" que a Presidência da República já assumira e mais a personalização da política, outra marca da cultura política nacional e da cultura popular em particular, a responsabilidade de Jango é evidente e insofismável.

Mas é fácil o caminho da responsabilização individual dos chefes que pode desembocar em acusações simplificadas, fazendo economia de uma reflexão mais bem estruturada, adequadamente exigente, que pense nos fundamentos políticos e sociais de uma derrota, sobretudo quando ela alcança, como foi o caso em 1964, dimensões históricas.

Porque, ao contrário do que muitos então imaginavam, não foi apenas a sorte de Jango que foi jogada, mas a de um programa histórico: o nacional--estatismo, construído nos anos de ouro da ditadura estado-novista, sob a liderança de Getúlio Vargas, redefinido no seu governo, já aí democrático, entre 1950 e

1954, e na primeira metade da década de 60, sob a liderança de Jango, sempre moderada, e a de Brizola, cada vez mais radical, principalmente depois da vitória da Revolução Cubana. Esse é o ponto-chave. O golpe civil-militar não só baniu Jango, Brizola, Prestes e outras lideranças da cena política, como abalou em seus fundamentos um programa histórico, que adquirira evidente dimensão popular e que vertebrara de modo decisivo uma república, fundada com a queda de Vargas, em 1945, e que desapareceria nos "idos de março e na queda de abril" de 64. As reformas de base eram uma via — reformista-revolucionária — para o desenvolvimento do país, um caminho, uma porta, um horizonte, agora fechados.

Diante da encruzilhada histórica, fora escolhida uma alternativa. Naquele jogo, as esquerdas, o PCB e Prestes, no momento decisivo, nem sequer jogaram. E perderam, como sempre acontece quando não se joga. E perderam sem luta. Diria Teodoro de Mello, o Melinho, anos mais tarde, em curiosa metáfora: "Ficamos vendo o inimigo avançar, parados, numa espécie de Linha Maginot, que nem os franceses em 1940".

Quanto às direitas, ao menos alguns de seus chefes não precisaram de ordens para se moverem. Moveu-os o medo de tudo perder. Ou de tudo periclitar num caos imprevisível. Hoje se sabe que eram múltiplas as conspirações, que seu nível de desarticulação era alto, que havia ali contradições e ambições desencontradas e que as forças, lançadas de Minas Gerais, sob o comando do general Olímpio Mourão, eram ridiculamente despreparadas.

Anos mais tarde, em visão retrospectiva, os profetas do passado — militantes e estudiosos — não se cansariam de arguir, porém, que a correlação de forças não permitia outra saída senão a fuga precipitada para "evitar o massacre". Foi também a impressão imediata de Prestes, depois que suas primeiras diretivas — combativas — não foram consideradas.

Em caso de resistência, muitos sustentariam, haveria um banho de sangue, como o que houve na Indonésia, um ano depois, em 1965, onde consta que algo em torno de meio milhão de pessoas pereceram. De sorte que teria sido um ato de lucidez abandonar o campo de luta, salvando-se vidas, inutilmente perdidas, em caso contrário.

Nessas elaborações, é costume elegerem-se "fatores decisivos", como a intervenção dos EUA — o golpe começou e acabou em Washington, e o que poderia fazer o Brasil ante o *big brother* do Norte? Outros discorreriam sobre a força e a clarividência do estado-maior formado no Instituto de Pesquisas e Estudos Sociais

(IPES), uma organização composta de lideranças políticas, empresariais, militares e eclesiásticas, apresentada como uma "vanguarda" política, onisciente e onipresente, uma espécie de "partido bolchevique" das direitas, conforme estudo clássico de René Dreyfuss. Os vencedores aparecem aí como superpoderosos, articulados, organizados, destinados inevitavelmente a vencer, como se sua vitória estivesse inscrita nas outrora chamadas "leis de bronze" da história.

Entretanto, pesquisas recentes evidenciam que as coisas não foram assim tão simples. Havia fraturas e contradições naquela frente, de fato heterogênea, que se formou para golpear o governo Jango, as esquerdas e os movimentos populares. Muita gente estava — e permaneceu — em cima do muro, por longas e decisivas horas. Havia fragilidades e incongruências também no campo dos vitoriosos, apagadas, como sempre acontece, pela contundência maior da vitória.

Um esboço que fosse de resistência teria modificado o curso dos acontecimentos? Imposto uma negociação, como em 1961? Evitado a instauração de uma longa ditadura? Mas quem esperava uma longa ditadura? Essa foi outra reflexão que desempenhou um papel certo na desistência de lutar. Tanto entre os vitoriosos como entre os vencidos eram muitos os que, por diferentes razões, esperavam uma intervenção militar episódica, curta no tempo, "cirúrgica". Jango também se consolava com esse prognóstico. Prestes foi pelo mesmo caminho.

Sofreram ambos, pelas razões já consideradas, o peso pesado da derrota histórica. Responsáveis. Responsabilizados. Bodes expiatórios. Jango não voltaria mais à cena política, morto (assassinado?) em 1976. Prestes sobreviveu, física e politicamente, mas seu prestígio nunca mais seria o mesmo. Nem no Brasil nem na própria União Soviética.

Derrotado, o PCB, de volta às catacumbas, empreendeu difícil rearticulação. Foi preciso esperar pouco mais de um mês para que um grupo de dirigentes, liderado por Giocondo Dias e Dinarco Reis, lançasse um "manifesto". Conclamava a união e a luta contra a ditadura. Mas foi divulgado de forma limitada e teve escasso impacto.

Circulou igualmente um texto atribuído a Prestes em que se convocavam "todas as correntes políticas que não aceitam a ditadura militar e reacionária" a formar um "poderoso movimento de massas capaz de conduzir à derrota dos golpistas e à conquista de um governo nacionalista e democrático". Naquela atmosfera de fracasso, eram propósitos vãos, mas sempre poderiam ser lidos como um estímulo e um incentivo à luta e à resistência.

Mais difícil seria reunir a Comissão Executiva e, sobretudo, chegar a um acordo entre seus membros. Apenas em maio se formulou uma primeira avaliação da situação política e do golpe vitorioso: o "esquema para discussão". Prestes, escondido, não participou da reunião, realizada no Rio de Janeiro, na qual estiveram presentes membros da Comissão Executiva e dirigentes estaduais: Carlos Marighella, Mário Alves, Joaquim Câmara Ferreira, Jover Telles, Giocondo Dias e Orlando Bonfim Jr. Predominaram então as ideias de Mário Alves, favoráveis a uma autocrítica "pela esquerda": "Absolutizamos a possibilidade de um caminho pacífico e não nos preparamos para enfrentar o emprego da luta armada pela reação [...] estávamos inteiramente despreparados [...] para a ação armada [...] não havíamos discutido a situação militar, não tínhamos meios para assegurar o funcionamento do Partido em quaisquer condições". Ou seja, a derrota era consequência de "desvios de direita": o reboquismo em relação à burguesia, ao "dispositivo militar" de Jango, e a aposta no "mito da legalidade democrática".

Pouco depois, um texto de Carlos Marighella, "Por que resisti à prisão", aqueceu ainda mais os debates. Identificado, em maio, no Rio, no interior de um cinema, o líder comunista resistira, debatera-se e fora finalmente baleado antes de ser preso. Beneficiando-se de um habeas corpus, solto passados menos de três meses, publicou um relato — um testemunho — que era, ao mesmo tempo, uma crítica contundente à "passividade" do Partido e um convite à ousadia e à luta.

Prestes não concordava com essas formulações, mas procurava espaço político para manobrar, pois também não aderia à interpretação defendida por Giocondo Dias, Dinarco Reis e Jaime Miranda, apoiados, entre outros, pelo Comitê Estadual de São Paulo, dirigido por Moisés Vinhas. Este era conhecido, mesmo antes do golpe, por suas posições moderadas, "direitistas", no jargão partidário. O problema é que as circunstâncias da derrota começavam a impor uma dinâmica de polarizações, reduzindo as margens dos que desejavam se manter equidistantes entre os extremos, em posições "de centro", onde Prestes se acostumara a ficar desde 1958, inclusive para arbitrar eventuais conflitos.

Quando a ditadura se consolidava, em julho, com a prorrogação do mandato do general Castello Branco até março de 1967, a estrutura do Partido continuava incapaz de uma intervenção ativa na vida política, o que suscitava desânimo, entre os conformados, e cólera, entre os que desejavam alguma ação, qualquer ação.

Enquanto os primeiros se desligavam do Partido, formal ou informalmente, os segundos eram cada vez mais atraídos pelos propósitos enunciados por Marighella, ainda então relativamente imprecisos mas que já apontavam um norte: a luta armada, imediata, contra a ditadura.

Finalmente, em maio de 1965, em São Paulo, mais de um ano após a instauração da ditadura, reuniu-se o Comitê Central do PCB. Dessa vez, Prestes estava presente ao encontro. Ele não mais aceitaria que razões de segurança o mantivessem à margem das reuniões da direção do Partido.

Depois de um longo e difícil embate, a resolução aprovada representou uma reviravolta completa em relação ao "esquema de discussão" aprovado no ano anterior. Na avaliação do golpe, reconheciam-se como "falsas" a "confiança depositada no dispositivo militar de João Goulart" e "a perspectiva de uma vitória fácil e imediata", cabendo portanto críticas às "ilusões de classe" e ao "reboquismo" em relação ao "setor da burguesia nacional que estava no poder". Entretanto, uma ampla maioria rejeitaria de forma clara as ideias do "esquema" proposto por Mário Alves. Ao contrário, o erro maior dos comunistas teria sido concentrar os ataques ao governo no período anterior ao golpe: "Conduzimos a luta contra a conciliação [leia-se: João Goulart] de forma inadequada [...] desprezávamos seus aspectos positivos". Assim, o "golpe principal", em vez de ser desferido contra os grandes inimigos da "revolução brasileira", o imperialismo norte-americano e o latifúndio, o fora contra a "burguesia nacional" e o governo de Jango, que a representava. Daí decorrera a "subestimação do perigo do golpe de direita", considerado "mero espantalho para amedrontar as massas".

Os comunistas, sustentava a resolução aprovada, não tinham sido capazes de perceber a mudança na correlação de forças que se evidenciava nos primeiros meses do ano de 1964, com o isolamento progressivo do governo janguista e dos movimentos populares. Por outro lado, haviam estimulado de modo inconsequente o "golpismo continuísta" de João Goulart, permitindo, assim, que "a defesa da legalidade fosse utilizada pelas forças da reação para enganar parte considerável da população e arrastá-la ao apoio ao golpe reacionário".

Os principais erros a serem superados tinham a ver com o "subjetivismo", concepção que entende a revolução não como "um fenômeno de massas", mas como "resultado da ação das cúpulas, ou, no melhor dos casos, do Partido". Ou seja, os erros, recuperando o jargão partidário, eram erros "de esquerda" e não de "direita".

Na nova conjuntura, criada com a vitória da ditadura, caberia "isolá-la e levá-la à derrota", o que só poderia ser feito através de um governo "amplamente representativo das forças antiditatoriais", o que, por sua vez, dependeria da "unidade de ação de todas as forças antiditatoriais".

Nesse sentido, o PCB propunha um programa: "liberdades democráticas, soberania nacional, luta pelos direitos e interesses imediatos do povo e dos trabalhadores, desenvolvimento da economia e do progresso do país". O elo principal seria a luta pelas "liberdades democráticas".

Fora uma vitória quase completa de uma tendência que já se configurava antes mesmo do golpe. Liderava-a Giocondo Dias, acompanhado, entre muitos outros, por Dinarco Reis, Armênio Guedes, Givaldo Siqueira, Jaime Miranda, Marco Antônio Coelho. Perdiam posições decisivas os dirigentes já então identificados com o chamado "caminho armado": entre outros, Mário Alves, Carlos Marighella, Jacob Gorender, Câmara Ferreira, Apolônio de Carvalho, Jover Telles e Miguel Batista.

Na reunião, sobre o "caso" das cadernetas, Prestes informara que, encontrando-se no Rio de Janeiro, mandara destruí-las, assim como outros documentos políticos, o que não acontecera por incúria ou esquecimento dos companheiros incumbidos da tarefa. Sustentou em depoimento que "[...] foram encarregados o Luchesi e o Chamorro [...]. O Luchesi era o responsável. Retiraram uma mala lá de papéis, documentos, mas esqueceram as cadernetas".

Assumiu, porém, suas responsabilidades pelo erro cometido, atribuindo-o às "ilusões de classe", cultivadas por todos, no processo político anterior ao golpe, nas forças das esquerdas e, em particular, no "dispositivo militar" do governo deposto. No embate com os "esquerdistas", acompanhara Giocondo e seus companheiros.

Efetuaram-se, assim, como resultado dos debates, algumas mudanças para reforçar as posições majoritárias: Jaime Miranda ascendia à Comissão Executiva, substituindo Mário Alves, então preso. Como suplentes foram designados Walter Ribeiro, Ramiro Luchesi e Teodoro de Mello, todos sintonizados com a crítica ao "esquerdismo".

Prestes dispunha ainda de uma preeminência formal, no entanto, de fato, estava emparedado. De um lado, tinha convicção de que não haveria futuro na proposta de "luta armada". Mesmo se conseguissem deslanchá-la, estava fadada à derrota certa. Mas percebia, de outro lado, na resolução aprovada, e em seus principais formuladores, como Giocondo Dias, Armênio Guedes e Marco Antônio Coelho, uma deriva perigosa para os destinos do Partido e da revolução. Embora tivesse conseguido introduzir na resolução algumas referências que considerava importantes, não tinha, contudo, naquele momento, espaço político, nem aliados consistentes, para construir uma "terceira via".

Seria necessário esperar pelo Congresso do Partido para tentar alterar o rumo dos acontecimentos. Ele deveria ter sido realizado em 1964, mas fora adiado pela evidente fragilidade em que ficara o PCB depois do golpe vitorioso. Agora, apesar dos desacordos e divergências, dos novos desafios e circunstâncias, e do cerco da repressão, tornara-se inevitável.

Lentamente, o Partido reorganizava-se. Em outubro de 1965, começara a circular, impressa e com regularidade mensal, a *Voz Operária*. Uma pequena luz naquelas trevas de desânimo e de desorientação. Nesse mesmo mês, ocorreram eleições para governadores de diversos estados. Embora tolhidas e vigiadas, registraram-se duas importantes vitórias, na Guanabara e em Minas Gerais, de candidaturas que se situavam no campo das oposições à ditadura: Negrão de Lima e Israel Pinheiro, das alas moderadas do PSD, vinculados, ambos, a Juscelino Kubitschek, já cassado desde o ano anterior. Foi o que bastou para suscitar mais um surto ditatorial: a edição do ato institucional nº 2, do qual resultou a dissolução dos partidos políticos e a instauração de um bipartidarismo imposto. No contexto dessa radicalização, despontou a candidatura do general Costa e Silva, ministro do Exército, soi-disant representante da chamada "linha dura" e que se imporia mais tarde ao próprio Castello Branco, que não o via com bons olhos. Contrariando muitas expectativas, os militares perenizavam-se no poder.

Ainda em fins de 1965, e mais uma vez, Prestes teve oportunidade de constatar as dificuldades em que se encontrava para então elaborar "outra" alternativa. Foi numa conferência extraordinária realizada em São Paulo, convocada pelo Comitê Estadual. Ali mediu forças com direções locais que vinham se destacando — Moacir Longo, Luiz Rodrigues Corvo e Odon Pereira, apoiados por Moisés Vinhas e Marco Antônio Coelho —, plenamente identificadas com a tendência liderada por Giocondo Dias, e perdeu para elas. Operário, ex-vereador em São Paulo, trabalhador incansável, Longo foi a estrela do debate; defendeu ideias favoráveis à concentração de forças nas lutas institucionais, privilegiando-se os níveis locais de poder: os municípios e os estados. Em contraste com o processo de radical centralização do poder, empreendido pela ditadura, aquelas teses tinham algo de bizarro, mas prevaleceram, e por larga margem. Em sentido diametralmente oposto, Prestes defenderia a necessidade de "enraizar o Partido na classe operária e entre as grandes massas camponesas". Seria uma "ilusão" imaginar que, em níveis locais e regionais de poder, a ditadura poderia ser enfrentada ou derrotada. Embora esgotasse argumentos, não conseguiu convencer. Uma possível evidência do declínio de seu prestígio. Em todo caso, o atestado de certa inadequação, que se aprofundaria com o tempo.

Houve outro contratempo em 1965, grave, relativo à questão de sua segurança. Melinho, o responsável por seu aparelho, fora abordado na rua, em Copacabana, junto ao apartamento onde morava, por um policial. Mostrando-se muito bem informado sobre ele, o agente lhe ofereceu proteção em troca de colaboração. Melinho pediu tempo para pensar, combinando-se um encontro para dali a 24 horas. Mas logo avisou o Secretariado e sumiu no mundo, deslocado para São Paulo. Foi preciso designar novos companheiros para garantir a ligação de Prestes com os órgãos dirigentes do Partido.

Em 1966, reativaram-se oposições de diversa natureza, no quadro de um desgaste crescente da ditadura. Os resultados desastrosos de uma política econômica monetarista e a decantação da heterogênea frente que perpetrara o golpe de Estado abriam novos horizontes. Começaram a se movimentar intelectuais, estudantes, classes médias, pequenos núcleos operários, grande imprensa liberal, setores progressistas da Igreja católica.

Nessa atmosfera, ao lado de ousadas manifestações estudantis, apareceu, em outubro, a proposta da chamada Frente Ampla, reunindo, em improvável aliança, grandes líderes políticos — todos, por motivos distintos, marginalizados ou já banidos da vida política: Carlos Lacerda, JK e Jango. Parecia a concretização do conceito de uma "ampla frente antiditatorial". Sua ideia básica era "a luta pela pacificação política do país através da plena restauração do regime democrático", e tinha por meta ensejar uma articulação sólida de forças até então dispersas.

Pouco antes, também em 1966, Marco Antônio Coelho, sob o pseudônimo de Assis Tavares, publicara um dos textos mais consistentes da tendência majoritária do Comitê Central. O artigo saiu na *Revista Civilização Brasileira*, lançada um ano antes no Rio de Janeiro, e que se tornara um polo de aglutinação nacional da intelectualidade antiditatorial. Em linguagem fluente, jornalística, distante do pesado jargão partidário, o autor apontava as múltiplas dimensões da crise em que se envolvera o país no período anterior ao golpe; a insegurança e mesmo o pânico que daí resultaram, afetando inclusive segmentos populares, neutralizando seu ímpeto; o progressivo isolamento do governo; a inconsistência da autoconfiança das esquerdas e dos comunistas em particular, que tenderam a aceitar, ou a preconizar, "saídas extraconstitucionais", tentando "acelerar ritmos", em vez de "consolidar posições". Concluía o autor: "Dessa soma de graves erros, no instante em que eclodiu o movimento militar, o povo encontrou-se desarmado para enfrentar os golpistas".

De outro lado, ou melhor, no extremo oposto, sob o influxo do movimento estudantil, que fazia suas primeiras passeatas, cresciam, sobretudo entre os jovens comunistas mas não apenas entre eles, demandas por posições radicais, o que contaminava todas as organizações de esquerda, mesmo as não comunistas.

No PCB, em particular, surgiam as "Dissidências", que empolgavam os comitês universitários, e se esboçava a "Corrente Revolucionária", liderada pelos dirigentes derrotados em 1965. Embora autônomos, esses movimentos inspiravam-se em referências internacionais que pareciam sólidas: as revoluções vitoriosas através da luta armada: China (1949), Cuba (1959), Argélia (1962); e os movimentos de libertação nacional em andamento, com ênfase na Guerra do Vietnã, onde um pequeno povo resistia com determinação e êxito ao assalto da principal potência capitalista, os EUA. Em Havana, em janeiro de 66, realizara-se um encontro de organizações revolucionárias de todo o mundo, criando-se então a Organização de Solidariedade dos Povos da Ásia, África e América Latina, a OSPAAAL, a chamada Tricontinental. Numa de suas sessões, fora lido um texto do Che Guevara, àquela altura desaparecido "em algum lugar do mundo", no qual se preconizava a criação de "dois, três, muitos Vietnãs". Aquelas palavras eletrizaram o auditório e suscitaram ondas de entusiasmo nos revolucionários do mundo inteiro. No Brasil, esses setores fundamentavam-se em análises, muitas das quais, paradoxalmente, compartilhadas pelos próprios dirigentes do PCB, que associavam a ditadura a um beco sem saída — era a utopia do impasse. Se não viessem as reformas, e com a ditadura elas não viriam, o país se tornaria um grande barril de pólvora. Era só uma questão de tempo, de pouco tempo, ou uma questão de espoleta, ou de faísca, para a coisa toda explodir, para a "seca pradaria incendiar", como sugeria Mao Tsé-Tung.

Aquelas convicções espalhavam-se, fraturando, fragmentando. Para reverter o quadro, formou-se uma comissão com o objetivo de preparar as teses para o VI Congresso. Fizeram parte dela Marco Antônio Coelho, Prestes, Armênio Guedes,

Renato Guimarães e João Luiz Araújo. Segundo Marco Antônio, evidenciaram-se, então, várias contradições, sobretudo entre Armênio e Prestes, contornadas com muita dificuldade.

Quando se abriram finalmente os debates, veiculados pela *Voz Operária*, Prestes viu ali a possibilidade de afirmar uma alternativa própria. Entre setembro de 1966 e maio de 1967, enquanto duraram as discussões, sob o pseudônimo de Antônio Almeida, escreveu vários artigos criticando a maré montante do "esquerdismo", mas tentando, ao mesmo tempo, não se deixar envolver pela maioria do Comitê Central.

Foi um propósito vão. A polarização tomara conta do Partido. De um lado, a proposta de uma redemocratização a curto prazo parecia, cada vez mais, uma miragem, sem falar no escasso crédito suscitado pelo nascente Movimento Democrático Brasileiro (MDB), a então chamada "oposição consentida". Mais tarde, em abril de 1968, a proscrição da Frente Ampla, por simples portaria ministerial, não gerando maior resistência, trouxe uma evidência a mais de como era irrealista imaginar a hipótese de um retorno rápido às "liberdades democráticas". De outro lado, as teses revolucionárias catastróficas, favoráveis à luta armada, alcançavam expressivos setores partidários.

Jover Telles, denunciado como "fracionista", foi o primeiro dirigente identificado com teses "esquerdistas" a ser expulso do Partido. Defendeu-se das acusações perante a Comissão Executiva, mas, contra a expulsão, além do seu, só teve um voto, o de Mário Alves.

Marighella, com sua verve e carisma, ganhou a favor de suas ideias a conferência estadual de São Paulo em fins de 1966, aproveitando-se inclusive de uma carta de Prestes, na qual se fazia a crítica dos "direitistas". Logo depois, demitiu-se da Comissão Executiva, em dezembro, fundando, meses mais tarde, o Agrupamento Comunista de São Paulo, embrião de uma nova organização política. Passou a não se interessar por um partido comunista alternativo. Consta que dizia, brincando: "Não vou sair do Partidão para formar um partideco". Em seguida, viajou para Cuba com o intuito de participar, desrespeitando decisão partidária, de outra conferência revolucionária, a de fundação da Organização Latino-Americana de Solidariedade (OLAS), em agosto de 67. De lá escrevera textos e lançara proclamações revolucionárias. Prestes afirmou que chegou a ouvi-lo fazendo discursos pelas ondas da Rádio Havana. Escreveu imediatamente um bilhete ao Secretariado, solicitando a expulsão do veterano dirigente. Era a cisão, na prática.

Ao mesmo tempo, Apolônio de Carvalho e Miguel Batista lideravam as bases do estado do Rio de Janeiro, enquanto, em Minas e no Rio Grande do Sul, Mário Alves e Jacob Gorender ganhavam adeptos para as teses da luta armada e para a construção de um partido comunista revolucionário, alternativo.

Em agosto, uma reunião extraordinária da Comissão Executiva constatou o óbvio: o Partido já estava fracionado, cada tendência, ou grupo de tendências, atuando com inteira autonomia. Foi assim decidida, com apoio de Prestes, a intervenção em vários comitês estaduais, a expulsão de Marighella e a marginalização das demais lideranças de oposição. O Partido sangrara como nunca, tendo perdido, segundo Vinhas, cerca de 10 mil filiados, além de dirigentes de grande prestígio e tradição.

Quanto a Prestes, consolidara-se seu emparedamento, mesmo que disso ele pudesse então não ter plena consciência. Sua tradicional posição, arbitrando entre polos opostos, perdera o eixo com a saída / expulsão, em massa, dos partidários da luta armada.

O VI Congresso do PCB, afinal, reuniu-se, em dezembro, num sítio perto de São Paulo. Para abrigar os delegados e o pessoal da segurança e dos serviços, foi preciso adquirir um grande terreno. Como o lugar era tomado pelo mato, uma turma de militantes capinou duro, abriu uma clareira e construiu ali "o indispensável para o congresso". Segundo Prestes, um trabalho bem-feito: "Tinha serviço sanitário e [...] água corrente, de maneira que foi um relativo conforto".

O único incidente ocorreu com Salomão Malina. Prestes narrou:

> Como encarregado de segurança, ele foi fazer experiência com granadas [caseiras], e uma granada não funcionou. Ele atirou e a granada não funcionou. Aí ele foi lá, pegou de novo a granada [...]. Se não escondesse [...] o rosto num tronco [...] ia levar [a explosão] na cara, a granada arrebentou na mão dele [...] foi terrível [...] um bafafá tremendo, um golpe muito sério, uma hemorragia grande, a mão toda decepada [...] afinal, ele foi levado para o Hospital das Clínicas [...] [havia] muitos amigos no meio dos médicos do Hospital das Clínicas, e o problema se resolveu.

O Congresso, com a participação de oitenta delegados, durante quase quinze dias discutiu as teses e aprovou uma nova "linha política". Ela retomava e sistematizava as formulações já enunciadas desde 1965, reafirmando as concepções defendidas em 60 e não reconhecendo seu caráter ambivalente. Estrategicamente, tratava-se de eliminar o imperialismo norte-americano e o latifúndio. Do ponto de vista tático, entretanto, nas condições de ditadura, impunha-se a mais ampla frente na luta pelas liberdades democráticas. A luta armada não era excluída como hipótese, mas o Partido só recorreria a ela se fosse "adequada ao nível de consciência, organização e combatividade das massas". Conservava-se certa ambiguidade formal, quando se dizia que "a ditadura poderá impor ao povo o caminho da insurreição armada ou da guerra civil". Contudo, estava escrito com todas as letras que "as forças democráticas poderão conquistar a legalidade de fato e obrigar a minoria reacionária a recuar e a derrotá-la". Era isso que contava, com efeito: "unir todas as forças democráticas para derrotar o regime ditatorial". Não se tratava de "derrubar a ditadura", mas de "derrotá-la": a nuance tinha importância.

Depois de expulsos os dirigentes rebeldes, Prestes manteve-se formalmente como líder do Partido, em sua Comissão Executiva, acompanhado por mais seis dirigentes efetivos: Giocondo Dias, Orlando Bonfim, Jaime Miranda, Zuleika Alambert, Dinarco Reis, Geraldo Santos e três suplentes — Ramiro Luchesi, Walter Ribeiro e Marco Antônio Coelho. No Secretariado, porém, já pontificava Giocondo Dias, com Jaime Miranda, José Salles, Fernando Cristiano e Itair Veloso.

Na prática, Prestes perdera o controle dos destinos do Partido que, um dia, já fora "seu". Nos últimos dias do Congresso, ainda travou "batalhas de retaguarda". Em depoimento feito muito mais tarde, pouco antes de morrer, em testemunho citado por Anita Prestes, relatou que a comissão designada para redigir a resolução política "estava reunida havia quinze dias e não conseguira chegar a um acordo. A disputa era entre o secretário-geral, que era eu [...] e a maioria da Comissão...". Urgia terminar a reunião, inclusive porque a "ameaça policial era evidente". Não havia acordo quanto à caracterização da sociedade brasileira: para Prestes, ela já era capitalista. Para a maioria, ainda semicolonial. A principal questão, contudo, concernia à luta contra a ditadura. A maioria defendia apenas uma "frente antiditatorial" com vistas ao restabelecimento das "liberdades democráticas". Prestes, no entanto, não abria mão da luta por "um governo revolucionário". E acrescentava: "Não lutamos pelo desenvolvimento capitalista, mas por um desenvolvimento econômico democrático e independente, que abrirá caminho para o socialismo". Mesmo que isso não viesse a acontecer, em virtude da correlação de forças, era algo a que os comunistas não podiam renunciar sob pena de se diluir na frente "antiditatorial".

Afinal, depois de muita discussão, aprovou-se uma resolução "profundamente contraditória". "Algumas das minhas opiniões", relatou Prestes, "foram aceitas", mas outras "eram da maioria da comissão". Ele próprio reconheceria que "não teve forças" para fazer vitoriosas suas teses...

Poucos dias após o encerramento do Congresso, Prestes faria setenta anos. Não houve festas. Sua vida pessoal tornara-se um tormento. Em 1964, só revira a mulher, sempre vigiada, em dezembro. Algumas vezes, chegou a lamentar ter formado aquela grande família, agora exposta a ameaças e a perseguições sem fim. Nas brechas, também em Jacarepaguá mas numa outra casa, conseguiu ainda ver, nesse mesmo ano, Maria e Lígia, sua irmã. Quando Maria vinha, às vezes trazia uma das crianças. Segundo Paulo, acompanhava a mãe ele mesmo, ou Rosa, ou João. Contudo, quase todos se recordam, em algum momento, de ter estado com o "tio". Era assim que, por prudência, as crianças o conheciam. Na volta das visitas, lembra-se Ermelinda, vinha a orientação, quase uma ordem: "Vocês estiveram na casa do Tio e boca fechada". E completa: "Aprendemos a guardar segredo". Um dia, lembra-se Zoia, viu Yuri indagando: "Cadê meu pai?". Maria respondeu rápido: "Teu pai está na lua". Fim de papo. Ela não devia estar nos melhores dias. Às vezes, Maria deixava os maiores, Pedro ou Paulo, "guardando" os menores. Paulo, brincalhão, aprontava: "Apagava as luzes, fazia de fantasma, deixava panelas nas escadas". Quando retornava, Maria encontrava a casa "em pandarecos", dava-lhe cascudos.

A irmã, Mariana, confirma a dureza daqueles tempos. "A polícia estava por toda a parte, vigiando." Zoia se lembra de quando Maria falou para ela e Yuri, que eram os menores: "Se a polícia vier e tentar levar a mãe, vocês dois agarrem-se nas minhas pernas e não deixem eles me levarem".

"Chegávamos a brincar com os filhos dos policiais", registrou Mariana, "sem de nada saber." A casa se desfazia, mas, "crianças, víamos pelo lado lúdico: havia mais espaço para brincar". Maria, no comando, não deixava aquele barco afundar, conduzindo-se com a serenidade possível. "Esta", acrescenta Mariana, "foi a coisa mais valiosa que a mamãe soube passar: tranquilidade." Ficássemos tranquilos, porque "tudo ia dar certo".

Nas circunstâncias extremas em que viveram, porém, Maria nunca deixou de encorajar o seu homem. Estava disposta a segui-lo "para onde quer que fosse", pois, para ela, pior do que a vida atribulada que tinham era "não conhecer o sentimento revolucionário que os unia".

Ao longo de 1968, no contexto dos grandes movimentos sociais daquele ano, outras evidências iriam acirrar o desconforto de Prestes ante os companheiros da direção do Partido. Em depoimentos posteriores, ele situaria a partir desse ano a consciência crescente que passara a ter de que a "ideia revolucionária tinha sido abandonada [pela maioria] em proveito de um partido policlassista". Visão retrospectiva? Diferentes testemunhas sustentam que Prestes chegou a redigir um texto, no qual se referia a um escrito do revolucionário búlgaro Dimitrov, que defendia a hipótese de que um governo antifascista poderia se revestir de características de governo revolucionário, "abrindo caminho para o socialismo". Prestes argumentava que as resoluções do VI Congresso não excluíam de plano essa hipótese.

Contudo, o texto e suas proposições, que teriam sido apresentados ao Comitê Central, nem sequer foram discutidos. Julgou-se que eram contrários à letra e ao espírito da linha política aprovada em 1967. Só o velho camarada de 35, Agliberto Azevedo, votou pela discussão do texto de Prestes.

Em apoio ao testemunho do secretário-geral do Partido, Anita Prestes cita dois artigos, ambos de 1968, publicados na *Voz Operária* e na *Revista Internacional*, nos quais Prestes teria defendido "a luta, na etapa atual, pela conquista de um governo revolucionário, democrático e anti-imperialista, capaz de abrir ao proletariado o caminho para o socialismo". E completava: "A luta contra a ditadura pode resultar não somente na liquidação do regime político semifascista atual, mas ir adiante e resultar na liquidação do próprio regime de capitalistas e latifundiários ligados ao imperialismo".* Uma formulação que se aproximava das "lições" da Revolução Cubana e das teses defendidas pelos partidários do "caminho armado", embora Prestes nunca tenha hesitado em condenar a opção pela luta armada nas circunstâncias que eram as do país.

Prestes não se conformava em ver o Partido lutando apenas por liberdades democráticas, pois estas, uma vez restauradas, não fariam mais do que consolidar a hegemonia da burguesia. Tratava-se de ir além disso. Ao Partido caberia impul-

---

* De fato, no Arquivo Edgard Leurenth, há um artigo datado de 8 de abril de 1969 e assinado por Antonio de Almeida (codinome notório de Prestes), que faz alusão aos dois textos citados por Anita Prestes: "Carlos Marx e o marxismo" (*Voz Operária*, edição de julho de 1968) e "A linha política e a tática dos comunistas nas novas condições" (*Revista Internacional* e sua versão brasileira, *O mundo em revista*, também de julho daquele ano). Em todos esses trabalhos, Luiz Carlos Prestes defenderia a pertinência de uma interpretação revolucionária da linha política do VI Congresso no concernente à transição da ditadura para um novo regime político.

sionar as lutas sociais para um regime que, eventualmente, pudesse assegurar a transição para o socialismo.

Em outro momento, a questão da Tchecoslováquia tornou-se central. Vivia então o pequeno país socialista, desde janeiro de 1968, um processo reformista que suscitava intensas controvérsias — interesse, admiração, questionamentos: era a Primavera de Praga. Numa conferência realizada entre os partidos comunistas da Europa Central em fevereiro daquele ano, a URSS começou a apertar o cerco que iria desembocar, em agosto, na invasão da Tchecoslováquia pelas tropas do Pacto de Varsóvia. Em quase todo o mundo, os comunistas apoiaram a invasão. Cuba e China a aprovaram, embora em posições diametralmente opostas nos debates que se acentuavam no quadro das disputas sino-soviéticas. Insurgiram-se, no entanto, os comunistas italianos. No Brasil, o Comitê Estadual da Guanabara pronunciou-se contra a invasão. Prestes posicionou-se a favor, mas nada pôde fazer para criticar ou silenciar o comitê da Guanabara.

Numa entrevista pública, em setembro do mesmo ano, que provocou sensação no país, concentrou críticas sobre a opção pela luta armada, considerada "esquerdista", ainda que fizesse questão de afirmar que, entre os seus partidários, havia "verdadeiros revolucionários e patriotas". A guerrilha chefiada pelo Che Guevara, morto em outubro de 1967, evidenciara, mais uma vez, que a revolução era uma "obra dos povos, das massas de milhões" e não de "um pequeno grupo de pessoas". Tais divergências, no entanto, não o faziam abandonar os compromissos de "defesa da revolução cubana e de solidariedade ao governo revolucionário cubano".

Em relação às divergências do movimento comunista internacional, posicionava-se a favor das teses do Partido Comunista da URSS e contra as do Partido Comunista da China. Ao afirmar orgulhosamente que o PCB sobrevivera à intensa repressão — "somos o único Partido que escapou ao golpe militar de 1964" —, Prestes continuava aparecendo como líder incontestável de um Partido aparentemente sólido.

Mas nem uma coisa nem a outra correspondiam aos fatos. Nos movimentos de 1968, estudantis e operários, ficara clara a posição secundária do Partido Comunista, algo impensável na conjuntura anterior a 64. Em nenhum momento exercera liderança política, parecendo às vezes nem estar informado a respeito de movimentos que surgiam e desapareciam. As resoluções das instâncias dirigentes e os artigos publicados pela imprensa partidária retomavam o mantra da "frente antiditatorial" e da luta "pelas liberdades democráticas", mas a dinâmica real dos acontecimentos que se desdobravam escapava ao controle do "Partidão".

Após a decretação do ato institucional nº 5, em dezembro de 1968, apertou-se o cerco da polícia política. E a coisa ainda piorou com um duplo afastamento, o de Costa e Silva, por doença, e de seu vice, Pedro Aleixo, por um novo golpe, em julho do ano seguinte. Uma junta constituída pelos ministros militares passaria o poder para Garrastazu Médici, "eleito" em inédita votação por um colégio de oficiais-generais, e depois confirmada pelo Congresso reaberto, em outubro, para encenar uma escolha cujos resultados já todos sabiam. Seu discurso de posse, com promessas democráticas, a ninguém enganou. Os tempos iriam tornar-se ainda mais duros.

Na contracorrente, a captura do embaixador norte-americano, em setembro de 1969, executada pela Dissidência Comunista da Guanabara e pela Ação Libertadora Nacional (organização liderada por Marighella), impôs à ditadura uma dura derrota política episódica, obrigando-a a difundir manifestos revolucionários e a libertar quinze prisioneiros políticos vinculados a diferentes organizações de esquerda, entre os quais Gregório Bezerra, o veterano militante do Partido Comunista. Uma das consequências da ação foi a centralização do aparato repressivo, no âmbito dos Destacamentos de Operações de Informações/Centros de Operações de Defesa Interna (DOI-CODIS), unificando os serviços de inteligência das Forças Armadas, a Polícia Civil e a Polícia Militar na caça aos inimigos do regime. Praticando em larga escala a tortura como política de Estado, seus alvos principais seriam as organizações responsáveis pelas ações armadas, mas todas as esquerdas e o próprio PCB, embora crítico à luta armada, seriam igualmente alcançados.

Ora, apesar das autocríticas formuladas após 1964, o aparelho clandestino do Partido ressentia-se ainda de profundas fragilidades e imperfeições. Havia um dado maior desfavorável, histórico, incidindo sobre o conjunto das forças de esquerda e também, obviamente, sobre o Partido: o grande isolamento social.

Se antes de 1968, no quadro do ativismo do movimento estudantil e de setores de classe média, as bases sociais das oposições à ditadura pareciam ampliar-se, depois do AI-5 e na primeira metade dos anos 70, mesmo para as oposições moderadas, entre as quais se situava o PCB, tornou-se cada vez mais difícil atuar e inclusive sobreviver politicamente.

Em circunstâncias desse tipo, não era fácil estruturar sistemas sólidos de defesa. Travar a luta política contra um regime ditatorial na clandestinidade, com reduzido apoio social, é um desafio. Por mais engenhosas que sejam as fórmulas, falta-lhes o oxigênio básico: a proteção das gentes. Na metáfora maoista do "pei-

342

xe" (o revolucionário) na "água" (o povo), quando falta a segunda, o primeiro morre por asfixia.

A tortura entrou aí como pá de cal. Sejam quais forem as condições, a tortura tem sempre efeitos devastadores, quando aplicada de forma ampla e sistemática. No caso do Brasil, o isolamento social potencializou a sua eficácia, de sorte que tortura e isolamento, conjugados, operaram para desmantelar rapidamente as oposições clandestinas à ditadura.

Houve no PCB quem cultivasse a ideia de que o Partido estaria a salvo por não ter compromissos com a luta armada. Os mais experimentados, como Giocondo Dias e Dinarco Reis, sempre advertiam para os perigos dessa avaliação. Prestes também não se cansou de observar criticamente, às vezes amargamente, as derivas "liberais" de muitos militantes, inclusive da mais alta direção política. O problema é que fazia parte da própria natureza das posições políticas do PCB articular e cultivar contatos com amplos círculos das oposições políticas legais. Em consequência, suas direções ficavam mais vulneráveis, tornando-se alvos fáceis da vigilância da polícia política.

O fato é que a mão pesada da repressão, depois do AI-5, além de liquidar as organizações da luta armada, voltou-se igualmente contra o PCB. Desde 1968, houve importantes "quedas". Em 1969-70, mais dirigentes foram presos. Direções estaduais, em Pernambuco, Rio de Janeiro e São Paulo, duramente alcançadas. Dezenas de militantes, encarcerados. Parece estabelecido que foi decisiva a colaboração do secretário político do Comitê Estadual do Espírito Santo, Octacílio Gomes, suplente do Comitê Central e que participara do VI Congresso. Ele teria entregado à polícia, conforme Moisés Vinhas, o local de realização do Congresso, aparelhos do CC, procedência e função de vários delegados e participantes, lista e composição dos órgãos então eleitos.

Com esses fios na mão, a polícia política passou a apertar o cerco, vigiando, plotando. Dirigentes políticos, como Armênio Guedes, chegaram a ser abordados na rua por agentes da CIA com propostas de colaboração, o que demonstrava quanto estavam cercados e vigiados. O mesmo, segundo depoimentos feitos a João Falcão, teria acontecido com Almir Neves, Orestes Timbaúba e Jarbas Holanda, entre outros, repetindo-se o episódio ocorrido com Melinho anos antes, em Copacabana, no Rio. Numa atmosfera de medo e desconfiança, começaram a grassar suspeitas de infiltração.

Apesar desses problemas, Prestes ainda faria uma viagem internacional, em junho de 1969. O giro compreendeu visitas à Hungria, à Bulgária e, mais importante, a Moscou, para participar de relevante conferência internacional de partidos comunistas e operários do mundo.

Foi mais uma última tentativa, igualmente vã, de construir uma aparência de unidade do movimento comunista internacional. Dessa vez, os chineses não apareceram, consolidando a cisão. Por outro lado, o Partido Comunista Italiano reafirmou sua total autonomia em relação ao PCUS, o que foi por este reconhecido.

A participação de Prestes aí foi apagada. Apesar das simpatias de muitos dirigentes brasileiros pela experiência do comunismo italiano, o então chamado "eurocomunismo", prevaleceu a tradição do apoio à URSS e ao PCUS, o que limitava o espaço de manobra do PCB. Por outro lado, cinco anos depois do golpe, o Partido ainda não se recobrara da derrota e da sangria desatada produzida por cisões e desfiliações em massa.

Prestes teve que evoluir à sombra do desprestígio. A solicitação formal de um encontro com Brejnev não foi atendida. Os soviéticos limitaram-se a recebê-lo com funcionários de segundo escalão, dos serviços do Comitê Central para a América Latina e para o Brasil, garantindo recursos e assistência técnica para a elaboração de documentos falsos e formação de quadros. Ao mesmo tempo, porém, um relatório interno do PCUS veiculava críticas contundentes, quase desrespeitosas, de Brandão a Prestes, acusando o líder brasileiro de "nunca pensar com sua cabeça", de "nunca ter estudado seriamente os problemas do Brasil", de estar "cheio de anseios ambiciosos" e de reagir "doentiamente a qualquer crítica em sua direção".

O relato que Maria fez de sua ida a Moscou para lá encontrar Prestes revelaria o nível precário em que se achava, então, o PCB. Tendo deixado os filhos sob cuidados do mais velho, Pedro, com apenas dezenove anos, a mulher de Prestes saiu clandestinamente do Brasil pelo Paraguai, chegando a Buenos Aires, onde embarcou para a França. Já em Paris, sem esquema de recepção, hospedou-se em hotel escolhido por ela própria, identificando-se posteriormente na embaixada soviética, que lhe concedeu visto para entrar na URSS.

Maria não gostou do que viu na conferência, sobretudo o luxo que cercava as recepções e os banquetes. Comentou com Prestes que os comunistas soviéticos pareciam engolidos pela etiqueta imperial tsarista. "O Velho", contou ela, "não gostou da observação."

Apesar dos pesares, os soviéticos concordaram em receber futuramente a família de Prestes em Moscou, acertando-se para o ano seguinte a viagem. Uma prudente medida, considerando-se o cerco em que o Partido se encontrava e a hipótese de uma eventual chantagem envolvendo seus familiares próximos, sempre preocupante.

O início dos anos 1970 foi um período sombrio para a luta contra a ditadura. Embora continuassem a existir algumas ações espetaculares de guerrilha urbana, as organizações que praticavam ações armadas se achavam em estado terminal, mesmo que muitos de seus participantes ainda alimentassem ilusões de uma reviravolta. O PCB, também abalado por importantes quedas, conseguia sobreviver, mas parecia um lutador à beira do nocaute. O MDB, reunindo a oposição legal, vivia uma fase de grande descrédito. Do lado da ditadura, ao contrário, recuperava-se o desgaste evidenciado nas manifestações de 68 e se construía, em largos segmentos da população, legimitidade e consenso. Impunha-se o chamado "milagre econômico". Para as oposições, sem dúvida, anos de chumbo. Para expressivos setores, anos de ouro.

Em março de 1970, uma resolução do Comitê Estadual da Guanabara classificaria a ditadura como "de tipo fascista". Seus aspectos principais seriam "um ataque violento, armado, contra as instituições democráticas [...] e o apoio fundamental no núcleo reacionário das Forças Armadas...". Naquelas condições, tratava-se de "barrar e liquidar o processo de fascistização e restaurar e renovar o regime democrático". Daí decorria a necessidade de reforçar a "frente antiditatorial". No mês seguinte, uma reunião do Comitê Central confirmaria a análise através de uma resolução sobre "O avanço do processo de fascistização do país".

Entretanto, em certas áreas, descrentes das possibilidades de lutas populares, aparentemente esmagadas, e por longo tempo, germinava uma perspectiva de construir alianças com setores militares nacionalistas. Procurava-se encontrar no país algo que se assemelhasse a experiências nacionalistas que despontavam então na América Latina lideradas por militares — era o caso de Velasco Alvarado no Peru, de Juan Torres na Bolívia, e de Omar Torrijos no Panamá. No Brasil, em determinado momento, o general Albuquerque Lima pareceu encarnar essa proposta, inclusive aparecendo como rival na "eleição" que escolheu Médici como presidente. Circulou muito tempo a informação, não comprovada, de que o próprio Marighella teria cogitado fazer, ou mesmo teria tido, contatos com o general. Em São Paulo, um jornal semanal, *Fato Novo*, chegou a circular, e do seu corpo editorial faziam parte jornalistas que haviam sido ou ainda eram próximos do Partido. Segundo Maria Conceição Góes, citada por Anita Prestes, teriam participado da aventura Jarbas de Holanda, Milton Coelho da Graça e Luís Maranhão Filho, este membro do Comitê Central.

De um modo ou de outro, seja na "frente antiditatorial", seja numa aliança com militares nacionalistas de direita, o Partido, argumentava Prestes, encontrava-se ameaçado de esvaziamento e mesmo de liquidação. Tais tendências, e mais as propostas "esquerdistas", tinham em comum "a falta de confiança nas massas, a pressa pequeno-burguesa e o voluntarismo subjetivista". Assim, a "luta contra o oportunismo travava-se em duas frentes": para além da crítica ao "esquerdismo", "nas condições atuais", Prestes alegava, "é particularmente necessário o combate às tendências de direita". Denunciava os que "cruzam os braços" e defendem "táticas flexíveis", e "abandonam os princípios" e, na prática, "capitulam ante a reação ou passam mesmo à apologia da ditadura".

O alvo, ainda encoberto porém visível por quem sabia ler nas entrelinhas, eram os dirigentes do PCB que formavam a maioria do Comitê Central, em particular os dirigentes do Comitê Estadual da Guanabara. Como alternativa, tratava-se de "voltar-se para as massas" e "enraizar o Partido nas grandes empresas". Na perspectiva de sair do emparedamento em que se achava, tentava esboçar uma proposta, mas sem força política e sem âncora social ou partidária suficientes para suscitar ou construir uma terceira via.

Em 9 de junho de 1970, em plena Copa do Mundo que envolvia o país num clima de exaltação e euforia, Maria saiu, legalmente, do Brasil em direção à Itália com todos os filhos. Paulo foi a contragosto, já ia fazer dezenove anos, namorava firme uma garota, gostava da cidade de São Paulo. Ir para Moscou era "uma merda". Bateu pé, mas não adiantou. As ordens eram claras: iria a família inteira.

De Roma, depois de alguns dias, seguiram para a União Soviética, aonde chegaram antes do fim do mês, acolhidos de acordo com os trâmites feitos no ano anterior. Graças à ajuda, mais uma vez, do advogado Aldo Lins e Silva, e de Elisa Branco e outros poucos amigos, foi possível vencer entraves burocráticos que pareciam insuperáveis, como a impossível autorização paterna para a viagem internacional dos filhos e a obtenção de passaportes para os filhos menores. Consta que um apoio importante foi dado pelo cartório do pai de João Saldanha, viabilizando os procedimentos finais.

Passados dois meses, o país ainda inebriado pela conquista do tricampeonato mundial, Prestes foi agraciado pelo PCUS com a medalha comemorativa do centenário de Lênin. Enfim, um sinal, modesto embora, de reconhecimento. Mas ele não podia esperar agora muito mais da URSS e do PCUS.

Aliviado por haver posto a família a salvo, Prestes teve muito pouco sossego. O segundo semestre de 1970 foi um tempo de quedas, prisões e anúncios de assassinatos de lideranças e militantes de esquerda, do PCB e de outras organizações.

Apertava-se o cerco. Em março de 1971, realizou-se uma reunião do Comitê Central, com cerca de trinta dirigentes — o que não deixava de ser uma proeza para a época de incertezas e precariedade em que se vivia. Eram tempos soturnos e não se via luz no fim daquele túnel. Para os que se opunham à ditadura, ela nunca parecera tão sólida. Os textos então elaborados retomavam certos mantras habituais. O Partido precisava impulsionar a frente antiditatorial e "enraizar-se" na classe operária, em particular nas grandes empresas. Era mais fácil dizer do que fazer.

Num documento, sobre o "trabalho de direção", relacionavam-se igualmente velhos clichês: "deficiências teóricas", "insuficiente domínio da realidade", "insuficiente generalização da experiência obtida", "empirismo", "influência pequeno-burguesa"... eram referências familiares, como se fora uma maldição. Era de se perguntar como um partido com tais deficiências podia pretender-se "vanguarda" de uma revolução social num país tão complexo como o Brasil?

Num plano mais imediato, avaliou-se a situação de segurança por crítica. Como se não bastasse, Ivã Ribeiro, experimentado dirigente, morreu de infarto ainda antes do começo dos trabalhos, tendo seu corpo sido retirado do aparelho em complicada e arriscada operação. O balanço era sombrio: dois dirigentes tinham sido recentemente assassinados, Ramiro Luchesi e Fragmon Carlos Borges. Havia a informação, comprovada, de que o aparelho repressivo iria se voltar em breve para o extermínio — político e físico — da direção do PCB. Suspeitas — fundadas — de infiltração acresciam a inquietação.

Apareceu então a proposta, defendida por Marco Antônio Coelho, Armênio Guedes e Givaldo Siqueira, de manter um terço do Comitê Central no exterior. Os que já lá estavam — Armando Ziller, Roberto Morena, Luis Tenório de Lima e Zuleika Alambert — não retornariam. Outros seriam enviados até completar a proporção sugerida. Entre estes, David Capistrano, Agliberto Azevedo, Armênio Guedes e o próprio Prestes. Ao mesmo tempo, contra o voto de Prestes, foram eleitos, para a Comissão Executiva, Osvaldo Pacheco e Marco Antônio Coelho, substituindo Geraldo Rodrigues e Zuleika Alambert, e para primeiro suplente, Hércules Corrêa.

O Velho sentiu fumaça de golpe no ar. Há controvérsias sobre como enfrentou a situação. Algumas versões dizem que reagiu energicamente, caracterizando a proposta como manobra. No entanto, mais tarde, já de volta ao país, Prestes diria: "Eu não protestei, aceitei a decisão, mas compreendi que se tratava de uma medida discriminatória para me afastar do Partido".

Um novo exílio, para longe — para Moscou —, iria, com certeza, bani-lo da luta política e da possibilidade de influir nos rumos do Partido. Mas Giocondo Dias e os demais dirigentes formulavam argumentos objetivos, mostrando a precariedade das condições, citando até mesmo episódio recente em que o aparelho do dirigente máximo quase fora localizado numa batida policial.

Apesar da contrariedade de Prestes, não houve jeito. A proposta foi levada a votação e aprovada por unanimidade, inclusive com seu voto. Tratava-se agora de organizar a viagem, uma operação delicada, preparada por Dinarco Reis. O Velho usava bigodes e óculos como disfarce, sob o nome de Artur da Silva Mota. O plano era sair do país de carro e seguir até Buenos Aires. Tomar um avião em Montevidéu, com escala em Dacar, chegar a Paris, e de lá ganhar a União Soviética. Iam em comboio de três veículos, espaçados por um quilômetro de distância. Com Prestes, o médico e militante Fuad Saad e o motorista.

Houve dois incidentes que quase puseram tudo a perder. Na parte terrestre, ainda no Brasil, um controle de rotina da Polícia Rodoviária flagraria a carteira vencida do motorista. A intervenção de Saad, identificando-se como médico e arguindo urgência no transporte do "doente" (Prestes), salvou a situação. Mais tarde, no voo entre Montevidéu e Dacar, uma pane obrigou o piloto a fazer um pouso para reparos no Rio de Janeiro. Uma história lendária, recheada de fatos inventados, romantizou o episódio, mas, segundo o depoimento de Prestes, os passageiros nem chegaram a descer do avião, mantendo ele a calma.

A repressão teve vento da operação, sabia que Prestes estava para sair do país. O depois famoso agente Carlos, como se viria a descobrir, foi disso informado. Ele tinha se tornado um informante da polícia e trabalhava na comissão de relações exteriores do PCB, tendo inclusive levado papéis de Prestes para Paris. Entretanto, a operação concreta não foi identificada.

Em Paris, ainda no aeroporto de Orly, Prestes brindou à liberdade com segurança. Pouco mais tarde, partiria para Moscou, onde se reuniria com a família, já ali instalada desde o ano anterior.

No mesmo mês de março de 1971, dias depois de sua partida, apareceu um artigo de autoria dele no nº 2 da revista *Estudos*, uma pequena e efêmera publicação do PCB. Retomavam-se aí temas de outro texto de sua autoria, publicado pela *La Nouvelle Revue Internationale*, em Paris, em dezembro do ano anterior. Tratava-se de lutar "em duas frentes". Criticava-se, mais uma vez, o "subjetivismo" dos revolucionários que desejavam transpor "mecanicamente" para o Brasil a experiência de "outros povos", divorciando-se da "vida das massas". Era uma alusão clara ao "esquerdismo" que tentara "negar a ciência do proletariado", do que resultara o "aniquilamento físico de tantos revolucionários, jovens, patriotas, abnegados e valentes". Prestes lamentava equívocos e perdas.

Entretanto, suas críticas também se voltavam contra os "oportunistas de direita". E advertia: "Diante do insucesso, já evidente, dos imitadores em nosso país da revolução cubana, levanta-se agora a tendência a imitar o que se passa mais recentemente no Peru e, talvez com menor repercussão, o que vem acontecendo na Bolívia". Aludia Prestes aos governos nacionalistas militares de Velasco Alvarado (Peru) e de José Torres (Bolívia). Os dois, instaurados por golpes de Estado, em 1968 e em 1970, alimentaram não poucas esperanças em diferentes círculos de esquerda na América Latina e no Brasil. Em comum, a esperança em "revoluções pelo alto", fruto de uma cultura política nacional-estatista, que os comunistas compartilhavam, com tendências nacionalistas reformistas e revolucionárias em "Nuestra América".

Prestes criticava a deriva, lembrando que o Estado — "essa muralha reacionária que é o atual Estado brasileiro" — "precisa ser golpeado seriamente para, em seguida, ser efetivamente destruído", porque esta seria a condição para que "o processo revolucionário [...] avance [...] por um desenvolvimento econômico democrático e independente, que abrirá caminho para o socialismo".

A alternativa não estava em conspirações e alianças espúrias com chefes militares, mas na "concentração do Partido nas grandes empresas urbanas" e "na construção e desenvolvimento de organizações de base nas grandes empresas".

Um último recado. Como se fosse uma derradeira carta de adeus. Agora, longe, bem longe, em seu terceiro exílio, as condições de influenciar o Partido haviam se tornado muito mais difíceis.

14. O terceiro exílio I: o fundo do poço

Em março de 1971, Prestes encontrou a família bem instalada no centro de Moscou. O endereço era rua Gorki (hoje, Tverskaia), nº 9. Ali ele residiria até o retorno ao Brasil.

Um edifício maciço, sólido, típico das construções soviéticas. Na base, grandes pedras de granito, trazidas pelos nazistas para erguer monumentos a um triunfo que não veio. Encerrada a guerra, vingança dos vitoriosos, os prisioneiros alemães tiveram que suar carregando aqueles blocos monumentais para fazer o prédio onde viveriam, ironia da história, dirigentes soviéticos, Prestes e sua família.

O apartamento era excelente. A entrada dava para um longo corredor. Logo à direita, uma saleta, o escritório de Prestes. Adiante, abriam-se as entradas para uma ampla sala e quatro quartos. Os cômodos estavam mobiliados com sólidas camas, sofás e poltronas, escrivaninhas, armários e cristaleiras. Os senões seriam assinalados por Maria: um único banheiro, característica dos antigos apartamentos locais, mesmo os maiores, a cozinha pequena e a baixa qualidade dos eletrodomésticos. Também estranharam, lembra Mariana, "os hábitos russos dos muitos travesseiros e cobertores. E a profusão dos tapetes, nas salas e nos corredores". Com o tempo, porém, houve uma lenta transformação: "Mamãe alterava aqui, retocava ali, foi aparecendo o jeito brasileiro naquela casa russa".

"Pela primeira vez", diria Maria em sua autobiografia, "meu marido e filhos tínhamos possibilidades de estarmos juntos sem preocupações com a perseguição política."

Mas a adaptação à Rússia não foi suave para ninguém. "No primeiro ano", contou Ermelinda, "foi muito difícil." "Ninguém compreendia uma palavra de russo." Tratava-se de outra cultura, comida diferente, o frio de rachar. Era belo ver a neve caindo, contudo, em Moscou, o inverno é interminável, pode durar sete ou mais meses. O sol e as cores da natureza ensolarada desaparecem nas noites longas e escuras e no cinzento dos dias curtos. Cedo, porém, aprenderiam com os russos: "Não existe mau tempo, mas gente despreparada para o frio". E sempre havia o consolo da primavera e do verão: como tudo se transformava com o sol e o calor!

Dessa vez, ao contrário do que ocorrera nos duros anos 1930, a sociedade e o Estado soviéticos, vivendo seus melhores momentos desde a revolução, teriam condições de proporcionar melhor assistência. Logo chegou a professora Kapitalina (homenagem de um pai comunista ao *Das Kapital*, de Marx) Mikhailovna: "Grandona, elegante, o idioma russo perfeito", rememora Ermelinda, "juntava a gente em volta da mesa da sala e nos ensinava a lidar com aquela estranha língua".

Yuri e Zoia foram direto para o jardim de infância, pois, crianças pequenas, poderiam aprender rapidamente o idioma. Foram os primeiros a falar com fluência a língua russa e usavam, às vezes, o aprendizado como truque: "Eu e o Yuri", conta Zoia, "conversávamos em russo para não sermos compreendidos pelo resto da família". "Quanto aos demais", disse Ermelinda, "em janeiro começamos nas escolas, onde fomos muito bem recebidos." Segundo Mariana, porém, no início "alguns alunos tiravam sarro do nosso sotaque", mas, como é comum entre jovens, a adaptação cedo se fez, inclusive porque o convívio escolar ia, todos os dias, de oito e meia às duas, às vezes até as cinco e meia da tarde.

Em casa, a orientação era falar português, e Maria a manteve com muita determinação, mesmo que, depois, como natural, todos os filhos fossem bem mais fluentes em russo do que na língua materna. A rigor, tornaram-se bilíngues. "Até hoje, às vezes, penso em russo", diz Zoia, mais tarde excelente tradutora do idioma.

Houve uma dissonância: Paulo. Já mais velho, sofrera por ter saído do Brasil, e não se adaptou de modo algum à Rússia. Desentendeu-se com a família e foi morar com o filho de Giocondo Dias. Chegou a trabalhar na rádio, mas não deu. "Quando chegou o Velho, em 1971, fui sincero: quero voltar para o Brasil." A contragosto, Maria e Prestes respeitaram a decisão. Em 72, já com 21 anos, maior de idade, voltou, com poucos dólares no bolso, a cara e a coragem. Veio por Paris e Buenos Aires. Entrou no país com os meios de bordo, radicou-se em São Paulo, danou-se no mundo, irreverente e autônomo, como sempre fora e sempre seria.

Maria pôs todos os filhos em escolas comuns mas de qualidade. Professores devotados e "muito bons". Quando chegaram, ela recebeu ofertas sedutoras para matricular as crianças em "escolas especiais", reservadas às proles dos dirigentes, "os mais iguais", como ironizou George Orwell. Mas ela era comunista "das antigas", formada na austeridade "bolchevique" dos velhos tempos, na crítica aos privilégios e às mordomias. Preferiu optar pela saúde e educação disponíveis aos cidadãos comuns. Não se arrependeu, uma vez que os sistemas soviéticos nessas duas áreas eram, na época, de muito bom nível.

Segundo Ermelinda, esses foram "os anos mais felizes de mamãe, certamente. Para nós, foi mesmo uma maravilha". Mariana confirma: "Foram anos felizes, o convívio familiar, sem perigos, muita bagunça e brincadeiras sem fim".

Não raro, o amplo apartamento virava campo de futebol ou de hóquei. Um entra e sai "infernal", as portas sempre abertas, misturando-se às visitas e aos contatos políticos que vinham ver Prestes, os amigos de várias idades dos diferentes filhos. Maria, senhora do lugar, tronava serena sobre esse caos criativo e alegre, estabelecendo limites e um mínimo de ordem. Nunca precisava altear a voz ou perder a calma, por mais que, volta e meia, à mesa, sobrassem convidados e faltassem cadeiras. Às vezes, é verdade, recorria ao chinelo, para "fazer perder o costume de espionite" aos rapazes que, por uma janela de vidro que dava para o toalete, queriam olhar as meninas no banheiro. "Mamãe segurava todas", conta Ermelinda, "já estávamos acostumados."

Assim como a criançada e Maria tiveram que se virar para se adaptar à União Soviética e a Moscou, Prestes teve que se virar para se adaptar àquela família repenicada e ao barulhento apartamento. Foi um choque cultural para ele: o falatório ambiente, aquelas travessuras, o incessante movimento, novidades difíceis de lidar para um homem que já tinha mais de setenta anos e nunca passara por experiência semelhante.

Algumas coisas o incomodavam em especial, como o horário desencontrado das refeições ou a história de as meninas andarem de pijama pela casa em "horas impróprias". Ou com os meninos sem camisa. Bem que tentou controlar essas ondas, sem sucesso. Até que um dia apareceu ele mesmo na sala de jantar, em "horas impróprias", vestindo pijama.

Foi um símbolo, uma conversão, um nexo. O aprendizado da informalidade. A aceitação, pouco a pouco, de regras mais flexíveis. Aí foram seus mestres Maria e os filhos que tivera com ela. Fazendo recuar "aos pouquinhos" aquela rigorosa disciplina, na qual se misturavam ingredientes da rígida formação familiar, do espírito da caserna e da tradição comunista.

As refeições em dias de semana eram feitas na cozinha, em horários diferentes, de acordo com os gostos e interesses. Contudo, nos almoços dominicais, era de lei, "sagrado", segundo Maria, toda a família reunir-se. De vez em quando, um abacaxi, cortado conforme as conhecidas habilidades do Velho, que, nessas ocasiões, gostava de rememorar o passado, em particular a saga da Coluna, os estratagemas escolhidos para enfrentar os piores momentos, ou as passagens da longa permanência na cadeia.

Laços familiares que se estabeleciam. O "tio" transformava-se em "pai". As visitas que chegavam começaram a chamá-lo de "Velho" — o apelido pegou. "Um cara mais fechado, foi se tornando mais próximo", recorda Zoia, para quem o aparecimento daquele pai foi "uma estranheza". Ao mesmo tempo, "uma alegria". E o preenchimento de uma lacuna: a figura masculina na família. "Quando mamãe não estava, eu e Mariana servíamos o jantar dele."

Quanto a Prestes, conhecia "um outro lado da vida". Foi o que disse a Mariana muitos anos mais tarde. A menina já devia ter uns dezesseis anos, quando lhe perguntou de supetão, naquele tom brusco próprio da adolescência: "Pai, aceito a sua luta, mais do que justa, mas você não deveria ter tido tantos filhos, deixando o cuidado deles apenas nas mãos de mamãe". Prestes respondeu: "Você tem razão, mas se eu não tivesse vocês, não conheceria este outro lado da vida". E completou: "Tendo filhos, saí da carcaça do mito e pus os pés no chão".

Embora sempre algo distante, "na dele", como lembra Zoia, tratava os filhos afavelmente, nunca levantando a voz, e ajudava, de quando em vez, na correção das lições. Quando o barulho extrapolava, surgia lá o Velho, pedindo, mais que mandando: "Abaixem o volume".

Para garantir a necessária concentração e o estimado silêncio, Prestes trancava-se no escritório, quase o dia inteiro, onde ficava lendo, tentando acompanhar as notícias do Brasil que lhe chegavam através de recortes de jornais que as irmãs enviavam do país e que Maria organizava para facilitar a leitura. Além disso, lia muito, sempre fora um leitor compulsivo, devorador de livros de suas disciplinas preferidas: história, política, economia, filosofia.

Conversava com gente que o procurava. Numa primeira etapa, os mais assíduos eram João Massena e Gregório Bezerra. Recebia ainda militantes comunistas que vinham estudar no famoso Instituto de Estudos Sociais, conhecido como Instituto de Marxismo-Leninismo, vinculado ao Comitê Central do Partido Comunista da União Soviética. E também os que seguiam cursos na Universidade Patrice Lumumba, filiados ou não ao Partido. As reclamações e críticas que muitos faziam, às vezes, o exasperavam. Deploravam a escassez de artigos de consumo ou outras facilidades, comuns em sociedades capitalistas, mesmo que não disponíveis para todos. "Alguns", diria Maria, "voltavam odiando a União Soviética e o socialismo." Quando Anita chegou a Moscou, em 1973, para fazer o curso no Instituto, tornou-se igualmente visitante assídua. Mas, ao contrário dos demais, trancava-se logo no escritório do pai, mantendo com ele longas conversas. Continuava fria e distante com Maria e os filhos, como se os censurasse pelas relações que estabeleceram com o Velho, ou pelo fato de existirem.

Quando em casa, Prestes ficava a maior parte do tempo no escritório, estudando, conversando. Geralmente, só saía dali para as refeições e para o chá vespertino. No entanto, gostava de passear pelas ruas centrais da cidade, que muito apreciava. Desse ponto de vista, o apartamento da rua Gorki era uma mão na roda, pela localização privilegiada. Depois de certo tempo, passou a ter um escritório na rua Arbat, ao qual podia ir a pé, e onde também mantinha contatos e conversações políticas. Quando voltava para casa, sempre que podia trazia frutas, comprando-as nos mercados como um cidadão comum, embora lhe fosse facultado solicitar o que quisesse aos homens do "aparelho" soviético. Gostava ainda de ir ouvir música nas salas de concerto de Moscou e assistir ao balé no Teatro Bolshoi, a dois passos da rua Gorki, na maior parte das vezes acompanhado de Maria e das filhas.

A Moscou da década de 1970 nada tinha daquela Grande Aldeia, com a maioria de construções em madeira, que conhecera havia quarenta anos. O labirinto de ruas antigas e estreitas fora substituído por largas avenidas, parecendo ainda mais largas pelo pequeno trânsito de automóveis e ônibus de então. Um eficiente e rápido metrô era responsável por quase todo o tráfego de pessoas. Várias estações se assemelhavam a museus, com mármores e granitos típicos da arte do realismo socialista. Sem contar os belos jardins, os prédios pesados, alguns descomunais, as "pirâmides de Stálin", de discutível gosto mas que os admiradores do mundo soviético muito apreciavam. Dividindo a cidade, cruzado por belas pontes, o rio Moscou, Moskvá para os russos, que feminilizam os rios, corno os franceses. No centro de tudo, a imensa e belíssima praça Vermelha, o Kremlin, com seus palácios, museus e catedrais. Moscou transformara-se numa poderosa e rica cidade, motivo de orgulho para os comunistas de todo o mundo que a visitavam ou que lá residiam.

Ali, sobretudo nos primeiros anos, Prestes teve um exílio tranquilo, e, como todo exílio tranquilo, "amargo", como ele próprio diria mais tarde. De modo geral, jornalistas e estudiosos, para fazer artigos ou trabalhos acadêmicos, o procuravam a fim de se informar sobre os feitos da Coluna, sobre a história dos comunistas brasileiros. Prestes os atendia com paciência e solicitude, mas sentia que o percebiam como peça de museu, fixado no passado. Ora, ele estava interessado no presente. E no futuro. Velho, sem dúvida, mas não candidato à inatividade. Muito menos aposentado. E tinha o sentimento de que nunca se aposentaria.

Incomodava-o o fato de não ser mais recebido, como outrora, pela direção do Partido e do Estado soviéticos, apesar de reiteradas solicitações. Só tinha acesso a funcionários de escalão intermediário, como Dmitri Pasturrov, designado pelo PCUS para fazer a ligação entre este e o PCB. Não raro, à maneira russa, o tipo chegava bêbado, mesmo quando, observou Maria, estavam em pauta assuntos sensíveis, como viagens ao Brasil de camaradas clandestinos, falsificação de documentos, edição de livros. Tinham que aturá-lo cambaleando, envolvido nos vapores da vodca.

Agora, Prestes cruzava com os homens do poder apenas em cerimônias oficiais, públicas, como em março de 1973, quando, por ocasião dos seus 75 anos, foi agraciado, juntamente com outras pessoas, com a Ordem da Revolução de Outubro e um artigo individualizado no *Pravda* ("Verdade"), jornal prestigioso, porta-voz oficial do Partido Comunista da União Soviética. Na recepção no Kremlin, lá estavam dois altos dirigentes, Ponomariov e Podgorny. Houve cumprimentos formais, solenes, mas secos.

Ele não ignorava o rigor, quase medieval, com que, na URSS, as etiquetas eram observadas. Um critério, aliás, que se transmitiu a todos os países socialistas do século XX. Ali, nada acontecia por acaso. A ordem de preeminência condicionava tudo: lugar nos palanques e nos assentos, tamanho dos artigos nos jornais, elogios ou críticas, atribuição de moradias, de mordomias várias e de automóveis, acesso aos diversos níveis do poder. Ele e sua família tinham todo o conforto que se dispensava aos "velhos dirigentes" dos partidos "irmãos", mas era como se os soviéticos, considerando-o um respeitável veterano, o tivessem posto na cristaleira. Segundo Maria, Ponomariov gostava de repetir então para os militantes brasileiros: "Lembrai-vos de 1964! Prestes não tinha ideia da situação de seu país". E completava: "Não devemos perder tempo com ele, que aproveite o tempo para viajar pela URSS e pelos demais países socialistas e conhecer nossa realidade".

Prestes não se queixava. Nunca reclamou da "pátria do socialismo". Afinal, os soviéticos muito já haviam feito e ainda faziam por ele, pelo seu Partido e por sua família. Além disso, compartilhava a percepção, em voga na época da Guerra Fria, de um mundo polarizado. Era estar com um lado ou com o outro. Sempre que ouvia críticas dos camaradas de partido, ou de Maria ou dos filhos, ponderava os aspectos positivos, a necessidade de "tomar partido". No limite, quando não conseguia convencer, admoestava, como fez, por vezes, com a própria Maria: "Não se meta nos assuntos internos da URSS". Bem que compreendia os fundamentos das críticas, e era evidente que lastimava aquela situação, mas preferia calar-se em vez de lamentá-la.

A outra amargura era estar tão longe do Brasil e da militância partidária. Nunca aceitou, contudo, a condição de mero observador. No limite das margens de manobra disponíveis, pequenas, tentava demonstrar preocupações, defender pontos de vista e orientações. Era difícil.

Somente em maio de 1972, pouco mais de um ano após a partida para o exílio, conseguiu emplacar um longo artigo na *Voz Operária*. Estava longe, muito longe, e a direção o deixaria a pão e água durante muitos anos: "Não informavam nada, não pediam também opinião, podiam pedir opinião, mas precisava emissário, porque pelo correio não se podia mandar muita coisa. Tínhamos endereços aqui no Brasil. Não davam a mínima bola". Prestes confirmava suas piores suspeitas: "A minha saída aqui do Brasil foi para me afastar da direção, o objetivo deles foi esse…". Não se dava, porém, por vencido, marcava presença, delimitava territórios, fornecendo pistas sobre o seu pensamento.

Como era comum em quase todos os textos que as esquerdas formulavam na época, mais que análises fundamentadas, prevaleciam o tom de denúncia e a preocupação de injetar ânimo. O autor denunciava: o Brasil estava dominado por um "regime policial-militar fascista, sem precedentes […] no seio das Forças Armadas criou-se e se fortalece […] uma poderosa organização terrorista militar […] um aparelho repressivo equiparável à Gestapo de Hitler".

No entanto, em contraposição, argumentava, havia uma "crescente resistência à ditadura", com "a acumulação de forças no campo antiditatorial". Para dar ênfase ao fenômeno, Prestes citava as referências que conseguia colher nas conversas com companheiros ou nos recortes dos jornais, algumas lidas nas entrelinhas das notícias censuradas: um congresso da Confederação Nacional dos Trabalhadores da Indústria (CNTI), realizado em novembro de 1970, que definira "uma plataforma de luta legal contra a política salarial do governo". Sublinhava informações aparentemente positivas do mundo sindical, como a existência de nada menos que duzentos jornais sindicais, sugerindo que estavam, ou poderiam estar, na oposição. Ainda nas cidades, "reanimava-se o Movimento Estudantil [...] e melhora a organização da juventude, que multiplica iniciativas na luta contra a ditadura". Quanto à intelectualidade, "a esmagadora maioria está contra o regime ditatorial". Até na Igreja, que apoiara o golpe, "crescem atitudes claramente progressistas e até anticapitalistas". As reuniões do MDB, em Porto Alegre e no Recife, eram igualmente mencionadas como indícios animadores. Do campo também vinham boas novidades, como o crescimento do sindicalismo rural, com "mais de mil sindicatos, 6 milhões de trabalhadores organizados, muitos sob influência dos comunistas e de sacerdotes católicos". Por outro lado, em áreas de fronteira, "pequenos camponeses defendem suas terras, às vezes de armas na mão". Era como se largos segmentos sociais se levantassem contra o poder, uma clara ilusão de ótica.

No texto — e na imaginação — de Prestes, a ditadura oscilava: ampliava-se "a instabilidade do regime", devido ao fato de que "o processo de fascistização", em curso, provocava "crescente descontentamento". Não podia ser de outra forma, pois o "crescimento econômico brasileiro", marcado pela "concentração do capital e da produção", só beneficiava uma "pequena minoria". Lucravam apenas os "monopólios estrangeiros e sócios locais", graças à exploração "cada vez maior da classe operária e das massas trabalhadoras". Num quadro de "desnacionalização da economia brasileira", criara-se "a mais injusta distribuição de renda do mundo", produzindo o "aumento do desemprego" e "o empobrecimento da maioria da população". Em suma, "uma situação catastrófica".

Seis anos depois, como se exigindo ainda contas a prestar, a derrota de 1964 continuava a latejar. Ela havia conduzido a "um sério retrocesso do movimento de massas". Fora "um recuo sem luta", mas, "diante da correlação de forças naquele momento, teria sido um crime levar as massas operárias e populares a um sacrifício inútil".

Entretanto, um aspecto positivo, e não dos menores: "A reação não conseguira isolar o Partido das massas [...] nem reduzir a influência que conquistara entre os trabalhadores". E mais: "O nosso partido se manteve unido e as perdas sofridas por ele foram relativamente pequenas".

Tentando recuperar uma posição de "centro", que tradicionalmente fora sua, Prestes distribuía críticas à esquerda e à direita, dando no cravo e na ferradura, atacando o ultraesquerdismo, "a mais séria ameaça à unidade do Partido e o maior obstáculo à unidade das forças contrárias à ditadura", e "o oportunismo, assim como a passividade dos que subestimam o descontentamento popular e tendem a cruzar os braços diante das dificuldades".

No final, tentava tirar leite de pedra ao dizer que a resolução política do VI Congresso poderá "impor ao povo o caminho da insurreição armada ou da guerra civil". E conclamava a necessidade de preparar o Partido e as massas para "todas as formas de luta".

Havia naquele texto uma primeira tentativa de retomar pé no debate político, grãos de verdade. Contudo, no conjunto, constituía uma rebelião aberta contra os fatos mais evidentes. Era certo que a ditadura criara um poderoso aparelho repressivo — eram os "anos de chumbo", como seriam conhecidos muito mais tarde. No entanto, ao mesmo tempo, ela recobrava, apesar da repressão, considerável prestígio à sombra do "milagre econômico" e das conquistas esportivas, o que se consagrava nos festejos dos 150 anos de Independência. Desse ponto de vista, o Brasil vivia "anos de ouro". O processo confundia as esquerdas, e Prestes em particular, porque fugia das previsões apocalípticas inscritas na "utopia do impasse", compartilhada pelos mais variados pensadores progressistas. Consta que o próprio Celso Furtado, que também apostara na "estagnação da economia brasileira", teria feito uma breve viagem ao Brasil no início da década de 1970 para "conferir dados", uma vez que o surpreendente desenvolvimento econômico alcançado fugia às hipóteses que formulara sobre o provável desenrolar dos acontecimentos. A distribuição de renda era, de fato, extremamente desigual, mas a sociedade conhecia uma fase próxima do pleno emprego, no quadro de um progresso material fantástico que gerava uma euforia fora do comum, sobretudo, mas não apenas, nos grandes centros urbanos, mais bafejados por aquele "progresso".

Na análise das oposições à ditadura, Prestes punha óculos cor-de-rosa. E cometia notáveis distorções ao dizer que o Partido se mantivera "unido" e com "pequenas perdas", quando na verdade existira uma sangria desatada de quadros e dirigentes, e, entre os remanescentes, já ocorriam pesadas perdas devidas à perseguição policial, sendo o seu próprio exílio um dos mais claros indicadores do fenômeno.

Nesse sentido, não era a ditadura, mas o Partido, que estava sofrendo uma "crescente instabilidade". Como causa e consequência disso, sua "influência", certamente, se apequenara do ponto de vista quantitativo e qualitativo. A força conquistada no período anterior ao golpe esvaíra-se. As lutas travadas então, muitas vezes exitosas, em aliança com as lideranças trabalhistas radicais nacionalistas, contra o fenômeno do "peleguismo", se transmudaram agora, no mais das vezes, numa aliança subordinada aos velhos e novos "pelegos", secretados continuamente pela estrutura sindical brasileira. Salvo no âmbito das articulações eleitorais e nas "alturas" da intelectualidade "progressista", *et encore*, o Partido estava, cada vez mais, perdendo o pé no que havia de mais dinâmico em termos das oposições à ditadura, o que se tornara evidente, como já referido, desde os movimentos de 1968.

A proposta de recuperar uma posição de "centro político" entre "esquerdistas" e "direitistas" tinha escassas possibilidades de sucesso naquele contexto. E eram remotíssimas as chances de convencer alguém a associar as resoluções do VI Congresso ao "caminho armado" ou à "guerra civil", bandeiras notórias das correntes que o próprio Prestes chamava de "ultraesquerdistas". A direção clandestina no Brasil, ao ler aquele texto, deve ter se exasperado. O artigo, sem dúvida, fora publicado menos pela qualidade reconhecida do seu conteúdo e mais, ou exclusivamente, devido à posição, ou ao prestígio, que o seu autor ainda dispunha no Partido.

Numa coisa, entretanto, Prestes acertara — em cheio. No final, *malgré lui-même*, um tanto melancolicamente, e em contraste com tudo o que antes dissera, citou Lênin para dizer que "é difícil ser revolucionário quando ainda não amadureceram as condições para uma luta direta e aberta". Era exato. Agitar bandeiras revolucionárias no contexto do triunfo aberto da contrarrevolução sempre fora, em qualquer latitude, e em qualquer tempo, um trabalho de Sísifo. Talvez Prestes se tenha dado conta disso, e talvez por isso o final melancólico. Aquele texto, objetivamente, fora menos constituído de orientações, e mais de palavras de conforto, de consolo e de estímulo. Não era necessária muita argúcia para percebê-lo. Mas não é disso também que carecem os militantes, quando trabalham nas duríssimas condições de uma clandestinidade imposta, arriscados às prisões, à tortura e, no limite, à morte?

Contudo, para além das incongruências, e desde que analisado a lupa, o artigo evidenciava um Prestes em busca de uma posição própria, à esquerda de uma direção que, no Brasil, apesar do mantra a respeito da necessidade de "enraizamento" na classe operária, e nas grandes empresas em particular, continuava imersa nas articulações de cúpula para a formação de uma "ampla frente antiditatorial", com ênfase nos embates político-eleitorais, tomando como eixo o Movimento Democrático Brasileiro (MDB), único partido de oposição consentido pela ditadura, confinado numa posição marginal e que parecia, em certos momentos, estertorar.

No mês seguinte à publicação do artigo na *Voz Operária*, em junho de 1972, Prestes viajou para a República Democrática Alemã, onde assistiu à formação de uma Brigada Olga Benário, em homenagem à sua ex-mulher, e para Sofia, onde participou de um seminário em homenagem ao nonagésimo aniversário de Dimitrov, revolucionário búlgaro, dirigente máximo da Internacional Comunista entre 1934 e 1943, quando a organização foi extinta, e principal líder da Bulgária socialista, entre 1946 e 1949, ano em que faleceu.

Sua intervenção aí, em outro contexto, continha o mesmo viés do artigo publicado na *Voz Operária*. Num primeiro movimento, e citando positivamente as propostas de Frente Popular defendidas por Dimitrov no VII Congresso da Internacional Comunista, em 1935, ele fazia a autocrítica da ofensiva revolucionária que, naquele ano, liderara no Brasil, considerada "prematura". À luz dessa experiência, formulava agora renovadas críticas aos "grupos ultraesquerdistas" que combatiam a ditadura no Brasil, ressalvados seus "elementos honrados". A partir daí, no entanto, num segundo movimento, Prestes passaria a discutir o conteúdo da luta antiditatorial, insistindo na necessidade de o Partido manter alta a "bandeira revolucionária", sem o que "não é possível ao proletariado conquistar a hegemonia na frente única antiditatorial". Acionando as reflexões de Lênin sobre "as formas de transição que conduzem à revolução", defendia a hipótese de que a derrota da ditadura no Brasil poderia ensejar um regime que "não seria ainda o socialismo, mas já não seria o capitalismo", podendo representar "um passo gigantesco para o socialismo". Segundo Anita Prestes, havia ali, embora ainda mitigada por formulações de Esopo, uma negação da estratégia da "revolução nacional e democrática" e da tese da conquista de um "capitalismo autônomo", inscritas nas resoluções do VI Congresso do PCB.

Num plano ainda teórico, mas não menos decisivo, Prestes começava a amadurecer uma proposta alternativa à direção do PCB. Nas análises feitas muitos anos mais tarde por Anita Prestes, é como se, em grandes linhas, as oposições estivessem já então definidas, quase consolidadas. Talvez aí, condicionada por uma perspectiva "retrospectiva", a filha de Prestes faça a economia de todo um percurso, acidentado e complexo, que um dia iria se desdobrar e que na época era imprevisível.

Feita a ressalva, é impossível negar evidências que apontam no sentido de um afastamento entre Prestes, lá de Moscou, relativamente isolado, pensando revolução e socialismo, e os dirigentes do CC do PCB, imersos no Brasil em confabulações político-eleitorais que tinham como horizonte a restauração de um regime democrático. Uma volta ao statu quo ante? Provavelmente, não. Ninguém seria capaz de negar as mudanças vertiginosas por que passava o país, nem prever, naqueles primeiros anos sombrios da década de 1970, quando e como se daria o fim de um regime ditatorial que, então, parecia no auge. Seja como for, para a maioria do CC do PCB, coerente aí com o que fora decidido no VI Congresso, era preciso dar corpo a uma frente antiditatorial, a mais ampla possível, para derrotar a ditadura. Quando? Como? Ver-se-ia. Mas o socialismo e a revolução social estavam completamente fora desse esquadro e era com essas convicções que agiam os dirigentes clandestinos no país.

Do Brasil não vinham boas notícias — em agosto de 1972, no Rio de Janeiro, fora preso Aluísio dos Santos Filho, da Seção de Relações Exteriores do PCB, em cuja casa a polícia encontrou uma carta em que se informava local e data do regresso ao país de Fuad Saad, do Comitê Central, o médico que acompanhara Prestes na sua rota para o exílio e o segundo dirigente, logo abaixo de Prestes, da referida Seção.

Apesar de ao menos três dirigentes do CC saberem do ocorrido, e dos riscos que aquela operação passara a ter, partira para a divisa entre o Rio Grande do Sul e o Uruguai, devidamente autorizado, Célio Guedes, militante de grande experiência, um dos especialistas do Partido na delicada e difícil arte das passagens de fronteira. Resultado: os dois foram presos e bastante torturados, vindo Célio a morrer nas mãos da polícia.

Sérias perdas. No balanço do episódio, amargas recriminações, acusações e contra-acusações. Como se permitira a ida de Célio, se o regresso de Saad já estava plotado? Surgiram versões contraditórias, seja sobre quem fora realmente o responsável pela autorização da "missão suicida", seja sobre o fato de que, mesmo avisado, Célio resolvera ir, confiando na capacidade adquirida de driblar a polícia em situações semelhantes.

O Partido estava definitivamente sob cerco. E ele se apertava. Ainda não cicatrizada a ferida decorrente da "queda" de Célio e de Saad, e mal apuradas suas razões e contrarrazões, estourou, em fins daquele ano, outra bomba, preocupando o Partido, em particular os círculos dirigentes. Na edição do *Jornal do Brasil* de 3 de dezembro, foi publicada longa — e bombástica — entrevista com um suposto Carlos ou Alcindo. O cidadão declarava ser militante do PCB desde os anos 1950. Dizia que no VI Congresso do Partido, em 67, fora cooptado para a então criada Seção de Relações Exteriores, sob o comando direto de Prestes, de quem se dizia "braço direito", e a cujo serviço efetuara várias viagens a Moscou. Nos contatos internacionais, Fuad Assad era segundo em comando, havendo outros militantes, entre os quais David Capistrano, também do CC, e o jornalista Aluísio dos Santos Filho, preso meses antes. Na entrevista, mencionava-se ainda o trabalho do Partidão nas Forças Armadas e na Igreja, e a ampla rede de conexões estabelecida na América Latina e com os soviéticos. Apesar de certa aura de mistério, cedo se soube que Carlos era Adauto Alves do Santos, cidadão brasileiro, jornalista, veterano militante do PCB, no qual ingressara aos dezesseis anos, e funcionário da Câmara de Comércio Brasil-EUA.

Adauto apareceu e se deixou fotografar: aquele homem magrinho e pequeno, arvorando um "inconfundível bigodinho", parecia ter detonado o Partidão numa área sensível, entregando dirigentes e documentos, e descrevendo técnicas, procedimentos, contatos, ligações. Entretanto, o material exibido pela imprensa — folhetos, livros e papéis — não trazia nada de relevante. Nos dias seguintes, a polícia prendeu alguns antigos — e notórios — ex-militantes comunistas, para soltá-los logo depois. Em termos imediatos, mais um abalo, mesmo porque não se sabia exatamente o quanto ele sabia e o que fora de fato transmitido à polícia política.

Para muitos, tratava-se de um mistério: por que aquele homem havia se revelado publicamente se ainda não fora descoberto pelo PCB? Quais suas reais motivações? Que estratagema aquela jogada encobria? Uma forma de apresentar o Partidão firme e forte para "justificar" grandes operações repressivas que, com efeito, viriam? Uma maneira de confundir e mascarar outras infiltrações remanescentes e mais perigosas? Segundo depoimento de Mello, já tinham sido registradas inconfidências de interrogadores sobre o homem, que estava "jogando com pau de dois bicos". Infelizmente, não foram levadas em conta. Marly Viana arriscou outra hipótese, mais prosaica: a mulher de Adauto, separando-se e magoada, escrevera longa carta para Giocondo Dias, informando as conexões de Carlos com a polícia. A advertência teria sido desprezada por Dias, que a considerou fruto de desavenças pessoais, próprias de um casamento que se desfaz. Mas, sabendo da carta, e presumindo-se "queimado", Adauto e a polícia teriam apenas antecipado um desmascaramento tido como inevitável. Ao longo dos anos, contudo, o episódio continuaria merecendo especulações. Mais tarde, como já referido, Hércules Corrêa tentaria, designado pelo próprio Prestes, armar uma espécie de "quedograma" do Partido. Por que, como, quando, onde haviam caído os dirigentes do PCB? Como explicar a lógica do desvelamento do "agente Carlos"? Em suas conclusões, porém, hipóteses e especulações substituem evidências convincentes, afinal não encontradas.

A partir de 1973, começaram a despontar sinais de dificuldades no modelo econômico do "milagre brasileiro" implantado pela ditadura. O desenvolvimento perdia fôlego, não era mais possível manter aqueles ritmos alucinantes, superiores a 10% ao ano, exibidos por vários setores e inclusive, às vezes, pelo conjunto da economia. Ao mesmo tempo, a inflação parecia tomar o freio nos dentes e querer disparar. Já se aprestavam técnicos do governo a maquiar ou a falsificar índices, de modo que os números reais não viessem a ser conhecidos pelo distinto público.

Em março, um texto publicado na *Voz Operária* notava um aprofundamento das divisões no governo entre a "corrente neofascista e a corrente liberal", podendo-se prever uma "crise político-institucional quando da próxima sucessão". Embora as condições internacionais fossem "favoráveis às forças democráticas e progressistas que se opõem à ditadura" (fortalecimento contínuo da URSS e progressos na distensão entre EUA e URSS), prosseguiam dando o tom a "debilidade do movimento de massas" e "a dispersão das forças e correntes contrárias à ditadura".

Ao mesmo tempo, o regime atravessava um momento delicado: encerrava-se o mandato do general Médici, tratava-se de assegurar a sucessão presidencial, ou a troca de comando, ou seja, o revezamento dos ditadores. A ideia da reeleição do então ocupante do Planalto, que chegou a ser cogitada, em virtude dos altos índices de popularidade alcançados, foi cedo descartada, pois abriria contradições dificilmente contornáveis nas corporações militares. Em junho daquele ano, como se houvera decidido solitariamente, Médici anunciou o sucessor: Ernesto Geisel, irmão do seu ministro do Exército, Orlando Geisel.

Anúncio feito, fatura liquidada. Como o partido do governo, a Arena, detinha ampla maioria no Congresso, a vitória de Geisel era considerada líquida e certa. A direção do PCB reagiu em cima do laço, denunciando: a escolha se dera num "clube fechado das mais altas patentes militares", ignorando o próprio partido da ditadura, que não fora "ouvido nem cheirado". O Colégio Eleitoral, aliás, era uma farsa: "Não vota, não elege, mas pura e simplesmente formaliza a resolução tomada pela camarilha que detém o poder de decisão". As oposições deveriam tentar "transformar a questão da sucessão numa questão política".

O MDB pareceu ter ouvido o conselho. De fato, as coisas, dessa feita, não correram de maneira tão simples. O partido da oposição lançou, em setembro, uma candidatura alternativa, formada por Ulysses Guimarães e Barbosa Lima Sobrinho, presidentes do MDB e da ABI, respectivamente. Autodenominada "anti-candidatura", porque ninguém imaginava a hipótese de sua vitória, ainda assim os dois líderes e seus correligionários e adeptos fizeram barulho, aproveitando o "momento eleitoral" para percorrer o país, agitando ideias e enfrentando, às vezes, as ameaças e a força da repressão. Os homens da ditadura viam aquilo com um misto de mau humor e ironia. Era uma pedra no sapato, sem dúvida, mas, ao mesmo tempo, legitimava o jogo que estava sendo jogado. No entanto, ninguém poderia supor, e até hoje é difícil estimar, o papel que aquela agitação desempenhou nos acontecimentos do ano seguinte, estes, sim, muito mais importantes na história da ditadura brasileira.

Para Prestes, como para todos os exilados, o tempo transcorria de forma lenta. Em julho, realizou uma viagem importante a Cuba, uma espécie de "reatamento de relações". Ao contrário dos soviéticos, a mais alta direção cubana não deixara de prestigiá-lo. Lá o Velho era invariavelmente recebido em animadas conversas por Fidel e Raúl Castro. Dos comunistas cubanos, guardava remotas — e boas — recordações, como a fraterna e amigável acolhida proporcionada a Lígia e a Anita no período final da Segunda Guerra. Mais tarde, vieram as divergências, às vezes amargas, com o projeto de luta armada e do foco guerrilheiro para a América Latina. Prestes e o PCB nunca embarcaram naquela canoa, formulando duras críticas ao "aventureirismo pequeno-burguês" e à tendência, entre certas esquerdas do Brasil, a "copiar o modelo cubano". Contudo, a defesa "intransigente" da Revolução Cubana sempre fora matéria de lei nas publicações e na participação dos comunistas brasileiros em encontros e congressos internacionais. Mantivera-se, portanto, o respeito mútuo, reconhecidas as divergências. Ainda em fevereiro de 1964, como referido, Prestes viajara secretamente para Cuba, não sendo evidente, até os dias de hoje, o teor das conversações que teve com Fidel. Agora, a atmosfera criada fora tão construtiva que Prestes, depois, em depoimento a Anita, revelaria que Raúl Castro lhe fizera "uma autocrítica muito séria dos erros cometidos pelos dirigentes cubanos" em anos anteriores.

Outro nexo parecia esboçar-se entre eles em torno de afinidades compartilhadas na crítica ao chamado "eurocomunismo". Os eurocomunistas propunham, em síntese, uma versão de transição para o socialismo que se tornava popular, principalmente entre os comunistas italianos, e, em menor medida, entre os espanhóis e franceses. Tratava-se de uma proposta fundada teoricamente numa releitura dos escritos de Antonio Gramsci: a transição entre capitalismo e socialismo nas sociedades capitalistas complexas, "ocidentais", seria caracterizada por uma indispensável — e viável — ampla frente, a mais ampla possível, no sentido de enfraquecer as resistências contrarrevolucionárias. Conforme as circunstâncias, cultivava-se aí a hipótese de uma passagem pacífica ao socialismo, mantendo-se, e aprofundando-se, as instituições democráticas. Embora nem sempre explícita, era, de certo modo, a retomada das tradições social-democratas anteriores à Primeira Grande Guerra. Em outro registro, uma crítica ao modelo das transições violentas, fundadas nos enfrentamentos apocalípticos e desdobradas na formação de ditaduras revolucionárias, como se estas fossem "filhas naturais" daquelas, uma espécie de caminho real na construção do socialismo. É certo que o modelo se revelara quase inevitável em sociedades agrárias, "orientais", mas não seria mais válido, nunca fora, para as sociedades europeias ou outras que se assemelhassem a elas. Em filigrana, o questionamento dos regimes socialistas provenientes das revoluções do século xx, a defesa de outra "via", democrática, para o socialismo.

A onda eurocomunista fazia sucesso na Europa Ocidental, persuadia intelectuais e militantes de origem diversa, e parecia encaixar-se como luva nas posições defendidas pela maioria do Comitê Central do PCB, proporcionando-lhes uma consistência teórica até aí inexistente. As revoluções vitoriosas haviam desembocado, segundo os eurocomunistas, no chamado "socialismo realmente existente", incompatível com os valores democráticos. Esse modelo, que até pudera ser legítimo em tempos pretéritos, e para determinado tipo de sociedade, não resistira à passagem da história nem era ele, com suas variantes — soviética, chinesa ou cubana —, apto a enfrentar os desafios contemporâneos.

O prestígio das teses eurocomunistas era matéria de inquietação para Prestes e para todos os que, como os cubanos, sustentavam a necessidade da "ditadura revolucionária" e da adequação, em certas circunstâncias, da luta armada como "via para o socialismo". Formou-se assim, naqueles primeiros anos da década de 1970, uma "corrente" que, embora difusa, compartilhava referências comuns. Um de seus núcleos mais consistentes seria constituído por intelectuais que, na então República Democrática Alemã (RDA), a "Alemanha Oriental", investigavam o que designavam como "capitalismo monopolista de Estado", o CME, na abreviatura consagrada. Essas reflexões inspirariam estudiosos do instituto de Marxismo--Leninismo em Moscou, entre os quais Ramón Peña, militante comunista espanhol que ali trabalhava como professor e que se tornaria muito próximo de Anita Prestes — desde 73, ela se incorporara ao referido Instituto para desenvolver estudos teóricos que, posteriormente, resultaram numa tese de doutorado sobre o CME.

A Anita e a Ramón, no âmbito do Instituto, se juntariam José Salles e Marly Vianna, chegados um pouco mais tarde, em 1974. Estava formada uma espécie de núcleo "de esquerda", que, em intenso diálogo com o Velho, iria lhe fornecer arcabouço teórico e diálogo acadêmico para as críticas, cada vez mais consistentes e articuladas, que fazia ao "oportunismo" da maioria do Comitê Central do PCB.

Por outro lado, em Paris, em torno de Armênio Guedes, e sob sua liderança, formou-se naqueles anos outro grupo, investido na função de uma assessoria do Comitê Central, constituído por Carlos Nelson Coutinho, Leandro Konder, Milton Temer, Antonio Carlos Peixoto e Mauro Malin, entre outros, que se associavam às teses eurocomunistas e às releituras que elas sugeriam de Gramsci, embora tentando adaptá-las às "condições brasileiras". Ainda não se podia falar de dois campos, muito menos de dois polos. Contudo, ali já se anunciavam, apesar de apenas esboçados, distintos projetos.

Uma evidência a mais nesse processo seria proporcionada pelo trauma da experiência socialista chilena, derrotada com brutal violência, em setembro de 1973. O desastre iria ser lido de modo radicalmente diverso. Enquanto o núcleo em Moscou extraiu "lições críticas" quanto ao "caminho pacífico", reforçando a noção favorável à inevitabilidade de enfrentamentos, os "eurocomunistas" da assessoria parisiense, ao contrário, sustentaram que o desastre chileno "provava" a necessidade de alianças ainda mais amplas. Renovavam-se, em outra escala, as divergências sobre a derrota de 64. Para os eurocomunistas, as esquerdas chilenas não tinham sido suficientemente amplas. Para outros, elas haviam pecado por não terem se preparado para enfrentamentos armados considerados inevitáveis. Em novembro daquele ano, dois meses depois da deposição de Salvador Allende,

Enrico Berlinguer, máximo dirigente do Partido Comunista Italiano (PCI), propunha o famoso "compromisso histórico", a aliança entre comunistas e democrata-cristãos italianos para a construção de uma sociedade justa e democrática.

Em fins de 1973, no Brasil, as correntes favoráveis à luta armada já estavam praticamente liquidadas. Nas cidades, restavam alguns sobreviventes. Para fazer ações de qualquer tipo, era necessário unir forças de diferentes "organizações". No campo, subsistia a duras penas, nos últimos estertores, um foco guerrilheiro na região do Araguaia, liderado pelo PCdoB. Seria totalmente liquidado no ano seguinte, mas disso as gentes tinham pouca ou nenhuma notícia.

As ameaças que rondavam o PCB, contudo, não se diluíam com isso. Ao contrário. Os dirigentes mais preocupados com o assunto, como Giocondo Dias e Dinarco Reis, já advertiam: "Devemos ter em conta que [...] a ditadura concentra agora sua ação repressiva contra o nosso Partido". Mais do que nunca, era hora de proteger o Partido contra a repressão.

Antes que o ano se encerrasse, em novembro, e apesar dos riscos, o Comitê Central fez uma nova reunião, cujas resoluções foram publicadas pela *Voz Operária*, no mês seguinte. Depois de muitos zigue-zagues, o CC amadureceu então a conceituação da ditadura brasileira como uma "ditadura militar caracteristicamente fascista". Fariam parte desse fascismo à brasileira os seguintes traços essenciais: "aparências de democracia [...] empenho para afastar o povo da vida política [...] utilização das Forças Armadas [...] ampliação e hipertrofia dos órgãos de segurança [...] terror como método principal de governo [...] maior controle da estrutura sindical [...] intensa propaganda oficial [...] política econômica antioperária [...] espoliação nacional [...] e política externa expansionista e insistente campanha chovinista". O golpe vitorioso no Chile, em setembro de 1973, com assistência direta dos órgãos de informação e da polícia política do Brasil, entre outros indícios, suscitava alarme no que se refere ao "expansionismo" do Estado brasileiro, cada vez mais percebido como a "polícia" dos EUA na América do Sul. Na análise de alguns, estaria surgindo uma espécie de "subimperialismo" ao sul do Equador.

A notícia boa era a crise do "milagre econômico": escassez de produtos e matérias-primas; inflação; endividamento; degradação das condições de habitação, transportes, saúde e educação. A Guerra do Yom Kippur, em outubro de 1973, gerara um dado novo — negativo — da maior importância. O brusco e violento aumento dos preços do petróleo, convertido, afinal, em "arma de guerra" por todos os estados árabes, erodia uma das bases fundamentais do "milagre brasileiro": os preços baratos do "ouro negro", do qual o país era grandemente deficitário na época. Os ritmos de desenvolvimento decerto tenderiam a cair, acirrando contradições entre as elites. Os comunistas observavam com satisfação uma "ampliação da luta contra a ditadura", embora ainda não houvesse correspondência, segundo eles próprios, entre a "crescente insatisfação das massas e as formas concretas de sua manifestação". Aquilo era menos uma análise e mais a expressão de uma esperança.

Não havia nenhuma expectativa em relação a Geisel, já ungido, apesar de ainda não "eleito", presidente da República. Não era previsível, criticavam os comunistas, "qualquer modificação substancial na vida brasileira". Ao contrário: "Tudo indica que o futuro governo manterá as linhas mestras do atual, sua política antidemocrática e antinacional". O PCB continuava defendendo uma "ampla frente patriótica antifascista, incluindo desde a classe operária, o campesinato, a pequena burguesia urbana e até setores da burguesia em choque com o regime [...] desde as forças oposicionistas até setores arenistas divergentes do caráter fascista do regime".

Enfatizava-se a importância de participação nas eleições parlamentares previstas para novembro do ano seguinte, na expectativa de que elas fossem realizadas "nas melhores condições", aproveitando-se o momento para impulsionar a "formação de um amplo movimento antifascista".

A alternativa proposta era a restauração do regime democrático com um programa em que se elencavam: liberdades democráticas e liberdades públicas, revogação dos atos de exceção, anistia, combate ao arrocho salarial, extensão da legislação trabalhista ao campo, reforma agrária e defesa das riquezas nacionais. Os pontos do programa eram relacionados num nível alto de abstração, de modo a poder incluir a maior diversidade possível de forças.

Aquela reunião do CC também foi palco de um importante debate sobre segurança. Dinarco Reis fez uma intervenção a respeito da situação delicada em que se encontrava o Partido. Segundo reportagem publicada anos mais tarde, Hércules Corrêa teria então indagado: "Você quer dizer que nossa situação é de cerco e aniquilamento?". Dinarco assentiu. Não podia haver dúvidas de que os órgãos repressivos preparavam uma operação especial para destruir o Partido. O Comitê Municipal de São Paulo fora praticamente dizimado, e havia desconfianças disseminadas quanto a eventuais infiltrações policiais. Anita Prestes, que estava no

Comitê Estadual de São Paulo em 1972, reclamou então uma "reestruturação completa da direção regional", sem sucesso. Derrotada, preferiu tomar o caminho do exílio em Moscou, não sem antes advertir para futuras e inevitáveis quedas, todas confirmadas. Teodoro de Mello, em intervenção posterior ao Comitê Central, fez um relato detalhado de que se sabia, de boas fontes, que a polícia política montara já um cerco sobre o dispositivo partidário em São Paulo. Inconfidências de policiais em interrogatórios a comunistas, ainda presos ou já soltos, transmitidas à direção, evidenciavam um nível de informação muito alto por parte do aparelho repressivo que, de acordo com diversas avaliações, esperava apenas a melhor hora para desmantelar o Partido no estado. Apesar de tudo, não poucos dirigentes se recusavam a sair da linha de frente e/ou mantinham procedimentos e métodos marcados pela imprudência.

Foi assim decidida, no ano seguinte, a viagem para o exterior de uma nova fornada de dirigentes: Hércules Corrêa, José Salles e Orestes Timbaúba, para Moscou, juntamente com Teodoro de Mello. Salomão Malina teria Lisboa como destino. Givaldo Siqueira e Almir Neves tomariam o rumo de Milão.

No comando do Partido permaneceram, quase absolutos, Giocondo Dias e Marco Antônio Coelho. Prestes acompanhava a movimentação de longe, com pouca margem de influência. Via com preocupação a ascendência de Dias e Coelho, identificados com o que chamava de "tendências oportunistas". Por outro lado, o exílio forçado de mais dirigentes do CC tendia a deslocar o eixo de gravidade da vida partidária. Até onde e em que medida isso poderia beneficiá-lo ainda era matéria de dúvida e especulação.

O primeiro trimestre de 1974 não foi nada alvissareiro para o PCB e seus dirigentes. Em janeiro, Giocondo Dias escapou por pouco de uma investida da polícia política em seu aparelho, em São Paulo, obrigando-se a vir para o Rio de Janeiro. No início da segunda quinzena de março, David Capistrano, do Comitê Central, regressando de Praga, onde estava desde 71, foi apanhado nas cercanias de Uruguaiana, com o militante José Romão, que dirigia seu carro. Ambos desapareceram. Segundo evidências reveladas muito mais tarde, Capistrano teria passado pelos horrores da chamada Casa da Morte, em Petrópolis, onde teria sido assassinado, e seu corpo, esquartejado. A situação era de beira do abismo. Marly Vianna relatou episódio ilustrativo: "Em meados de março de 1974, José Salles foi pegar alguns membros do Comitê Central para uma reunião com Giocondo Dias. Tratava-se de Hércules Corrêa, Orestes Timbaúba e Givaldo Siqueira. Qual não foi sua surpresa ao constatar que na área estavam, além deles, Luís Maranhão, João Massena, Itair Veloso e Jaime Miranda. Como se fora uma verdadeira reunião do CC, em plena luz do dia [...] no Viaduto do Chá...". Em fins de março, ou começos de abril, deu-se a "queda" de Luís Maranhão. Por essa mesma época, João Massena Melo e Walter Ribeiro, em 3 e 6 abril, respectivamente, também sumiram, desapareceram, assassinados.

Severas perdas. Em cerca de três meses, a polícia política prendera e matara quatro membros do CC do Partido e ainda estourara o aparelho do principal dirigente no país. Além disso, e no mesmo movimento, "caíram" muitos militantes e dirigentes intermediários. Apertava-se o cerco e já ninguém tinha dúvidas dos graves perigos que rondavam o PCB.

Apesar das promessas de "abertura", do general Geisel, "eleito" pelo Congresso em 15 de janeiro de 1974, e de seu designado braço direito, Golbery do Couto e Silva, mais sugeridas do que formalmente explicitadas, o PCB tinha muitas razões para duvidar que as coisas estivessem evoluindo ou iriam evoluir de maneira positiva.

Em abril, porém, do outro lado do Mar Oceano, uma imprevista luz: a Revolução dos Cravos, em Portugal. Caía uma velha ditadura que parecia eterna. A música de Chico Buarque assumia diversa conotação: à ironia original, se superpunha uma esperança: se "esta terra", o Brasil, se transformasse num "imenso Portugal", teríamos a hipótese de restauração de uma grande democracia?

O PCB não era otimista. Eram escassos os sinais de mudança no país, ao menos a curto prazo. Assim, em maio, uma nova resolução do CC, publicada na *Voz Operária*, sublinhava que "o governo Geisel [...] demonstra que continuará com [...] a mesma política fascista e antinacional de seus antecessores". Ao menos em relação ao PCB a denúncia tinha fundamento.

No entanto, mantinha-se a proposta de participar, com o MDB, e através dele, das eleições parlamentares previstas para novembro. Elas eram "uma das poucas possibilidades legais de ação de massas contra o regime". Por elas, seria possível à sociedade "manifestar seu protesto [...] promover debates [...] denunciar o regime [...] e ampliar a luta pelas causas populares". O quadro parecia desfavorável à ditadura, pois era grande o descontentamento com a "escassez", a "corrupção" e os "altos impostos". O PCB reiterava um amplo programa: "elevação de salários, reforma agrária, defesa dos interesses nacionais e [...] restabelecimento dos direitos democráticos". Era indispensável participar de forma organizada no pleito, "eleger senadores e deputados [...] e acelerar a aglutinação da frente patriótica antifascista".

Em julho, a Comissão Executiva reiterou a linha de denúncias contra o governo e a ditadura. Não estava havendo nenhuma "abertura política". Tampouco estava em curso algum processo de redemocratização. Ao contrário. Sucediam-se "prisões e sequestros [...] torturas [...] a censura à imprensa tornou-se mais rígida". Em suma, "persiste a tendência ao aprofundamento do fascismo". Era preciso não cultivar "qualquer ilusão" no governo, até para que não se ampliasse sua base política. "O povo", afirmava-se, "quer o fim do fascismo e não o prato de lentilhas que o regime oferece." Nem por isso, entretanto, as eleições próximas deveriam ser negligenciadas. Contra muitos setores de esquerda que continuavam a subestimar o processo eleitoral, considerado farsesco e inconsequente, o PCB interpretava a repressão em curso, que inclusive o atingia duramente, como uma manobra do governo para "evitar a vitória das oposições". Mais do que nunca, portanto, era necessário participar das campanhas eleitorais, para fazer delas um momento de enfraquecimento da ditadura.

Não eram muitos os que acreditavam nessa hipótese. Mesmo porque, em sucessivas manobras, o governo ditatorial parecia surpreender: em agosto, anunciou uma "lenta, gradual e segura distensão" e o reatamento de relações diplomáticas com a China comunista, com o consequente corte de relações com Taiwan, a mal chamada "China nacionalista". Era o "pragmatismo responsável" na política externa, uma ruptura com o alinhamento incondicional aos ditames de Washington. No mês seguinte, ignorando soberbamente os indícios de uma crise que se formava, lançou o II Plano Nacional de Desenvolvimento (II PND), com metas ambiciosas nos setores estratégicos da economia. Num mundo em dificuldades, o Brasil aparecia como uma "ilha de prosperidade", graças a uma retomada agressiva da tradição nacional-estatista, mantendo-se, no entanto, a exclusão do povo. Uma fuga para a frente?

É verdade que a repressão continuava ativa: por solicitação do governo, o Supremo Tribunal Federal cassara o mandato do deputado Francisco Pinto, um dos mais ativos do MDB. Cassação de mandatos não rimava com abertura.

Apesar disso, nem os que acreditavam em avanços do MDB imaginavam que os resultados eleitorais iriam ser tão consagradores. Mas foi o que aconteceu. Surpreendentemente, até para políticos e analistas experientes, o 15 de novembro de 1974 trouxe uma imensa maré cheia de votos para o MDB. Nas eleições majoritárias, para o Senado Federal, o partido das oposições venceu em dezesseis dos 22 estados. Teve 72,75% dos votos. A bancada na Câmara dos Deputados pulou de 87 para 160 deputados, alcançando um patamar duplamente estratégico: o de poder barrar qualquer reforma constitucional apresentada pelo governo e o de reunir assinaturas suficientes para constituir comissões parlamentares de inquérito. Uma insofismável derrota para a ditadura, sobretudo porque ocorrera nos centros dinâmicos da nação, nos estados mais populosos e nas cidades mais importantes.

Entre os dirigentes comunistas que permaneciam no país, a euforia. A convicção de que, afinal, as teses do Partido estavam prevalecendo. Um manifesto, publicado na *Voz Operária*, em dezembro de 1974, comemorava: "Este 15 de novembro marcou uma mudança de qualidade no quadro político brasileiro". As políticas governamentais tinham sido rejeitadas: "A trama em curso de legalização do fascismo foi repudiada". Os dados das urnas revelavam que se formara "um amplo movimento favorável às liberdades democráticas [...] exceção feita aos grupos monopolistas estrangeiros e nacionais e à oligarquia latifundista...", e que "as massas estão menos atemorizadas pela repressão". Na conjuntura que se abria, "os comunistas têm grande responsabilidade", inclusive porque "nosso partido saiu prestigiado e fortalecido nesta batalha".

Caberia agora à oposição "apertar o cerco no qual ficou isolado e desmoralizado o regime fascista". Um exagero. Um "desvario", como reconheceria anos mais tarde mesmo o autor do texto, Marco Antônio Coelho.

No outro lado do mundo, em Moscou, segundo Teodoro de Mello, que lá se encontrava, Prestes não mostrou grande entusiasmo com os resultados eleitorais: "Não vai ter futuro". E indicou para sua leitura um artigo recente, publicado na *New Left Review*, que defendia, para as condições brasileiras, a inevitabilidade do "caminho revolucionário".

Como logo ficou evidente, quem estava sob o aperto de um cerco era o Partido. O cerco se fecharia nos primeiros meses de 1975. Em 11 de janeiro, foram presos Élson Costa e Hiram de Lima Pereira, do Comitê Central do PCB. Dias depois, a polícia estourou a gráfica do Partido, onde se imprimia a *Voz Operária*. Mais alguns dias, foi a vez de Marco Antônio Coelho e de Dimas Perrin, suplente do CC. Em seguida, caiu Osvaldo Pacheco. Giocondo Dias escapou novamente por um triz, salvo por simpatizantes avisados. Em fevereiro, caiu Jaime Miranda — era o terceiro homem da Comissão Executiva a ser preso. Em maio, foi a vez de Itair José Veloso, do CC e do Secretariado, e também de Aristeu Nogueira Campos. Em se-

372

tembro, caiu José Montenegro de Lima, dirigente maior da Juventude Comunista. Em outubro, foi preso Orlando Bonfim Jr., o quarto homem da CE. Quase todos desapareceram para sempre, assassinados pela polícia política do regime.

Por toda parte, no contexto de aparelhos estourados, caíam dirigentes e militantes. Segundo balanço acurado, publicado anos mais tarde, a mão pesada da repressão teria alcançado cerca de mil militantes ou simpatizantes do Partido em todo o país. Foi um ano sinistro para o PCB.

Como em fins da década de 1930, o Partido foi desarticulado como organização política centralizada. Dos trinta dirigentes do Comitê Central que haviam se reunido no final de 71, restaram apenas três em atividade no país: Geraldo Rodrigues dos Santos, Amaro Valentim e Antonio Ribeiro Granja. Os demais estavam presos, já assassinados ou no exílio. Uma grande desagregação. Os núcleos remanescentes permaneceriam longo tempo sem ligação. O próprio Giocondo Dias ficou isolado. Como se não bastasse, em abril desapareceu outro veterano dirigente: Nestor Vera, também suplente do CC, preso e assassinado em Belo Horizonte.

O Partido estava acéfalo. Seria necessário reconstruí-lo. A essa altura, no interior do país, quase tudo parecia envolvido em areias movediças. Armadilhas por todo lado. Campo minado. Assim, ganhavam importância-chave os quinze dirigentes do CC que se encontravam no exílio. Fora prudente retirá-los do país. Contudo, para a remontagem daquele quebra-cabeça, impunha-se a realização de longas e difíceis reuniões, que se tornavam agora indispensáveis. E que fossem seguras, especialmente seguras. O recurso à retaguarda soviética e aos demais países socialistas da Europa Central se apresentava como incontornável.

Parecia uma reviravolta imprevista do destino. E, por meio dela, Prestes, até então longe e afastado, mas que se mantivera formalmente como secretário-geral do Partido, voltava a se situar, em Moscou, no centro de gravidade do processo de reconstrução do PCB.

O ano de 1975 foi longo para os comunistas brasileiros. Era preciso juntar os cacos.

O Partido estava esfacelado, quase sem direção no país. Aqui e ali, brotavam tentativas de rearticulação, contatos esparsos, mas o fato é que, depois de alcançar aquilo que muitos consideravam uma grande vitória — nas eleições de novembro de 1974 —, eis que tudo parecia esfarelar-se e voltar à estaca zero. O pior eram as desconfianças mútuas, acusações e contra-acusações, uma atmosfera de suspeitas e de desconforto, bem resumidas por Geraldo Rodrigues dos Santos, um dos poucos que restaram do CC no país, quando recebeu missão de reconstruir o PCB no Rio de Janeiro: "Aceitei a missão com uma condição — cortei relações com todo o mundo de lá e levei o meu pessoal de fora".

No Brasil, o projeto da "distensão", empreendido pela dupla Geisel-Golbery, avançava aos trancos e barrancos. A derrota de 1974 era analisada pelos seus adversários como uma "traição" ao que eles ainda chamavam de "revolução". Tensionavam pela direita. O desmantelamento da direção do PCB em 1974-5, assim como, no ano seguinte, do que restava da direção do PCdoB, é interpretado por alguns como uma política autônoma dos aparelhos repressivos, a chamada "comunidade de segurança", com o objetivo de paralisar a "abertura". Para outros, no entanto, tudo foi tramado, ainda em fins de 73, entre Médici e Geisel: tratava-se de eliminar adversários potenciais antes que se configurasse a institucionalização da "revolução", antes que se criassem brechas a serem aproveitadas pela "subversão" comunista, cuja força era deliberadamente inflacionada pela polícia política.

Contudo, certas ações repressivas, como o assassinato de Vladimir Herzog, em outubro, tinham efeito de bumerangue: suscitavam indignação nas oposições, que iam perdendo o medo e que, em consequência, se articulavam em torno de suas reivindicações. Ao mesmo tempo, no contexto da crise que se acentuava, os chamados setores "liberais" da ditadura, críticos à exacerbação da repressão e também ao estatismo de Geisel, procuravam criar margens próprias de manobra, migrando para posições vizinhas das correntes mais moderadas das oposições.

Diante das quedas generalizadas, e da acefalia resultante, os membros do CC que estavam em Moscou formaram, desde fevereiro de 1975, uma comissão coordenadora para articular o Partido no exterior e tentar restabelecer contatos com o país. Dela faziam parte Prestes, Hércules Corrêa e Teodoro de Mello. Mais tarde, seriam agregados Salomão Malina e Orestes Timbaúba. Uma primeira tentativa de instaurar um "centro" que pudesse dirigir o trabalho de rearticulação do PCB.

Em junho do mesmo ano, Prestes viajou novamente para Cuba, a fim de participar, em Havana, da Conferência dos Partidos Comunistas da América Latina e Caribe. Fez, então, uma intervenção em que, mais uma vez, manifestou, segundo Anita Prestes, sintonia com as formulações defendidas pelo "grupo de Moscou", articulado no âmbito do Instituto de Marxismo-Leninismo.

Evidências disso seriam as críticas aos monopólios e à maneira como eles se assenhoreavam do Estado ditatorial, as denúncias das Forças Armadas como "partido político do fascismo" e do "expansionismo brasileiro", revelado na participação do Brasil nos "golpes reacionários" na República Dominicana, Bolívia, Uruguai e Chile. Além do mais, o secretário-geral do PCB defenderia, como alternativa à ditadura, um "novo tipo de democracia" e uma transição que pudesse desembocar num "poder revolucionário". Era evidente que Prestes não levava nenhuma fé na eficácia da "abertura" liderada por Geisel e Golbery.

Alguns poderiam ver nas declarações uma "inflexão" à esquerda das resoluções políticas do VI Congresso. Ou, em outra leitura, uma clara distorção, ou uma radical inovação, em relação às ideias prevalecentes no interior do PCB, verdadeira mudança de rumo. No fim de 1975, Prestes voltou à Ilha revolucionária, conduzindo delegação do PCB, para assistir ao I Congresso do Partido Comunista Cubano. Fundado em 65, era simbólico de certo modelo que o Partido levasse dez anos para realizar seu primeiro congresso. Mas agora estavam já longe os anos em que Cuba se empenhara em apoiar e fomentar guerrilhas no território de "Nuestra América". A década de 70, ao contrário, foi marcada pela inserção cada vez mais completa da Ilha no sistema socialista liderado pela União Soviética. A conferência continental selava um reencontro com a constelação de PCs latino-americanos, alguns duramente criticados, ao longo dos anos 60, sobretudo até que fosse morto e enterrado o projeto revolucionário sonhado pelo Che Guevara.

No quadro dessa nova atmosfera houve a designação de um representante do PCB em Cuba e o fornecimento de passaportes cubanos para Prestes e Gregório Bezerra viajarem onde fosse possível. Entre Prestes e Cuba estava em curso uma articulação (uma aliança?) com o objetivo de redefinir um projeto de transformações na América Latina, agora, em bases distintas daquelas com que sonharam os guerrilheiros dos anos 60.

Finalmente, quase um ano depois do começo das quedas que levaram ao desmantelamento da direção do PCB no Brasil, reuniu-se em Moscou, sob a liderança de Prestes, em janeiro de 1976, o que restava do Comitê Central no exílio. Tratava-se de dar início a um processo de reorganização do Partido.

Não foi uma reunião fácil. Os dados haviam se embaralhado. Os principais dirigentes no Brasil estavam presos ou isolados — era o caso de Giocondo Dias —, quando já não tinham sido assassinados. Os que conseguiram ganhar o exílio nos últimos dois anos carregavam nas costas uma responsabilidade pesada — a de ter conduzido o Partido na direção daquele desastre. Estava chegando a hora da prestação de contas ou, no jargão dos comunistas, da "autocrítica". Para a maioria deles, era inevitável fazê-la. Porém, seria preciso dosá-la, para que não se criasse uma engrenagem de liquidação dos líderes e do Partido, o que para aqueles era quase a mesma coisa, de tal forma se identificavam com a organização que ajudaram tanto a construir. Em qualquer caso, encontravam-se em posições defensivas, mas tinham um trunfo, ao qual se agarravam firmemente: as resoluções aprovadas em 1967, a "linha política" do VI Congresso. Somente um novo congresso poderia alterá-la ou revogá-la. E ele só seria legítimo se fosse organizado no país em algum momento no futuro, uma vez que as circunstâncias presentes eram obviamente desfavoráveis. Se fossem esses os parâmetros, estariam dispostos a conversar, pois entendiam que a organização — permanente — primava sobre as posições — eventuais.

Teriam que se haver, contudo, com um núcleo de intelectuais articulado em torno de Prestes. Destacavam-se aí, principalmente, quatro figuras, já referidas: Anita Prestes, Marly Vianna, Ramón Peña e José Salles. Suas ideias adquiriam, cada vez mais, uma dinâmica de ruptura com a "linha" de 1967. Em comparação com os "velhos militantes", eram ainda muito novos, mas formavam convicções, regiam-se por elas, e influenciavam o Velho, agrupando-se ao redor de sua figura, e extraindo daí legitimidade, força e prestígio. Prestes foi construindo com eles afinidades, desenvolvidas nas longas conversações moscovitas. Entretanto, para além de sua decantada "rigidez", era um homem que se habituara a difíceis debates, que exigem e suscitam cautela e espírito de negociação. Não gratuitamente ele estivera por tantos anos no centro de gravidade do Partidão, equilibrando-se entre tendências adversas, às vezes opostas, arbitrando querelas e desavenças. Exercendo a arte das concessões, através da qual se tornava possível formular documentos políticos e organizar direções partidárias, reunindo diversos ângulos, às vezes opostos. Seria necessário conter a *fougue* daquele grupo que se constituíra em Moscou e que se tornara um sólido alicerce para suas posições, inclusive porque, do ponto de vista organizativo, dada a debandada do Partido no país, aquelas pessoas, Anita em particular, começavam a defender uma proposta de "reconstrução" do PCB. Impunha-se, no entanto, um mínimo de cuidado, até para não ferir suscetibilidades. Afinal, era com os velhos dirigentes que se devia também contar para as tarefas de "reconstrução", fossem elas quais fossem.

Havia ainda Armênio Guedes e a assessoria montada em Paris. Aqui o osso era mais duro de roer. Homens igualmente de convicções, defendidas de forma cada vez mais aberta, conforme suas tendências e as da época: eram os eurocomunistas, cujas noções se disseminavam, sobretudo entre os exilados na Itália, próximos ao PCI, e também na França. Segundo Prestes, posições perigosas, a quintessência do "oportunismo" contemporâneo; permitiam-se mesmo desafiar a liderança soviética. Aquelas ideias não podiam — e não deviam — propagar-se no Partido. Armênio já esgrimira com Prestes em outras oportunidades. Era um dos dirigentes mais bem articulados. Não se furtava ao debate; ao contrário, era como se o procurasse. E os jovens militantes que se articulavam em torno dele em Paris eram política e teoricamente bem formados.

Assim se reuniu o que restou do Comitê Central do PCB em Moscou, nos primeiros dias de janeiro de 1976. Mais tarde, porém, para confundir a repressão, as resoluções ali aprovadas seriam datadas de dezembro do ano anterior. Estavam presentes Luís Carlos Prestes, Armênio Guedes, Zuleika Alambert, José Salles, Severino Teodoro de Mello, Dinarco Reis, Salomão Malina, Orestes Timbaúba, Luís Tenório de Lima, Agliberto Azevedo, Armando Ziller, Roberto Morena, Hércules Correa e Almir Neves. Apenas catorze dos 31 eleitos em dezembro de 67, sendo que, desse total, três eram suplentes efetivados em momentos anteriores.

Na abertura, Prestes tomou a palavra e fez um minucioso relato — sóbrio e seco — da situação do Comitê Central e do Partido. Referiu a formação, em começos de 1975, "diante dos golpes sofridos por nosso Partido", de uma "Comissão Coordenadora", presidida por ele e constituída pelos dirigentes que estavam então em Moscou, aos quais se agregaram, depois, Malina e Mello. Em nome dessa Comissão, passou a informar sobre a situação do CC e sobre os motivos e os objetivos da reunião.

O quadro era sombrio. Dos 31 membros efetivos eleitos pelo VI Congresso, dois haviam morrido por causas naturais, e um, renunciado. Presos e sequestrados, catorze. Os nomes foram lidos em ordem alfabética, talvez para não ferir suscetibilidades. Quanto aos suplentes, igualmente em número de 31, três tinham já sido promovidos a efetivos, dois faleceram e um fora expulso. Outros treze também tinham sido presos e mais três, por motivos pessoais, deixaram de exercer suas funções como suplentes do CC.

Era realmente de impressionar: em cerca de oito anos, dos 62 efetivos e suplentes, 36, mais de metade, haviam saído dos radares, 27 presos e mais nove, por falecimento, renúncia ou desistência.

Dos efetivos em liberdade, computados os três suplentes promovidos, restavam dezessete membros do CC. Seis no Brasil e onze no exterior. Dos nove suplentes em liberdade, seis continuavam no Brasil e três encontravam-se no exterior. Providências estavam sendo tomadas para retirar os membros do CC que se achavam em situação precária de segurança no país. Por outro lado, a todos fora comunicado que os membros do CC no exterior tentariam reorganizar o Partido.

Prestes, defendendo a legitimidade e a legalidade partidária da reunião que abria, lembrou que, desde 1971, quando o CC resolvera tirar do país um terço de seus membros (incluindo a si próprio), deixara estabelecido que, em caso de quedas generalizadas no Brasil, caberia aos que estivessem no exterior iniciar o trabalho de reorganização. Não faltavam exemplos disso na história do movimento comunista internacional, a começar pelo caso clássico dos bolcheviques, antes e depois da Revolução de 1905, sob a liderança de Lênin, exilado na Suíça; mencionou também o caso dos comunistas italianos sob o fascismo nos anos 20 e 30.

Em seguida, considerando as perdas verificadas, propôs que todos os suplentes em liberdade fossem efetivados imediatamente, elevando para 26 o número de quadros do CC.

A Comissão Coordenadora distribuíra a cada participante, no início da reunião, três documentos: um informe político, sob a responsabilidade de Prestes, um informe de organização, coordenado por Hércules Corrêa, e um projeto de resolução política. Ao mesmo tempo, todos receberam cópias do programa do PCB, um projeto de declaração programática e um exemplar da tese de doutorado de Anita Prestes, sobre as transformações econômico-sociais ocorridas no Brasil no contexto do capitalismo monopolista de Estado (CME).

Recordando que a reunião se fazia em Moscou graças "à atitude fraternal do CC do Partido Comunista da União Soviética, ao qual ficamos devendo mais este gesto de solidariedade", Prestes encerrou a abertura com uma homenagem aos "dirigentes e militantes [...] tombados em holocausto da Causa pela qual lutamos". Depois de citar nominalmente cada um dos dirigentes desaparecidos, afirmou que

> todos eles souberam honrar as gloriosas tradições de nosso Partido e do Movimento Comunista Internacional [...] seus nomes ficam inscritos para todo o sempre nas bandeiras de nosso Partido e serão reverenciados com respeito e admiração pelos milhões de brasileiros que derrotarão o fascismo, assegurarão a completa independência da pátria e nela construirão o socialismo e o comunismo.

E concluiu, sob aplausos: "É sob a égide de seus nomes que realizaremos a presente reunião do Comitê Central do PCB". Era um novo recomeço. Seria possível?

Prestes estava fazendo 78 anos, bem comemorados num almoço de homenagem, realizado na capital soviética com a presença de cerca de cinquenta pessoas. Parecia rejuvenescido. Conseguiria recuperar as rédeas do "seu" Partido? Ao seu lado, o núcleo de Moscou. Empurrando-o para a "esquerda", impaciente com os rumos e desatinos do Partido. À sua volta, aqueles veteranos dirigentes, experientes, experimentados, conhecia-os bem em suas virtudes e fraquezas. Estavam derrotados, abertos a autocríticas, mas não liquidados. No polo oposto, Armênio e a assessoria organizada em Paris. Ali residia o maior perigo.

Exercendo o posto que permanecera seu, o de secretário-geral do Partido, Prestes apresentou à reunião um informe político no qual se baseou a discussão. Defendeu ideias que já vinham norteando intervenções e artigos publicados por ele. Em primeiro lugar, a retomada conceitual, mais explícita, do "fascismo brasileiro", caracterizado como uma "ditadura militar terrorista a serviço dos monopólios nacionais e estrangeiros, e particularmente dos setores reacionários do capital financeiro norte-americano". Era própria daquele "sistema de dominação" uma "repressão violenta e a serviço dos interesses antinacionais". Em seguida, acopladas, as ideias formuladas na tese de Anita, no sentido de que se instaurara no país um "novo sistema de dominação dos monopólios".

A caracterização da ditadura como "fascista" não suscitou divergências. Muitos, inclusive, como Hércules Corrêa, lastimavam-se pelo atraso com que isso fora feito, com repercussões negativas sobre a segurança do Partido e de seus militantes. Mas ele seria um dos primeiros a questionar a ideia de uma associação inevitável entre a "dominação dos monopólios" e o regime ditatorial, propondo ao debate uma questão crucial: "A derrota do fascismo equivaleria necessariamente à derrota do regime burguês?". Dinarco Reis foi pelo mesmo caminho, solicitando, com muitos outros, uma reflexão melhor sobre a questão. O próprio José Salles, abrindo uma brecha no "grupo de Moscou", sustentaria que "você pode ter capitalismo monopolista de Estado sem ter fascismo". Exemplos históricos não faltavam, argumentava, observando que os comunistas portugueses tinham incorrido nesse erro, que lhes custara caro. De fato, a ditadura caíra em Portugal sem que, de roldão, o mesmo acontecesse com o "regime burguês", conforme eles esperavam — e previam. No contexto do debate que se travou, a grande maioria inclinou-se claramente a favor da dissociação entre "fascismo" e "ordem burguesa", do que resultava uma decisiva consequência política — era possível lutar contra o fascismo sem colocar na linha de mira o capitalismo monopolista e o regime burguês. Em outras palavras: era possível almejar o restabelecimento das liberdades democráticas — e a queda ou a derrubada da ditadura — sem questionar os monopólios ou a dominação da burguesia. Armênio Guedes resumiria bem o ponto essencial: "Queremos a derrubada do fascismo, que não é a derrubada do poder da burguesia". Uma reafirmação das resoluções do VI Congresso e uma derrota de todos aqueles que pretendiam retificá-las.

Anita sentiu o golpe. Suas ideias, e as de Ramón, embora não explicitamente, recuperavam a linha básica de reflexão dos segmentos da chamada "esquerda revolucionária", quando estabeleciam um sinal de igualdade entre ditadura, capitalismo e burguesia, e sustentavam que o país estava diante de uma fatal disjuntiva: "socialismo ou fascismo". Mais tarde, no debate, questionada sobre se, afinal, a derrota do fascismo significaria a derrota final do capitalismo, saiu pela tangente: "Eu disse que a luta contra o fascismo só vai longe se se tomarem medidas contra os monopólios". Mas seu arcabouço teórico — de cimento armado — não admitia esse tipo de nuance. Não lhe restou outra opção senão se curvar.

Restaram batalhas de retaguarda, em torno da inserção de compromissos claros com a revolução — como ideia geral — e com o socialismo. Mas não foi aceita a proposta de que os "comunistas orientam sua ação no sentido de um governo revolucionário". De nada adiantou Prestes dizer que essa afirmação estava nas resoluções do VI Congresso. Não estava. Ou não era assim que a maioria interpretava as coisas, o que dava no mesmo. Teve igual sorte a proposta de que os comunistas lutariam por "um novo tipo de democracia" — também não passou. A maioria ficou firme nos postulados do VI Congresso: a ditadura haveria de ser substituída por uma democracia tout court, sem adjetivos.

Aqueles homens estavam em alerta, cautelosos, o que se evidenciava nas longas pausas entre as intervenções. No início, todos tinham ganhado um tempo determinado para falar, podendo usá-lo como melhor conviesse, fragmentando-o, se fosse o caso. Era o que a grande maioria fazia. Os minutos valiam ouro — era necessário gastá-los com a máxima parcimônia. Alguém observou, em certo momento, entre risos: "Aqui todos querem falar, mas querem que os outros falem antes…". Muitos se guardavam, na expectativa, o instinto de sobrevivência apurado, mais do que profundas convicções, que eram ralas em não poucos. De vez em quando, para quebrar a tensão, intercâmbios amigáveis, às vezes algumas piadas, de humor negro: "Aproveita para falar enquanto está vivo", suscitando risos. Duros na queda. Não perdiam o bom humor nem mesmo no mais fundo da derrota.

Prestes teve que fazer concessões significativas, como, por exemplo, reconhecer que "a vitória de 1974 foi o acontecimento político mais importante desde 1964" e que "o êxito da Oposição representou uma vitória da orientação política dos comunistas e confirmou a justeza da linha política do PCB". Haveria no país "um movimento democrático de massas que [...] luta com maior vigor contra o fascismo e pela democracia". Marco Antônio Coelho e Giocondo Dias, ausentes, continuavam presentes.

Certas ênfases, contudo, correspondiam às expectativas de Prestes: o mantra da necessidade de o Partido "enraizar-se na classe operária" e, em especial, "nas grandes empresas industriais", valorizando-se as organizações de base, e o fato de que "para derrotar a ditadura fascista será necessária a ação enérgica [...] das massas, em que a classe operária desempenhe um papel de destaque...". Em filigrana, uma crítica ao investimento, considerado excessivo, nas lutas político-eleitorais. No mesmo sentido, lembrava-se que o "combate ao regime fascista" não deveria limitar-se a "denúncias", mas compreender, acima de tudo, "a ação política das massas". No entanto, numa curva do texto, dizia-se que, embora combatendo a ditadura, o PCB não deveria "fazer da distensão, liderada pelo general Geisel, o inimigo principal". Assim, era reiterada a perspectiva de que se fazia necessário "ampliar ao máximo a 'frente antifascista'", devendo integrá-la até mesmo "alguns representantes dos monopólios descontentes com o caráter fascista assumido pelo regime". Nessa linha, ressaltava-se a necessidade de participação nas eleições municipais seguintes, mesclando-a, porém, com uma nova e vigorosa concessão a Prestes: o PCB não deveria esquecer em suas lutas a necessidade de um "poder nacional e democrático que abra caminho para a vitória da revolução socialista no Brasil".

Mais uma vez, na tradição do Partidão, concertara-se uma conciliação entre diferentes correntes de pensamento, prevalecendo os meios-tons, onde se misturavam ideias alternativas — ou mesmo contraditórias — que poderiam servir de base — de justificativa e de crítica — para distintas posições.

Nos debates sobre "a política de organização", reafirmou-se a importância do PCB como "partido da classe operária". Era um artigo de fé, como se estivesse escrito num livro sagrado: o Partido, com 54 anos, sempre renasceria, como sempre renascera no passado, porque era expressão da classe operária, que tinha as chaves da emancipação da humanidade e do futuro.

Para muitos, a "queda" de Marco Antônio Coelho, um dos principais dirigentes partidários, fora emblemática de "métodos de trabalho" inadequados — como pudera um membro da direção concentrar nas mãos, entrelaçados, tantos fios do trabalho legal e do trabalho ilegal? Na ilegalidade, entretinha contatos com jornalistas e parlamentares, concentrava a tesouraria do Partido e ainda dirigia a gráfica clandestina. Em algumas intervenções, aparecia uma tendência a fazer dele um "bode expiatório", acusado por Agliberto Azevedo de indisciplinado, alguém que, diante de uma decisão contrária a suas ideias, "ia colocando [as coisas] de sua cabeça". Além disso, e mais grave, "não liberava dinheiro para tarefas com as quais não concordava". Anita, sobretudo, destacou-se pela severidade, questionando a "fatalidade histórica" das prisões e das perdas. Mesmo porque "houve militantes que avisaram". Era evidente que pensava em si própria. Exigia que "as responsabilidades fossem apuradas, coletivas e individuais, as do Comitê Central e as da Comissão Executiva". As coisas não podiam ficar "por isso mesmo", nem seria aconselhável "passar uma esponja" nos erros. Ameaçava com o futuro: "Um dia o Partido vai indagar do cc por que não foram tomadas medidas a tempo". Apesar de admitir que poderia estar sendo "um pouco brusca", afirmava que o seu procedimento era "essencial" para superar os problemas. Atacou igualmente a política de quadros do Partido, "muito ruim" e assolada pelo "compadrismo". Seria necessário controlar a aplicação das decisões, evitando-se a prática recorrente de "cada dirigente ter uma orientação própria". Também reclamou punições. Elas estariam "previstas no Estatuto", não eram "enfeites". A quem não cumprisse as tarefas determinadas, havia que "aplicar punições".

Entretanto, embora a grande maioria reconhecesse a procedência das críticas, tais alusões nem sequer apareceram nos textos publicados do encontro, salvo a tradicional referência à "ideologia pequeno-burguesa", outro mantra com que todos concordavam. Aplicando-se a todos, era como se não se aplicasse a ninguém em particular. O próprio Salles, afirmando, mais uma vez, personalidade própria, sustentou que "não podemos ver a árvore [os erros de Marco Antônio Coelho] e perder de vista a floresta [as concepções e os métodos de trabalho que haviam levado às prisões]". Tratava-se de evitar que a autocrítica necessária descambasse para a "autoflagelação". Era preciso manter a unidade do Partido, condição do seu reerguimento. Do mesmo modo, quando veio a discussão sobre as

TERCEIRA GRANDE CONJUNTURA: **1964-1990**

69.
Comício realizado em 13 de março de 1964, em frente à Central do Brasil e ao lado do então chamado Ministério da Guerra, no Rio de Janeiro. Protegido pelo Exército, foi o primeiro — e único — de uma série programada de dez eventos. Representou um ponto alto da mobilização das esquerdas em luta pelas reformas de base. O vitorioso golpe de 1964, dias depois, sepultaria o movimento.

70.
Vitorioso o golpe, em 1964, o centro do poder foi usurpado pelas corporações militares, afastando-se dele as lideranças civis que haviam participado da aventura golpista. Os três poderes da República, desde então, e até o fim da ditadura, passariam a ser Exército, Marinha e Aeronáutica. Na imagem, representantes das Três Armas. Da esquerda para a direita, brigadeiro Francisco Correia de Melo, vice-almirante Augusto Rademaker e general Artur Costa e Silva, que se autonomearam "Comando Supremo da Revolução" nos primeiros dias de abril.

71.
Prédio na rua Gorki (hoje, Tverskaia), em Moscou, onde Luís Carlos Prestes, Maria e seus filhos residiram nos anos 1970.

72.
Prestes e Maria em visita à Romênia, 1972.

73.
Formulário soviético de identificação de Luís Carlos Prestes. No cabeçalho, dois codinomes usados por Prestes: Aristides Gomes Junqueira e Artur da Silva Mota.

74. Anita Prestes no exílio soviético, anos 1970.

75. Luís Carlos Prestes com Maria, em Roma, por ocasião das sessões realizadas pelo Tribunal Bertrand Russell, para julgar os crimes da ditadura brasileira, 1976.

76. Prestes e Maria, acompanhados da filha, Mariana, em Bratislava, Tchecoslováquia, 1978.

77. Anistiado, Luís Carlos Prestes chega ao Brasil. No aeroporto, é recebido pela filha Anita e pelas irmãs, Lígia e Eloísa. Rio de Janeiro, 1979.

78. Prestes e Maria, conversando com Davidzinho Capistrano (à dir.) e Abguar Bastos, 1979.

79. Luís Carlos Prestes com Mario Schenberg, na volta do último exílio, em 1979.

80. Prestes falando em comício, pouco depois de sua chegada do exílio, em 1979.

81. Luiz Inácio Lula da Silva discursando em assembleia de operários em greve no Estádio de Vila Euclides, em São Bernardo do Campo, em maio de 1979. A ascensão do movimento operário e o surgimento de novas lideranças encorajaram Prestes a manter um discurso radical, na expectativa de que a transição democrática pudesse abrir uma conjuntura revolucionária.

82. Comício das Diretas, no Rio de Janeiro, abril de 1984. Prestes participaria ativamente desta campanha, embora seu discurso radical, não poucas vezes, incomodasse as lideranças moderadas de esquerda.

83. Encontro de Luís Carlos Prestes com veteranos da Coluna, em Santo Ângelo, 1984, por ocasião das comemorações dos sessenta anos do levante armado no Rio Grande do Sul (1924).

84. Atendendo a convites, em grandes e pequenos auditórios, Luís Carlos Prestes percorreu o Brasil nos anos 1980. Na fotografia, com Maria, em Muriaé, Minas Gerais, 1987.

85. Prestes em visita a Cuba, com Fidel Castro, 1988.

86. Luís Carlos Prestes descansando numa praia na periferia de Fortaleza, Ceará. Seria sua última viagem. Fevereiro de 1990.

87. Maria e seus nove filhos. Da esquerda para a direita e de cima para baixo: Zoia, Mariana, Ermelinda, Yuri, Antônio João, Rosa, Luís Carlos, Pedro e Paulo (os sete primeiros, com Luís Carlos Prestes; os dois últimos, os mais velhos, com Arnaldo Holanda Cavalcanti).

88. Estátua de Luís Carlos Prestes no memorial em homenagem a Prestes e à gesta tenentista. Palmas, Tocantins.

89. Luís Carlos Prestes e sua saga, versejados em literatura de cordel, 2008.

90. A aventurosa vida de Olga Benário, versejada em literatura de cordel, 2008.

91.
A queda do Muro de Berlim, novembro de 1989. Um símbolo marcante no processo de desagregação do socialismo "realmente existente". Combinada com a derrota das esquerdas nas eleições presidenciais do mesmo ano, a derrubada do Muro de Berlim abateu o ânimo de Prestes, que faleceria menos de quatro meses depois.

92. No município de Tenente Portela, no Rio Grande do Sul, uma esquina reúne os dois companheiros do levante militar de 1924.

93.
Na antiga estação ferroviária local, memorial à Coluna Miguel Costa-Prestes em Santo Ângelo, Rio Grande do Sul.

94.
Monumento à Coluna Miguel Costa-Prestes, em Santa Helena. Projetados por Oscar Niemeyer, existem monumentos idênticos em Santo Ângelo (RS), Santa Helena (PR) e Crateús (CE).

95. Rodovia Coluna Prestes (PR-488), no Paraná.

96. Memorial ao tenentismo, Palmas, Tocantins.

"infiltrações", cavalo de batalha de Hércules Corrêa, Prestes procurou acalmar o jogo. Aprovava a preocupação com o assunto, mas advertia: "Quem fala que tem infiltração, tem que dizer onde ela se encontra".

Assim, não houve "lavação de roupa suja". Ao contrário. Mesmo no reconhecimento das "debilidades", predominou uma atmosfera construtiva, diluindo-se as propostas mais radicais de "reconstrução" do Partido.

Dessa forma, aquela reunião que se iniciara sob o signo de certa tensão, foi se descontraindo. Nas pausas e intervalos, todos se entregavam a tiradas de bom humor e a brincadeiras. Como se os interesses comuns e o antigo companheirismo, forjados em anos de prática, prevalecessem sobre eventuais divergências ou ressentimentos.

Mais tarde, quando se tratou de analisar os casos de dirigentes acusados de "mau comportamento" na cadeia, predominaram também o cuidado e a prudência. Anita destoou aqui mais uma vez. Insistiu na expulsão de Moacir Longo, veterano dirigente do PCB em São Paulo, preso em fins de julho de 1972, e que teria "entregado companheiros". Não tomar as medidas previstas pelo estatuto, segundo ela, seria "muito desmoralizante". Mas a ideia não vingou. Qualquer punição drástica deveria ser precedida de exaustiva apuração e devido esclarecimento, assegurando amplo direito de defesa.

Tratava-se de reorganizar, lançando mão de todos os recursos disponíveis. Privilegiar, com a necessária cautela, e sem precipitações, a ligação com os militantes e organizações que permaneciam no país. A partir do exterior, retomar a publicação da *Voz Operária*, ampliando o máximo possível a circulação das orientações partidárias. Falou-se muito, ainda, numa rádio que transmitisse do exterior as orientações do Partido. E numa Escola de Quadros, distinta da que existia na União Soviética, mais vinculada à "realidade brasileira". Apareceram sugestões de articular os partidos comunistas "irmãos", sobretudo na América do Sul, mas também todo tipo de organizações que existiam no exterior (jornalistas, juristas; parlamentares etc.), dispostas a apoiar a luta contra a ditadura brasileira. E de atingir países que tinham relações privilegiadas com o Brasil, alertando as respectivas sociedades sobre o caráter do regime brasileiro, isolando a ditadura na cena internacional. Agora, com tantos dirigentes no exterior, essa tarefa poderia ser desenvolvida de um modo mais dinâmico, mas era nítida a preocupação de Prestes em definir normas para o trabalho futuro, era necessário evitar o surgimento de "múltiplos centros". Uma insinuação ao trabalho de Armênio

Guedes? O fato é que suas articulações evidenciavam margens de autonomia que incomodavam.

Quando chegou a hora de organizar o trabalho de direção, Prestes propôs parâmetros de funcionamento para uma nova Comissão Executiva: ela seria constituída por cinco membros efetivos, dois suplentes e mais um secretariado, formado por três quadros: o secretário-geral, um da própria Executiva e um terceiro do Comitê Central. A CE deveria reunir-se ordinariamente de dois em dois meses e o CC, no mínimo, uma vez por ano. Depois de algum debate, a proposta foi aprovada com apenas um voto contra e uma abstenção. A escolha dos nomes foi precedida de indicações feitas por todos e encaminhada a uma Comissão de Candidaturas. Prestes, Malina e Dias foram votados por todos os presentes, com quinze indicações cada um. Logo abaixo, Armênio Guedes e José Salles, treze indicações cada um. Como suplentes, Teodoro de Mello teve onze indicações e Sá, oito. Submetida a votos, as indicações foram referendadas por unanimidade. Aproveitando o momento, vários reiteraram a supremacia do CC sobre a CE. Estava nos estatutos, mas a reafirmação revestia caráter político.

Não fora possível alterar a correlação de forças. Os homens do VI Congresso continuavam em maioria. Mesmo longe, confinado em aparelhos no Brasil, uma grande vitória para Dias. Embora responsável político pelo desastre por que passara o Partido, mantivera a confiança dos pares. Armênio Guedes registrou igualmente ganhos: a assessoria por ele montada organizaria a elaboração e a distribuição da *Voz Operária*.

Prestes, contudo, também conquistou posições naquele complicado xadrez: foi constituído um Grupo de Trabalho para o Brasil, sediado em Moscou, composto por Salles, Marly, Anita e Régis Fratti. Teria um papel especial, apesar de não único, no processo de reconstrução partidária. Através dessa nova estrutura, o grupo que se formara em Moscou ganhava uma expressão — e uma plataforma — orgânica. No grupo, Salles seria o secretário, ou seja, ficaria no comando. Sua ascensão fora notável desde a suplência do CC alcançada no VI Congresso, em 1967. Jovem, construtivo, bem articulado, dinâmico, sedutor, agregador, cultivava o diálogo. Mesmo parecendo ser um "homem de Prestes", e com muitas afinidades — intelectuais e afetivas — com Anita e Marly, não rompia laços com o "outro lado"; ao contrário. Também ali era considerado "um dos nossos", como diria Melinho mais tarde. Fazia do equilíbrio uma virtude. Na reunião, finalmente, embora contra certas resistências, logo superadas, foram admitidos no CC —

"cooptados", no jargão partidário — Gregório Bezerra, Marly Vianna e Anita Prestes.

As duas últimas, fiéis a Prestes, eram um reforço notório para suas posições. Anita demonstrou grande desenvoltura ao longo de toda a reunião. Despontaria como uma nova liderança partidária? A rigidez de certas posições e a severidade na crítica seriam dificuldades no seu caminho. A verdade é que tinha o nome, mas não o prestígio nem, sobretudo, a habilidade e a capacidade de manobra do pai.

No encaminhamento da cooptação de Gregório Bezerra, Prestes opôs-se. Argumentou que, embora Bezerra fosse um "patrimônio" do Partido, seria um erro a sua cooptação, consideradas as suas "limitações". Foi contraditado por numerosas — e diversas — intervenções, as quais sustentaram que Gregório tinha todas as condições para contribuir, iguais ou superiores a boa parte das daqueles que já estavam no CC. Salles, mais uma vez evidenciando autonomia, enfatizaria o papel do velho militante no trabalho prático, sempre ovacionado nos eventos realizados no exterior e defendendo de forma bem articulada as diretrizes do Partido. Até o sempre fiel Agliberto votaria a favor de Gregório. Quase constrangido, Prestes acabou também votando a favor, alegando que não queria, com um voto contrário, "truncar" aquilo que via como uma "homenagem", mas, mesmo assim, fez questão de deixar "assentada" sua opinião. Bem ao seu estilo, experimentava um desgaste que poderia ter sido evitado.

A rigor, para muitos, as tendências ainda não estavam claramente demarcadas. Quando pareciam precisar-se, eram logo diluídas, os mais articulados parecendo querer camuflá-las. Entretanto, quem fosse ali arguto sentiria o esboço de posições contrárias em gestação.

No fecho da reunião, todos ressaltaram o caráter positivo e construtivo do encontro, o "equilíbrio" e o "amadurecimento", demonstrados pelo Comitê Central, prestigiado e reafirmado por muitos como "órgão coletivo de direção". Não houvera a "caça às bruxas" que alguns temiam, pressentida em intervenções fortes de Anita. Prestes, reafirmado como dirigente máximo, teria, no entanto, que lidar com equilíbrios delicados no âmbito do CC.

Foi assim que, aparentemente unidos, homenagearam mais uma vez os dirigentes presos ou mortos pela ditadura, confirmando-se, entre aplausos, "a confiança no internacionalismo proletário" e a "fé na vitória do socialismo no Brasil e no mundo".

Prestes ainda lembrou a necessidade de "segredo absoluto" sobre as cooptações decididas e sobre a nova composição da Comissão Executiva. Por outro lado, não se devia admitir a existência daquela reunião, nem, muito menos, que se realizara na União Soviética.

15. O terceiro exílio II: a reconstrução

Como se tivesse chegado ao fundo do poço, o Partido começou a se reerguer.

Em abril de 1976, uma pequena vitória, grande, nas circunstâncias. Depois de uma complicada e arriscada operação a partir do exterior, sob a coordenação de José Salles, foi possível, com a ajuda dos soviéticos e dos comunistas argentinos, resgatar do Brasil, são e salvo, Giocondo Dias. Saiu do país para Buenos Aires e de lá, já na companhia de Salles, para Paris, com escalas em Assunção, Quito e Caracas. Ao dirigir a operação exitosa, Salles consolidou reputação de eficácia e ousadia, características que nem sempre andam juntas.

No mesmo mês, outro sucesso: reapareceu, coordenada por Armênio Guedes, a *Voz Operária*, calada desde janeiro do ano anterior. Publicaram-se então as resoluções do encontro em Moscou, datando-as de dezembro de 1975 e não se informando, é claro, o lugar da reunião. Impresso clandestinamente na Bélgica, distribuído a partir da França e da Itália, o jornal era expedido para sindicalistas, parlamentares, jornalistas. Mesmo que meio às cegas, com boa parte dos endereços colhida nos catálogos telefônicos brasileiros consultados na agência da Varig em Paris, o fato de o periódico voltar a circular no Brasil assinalava um recomeço, e foi assim interpretado nos meios políticos.

Havia outros indícios promissores. Nos Estados Unidos, assumira a Presidência Jimmy Carter, do Partido Democrata, identificado com uma política assertiva de promoção dos direitos humanos no mundo e na América Latina. Uma reviravolta, depois de sucessivos governos que, desde os anos 1960, não tinham feito outra coisa senão inspirar, apoiar e financiar movimentos conspirativos de caráter golpista. No Brasil, a demissão do general Ednardo d'Ávila do comando do II Exército, em São Paulo, após mais um assassinato cometido pelos órgãos repressivos, o do militante operário Manoel Fiel Filho, gerara comoção e apontara para o fortalecimento do processo liderado por Geisel e Golbery.

Em junho, um "Manifesto do PCB ao povo brasileiro" demandava a "consolidação da Frente Patriótica e Antifascista", destacando a possibilidade de "impor derrotas à ditadura e obrigá-la a recuar". Realizadas as eleições municipais de novembro, o MDB obteve novamente expressivas vitórias, sobretudo nas grandes cidades e nos centros mais dinâmicos. Entretanto, a ditadura conseguira, dessa vez, limitar os estragos, contribuindo para isso o caráter localista do pleito e a limitação drástica da propaganda político-eleitoral. Prestes, de passagem por Paris, chefiando a delegação do PCB ao Congresso do Partido Comunista Francês, afirmara que a vitória do MDB deveria ser creditada, em parte não desprezível, à ação e à luta dos comunistas. Houve constrangimento. O MDB negou publicamente o papel atribuído por Prestes ao PCB, mas a polêmica evidenciou para muitos que o Partidão voltara ao jogo político. Prestes e alguns dos membros do chamado Grupo de Trabalho para o Brasil, sediado em Moscou, não estavam, porém, gostando dos rumos da *Voz Operária*, cuja publicação mensal fora regularizada, retomando o discurso vigente antes das quedas. A reconstrução do Partido em "bases revolucionárias" enfrentava resistências no exterior e no país. Cresciam, em sentido contrário, os partidários e as teses favoráveis a um *aggiornamento* do PCB de acordo com as propostas defendidas pelos comunistas italianos.

Segundo Melinho, já nessa época era observada a desenvoltura de Prestes e de sua filha Anita. O Velho e a filha viajavam bastante, estabeleciam conexões e pareciam envolvidos na organização de uma "direção paralela". Dois sinais nesse sentido, entre outros, acenderam a luz amarela entre os partidários da maioria do CC: Anita passara por Moçambique, tendo entrevistas de alto nível com o pessoal da Frelimo e do Estado moçambicano sem acionar, ou informar, Maurício Vieira, ex-piloto da FAB, radicado no país e "representante oficial" do PCB em Maputo. Ora, conforme entendimentos definidos na Comissão Executiva, entrevistas em qualquer país deveriam passar necessariamente pelos representantes ali credenciados. Episódio igual ocorrera em Havana. Orestes Timbaúba, "representante" local, assinalava ter sido informado de que Anita chegara incógnita para conversações em alto nível e disso ele não tomara conhecimento a não ser por vias indiretas. Numa das reuniões da Comissão Executiva, que agora se realizavam de modo regular, em capitais alternadas do mundo socialista, Armênio teria interpelado Prestes a propósito dessas viagens e de outras relações "não autorizadas". O Velho admitiu o que acontecera em Moçambique, e se justificou, alegando que o objetivo de Anita fora providenciar documentos para militantes que não os tinham, mas negou que o mesmo se fizera em Cuba. De seu lado, o Velho e Anita também desconfiavam dos demais: não estariam igualmente mantendo articulações "paralelas", ou seja, no jargão partidário, "fracionistas", o que era expressamente proibido pelos estatutos? A verdade é que a retomada de uma vida semilegal em diferentes países facilitava — e incentivava — contatos informais e troca de confidências. Criou-se um mal-estar. Aquele jogo de sombras teria que tipo de desdobramento?

Em março de 1977, novamente em Moscou, teve lugar uma segunda reunião do Comitê Central no exterior, iniciada no dia 25, comemorando-se então o 55º aniversário de fundação do PCB. As sessões realizaram-se nos arredores da capital soviética, numa confortável datcha onde residira Stálin. Houve gente que, tendo ido ao quarto do antigo ditador, lá sentiu pulsar a sua assombração, o que foi motivo de piadas e brincadeiras. Zuleika Alambert, que dormiu ali uma noite, recordaria, mais tarde, ter ficado com os "cabelos em pé". Todos os membros da direção política que residiam no exterior marcaram presença. Segundo registro de João Falcão, em ordem alfabética, além de Prestes, estavam lá: Agliberto Azevedo, Almir Neves, Anita Prestes, Armando Ziller, Armênio Guedes, Dinarco Reis, Giocondo Dias, Gregório Bezerra, Hércules Corrêa, José Salles, Luís Tenório de Lima, Marly Vianna, Orestes Timbaúba, Salomão Malina, Severino Teodoro de Mello e Zuleika Alambert. Lindolfo Silva e Régis Fratti seriam então cooptados para o Comitê Central.

Na ocasião, houve uma tentativa de responsabilizar Dias pelas quedas ocorridas no país, prevendo-se, inclusive, sua destituição da Secretaria de Organização do CC. Não passou. A proposta, defendida por Orestes Timbaúba, foi contra-atacada por Hércules Corrêa e pelo próprio Giocondo, e não chegou sequer a ser votada. Aquilo fora uma escaramuça, falhada. E certamente inspirada por alguém mais importante que Timbaúba. Anita? O próprio Prestes? Dias fingiu não ter acusado o golpe, mas era inteligente o suficiente para saber que Timbaúba não iria tirar aquela proposta da própria cabeça.

As reuniões na URSS, ou nas capitais dos países socialistas europeus, eram cercadas por pompa e circunstância. Os membros do Comitê Central do PCB recebiam tratamento VIP, desde a chegada aos aeroportos, passando pelo transporte, em discretas limusines, até os hotéis onde ficavam e os locais de reuniões, amplos e confortáveis, sem falar nas comidas e bebidas, abundantes e bem servidas por empregados (informantes das polícias políticas locais) destacados pelos Estados hospedeiros. Muitos militantes nunca tinham disposto daquele conforto, nem nunca mais disporiam. As mordomias eram objeto de deslumbramento e de histórias jocosas. Os mais críticos deviam inquietar-se, os menos, nem tanto: eram também comunistas, por que não poderiam compartilhar dos resultados da luta comum? Fosse como fosse, antes mesmo da reunião, não era mais possível ignorar as divergências que se evidenciavam.

Prestes preparara, desde fevereiro, um "informe" para a discussão, mas este fora rejeitado pela Comissão Executiva. Incumbiu-se então a assessoria de Paris de tentar encontrar um meio-termo. Foi um árduo trabalho. Como sempre nessas ocasiões, cada ponto e cada vírgula se tornaram objeto de disputa. Para a maioria, o texto de Prestes era "voluntarista", estreitava as possibilidades da frente antifascista, que devia ser "a mais ampla possível"; para ele, a formulação dos outros era "oportunista", sendo "inadmissível chamar a classe operária a lutar pela democracia burguesa" e por um "suposto desenvolvimento capitalista independente". A maioria levava fé na "abertura", apesar de seus zigue-zagues e limitações. E considerava que o restabelecimento das liberdades democráticas era o máximo que se poderia realisticamente almejar a curto prazo. Prestes, contudo, não apenas desconfiava do processo em curso, como, sobretudo, tinha expectativas de uma transição conturbada, podendo abrir brechas para que se lutasse por um "regime mais avançado", por "uma democracia que não seja apenas política", mas igualmente "econômica e social". E insistia que a "conquista de um poder nacional e democrático" poderia abrir caminho para o socialismo.

Depois de muitas marchas e contramarchas, alcançou-se o consenso habitual, destacando-se a habilidade, a disposição a concessões e o senso de manobra de Dias e de Salles mas também de Prestes. Foi possível assim, e mais uma vez, chegar a textos comuns. Ainda em fevereiro, em nome da Comissão Executiva, porém assinado por Prestes, foi publicado um manifesto em que se avaliava o pleito de novembro do ano anterior. Prevaleciam nitidamente as posições da maioria do Comitê Central. Enfatizava-se a derrota do governo e a "força crescente da oposição". As eleições tinham assumido "um caráter plebiscitário", colocaram a ditadura "no banco dos réus" e "condenaram-na". Apontava-se para as eleições seguintes, previstas para novembro de 1978, onde se poderia esperar a "conquista pelo MDB da maioria parlamentar" e a vitória em três dos mais importantes estados da federação. Conclamava-se a unidade de "todos os patriotas e democratas, mesmo aqueles que apoiam hoje a ditadura ou participam das fileiras da Arena". Afirmava-se que os comunistas não eram "revanchistas", e que a "maioria dos militares é constituída de patriotas". No horizonte aberto por aquelas palavras, não havia sequer a sombra de uma revolução.

As resoluções aprovadas na datcha de Stálin, publicadas em abril, num número especial da *Voz Operária*, vieram acompanhadas por um "Manifesto à nação" e uma nota sobre as relações entre os EUA e o Brasil. O padrão era o mesmo. O regime estava "exausto". Por toda parte, oposições: assalariados agrícolas, posseiros, classe operária, intelectuais, Igreja católica. Até nos arraiais da ditadura medravam objeções: "Forças consideráveis tanto na Arena como entre os grandes empresários e no seio do próprio governo, passaram a criticar aspectos fundamentais do regime fascista". Surgira assim "uma correlação de forças bem mais favorável" para um "acordo nacional", mediante a "plena vigência das liberdades democráticas e a consequente garantia dos direitos dos trabalhadores" e o "direito à vida legal do PCB".

No "Manifesto à nação", reiterava-se que o regime se encontrava "numa situação extremamente vulnerável", mas o tom era de conciliação construtiva: "O regime a que os brasileiros aspiram deve garantir às Forças Armadas uma posição importante na construção da democracia e na defesa da soberania popular". Uma incongruência, se contrastada com resoluções anteriores, segundo as quais as Forças Armadas eram uma espécie de "partido" do "fascismo" brasileiro. No entanto, advertia-se que "não há reconciliação possível a partir do arbítrio que exclui o povo do processo político".

Havia ali um amálgama, conjugando-se, como de hábito, orientações diversas e contraditórias. De um lado, a ênfase na necessidade de mobilização de "amplas massas, em particular, da classe operária". De outro, o compromisso — maior — com o restabelecimento da democracia no país. Uma no cravo dos "movimentos sociais", outra na ferradura das "lutas institucionais".

Sobre as relações entre Brasil e EUA, os comunistas anotavam os avanços da política externa do governo, o chamado "pragmatismo responsável", como o reconhecimento do MPLA em Angola, o voto na ONU contra o sionismo, o acordo nuclear com a Alemanha e a denúncia do "obsoleto acordo militar com os EUA". Também se criticava a defesa dos direitos humanos por parte do presidente norte--americano, porque a ele faltaria "autoridade moral" para tanto. Na sequência, celebrava-se a URSS e a "democracia socialista — política, econômica e social".

Efetuando um balanço dessas reuniões, Anita Prestes observou que aí se "consagrou o isolamento político do secretário-geral no Comitê Central do PCB". Uma leitura retrospectiva? Talvez fosse mais o seu sentimento, e a sua análise, do que os de seu pai. No entanto, um fato chama atenção. Logo depois dessa segunda reunião do CC no exílio, Marly e Ramón (que haviam se casado) deslocaram-se para Paris. Embora Ramón não fosse formalmente do Partido, era como se fosse, tais o nível de informação de que dispunha e a ação que desenvolvia nas articulações partidárias, o que já suscitava indagações e críticas veladas. O intuito claro do deslocamento, apesar de não explícito, era limitar o campo de manobra de Armênio Guedes e de Giocondo Dias, estabelecidos na França. A essa altura, segundo Marly Vianna, Anita começou a intensificar pressões sobre Prestes no sentido de que ele se comprometesse a prestigiar e a "elevar" José Salles no aparelho do Partido. As afinidades intelectuais, políticas e afetivas consolidavam aquele grupo de pessoas sem que Salles desse indício de rompimento com a maioria do Comitê Central, com a qual mantinha estreitos laços de articulação e de confiança.

No mês seguinte à reunião de Moscou, o governo Geisel baixou o Pacote de Abril. Tratava-se de um conjunto de dispositivos, alguns envolvendo uma reforma da Constituição. Mudanças desse tipo, que exigiam o quórum qualificado de dois terços do Congresso, passavam necessariamente pelo assentimento da oposição, que dispunha de pouco mais de um terço das cadeiras no Parlamento. Ora, as negociações com o MDB prolongavam-se, atolavam-se, sem resultados.

Geisel acionou então o temido ato institucional nº 5. Dissolveu o Congresso por um curto período e baixou, pela força do arbítrio, todas as medidas que desejava — mudanças na legislação eleitoral, reforma do Judiciário, disposições sociais. Aquele processo de "abertura" era assim, progredia a solavancos, sem excluir socos, rasteiras, cachações e pontapés. Contudo, ao mesmo tempo, o governo emitiu mensagens em todas as direções, assegurando que a "abertura" continuava de pé. Acreditasse quem quisesse. As oposições resolveram acreditar, mesmo porque não tinham na época outra alternativa. A que existia nas Forças Armadas, se movimentando, era a do ministro do Exército, o general Sílvio Frota, tenaz adversário da "abertura". Entre as oposições moderadas, murmurava-se o ditado: "Ruim com Geisel, pior sem ele".

Em junho, a *Voz Operária* registraria o protesto e a denúncia do PCB. Criticavam-se os que "desejam efetuar substituições no aparelho de poder, sem modificar essencialmente sua armadura institucional [...] os que desejam um estado de democracia restrita".

O aspecto positivo mais importante era a volta do movimento estudantil universitário às ruas. Reorganizavam-se as entidades, e as manifestações cresciam. Quando reprimidas, como no caso da invasão da Universidade de Brasília, em junho, e da invasão da PUC, de São Paulo, em setembro, geravam comoção, repercutida pela imprensa. Também os intelectuais começaram a formular críticas e protestos. Em julho, a XXIX Reunião da Sociedade Brasileira para o Progresso da Ciência (SBPC), realizada em São Paulo, transformou-se num grande ato pela democracia. No mês seguinte, um manifesto encabeçado pelo jurista Goffredo da Silva Telles — a "Carta aos brasileiros" —, com centenas de assinaturas, reivindicava a restauração do estado de direito. Desde o início do ano, em fevereiro, a CNBB formulara um documento crítico à ditadura: "As exigências cristãs de uma ordem política". Contudo, prudentes, os comunistas avaliavam que era "grande a distância entre um sentimento difuso de oposição e a sua materialização em termos de organização popular". A rigor, não lideravam o processo, embora, em ordem dispersa, dele participassem. Talvez por isso não o compreendessem.

Um pouco mais tarde, Prestes redigiu uma "Carta ao Partido", publicada na *Voz Operária* de setembro. Aquela maneira personalista de se dirigir ao coletivo partidário suscitava dúvidas e críticas, mas, em virtude da estatura e história do autor, não era possível evitá-la. Muito menos proibi-la ou censurá-la.

Ao recordar as perdas sofridas pelo Partido, em especial os dirigentes torturados e mortos, citados nominalmente, Prestes registrava "a difícil situação orgânica" vivida pelo PCB. Na conjuntura de isolamento da ditadura e de crescimento das oposições, tornava-se essencial "vencer a contradição [...] entre as possibilidades [...] e a nossa capacidade [de ação]".

Enfatizava um tom pessoal: "A minha contribuição [...] se expressa na colocação de algumas questões sobre as quais temos meditado e às quais já me é possível oferecer respostas". Prestes procurava estabelecer uma comunicação direta com a militância do Partido no Brasil.

Sobre os "erros cometidos", não bastava "lançar a culpa na violência [...] do poder fascista". Era preciso aprofundar a autocrítica: "Persistiram em nossas fileiras concepções e métodos de trabalho que facilitaram de muito a ação [...] da ditadura". Os "perigos" não haviam sido devidamente avaliados. Nem tinham sido "tomadas as medidas que pudessem evitar os danos causados pelo golpe que viria, cedo ou tarde, fatalmente viria". As "práticas liberais de trabalho [...] o afrouxamento da vigilância [...] uma certa inconsequência na passagem do trabalho legal para o ilegal...", resultaram no "despreparo geral da organização para resistir à violenta vaga de terror policial...".

Toda essa situação devera-se à subestimação do trabalho junto às "massas populares" e, em particular, ao "proletariado". O partido preferira concentrar-se nos "entendimentos de cúpula [...] nos acordos pelo alto" que, embora necessários, "têm que estar apoiados num amplo e poderoso movimento popular, garantia de um encaminhamento vitorioso na luta contra o fascismo".

Prestes apenas testava os adversários, ou saía, afinal, para um embate frontal?

No fim da "Carta", um aceno de conciliação moderava os propósitos: "[...] o cc continua funcionando organizadamente e com a minha participação direta em seus trabalhos...".

Entretanto, em novembro, ao participar em Moscou de um evento comemorativo do sexagésimo aniversário da Revolução de 1917, num texto de análise teórica Prestes voltou a incorporar as ideias e as teses dos dirigentes do núcleo de Moscou, defendidas sobretudo por Anita, Marly e Ramón. A ditadura brasileira era analisada como um regime socioeconômico dominado pelo "capitalismo monopolista de Estado". Havia ali contradições, sem dúvida, mas, "enquanto existir a máquina fascista do Estado, estas contradições internas continuarão sendo o meio através do qual o regime se reproduz". Em suas conclusões, depois de lembrar que, "para os comunistas, a história é sempre feita pelas massas", Prestes advertia que, nas condições brasileiras, "[...] o regime fascista tem que ser removido pelas forças que prejudica, num processo difícil e longo de luta e organização das massas populares, primordialmente dos proletários urbanos e rurais, e dos estudantes, intelectuais e demais setores populares".

Aquelas palavras representavam uma expectativa, uma esperança, mas não retratavam o que se passava concretamente no país. Não eram as ideias do Partido, e sim as de Anita Prestes, plasmadas na tese defendida no Instituto Marxista-Leninista. Era outra linha política, não a aprovada no vi Congresso do Partido. Adensavam-se as sombras de uma nova "luta interna".

No mês seguinte, o Comitê Central do PCB efetuou sua terceira reunião no exílio, em Budapeste. A frequência das reuniões, previstas nas decisões de janeiro de 1976, para além das mudanças em curso no Brasil, carecendo de análise e de interpretação, mostrava dissonâncias que era preciso constantemente monitorar, desconfianças em processo, fraturas que se desenhavam.

As resoluções reiteraram as posições da maioria do CC. O registro da demissão de Frota, em outubro, apontara um "recuo da ditadura". Ela, porém, continuava "forte". A ditadura se "isolava", as oposições "cresciam". Cumpria manter a "unidade", o "trabalho de massas" e a "luta pela democracia".

É interessante observar que se mencionava a luta de sindicatos operários, em São Paulo, pela reposição "dos 34,1%, confessadamente roubados pela ditadura". Tratava-se de uma articulação legitimada por estudo insuspeito do Banco Mundial que assinalava falsificação, pelas autoridades, de dados no cálculo da inflação. O governo não teve alternativa senão reconhecer a pertinência da pesquisa, abrindo margem legal para um conjunto de lutas que passaram a ser preparadas. No entanto, no texto das resoluções, não havia indício ou informações concretas, nem sequer conjecturas, sobre os movimentos que viriam, em pouco tempo, a abalar o país. Como já acontecera com o movimento estudantil em fins dos anos 1960, o movimento operário, uma década mais tarde, iria irromper à revelia do Partido que se considerava sua vanguarda histórica.

Nos debates de Budapeste, refizera-se, mas ainda de uma forma camuflada, a polarização entre Armênio Guedes e os intelectuais que o assessoravam na França e na Itália (Milton Temer, Mauro Malin, Carlos Nelson Coutinho, Antônio Carlos Peixoto e Leandro Konder), de um lado, e Prestes e os intelectuais do núcleo de Moscou, de outro.

Os primeiros assumiam cada vez mais desenvoltura na condução da *Voz Operária*, produzida sob seu controle. Sem deixar de publicar as resoluções partidárias, aproveitavam o espaço para divulgar seus pontos de vista particulares ou suas interpretações próprias a respeito da transição que se anunciava no Brasil, nos quais enfatizavam a "questão democrática" como essencial, inspirando-se nas concepções dos eurocomunistas italianos. A problemática de um "pacto democrático" começara a ser aventada, nos moldes do processo político que tinha lugar na Espanha, onde o Pacto de Moncloa, em outubro de 1977, entre o poder em declínio e um conjunto de forças políticas de oposição abrira as portas para a redemocratização do país. Considerando as condições do Brasil, não seria esse um caminho mais "realista"? O fato é que as resoluções adotadas em Budapeste, com ou sem razão, estavam sendo lidas como um encorajamento a essas concepções.

Prestes, contudo, registrara igualmente uma não pequena vitória: o Grupo de Trabalho para o Brasil foi ampliado e transformado em Seção de Organização, com jurisdição sobre o conjunto do processo de reorganização do PCB, no exterior e no Brasil. A nova "Seção", sempre sob a direção de José Salles, cuja posição fora reforçada, incluía Marly Vianna, Régis Fratti, Dinarco Reis, Almir Neves, Giocondo Dias e ainda Anita Prestes, deslocada para Paris desde janeiro de 1978.

Dadas as contradições entre a assessoria parisiense e o núcleo de Moscou, liderados respectivamente por Armênio Guedes e Prestes, a posição de "centro", ocupada tradicionalmente pelo Velho, foi, mais uma vez, exercida, e com firmeza, por Giocondo Dias. Era um fenômeno de mau presságio e, pior, vinha se consolidando. Ao seu lado, mas sem se desligar de nenhum grupo, destacava-se o jovem dirigente José Salles, reunindo em torno de si a confiança de todos, de Prestes e de Anita em particular, mas também de Dias e de seus correligionários. Aquele jovem dirigente era um fenômeno reconhecido, mas até onde chegaria?

O ano de 1978 não foi um ano qualquer. Em maio, irromperam as greves de São Bernardo do Campo. O caráter de massas do movimento, expresso nas assembleias multitudinárias do Estádio de Vila Euclides; a combinação entre o recurso ao sindicato e o exercício da autonomia; a localização estratégica das indústrias e das cidades alcançadas pela greve; as lideranças operárias emergentes, entre as quais se destacou Luiz Inácio Lula da Silva; a capacidade imediata de irradiação — por volta de dois meses depois, meio milhão de trabalhadores, em cerca de quatrocentas empresas em dezoito cidades do estado de São Paulo, haviam partido para a greve —, todos esses aspectos tenderiam a modificar, e profundamente, as referências com que até então as forças políticas — de direita e de esquerda — vinham participando do processo político da "abertura".

Em junho, foi suspensa a censura prévia dos quatro órgãos que ainda a sofriam: *Pasquim, Movimento, Tribuna da Imprensa* e *O São* Paulo, da arquidiocese da capital paulista. No começo de novembro, realizou-se em São Paulo o Congresso Nacional pela Anistia. Após duas semanas, eleições para a Câmara e o Senado registrariam novas e expressivas vitórias para o MDB nos grandes centros urbanos e nos estados mais populosos. Entretanto, no universo de cerca de 30 milhões de votos, a Arena ganhara, mas por menos de 300 mil sufrágios, apenas 1%. No Congresso Nacional, em virtude dos casuísmos introduzidos pelo Pacote de Abril, em

1977, atribuindo peso desproporcional aos votos dos "grotões", mantivera-se a maioria da Arena em relação ao MDB, de 231 a 189 deputados, embora o partido do governo conservasse folgada vantagem no Senado (41 a 25), reforçada pelos senadores "biônicos", eleitos indiretamente e por isso mesmo questionados como ilegítimos por amplos setores. A oposição conseguira maioria nas assembleias legislativas de três importantes estados da federação: São Paulo (dois terços das cadeiras), Rio de Janeiro e Rio Grande do Sul.

O PCB comemorava, uma vez que apoiara as campanhas vitoriosas de vários deputados federais: Roberto Freire, em Pernambuco; Alberto Goldman, em São Paulo; Modesto da Silveira e Marcelo Cerqueira, no Rio de Janeiro; Jackson Barreto, em Sergipe; e Eloar Guazelli, no Rio Grande do Sul.

A ditadura, enfraquecida, ainda não estava, no entanto, derrotada. Aproveitando-se de sua maioria parlamentar, aprovara, em setembro, dispositivos destinados a proteger a ordem vigente, como o "estado de emergência" — as chamadas "salvaguardas". Ao mesmo tempo, em 15 de outubro, fizera eleger, também pelo Congresso, mais um general: João Batista Figueiredo, que governaria por seis anos, conforme alteração constitucional baixada pelo Pacote de Abril de 1977. Mas já sem os poderes ditatoriais, de exceção, pois os atos institucionais seriam revogados a partir de 1º de janeiro de 1979. Entre os exilados, como em toda parte, acompanhava-se de perto o que acontecia, e com intensa excitação, porque estava evidente que a ditadura emitia os últimos estertores, já que o estado de exceção tinha seus dias contados.

Ao lado da alegria, contudo, medrava a inquietação entre os militantes do PCB. Desde que passara a existir, em 1922, era a primeira vez na história que uma manifestação operária de grandes proporções (como a de 78) ocorria sem a presença, sequer uma informação detalhada, dos dirigentes do Partidão. Por mais que se pudesse alegar que a repressão desarticulara temporariamente a sua capacidade de intervenção, era evidente que se tratava de um sinal dos tempos, grave e de forma alguma alvissareiro.

Para Prestes, o ano começara com uma homenagem do *Pravda*, que, em artigo elogioso, comemorava seus oitenta anos. Já era uma idade provecta, talvez aconselhando descanso, mas o Velho esbanjava determinação e vontade. Ele tentaria, de fato, de todos os modos, virar a situação a favor de suas teses políticas e de sua posição pessoal.

Uma nota da Comissão Executiva, do mês de maio, não registrava mudanças significativas. A grande ênfase continuava sendo o processo eleitoral de novembro e a necessidade imperativa de manter o MDB unido, contra tendências que já se esboçavam a favor da formação de outros partidos de oposição. Os movimentos sociais não deveriam ser "subestimados", mas eles próprios, "favorecidos pelo clima eleitoral", deveriam desembocar na "ativação e fortalecimento da campanha eleitoral". Relançava-se ainda a ideia de uma Assembleia Constituinte, forma legítima e apropriada para a construção de uma nova ordem democrática, estabelecendo-se cinco precondições: "anistia ampla e irrestrita; fim de todos os atos e leis de exceção; habeas corpus na plenitude; livre organização partidária e completa liberdade sindical".

Em agosto, numa entrevista publicada na *Voz Operária*, Prestes esforçava-se para desenhar de si mesmo um perfil específico: embora sublinhasse a importância das eleições, prevendo uma "ampla derrota" dos candidatos da Arena nos grandes centros urbanos, era contundente com a ditadura e aberto às novidades aportadas pelos novos movimentos sociais. Referia-se à ditadura como um "regime militar fascista, dos monopólios e dos generais", em declínio "desde 1974" e impopular perante a opinião pública, que exigia, cada vez mais, "imediata substituição do arbítrio e do autoritarismo por um regime democrático". Quanto ao movimento operário, observava que ele estava "conquistando na prática o direito de greve". Era necessário agora passar à luta pela formação de uma Frente Nacional de Redemocratização, contando com a participação de operários, camponeses e outras forças progressistas, que deveriam se organizar "nos locais de trabalho, nos bairros das grandes cidades, nas escolas e nos pequenos povoados".

Uma interpretação "de esquerda" das resoluções de 1977 ou o esboço de uma nova plataforma política? O fato é que Prestes, assim como outros líderes que se exilaram, começara a ser procurado por jornais e revistas, beneficiado pelo interesse que suas palavras tornavam a despertar no Brasil, acionada a aura romântica que costuma envolver perseguidos e desterrados no regresso ao convívio da nação. Depois do que acontecera em 45 e 58, era a terceira vez que o Velho passava pela experiência de sair dos subterrâneos e voltar à luz do sol. Assim, e já não dependendo exclusivamente da *Voz Operária*, aproveitava-se do ensejo para divulgar os próprios pontos de vista ou as próprias interpretações das formulações do seu Partido.

O mesmo faziam seus críticos, através de todos os meios disponíveis. As dissonâncias tornavam-se cada vez mais audíveis, embora quase ninguém pudesse imaginar o rumo que cedo iriam tomar tais divergências. Não poucos dirigentes se preocupavam. No contexto daquela conjuntura crítica, em que se acumulavam tensões e dificuldades de toda ordem, evidenciadas sobretudo, mas não apenas, pela irrupção dos movimentos grevistas completamente fora do controle do Partido, os comunistas não podiam se dividir e muito menos perder sua principal e tradicional estrela, o camarada Prestes. Era necessário manter a unidade, fazendo as concessões necessárias.

Em outubro de 1978, realizou-se, em Sofia, a quarta reunião plenária do Comitê Central do PCB no exílio. Não foi coisa fácil chegar ali a um texto comum, a ser apresentado pela Comissão Executiva na abertura do encontro. Uma primeira versão se deparou com a discordância firme de Prestes; ele não assinaria e ficaria em oposição aberta, mesmo que isolado. Mas Dias, Malina e Salles não queriam que isso acontecesse, poderia gerar uma ideia malsã de falta de unidade na CE. Fizeram então o possível para que se alcançasse um consenso, adiando-se a reunião, algumas vezes, por causa disso. A polarização entre Prestes e Armênio Guedes, contudo, se aproximara de um ponto de ruptura. Finalmente, numa virada, uma nova redação foi assinada por todos, menos Guedes. Assim, ressalvada a oposição deste último, aprovou-se um informe, a ser lido por Prestes, com o apoio dos demais.

Insistia-se na "crise" por que passava o país, e na importância dos movimentos sociais e das greves operárias: "Os operários não só se sobrepuseram à lei de greve, decretada pela ditadura em 1974, como desferiram um golpe na política salarial do governo, começando a reconquistar de fato o direito de contratação coletiva". No entanto, a ditadura mantinha a "iniciativa", e não se podia prever uma transição suave à democracia, uma "evolução tranquila e pacífica", nem, muito menos, um processo agudo de "desagregação do regime". Abria-se, ao contrário, na perspectiva da conquista de uma "democracia de massas", uma "nova etapa na luta contra a ditadura", marcada pelo "aguçamento das lutas políticas e de classes" em que seria possível pressupor a hipótese de "avançar rumo ao socialismo, sem guerra civil nem insurreição armada". Ao mesmo tempo, Prestes perseverava na necessidade de esclarecer o conceito de "democracia", sustentando que, de acordo com as diversas classes em luta, nem sempre o conceito teria igual significado. Segundo ele, a democracia pela qual lutavam os comunistas era a "democracia antimonopolista" na perspectiva do socialismo. Em questão, a principal formulação dos eurocomunistas, que viam a democracia como "valor universal", não carecendo de adjetivações. Criticando simultaneamente o "ultraesquerdismo" e os "liberais cuidadosos", a resolução finalizava com a proposta de "transformar o PCB num grande partido de massas", enraizado nas fábricas.

Armênio Guedes, apoiado por Zuleika Alambert, criticaria a deriva, alegando que havia ali a mistura entre "tática e estratégia" e uma porta aberta para posições "esquerdistas". Ficaram isolados, evidenciando-se que as referências renovadoras, inspiradas no eurocomunismo, não contavam com o apoio da maioria. Foi aprovada, inclusive, uma resolução específica sobre a *Voz Operária*, cujo comitê de redação era acusado de não considerar as decisões partidárias "expressas em seus documentos oficiais".

Na sequência, e se aproveitando de certo atordoamento de muitos que se sentiam levados de roldão, Prestes propôs uma inédita — e inusitada — mudança nos estatutos do Partido. O Secretariado seria abolido como instância organizativa, substituído por um cargo novo, o de coordenador da Comissão Executiva, uma espécie de braço direito do secretário-geral, em ligação com Prestes e diretamente subordinado a ele. Eleito pelo CC, esse dirigente concentraria superpoderes: coordenaria não apenas os trabalhos da Comissão Executiva, mas também os de seus membros, dos membros do CC e de suas seções. A proposta fora cuidadosamente costurada com muitos dirigentes antes da reunião, mas não deixou de provocar reações de surpresa e perplexidade. Prestes ponderou, porém, recorrendo a seu prestígio, que o "coordenador" seria, na prática, uma extensão de sua pessoa e funções, com a vantagem da mobilidade e da agilidade de que ele próprio já não dispunha, em razão das limitações legais e de idade.

Aceita a proposta, com três abstenções (Zuleika, Armênio e Ziller), aprovou-se em seguida o nome indicado por Prestes: José Salles. Houve unanimidade, pois o homem estruturara afinidades com todos os círculos e quadrantes do CC, sem falar nos soviéticos, que pareciam admirar sua capacidade de ação e de organização. Por fim, foi ainda decidida a criação no Brasil de uma direção específica, subordinada ao CC, à CE e, naturalmente, ao coordenador da CE. Uma extraordinária reviravolta. Tratava-se de um golpe? Formalmente, não, pois a proposta fora debatida e aprovada por quase todos. O fato é que, agora, Prestes e seus apoiadores próximos, cujas posições políticas não eram majoritárias no Comitê Central, passavam a contar com poderosos instrumentos orgânicos, legitimados por esse mesmo comitê, no sentido de tentar reconstruir no Brasil e no exterior um partido à feição de suas posições.

Não seria uma tarefa simples, considerando-se as resistências políticas que tal projeto fatalmente suscitaria. Era demasiado voluntarismo imaginar que aquela empresa dependia apenas de mudanças organizativas, por mais importantes que fossem. Mas esse voluntarismo não estava inscrito na vida de Prestes como uma marca distintiva?

Contudo, havia outro detalhe; maior. A jogada toda repousava numa pedra angular: o coordenador da Comissão Executiva — José Salles. Prestes já tivera, ao longo da vida, vários "homens de confiança". Nem todos tinham justificado suas expectativas.

Em fins de novembro, dando sequência às decisões tomadas em Sofia, uma delegação do cc encontrou-se com os militantes que faziam a *Voz Operária* para transmitir-lhes as críticas aprovadas e providenciar o devido "enquadramento". Alguns espernearam, houve ranger de dentes, mas não lhes restou outro caminho a não ser se submeter à lógica do "centralismo democrático".

O término do ano apresentava-se ao Velho como promissor. Na conjuntura volátil que vivia o país, não seria nada fácil reconstruir o Partido e vencer as tendências consideradas "oportunistas". Mas ele conseguira reorientar a "linha política" segundo suas posições, criara eficazes instrumentos de organização e passara a controlar de perto o jornal oficial do Partido. As circunstâncias eram encorajadoras.

No plano internacional, suas viagens políticas já não se limitavam aos países do "mundo socialista". Foi duas vezes à Itália, estivera em Portugal, na França, na Dinamarca e na Grécia, participando dos congressos de "partidos irmãos", recebendo homenagens, esbanjando vitalidade. Além disso, seus propósitos revolucionários eram alentados pelos acontecimentos na Nicarágua e no Irã, onde dois regimes ditatoriais pareciam à beira da ruína, acossados por uma guerra de guerrilhas, no primeiro caso, e por um imenso movimento de massa, no caso do segundo. Assim, foi com ânimo renovado que tomou parte, na capital da Bulgária, de um encontro para discutir os rumos da construção do socialismo, entre 12 e 15 de dezembro.

Naquele caminho que parecia pavimentado, porém, apareceram inesperadamente pedras que tudo bloquearam. O problema — ou o escândalo — começou onde menos se poderia esperar: no seio da Seção de Organização, entre dirigentes intimamente associados a Prestes e com notórias afinidades entre si: José Salles, Marly e Anita.

A coisa toda, desde o início, teve mais uma feição policial — como se fora uma história de detetive — do que política. Na origem, uma argentina de origem búlgara, Victoria Manovski. Os pais, havia longo tempo radicados na Argentina, dedicavam-se, entre outras coisas, a atividades de exportação e importação com a Bulgária e frequentavam os diplomatas desse país. Quando Salles a conheceu, em 1976, apresentando-se como um homem de negócios que tinha prestígio em países socialistas, pensou em fazer dela um ponto de apoio do PCB, paralelo e sem contato com os comunistas argentinos, para o que contou com o assentimento de Prestes. Por outro lado, também imaginou usar seus serviços — e os da firma de seus pais — para operações de *export-import* com a União Soviética, revertendo as comissões daí provenientes para ela, Victoria, e, através de Salles, para o caixa do Partido. Até aí, nada de extraordinário do ponto de vista da história do PCB e dos procedimentos variados de "fazer finanças".

Contudo, Victoria tivera um namorado chegado a drogas (cocaína), e as experimentara ela mesma, tendo inclusive feito o tráfico delas da América Latina para a Europa. Dele por fim se afastara, segundo dissera a Salles, porque não queria envolvimento com o "baixo mundo" de viciados e traficantes. Para os militantes e dirigentes da época, no entanto, seria já o caso de acender a luz amarela: o PCB e a imensa maioria de organizações de esquerda consideravam o uso de drogas — qualquer droga — uma espécie de tabu. O militante que desejasse experimentá-las, mesmo as leves, como a maconha, teria que fazê-lo escondido da polícia e de seus companheiros. As referências morais vigentes, positivistas e católicas, não permitiam outra atitude.

É certo que, apesar disso, sobretudo nas capitais da Europa Ocidental, nos meios artísticos e intelectuais, já se disseminava o uso da maconha e mesmo de outras drogas, o que era tolerado pelos militantes mais "moderninhos". Não raros se permitiam uns "tapinhas", mas sempre à margem e sem se mostrarem. Por outro lado, é preciso não esquecer que os círculos bem informados sabiam que as drogas — principalmente as tidas como "pesadas" —, em função da demanda crescente em toda parte, haviam se transformado em mercadorias de alto valor. Poderiam ser utilizadas para fins "revolucionários"? Era uma questão discutida à socapa. Contava-se que, no Vietnã, os guerrilheiros tinham tomado a direção do tráfico e disso se serviram para intoxicar as tropas norte-americanas. Corriam também boatos de que movimentos revolucionários diversos, na Europa e na América Latina — inclusive em Cuba —, começavam a se valer das drogas para "arrecadar finanças".

Entretanto, para o comum dos militantes — e eles eram legião nas fileiras do PCB — a questão continuava sendo considerada um tabu. Mesmo porque, alegava-se, e com muita razão, que, se a polícia apanhasse comunistas envolvidos direta ou indiretamente com drogas, faria largo uso publicitário disso, com resultados nocivos para o Partido e suas lutas.

Nos começos do mês de dezembro de 1978, Victoria Manovski procurou Salles em Paris. Estava em apuros: perdera a bolsa com dinheiro, passagem para Buenos Aires e passaporte. Queria ajuda e um empréstimo de 4 mil dólares, uma soma relativamente alta para os padrões da época e, sobretudo, para as condições em que os militantes viviam, mesmo no exterior. Salles preparava-se, então, para uma viagem com que sonhara durante muito tempo — iria ao México, com a mulher, Nena, com quem tinha dois filhos, ver a mãe, a quem não encontrava fazia dezoito anos, e o irmão —, uma viagem de férias, paga pela família, um descanso, afinal, para quem se dedicava havia anos às tensas tarefas partidárias. Em certo sentido, uma viagem também de cura, pois se sentia enfraquecido, doente, talvez em razão do cansaço. Ocupado, passou a Marly a incumbência de tratar do "problema da argentina". Que ela fosse instruída a solicitar outro passaporte ou um título de viagem argentino, e que se lhe adiantasse o dinheiro que solicitava, pois era pessoa de confiança e pagaria mais tarde.

Quando soube da natureza das demandas, e depois de encontrar a argentina, Marly passou a bola para Régis Fratti, também da Seção de Organização. Em 11 de dezembro, uma segunda-feira, deu-se o encontro entre Fratti e Victoria. Segundo relato do militante, a mulher estava muito nervosa, "inchada", parecendo viciada em drogas; pedia 4 mil dólares, um passaporte falso e uma passagem Paris-Madri-Lima-La Paz, um trajeto deveras esquisito para quem desejava ir a Buenos Aires. Indagada, respondeu que precisava passar na Bolívia porque era lá que iria apanhar "a carga".

No dia seguinte, surpreso e sem saber direito o que fazer, mais inquieto ainda ficaria Fratti quando descobriu que Marly estava convencida de que Victoria era uma traficante de cocaína. Tentou de todas as maneiras entrar em contato com Salles. Em vão. Ele já estava de partida e não atendia chamados. Mas tomou conhecimento, por intermédio de Marly, das suspeitas que o caso suscitava. Reagiu de mau humor, não estimou o potencial desagregador que tinha aquele assunto, e partiu, em 13 de dezembro, feliz, rumo ao México.

Nesse mesmo dia, Anita soube por Marly do affaire. Ficou alarmada. No entanto, e estranhamente, Fratti foi instruído por esta última a ir em frente, voltar à Bélgica, onde morava, e providenciar o passaporte falso num esquema ali existente. Uma vez preparado, o documento deveria ser enviado a Armênio Guedes, em Paris, que o passaria a Marly. Fratti ponderou que fazer uso do correio seria uma temeridade. Acertou-se, então, que um portador o traria pessoalmente.

Armênio só foi avisado no dia 15. A essa altura, pessoas próximas iam tomando conhecimento do assunto, de modo fragmentado, o que só aumentava o disse me disse. Marly e Anita, inquietas e nervosas, não tinham mais dúvida nenhuma de que Salles havia entrado num esquema de contrabando e tráfico de drogas com vistas a "fazer finanças" para o Partido. Tratava-se de descobrir, agora, a extensão da "coisa" e até que ponto ele mesmo não estaria envolvido pessoal e diretamente na questão.

Tramou-se então uma "ação" no apartamento de Salles, que foi "visitado" e revistado. Fez-se uma razia em seus papéis, levando-se endereços e telefones, e tudo o mais que se considerou importante para uma investigação completa. Prestes, em Moscou, foi chamado a Paris com urgência.

Sucediam-se reuniões, nervosas. Numa delas, em sala emprestada pela CGT francesa, encontraram-se Anita, Marly, Guedes, Dias, Mello e Prestes. Anita não media as palavras e acusava Salles sem rodeios, transtornada. Sua atitude parecia ir além da dimensão política, como se sentisse traída, exprimindo funda decepção afetiva. Mello ponderou que seria necessário ouvir a argentina, mas a filha de Prestes, agitada, e embora contida por Marly, começou a gritar, argumentando que as evidências eram insofismáveis. Mello teve que dar um tapa na mesa: "Não aceito gritarias nem do seu pai, quanto mais de você". Anita se pôs a chorar e ainda ouviu Mello dizer: "Isto está acontecendo porque Prestes está fazendo direção paralela no Partido". Prestes balançou a cabeça negativamente.

Nesse ponto, a história — sensacional — circulava de modo desencontrado através de canais e conhecimentos pessoais e informais. Evidência disso teve Hércules Corrêa em 22 de dezembro, quando, de nada ainda sabendo, em encontro com Carlos Nelson Coutinho em Paris para discutir as dissensões a respeito da

Voz Operária, ouviu deste que Salles iria cair da Comissão Executiva e mesmo do CC em "dois ou três meses, no máximo". Incrédulo, negou fundamento à hipótese e perguntou em que razões se baseava aquele prognóstico. Enigmático, Carlos Nelson disse que sobre isso nada podia falar, mas propôs uma aposta: "Trinta cervejas como ele cai". Hércules, assustado, dobrou a aposta: "Sessenta cervejas como isto não vai acontecer". O outro sorriu e se limitou a dizer: "Está de pé a aposta". Era para sair dali com muitas pulgas atrás da orelha, e foi com elas — nas duas orelhas — que Hércules se despediu do companheiro.

No dia 23, Fratti foi chamado da Bélgica para prestar esclarecimentos numa reunião que se realizou na véspera do Natal. O encontro deu-se no apartamento de Marly, um quarto e sala, onde ele foi submetido a intenso interrogatório, na presença de Prestes, Armênio, Anita e da dona da casa.

Mais tarde, em relato ao CC, Fratti diria que chegou a se indagar da pertinência daquela reunião informal. Em certo momento, saindo do quarto, adentrou a sala Ramón, o marido de Marly, com perguntas e sugestões. Ele nem pertencia ao Partido, embora sobre isso houvesse controvérsias, o que não deixa de ser simbólico. A atmosfera era pesada: todos estavam convencidos do envolvimento de Salles no tráfico de entorpecentes. Segundo Marly, "ele já tinha admitido e achava tudo muito normal". Quando lhe perguntaram "o que achava daquilo", Fratti compreendeu que estava também sob suspeita. Respondeu que Salles devia ser ouvido e que não concordava com aquele tipo de reunião.

O processo tinha realmente características singulares. Salles, o principal acusado, todo-poderoso coordenador da Comissão Executiva e do Comitê Central, presumido futuro secretário-geral do PCB, até então de nada sabia. No México, ao falar por telefone com amigos em Paris, fora apenas avisado de que "a barra estava pesadíssima", "que voltasse o mais rápido possível". Inquieto, conjecturou a possibilidade de novas quedas no Brasil, ou de o Velho estar sofrendo de doença séria.

Enquanto isso, os demais membros da Comissão Executiva começavam, aos soluços, a ser avisados e chamados, participando de mais reuniões, nas quais eclodiam suspeitas, acusações e acareações. Sobre Salles, e sem ouvi-lo, muitos diziam que era um "aventureiro", um "cabotino", um "irresponsável". Falava-se de sua viagem ao México, de Concorde, com a mulher e a cachorrinha, e com tanta acrimônia que não se sabia direito o que era mais grave ou qual o detalhe mais picante: o México, a namorada, o Concorde ou a cachorrinha.

Giocondo Dias, em Lyon, só foi chamado no Natal, duas semanas depois que tudo se iniciara. Não gostou do que viu e ouviu, e chegou a trocar, a sós, palavras ásperas com Prestes: aqueles métodos estavam desmoralizando a direção partidária. Outros membros da própria Seção de Organização, como Mário, o Perereca, só foram prevenidos no dia 28. A situação, decididamente, fugira do controle e, para tentar conter aquela hemorragia, resolveu-se convocar uma reunião extraordinária do cc para fins de janeiro. No réveillon, e ao longo do mês seguinte, nas rodas bem informadas do Partido, não houve assunto mais "quente".

Prestes passou o Ano-Novo em Havana, para onde partira no dia 30, convidado por Fidel Castro a assistir às comemorações pelos vinte anos do triunfo da Revolução Cubana. Era a consagração de uma aproximação que agora se reafirmava no combate comum aos "reformistas eurocomunistas". Com efeito, em 3 de janeiro de 1979, Fidel Castro lhe faria um caloroso discurso por ocasião do seu 81º aniversário. Não se sabe como o Velho aguentou aquelas festividades, pois devia estar inteiramente obcecado pelo escândalo, cujos desdobramentos ainda eram ameaçadores e imprevisíveis.

A reunião do Comitê Central teve lugar, afinal, entre 30 de janeiro e 3 de fevereiro de 1979, num subúrbio de Praga, em duas casas separadas que o Partido Tchecoslovaco disponibilizou: numa se davam as discussões, noutra, as refeições e as pausas para cafezinho.

Enquanto no Brasil, revogados os atos institucionais, a conjuntura acelerava-se, propondo incógnitas inéditas e desafiadoras, os mais altos dirigentes do pcb concentravam-se para tentar elucidar, durante longos quatro dias, uma história rocambolesca de muitas suspeitas e poucos fatos.

Numa atmosfera pesada, tratou-se, em primeiro lugar, de reconstituir os principais episódios daquela trama. Não foi uma tarefa simples. Os testemunhos de Marly, Anita, Fratti e Salles, sem contar Mário, avisado tardiamente, por mais minuciosos, deixavam ainda muitas zonas de sombra sobre duas questões centrais: havia uma rede de entorpecentes montada, da qual fazia parte a argentina? Salles pretendera, de fato, usá-la para montar um aparelho de finanças para o Partido?

Nem uma coisa nem outra, defendia-se Salles. O próprio fato, alegava, de partir para o México, deixando tudo nas mãos de Marly, e o de fazer as recomendações que fizera à argentina — que ela fosse à embaixada do seu país e conseguisse ali um novo passaporte — evidenciavam sua inocência e que nada de "secreto" existia entre os dois. De mais a mais, seria muito fácil apurar a veracidade

406

do que dizia, pois Victoria tinha endereço e número de telefone em Buenos Aires, além de ser sua família muito conhecida dos búlgaros com quem fazia negócios havia tempos. Era desses negócios, legais, que Salles queria tirar proveito, estendendo-os à União Soviética e transformando isso, a partir das comissões extraídas — igualmente legais —, numa fonte de "finanças" para o Partido. Victoria também ganharia comissões, e por esse motivo estava interessada em levar o assunto adiante. Ele admitia no máximo haver sido "irresponsável" e "leviano", e ter pecado por "falta de vigilância revolucionária", por não ter investigado melhor, quando informado pela própria Victoria, a questão de seus vínculos com as drogas e o tráfico e por tê-la vinculado ao Partido sem apurar com todo o rigor essas questões. Já reconhecera perante a Comissão Executiva haver cometido "erros graves". Mas disso não se podia concluir que ele era um viciado em drogas, ou que tivesse contato com tóxicos, viciados ou comércio de tóxicos, muito menos que fosse "chefe" de "uma quadrilha internacional" ou que tivesse laços com uma.

Invocava ainda o "testemunho dos camaradas aqui presentes", e mesmo dos "companheiros que me acusam" e que "me conhecem há vinte anos". Sua casa "sempre fora um aparelho do Partido" e sua vida "não tinha pontos obscuros para o Partido", e jamais alguém imaginara que ele pudesse ter "o mais leve contato com tóxicos ou com ambientes malsãos".

Assegurada a defesa, Salles lamentou a violação da "legalidade partidária" e o fato de terem "invadido sua casa": "Nenhum de nós pode fazer justiça com as próprias mãos e vasculhar a casa de um camarada sem autorização expressa do cc ou da Comissão Executiva". Mostrou também a inconsequência das ações contra ele: "Não devemos informar a um suposto criminoso que ele foi descoberto", pois, se se tratasse mesmo de um criminoso, liquidaria quem o descobriu, daria o golpe que pudesse dar no Partido e desapareceria.

Ao concluir, Salles recordou que fora eleito para o cc com apenas 27 anos, historiou um longo percurso de dedicação ao Partido, enfatizou que "muito lhe importava a opinião dos companheiros" e terminou afiançando que estava disposto a "cumprir" as decisões do cc, fossem quais fossem.

O relato de Fratti, minucioso, resultou também positivo para Salles. Não havia ali mais do que indícios, a serem apurados, sem dúvida, mas não dava para extrair conclusões de que Salles era um "rufião", como afirmara Armênio, ou "traficante de cocaína", como tinham sugerido Marly e Anita. Apesar de aparteado pelas duas que, aos gritos, disseram que aquilo era "mentira", e que apenas suspeitavam que Salles, irresponsavelmente, tentava organizar um esquema de finanças baseado em drogas, reafirmou as acusações e manteve seu depoimento.

Sereno, intercalando pausas meditadas, Prestes fez então uma longa, dolorosa — e inédita — autocrítica. Ele estava, sem dúvida, consciente da delicadeza de sua posição. Salles, afinal, em grande medida, fora uma "criatura" sua. Por outro lado, achavam-se em risco iminente as posições políticas surpreendentemente conquistadas no ano anterior, na reunião do CC em Sofia.

Sobre o "caso concreto", repetiu o que dissera na Comissão Executiva: o fato de Salles ter ligado "atividade de traficante de entorpecente, confessada, com atividade do Partido [...] era uma atitude leviana e aventureira, incompatível com os cargos que exerce no Partido". Em compensação, assumia como erros seus a criação do cargo de coordenador da Comissão Executiva e a indicação de Salles para o mesmo "na esperança em que estava — e que hoje verifico errônea — de poder assim dinamizar a direção do Partido".

Ponderou, contudo, que "há males que vêm para bem". Aquele caso havia aberto seus olhos para um exame dos próprios erros: "Como deixar de perguntar a mim mesmo — onde estão as causas [...] mais profundas [...] de acontecimentos tão sérios?". Para ele, "o caso atual é fruto de todo um sistema de métodos de direção errôneos" pelo qual se sentia "o principal responsável". Um sistema "de caráter personalista", sem atenção para a "planificação do trabalho e o controle das tarefas", baseado na "confiança" que, por sua vez, depende de "informações e da amizade pessoal".

Ao longo do tempo, continuou o Velho, "como vocês sabem, sucederam-se à frente de nosso partido 'os homens de confiança': Arruda, de 1945 a 1956, Dias, a partir de então e até recentemente, e, agora, Salles, com a 'aprovação unânime do CC'". Desde 1945... e por isso mesmo sustentava que a autocrítica deveria remontar a esse ano.

"Casos diferentes", ressalvava Prestes, mas tinham em comum a "negação da direção coletiva [...] da planificação e do controle [...] das tarefas atribuídas a cada Organização e a cada órgão do Partido".

Citou, então, o caso da queda, em 1964, das suas cadernetas nas mãos da reação, "que muito abalou o prestígio da direção do Partido" e as sucessivas prisões e assassinatos que, depois daí, tiveram lugar, evidenciando um "sistema errôneo de métodos de direção". "O que fizeram", indagava, "os camaradas do CC e da CE para modificar este sistema?"

Não haviam feito nada. "Predomina entre nós", argumentava o Velho, "a omissão, a conciliação, a conivência e a complacência." Com raras exceções, "fala-se nos corredores, critica-se à socapa, mas não no plenário do CC e nas reuniões da CE". Assim, "permitimos todos, em silêncio, que chegássemos ao atual escândalo". "Não vimos que o liberalismo crescia […] não planificávamos o trabalho […] não havia o indispensável controle […] as seções do CC são como feudos, cujos planos de trabalho são incontroláveis…"

Casos individuais de dirigentes, citados nominalmente, e também de seções de trabalho, eram apresentados como exemplos de "falta de planificação e controle". Até o cargo de secretário-geral, "que havia contribuído, em boa parte, com os meus próprios erros", deveria ser redefinido, e atribuído "a uma equipe de quadros", em rotação, "com substituição periódica do Secretário-Geral".

Afirmando que sua autocrítica estava apenas no início e sustentando a necessidade de o Partido "tomar conhecimento da situação", Prestes propunha a dissolução dos órgãos dirigentes e a designação de uma comissão provisória comprometida com a realização de reuniões dos militantes do Partido na classe operária, na juventude, em toda parte, com vistas à "urgente preparação de uma conferência com poderes de Congresso" para analisar o processo que se vivia e formular novos rumos para o Partido.

A intervenção de Anita Prestes, de uma grande severidade, acompanhou, em linhas gerais, a do pai. Ela esclareceu, no começo, que "em nenhum momento" acusara Salles de "consumidor" ou "traficante" de "cocaína". Reiterou que aquilo era uma "mentira" e lamentou não terem sido gravadas as falas de cada um. Denunciou a existência de camaradas que, "apesar de se considerarem comunistas, mentem descaradamente diante da direção". E aí, na falta de um gravador, ficava "palavra contra palavra".

Considerava o caso de uma "gravidade excepcional", revelando um "comportamento de grande leviandade e irresponsabilidade" por parte de Salles — "misturar aparelho do Partido com pessoas que, segundo ele sabia, transportavam drogas" e "misturar amizade com negócios do Partido". Para Anita, a permanência de Salles nos cargos de direção que ocupava, e mesmo no Partido, se tornara inviável. Era, portanto, favorável à sua exclusão do CC e à sua expulsão do PCB.

Entretanto, aquele não era "um fato casual", nem teria havido apenas "um simples engano de pessoa". Não era a primeira vez que "homens irresponsáveis, aventureiros e carreiristas empolgam os cargos dirigentes do Partido". Anita, agora, indagava: "Por que isto acontece?". Para uma resposta adequada, era necessário "evitar dois comportamentos igualmente errôneos": transformar Salles num "bode expiatório" e fazer uma autocrítica sem definir "responsabilidades coletivas e individuais".

Para ela, o "caso" Salles era só mais uma expressão de "todo um sistema de direção errado, personalista, em que cada dirigente é um caudilho e tem seu feudo, e em que a promoção de quadros está baseada na simpatia deste ou daquele dirigente e em compromissos sem princípios".

A rigor, argumentava, "não existe direção coletiva em nosso Partido". "É uma direção onde cada um faz o que quer", num "estilo profundamente antidemocrático." E acusava: "A visão que predomina é que exercer a direção não é efetuar a direção política, é fazer ponto. Antes, se fazia ponto no Brasil [...] agora voa-se pelo mundo" — uma estocada nas contínuas viagens de Salles.

A luta interna não se travaria em torno de posições políticas, mas "por cargos". E isso levava a um "clima de conchavos, à politicagem barata, à omissão". Nessa atmosfera, "a omissão conta ponto na direção do Partido, fica-se em cima do muro, vendo quem leva a melhor". Assim, "os calados são os prestigiados" e, inversamente, "quem tem opinião, quem defende sua opinião, cai em desgraça".

O "caso" Salles, segundo Anita, teria sido descoberto "por acaso". E, se não o fosse, "o sistema continuaria funcionando". E o "sistema" vinha de longe. Ela concordava aqui também com Prestes: um balanço profundo, digno desse nome, deveria recuar, "pelo menos, até 1945". Ou seja, todos tinham responsabilidade pelo que acontecera, mesmo porque "este CC não funciona como direção, a Comissão Executiva não exerce seu papel e o Partido está sem um mínimo de eficácia".

Anita assumia, então, suas responsabilidades: "Estou profundamente comprometida com os métodos aplicados nos últimos três anos desde que fui cooptada". Reconhecia ter se empenhado na "promoção de Salles", pensando estar ajudando a "estabelecer uma direção coletiva e democrática". Tivera, porém, uma "visão errada do que seja dirigir o Partido, de como enfrentar seus problemas". Apesar de "descontente com o trabalho da Seção de Organização", não levantara as questões nos organismos coletivos, limitando-se "a discuti-las pessoalmente com Salles". Na verdade, confessou, "não soube separar amizade do trabalho partidário". Tivera a visão de que "um salvador", no caso, Salles, poderia resolver os problemas do Partido. Foi preciso que um fato "de enorme gravidade" abrisse seus olhos e a fizesse "refletir com mais profundidade". Daí porque, levando a autocrítica às últimas consequências, encaminhava agora seu pedido de "demissão" do cc. Mas fez questão de afirmar que não o fazia "pelo caso Salles", e sim pela compreensão de que "havia no cc todo um sistema de funcionamento errado".

Por isso mesmo, questionava o conjunto do cc. De fato, segundo ironicamente exclamou, "seria muita pretensão de minha parte achar que só eu devo fazer autocrítica". Passou, em seguida, a analisar as crises dos anos anteriores, as prisões sucessivas, os sucessivos furos de segurança, sempre lamentados, nunca devidamente apurados. Cobrou responsabilidades por um processo de direção não planificado e não controlado. Todo mundo ali fora conivente, mesmo seu pai, o "camarada Prestes". E não podia "aceitar a tese de que não é possível uma autocrítica profunda porque atingiria o camarada Prestes". E lacerando a ferida: "Ele é o principal responsável pela situação em que nos encontramos". Mas o que tinham feito os outros dirigentes? Por que haviam deixado que ele "usasse métodos personalistas"? Encadeou-se então uma saraivada de perguntas irrespondíveis:

Que fizeram os membros da ce para que a direção se tornasse efetivamente coletiva? Para que houvesse planificação e controle? Que controle tem a ce de cada frente de trabalho? E da Secretaria de Organização? Havia controle sobre a *Voz Operária*? E a Assessoria de Paris? E as tarefas do camarada Dias? De seus entendimentos políticos? Tem-se noção do que é feito? E o camarada Malina? O que faz? Ou serão atividades tão secretas que ninguém sabe? Só ele sabe? E as atividades do camarada Prestes? Quais são e quem controla? O cc alguma vez controlou? E a Seção feminina, a seção sindical, todas as frentes de trabalho? O que planificamos? O que controlamos? Eu mesma? Quem controlou minhas atividades?

Aquilo era uma enxurrada, uma demolição em regra, à maneira russa: não ficava pedra sobre pedra. Não escapava nem a própria Seção de Organização, onde Anita trabalhava. Salles teria concentrado "tudo" em suas mãos e, parcialmente, nas de Fratti. A ce nunca havia controlado o trabalho da so. E ninguém ali apontou os erros que presenciava. No mínimo, cada militante tinha sido "omisso".

Só se salvavam daquele dilúvio e eram consideradas "corretas" as linhas gerais da política de organização traçadas pelo cc e "a última orientação política, aprovada em Sofia, em 1978". Seriam as plataformas a partir das quais Prestes e Anita tentariam, ainda, virar o jogo político a favor de suas posições num próximo

411

congresso ou conferência que eles agora propunham como solução para os problemas do Partido.

A intervenção de Marly, emocionada, não acrescentou muito às autocríticas de Prestes e de Anita. Também ela, demissionária do CC, permaneceria, no entanto, no Partido, comprometida com a superação de um estilo de trabalho que só contribuía para "cultivar as más qualidades" de cada militante.

Apesar da contundência das autocríticas e das propostas de mudanças orgânicas radicais, passando pela "dissolução dos órgãos dirigentes" e convergindo para a convocação de uma "conferência com poderes de congresso", logo se evidenciaria o grande isolamento em que se encontravam Prestes, Anita e Marly.

Em relação ao "caso" Salles, como tinham mostrado os depoimentos contraditórios e as acareações, havia mais suspeitas do que fatos concretos sobre uma suposta rede internacional de tráfico de drogas na qual se teria envolvido — para fazer trabalho de finanças — "o camarada Salles". Haveria que apurar os indícios, sem dúvida, mas ressalvado o direito de defesa.

Entretanto, na "lavação de roupa suja" que se instaurara, ficara estabelecida, admitida e reconhecida pelo próprio Salles uma série de atitudes e decisões "aventureiras e irresponsáveis", que implicavam gravemente a segurança do Partido e de seus militantes, inclusive no Brasil, portanto incompatíveis com os cargos atribuídos a ele na reunião de Sofia. Perdendo estes, no entanto, e até que se concluíssem as investigações, o "camarada Salles", ao contrário do que haviam proposto Prestes e Anita, não seria expulso do Partido e nem sequer perderia o assento no CC, nele permanecendo, à disposição da CE para execução de tarefas que não comprometessem a segurança. Chegar a esse compromisso foi demorado e fastidioso, sucedendo-se propostas, emendas aditivas e supressivas até que se atingisse o consenso.

Todos concordavam com o fato de que era preciso não fazer de Salles um "bode expiatório", que aqueles erros — graves — tinham um contexto e uma história — longa —, daí derivando a necessidade e a adequação de "um profundo balanço", que remontasse a 1945, como propusera Prestes, ou, no mínimo, a 73, como acabou sendo aprovado.

Uma linha mediana foi se afirmando nos debates: era preciso "não botar Salles no pelourinho" nem "fazê-lo de Cristo", criticando-se as pessoas que "têm prazer em exagerar". Afinal, só se recorria aos estatutos quando "interessava". Não se tratava de "eliminar pessoas", mas de enfrentar o problema "sem histerismo".

Nesse sentido, foi relevante a intervenção de Zuleika, que contribuiu também para desdramatizar os assuntos discutidos, descontraindo o ambiente, quando afirmou: "Somos um bando de puritanos". Lembrou outras tentativas heterodoxas de "fazer finanças", como o "contrabando de gasolina" no contexto da Segunda Guerra Mundial, criticadas então por Arruda mas que não haviam gerado nenhum escândalo. Ensinava-se na época a "arrancar dinheiro" e todos os métodos eram válidos. Quanto às drogas, chegou a dizer que ela, pessoalmente, tolerava um companheiro fazer "uma picadinha aqui, outra ali". O que a preocupava, acima de tudo, era que a "luta pelo poder" pusesse em questão a unidade do Partido. "Se o camarada Prestes morre amanhã", conjecturou, "vai haver aqui uma briga de foice e martelo [...] ou melhor [entre risos], de foice no escuro."

As demissões de Anita e Marly seriam lamentadas, mas acabariam aceitas, sob o argumento de que a "renúncia é um gesto unilateral". Mesmo que alguns, como Gregório Bezerra, apelassem para que as duas desistissem da renúncia, outros se permitiram criticá-las, insinuando que estariam desistindo — ou fugindo — da luta, no jargão comunista, "enrolando a bandeira", o que não seria digno de Olga Benário, disse alguém referindo-se a Anita. A crítica foi veementemente recusada pelas duas e, em particular, pela filha de Prestes, que sustentou, emocionada, a adequação de seu gesto e de como, inclusive, honrava a tradição de luta de sua mãe. Em determinados momentos, parecia em curso uma curiosa inversão: as acusadoras transformavam-se agora em acusadas.

E mais acusadas ainda se tornariam quando, no contexto dos debates e dos testemunhos, filtraram-se outras questões, incômodas e comprometedoras. A principal — e mais grave — dizia respeito à organização, no seio do CC, de uma "direção paralela".

O próprio Salles, em sua defesa, reconheceu autocriticamente que, na Seção de Organização, "havia duas linhas de trabalho". "Uma", sustentou, "seria com o partido existente, a outra com um partido novo onde devíamos concentrar 90% dos recursos." Uma reatualização da proposta de Anita de "reconstruir" o Partido em "novas bases"? Um esquema próprio de organização, como se comentava à boca pequena? Fratti confirmou, lembrando o emprego dos termos: "partido bichado ou queimado" e "novo partido ou desconhecido". Armênio Guedes e os militantes da *Voz Operária* não seriam poupados — constituiriam outra "direção paralela", a chamada "Casa Civil da Presidência da República". Nos debates, a questão reapareceu em diversas falas, entre as quais a do experiente Dinarco Reis, da Seção de Organização: "Eu já vinha comentando com outros camaradas. Havia problemas de direção paralela, isto eu afirmo, e também havia isto na Seção de Organização, tive sensibilidade para perceber". Por outro lado, asseverava ter ouvido do próprio Prestes a ideia de que "se devia organizar um Partido novo lá dentro [do Brasil]". Mário, o Perereca, também da SO, reforçou, acusando Salles, Marly e Anita de até fazerem "cálculos de idade de fulano e de sicrano, inclusive do camarada Prestes". "Vocês calculam a minha?", indagou, "porque também sou velho…"

Em sua defesa, Anita esgrimiu: "Ninguém aqui tem moral para colocar a questão nestes termos". E acusou: "Neste CC todo mundo faz conchavo e conversa e trata dos assuntos partidários em conversas bi- e multilaterais". Se isso é "direção paralela", alegou, "ninguém aqui ficou de fora". Criticando, talvez sem querer, implicava-se. Na mesma linha, Marly mencionaria cinco ou seis "direções paralelas". Acusavam-se mutuamente: o "pacotof" (ordens vindas de Moscou) contra o "pacoté" (diretivas fechadas em Paris). As coisas agora se diluíam — se todos fossem culpados, ninguém o seria.

Outro assunto que rendeu não poucos atritos se referiu à gráfica que o Partido tinha na Bélgica. Segundo alguns, fora transferida de modo impróprio, sem decisão do CC ou da CE, para o controle do "camarada" Ramón. Haveria ali nova manifestação da "direção paralela"? Marly reagiu, comovida, elucidou os pontos que, para muitos, não estavam claros, mas era impossível dissipar as desconfianças, autênticas ou dissimuladas.

Um imbróglio bem mais sério disse respeito à questão do dinheiro do Partido. Quando circulou a informação de que Salles autorizara a concessão de um "empréstimo" de 4 mil dólares à argentina, houve gente que se emocionou — para alguns, havia dinheiro de sobra; para outros, dura escassez de recursos. Enquanto companheiros eram presos por falta de dinheiro, em outras áreas havia abundância de recursos.

Para evitar que suspeitas lavrassem sem base, Prestes leu (cifras em dólares) a contabilidade das despesas referentes ao ano de 1978, segundo as diversas seções ou "frentes de trabalho": Seção de Organização: 58 mil; Propaganda: 22 mil; Feminina: 16 mil; Sindical: 9,5 mil; Secretariado: 14 mil; viagens e outros subsídios (Europa e Cuba): 30 mil; atualização de documento: 5 mil; diversos: 615. Total: 155 mil dólares. E completou: "É na base disso que está sendo planificada a distribuição para este ano de 1979".

Em várias intervenções evidenciava-se a posição vulnerável em que se encontrava o Velho. Na sequência de sua autocrítica, sucediam-se ataques a sua pessoa — velados ou explícitos.

Armênio Guedes, numa apreciação contundente de todo o trabalho da CE desde fins do ano anterior, na qual criticou sobretudo o "projeto pessoal" de Salles, propôs a eleição de uma nova CE, com reuniões regulares, de dez em dez dias, residindo seus membros na mesma cidade, "concretamente, em Paris, que reúne as melhores condições para contatos rápidos e permanentes com o Brasil". "Esta observação", assinalou, "exclui o camarada Prestes." Completou: "Precisamos enfrentar os problemas de frente — o nosso secretário-geral acaba de completar 81 anos e não teve uma vida tranquila. Seria simplesmente desumano, além de impraticável, exigir do camarada Prestes que trabalhe neste ritmo, necessário à CE, fazendo viagem de vaivém entre Moscou e Paris". Também não seria de bom alvitre trazer Prestes para Paris. "A vida está colocando", assinalava Armênio, "o problema do papel presente e futuro do camarada Prestes na direção." Sugeria a possibilidade de sua indicação para uma presidência de honra do Partido, um cargo especialmente criado para ele, a ser ratificado pelo Congresso seguinte. Depois, com receio, quem sabe, da própria ousadia e de como fora longe demais, e tendo afirmado que "ninguém ignora a importância de Prestes", ponderou que "seria precipitado resolver isto na presente reunião" ou mesmo talvez numa "reunião próxima". E retificou o tiro: uma "solução intermediária e prudente" poderia prever a presença de Prestes nas reuniões, uma vez por mês. "O que é mais importante", asseverou Armênio, "é não haver nada que escape à apreciação do CC." A vida demonstrara que, se o CC tinha enormes dificuldades, "sem o CC é pior". "É imprescindível", sublinhou, "que a CE preste contas de tudo o que faz e deixa de fazer ao CC, que se deve reunir de quatro em quatro meses — é uma frequência razoável e factível."

O tom fora dado — os órgãos colegiados sairiam dali reforçados em detrimento das direções centralizadas e do poder pessoal. Tratava-se, segundo propôs Zuleika, de superar um sistema de direção que incentivava os defeitos de cada um, em vez de corrigi-los.

Hércules Corrêa foi mais fundo, sustentando que o Partido não era propriedade pessoal de ninguém. Lamentou "a luta do camarada Prestes para se manter [no poder] a qualquer preço [...] já com dificuldades de trabalhar por idade". A questão central seria a direção pessoal. Era necessário descentralizar. Indagava: "Por que [Prestes] tem que centralizar tudo?". E respondia: "É por aí que começam os desmandos". Hércules estava lançado: "Prestes abusa de sua personalidade para impor-se ao Partido [...] não para fazer direção coletiva, mas para fazer direção pessoal [...] ele dirige o Partido como quem dirige a Coluna [...] manda seus homens de confiança para ver se as coisas estão sendo feitas [...] não pode [...] isto aqui é uma entidade social, não é uma Coluna...". Não poupava as palavras: Prestes "repete sempre a mesma ideia — estou começando uma autocrítica, sou o maior responsável [...] o problema é que eu já ouvi isso dele umas vinte vezes, mas ele não se corrige [...] se ele continuar assim, se desmoraliza e nos desmoralizamos todos". O "camarada Prestes devia prestar atenção nisso — fazer autocrítica é não repetir o erro". Tratava-se de um "estilo pernicioso", "minando a moral dos membros do cc". Lamentava: "A condição de revolucionários de muitos companheiros está sendo vilipendiada". Em vez de proteção e solidariedade, "são tratados como mulambos". E desafiava: "Precisamos acabar com o charlatanismo em nosso meio [...] se quiserem discutir caso por caso, eu ponho na mesa, mesmo aspectos sexuais, tanto de homens como de mulheres". Os murmúrios de corredor tinham, afinal, desembocado na "sala grande".

Sucediam-se as críticas, uma litania, contra Prestes: "Maior responsável por tudo o que aconteceu"; "inibia os camaradas"; "origem do sistema dos homens de confiança e dos caudilhos"; "usou e usa da sua personalidade consciente ou inconscientemente para que a direção do Partido não seja uma direção coletiva"; "mantém uma conceituação teórica do Brasil e da América Latina errada"; "principal responsável por estes fatos". Até o fiel Gregório Bezerra, embora em intervenção geral construtiva, apareceu, irônico, para criticar: "A autocrítica que o camarada Prestes fez hoje foi a primeira que eu realmente ouvi. Achei boa, muito boa".

Acontecera ali uma virada. O "caso" Salles era expressão de um sistema. Um sistema que "triturava" os quadros. E só produzia "cadáveres". Uma "moenda — quem entra, sai bagaço". E o responsável principal pelo sistema não era outro senão Luís Carlos Prestes.

Por fim, passou-se ao voto das resoluções finais. Destituiu-se o "camarada Salles" dos seus cargos de direção na ce e na so, mas ele permaneceria no cc, contrariando as propostas de Prestes e de Anita, como referido. Formou-se uma comissão para "apurar os fatos relacionados com as atividades desempenhadas pelo camarada", com seis meses de prazo, prorrogáveis. A so, sede e centro da suposta "direção paralela", foi dissolvida, substituída por uma comissão provisória, um novo secretariado, a ser designado pela ce que teria a incumbência de elaborar um plano de trabalho onde fossem "descentralizados" a execução e o controle das tarefas. Apenas os soviéticos seriam informados daquelas decisões, e também os militantes direta e estritamente envolvidos nos assuntos discutidos. De resto, para o conjunto do Partido, só seria transmitido um comunicado — seco e conciso. Uma comissão, formada por Dias, Hércules e Malina, foi encarregada de elaborar, para a reunião seguinte do CC, prevista para o mês de abril, um balanço das atividades do CC desde 1973.

Procedeu-se, então, à eleição de uma nova Comissão Executiva. Não foi tão simples. Afinal, porém, prevaleceu a ideia de que, até para reforçar o papel e a importância do CC, seria apropriado submeter a voto — secreto — a renovação do órgão dirigente máximo.

Cada dirigente recebeu um papel com a lista de todos os membros do CC. À esquerda, com uma cruz, cada um marcaria os suplentes. À direita, os cinco efetivos. Com duas cruzes, se indicaria o secretário-geral. Como disse Hércules, "dava um trabalho filho da mãe para apurar", mas assim seria feito. A votação confirmou Prestes no cargo. Ao seu lado, na CE, estariam Dias, Malina, Armênio e Givaldo Siqueira, ou seja, nenhum aliado fiel.

Para o Velho, era uma derrota catastrófica. Anita e Marly haviam renunciado e saído do Comitê Central. Seu ex-braço direito fora destituído, como expressão de um "sistema" pelo qual ele próprio era apontado como o "principal responsável". A sede operacional do núcleo de seus aliados, a SO, designada como uma "direção paralela", foi também dissolvida. Tampouco passou sua proposta de convocação de um congresso ou de uma conferência "com força de congresso". Em contraste, o Comitê Central reforçara-se, com perspectivas de organizar um trabalho baseado na descentralização e no princípio da direção coletiva. O Velho mantivera-se na Comissão Executiva, mas estava cercado de dirigentes que lhe fugiam completamente ao controle.

Todas as vitórias — políticas e orgânicas — registradas havia apenas três meses, na reunião do CC em Sofia, tinham ido por água abaixo. Com o prestígio abalado por uma saraivada de críticas, inéditas, algumas, descorteses, sua substituição na liderança do Partido, pela primeira vez, fora abertamente cogitada. Como disse Mello anos mais tarde, aquela fora uma discussão "encachorrada". Como se desaguassem ali ressentimentos longamente recalcados.

Prestes permaneceu no posto e avalizou com sua presença as decisões, tomando aquele cálice até o fim. Mas nunca mais voltaria a se reunir com o Comitê Central.

16. O racha

Em certo momento da vida, é comum que mães e pais se deem conta, de repente, do crescimento dos filhos. E se perguntam: onde foram parar nossas crianças? As meninas, graciosas e inocentes, já moças, mulheres. Os meninos, carentes de apoio, jovens, homens-feitos. A familiaridade e a intimidade não ajudam a percepção de mudanças. E os espelhos refletem a perplexidade de rostos surpreendidos: o que o trabalho silencioso do Tempo fez de nós?

No réveillon de 1978 para 1979, enquanto no Brasil cessava a vigência dos atos institucionais e se iniciava uma complicada transição democrática, Maria e Prestes estavam em Havana, homenageados por Fidel Castro, comemorando a consolidação da Revolução Cubana, e falando e pensando numa hipotética revolução brasileira. Contudo, no outro lado do mundo, na rua Gorki, em Moscou, a capital do país da revolução, seus filhos empenhavam-se em organizar uma grande festa. Cerca de 150 jovens, "cada um trazendo comidas e bebidas": cubanos, alemães, russos e latino-americanos de diversas nacionalidades — uma verdadeira internacional da alegria e da convivência pacífica —, festejaram o nascimento do ano novo com muita comida e muita vodca, e não é presumível que estivessem pensando em política, muito menos em revolução.

Ao retornar a Moscou, no começo de 1979, Maria e Prestes terão se surpreendido com o trabalho do Tempo? Pedro e Paulo, os mais velhos, do primeiro

418

casamento de Maria, com 29 e 28 anos, não estavam mais ao alcance dos olhos. Pedro, em Cuba; Paulo, no Brasil. Antônio João, primeiro filho do casal, quase com 25 anos. Rosa, a filha mais velha, ia fazer 24: estava casada desde os dezenove, com João Massena, e dera a Maria e a Prestes a primeira neta — Elisa —, nascida em 75, e o primeiro neto, Eduardo, em 76. Ainda em 75, nasceu Cristina, filha de Antônio João, casado com uma russa, Elena Dunaev. Em 78, mais dois netos: Andreia, de Rosa e João Massena, e Vladimir, de Antônio João e Elena. Em Cuba, nasciam as filhas de Pedro e Marina Curtis: Claudia e Gabriela. De sorte que a anistia, quando veio, em agosto de 79, encontrou Prestes e Maria com seis netos.

Na roda implacável do tempo, também cresciam os filhos mais novos: a seguinte na escadinha, Ermelinda, faria 22 anos no dia 11 de janeiro de 1979. Logo em seguida, casou-se com José Nicodemos Teixeira Rabelo. Luís Carlos, em meses, completaria vinte anos. A seguinte, Mariana, em março, faria dezoito, tornando-se igualmente maior de idade. Dos nove filhos, só dois passariam pelo ano ainda menores de idade. Mas Zoia já virara uma grande e bela moça, com dezessete anos. E mesmo o caçula, Yuri, ia fazer quinze.

A diáspora começara: Brasil, Cuba, Moçambique, União Soviética. Paulo, inadaptado em Moscou, aventuroso, fora o primeiro a voar de volta para o Brasil e aí se casar. Mais alguns anos, em 1975, partira Pedro, o mais velho. Formado mecânico de aviões, preferiu trabalhar em Cuba. Em Moscou, Rosa foi a primeira filha a deixar o apartamento da rua Gorki, em 74, quando se casou. Quatro anos e três filhos depois, partira para Moçambique com o marido, formado engenheiro químico (ela era técnica na mesma área).

Os filhos de Maria e Prestes tiveram sorte diversa, mas um padrão: os filhos — Antônio João, Luís Carlos e Yuri — casaram-se com russas; as filhas — Rosa, Ermelinda, Mariana e Zoia —, com brasileiros.

Ao longo dos anos 1970, como já se disse, a família teve um período de convivência feliz. No verão, férias divertidas e aquecidas pelo ameno sol do mar Negro, próximo ao qual os soviéticos tinham construído numerosas e confortáveis "casas de descanso", reservadas para quadros do Partido, visitantes estrangeiros ilustres e trabalhadores premiados. Também foram à Bulgária, à Romênia e a Cuba. A vida não era má e as mordomias, proporcionadas pelos soviéticos, tão consideráveis que, às vezes, incomodavam, especialmente quando se estabelecia o contraste com os cidadãos soviéticos "normais".

Em meados da década, Luís Carlos, Mariana, Zoia e Yuri formaram um quarteto musical — o Saci Pererê. O conjunto apresentava-se regularmente em festas e festivais, cantando músicas de protesto — brasileiras, russas e chilenas. Zoia e Luís Carlos no violão. Mariana e Yuri na voz e na percussão. Em 1978, estiveram no Festival Internacional da Juventude em Havana e se apresentaram igualmente na Bulgária. Na União Soviética, num festival de canções políticas, na fábrica de automóveis Togliatti, cantaram para cerca de 10 mil pessoas.

Maria e Prestes gostavam de vê-los e ouvi-los em suas apresentações. Nas brechas, o Velho conversava com os filhos. Sobretudo nos almoços dominicais, indagava, interessava-se pelos estudos. Aborrecia-se com as críticas ao sistema soviético, mas nunca se preocupou em impor suas opções políticas. Observava, sem dúvida, mas não se intrometia. "Escutava mais do que falava", conforme a impressão de Cristina, segunda neta, filha de Antônio João.

Os netos cativaram Prestes. Nas fotografias e em raros filmes, feitos por Luís Carlos, que se interessava por cinema, evidencia-se uma aproximação carinhosa. Andava com eles nos parques e jardins da cidade. E brincava com os pequenos, fazendo-se de "cavalinho". Como avaliou Rosa, "tentava compensar com eles o que não lhe fora permitido fazer com os filhos". Determinados pelo tempo, Maria e Prestes tornaram-se avós. Maria, como sempre, acompanhando de perto. Já Prestes, suas circunstâncias e opções não permitiriam senão encontros fugazes. A figura pública prevaleceria. Sempre fora assim. E continuaria sendo, até o fim dos seus dias.

O ano de 1979 marcou o encerramento do terceiro e último exílio. Depois da malfadada reunião de Praga, Prestes teria que enfrentar o dilema: continuar no Partido em minoria ou tentar construir uma alternativa? Esperar pelo VII Congresso para reverter a situação em que se encontrava não seria uma ilusão?

A história do movimento comunista internacional, sobretudo a história do partido bolchevique, que ele conhecia pelas versões oficiais, ofereciam exemplos vários de situações em que os grandes líderes, em posições minoritárias, tinham conseguido virar o jogo. Em diversos episódios, acontecera com Lênin. E também com Mao. Tratava-se de saber o que e como fazer para mudar uma situação que, de forma surpreendente, voltara-se novamente a favor de seus adversários na luta interna.

Prestes hesitava. Era preciso medir as palavras. As solicitações de entrevistas começavam a se multiplicar — tanto os grandes jornais como a imprensa alternativa, "nanica", o procuravam para registrar opiniões, fazendo lembrar o ano de

1958, quando saíra das catacumbas e se tornara objeto de curiosidade pública. Agora, já fazia quase onze anos que dera sua entrevista à revista *Veja*, no longínquo ano de 68. Depois disso, só entrevistas a jornais e revistas soviéticos ou, mais raramente, de outros países. Ao novo afluxo de jornalistas, tratava-se de saber o que dizer e como dizer, de modo a "marcar posições" sem queimar os navios.

Numa extensa entrevista ao *CooJornal*, da imprensa alternativa do Rio Grande do Sul, ainda em fins de 1978, pouco antes de completar 81 anos, Prestes defendeu uma pauta que seria reiterada ao longo do tempo. Apesar da revogação dos atos institucionais, a "ditadura continuava", através da tutela dos militares, da manutenção dos órgãos repressivos e da legislação autoritária. Por outro lado, uma Assembleia Constituinte, capaz de fixar parâmetros de um novo regime, só seria possível se fossem satisfeitas algumas preliminares: "anistia ampla, geral e irrestrita"; revogação completa do chamado "entulho autoritário" e, principalmente, a revogação da Lei de Segurança Nacional (LSN); o desmantelamento dos DOI-CODIS; o reconhecimento do direito de greve e a completa liberdade de associação, sindical e partidária, aí incluída a legalização do Partido Comunista, veementemente defendida.

Até que isso acontecesse, era preciso dar todo o apoio ao MDB, convertido numa espécie de frente das oposições antiditatoriais. Comentando ataques de Figueiredo e Geisel a suas declarações favoráveis ao voto no MDB nas eleições de novembro de 1978, Prestes sustentou que esta "sempre fora a posição do Partido".

Em fevereiro, após a reunião de Praga, a *Voz Operária* divulgou artigo assinado por Armênio Guedes defendendo as posições dos "eurocomunistas brasileiros". O Partido Comunista tinha de se abrir e se atualizar, superando a "divisão metafísica entre ação política e perspectiva socialista". Não deixando de ser um "partido de classe", o PCB estava desafiado a propor uma política para o conjunto da sociedade, enraizada na defesa dos valores democráticos. O alvo do debate proposto por Armênio era Leonel Brizola, que atribuíra aos "partidos minoritários" uma incapacidade visceral de "formular soluções gerais e imediatas para o povo". Para além do líder trabalhista gaúcho, porém, em filigrana, eram visadas as posições "esquerdistas", na defesa das quais se alinhavam Prestes e seu grupo de colaboradores mais próximos.

Os "eurocomunistas", depois de Praga, revertendo a situação anterior em que haviam sido enquadrados, pareciam ter retomado o freio nos dentes: a *Voz Operária* virara, novamente, uma plataforma para suas posições. Na edição de março, em comemoração ao 57º aniversário do PCB, o jornal ousaria apresentar Prestes como defensor de "teses democráticas", muito semelhantes à sua orientação editorial, fingindo ignorar as formulações de Sofia e todo o esforço do Velho e de seu grupo no sentido de clarificar "a democracia que queremos" e a luta em curso entre as "várias concepções de democracia".

Prestes avaliava. No plano internacional, os progressos da Revolução Nicaraguense e o triunfo da Revolução Iraniana indicavam uma hipótese de radicalização geral da "luta de classes" em escala mundial. No Brasil, a posse de Figueiredo fora empanada pelo desencadeamento de um novo — e amplo — movimento grevista dos metalúrgicos de São Bernardo. Embora reprimido, não perdera força, e suscitava solidariedade na sociedade. Ao mesmo tempo, em várias cidades era comemorado o Dia Nacional da Anistia.

Alentado por essas condições, que reputava favoráveis a suas posições, Prestes acedeu ao convite para participar de uma reunião da Comissão Executiva, realizada em abril, preparatória de mais um encontro do Comitê Central, previsto para maio, em Paris. Havia ali uma evidência a mais de que ainda não se decidira a se afastar ou a rachar com o Partido? Ou era apenas um estratagema para ganhar tempo?

O fato é que suas ideias políticas, plasmadas num texto que apresentou, foram todas rejeitadas pela Executiva. Ele ainda insistiu na abertura de um "amplo debate", preparatório para o VII Congresso, uma ideia exposta em Praga. Queria que a base da discussão fosse o documento político aprovado em Sofia, em fins de 1978. Segundo Salles, reiterou outra sugestão, já derrotada, de substituir o CC por uma comissão ad hoc, encarregada de dirigir o Partido até o Congresso.

Nada passou. O Velho encontrava-se numa minoria irremissível, ao menos a curto prazo. De modo mais ou menos velado, a luta interna começava a transbordar para o "público externo", não apenas através das fofocas que corriam livremente, sobretudo entre os exilados, mas alcançando as próprias páginas da *Voz Operária*.

Com efeito, em sua edição de abril, ao lado de uma longa entrevista de Hércules Corrêa e Luís Tenório sobre as características e os desafios do movimento operário brasileiro, aparecia um artigo assinado por Anita Prestes com posições diametralmente opostas. Não era necessária muita argúcia para perceber o embate de dirigentes que pareciam de dois partidos distintos.

É certo que Hércules e Tenório celebravam as lutas sociais, enfatizando seu "caráter de massas", e ressaltavam o "avanço de consciência na classe operária e na população brasileira". Também registravam que "setores das camadas médias urbanas começaram a adotar a forma de luta do proletariado [a greve]". No entanto, frisando que as lutas eram "sindicais e salariais", não poupavam críticas a "atitudes românticas de várias forças de esquerda" que se imaginavam às vésperas de um "grande salto". Relativizando a projeção dos líderes que despontavam no país, chamados de "novos sindicalistas", lembravam que os "velhos líderes" ainda tinham muito a dar "no terreno da prática e da formulação". Por fim, não regateavam considerações positivas sobre Argeu Egídio dos Santos e Joaquim dos Santos Andrade, líderes metalúrgicos paulistas, da mais moderada ala do sindicalismo brasileiro, reservando críticas apenas ao notório pelego Ari Campista, presidente da Confederação Nacional dos Trabalhadores da Indústria (CNTI).

Uma sombra, não claramente explicitada, perpassava toda a entrevista: evitar o "esquerdismo", fatal, segundo suas opiniões, às vésperas de 1964. Como acontece com chefes militares que entram numa guerra pensando nas "lições" da anterior, Hércules e Tenório pareciam ver os embates de 79 com os olhos postos na catástrofe de 64. Uma postura que marcaria muitos dirigentes do PCB ao longo da transição democrática entre 1979 e 1988.

Enquanto eles apontavam uma direção, a filha de Prestes indicava outra, oposta. Em seu artigo, Anita reivindicaria a resolução política de novembro de 1978, aprovada em Sofia, fingindo ignorar o que houvera em Praga, em fins de janeiro. À semelhança de Armênio Guedes, que alvejara Brizola para atingir os "esquerdistas", Anita daria agora o troco: alvejaria os comentários da grande imprensa sobre os movimentos sociais para atingir os moderados (a "direita") do Partido.

Começou criticando os conselhos de prudência às lideranças operárias emergentes. Para ela, a questão central era como aproveitar "as lutas atuais" para que servissem a um "aprofundamento da democracia", tornando possível uma eventual vitória da revolução socialista.

Abria-se nas páginas da *Voz Operária* uma discussão que se iniciara na reunião do CC em Sofia. Anita enfatizava a existência de diferentes concepções de democracia. Para os comunistas, segundo ela, "a luta pela democracia é parte integrante da luta pelo socialismo". E mais: a maioria do povo só alcançaria os direitos democráticos no quadro de uma "democracia socialista". Assim, os comunistas não deveriam se conformar com uma "democracia limitada e elitista", e sim lutar para alcançar "formas cada vez mais desenvolvidas de democracia", criando condições para "a vitória de nossos ideais socialistas".

Este seria um dos eixos fundamentais de toda a pregação de Prestes ao longo dos anos 1980. Denunciar as restrições de uma democracia "limitada, tutelada e elitista", e concitar as lutas sociais no sentido do aprofundamento da democracia para "chegar ao socialismo". Nessa perspectiva, e ao contrário do que propunham os moderados de todos os bordos, uma eventual restauração democrática não seria a culminância de uma etapa, um ponto de chegada, mas apenas um estágio. Um elo, uma ponte. Bem trabalhada, poderia conduzir à revolução socialista.

O mês de maio viu esquentar a temperatura das lutas sociais. Logo no dia 1º, grande manifestação dos trabalhadores em São Bernardo. Em meados do mês, o III Congresso da Confederação dos Trabalhadores Rurais (Contag). No dia 29, a reorganização legal da União Nacional dos Estudantes (UNE), no XXXI Congresso da entidade, realizado em Salvador.

Nesse mesmo mês, no exterior, reuniu-se, como programado, o Comitê Central. Sem Prestes. Era a primeira vez, desde 1945, que o Velho não aparecia por vontade própria numa reunião desse tipo. Ele já faltara a outras, várias, mas sempre por razões de segurança, ou por estar no exílio. Agora, não. O Velho resolvera não comparecer. A cadeira vaga não foi, porém, ocupada. Ainda eram vivas as expectativas de que seria possível conquistar a sua reintegração, mesmo porque, para a grande maioria, o PCB era impensável sem seu "eterno" secretário-geral. Inversamente, ninguém concebia Prestes fora do "seu" Partido.

Na resolução aprovada, publicada em junho, confirmou-se o movimento definido em janeiro. O registro, em chave positiva, dos movimentos sociais em curso, na linha formulada pela entrevista de Hércules e Tenório em abril. Os dados desconcertavam, por surpreendentes: 100 mil trabalhadores no ato de 1º de maio de 1979. Em dois anos, cerca de 1 milhão de grevistas, 800 mil dos quais, operários. Em números absolutos, algo inédito na história da República. Nesse quadro, a "situação evoluiu num sentido favorável às forças democráticas e ao movimento popular". Contudo, "a hipótese de um retrocesso continua a existir", embora não fosse "inevitável".

A "tarefa central" das oposições era "forjar a alternativa democrática", evidenciando-se o acerto "das linhas essenciais da Resolução Política do VI Congresso". Era preciso garantir a "sobrevivência e a unidade do MDB". Abandoná-lo seria "abrir mão de uma tribuna e de uma trincheira da luta comum contra o regime".

Em relação aos partidos "rivais" que despontavam — o PTB, de Brizola, e o PT, do qual já se começava a falar pela voz das "novas" lideranças sindicais —, uma atitude de reserva e de prudência, destacando-se, porém, a necessidade de "não envolver os sindicatos", que deveriam permanecer "apartidários". Tratava-se de uma tradicional orientação comunista, garantir a autonomia, ao menos formal, dos sindicatos, destinados a agrupar trabalhadores de distintas filiações partidárias.

Sem perder o tom geral moderado, o CC marcava sua preocupação de "estender a mão" para Prestes. Assim, numa curva do texto assinalava-se o íntimo entrelaçamento entre a "conquista no Brasil de uma democracia política, econômica e social" e o "desenvolvimento da luta da classe operária pelo socialismo". Por outro lado, aludiam a um "cavalo de batalha" permanente de Prestes, à tarefa partidária de "criar comissões de empresas e fundos de greve".

Contudo, o antigo método, provado, de amalgamar posições não funcionaria mais. O Velho não mordeu a isca. Mas também não explicitou o racha. Era como se os dois lados ainda temessem o desenlace de uma ruptura, ou não quisessem assumir a responsabilidade por ela. A reorganização e o *aggiornamento* do PTB, relançado em junho, em Lisboa, com uma original mistura de trabalhistas, socialistas, teóricos e ex-militantes das esquerdas revolucionárias, davam o que pensar. Era o "socialismo moreno", comprometido com a democracia, superada a derrotada "luta armada", vinculado à Internacional Socialista, e preocupado com "novos movimentos sociais" — as mal chamadas "minorias". Tudo isso mostrava como as tradições — ainda vivas — podiam, e deviam, ser entrelaçadas, e a necessidade de "atualizá-las" às novas exigências do país surpreendente que estava surgindo do ventre da ditadura.

Armênio Guedes, em longa entrevista concedida em julho de 1979 ao *Jornal do Brasil*, defendeu proposta análoga em relação ao PCB — sem rejeitar radicalmente tradições, atualizá-las, na perspectiva e na esteira do que fazia então o Partido Comunista Italiano.

"Houve um certo tempo em que identificávamos liberdades democráticas com o poder da burguesia [...] mas a vida foi mostrando que a democracia é algo [...] permanente para o avanço da sociedade e [...] para o avanço no sentido do socialismo." E sublinhava: "Queremos realmente um regime de amplas liberdades democráticas". Nesse sentido, o PCB não podia contribuir para "a desestabilização da vida política brasileira". Era necessário "evitar tensões sociais que levem a uma ruptura desfavorável [...] como ocorreu em 1964".

A referência traumática, o fantasma de 1964. No "replay" que se jogava quinze anos depois no Brasil, era preciso, a todo custo, tirar "do gueto" as esquerdas brasileiras e evitar o "esquerdismo" e o "golpismo" que haviam contribuído, involuntariamente, para a instauração da ditadura.

Quanto ao PCB, deveria ser renovado e recriado, convertendo-se num partido nacional, democrático, popular, com um "peso nacional importante", transformado num "fator decisivo na estruturação de um forte movimento operário popular e democrático".

O PCB haveria de se atualizar. Armênio Guedes aspirava fazê-lo "pela direita", nos parâmetros do "eurocomunismo". Prestes também tinha aspirações análogas, mas em outra chave, "pela esquerda". Enquanto Armênio olhava para a Itália e para o PCI com suas propostas de amplas coalizões e reformas graduais, o Velho aproximava-se dos exemplos de revolução catastrófica e de "ditaduras revolucionárias", como expressão das grandes maiorias. Ele pensava em Cuba, nos sandinistas e nas revoluções africanas das ex-colônias portuguesas.

Na avaliação do projeto de lei sobre a anistia, enviado pelo governo ao Congresso Nacional, voltaram a se evidenciar as diferenças. Enquanto a *Voz Operária* via no projeto "uma vitória", embora destacando as limitações, Prestes centrava fogo no seu caráter parcial, muito longe da desejada "ampla, geral e irrestrita", que se reafirmara em junho na Conferência Internacional pela Anistia, realizada em Roma, promovida pela Fundação Lelio Basso e convocada por uma expressiva nata de intelectuais latino-americanos, europeus e norte-americanos; entre muitos outros, Gabriel García Márquez, Jean Zigler e Noam Chomsky.

Como na metáfora do copo com água pela metade, enquanto Armênio o via "quase cheio", Prestes o tomava como "quase vazio", mas é provável que poucos militantes então se dessem conta, no Brasil e no exílio, do caráter antagônico das divergências.

Naquela atmosfera de euforia e incertezas a respeito do fim de um exílio considerado infindável, era natural que se cogitasse, antes de tudo, o retorno, longamente anelado. E se alimentasse a ilusão na força daquilo que unia e não separava. E, fossem quais fossem suas tendências e predisposições, um dos cimentos mais poderosos daquela ilusão era dado pelo que os comunistas mais tinham em comum, até aquele momento, e por alguns anos ainda: uma cultivada e serena certeza de que recuperariam um lugar de protagonista na cena política nacional. Afinal, pensavam eles, não eram as suas teses que estavam prevalecendo, viabilizando-se pacificamente a transição da ditadura para a democracia?

No entanto, outra questão, prévia, dominava o pensamento de todos: teria realmente fim o exílio? Numa leitura retrospectiva, a anistia aparece com a carga de "inevitabilidade" que se estende sempre aos fatos que com efeito ocorreram. Entretanto, persistiam dúvidas, mesmo entre os mais experientes. Em carta pessoal, registrada por João Falcão, o sempre equilibrado Giocondo Dias escrevia que se sentia "ansioso e bastante preocupado [...] tudo indica que pior do que o presente não será o futuro próximo. Vamos ver que rumo as coisas tomam, sem depositar grandes esperanças".

A Lei da Anistia foi, afinal, aprovada em 28 de agosto de 1979. Uma vez elucidadas suas principais e confusas disposições, e apesar de imprecisões, constatou-se que a imensa maioria dos exilados poderia voltar imediatamente ao país. Tratava-se, agora, de organizar o retorno.

O Comitê Central reuniu-se para discutir o assunto em começos de setembro. Na pauta: como preparar a volta dos dirigentes, em que ordem, de que forma. Prestes, mais uma vez, embora convidado, não compareceu. Mas fez chegar suas posições, entre as quais a recomendação de que não se podia confiar na eficácia da anistia aprovada. Advertia que a Lei de Segurança Nacional continuava em vigor. Uma volta precipitada e aberta podia levar não poucos à cadeia. Segundo Malina, sua proposta era que, salvo ele mesmo, protegido por sua notoriedade, os demais deveriam retornar na clandestinidade e esperar para ver como as coisas efetivamente iriam se suceder. O interesse demonstrado pela segurança dos camaradas era um indício de que ele ainda não se resolvera por um afastamento definitivo do Partido. No início de outubro, Dias passou por Moscou para as últimas conversas com as autoridades e para entregar o pequeno apartamento que lhe fora concedido pelos soviéticos. Ao se despedir de Prestes, foi, mais uma vez, advertido de que a volta dos dirigentes na legalidade era um gesto temerário e imprudente.

Suas propostas e ideias, mais uma vez, não foram consideradas. Em sentido contrário, Armênio Guedes liderava a ideia de que todos deveriam retornar às claras, e às claras retomar o trabalho político em todas as frentes: nos movimentos sociais, nas articulações políticas e, do ponto de vista interno, na organização do VII Congresso, que devia também se realizar na legalidade. Em sua análise, o mergulho na clandestinidade em 1947 fora ruinoso para o Partido, que não aproveitara as brechas legais ainda disponíveis. Não iriam agora repetir o erro. Mesmo se houvesse repressão, que alguns fossem para a cadeia, a orientação deveria ser forçar as margens e ganhar, na prática, se não juridicamente, a legalidade do Partido. Tudo isso era congruente com suas concepções "eurocomunistas" e, embora elas não fossem compartilhadas pela maioria, a ideia de voltar "na legalidade" foi aceita por todos.

Depois de uma última foto em conjunto, criticada por não poucos como uma "imprudência", pois o Partido ainda era ilegal, os dirigentes começaram a voltar segundo uma ordem previamente definida. Desfazendo dúvidas e opiniões pessimistas, nenhum deles foi preso.

O interessante a constatar é que José Salles aparecia, para todos os efeitos, como membro reconhecido do Comitê Central. Contra ele já não parecia pesar nenhum tipo de acusação, como se uma grande borracha tivesse sido passada sobre os dramáticos debates ocorridos em Praga, "anistiando" o ex-coordenador da Comissão Executiva do Comitê Central. Foi nessa condição que ele deu uma entrevista de ampla repercussão a Elio Gaspari, publicada nas páginas amarelas da revista *Veja*. Sedutor, inteligente, rápido nas respostas, apareceu como líder de um partido comprometido com uma radical "atualização".

A entrevista, considerada desmesurada, não agradou nem a gregos nem a troianos. Aos dirigentes do CC, pela exposição. A Prestes, pelas posições. O jovem dirigente, talvez ainda sem sabê-lo, estava em irremediável curva declinante.

Quanto a Prestes, preparou também seu regresso. Mais uma volta, um reencontro a mais, com seu país e com as pessoas que o admiravam e que esperavam sua liderança. Já vivera aquela experiência. Retornando clandestinamente, como em 1935, ou emergindo da cadeia, dez anos depois, ou ainda da clandestinidade, como em 58. Em cada vez, particularidades únicas, mas era sempre uma espécie de viagem de retorno ao desconhecido.

Prestes voltaria agora com Maria. Despediram-se dos filhos em Moscou num adeus emocionado, mas contido, como era do feitio do casal e da família. Filmado por Luís Carlos, ele abraça e beija os filhos que permaneceriam na União Soviética, com carinho e discrição. O apartamento da rua Gorki esvaziara-se, lá ficando apenas os filhos ainda solteiros — Luís Carlos, Mariana, Zoia e Yuri.

No Rio de Janeiro, Prestes desembarcou no dia 20 de outubro de 1979, às dezoito horas, esperado por 5 mil a 15 mil pessoas, segundo cálculos desencontrados, muito mais gente que o verificado quando da chegada de Miguel Arraes ou da primeira vinda de Brizola ao Rio. Foi a maior recepção proporcionada a um exilado de esquerda. As pessoas gritavam, entusiasmadas: "De norte a sul, de leste a oeste, o povo todo grita: Luís Carlos Prestes!".

Entre os milhares de cidadãos presentes, militantes comunistas, simpatizantes, parentes e amigos, além das quatro velhas irmãs, enfrentando a idade, contentes e solidárias, como sempre. Entre os dirigentes, o fiel Gregório Bezerra e mais três representantes do Comitê Central, Giocondo Dias, José Salles e Lindolfo Silva — uma presença simbólica, atestado de vínculos e proposta de reconciliação.

Do alto da carroceria de uma Kombi-camionete, improvisada em palanque, ainda no aeroporto, cercado pela multidão, Prestes fez um discurso violento contra a ditadura, que, para ele, "ainda existia". E escandiu de memória os nomes dos dirigentes comunistas sequestrados e assassinados pela polícia política: David Capistrano da Costa, João Massena Melo, Walter Ribeiro, Luis Inácio Maranhão Filho, Élson Costa, Jaime Miranda, Hiran de Lima Pereira, Itair Veloso. A cada nome, os gritos ecoavam: "Presente!". Como se incentivassem a memória de todos e de cada um para que nunca mais fossem esquecidos.

Em contraste com outros retornos, marcados pela afetividade e pelo caráter pessoal de reencontros, sempre emocionantes, a volta de Prestes, altamente politizada, revelava um homem comprometido com combates que haveriam de vir. E ele, apesar da idade, mostrava disposição de encará-los.

Três meses antes, dia por dia, os guerrilheiros sandinistas haviam conquistado Manágua, a capital da Nicarágua, liquidando, através da luta armada, uma das mais sanguinárias ditaduras da América Latina. Mais uma vez, nas barbas do "imperialismo norte-americano", como gostavam de dizer os comunistas. Uma nova Cuba?

No Brasil, desde o começo do mês de outubro, os canavieiros de Pernambuco haviam entrado em maciça e prolongada greve. Depois dos operários e das camadas médias, eram os homens do campo que se insurgiam. Uma conjunção surpreendente de movimentos sociais, atestando vitalidades imprevistas. Em suas análises, no horizonte que se descortinava, o Velho enxergava o que presumia e desejava — a hipótese de que aquelas lutas sociais desembocassem numa revolução socialista.

O discurso e a atitude de Prestes contrastavam radicalmente com tudo o que até então tinham dito em entrevistas e feito na prática os dirigentes do Comitê Central. As divergências anunciadas revelavam-se à luz do dia. Haveria ainda um jeito de promover a reconciliação? De amalgamar aquelas diferenças, cada vez mais claras? Com que peneira seria possível tapar aquele sol?

Nem bem se acomodara num apartamento em Copacabana, cedido por João Saldanha, e com o apoio de Oscar Niemeyer, que pôs um carro à sua disposição, Prestes começou a disparar análises e prognósticos através de entrevistas de grande repercussão.

Ao *Jornal do Brasil*, apenas quatro dias depois de chegar, e em várias outras entrevistas, como a concedida ao *Pasquim*, em novembro, expôs francamente seus pontos de vista, ao arrepio das cautelosas resoluções do Comitê Central. Por ilegítimo, era preciso varrer o "entulho autoritário" — a Lei de Segurança Nacional e as chamadas "salvaguardas constitucionais". Enquanto fosse mantido, e mais o "poder militar" e o aparelho repressivo, que cometera "crimes hediondos", a ditadura estaria de pé. E só com sua derrubada e o estabelecimento da mais ampla liberdade sindical e partidária, incluindo-se aí o direito irrestrito de greve e a legalização do PCB, é que se poderia falar seriamente de uma Constituinte democrática.

Provocado, evitava mencionar em público as divergências no PCB, embora elas fossem cada vez mais evidentes. Referia-se vagamente à realização do VII Congresso, como o lugar próprio para superá-las, mas nada do que dizia e fazia dava a impressão de que estivesse investindo deveras num processo congressual em companhia dos "homens do Comitê Central".

A luta "interna" ganharia ampla divulgação através de um Caderno Especial do *Jornal do Brasil*, publicado antes do fim do ano. Na berlinda, entre outras questões, "a democracia que queremos" e até a luta armada, que parecia enterrada, como recurso para resolver as contradições da sociedade brasileira. Para a maioria do CC, tratava-se de lutar pela democratização do país e ponto final. Chegando de Paris, Armênio Guedes dissera com todas as letras: "O momento é de lutar pela democratização e não pelo socialismo". Ora, Prestes almejava o socialismo a partir das lutas democráticas, mesmo porque não acreditava na "democracia burguesa". Os primeiros queriam uma frente ampla, sem restrições, incluindo até mesmo a Federação das Indústrias do Estado de São Paulo, a Fiesp. O segundo excluía da frente os monopólios nacionais e estrangeiros, e ainda propunha a constituição de uma "frente de esquerda", identificada com o socialismo, que lutaria pela hegemonia no interior da "frente democrática". Alianças com a Fiesp eram uma "ilusão de classe". Num país capitalista como o Brasil, a "contradição fundamental era entre a burguesia e o proletariado". Ou seja, o socialismo estava na ordem do dia.

Também não havia entendimento quanto aos encaminhamentos práticos. No âmbito do movimento operário e das lutas sociais, o CC buscava alianças com as alas moderadas. Prestes inclinava-se pelas lideranças emergentes, embora não lhes poupasse críticas. O cc pensava partidos e eleições. Sem negar importância a essas "frentes de luta", Prestes apostava nos movimentos sociais em curso. Quanto ao futuro imediato do pcb, enquanto a maioria do cc se dispunha a realizar o vii Congresso de qualquer modo, forçando as margens da legalidade existente, Prestes criticava os procedimentos, considerando-os "aventureiros". Para ele, a convocação de um congresso envolvia uma série de preliminares, entre as quais a derrubada efetiva da ditadura e a conquista da plena liberdade de organização partidária.

Os debates públicos comprometiam a reorganização do Partido. Muitos não conseguiam se situar naquela estranha e imprevista cacofonia. Afinal, quem era quem naquela atoarda? E Prestes, permanecia ou não no Partido? Se as coisas continuassem como estavam, a qualquer momento seria alcançado um ponto de não retorno. O problema é que, para quase todos, e apesar dos pesares, a equação "pcb sem Prestes" ou "Prestes fora do pcb" parecia ainda inimaginável.

Havia também outra questão, considerada muito mais importante pelos comunistas que lidavam com o dia a dia dos cidadãos comuns: uma reforma partidária, ainda em novembro de 1979, fora imposta pela maioria governista no Congresso, implodindo o bipartidarismo existente desde 65. Ao lado do pmdb (o termo "partido" tornara-se obrigatório pela nova legislação), organizavam-se, à esquerda do quadro político, alternativas lideradas por Brizola e por Lula. Embora os dirigentes comunistas, incluindo-se aí Prestes, continuassem defendendo a participação no pmdb, militantes envolvidos nos movimentos sociais deixavam-se seduzir pelos partidos que surgiam. Para eles, aquelas discussões e insultos intercambiados pelos dirigentes pareciam ecos de outro tempo, sem vínculo com os desafios prementes do momento.

No início de fevereiro de 1980, em entrevista pública, três dirigentes reconhecidos do cc, Hércules Corrêa, Giocondo Dias e Salomão Malina, tentariam, finalmente, pôr os pingos nos is. De modo claro, desautorizaram Prestes — ele não falava mais em nome do Partido, inclusive porque havia meses não comparecia às reuniões, apesar de ser convidado.

Quanto às divergências, notórias, foram evasivos: "Não estamos em condições de precisá-las, porque Prestes nunca as explicou diante do nosso coletivo [...] e sempre votou a favor de todas as resoluções políticas [...] quando estávamos no exterior". Como interpretar aquela inexatidão? Uma última tentativa de convencer os militantes do Partido de que eles, os dirigentes do cc, queriam uma conciliação? Sobre a opção pela "luta armada", provocativamente atribuída a Prestes pelos jornalistas, Dias foi cauteloso: "Penso que o companheiro Prestes não colocou a questão nestes termos. Não vemos, na situação atual, nem em futuro previsível [...] esta hipótese".

Dias e Malina não pouparam críticas ao modelo econômico ainda vigente, "sustentado há quinze anos e baseado na superexploração das massas trabalhadoras e na penetração sem limites das multinacionais". Politicamente, o governo desejava "conservar e institucionalizar o caráter autoritário, antioperário e antipopular do regime". As oposições deveriam lutar contra essas manobras e pela convocação de uma Assembleia Constituinte, "livremente eleita", assim como por um "governo democrático, eleito pelo voto direto". Mas criticavam a proposta de constituição de uma "frente de esquerda". As organizações e lideranças favoráveis a essa proposta (entre as quais se encontrava Prestes) "partem do ponto de vista que o objetivo imediato das massas na luta contra a ditadura deve ser um governo popular, de transição para o socialismo". Tratava-se de uma proposta "esquerdista", ressuscitando táticas desastrosas no passado. Não poderiam elas "precipitar um novo golpe"? Em certo momento, ao se referir ao "esquerdismo", Hércules lembraria que as "liberdades não foram ainda alcançadas e suficientemente consolidadas". Como, então, lutar por objetivos mais ambiciosos? E comentou, sem elegância, referindo-se a Prestes: "Parece que o cargo de secretário-geral emburrece...".

Nas análises internacionais, os dirigentes do CC fizeram as formulações tradicionais de defesa da paz, da URSS e da invasão do Afeganistão, ocorrida no ano anterior. Tratava-se de abortar "os planos do Pentágono de instalar em território afegão o dispositivo bélico e de espionagem que, anteriormente, se encontrava no Irã". Aquilo valia menos pela adequação dos propósitos do que pela natureza codificada da linguagem empregada. Seu significado: a URSS e o PCUS reconheciam-nos como os legítimos representantes do movimento comunista brasileiro. Uma advertência velada a Prestes: no plano internacional, e apesar da amizade pessoal de Fidel Castro, as portas do mundo do "socialismo realmente existente" estavam fechadas para ele.

Prestes respondeu à altura. Lembrou que "algumas bases estão tomando iniciativas". Esclareceu que "não dava ordens a ninguém", mesmo porque "são as bases [...] que têm que tomar a organização em suas mãos". Advertia, sibilinamente: "Proximamente, estas bases podem fazer uma conferência e eleger comitês de defesa do PCB, independentemente do CC". Na sequência, "estes comitês podem eleger [...] uma direção nacional provisória, em condições de convocar um congresso".

Um convite à rebelião das bases, à maneira de Lênin e de Mao? Prestes não chegava a tanto: "Não sei se vai surgir um novo partido, com novo estatuto, novo nome. Vai depender muito do que acontecer com a direção atual do PCB". "O PCB ligado a mim", esclareceu, "ainda está em formação, são elementos que vão se desgarrando e se convencendo de que eu tenho razão, mas é um processo doloroso, difícil e demorado."

Na beira do precipício, parecia ainda em dúvida sobre se daria o passo decisivo. Indagado a respeito do seu isolamento internacional, relativizava o apoio da URSS e do PCUS ao CC do PCB. Lembrava o caso da Austrália. Lá, o PC local tomara um rumo "direitista", levando os "comunistas verdadeiros" a fundar um partido alternativo, prontamente reconhecido pelos soviéticos. Na Nicarágua, o PC local, trotskista, isolava-se perante os sandinistas vitoriosos, apoiados por Cuba e pela URSS.

Ao sustentar que "não se pode conciliar com princípios", citava ninguém menos que Brejnev: "A discussão deve ser travada com camaradagem, mas não em questão de princípios". E aduzia: "Perdi o cargo [de secretário-geral], mas continuo sendo muito bem recebido pelos soviéticos. Além de ser uma figura internacional, tenho dado provas de fidelidade à causa comunista e os soviéticos não se esquecem disso", mesmo porque "dediquei minha vida ao comunismo". A alusão não podia ser mais clara, mas Prestes disputaria, se fosse o caso, o reconhecimento internacional dos soviéticos? Confiava mesmo em suas palavras ou queria apenas inquietar os adversários?

Apesar das dificuldades e incertezas, aparentava otimismo: "Sou otimista quanto ao futuro do socialismo no Brasil. Já temos uma classe operária numerosa, de segunda geração, com um nível de consciência elevado. O que falta é organizá-la. Organizada, a classe operária será uma força invencível, que poderia levar o país ao socialismo", porque "essa classe operária pode dirigir as grandes massas e fazer a revolução".

Quando isso poderia acontecer? O Velho voltava a evasivas, parecendo caminhar em círculos: "Não posso calcular um prazo. Depende do surgimento de um partido revolucionário...", necessário "para os momentos decisivos e para o longo e paciente trabalho de conscientização".

No mês seguinte, em março, os operários de São Bernardo entravam em nova greve. Dessa vez, bem preparada, apoiada e ramificada nos bairros, ela duraria 42 dias, resultando na prisão e enquadramento na Lei de Segurança Nacional das lideranças e na intervenção nos sindicatos de metalúrgicos, obrigados a recuar. A derrota, no entanto, não abalou o prestígio dos líderes nem significou a desmoralização do movimento, o qual passara a desempenhar um papel central na transição democrática que o país atravessava.

Naquele processo, porém, os comunistas primavam pela ausência, dilacerados por divergências e discussões internas. Sua atenção, ao longo do mês, estaria concentrada na questão da legalização do PCB: enquanto José Salles anunciava a solicitação de registro legal, Prestes denunciava o procedimento, atribuído por ele a "acordos com a ditadura, incompatíveis com o caráter revolucionário e internacionalista do PCB", e colocando o Partido "a reboque da burguesia e a serviço da ditadura". Ao mesmo tempo, noticiava-se que os dirigentes do CC se preparavam para lançar um novo jornal, legal, *A Voz da Unidade*, extinguindo a tradicional — e ilegal — *Voz Operária*.

O cálice estava para lá de cheio, a qualquer momento iria transbordar. Transbordou, afinal, em fins do mês de março, quando começou a circular entre os militantes a "Carta aos comunistas", logo depois publicada pela grande imprensa. Assinada por Prestes, consumou sua ruptura com o PCB.

O texto iniciava-se com a denúncia de uma "vasta campanha anticomunista", visando a "desmoralização, a divisão e o aniquilamento do PCB". O objetivo era transformar o Partido num "dócil instrumento dos planos de legitimação do regime", num "partido reformista". Prestes invocava o seu "passado de lutas, de reconhecida dedicação à causa revolucionária e ao PCB", o que lhe conferia "autoridade moral" para dizer aos militantes o que pensava "da situação que atravessamos".

A partir daí, não media as palavras: a orientação política do Partido estaria "superada". "Estamos atrasados", argumentava, "e não temos respostas para os novos e complexos problemas apresentados pela vida", daí decorrendo "passividade, falta de iniciativa e, inclusive, ausência dos comunistas na vida política nacional de hoje". Seguia-se uma denúncia vigorosa dos dirigentes do CC, trazendo à tona críticas formuladas ainda no exílio: "Querem apresentar a linha do VI Congresso como um dogma indiscutível". A rigor, a "falência da direção" se evidenciara havia mais tempo, quando o Partido se mostrara incapaz de "enfrentar os golpes da repressão [...] e de separar, com o necessário rigor, a atividade legal e ilegal".

434

A tese da "degeneração interna" do PCB, defendida um ano antes, em Praga, voltava a ser agitada com todos os seus principais argumentos: a direção já não funcionava, incapaz de exercer o papel para o qual fora eleita. Haviam desaparecido, na prática, o princípio da direção coletiva, o planejamento e o controle do trabalho partidário, reinando a indisciplina e a confusão. Fazia parte dessa degenerescência o fato de que assuntos do conhecimento exclusivo dos membros do CC estavam sendo revelados à polícia por intermédio da grande imprensa.

Prestes implicava-se: "Não me eximo de minha parcela de responsabilidade e me considero o principal responsável pelos erros e deformações existentes". No entanto, essa não era a atitude do CC, que se negava "a uma séria e profunda autocrítica", permanecendo atolado nos "dogmas, na falta de princípios e na tradicional conciliação em torno de formulações genéricas", evidenciando sua "face oportunista e total falta de princípios", além de "carreirismo, compadrismo, falta de uma justa política de quadros, falta de princípios e total ausência de democracia interna".

O texto era também aproveitado para reiterar as posições defendidas desde 1978 e mesmo antes. Os problemas do Brasil, "nos últimos dezesseis anos", ou seja, desde 1964, "não só não foram resolvidos, como foram agravados". Para resolvê-los, o país precisava de "transformações profundas", que só poderiam ser efetivadas por um "poder que represente as forças sociais interessadas na liquidação dos monopólios nacionais e estrangeiros e na limitação da propriedade da terra, com o fim do latifúndio". Eram as ideias que constavam na tese de Anita Prestes, distribuída ao CC em sua primeira reunião plena realizada no exílio, em janeiro de 76, em Moscou. A luta pela "derrota da ditadura" e pela "conquista das liberdades democráticas" seria inseparável da luta por "este tipo de poder" que representaria um "passo considerável no caminho da revolução socialista". A expectativa era a de que "as massas assumam a liderança do processo da luta contra a ditadura", criticando-se aqueles (os dirigentes do CC do PCB) que procuram "evitar tensões".

A luta pela democracia, reiterava Prestes, era "parte integrante da luta pelo socialismo". O Partido não podia "abdicar de seu papel revolucionário e assumir a posição de freio dos movimentos populares, de fiador de um pacto com a burguesia, sacrificando o interesse dos trabalhadores".

Era preciso que se unissem as forças de esquerda, ou seja, "aquelas que lutam pelo socialismo", para que elas se tornassem "a força motriz da frente democrática". Tratava-se de "organizar e unir as massas trabalhadoras [...] e avançar no sentido do esclarecimento das massas para que cheguem à compreensão da necessidade de transformações radicais [...] e a formação de um bloco de forças antimonopolistas, anti-imperialistas e antilatifundiárias capaz de assumir o poder", o que significaria "um passo decisivo rumo ao socialismo".

Esconjurando o fantasma do golpe de 1964, Prestes sustentava que, se naquela época "foi correto combater os desvios esquerdistas, após o golpe, caímos [...] em posições próximas do reboquismo e da passividade".

Para os militantes do PCB, chegara o momento de "romper a passividade" e "tomar os destinos" do Partido em suas mãos, "rebelando-se contra os métodos mandonistas" e efetuando mudanças radicais com o objetivo de aprovar "uma orientação verdadeiramente revolucionária e a eleição de um novo tipo de direção à altura desta nova orientação...".

"*Hic Rhodus, hic salta*", diziam os antigos. O Velho queimara os navios numa viagem sem volta. O impensável se realizara: Luís Carlos Prestes rachara com o PCB. Os dirigentes do CC, algo atordoados, responderiam taco a taco. Em artigo publicado na novíssima *Voz da Unidade*, em abril, assinado por Giocondo Dias, Salomão Malina, Teodoro Mello, Hércules Corrêa e Armênio Guedes, voltaria a ser feita a defesa da política definida no VI Congresso e em suas recentes declarações: tratava-se de restabelecer a democracia no país. O socialismo estava fora de questão. Quanto à "Carta aos comunistas", divulgada por Prestes, em breve formulariam uma resposta circunstanciada.

É provável que já não alimentassem dúvidas quanto ao antagonismo das divergências com Prestes, mas, visivelmente, queriam ganhar tempo e demonstrar aos militantes do Partido que o responsável pelo racha era Prestes, única e exclusivamente.

Os textos de Prestes e dos dirigentes do CC evidenciavam fissuras inconciliáveis, aqueciam a discussão e enfraqueciam o Partido. Aquele embate público era uma novidade. Era preciso remontar longe no tempo, aos anos 1950, para ver coisa semelhante. Como se não bastasse, Gregório Bezerra aproveitou para entrar na liça, soltando nota em que solicitava, de acordo com os estatutos, uma reunião extraordinária do Comitê Central para analisar a "grave crise pela qual atravessa o nosso Partido". O veterano e respeitado dirigente propunha a dissolução do CC e a formação de uma Comissão Nacional Provisória com representantes das bases e dos estados para cuidar da convocação de um congresso. E ameaçava tomar o caminho de Prestes se "houvesse demasiada demora na efetivação da reunião solicitada". As divergências ganhavam lugar de destaque na grande mídia. Amplamente divulgadas, faziam a delícia de jornalistas e editorialistas da "imprensa burguesa".

Em maio de 1980, anunciou-se a formação de um Coletivo de Dirigentes Comunistas, um nome-fantasia para designar o CC, destinado a driblar os rigores da legislação que continuava a manter o PCB na ilegalidade. A Comissão Executiva foi rebatizada com o nome de Coordenação, cabendo a Giocondo Dias o título de "coordenador provisório", até a realização de novo congresso dos comunistas. No mesmo movimento, na medida em que Prestes recusara repetidos convites para reuniões, declarava-se "vago" o cargo de secretário-geral do Partido. Em nenhum momento se falava de exclusão ou de expulsão, embora, no passado, vários dirigentes, por muito menos, tivessem sido expulsos do Partido e ainda cobertos de injúrias. Agora, os termos eram cuidadosamente evitados, como se uma porta permanecesse aberta a uma improvável conciliação.

Na reunião que decidiu esses passos, foram destituídos Hércules Corrêa e Armênio Guedes, substituídos por Givaldo Siqueira e Luís Tenório de Lima. Salomão Malina e Teodoro de Mello completavam a Coordenação.

A queda de Hércules e de Armênio poderia ser interpretada como um derradeiro gesto na direção de Prestes, uma vez que ambos, o primeiro, com suas desabusadas declarações, e o segundo, pela consistência de suas críticas, eram considerados, com justa razão, os principais adversários do Velho na mais alta direção do Partido. De outro ângulo, porém, o afastamento dos dois representava uma "limpeza de terreno", o triunfo completo de uma proposta "centrista", alérgica à presença de "homens de convicções", a reafirmação de uma tradição que, em momentos anteriores, Prestes encarnara com grande habilidade mas que seria agora assumida sem o seu concurso.

A resposta à interpelação formulada pela "Carta aos comunistas" foi publicada logo depois, em termos mesurados, mantendo-se, em relação a Prestes, o tratamento de "companheiro". Giocondo, em entrevista coletiva, reafirmaria o que já se sabia: o PCB lutava por democracia, pela soberania nacional e pela convocação imediata de uma Assembleia Constituinte. Era a isso, segundo ele, que se resumia a luta pelo socialismo no Brasil.

Mas Prestes estava lançado e não queria conversa. Em seu estilo habitual — franco, direto e brutal —, denunciaria o "Coletivo" como uma "clara manobra", um passo a mais "no caminho da traição à classe operária e aos interesses de nosso povo". Os homens do CC queriam "transformar o PCB em dócil instrumento dos planos de legitimação do atual regime". Era necessário que os militantes do Partido elegessem "outro tipo de direção [...] verdadeiramente representativa [...] e capaz de assegurar a fidelidade aos princípios do marxismo-leninismo". Terminava com um apelo à rebelião: os comunistas deveriam romper "com a passividade", assumindo o comando do PCB.

O clima azedou de vez. Em represália, o CC, finalmente, destituiu Prestes do cargo de secretário-geral "por não comparecimento às reuniões", o que estava previsto nos estatutos. Era uma vã tentativa de despolitizar o embate, que se radicalizava cada vez mais. Um último aceno, sobretudo à militância, pois era nítida a inquietação com as repercussões do racha nas bases do Partido, onde se conservava alto o prestígio do Velho, mesmo ressalvadas as divergências com suas posições. No mesmo movimento, cortaram a subvenção partidária que sustentava financeiramente Prestes e sua família, os quais foram salvos, então, por Oscar Niemeyer e um grupo de amigos que, através de doações regulares, viabilizaram a sua sobrevivência. Pouco antes, Niemeyer doara um apartamento na aprazível rua das Acácias, na Gávea, Zona Sul do Rio de Janeiro, onde Prestes residiria até o fim de seus dias. O sustento seria complementado, segundo Dênis de Moraes e Francisco Viana, por uma "razoável quantia em dólares" oferecida por partidos comunistas europeus.

Já em junho, Dias partiu para um longo périplo internacional, incluindo visitas à União Soviética e a Cuba. Como era da tradição dos comunistas em todo o mundo, foi em busca de apoio e de legitimação. No mesmo mês, e com os mesmos destinos e objetivos, Prestes também partiu. Ambos confiantes no bem fundado de suas respectivas posições.

A decisão foi rápida e inteiramente favorável a Giocondo Dias. Conforme relato de Maria, a capital comunista reservou uma fria acolhida ao Velho. Uma carta pessoal a Brejnev ficou sem resposta. As relações conhecidas, acionadas, não se mexeram. Um emissário do Partido soviético trouxe o recado — delicado — de que Prestes não era bem-vindo à cidade. Suas tentativas de entrar em contato com embaixadas de países socialistas estavam sendo avaliadas como impróprias. A sensação de desconforto foi aumentando no apartamento da rua Gorki. Era evidente o isolamento político do Velho.

Em certo momento, Prestes passou mal. Maria e Luís Carlos chamaram, então, o dr. Yuri Gulaev, experiente médico que dele cuidara ao longo do exílio. O homem sumira, como evaporado. Os médicos enviados, mesmo alertados a respeito de uma disritmia natural que afetava o Velho, deram-lhe fortes doses de remédios inadequados. O quadro de saúde subitamente piorou, exigindo a hospitalização. Prestes começou a delirar, seu estado tornou-se grave. Enfim, o dr. Gulaev reapareceu, ministrou os medicamentos apropriados e tranquilizou os familiares apreensivos, não sem antes reconhecer que o erro dos colegas quase tinha sido fatal.

Quando voltou ao país, Prestes desembarcou sem ilusões. Nada poderia esperar de sua terra de adoção e de veneração, a União Soviética. Indo para o aeroporto, acompanhado dos filhos que ainda ficariam em Moscou, era inevitável a comparação com a despedida de 1979, repleta de expectativas e esperanças. Mas o Velho guardou aquela decepção — mais uma — consigo e nunca ninguém o ouviu lamentar-se da peregrinação frustrada. Quanto a Cuba, Fidel Castro mantinha a amizade e o respeito pessoais, mas ele era, sempre fora, um homem de Estado e o alinhamento com a URSS naquele momento não estava em questão.

Em contraste, Giocondo Dias retornou em triunfo. Acompanhado de Geraldo Rodrigues, trouxe na bagagem a confirmação do apoio soviético. Alguns meses depois, em dezembro, seria recebido como chefe da delegação dos comunistas brasileiros no II Congresso do Partido Comunista Cubano.

Os dados pareciam jogados. Prestes estava, e permaneceria, completamente isolado do ponto de vista internacional. Em seus próximos passos, teria que se haver com essa sombria perspectiva.

17. Da larva, a borboleta

Prestes parecia acostumado a enfrentar adversidades. Como se fossem avatares de suas próprias escolhas. Além disso, era sempre possível enxergar luzes no nevoeiro. Sua filha Anita via ainda possíveis trunfos, elementos positivos, encorajadores. Diziam respeito ao movimento de uma parte da militância comunista favorável às teses radicais no contexto dos grandes movimentos sociais que se mantinham então com ímpeto. A conjuntura por que passava o país continuava a apresentar um nível considerável de instabilidade, aquecendo os ânimos dos mais extremados.

Como a demonstrá-lo, manifestavam-se grupos de extrema direita. Inconformados com a transição democrática em curso, recorriam a atos terroristas, com vistas a desestabilizar o governo e obstruir o processo político, oferecendo argumentos a todos que estavam convencidos de que nada parecia definitivamente decidido. No início de julho de 1980, houve o sequestro de Dalmo Dallari, notável personalidade das lutas democráticas. Seguiram-se atentados a bomba em várias capitais, atingindo bancas de jornal, acusadas de vender publicações da chamada imprensa nanica, considerada subversiva. Em fins de agosto, no Rio de Janeiro, um duplo atentado, à sede da Ordem dos Advogados do Brasil (OAB) e à Câmara de Vereadores, matou d. Lyda Monteiro da Silva, secretária do presidente da instituição, Seabra Fagundes, que era visado, e mutilou José Ribamar de Frei-

440

tas, assessor de um combativo vereador do MDB, Antônio Carlos de Carvalho, vinculado ao Movimento Revolucionário 8 de Outubro. Os atentados suscitaram comoção nacional e uma grande manifestação no Rio.

Era nessa atmosfera que se faziam ouvir propostas revolucionárias, embora minoritárias. Nesses meios, algo rarefeitos mas visíveis, era inegável o respeito e a simpatia que ainda despertava o ex-secretário-geral. Ainda queriam vê-lo e ouvi--lo. Choviam convites para conferências, entrevistas, participação em eventos políticos de diversa natureza. Em muitos, Prestes percebia, calejado pela experiência do longo exílio, sobretudo uma imensa curiosidade, às vezes mal disfarçada, como se estivessem apenas querendo ver e ouvir, quando não tocar, um "personagem histórico". Como numa visita a um museu.

O importante, contudo, é que não faltavam ouvidos e consciências, atentas e receptivas. Não seria o caso de semear a ideia da organização de uma alternativa partidária revolucionária? Foi com esse ânimo que, de abril a julho de 1980, circulou uma nova publicação: *Ecos à Carta de Prestes*.

Logo no primeiro número, foi registrada por *Ecos* a formação, em São Paulo, de uma Comissão Estadual de "defesa do PCB", uma alternativa à Comissão de Reorganização do PCB, obediente aos homens do CC. Outras comissões do mesmo feitio haviam sido constituídas no Rio Grande do Sul, Espírito Santo, Ceará e Sergipe. Propunham a criação de uma Comissão Nacional Provisória, encarregada de realizar um VII Congresso "realmente democrático".

Na edição seguinte, *Ecos* apresentou uma súmula das divergências com o CC. Eram levantadas questões teóricas e práticas, estratégicas e táticas. Não havia sintonia em nenhum terreno, e era estranho imaginar como tinham pertencido ao mesmo partido, durante tanto tempo, pessoas com tamanhas divergências.

A perspectiva da revolução socialista fora abandonada pelo CC, que não questionava a dominação do Capital. Em contraste, era mantida por Prestes e seus correligionários, que a consideravam uma "questão atual". Não à toa, Giocondo Dias e seus partidários eram acusados de um "antissovietismo envergonhado", enquanto Prestes defendia o apoio sem reservas à URSS e ao campo socialista. Na avaliação do regime democrático, os primeiros eram favoráveis a uma "democracia pura", os segundos insistiam no seu "conteúdo de classe". Para uns, a ditadura já era coisa do passado, estendiam a mão para o ditador de turno, o general Figueiredo, e conchavavam com ele a legalização do PCB. Para os outros, a ditadura continuava em pé, o país permanecia sob a tutela dos militares, e a legalização do

Partido só podia ser concebida no horizonte das lutas sociais e como resultado de suas conquistas. Do ponto de vista imediato, ao passo que o CC defendia o caminho eleitoral e parlamentar, apoiado numa ampla frente social e política, "a reboque da burguesia liberal", os partidários de Prestes sustentavam a alternativa das "lutas de massa", com a unificação das "forças de esquerda" no contexto de uma frente democrática da qual seriam excluídos os representantes dos "monopólios". No plano da organização partidária, os homens do CC não só negavam uma "autocrítica profunda dos métodos de organização", como insistiam numa "atividade terrorista na condução da luta interna".

Anita Prestes apontava a herança a que os comunistas deveriam renunciar. Analisando os documentos do PCB, dos anos 1920 aos anos 1970, retomava considerações de sua tese, defendida em Moscou, para enfatizar que os erros e "desvios" históricos do PCB se vinculavam a opções estratégicas equivocadas, fundamentadas na concepção de uma "revolução democrático-burguesa" ou "nacional e democrática", prevendo-se a hipótese de um capitalismo autônomo no Brasil.

Aí estaria a raiz de todos os enganos; o capitalismo internacionalizara-se de forma dependente, e crescera, desmentindo a suposição de que países dependentes estariam condenados à estagnação. A exceção do último ponto, evidenciado desde o início da década de 1970 pelo crescimento econômico empreendido sob o regime ditatorial, era a retomada, dez anos depois, dos argumentos essenciais da chamada "esquerda revolucionária" e da interpretação dos teóricos da dependência "de esquerda", Theotonio dos Santos e Rui Mauro Marini.

Aproveitando-se do fato de que o CC extinguira a *Voz Operária*, em proveito da *Voz da Unidade*, os comunistas que se identificavam com as críticas de Prestes reeditariam o antigo órgão do PCB, apostando em sua tradição e prestígio entre os militantes comunistas. Tiveram o cuidado de respeitar a numeração do jornal e seu subtítulo: "Órgão central do Partido Comunista Brasileiro", como se os "verdadeiros comunistas", os que se alinhavavam em torno "das posições revolucionárias de Luís Carlos Prestes", tivessem salvado do naufrágio um empreendimento posto a pique pelos dirigentes "reformistas".

Logo no primeiro número, uma longa entrevista de Prestes reiterou os principais aspectos de suas análises e propostas. Eram teclas nas quais o Velho vinha batendo desde que retornara ao país, agora ampliadas e consolidadas.

O capitalismo no Brasil só tinha um caminho: a monopolização "dependente do imperialismo". Pela sua própria natureza, associava-se "à superexploração dos trabalhadores" e ao recurso à ditadura. Em outras palavras: não seria realista esperar substanciais concessões às demandas dos trabalhadores. Daí porque só restava "a liquidação do poder dos monopólios, nacionais e estrangeiros e do latifúndio", tarefas a serem implementadas por um "poder antimonopolista", abrindo-se, então, "o caminho para o socialismo em nossa terra".

Em termos imediatos, a convocação de uma Assembleia Constituinte seria pura ilusão. Do ponto de vista dos trabalhadores, para que esta tivesse um mínimo de efetividade, seria necessário revogar o "entulho autoritário" (Lei de Segurança Nacional, Lei de Imprensa, Lei de Greve, Lei Falcão e as chamadas "salvaguardas"); desmantelar os órgãos repressivos e punir os responsáveis pelos atos terroristas; reconhecer "total liberdade de organização partidária", incluindo o direito dos comunistas de terem seu próprio partido; liberdade e autonomia sindicais e revogação de toda a legislação restritiva à ação sindical.

As esquerdas favoráveis ao socialismo deveriam se unir em torno desse programa numa frente, na qual a democracia deveria ser concebida como "parte integrante da luta pelo socialismo". Mas essa unidade deveria ser constituída "pela base" e "na luta de massas", ou seja, nas empresas e locais de trabalho e no contexto de crescentes movimentos sociais. Nessa perspectiva, obtida a verdadeira queda da ditadura, era preciso assegurar a continuidade da luta rumo aos "objetivos revolucionários da classe operária".

Em relação ao PCB, Prestes informava que já contava com o apoio de cinco comitês estaduais. Ao mesmo tempo, em vários estados, como o Rio de Janeiro, São Paulo, Pernambuco e Bahia, constituíam-se "comissões de defesa do PCB", formadas por organizações de base. Prestes concitava: "Que estes comunistas se organizem, na luta de massas e [...] a partir de agora, em torno do nosso órgão central, a *Voz Operária*". Com esse objetivo, deveriam adotar "novos métodos de trabalho e de organização, combater o mandonismo, o liberalismo, o carreirismo [...] a prática de mentiras e de intrigas". Embora a reorganização do PCB fosse vazada em termos otimistas, o Velho admitia que esse processo seria "longo e difícil".

Não era então — e não é até os dias de hoje — nada fácil estimar com precisão a força política real de Prestes entre os comunistas. Não lhe faltavam prestígio e mesmo a reverência de quase todos. Entretanto, a iniciativa do racha e a maneira — brutal — com que fora conduzida suscitaram reparos.

Muitos anos depois, Tarcísio Leitão, veterano comunista cearense, reconhecendo a força "muito considerável" dos prestistas no estado, ainda se lamentava:

"Prestes não deveria ter saído do Partido...". Chegou a perguntar-me, em seu estilo sempre direto: "Se eu sair do Partido, você me acompanha?". Respondi que não. E acrescentei: "Você não é apenas o dirigente do PCB, mas o brasileiro mais conhecido [...] se você sair do partido, você perde o comando de uma organização que tem uma dinâmica de grupo extraordinária". Ele riu e respondeu-me: "Você é um daqueles cristãos que diz: fora da Igreja, não há salvação". Aludindo à entronização do Velho como "presidente de honra" do PDT, efetuada, mais tarde, por Leonel Brizola, Tarcísio concluía irônica e amargamente: "Sair do PCB para virar rainha do Maracatu no PDT?". Antigos militantes defenderiam argumentos análogos, como, entre muitos outros, Paulo Cavalcanti, em Pernambuco, e João Falcão, na Bahia.

O Velho, porém, parecia convicto do caminho escolhido, mesmo porque suas concepções e ideias realmente estavam a léguas de distância do que preconizavam seus ex-camaradas do PCB. Como poderia defendê-las sob uma disciplina que, mesmo afrouxada, ainda se mantinha, ao menos formalmente, através dos estatutos partidários? Como se submeter a uma direção que, para além de uma proposta política equivocada e inconsequente, cometera erros "de princípio", afora o fato de estar mergulhada em numerosos "vícios" pelos quais não queria autocriticar-se? Restava perseverar, remando contra a corrente, nem que fosse necessário ficar "ao sol e ao sereno" do isolamento.

Ainda em 1980, Prestes participou da cerimônia de translado dos restos mortais de Carlos Marighella para a Bahia. Entre outros oradores, fez um elogio vibrante às qualidades do revolucionário assassinado: "O Brasil popular e socialista cultuará para todo o sempre tua memória". À guisa de reconciliação, uma homenagem a um camarada cujas virtudes de desprendimento e coragem sempre admirara, apesar das divergências políticas.

Para a "nova" *Voz Operária*, que exprimia agora as avaliações do Velho, o ano de 1980 terminara mal, com sombras espessas no horizonte: grupos clandestinos de direita continuavam explodindo bombas, com a cumplicidade aparente do Estado. No Parlamento, manobra da maioria governista aprovara o adiamento das eleições municipais que se realizariam em novembro. A propalada "abertura" estagnara. Nessas circunstâncias, falar numa Assembleia Constituinte era como jogar areia nos olhos das gentes, pois ela não poderia ser "nem livre, nem democrática, nem soberana". Nas comemorações do 59º aniversário da fundação do PCB, em março de 81, novos petardos seriam endereçados aos dirigentes do Comitê

Central acusados de "falta de honestidade" e de "incapacidade moral", mas os ataques, embora violentos, pareciam tiros na água.

De fato, Giocondo Dias e seus amigos perseveravam em suas opções. Em fevereiro, ao chefiar delegação brasileira ao XXVI Congresso do Partido Comunista da União Soviética, Dias consolidou seu "reconhecimento internacional". Um pouco mais tarde, em abril, em artigo publicado na *Folha de S.Paulo*, o dirigente afirmava que os comunistas "queriam a legalidade" e que a democracia era uma "via privilegiada à sociedade pluralista que pretendemos". Em termos imediatos, tratava-se de lutar por "liberdades amplas" e por "um ordenamento econômico que contemple as reais necessidades das massas trabalhadoras". Permitia-se ainda falar em "transição socialista" e até mesmo de "sociedade sem classes", mas aquilo soava como um tributo a verdades cada vez mais abstratas, sem nexo com as lutas efetivas e que realmente contavam.

Foi nessas circunstâncias que se verificou o atentado do Riocentro, em Jacarepaguá, no Rio de Janeiro. Realizava-se ali um grande show, reunindo milhares de pessoas. Os autores tramavam explodir bombas no recinto, cujas luzes seriam apagadas e cujas portas de saída seriam fechadas. O efeito seria devastador, e atribuído a organizações de esquerda. A ideia era provocar uma comoção nacional e obstruir ou reverter a transição em curso. No entanto, por inadvertência, uma das bombas explodiu no colo de um dos terroristas, o sargento Guilherme Pereira do Rosário, ferindo gravemente seu superior imediato, o capitão Wilson Dias Machado, ambos lotados no DOI-CODI do Rio. A operação foi então abortada, mas caiu no domínio público.

O Exército abriu um "rigoroso inquérito" que acobertou o crime, evidenciando conexões e cumplicidades entre os terroristas e altos responsáveis no Estado, cuja natureza e extensão ainda hoje não são plenamente conhecidas. O presidente João Figueiredo protestou inocência, mas, para além de algumas bravatas, vazias de efeito prático, não teve força, ou vontade, para determinar uma autêntica apuração, que conduzisse à punição dos responsáveis. Seu braço direito e chefe da Casa Civil, general Golbery do Couto e Silva, tido e havido como um dos cérebros da "abertura", demitiu-se. O episódio confirmava os presságios dos que denunciavam a fragilidade daquele processo de transição e a preponderância remanescente da tutela militar. Para Prestes, era mais uma prova de que a ditadura "continuava" e de que nada de sólido poderia ser construído enquanto ela perdurasse. Contudo, embora os terroristas não tenham sido responsabilizados, protegidos pelo corporativismo institucional ou pela solidariedade política, o fato é que não mais se manifestariam. À brasileira, devagar e sempre, sem serem "desmantelados", os sinistros e temíveis "órgãos da repressão" foram gradativamente desativados.

Ainda eram intensas as repercussões do atentado terrorista ao Riocentro, pouco mais de uma semana depois, quando foram publicadas, afinal, num suplemento especial da *Voz da Unidade*, as teses para o VII Congresso do PCB. Um longo texto, marcado pela tradicional perspectiva "centrista" de amalgamar diferentes posições.

O capitalismo brasileiro era analisado como "dependente do imperialismo", tendo por "base" os monopólios internacionais na indústria, no sistema financeiro e na agricultura. A partir daí, gerava-se uma "crise estrutural", cuja superação só poderia se dar através de "profundas e radicais" transformações, sociais e políticas, asseguradas por uma política "comprometida com os interesses populares". O socialismo, "uma necessidade histórica", continuava sendo o objetivo da "nossa luta", a ser hegemonizada pela classe operária, porque só com a sua liderança se poderia alcançar "a emancipação da nação" e a garantia de uma "democracia econômica, social e política".

Até aí, nada muito distante do que preconizava Luís Carlos Prestes. Não faltariam outros acenos "à esquerda", como, por exemplo, a proposta de que "somente a luta de massas pode abrir caminho para derrotar a ditadura" ou a formulação sibilina de que "é possível que a revolução brasileira alcance seus objetivos prescindindo da luta armada, da insurreição e da guerra civil". Era possível, mas não certo. Não sendo certo, era também possível o inverso, ou seja, o recurso "à luta armada".

Entretanto, ainda no ar rarefeito das formulações e das hipóteses gerais e abstratas, evidenciavam-se outras orientações e outros caminhos. Com efeito, os dirigentes do Comitê Central mantinham-se aferrados ao conceito da "etapa democrática e nacional", fundada na ideia de que uma "contradição fundamental" opunha o povo e o imperialismo. Deduziam daí a necessidade de uma ampla frente política, na qual poderiam ingressar até mesmo setores do "capital monopolista nacional".

No terreno das lutas concretas, reiteravam-se tradicionais posições, comuns a todos os comunistas, como o papel principal da classe operária na luta contra a ditadura, a necessária combinação entre reivindicações econômicas e políticas, a luta pela reforma agrária, a importância da juventude e das mulheres, e a "não partidarização" dos sindicatos (uma crítica velada ao recém-fundado Partido dos Trabalhadores). Sucediam-se aqui e ali acenos "à esquerda" e "à direita", mas, do ponto de vista geral, o PCB continuava defendendo a oportunidade da convocação imediata de uma Assembleia Constituinte para superar a "liberalização controlada" e o "momento de instabilidade e transição", sempre ameaçado por uma extrema direita desejosa de "restaurar a exceção e o arbítrio".

Ao efetuar a avaliação crítica do passado, desde o golpe de 1964 e a realização do VI Congresso, em fins de 67, os comunistas afirmariam a "correta política de luta contra o regime, combatendo-se o dogmatismo e o revisionismo". Porém, admitia-se que a "subestimação do fascismo" conduzira às baixas registradas em 1974-5, merecendo por isso mesmo uma "ampla revisão". Tratava-se de analisar os "desvios", e nesse sentido as teses distribuíam críticas em todas as direções. Prestes mereceu, obviamente, maior atenção.

Embora tratado de "camarada" e convidado para um "debate", não se poupavam críticas ao Velho. Ele era acusado como "principal responsável" pelos "desvios", de ter "fugido à autocrítica" e de ter negado o "caráter revolucionário do PCB". Além do mais, "lançara-se contra o coletivo dirigente e o partido, promovendo o fracionismo e o liquidacionismo [...] estimulando a formação de outra organização e tentando obter apoio político de partidos comunistas de outros países". Apesar disso, o "coletivo dirigente" dispunha-se ao debate com Prestes, mas anunciava que não haveria "concessões políticas". No entanto, seriam oferecidas oportunidades "para que volte atrás e reconheça os seus erros".

Como proposta de diálogo, não chegava a ser estimulante. Completava a análise crítica sobre os erros do passado uma relação dos "problemas" dos comunistas: "dogmatismo teórico", "golpismo" e "culto à personalidade". Nada disso impediria a "luta pela legalidade do PCB" e a promessa de que o PCB legal seria "um partido amplo, de massas, democrático e nacional". Os militantes eram convidados a debater as teses através de um suplemento que seria publicado a partir de agosto daquele mesmo ano.

O número seguinte da *Voz Operária*, que se tornara porta-voz de Prestes e de sua filha Anita, sepultaria qualquer remota esperança de diálogo. As teses do CC para o VII Congresso eram criticadas como "de abandono da revolução e de reboquismo em relação à burguesia". No plano teórico permanecia a "separação mecânica" entre a luta anticapitalista e a luta anti-imperialista, o que levaria a um impossível "capitalismo independente sob a égide da burguesia monopolista nacional da Federação das Indústrias do Estado de São Paulo (Fiesp)". Além disso, devolvia-se aos dirigentes comunistas a acusação de "fugir da autocrítica", mostrando "total desprezo pelo Partido". Determinação, só tinham a de "não abandonar os postos aos quais estão agarrados".

Nas lutas e disputas sindicais, também já não havia terreno de acordo. Nas eleições realizadas para o Sindicato dos Metalúrgicos de São Paulo, em abril, juntamente com as "novas" lideranças sindicais, Prestes esteve ao lado de Waldemar Rossi, líder sindical cristão, contra Joaquim dos Santos Andrade, o Joaquinzão, acusado como figura emblemática do "peleguismo", que vicejara no período da ditadura, apoiado pela *Voz da Unidade* e pelo "coletivo dirigente do PCB". Joaquinzão acabou eleito, mas por estreita margem, quando, em pleitos anteriores, chegara a ser sufragado por cerca de 80% dos votos.

A essa altura, Prestes corria o país, atendendo a convites que não parava de receber. Em agosto, marcou presença na Conferência Nacional das Classes Trabalhadoras (Conclat), um evento histórico, congregando em torno de 5 mil delegados, a primeira e última vez, após a ditadura, em que se reuniriam todas as tendências do movimento sindical brasileiro. Ali defendeu uma "completa modificação da estrutura sindical". Esta deveria ser independente do Estado, dos patrões e dos partidos políticos, o que implicava a revogação da Consolidação das Leis do Trabalho (CLT) e a elaboração de um novo Código do Trabalho, cujo projeto deveria ser preparado por uma comissão eleita na Conclat. Os sindicalistas deveriam priorizar as "mobilizações por baixo", nas empresas, a formação de comissões de fábricas ou onde as "massas" estivessem. O discurso do Velho seria demoradamente aplaudido, mas não era evidente se o aplauso representava uma aprovação de suas posições ou uma respeitosa homenagem ao "velho guerreiro". A edição da *Voz Operária* publicada em seguida anotou que as "teses" de Prestes haviam circulado "bem", sendo "aprovadas". Era uma licença poética, pois, como se veria mais tarde, a grande maioria daquelas lideranças sindicais, "velhas" e "novas", não demonstraria maior interesse em se livrar das estruturas sindicais das quais elas próprias eram um produto.

Em seus discursos e conferências, o Velho e a *Voz Operária* iam ocupando, cada vez mais, uma posição de esquerda radical no quadro das lutas políticas que na época se desenvolviam no país. Com 83 anos completos, Prestes esbanjava energia, surpreendendo auditórios sempre lotados.

Entre os correligionários de Prestes amadureceu, então, a ideia de capitalizar politicamente o seu prestígio através de uma candidatura às eleições de novembro de 1982. Urgia ingressar formalmente em algum partido do "campo popular", pois a legislação vigente estipulava em um ano o tempo mínimo de filiação para que alguém fosse indicado a cargo eletivo pelos partidos políticos. Em tese, havia possibilidade de concorrer pelo PMDB, pelo PDT ou pelo PT.

Prestes, porém, não abria mão da ideia da criação de um partido comunista revolucionário, capaz de conduzir "as massas trabalhadoras" à revolução socialista. Assim, ele fazia questão de enfatizar que não desejava "aderir" às formações existentes, mas estaria disposto a se filiar ao partido que, num "ato político", lhe oferecesse uma legenda eleitoral. Algo semelhante ao que se fazia antes de 1964, quando dirigentes comunistas foram eleitos por outros partidos, como Diógenes Arruda e Marco Antônio Coelho, entre muitos outros. O mesmo aconteceria depois da instauração da ditadura e da dissolução dos partidos, quando o MDB, mais de uma vez, acolhera candidatos comunistas que tomavam o cuidado de não explicitar suas vinculações com o Partido.

As gestões, contudo, não prosperaram. No PMDB, apesar de um manifesto favorável assinado por parlamentares da bancada federal do Rio de Janeiro, houve claro indício de que a Direção Nacional do Partido não concordava com o ingresso de Prestes. Entre os petistas, a mesma falta de entusiasmo. Se o Velho quisesse entrar, não haveria vetos, mas ele teria que se filiar "por baixo" e disputar eventual indicação a cargo eletivo no interior do partido como qualquer militante. Até mesmo o PDT, liderado por Brizola, que não perdia oportunidade de elogiar e afagar o Velho, mostrou-se reticente na última hora. Como reconheceu anos depois, em sua linguagem metafórica, o líder político diria que o "barco" do PDT já estava "lotado". O ingresso de Prestes poderia ensejar o risco de que "afundasse". A rigor, Brizola manobrava em múltiplas frentes, pensando na meta que sempre fora a sua: alcançar a Presidência da República. Ora, não era nem um pouco certo que a entrada de Prestes no PDT pudesse ajudá-lo a realizar seus sonhos presidenciais. Um pouco mais tarde, percebendo a si mesmo e a seu partido como consolidados, Brizola ofereceria a ele a "presidência de honra" do PDT. Um gesto simbólico; teve seu valor, mas naquela hora H, de novembro de 1981, negou-se a prometer legenda ao Velho.

A tripla negativa, por parte de aliados, deve ter chocado Prestes. Como sempre, não se deixou abater, fazendo uma leitura política da questão. Se era verdade que não lhe recusavam homenagens, tapinhas nas costas e reconhecimentos formais, era evidente, porém, que aquelas lideranças não queriam compromissos com ele — nenhuma delas. Uma demarcação de fronteiras. O Velho estava só. E continuaria só.

O problema é que os núcleos prestistas davam início a um movimento de dispersão. Como Prestes permanecia arredio a uma orientação no sentido da formação imediata de um partido comunista alternativo, acreditando que era preciso "dar tempo ao tempo", os militantes, em movimentos soluçantes, iam tomando opções por conta própria. Houve os que insistiram na perspectiva de um partido alternativo, formando os chamados Coletivos Gregório Bezerra (CGBS), autônomos. Existiram em vários estados ao longo dos anos 1980 e terminaram confluindo, em 89, no Partido de Libertação Proletária (PLP). Havia os que, mesmo contrariados, continuaram no Partidão, decididos a travar a "luta interna" com vistas ao congresso que se aproximava. Outros não excluíam nem a hipótese de vinculação ao PMDB. Outros ainda, menos numerosos, filiavam-se individualmente ao PT. Grupos mais importantes tomaram o rumo do PDT, onde o grosso dos "prestistas" acabou por se aninhar. Apesar dos negaceios de Brizola em relação a Prestes, esse partido abria portas para seus adeptos, inclusive facultando a sua organização autônoma. Também havia a hipótese de uma militância política não partidarizada, no âmbito de organizações não governamentais (ONGS), que, então, começavam a proliferar, ou em torno de publicações, como os *Cadernos do Terceiro Mundo*, de Neiva Moreira e Beatriz Bissio, que agrupariam núcleos de nacionalistas radicais, próximos da visão socialista e das ideias de Prestes.

O "coletivo dirigente" do CC não parecia ter melhor sorte. A orientação "centrista" das teses publicadas, visando um movimento centrípeto, desembocara no seu inverso, um movimento centrífugo. As divergências expostas em praça pública, com seu inevitável cortejo de insultos e baixarias, produziam sangrias de militantes. Afastavam-se os partidários de Prestes e de suas ideias, os desencantados de todos os bordos, e ainda aqueles que, como Armênio Guedes, queriam um *aggiornamento* radical do Partido. Sem contar os parlamentares, assessores diversos e adeptos vários que, de tanto atuar no âmbito do MDB e, depois, do PMDB, pareciam mais peemedebistas do que comunistas. Em relação a muitos destes, não se sabia ao certo se deviam alguma disciplina e a quem, exatamente. À direção do grande partido-frente, liderado por Ulysses Guimarães, cuja ascensão fulgurante já se iniciara nos tempos da ditadura? ou a Giocondo Dias, mergulhado nas tratativas, que pareciam infindáveis, de fazer emergir o velho Partidão da clandestinidade para a luz do dia? Em fins de 1981, o processo de legalização do PCB continuava enfrentando obstáculos: a invasão da Editora Juruá pela Polícia Federal, que apreendeu a *Agenda Novos Rumos*, revista teórica do Partido, comemorativa dos sessenta anos, a serem festejados em março do ano seguinte, juntava-se a outras evidências — o governo Figueiredo, enquanto durasse, podia tolerar os comunistas, mas não parecia disposto a reconhecer sua legalização.

Para os críticos de "esquerda", onde se situavam Prestes e a *Voz Operária*, aquilo era um indício da permanência da "ditadura". E o mesmo se poderia dizer das manobras do governo, que impunha novas leis, como a vinculação do voto e a proibição das coligações. Nesse caso, em certa medida, o tiro saíra pela culatra, ao ensejar a reaproximação de Tancredo Neves com o PMDB, abandonando-se, em fevereiro de 1982, a proposta de formação do Partido Popular, o PP, destinado, nas maquinações de Golbery do Couto e Silva, a adotar um papel de "partido de centro", apto, eventualmente, a assumir os destinos da República. No entanto, o objetivo geral dos casuísmos — dividir as oposições nas eleições de 82 — fora alcançado. Decepcionados, alguns argumentavam que a "abertura parou". Outros, mais exasperados, diriam mesmo que o fascismo "declarado" fora apenas substituído por outro fascismo — "oculto e mascarado". Era um exagero, mas simbolizava um estado de espírito, compartilhado por Prestes e seus amigos mais íntimos, revelando uma análise que se distanciava perigosamente do processo histórico em curso.

No fim daquele ano de 1981 houve, afinal, algo que aproximou Prestes de seus velhos camaradas do CC. Embora lutando pela democracia no Brasil, todos apoiaram, paradoxalmente, o golpe militar na Polônia que desterrou para a ilegalidade o movimento Solidarność — o Solidariedade. Seria difícil convencer alguém de que o chefe do golpe, o general Jaruzelski, pudesse encarnar os interesses do "proletariado" e da "revolução socialista", enquanto Lech Walesa e as lideranças operárias perseguidas defendiam a perspectiva dos monopólios internacionais. Mas era isso mesmo que estava acontecendo, sustentavam os comunistas, uma vez mais reunidos, apesar das divergências. Aquele golpe, sobretudo seu caráter militar, vinha em má hora, e era necessária muita dialética para compreender aquele quebra-cabeça. Os deveres de fidelidade e solidariedade ao "campo comunista" cobravam, mais uma vez, uma fatura alta dos comunistas brasileiros, inclusive porque todos os partidos do "campo popular" no Brasil condenaram sem reservas o golpe, adensando o isolamento político dos comunistas e de Prestes, em particular.

Em janeiro de 1982, contudo, apareceu nas livrarias uma obra que poderia reverter essa tendência: *Prestes, lutas e autocríticas*. Até então, abstração feita de um antigo texto laudatório escrito por Jorge Amado e de outros — poucos — ensaios e artigos com essa mesma característica, ainda não se publicara nenhuma biografia sobre a rica trajetória do Velho. Construído a partir de longas entrevistas de Prestes com dois jornalistas, Dênis de Moraes e Francisco Viana, além de conter extensa pesquisa de fontes, especialmente em jornais e revistas, e reflexões críticas e autocríticas do personagem, o livro dava acesso a pormenores — alguns, reveladores. Foi um sucesso de vendas, contribuindo para tornar o Velho mais conhecido, como pessoa e como político.

Prestes, porém, reagiu mal àquela exposição, protestando contra diversos trechos, considerando-os imprecisos, impróprios ou francamente contraditórios com o que pensava ou com o que dissera aos entrevistadores. O saldo político, no entanto, *malgré lui-même*, foi favorável.

Na perspectiva de abrir uma brecha no isolamento em que se encontrava, e de descer das alturas — indigestas — das discussões sobre as "etapas" ou o "caráter" de uma revolução que ninguém via, visando chegar ao ouvido dos cidadãos, Prestes assinou uma "proposta para discussão de um programa de soluções de emergência contra a fome, a carestia e o desemprego generalizado", publicada na *Voz Operária*. Embora reiterasse que "soluções definitivas" eram incompatíveis com a "estrutura capitalista", tratava-se de formular "medidas parciais" que pudessem melhorar, "mesmo que temporariamente", a situação dos trabalhadores.

De fato, o governo Figueiredo parecia inteiramente perdido no comando dos rumos do país. O III Plano Nacional de Desenvolvimento, mal anunciado, fora abandonado. O segundo "choque" do petróleo, em 1979, fizera duplicar seus preços, já altos. E o pior era que o crédito internacional escasseara de forma drástica. Nos primeiros dois anos do novo governo — 1979 e 1980 —, ainda foi possível manter taxas positivas de crescimento, mas o contexto de uma inflação galopante, na casa dos 100% anuais, anulava qualquer repercussão favorável para as classes populares. Os donos do poder e das riquezas e as classes médias defendiam-se com as aplicações financeiras do chamado "overnight", um mecanismo que reajustava diariamente suas contas bancárias. Enquanto isso, "rolava-se" a dívida externa, que estrangulava as possibilidades de desenvolvimento, tornando-se impagável e ameaçando o país com o fantasma da moratória. Lá embaixo, lascavam-se os trabalhadores, em especial os que estavam no mercado informal e os desempregados.

Era o interesse destes últimos que o programa de Prestes queria defender. Previa três tipos de medida: 1. distribuição de alimentos para cerca de 30 milhões de pessoas que passavam fome; 2. um plano nacional de emprego, com o pagamento de um subsídio-desemprego; 3. estabilização dos preços dos bens e serviços de primeira necessidade. Além disso, propunha-se "mudar a orientação social da intervenção estatal", em proveito de "atividades produtivas, geradoras de emprego" e de "obras sociais específicas", principalmente nas "regiões subdesenvolvidas do Nordeste". Também se aconselhava "uma nova relação da economia nacional com o capital estrangeiro".

Anunciava-se a intenção de romper com um "erro persistente" cometido no passado, a separação entre os "objetivos finais" e as "metas imediatas". Na parte final, Prestes voltava a criticar o Partido Comunista com a contundência habitual, apontando a existência de um processo de "degenerescência". A organização, de "instrumento para a emancipação dos trabalhadores", passara a ser objeto de "medíocres finalidades de carreira política". O texto, cercado de grandes expectativas, suscitou, porém, repercussão limitada e nenhum efeito concreto.

É que as gentes voltavam todas as atenções para as campanhas eleitorais que já começavam. Havia ali realmente novidades: em 15 de novembro de 1982, não apenas se realizariam múltiplas eleições, para governadores, prefeitos, Congresso Nacional, Assembleias Legislativas estaduais e Câmaras de Vereadores, mas também, pela primeira vez desde 65, eleições diretas para os governos de todos os estados da federação. Para decepção dos mais radicais, as grandes maiorias apostavam mesmo no jogo institucional, por precário que fosse, e imaginavam que poderiam encontrar soluções através do exercício do voto.

Prestes não teve outra saída senão atirar-se de cabeça nas campanhas eleitorais, mesmo que sustentasse que se tratava de "uma forma de luta secundária", porque não se podia "derrubar o regime ditatorial por eleições". Recomendava aos amigos e correligionários, segundo suas circunstâncias, apoio ao PDT, ao PT ou ao PMDB, com exclusão da corrente chaguista, no Rio de Janeiro, acusada de colaboracionismo com a ditadura. Correndo o país, o Velho não recusava convites, mas se concentrou, até pela avaliação política que fez, na disputa do Rio. Tratava-se de infligir uma derrota decisiva ao chaguismo e, por tabela, ao regime ditatorial.

Como o PT era, então, muito frágil no estado, restava o apoio a Brizola, mas as relações com o líder trabalhista eram complicadas. Prestes o criticava por "tibieza", seja por "não poupar ocasiões para elogiar o Sr. Figueiredo", seja por não se manifestar "com a necessária energia" contra a "desastrosa política econômico-financeira de seu governo", de "consequências nefastas para os trabalhadores". O PDT poderia vir a ser uma "alternativa de oposição à ditadura", mas ainda não fizera essa opção. Assim, foi somente em 21 de outubro, a menos de um mês das eleições, que Prestes lançou uma "Declaração de apoio" ao líder trabalhista, justificada pelo fato de que ele estaria, finalmente, mostrando "maior clareza e firmeza na oposição à ditadura". Brizola tornara-se a "única saída viável para derrotar as candidaturas comprometidas com o regime ditatorial, tanto a do Sr. Miro Teixeira, quanto a do Sr. Moreira Franco", candidatos do chaguismo e do partido do governo, o PDS. Além disso, a derrota eleitoral da ditadura no Rio de Janeiro seria "um acontecimento de repercussão nacional que poderá contribuir para a unidade e o fortalecimento [...] dos que lutam contra o atual regime...".

A partir daí era mergulhar na luta, e foi o que o Velho fez, com toda a energia dos seus quase 84 anos de idade. Falou para quem quisesse ouvi-lo ou o convidasse a falar. Esteve em escolas, universidades, nos comícios de rua e nas portas das fábricas. Nunca fora um excelente orador, mas tinha o verbo direto, seco e preciso das lideranças radicais. Prestes agora se tornara uma delas e, visivelmente, gostava do novo papel.

No Rio, na expectativa de conquistar seu apoio, Brizola concedera a legenda para candidatos "prestistas" à Assembleia Legislativa e à Câmara Federal, ambos eleitos. Em outros estados e cidades, também seriam lançados candidatos "prestistas", alguns com sucesso. A campanha eleitoral estimulava os descrentes e encantava os desencantados. Reapareceu uma proposta para que fosse criada uma Comissão Nacional de Reorganização do PCB, ideia originalmente lançada por Gregório Bezerra, em maio de 1980. No embalo, a *Voz Operária* voltou a enfatizar a necessidade de construção de um "partido novo". Por que não fazer dessa publicação um "organizador coletivo"? Núcleos formados manifestavam seu acordo. Publicou-se um pomposo "Manifesto do Nordeste brasileiro", assinado por seis comitês estaduais, favorável à constituição de uma Comissão Nacional Provisória e, ao mesmo tempo, de um Colegiado dirigente para a região nordestina.

Prestes, porém, pôs água naquela fervura. Uma comissão nacional "exporia o Partido", repetindo os erros dos dirigentes do CC. Por outro lado, ainda não haviam surgido "quadros capazes", inexistindo condições materiais e de segurança para formar um partido "efetivamente revolucionário".

Depois das eleições, em virtude das vitórias obtidas, as lideranças oposicionistas formulavam balanços quase eufóricos, contaminando a própria *Voz Operária*. Os dados eram considerados estimulantes: o PMDB ganhara em nove estados, incluindo-se aí Minas Gerais, São Paulo e Paraná. Brizola, numa virada espetacular das apurações, assegurara a vitória no Rio de Janeiro. Ou seja, os centros mais dinâmicos e populosos do país seriam governados por oposicionistas. Uma viragem. Para a Câmara Federal, o PDS mantivera a maior bancada, 235 cadeiras, contra duzentas, do PMDB. Os dois grandes partidos tinham 435 dos 479 deputados, confirmando-se o caráter plebiscitário do pleito, apesar das manobras e das tramoias do governo. Os demais partidos ficaram com o resto: o PDT fez 23 deputados, o PTB, treze, e o PT, oito. Se somados, os partidos não governamentais tinham maioria, mas o PTB não era propriamente de oposição. De qualquer modo, eram inegáveis os avanços das oposições. É verdade que uma análise mais acurada, levando em conta a força remanescente dos votos conservadores e a extrema moderação da maioria dos líderes oposicionistas, evidenciaria que o Brasil, dezoito anos após a instauração da ditadura, estava ainda mais conservador do que antes. Entretanto, as comparações usuais eram feitas com as eleições realizadas sob a ditadura, desde 1970, e aí se justificavam expectativas promissoras e otimistas.

O processo de transição política, contudo, ainda mostrava limites claros, como ficou evidenciado na malograda tentativa de realização do VII Congresso do PCB. Forçando as margens legais, e de forma aberta, reuniram-se, em 13 de dezembro de 1982, 86 delegados, eleitos em todo o país, entre eles, Dinarco Reis, Teodoro de Mello, Régis Fratti, Almir Matos, Armênio Guedes, Hércules Corrêa, Zuleika Alambert e David Capistrano da Costa Filho. No planejamento dos líderes do Comitê Central, seria o fechamento de um ciclo. Não vingou. A Polícia Federal estourou o evento, prendendo as cerca de cem pessoas que se encontravam reunidas nas dependências da Editora Novos Rumos, no edifício Thomas Edison, na praça Dom José Gaspar, no centro da cidade de São Paulo. Todos enquadrados na Lei de Segurança Nacional.

Depois de três dias, estariam soltos, o que revelava a vigência do estado de direito, embora autoritário. Em nota publicada, manteriam a perspectiva da busca da legalidade: "Não recuaremos para os subterrâneos, atuaremos à luz do dia, às claras, na condição de cidadãos que somos".

Mereceram a solidariedade das lideranças oposicionistas, e mesmo a de Prestes, que, no entanto, não se privaria de espetadelas, condenando "a irresponsabilidade da direção do PCB" por expor "à sanha da repressão inúmeros militantes comunistas, alguns jovens, que confiaram inadvertidamente" naquela aventura. E acrescentaria: "Esta gente pensa que a abertura de Figueiredo já é a plena democracia". Enganavam-se. O que o Brasil tinha eram apenas "concessões", pois a Lei de Segurança Nacional e o poder militar continuavam intatos.

Quando completou, dias depois, 85 anos, em 3 de janeiro de 1983, Prestes recebeu homenagem pública na Associação Brasileira de Imprensa (ABI). Mas, ainda naquele mês, em carta dirigida a Aloyzio Neiva Filho, citada por sua filha Anita, revelava inquietação pessimista sobre os rumos do país: "[...] marchamos para sério agravamento da situação social [...] como não temos um partido revolucionário e as massas trabalhadoras estão desorganizadas, teremos lutas esparsas que serão fatalmente esmagadas pela força das armas". Considerava sua análise "realista", por mais que o quadro desenhado pudesse parecer "desalentador e pessimista". Escorava-se, porém, em suas certezas teóricas: "Desse processo surgirá, como necessidade histórica, o verdadeiro partido revolucionário da classe operária". Se ainda não surgira, devia-se ao "nosso atraso cultural". A sociedade brasileira pagava o preço pelo processo da escravidão, que tanto durara, "pela independência com o príncipe da Casa de Bragança...".

Mesmo assim, Prestes continuava andando pelo país, defendendo suas teses, às vezes homenageado, às vezes apenas tolerado, sempre incomodando, sem papas na língua, espetando com suas críticas os inimigos e até os amigos. Em abril de 1983, esteve no Congresso dos Trabalhadores Petroquímicos, na Bahia. Sobre a hipótese de uma candidatura civil à sucessão de João Figueiredo, formulou críticas a Tancredo Neves: "um traidor do eleitorado", porque dava do sistema "uma falsa ideia de liberalidade", sendo por isso mesmo "o candidato preferido dos militares". Insistia em denunciar as "concessões secundárias" promovidas pela "abertura". O que importava era a permanência da "tutela militar sobre os poderes do Estado", ainda intata.

Também em abril, voou para Manágua, onde tomou parte na Conferência Continental pela Paz e a Soberania na América Central e Caribe, uma forma de articular apoios e suscitar solidariedade ao regime sandinista. Aquela revolução chamara a atenção de Prestes desde o último ano do exílio, quando houve a vitória definitiva dos guerrilheiros. Acompanhava igualmente os progressos da luta armada em El Salvador. Em seus arquivos pessoais, ensaios e artigos a respeito da

456

luta desses povos atestam seu interesse por processos que, no conjunto da América Latina, assinalavam ainda a presença da revolução social, conforme as concepções que ele passara a ter.

De volta ao Brasil, em fins de agosto, Prestes marcou presença no congresso de fundação da Central Única dos Trabalhadores (CUT), na cidade de São Bernardo do Campo. Suas opiniões críticas sobre o movimento sindical e, em especial, sobre suas lideranças, que já começavam a incomodar, não abalavam as "certezas" que permanecia cultivando quanto ao "papel histórico" da classe operária.

Aonde ia, levava consigo suas análises e opiniões. Ou seu apoio, no caso de várias eleições sindicais, sempre ao lado do que houvesse de mais radical. De vez em quando, a Polícia Federal o chamava e o aporrinhava com questões que ele repelia com polidez e enfado. Nunca o tinham intimidado, não seria agora que o fariam. Onde houvesse um recinto para falar, ou uma entrevista solicitada, sustentava que o Brasil vivera entre 1968 e 1974 um regime de "terror militar-fascista". Posteriormente, em função de mudanças internacionais e internas, produziram-se concessões que, no entanto, não alteravam a "essência do regime", que permanecia "sob a tutela do poder militar" e sob a Lei de Segurança Nacional — uma "legislação fascista".

A campanha das Diretas Já, iniciada timidamente em fins de 1983, não suscitou seu entusiasmo. Tratava-se de restabelecer as eleições diretas para presidente da República, e para isso era necessário mudar a Constituição, que previa ainda o pleito indireto para janeiro de 85. Uma emenda constitucional de um obscuro deputado do PMDB, Dante de Oliveira, oferecia um caminho legal. O problema é que as oposições não tinham força para reunir os votos necessários no Parlamento. Porém, lideranças do PMDB e do PT resolveram apostar num grande movimento social. Se se construísse uma poderosa pressão externa, quem sabe não fosse possível alcançar a maioria absoluta necessária para reformar a Constituição.

Prestes pensava que aquela luta só serviria para "desviar a atenção do povo do quadro de miséria e da própria fome para convencê-lo a preocupar-se apenas com a escolha do futuro presidente da república...". Os problemas fundamentais estavam na fome, na miséria e na falta de trabalho. Era preciso unir o povo "na luta contra a ditadura, pelas liberdades, contra as leis fascistas, tais como a Lei de Segurança Nacional e a Lei de Greve".

Entretanto, essa orientação não foi compartilhada pela grande maioria das lideranças políticas oposicionistas. A campanha das Diretas Já começou a "pegar". Formou-se então uma impressionante frente política, alinhando, entre muitos e muitos outros, Tancredo Neves, Ulysses Guimarães, Leonel Brizola, Luiz Inácio Lula da Silva, Miguel Arraes, Mário Covas, Franco Montoro, Fernando Henrique Cardoso, Roberto Freire, Orestes Quércia. Todas as oposições reunidas, das mais moderadas às mais radicais. Envolviam-se ex-adeptos da ditadura, recém--emigrados para posições favoráveis à restauração democrática, e os que, desde o início, haviam combatido o regime. Veteranos, ex-exilados e novas lideranças, que apareciam no bojo dos movimentos sociais recentes — em determinado momento, parecia que aquela onda seria mesmo irresistível.

O auge seria alcançado nos primeiros meses de 1984. Sucediam-se comícios em todas as capitais dos estados e mesmo em cidades medianas. Os últimos, às vésperas da votação decisiva da emenda constitucional, revelam a força que o movimento adquirira: 300 mil pessoas em Belo Horizonte, em 24 de fevereiro; 250 mil em Goiânia, em 12 de abril; no dia seguinte, 200 mil em Porto Alegre; pouco antes, em 10 de abril, 1 milhão de pessoas haviam se reunido no Rio de Janeiro; no comício de encerramento, em 16 de abril, em São Paulo, 1,5 milhão de manifestantes gritariam a favor do restabelecimento das eleições diretas, suscitando uma atmosfera de euforia patriótica, resgatando-se a bandeira e o hino nacionais, e associando-os às lutas e perspectivas democráticas.

Prestes não se deixava contaminar. No entanto, e diante das circunstâncias, mais por falta de alternativas, o Velho não hesitaria em participar do processo em curso: onde estivessem as "massas", sendo possível, ele estaria lá, defendendo opiniões próprias, mesmo que isso não agradasse às lideranças mais moderadas que, gradativamente, assumiam a direção da campanha.

O pensamento radical de Prestes incomodava, contrastando com a moderação geral. Afinal, o que representava ele? Tinha a sua história, seus compromissos, um lastro de aventuras revolucionárias que poucos ali podiam ostentar, mas que forças políticas exprimia, quantos votos tinha, que partidos atuavam sob sua liderança?

Em março de 1984, foi, como cidadão, à grande passeata que houve no Rio de Janeiro pelas Diretas Já. Quando começou o comício, no fim da manifestação, só subiu ao palanque e falou por exigência do público. No mês seguinte, em Porto Alegre, convidado, fez uso da palavra, empolgando as cerca de 100 mil pessoas presentes. Martelaria o discurso de sempre: a "abertura democrática" não passava de uma "farsa". As eleições, por si só, não resolveriam os graves problemas do país. É provável que, por causa disso, no comício final do Rio, Brizola lhe fez ver que não seria possível contar com ele entre os oradores.

A Emenda Dante de Oliveira, submetida a votação, em 25 de abril de 1984, obteve grande maioria (298 votos a favor, 65 contra e três abstenções), mas não alcançou, por 22 votos, o quórum legal da maioria absoluta, necessário para a sua aprovação (113 deputados não compareceram).

Em seu isolamento político, Prestes não deixara de prever aquele resultado e, sobretudo, os desdobramentos imediatos: "Tudo indica que a emenda não poderá ser aprovada [...] aí [...] procurarão os dirigentes dos diversos partidos políticos de oposição chegar a um consenso com a ditadura, separadamente das massas trabalhadoras, à custa delas, sem a participação delas". Na mosca.

À derrota no Congresso, como que à sua espera, seguiram-se aceleradas discussões entre lideranças do PMDB e do PDS, descontentes com a escolha de Paulo Maluf para candidato do partido governista à Presidência. Formou-se, então, uma chapa constituída por Tancredo Neves ("o preferido dos militares", segundo Prestes, como referido) e José Sarney, histórico líder civil da ditadura. Para contornar o dispositivo legal que obrigava à disciplina partidária, os dissidentes do PDS, liderados por Sarney, Marco Antônio Maciel e Antônio Carlos Magalhães, entre outros, fundaram um novo partido — o Partido da Frente Liberal (PFL). Na conhecida metáfora, à vista do naufrágio inevitável, os ratos abandonavam o navio. Completando as manobras, para driblar o voto fechado na chapa de um único partido, Sarney migrou para o PMDB. A poderosa coalizão, em 15 de janeiro de 1985, sufragou Tancredo Neves e José Sarney por 480 votos contra apenas 180, dados a Paulo Maluf, do PDS (26 abstenções).

Os resultados daquelas engenhosas manobras, que suscitavam euforia em muitos, não geravam nenhum entusiasmo em Prestes. Ele não perdia oportunidade para criticar — e denunciar — o "pacto social" proposto por Tancredo Neves e a mal chamada "Nova República". Entre o proletariado e a burguesia, não poderia haver "pactos", porque seria a aliança do lobo com a ovelha: "Já se sabe quem vai ser comido". E argumentava, ferino: "Não havia diferença fundamental entre Tancredo Neves e Paulo Maluf", pois "quem vai continuar governando é o poder militar".

Quando se deu, afinal, a eleição indireta, ficou indignado com Jacques Dornellas e Eduardo Chuahy, eleitos sob seu patrocínio. Apesar do compromisso assumido com ele, o "haviam traído", votando em Tancredo. Para Prestes, o Alto-Comando das Forças Armadas decidira manter-se no poder através de "um candidato civil", "oposicionista", de preferência.

No dia 1º de maio, assinou manifesto radical: "Os dirigentes de todos os partidos políticos, desde o PDS ao PMDB, até os chamados de 'esquerda' [PCB, PCdoB e MR-8] [...] pretendiam enganar o povo ao afirmarem que foi reconquistada a democracia, suprimido o militarismo e [...] alcançada uma Nova República". Era direto, como sempre: "com o governo Tancredo Neves" o golpe de 1964 não acabaria. Ao contrário: "eterniza-se".

Para muitos, aquilo era um constrangimento. A multidão achava graça, assoviava e aplaudia. Aquele velho "mandava brasa". Dali a dias, em 15 de maio de 1985, foi aprovada no Congresso, proposta por José Sarney, uma emenda constitucional sobre legislação eleitoral. Meses depois, em novembro, outra emenda constitucional previa "poderes constituintes" para senadores e deputados a serem eleitos em 1986. Contrariando a melhor tradição desse tipo de assembleia — unicameral, exclusiva e soberana —, os eleitos cuidariam, simultaneamente, da elaboração de uma nova Constituição e da formulação da legislação ordinária. Até mesmo os senadores eleitos em 82, sem nenhuma investidura constitucional, participariam de pleno direito.

Aquilo era o retrato acabado da transição "à brasileira". Um retoque aqui, outro ali, um passo para a frente, dois para o lado, um para trás, e a restauração democrática iria se fazendo sem traumas, através de mudanças graduais. Prestes opunha-se ao arreglo: "A Assembleia Constituinte não devia ser confundida com tarefas parlamentares". Para que se reunisse, havia que ser removido, previamente, o "lixo fascista": entre outras leis, a de Segurança Nacional, a de Greve, a que regulava a presença dos estrangeiros no país.

A entrar na corrente geral, preferia ficar à margem. Solitário. Com suas convicções. Tampouco apostava — ou se interessava — nos procedimentos para reestruturar ou legalizar o PCB.

Quando Giocondo Dias, em julho de 1983, publicou artigo em que lançou seu moderado slogan: "Negociar é preciso, mudar é preciso", argumentando que "era necessário lutar para negociar e negociar para mudar", Prestes não poupou comentários irônicos: "Trata-se, pois, de negociar com a ditadura".

Em fins de setembro do mesmo ano, diante da "degola" de onze dirigentes do Comitê Estadual de São Paulo e do rompimento do Coletivo de Intelectuais do Rio de Janeiro, incluindo-se aí o veterano Armênio Guedes, com o CC, não teve meias palavras: "São todos oportunistas de direita".

Cultivava surdos ressentimentos, evidenciados na ocasião do velório de Gregório Bezerra, em 21 de outubro, quando se negou a cumprimentar Armênio e Fuad Saad, apesar dos laços fortes que havia entre eles, tecidos em décadas de militância comum. No final do ano, num grande ato pela legalidade do PCB, organizado na ABI, recusou-se a participar, embora muitos de seus amigos e correligionários ali estivessem, como Oscar Niemeyer e João Saldanha. Definitivamente, parecia não suportar mais a companhia dos velhos camaradas.

Assim, não foi surpresa para ninguém quando o VII Congresso do Partido, realizado em São Paulo, em janeiro de 1984, numa "ilegalidade tolerada", decidiu "afastá-lo" da convivência partidária, explicitando que ele próprio resolvera autoexcluir-se.

No mês de maio seguinte, a nova direção eleita entregaria ao Tribunal Superior Eleitoral a documentação legal exigida, ganhando, nos termos da lei, prazo de um ano para constituir uma direção nacional provisória, designar direções regionais em, ao menos, nove estados e direções municipais em ao menos 20% dos municípios de cada um desses estados. Seguir-se-iam, sempre de acordo com os trâmites legais, as demais etapas previstas após o registro provisório: convenções municipais, regionais e nacional, elegendo-se, então, uma direção nacional consolidada.

Desencadeara-se o processo que levaria à legalização do Partido, tão sonhada e anelada. Mas aquilo tudo já não dizia respeito a Prestes. Ele não queria mais saber do partido que, por décadas, fora "seu".

Por outro lado, ainda não via "condições objetivas" para a formação de um partido comunista alternativo. Apesar das reservas, esteve presente, em Porto Alegre, à fundação de um partido comunista marxista-leninista, pequeno agrupamento criado por comunistas gaúchos prestistas em janeiro de 1984. Contudo, em correspondência privada, citada por Anita Prestes, exprimia-se com termos sombrios no início daquele ano: "A vida política está praticamente morta em nosso país...". Segundo suas palavras, a política de Figueiredo "já conseguiu o consenso de todas as organizações políticas, muito especialmente as de esquerda [...]. Trata-se de negociar com a ditadura [...] e nisto estão todos os 'esquerdistas', mesmo os mais extremados, do PCdoB e do MR-8". E completava: "Segundo esta gente [...] agora, tudo vai se resolver com uma campanha de massas pelas eleições diretas para a presidência da república".

Da mesma forma, acompanhou a realização de um Encontro Nacional de "prestistas", também em Porto Alegre, em começos de outubro de 1985. Simpatizava com aqueles esforços, mas não os chancelava, considerando-os "prematuros".

* * *

Volta e meia era chamado para prestar "depoimentos históricos". Em fins de 1983, empenhado em reconstituir processos e fatos relevantes da história republicana, Hélio Silva o convidou para uma longa entrevista sobre o movimento revolucionário de 35 que resultou num dossiê publicado pelo jornal *O Globo*.

Na recapitulação memorialística, e contrariando outras avaliações já formuladas, Prestes afirmou que um episódio marcante fora decisivo para a derrota: a desarticulação entre o 3º Regimento de Infantaria, da praia Vermelha, e o Batalhão Naval, ambos revoltados mas separados. Se houvesse sido possível a junção das duas forças militares, "controlaríamos a cidade e tudo seria muito diferente". Reiterou a importância da tentativa, mesmo frustrada, porque fora "essencial para que o país não se transformasse num país fascista". E denunciou as "três calúnias" formuladas pelos inimigos: ninguém morrera "dormindo", não houvera "ordens de Moscou" e não se tratava de um "golpe comunista".

Havia ali incongruências e contradições. A maior delas dizia respeito à negação das relações especiais com a Internacional Comunista. Em outro momento, depois de ter afirmado que a tentativa revolucionária fora o ponto culminante da atividade do Partido, sublinhou a "surpresa" com que fora desencadeada. Também não se mostrou consistente a afirmação de que ainda era, então, um "novato" no Partido e sem participação na direção deste, quando sustentava, ao mesmo tempo, que a ação fora "decidida exclusivamente por mim". A memória de Prestes era fora de série, ninguém duvidava disso, mas havia episódios e processos em que o silêncio continuava a se impor, apesar de tantas décadas terem transcorrido daquele momentoso episódio.

Outro episódio, este de caráter pessoal e familiar, revolveria igualmente o passado. Foi suscitado também em fins de 1983, por ocasião de uma viagem política de Prestes e Maria ao Recife para participar de um comício vinculado à campanha das Diretas Já.

De surpresa, apareceram duas moças querendo falar com Maria. Identificaram-se como Maria do Carmo de Holanda Cavalcanti e Mônica Valéria de Holanda Cavalcanti, e se apresentaram como filhas de Arnaldo de Holanda Cavalcanti, ex-marido de Maria. Queriam saber dos meios-irmãos — Luís Carlos e William de Holanda Cavalcanti, filhos de seu pai com Maria.

Era como se fantasmas de um passado distante, sepultados e esquecidos, retornassem para habitar o presente. As duas insistiam: haviam sido informadas por Paulo Cavalcanti, veterano dirigente comunista pernambucano, de que Maria, mulher de Prestes, era Altamira, a Mira, que fora mulher do pai e com ele tivera dois filhos. Sustentavam ainda que o nome Maria Ribeiro, na verdade, era o da mãe de Arnaldo, Maria do Carmo Ribeiro Cavalcanti, cuja documentação fora levada por Mira, quando abandonara o Recife com os dois filhos. Posteriormente, Mira adotara o nome da sogra, abreviando-o para Maria Ribeiro.

Argumentavam que ali houvera um equívoco histórico, a ser elucidado. A então Mira deixara o Recife convencida de que o marido, preso em fins de novembro de 1951, tornara-se um delator. Esta era também a convicção do Partido Comunista, que o expulsara publicamente de suas fileiras. Até aí a história batia com o que Maria contara a Prestes.

Acontece que tudo aquilo era falso. Arnaldo não só não delatara ninguém, como se comportara dignamente na cadeia. Uma vez livre, e ciente de sua expulsão, afastara-se do Partido, amargurado, mas continuara militando em associações de moradores e outras organizações de esquerda. Depois, soubera, por terceiros, que Mira, agora Maria, casara-se com Prestes e com ele tivera outros filhos. Para evitar constrangimentos, desistira de procurar os filhos, mesmo quando as condições se tornaram propícias, entre 1958 e 1964, quando Prestes e Maria saíram da clandestinidade. Preferira evitar escândalos e se consolava dizendo que os filhos "nas mãos de Prestes", a quem muito admirava, estariam bem protegidos e encaminhados. Recolhera-se. Refizera a vida, casara-se novamente, e com Anita, a nova mulher, tivera duas filhas. Mais tarde, durante a ditadura instaurada em 64, acusado de atividades subversivas em movimentos populares, fora preso outras vezes, sofrendo inclusive torturas, mas segurara todas. Tudo o que diziam as duas irmãs podia ser comprovado por vários militantes, comunistas e não comunistas, que atuavam no estado.

Agora, ali estavam elas, Maria do Carmo e Mônica, os olhos marejados de lágrimas, batendo na porta do presente e trazendo, mal embrulhado, aquele passado perturbador. Segundo as duas irmãs, Maria negou saber do que se tratava aquela história. Parecia muito rocambolesca para ser verdade. Esquivou-se, distante e fria, tentando fazer daquilo um parêntese, que precisava ser fechado. A história morreu por aí. Ao menos, por enquanto.

O retorno do passado, contudo, nem sempre era fonte de tensões e angústias. Em 1984, em outubro, comemorou-se o sexagésimo aniversário da Coluna

Prestes-Miguel Costa. Houve cerimônia concorrida na Câmara de Vereadores do Rio de Janeiro, presidida por Maurício Azedo, quando o Velho ganhou a medalha Pedro Ernesto. No dia anterior, fora inaugurada exposição de fotografias e mapas sobre a saga da Coluna. O plenário, lotado, aplaudiu longamente a entrada do homenageado. Dali a alguns dias, o *Jornal do Brasil* publicaria ampla reportagem a respeito. O mesmo aconteceu na Assembleia Estadual gaúcha, onde se realizou um seminário sobre o assunto, também com a presença de Prestes. Ele aproveitou o ensejo para visitar Santo Ângelo, onde já estivera em 59, voltando a confraternizar com veteranos da Coluna, com os quais tirou fotos, todos com lenço vermelho no pescoço. Na universidade desta última cidade, houve também um seminário, e São Luiz Gonzaga concedeu-lhe o título de cidadão honorário.

Aquelas rememorações confortavam, embora suscitassem, quase sempre, atmosferas nostálgicas e conversas de "ex-combatentes". Prestes não aceitava essa condição e, em suas falas, não permitia que o considerassem um "personagem histórico", ou uma "peça de museu".

Entre um e outro compromisso político, ia tocando a vida familiar e afetiva, correspondendo-se com os amigos, participando amavelmente das festas de chegadas e partidas de filhos e netos, tentando acompanhar aquela família que se espalhara pelo mundo. Em 1985, já tinha dezenove netos, vivendo em Moscou, Maputo, Havana, Goiânia, Santos, Volta Redonda, São Paulo, Rio de Janeiro.

Mantinha-se a tradição "moscovita" dos almoços aos domingos, ao menos para quem estava no Rio. Maria conta que, num desses dias, deixando todos atônitos, Prestes engatou uma fala surpreendente:

> Um dia, quando a humanidade construir uma sociedade igualitária, todos terão liberdade para fazer qualquer coisa. Quem quiser fumar maconha, vai fumar. Homem que quiser casar com homem, vai casar. Quem desejar morar em outro planeta, vai morar [...] sem repressão religiosa, policial, ditatorial ou política. Nessa época, a humanidade estará livre dos preconceitos que infernizam sua trajetória. Quem sabe sou o último comunista do Brasil. Ninguém vai tirar de mim o direito de ser comunista, marxista-leninista e revolucionário. [...] Só lamento não ter tido, desde 1924, a cultura marxista-leninista. Os que são frouxos, que abram mão de seus ideais.

E, acrescentou Maria, "saiu assoviando baixinho seu hino preferido, o da Bandeira".

Tivera uma acidentada trajetória, sem dúvida, com muitas derrotas. O Partido Comunista batera muita cabeça devido a uma "falsa estratégia". Desde fins dos anos 1970, passou a estar convencido de que este fora o grande nó que tolhera os voos do Partidão. No entanto, o importante é que lutara, e repetia um velho bordão, caro aos comunistas: "Só não erra quem não faz". Acreditava-se, apesar dos pesares, um otimista: "Eu confio na massa e na inteligência do nosso povo, um povo de grande talento e espontaneidade". Recordava os tempos da Coluna: "[...] sertanejos analfabetos aderiam à marcha e rapidamente absorviam os ensinamentos...".

Em fevereiro de 1986, o governo Sarney baixou o então chamado Plano Cruzado, instituindo nova moeda e congelando todos os preços. Instaurou-se um contexto de euforia com os primeiros resultados obtidos. Prestes foi, na época, um dos poucos a reagir criticamente: "Pretende-se acabar com a inflação à custa do sacrifício do povo, ludibriando-o em benefício das classes dominantes".

No ato público do Primeiro de Maio, realizado na Quinta da Boa Vista, convocado pelas duas centrais sindicais, a Central Única dos Trabalhadores (CUT) e a Confederação Geral dos Trabalhadores (CGT), não queriam deixá-lo falar, mas o Velho era tinhoso. Arrebatou o microfone e se impôs: "Não basta congelar preços, é preciso aumentar o salário mínimo...". Criticava também a estrutura sindical, defendendo "um sindicalismo independente do Estado, do patrão e dos partidos políticos". Muitos dos sindicalistas ali presentes, sobretudo os da CUT, haviam defendido essas posições, em anos passados, mas disso já não queriam ouvir falar. O Velho, com seu discurso radical, espetava e voltava a incomodar.

Em novembro desse mesmo ano, antes das eleições para o Congresso, "dotado de poderes constitucionais", foi convidado para uma entrevista no *Roda Viva*, da TV Cultura de São Paulo, programa de grande prestígio e audiência, em especial nas camadas mais bem informadas e interessadas em política. A sua disposição arquitetônica não podia ser mais inquisitorial. O entrevistado ficava numa pequena arena, embaixo, sentado numa cadeira giratória, cercado por bancadas onde se situavam os entrevistadores, cheios de cascas de banana para fazê-lo escorregar. A cada pergunta, vinda do alto, tinha que rodar a cadeira para poder se dirigir ao seu autor. Aquilo parecia um interrogatório, mas Prestes, que já havia passado por vários, e mais difíceis, não se deixaria intimidar, nem surpreender.

Como se poderia esperar, as questões da atualidade política dominaram os debates. Prestes disparou para todos os lados: "Esta nova república é igual à velha, não há nenhuma mudança substancial. Tudo continua na mesma: os torturadores, o DOI-CODI, os generais, a legislação fascista [...] o poder militar continua o mesmo [...] as Forças Armadas ditam o que o Estado deve fazer. Em qualquer democracia burguesa, as Forças Armadas são um instrumento do Estado, aqui elas ditam o que deve ser". Seria necessário superar a tradição de intervenção dos militares, submeter a controle o poder armado — "os quatro exércitos, a Marinha, a Aeronáutica e as polícias militares". Citava o general Walter Pires, ex-ministro do Exército de João Figueiredo, o qual sustentara que as Forças Armadas tinham como "tarefa" assegurar os poderes do Estado. Para Prestes, "era uma inversão [...] são eles [...] os militares [...] que dominam e governam [...] quem manda mesmo são os militares". O próprio Sarney continuava "na linha dos militares".

A dependência dos EUA também se mantinha. O Brasil fora definido como "um aliado preferencial". O que os EUA desejavam na América do Sul era uma "democracia formal". A prova era o apoio subsistente à ditadura chilena de Pinochet. O que "eles querem é governos tipo Sarney".

Criticava as acomodações, não poupando Ulysses Guimarães, na época todo-poderoso líder do PMDB, aclamado como o "Sr. Diretas" pelo papel que desempenhara na campanha das Diretas Já: "Ele [Ulysses] dizia que o Colégio Eleitoral é ilegítimo, mas agora [Prestes aludia à aliança com Tancredo Neves e Sarney], vai ao Colégio Eleitoral". Havia muitas ilusões a serem desfeitas: "As pessoas imaginavam que, elegendo um presidente, tudo poderia ser resolvido".

Sobre o Plano Cruzado, reiterou as críticas que fizera por ocasião de sua edição: "um logro [...] — inflação zero é logro". Segundo ele, as causas da inflação residiam nos lucros monopolistas, nas remessas para o exterior, na prevalência do latifúndio. "Enquanto isto não acabar, haverá inflação." Para as eleições seguintes, o PT e o PDT registrariam perdas, em função da popularidade remanescente do Plano Cruzado. Mas, como era óbvio que o Plano fazia água, Prestes prognosticava que "a impopularidade de Sarney vai crescer".

Não tinha ilusões quanto à Constituinte: "O que poderemos fazer nesta Constituinte?". Aprovar uma lei favorável ao direito de greve? Estabelecer uma democracia de massas? Difícil. Não haveria "nenhuma mudança substancial". Argumentava: "Hoje, a democracia no Brasil é para uma elite [...] as casas dos pobres são violadas, não há direitos reconhecidos". Mas uma democracia efetiva "é uma condição indispensável para avançarmos [...] sem democracia, não poderá haver revolução".

Confiava no povo brasileiro: "Quando o povo confia na liderança, é capaz de grande abnegação". O problema é que não havia lideranças. "Quase todos são do período anterior a 1964 [...] com exceção do Lula", mas este "não estuda e não quer estudar", em qualquer livro "não passava da página 17." Também fazia restrições a Brizola: "Aproximei-me dele em função das circunstâncias [...] o PDT [...] era o partido melhor equipado para vencer a ditadura...". Por essa razão, continuava apoiando o PDT no Rio, como fizera, no ano anterior, na campanha vitoriosa de Roberto Saturnino para a prefeitura. Na Bahia, apoiaria Waldir Pires, contra Antônio Carlos Magalhães, o "Antonico Malvadeza". Quanto a São Paulo, não havia opção: Maluf e Quércia eram "mais ou menos a mesma coisa". No Brasil, via apenas dois partidos, o PDT e o PT. Este, ainda pequeno, "tenderia a crescer". Os demais, todos eles, estavam no governo. O PMDB "era de oposição", virara agora governo e estava a reboque de Sarney, que fora investido na condição de seu "presidente de honra". Tinha grande respeito por Florestan Fernandes, a quem apoiava em São Paulo, mas não acreditava na viabilidade da "frente de esquerda" por ele proposta.

Não estava fácil fazer política no Brasil: em 1982, apoiara três eleitos: Pereirinha, Dornellas e Chuahy. Todos o haviam traído. Arrematava: "O compromisso moral hoje não tem mais valor". As questões históricas agitaram igualmente a entrevista. A Coluna fora uma experiência decisiva: "Abriu-me os olhos [...] éramos ignorantes, formados numa Escola militar, nós não conhecíamos nem sociologia...". "Queríamos derrubar Artur Bernardes, mas as coisas eram bem mais complexas." Só obtivera respostas satisfatórias quando encontrara o "marxismo-leninismo".

Também respondeu a questões sobre o movimento revolucionário de 1935. Negou enfaticamente que houvera "ordens" da Internacional Comunista para o levante, sublinhando a autonomia decisória dos comunistas brasileiros. Na ocasião, fora publicado o livro de Fernando Morais, um ensaio biográfico a respeito de Olga Benário, ex-mulher e companheira revolucionária de Prestes. O livro vendia como pão quente, convertera-se num best-seller. Prestes elogiou o texto, salvo "pequenos detalhes". Como a afirmação de que era virgem até se relacionar com Olga. "Eu não era virgem [...] já tinha algum contato [...] mas não cabe a mim desenvolver o assunto", escapou, procurando manter a privacidade, uma característica comum aos "velhos comunistas". Entretanto, o trabalho de Fernando Morais, essencialmente, "era verídico" e "muito feliz na maneira em que colocou o problema [...] prestara um grande serviço".

"Não faço política baseado em circunstâncias ou ressentimentos pessoais", disse, quando inquirido sobre o que motivara a defesa da aliança com Getúlio Vargas em 1945, apesar de este ter sido o principal responsável pela deportação de Olga, que seria assassinada, depois, pelos nazistas. Na época, o grande erro fora pensar que o "país não era capitalista" e que "o imperialismo e o latifúndio impediam o desenvolvimento do capitalismo". Reconhecia ter sido um grave erro. "Faço dele a autocrítica." Na Constituinte de 45, a bancada comunista lutara muito, mas perdera as votações de todas as questões importantes, como a da estrutura sindical, que "permaneceu subordinada". A maioria conservadora era esmagadora. E narrou um episódio do diálogo com Aliomar Baleeiro, da UDN baiana, sobre a reforma agrária — já referido em outro capítulo. Até os dias de hoje, concluía, "80% dos camponeses não têm um palmo de terra, que é apropriada por alguns milhares de famílias…". Assim, a Constituição de 46 fora "essencialmente reacionária". Os comunistas a haviam subscrito porque, então, representara um "progresso", sobretudo na parte que consagrava os direitos democráticos.

A respeito da crise do socialismo, defendeu, como sempre, a União Soviética e suas realizações, assim como a invasão do Afeganistão, que causara escândalo no mundo, em 1979. Tratava-se de impedir um golpe de inspiração externa que visava questionar as conquistas da revolução que houvera naquele país no ano anterior. O governo revolucionário afegão solicitara apoio, concedido pelos soviéticos. A União Soviética ainda não chegara ao comunismo, "um estágio bem avançado". O objetivo lá era o socialismo, aumentar a produtividade e a solidariedade, "existe isso na URSS".

Desde março de 1985, entrara em funções um novo secretário-geral, Mikhail Gorbatchóv, com propósitos de reformas e mudanças. A chamada "perestroika" ("reestruturação") provocava furor midiático e era discutida em toda parte, sobretudo seus impactos nas relações internacionais, nas quais o líder soviético aparecia com propostas inovadoras e conciliatórias.

Prestes foi comedido na apreciação do novo líder. Ao comentar a censura a um filme recente de Godard, condenou-a, mas ponderou que, numa sociedade socialista, a censura podia ser "necessária". Na União Soviética, afirmou, "há uma grande luta […] o inimigo está sempre lá". O governo era obrigado a tomar "algumas medidas […] para não permitir que a classe operária fosse enganada". E completava: "Quando uma classe nova emerge, algumas medidas restritivas devem ser tomadas". No entanto, pronunciou-se favorável "à liberdade artística".

Com os partidos comunistas brasileiros, foi impiedoso. O partido dirigido por Giocondo Dias só obtivera a legalidade "porque deixou de ser comunista". Fazia juízos sombrios: "Tende, agora, à desagregação". Em cada estado, "uma política diferente". Tratava o PCB, o PCdoB e o MR-8 como uma "podridão". Concluía, mordaz: "De comunistas não têm nada, estão aí para servir a Sarney".

Não se sentia, de modo algum, "um homem frustrado". "Sempre fui um cidadão livre e disse o que pensava. Não à toa fui punido e perseguido."

Reconhecia, porém, as dificuldades da hora presente. O processo revolucionário no Brasil será "longo e demorado". Era preciso considerar "o atraso cultural do povo e a ausência de uma intelectualidade marxista". Já na Rússia, Lênin "bebeu numa intelectualidade fortíssima, familiarizada com o marxismo [...] havia ali romancistas, físicos, matemáticos". Em nosso país, tal processo mal começara: "Não havia domínio do marxismo-leninismo nem conhecimento da realidade". Citou Florestan Fernandes (do qual tinha um button na lapela) e Celso Furtado: davam uma importante contribuição, mas não exauriam as questões.

Em toda a América Latina a situação era essa. Com exceção de Cuba, havia "poucas mudanças" à vista. Na Argentina, as punições aos generais tinham se devido à derrota na Guerra das Malvinas, mas não havia nada além disso. No México, o Partido Comunista local fundira-se com outras organizações e virará um partido socialista com "orientação antissoviética".

Aos revolucionários cabia perseverar: "Temos de continuar a convencer a classe operária a assumir a nova sociedade". Afinal, sua consciência "avançava". Como ilustração do que dizia, informou sobre os títulos de cidadão honorário que recebera das cidades de São Bernardo e de São Caetano, bastiões da classe operária brasileira moderna. "A cabeça dos trabalhadores avança e não gratuitamente [eles] têm registrado conquistas."

O programa chegara ao fim. Era difícil imaginar que o homem que debatera durante horas aquela variedade de questões iria completar, em menos de dois meses, 89 anos.

Participou ativamente da campanha eleitoral no Rio, apoiando Darcy Ribeiro, candidato a governador pelo PDT, e Marcelo Alencar e Doutel de Andrade para senadores. Tomou parte na passeata de encerramento do processo, defendendo, em particular, duas candidaturas: Bolívar Meirelles, para a Câmara Federal, e Accácio Caldeira, para a Assembleia Legislativa.

As eleições, e não a revolução almejada por Prestes, é que mobilizavam as gentes. Votaram quase 70 milhões de pessoas, cerca de dois terços nas cidades. Beneficiando-se do prestígio do Plano Cruzado, o PMDB elegeu todos os governadores, com exceção do de Sergipe, e mais 260 deputados. Seu principal aliado, o PFL, 118. Juntos, compondo a chamada Aliança Democrática, dispunham de 378 deputados, cerca de 78% das cadeiras. As formações que se identificavam com as esquerdas (PDT, PT, PSB, PCdoB e PCB) elegeram, todas juntas, cinquenta deputados. Outras formações (PDS, PTB, PL e PDC) ficaram com as restantes 61 cadeiras. Para quem imaginava grandes mudanças, era desalentador.

Efetuando seu balanço, Prestes admitiu que "grandes contingentes do nosso povo deixaram-se enganar pela demagogia do senhor Sarney". Ressaltou, porém, os avanços registrados pelo PT. Além da expressiva votação de Lula para deputado federal, em São Paulo, o partido dobrara o número de votos em relação à eleição anterior. Lamentava a derrota do PDT no Rio de Janeiro, onde "uniram-se todas as forças reacionárias, sob a direção aberta do Governo Federal e do próprio Presidente da República". Quanto aos partidos que se "denominavam comunistas", praticavam uma política "de traição à classe operária, levando-a a reboque do governo reacionário, antipopular e antinacional de Sarney".

Quando comemorou seus 89 anos, em 1987, Prestes não tinha ilusões. Não duvidava da revolução socialista no Brasil — "uma necessidade histórica", como gostava de dizer —, mas, visivelmente, esse processo tinha um longo caminho pela frente.

Entre muitos dos que se consideravam "prestistas", permanecia na ordem do dia a ideia da necessidade de uma "teoria científica da revolução" e da formação de um partido comunista alternativo. Na perspectiva de Prestes, contudo, tratava-se, preliminarmente, de "penetrar nas fábricas, nas fazendas, nas concentrações operárias e camponesas, como também nas escolas e nas universidades, nas repartições públicas e estatais". Dirigindo-se aos correligionários, indicava o caminho de "estimular a luta pela conquista de um novo regime social" que abrisse horizontes para a "construção do socialismo". O "êxito do trabalho prático" e mais "o estudo do marxismo-leninismo" poderiam, "um dia", alcançar "algum êxito". Lembrando a experiência de Lênin, em 1907, lançava a pergunta: "É possível unificar a construção organizativa, se não se unificou a interpretação dos interesses e dos objetivos de classe?".

Anita Prestes, que já havia tempos figurava como principal assessora do pai, recorreria a Gramsci para explicar o fracasso da construção de um novo Partido.

De acordo com o revolucionário italiano, três elementos deveriam anteceder à formação de uma organização revolucionária: um "difuso", na base, os soldados; os principais dirigentes, força "altamente centralizadora e disciplinadora"; e um elemento "médio", articulando o primeiro e o terceiro. No Brasil, segundo a avaliação de Anita, inexistiam as condições objetivas para o surgimento desse terceiro elemento, "os capitães" na formulação de Gramsci. Seria necessário um "longo processo" para que ele se materializasse.

Aquilo soava abstrato. Era muita indeterminação para militantes "agarrados pela conjuntura" e comprometidos com o trabalho prático. Nas andanças pelo Brasil, cada vez mais isolado, o Velho continuava defendendo seus pontos de vista. Numa entrevista em Minas Gerais, ironizaria a chamada "nova república". Em que sentido, indagava, ela poderia ser chamada de "nova"? "[...] Nenhum general fascista foi afastado, os assassinos que torturavam [...] não foram presos [...]. A legislação fascista continua toda de pé." Assim, a "tal república nova já nasceu velha". Em vez de soluções radicais, "desejadas pelo povo", prevalecera "uma conciliação geral". A própria Constituinte funcionava sem que "nenhuma lei dos generais tivesse sido revogada". Tratava-se de uma assembleia dominada por "grandes empresários". Pessoas "sérias e honestas" por ali eram uma minoria inexpressiva.

Em fins de 1987, a prefeitura do Rio de Janeiro, dirigida por Roberto Saturnino, do PDT, ofereceu-lhe uma pensão vitalícia de dez salários mínimos, paga pelos cofres municipais. Prestes agradeceu a homenagem, mas recusou, lembrando "a demissão de um número crescente de funcionários [...] pela falta de recursos financeiros".

Em 16 de janeiro de 1988, organizou-se no auditório da Universidade do Estado do Rio de Janeiro (UERJ), uma grande comemoração do seu nonagésimo aniversário. Uma data redonda. Uma idade provecta. Em comovido discurso, Edmundo Muniz, referindo-se ao aniversariante, diria que "é simplesmente um homem sozinho". Mas "a autoridade de seu passado, experiência, dignidade, cultura e esclarecimento ideológico [...] vale mais pela força das ideias que sustenta que todo um aparelho partidário que renegou a revolução...".

O presente podia ser sombrio, mas ele mantinha o otimismo no futuro. Numa entrevista no programa de TV de Jô Soares, que então era uma referência para quem se interessasse por novidades nos campos da política e das artes, diria, convicto: "Mais do que esperança", tenho "certeza de que o Brasil vai chegar a um regime novo", pois "todos os povos marcham para o socialismo". Apoiava-se em suas convicções, elas davam "uma força maior que as religiões". O futuro é do socialismo, "uma lei inexorável". Solicitado a ser mais preciso, alegou não ser "profeta", mas inesperadas circunstâncias seriam capazes de "acelerar o processo".

O fato é que tinha "uma grande confiança no povo". Recordava a experiência da Coluna, a dedicação das pessoas simples, a coragem nos combates, a capacidade de improvisação: "O analfabeto em poucos dias [...] assimilava nossa tática de guerrilhas" e, mesmo numa situação "precariíssima de armamentos e munição", não haviam sido vencidos.

Criticava as lideranças políticas, passando-as por uma espécie de triturador. Sarney, Collor, Ulysses, Covas, nada se poderia deles esperar. Roberto Freire, dirigente do PCB, era um "liberal" que "apoiava Sarney". Salvava-se Leonel Brizola, a quem apoiava, porque tinha duas qualidades: "Não era corrupto e era valente". Contudo, ele próprio, assim como Lula, fazia tudo "por impulso pessoal". Faltava a ambos "uma teoria do proletariado". Previu, então, a ascensão de Collor, que estava aproveitando o profundo descontentamento social.

Em julho de 1988, já em plena legalidade, realizou-se o VIII Congresso do PCB, consagrando o veterano Salomão Malina no posto de dirigente máximo. Os comunistas assinalavam que a transição estava "chegando ao fim", com a aprovação da nova Constituição e com as próximas eleições diretas para presidente da República, previstas para o ano seguinte. Felicitavam-se com a formação no Brasil de um "novo bloco político", favorável à democracia e à justiça social.

Prestes criticou aquilo tudo com a veemência habitual. Negou a existência de uma "suposta transição" para a democracia. Os partidos comunistas eram comunistas "só no nome", estavam colocando a classe operária "a reboque da burguesia" e afirmando que se chegaria ao socialismo "através do governo Sarney".

Acompanhando o pensamento mais radical no país, relativizava — ou negava — os ganhos assegurados pela Constituição, afinal promulgada em outubro. De certo modo era curioso que o pensamento mais definido — à esquerda e à direita — criticava com grande intensidade o novo texto constitucional.

As direitas criticavam sua orientação nacional-estatista, mesclando referências caras às tradições varguistas e à social-democracia internacional. Para elas, o Brasil inscrevia-se na contracorrente de um movimento mundial favorável às teses liberais de "enxugamento" do intervencionismo estatal. Alegavam que até a União Soviética e também a China se preparavam para desmantelar o hipertrofiado — e ineficiente — Estado que se firmara como um paradigma para o socialismo do século xx. Formalmente, criticavam a extensão e minudência da Constituição, destinada a confundir os espíritos, e a dificultar a gestão do Estado e dos conflitos sociais e políticos.

No outro extremo, as esquerdas mais radicalizadas, como os deputados do PT, denunciavam a não aprovação de aspectos considerados por eles essenciais à defesa dos interesses populares, como a jornada de trabalho de quarenta horas (passou a de 44 horas); a extinção ou a remuneração em dobro das horas extras; o salário em dobro nas férias; a estabilidade no emprego; políticas efetivas de reforma agrária (quanto ao assunto, teria havido uma regressão em relação ao Estatuto da Terra, promulgado ainda no primeiro governo ditatorial, chefiado por Castello Branco). A bancada do PT chegou a cogitar de não subscrever o texto final, mas a posição não foi aprovada pela maioria.

Prestes compartilhava esses pontos de vista, denunciando em particular a preponderância dos militares — que se mantinha. Sublinhava o efeito deletério do famoso artigo 142, que atribuía às Forças Armadas a função de "garantir a lei e a ordem", podendo intervir desde que houvesse "iniciativa de um dos poderes do Estado". Um tal enunciado era, segundo ele, incompatível com um regime democrático. Assim, na nova Constituição continuaria o predomínio das Forças Armadas na direção política da nação. Denunciava o silêncio a respeito daquele artigo: "Trata-se de encobrir para o povo o preceito mais reacionário ou ditatorial da nova Constituição". Ela poderia ser, a qualquer momento, "anulada ou rasgada". Indagava: "Como podem os militares se submeterem aos poderes constitucionais e ao mesmo tempo garanti-los?". A relação entre militares e civis tinha ficado "quase idêntica" à do texto outorgado em 1967.

O fato é que a Constituição fora produto de árduas negociações entre múltiplas forças e interesses diversos, sem contar o papel autônomo de lideranças e agrupamentos políticos, cuja atuação gerava, às vezes, efeitos que não correspondiam exatamente a sua importância ou representatividade social ou política. É verdade que muitos dos seus enunciados ainda dependiam de leis complementares, e isso criava uma expectativa de direitos que, não raro, seria mais tarde frustrada. No entanto, era notável a amplitude dos direitos assegurados — individuais, coletivos, sociais, ecológicos. O lobby favorável à manutenção das estruturas sindicais, protegidas agora contra o controle e a intervenção do Estado, fora vencedor em toda a linha.

Assim, quando Ulysses Guimarães anunciou a "constituição-cidadã", para além da licença poética implícita, representava um amplo consenso social e político. Quem se mantivesse numa atitude "negacionista" tenderia a se marginalizar ou ser marginalizado do quadro político.

Era o caso de Prestes. Já estava mesmo à margem. E aí permaneceria. Não poupava críticas aos partidos de esquerda. O próprio Lula seria criticado por defender orientação idêntica à do PCB, ou seja, a favor "de um governo capitalista democrático [...] que assegurará o bem-estar para as massas populares...".

Sempre relativizando a importância dos processos eleitorais, não deixou, porém, de participar, ativamente, do pleito municipal de novembro de 1988, apoiando o PDT e elogiando Brizola, "o único político atacado pelos generais". Considerava aquela campanha um importante momento, "de acúmulo de forças", para as eleições presidenciais diretas de 89.

Antes do fim de 1988, convidado por sindicalistas mexicanos, Prestes fez sua última viagem internacional, acompanhado por Maria. Aproveitou para visitar o túmulo da mãe, como se fora uma despedida.

O ano de 1989 seria um *annus terribilis* para os que acreditavam no socialismo soviético. A desagregação do cinturão das chamadas democracias populares, com destaque para a derrubada do Muro de Berlim, era um mau presságio. Ermelinda Prestes conta que o pai sofreu muito com o fim do socialismo na Europa Central. Convivera com vários daqueles dirigentes e fora recebido por eles, os quais, agora, estavam sendo escorraçados da história, como Erich Honecker, dirigente máximo da República Democrática Alemã (RDA), a chamada Alemanha Oriental, e Gustav Husák, da Tchecoslováquia. Não era fácil ouvir aquelas notícias; difícil compreendê-las e encaixá-las na convicção de que o "mundo marchava para o socialismo". Era o inverso que acontecia: o capitalismo restaurava-se e parecia, cada vez mais, um sistema superior e imbatível. Sempre segundo Ermelinda, a imersão na política brasileira era tão mais intensa quanto favorecia não pensar muito nesse sombrio assunto.

Em 1989, no Brasil, realizar-se-iam eleições diretas para presidente da República, as primeiras desde o longínquo ano de 60. Quase três décadas... Sucediam-se planos "salvadores", sem eficácia. À falência do Plano Cruzado, seguira-se a ineficácia do Plano Verão. A inflação continuava a galopar, livre e solta, devorando o valor dos salários dos trabalhadores, sobretudo dos que labutavam em relações informais, quase metade. A dívida externa, impagável, estrangulava o crédito internacional.

Economistas respeitados falavam da "década perdida", um exagero, ou um paradoxo, considerando-se o restabelecimento do estado de direito democrático.

Lideranças mais combativas do movimento sindical advogavam a necessidade de uma "greve geral". Prestes apoiava a ideia. Era necessário preparar a greve "com seriedade e o mais profundo sentimento de responsabilidade...", cuidando para que houvesse a melhor "unidade das fileiras sindicais".

No primeiro turno das eleições presidenciais, fez a campanha de Leonel Brizola. Dizia do líder gaúcho que valia pela "integridade moral". As oposições a ele "não conseguiram chamá-lo de corrupto ou ladrão dos cofres públicos". Era um "administrador capaz". Destacava, entre outras realizações, as escolas em tempo integral (os "brizolões") e a preocupação com as crianças. Recordava a "valentia", evidenciada na crise de 1961, quando seu desassombro garantira a posse de João Goulart. Fora também o único político que "nacionalizou duas empresas imperialistas, a Bond and Share e a International Telephone & Telegraph", suscitando, em consequência, o ódio das elites políticas e econômicas. Eleito, Brizola teria coragem e decisão para enfrentar "os graves problemas" que afetavam as massas populares.

Participou da campanha com a "juventude" de seus 91 anos. Para a surpresa de quase todos, foi Lula, porém, quem alcançou o segundo lugar, indo para o segundo turno, na disputa com Fernando Collor, que era apoiado pelas elites dominantes.

Prestes envidou, então, todos os esforços para que houvesse uma aliança entre o PDT de Brizola e o PT de Lula. Participou dos entendimentos, de modo construtivo. Não era uma tarefa simples. Entre os petistas, era comum a caracterização de Brizola como líder "populista", atribuindo-se ao termo uma carga pejorativa, referida à demagogia e à corrupção. Já o líder gaúcho se cansara de chamar Lula de "sapo barbudo". Quanto ao PT, era uma espécie de "UDN de tamancos", por suas preocupações moralistas, tidas como exageradas. Entre os trabalhistas também era usual considerar o PT, na frase usada por Darcy Ribeiro, como a "esquerda da qual a direita gosta".

Foi um trabalho artesanal, afinal coroado de sucesso, unificar as esquerdas em torno do núcleo formado pelo PT e pelo PDT. No comício de encerramento, emoldurado por uma bandeira do Brasil, Prestes faria discurso enfatizando justamente a necessidade da "unidade das esquerdas". Mas não adiantou, a maioria dos eleitores preferiu votar no carisma sedutor de Fernando Collor de Mello.

De unidade não queriam ouvir falar os partidários das ideias de Prestes que se esvaíam em disputas sectárias. Havia os Coletivos Gregório Bezerra. Reverenciavam o Velho, mas criticavam sua decisão de não participar na construção de um novo partido comunista. Acabaram fundando, como já referido, o Partido da Libertação Proletária (PLP). Outro agrupamento, também identificado com as posições críticas de Prestes, formaria a Reconstrução do Partido Comunista, o RPC. A maioria desses militantes convergiria, depois, para o PDT, tendo como referências a Revolução Cubana e a Nicaraguense.

Envolvidos em infindáveis discussões, perdiam o pé, decretando expulsões e contraexpulsões. Recorriam, eventualmente, à arbitragem do Velho que, no entanto, preferia manter-se distante.

O PCB "oficial", na plena legalidade, definhava e se tornava um partido menor. Dilacerada entre organizações regionais autônomas, a Direção Nacional já não controlava a vida do Partido. Os comunistas de todos os bordos não conseguiam compreender como haviam perdido, em tão pouco tempo, a posição de protagonistas no campo das esquerdas. Se, durante a ditadura, a linha adotada fora a "justa", como explicar o declínio irreversível de todas as suas diferentes alas, em condições de restauração democrática e de liberdades reconquistadas? Muitos, até hoje, continuam buscando respostas para essa indagação.

O ano das primeiras eleições presidenciais depois da ditadura, apesar da decepção da derrota, reservou duas alegrias para Prestes: a primeira foi a novela exibida pela TV Manchete e de grande sucesso de público: *Kananga do Japão*, escrita por Wilson Aguiar Filho e dirigida por Tizuka Yamasaki. Os episódios sobre Olga e Prestes, em especial, muito interessaram ao Velho, segundo Maria, embora o próprio, com a reserva que lhe era habitual, afirmasse que quase não tinha tempo para ver o enredo. A segunda alegria foi proporcionada pela defesa da tese de doutorado da filha Anita, sobre a Coluna. Com base em extensa documentação, na qual se destacava um estudo inédito dos relatórios militares, escritos por chefes que haviam perseguido — em vão — os combatentes pelos interiores do país, o texto apoiava-se igualmente num longo depoimento de Prestes, apontado pela autora como principal fonte para seu trabalho.

Em fevereiro de 1990, por insistência de Maria, decidiu-se uma viagem ao Ceará, onde tinham amigos de fé. O Velho já havia se internado, por quatro dias, numa clínica. Diagnóstico: anemia profunda. Também estava um pouco deprimido com a derrota político-eleitoral. Os médicos recomendaram descanso e boa alimentação. Em Fortaleza, numa casa de praia, Prestes poderia encontrar sossego para recuperar-se das canseiras da campanha presidencial do ano anterior.

Ao chegar, como sempre, havia muitos que desejavam conversar com ele ou simplesmente vê-lo. Sua vida foi — mais uma vez — objeto de longa reportagem de um jornal da cidade, *O Povo*, e, no dia 20, ele concedeu sua última entrevista coletiva na Associação Cearense de Imprensa, onde fez uma conferência sobre a perestroika na União Soviética.

Recebidos por uma conhecida de velhos tempos, Teresa Cartaxo, Maria e Prestes passariam então cerca de dez dias com um casal amigo de Teresa, Martine e Claudio.

A casa, de dois pisos, era na praia do Futuro, e dava diretamente nas areias — e no mar. Um local propício à tranquilidade de que Prestes precisava. Ficou lá, incógnito. Só um militante do PDT, que trazia os jornais do dia, sabia onde ele se encontrava. Uma vez, apareceu também Paulo, filho de Maria, com Teresa, com quem então namorava. Trouxe consigo o movimento e a festa que o habitavam. Mas os dois foram logo embora, restando o silêncio e a paz — e a luz — próprios do lugar.

Martine, de origem francesa, estudara literatura de cordel brasileira na Sorbonne. Ouvira falar na Coluna Prestes ainda em Paris, mas era algo longínquo. Lendo os versos dos sertanejos, encantou-se, veio para o Brasil, adotou o Ceará como residência e a praia como estilo de vida. Mora há muitos anos em Fortaleza. Para ela, receber Maria e Prestes foi uma honra e uma surpresa: "Eu esperava ver um gigante [...] e era um homem fisicamente bem pequenino". Em seu depoimento, anos depois, Martine insistiu na particularidade desta relação de contrastes: o pequeno e o grande. Uma grande alma numa estatura pequena. A aura que o acompanhava e a simplicidade da convivência. A disciplina e o despojamento. Uma pessoa miúda, mas forte. Um homem já velho, mas ainda jovem: "Bastava ver suas coxas roliças".

"Fiquei", disse ela, "admirada, pois estava hospedando uma lenda." A "lenda", no entanto, narra Martine, comportava-se como um "cidadão comum [...] atencioso e gentil". "Acordava cedo, sem fazer barulho, cuidadoso e silencioso para não acordar ninguém, e ia para a praia, andava e descansava numa espreguiçadeira onde Maria lhe dava banho com uma cuia." Quantas vezes tivera isso em

477

sua longa vida? De quando em quando, chegavam-se crianças, filhos de vizinhos, e ficavam ali conversando com ele, na intimidade, como grandes amigos.

Na calma, bebendo água de coco, observava, porém, alguma disciplina, não dispensando o chá e fazendo as refeições nas horas certas. Martine e Maria fizeram tentativas para engatar uma superalimentação, sem sucesso. O Velho comia pouco, a invariável austeridade: de manhã, pão com manteiga e café, no almoço, a simplicidade da comida caseira, mas também apreciava, às vezes, mariscos e uma boa moqueca de peixe, acompanhada de azeite de dendê e pimentas-malaguetas.

Mantinha-se reservado, quase sempre, soltando-se quando o assunto era história ou política, embora não fosse do tipo que fica opinando sobre tudo e sobre todos, muito pelo contrário: "Não abria mão da convivência com ele mesmo, preservando a própria intimidade". Martine também notou a "memória fantástica" do Velho, e sua atenção e paciência com os que conversavam com ele.

Em certos momentos, percebia-se na relação entre Prestes e Maria e "o resto do mundo" uma espécie de barreira, uma distância. Comunicavam-se pelo olhar. Como se ali houvesse, segundo Martine, "um código, uma chave", algo que, às vezes, os alheava dos demais. "Fazia parte da própria personalidade deles, uma impregnação."

O ambiente ajudava, o que se evidencia nas fotos que foram então tiradas. A dona da casa as mostra, orgulhosa, sempre com uma ponta de contida admiração: "Aqui há uma leveza [...] ninguém resiste a esta leveza, a luz daqui, as coisas daqui, são escancaradas, só há luz, não há sombras...".

"Antes da viagem de volta ao Rio", lembrou Teresa, "levamos o Velho num bar-botequim, o Kais Bar, um point dos intelectuais cearenses, foi a primeira — e última — vez que ele foi a um autêntico botequim." Paulo, boêmio inveterado, censuraria, brincalhão: "Como pode um líder revolucionário não beber cachaça?".

No aeroporto de Fortaleza, hora das despedidas, o Velho parecia revigorado. Entrou na fila com paciência e aturou um problema que surgiu com as reservas do voo. Maria, como sempre, foi lá e quebrou o galho. Partiram em 23 de fevereiro.

No dia seguinte, já no Rio, para surpresa dos familiares, Prestes sentiu-se mal; reclamou de fortes dores na bexiga. Atendido, resistiu aos conselhos de internação. Adepto da homeopatia, desconfiava dos medicamentos usuais. Entretanto, como os problemas persistissem, acabou sendo hospitalizado no dia 28. Antigas complicações de saúde agravaram-se. O quadro só piorava. Chamaram os filhos, alguns tinham que vir de longe.

O Velho estava morrendo.

A partir de 3 de março, passou a dormir quase todo o tempo, cada vez mais ausente. Dois dias depois, entrou em coma.

No dia 7, na companhia da mulher e de Mariana, Anita e Yuri, chegado havia pouco da União Soviética, Prestes perdeu a última batalha. Não teve agonia, "foi apagando lentamente", no dizer de Yuri. Eram duas e meia da madrugada do dia 7 de março de 1990.

Houve repercussão nacional. O presidente Sarney, embora sempre atacado por Prestes, enviou telegrama de condolências à família. Fernando Collor, eleito contra a sua vontade e o seu voto, afirmou que "mesmo os adversários reconhecem que Prestes desempenhou papel de grande relevância na vida política brasileira".

O governador Moreira Franco decretou luto estadual por três dias. O prefeito da cidade, luto municipal por uma semana. A Santa Casa da Misericórdia cedeu de graça especialistas para embalsamar o corpo, doou uma sepultura no cemitério e um caixão de cedro maciço, com oito alças de bronze dourado, forrado de cetim branco.

O corpo foi velado no salão nobre do Palácio Tiradentes, sede da Assembleia Estadual do Rio de Janeiro, aonde chegou pouco depois das doze horas do dia 7, coberto pelas bandeiras do PDT, da União Soviética e do Brasil. A escolha era simbólica, pois Prestes lá atuara como senador eleito na Constituinte de 1946.

Por cerca de 45 horas, desfilaram por ali, segundo estimativas, quase 20 mil pessoas. Entre as lideranças políticas, destacavam-se as oposicionistas, como Leonel Brizola e Luiz Inácio Lula da Silva, além de muitos deputados e prefeitos do PDT, do PT, do PSB e, alguns, do PMDB.

Do exterior, vieram coroas enviadas por Fidel Castro "ao seu amigo" e pelos sandinistas, cuja revolução sempre merecera apoio irrestrito do Velho. Representantes da Frente Farabundo Martí, de El Salvador, marcaram presença. A sua pátria de adoção, porém, à qual votara tanta reverência, limitou-se a registrar a sua morte num despacho lacônico da Agência Tass, de apenas nove linhas, onde se dizia que fora "um campeão da democracia e do progresso social".

Líderes comunistas, como Roberto Freire, vieram oferecer condolências. O PCB, elegantemente, em nota oficial, reconheceu que "a história de Prestes se confunde com a história do Partido". Outros veteranos, como Apolônio de Carvalho, embora distantes, passaram pelo velório, em sinal de respeito. A mesma compostura não teve o PCDOB, que não disse sequer uma palavra. Os jornais anotaram que Jandira Feghali, então deputada estadual desse partido, com gabinete próximo do salão nobre, ali não apareceu, primando pela ausência.

Em muitas áreas, olhares de antigos adversários não pouparam necrológios desabonadores, marcados por críticas contundentes, caracterizando a "nulidade teórica" de Prestes, os "desastres políticos" que tinham marcado sua trajetória, sua "subserviência" à União Soviética. Houve gente que o responsabilizou pelos desacertos cometidos por Getúlio Vargas no poder. O Velho, ao se recusar a participar do movimento de 1930, pecara por "omissão".

Nem morto deixava de suscitar paixões. Outros conflitos também sobreviveram a Prestes, como as incompatibilidades familiares, que tanto o haviam desgostado. Separadas pelo caixão, de um lado, Anita e Lígia, a única irmã ainda viva, já com 76 anos, hieráticas e severas. De outro, Maria, os filhos e os netos. Quando Teresa Cartaxo chegou, Anita se permitiu perguntar: "É mais uma filha de meu Pai?". Zoia respondeu, constrangida: "É minha cunhada". Lígia fizera saber que "não reconhecia os filhos de Maria como seus parentes". A atmosfera pesada surpreendeu até mesmo o experiente Leonel Brizola, atônito diante da força daquele ressentimento.

Em 9 de março, no meio da manhã, saiu o cortejo fúnebre em direção ao Cemitério São João Batista. A multidão, cerca de 5 mil pessoas, fez questão de caminhar os oito quilômetros até o cemitério, apesar do sol escaldante, de 39 graus. O corpo de Prestes foi alçado a um caminhão do Corpo de Bombeiros, escoltado por uma guarda de honra da corporação.

Do Palácio Tiradentes, desceu a rua da Assembleia, sendo recebido por uma chuva de papel picado. O desfile pegou a avenida Rio Branco, atravessou a Glória, e as praias do Flamengo e de Botafogo, chegando à rua São Clemente, percorrida até a rua Real Grandeza, onde dobrou na General Polidoro, alcançando o portão principal do Cemitério São João Batista, em três horas e meia de caminhada.

O enterro transformara-se numa passeata política, entoando as palavras que saudaram Prestes quando voltara do exílio: "De norte a sul, de leste a oeste, o povo todo grita: Luís Carlos Prestes!". Por onde passava, lenços de adeus, saudações improvisadas, hinos revolucionários, como o da Internacional, e palavras de ordem conhecidas: "Brizola, Lula, a luta continua", ou "Esquerda unida jamais será vencida". Não fora esse o último combate do Velho, unir pedetistas e petistas em torno de Lula no segundo turno da campanha presidencial?

Depois de oito discursos emocionados, curtos, entre os quais o de Lula e o de Brizola, um gesto simbólico: Antônio João uniu as mãos das duas lideranças e as elevou para o alto. E ainda disse, alto e bom som: "O legado de meu pai não pertence a nenhum político, mas ao povo brasileiro!". Eram 14h10 quando desceu à sepultura o corpo de Luís Carlos Prestes.

Terminara a aventura.

Numa entrevista, recordada por Maria, Prestes dissera, citando Anatole France, que desejava ser uma borboleta, que é a velhice da larva. Hércules Corrêa, na época, sempre mordaz, comentara: "É isto mesmo, vai morrer como uma borboleta, dando cabeçadas".

Foi assim, de fato, que Prestes viveu e morreu: dando cabeçadas. Com suas convicções.

À maneira russa, liderados por Paulo, os filhos fecharam um bar em Ipanema e tomaram todas. Maria não gostou, mas o Velho, talvez, compreendesse: era uma última homenagem. E uma maneira — viva — de vencer a Morte.

Entre a vida e a lenda — À guisa de posfácio

Apesar das expectativas positivas sobre o futuro, e do inveterado otimismo, Prestes, em março de 1990, registrava certo abatimento depressivo.

A desagregação do socialismo na Europa Central e a incerta situação da União Soviética conjugaram-se, então, com a derrota das esquerdas nas eleições presidenciais de 1989. O Velho, experiente, experimentado, estava acostumado a enfrentar e a superar reveses, mas era possível perceber que se sentira abalado.

Felizmente, para ele, não sobreviveu para ver o fim da União Soviética, em dezembro de 1991. A morte o salvou dessa provação suplementar. Também não viveu para ver a dissolução do PCB, que deixara de ser "seu" desde o início dos anos 80.

Em junho de 1991, por ocasião do IX Congresso, a hipótese da dissolução fora evitada por um triz. Mas, para a maioria, já havia a sensação de um *aggiornamento* frustrado. Pouco mais de seis meses depois, em janeiro de 92, contudo, o X Congresso, convocado extraordinariamente, decidiu acabar com o mais antigo partido político brasileiro. Liderados por Roberto Freire e Sergio Arouca, com o apoio dos veteranos Malina, Geraldão e Régis Fratti, entre outros, a ampla maioria dos 1619 delegados presentes (72%), acompanhando maioria equivalente da Direção (71%), resolveu fundar, sobre os escombros do PCB, um novo partido, o Partido Popular Socialista (PPS).

Um contemporâneo anotou: "Bastaram dois dias para extinguir uma obra de sete décadas".

Mas não houve unanimidade. Dissidentes denunciaram a natureza forjada do processo. Improvisaram uma passeata de protesto e se constituíram numa Conferência Extraordinária de Reconstrução do PCB. Ganharam na Justiça o direito de manter sigla e símbolos do velho partido. Em fins de 1995, recuperaram plena existência legal. Mantêm-se até hoje com um lugar ao sol, como um pequeno partido, combativo e com perspectivas revolucionárias. Mas não guardam mais o protagonismo, o prestígio e a aura do Partidão, corroídos — e perdidos — em algum momento lá atrás, nos anos 80, ou mesmo antes.

Embora afastado havia muito, o Velho não deixaria de encaixar esses episódios como um sofrimento a mais. Foi, também aí, poupado pela morte.

Anos depois, em 1996, Maria resolveu não esperar mais para esclarecer o segredo da vida dos dois filhos de seu primeiro casamento. Segundo relatos concordantes, dela e de Paulo, numa praia em Rio das Ostras, a mãe conversou com Pedro e Paulo e contou toda a história: que se chamavam originalmente Luís Carlos e William, e que não eram filhos de Prestes. O pai biológico deles vivia, ainda, no Recife. Na versão de Paulo, Maria reiterou as antigas suspeitas, de que o ex-marido se comportara mal na cadeia, como um "policial". Mas disse que havia agora outras versões para aquela história. Que fossem conferir, se considerassem necessário, e que fossem conversar com Arnaldo, se quisessem.

Para os dois, uma bomba, como qualquer um pode supor.

Pedro, o mais velho, falecido em novembro de 2010, optou por não remexer naquele passado. Apenas telefonou, uma única vez, mas suas filhas foram ver — e conhecer — o avô paterno. Quanto a Paulo, incentivado por Teresa Cartaxo, sua então namorada, tomou coragem e foi um dia ao Recife para conhecer o velho pai, já entrevado.

Apresentou-se como repórter, interessado em entrevistar um "líder popular". Depois das perguntas e respostas, Paulo estendeu a mão e disse: "Muito prazer, sou seu filho". Arnaldo, mantendo a presença de espírito, respondeu de bate-pronto: "O prazer é meu, sou seu pai". Riram os dois e brindaram com cerveja. Paulo ficou intrigado ao ver como se pareciam, Arnaldo e ele. A mesma estatura e conformação física, o mesmo jeito brincalhão e irônico, sempre debochando dos desafios postos pela vida, para melhor se defenderem deles. Bateram altos papos. Despediram-se. Teresa ainda lembra que "foi um encontro emocionante". Arnaldo parecia ter grandeza de alma. Muito pobre, vivia numa casa onde havia racionamento de água, ela vinha apenas três vezes ao dia. Não entrava nem carro ali. Seu único luxo era uma cadeira de balanço. Sete meses depois de ver Paulo, Arnaldo morreu, não sem antes segredar à mulher: "Agora já posso ir, pois revi, ao menos, um de meus filhos".

Mas nem só espinhos marcaram — e marcam ainda — a posteridade do Velho Capitão.

Em 1998, no centenário de seu nascimento, a Escola de Samba Acadêmicos do Grande Rio lhe fez bela homenagem, sob a batuta do carnavalesco Max Nunes. Seu nome e sua saga converteram-se em samba-enredo, composto por João Carlos, Fiscal e Quaresma: "Pelas trilhas destas terras".

Débora Rodrigues, linda militante, expulsa do Movimento dos Trabalhadores sem Terra (MST) por ter posado nua para uma revista masculina, foi um dos destaques mais aplaudidos. Por essa e outras, sem desaprovar a homenagem, Maria, Luís Carlos e Zoia preferiram manter-se à margem. Contudo, parte da família aderiu e entrou no desfile — e caiu no samba. Estiveram lá Ermelinda, Paulo, Rosa, e vários netos e netas.

O carro alegórico nº 5, "A China de Mao", com um dragão cuspindo fogo, lâmpadas e lanternas em profusão, foi o maior sucesso, embora estivesse mais para "Cidade Proibida" do que para "A China de Mao". Mas a galera enlouquecida da Sapucaí não estava nem aí para esses detalhes. Os sambistas estavam empolgados: "Queremos homenagear Prestes, a Coluna e os fatos que mudaram o mundo durante sua vida".

Em outras homenagens, consagradoras, o nome de Luís Carlos Prestes (grafando-se o prenome de duas formas — com "z" e com "s") foi conferido, segundo pesquisa junto aos Correios, a 45 ruas e avenidas, por 42 cidades, em quinze diferentes estados: Bahia (uma), Ceará (uma), Espírito Santo (uma), Goiás (uma), Mato Grosso (uma), Minas Gerais (quatro), Pará (uma), Paraíba (duas), Paraná (três), Rio de Janeiro (seis), Rio Grande do Sul (seis), Roraima (uma), Santa Catarina (uma), Sergipe (duas) e São Paulo (catorze).

Um reconhecimento.

E mais as incontáveis músicas e cordéis que versejam e cantam a sua longa vida, espalhando seus feitos e lendas "pelas trilhas destas terras".

A teia da vida — vencendo a morte — também se exprime na numerosa prole de Maria e Prestes, habitando várias e diferentes cidades do Brasil e do mundo.

Houve já a perda de Pedro, o filho mais velho de Maria, adotado por Prestes.

Mas continuavam vivíssimos, em setembro de 2014, oito filhos (nove, com Anita), 25 netos e treze bisnetos (mais dois a caminho), segundo levantamento feito pela filha Rosa, e confirmado por Maria. Se o mundo não acabar, os mais jovens certamente celebrarão o bicentenário do patriarca.

E se estiver em algum lugar, Prestes agradecerá.

E os herdeiros, longe no tempo, poderão ainda cantarolar, com o samba da Grande Rio:

Pelas trilhas destas terras…
Luiz do proletário
Carleando a nação
Enfrentou adversários
[…]
Sonhos de C de coragem
Cheios de P de paixão
[…]
A hora é essa
Prestes a acontecer
[…]
Desperta, nascer…
Que herança!
Pelas trilhas destas terras…

Lá vai o cavaleiro, que um dia foi. Da esperança.

Notas

I. ANOS DE FORMAÇÃO [pp. 7-42]

* Para a cidade de Porto Alegre em fins do século XIX e inícios do XX: S. Pesavento, "Introdução", em M. Lindenmayer, 2007.

* Para a ascendência nobre da família de Maria Leocádia Felizardo: entrevista de Luis Carlos Felizardo, 2013, confirmada por referências existentes no site do Instituto Luiz Carlos Prestes, organizado por Anita Prestes.

* As informações concernentes à trajetória militar de Luís Carlos Prestes e à de seu pai, Antônio Prestes, confirmadas pelas diversas entrevistas disponíveis de Luís Carlos Prestes e pelo que consta no site do Instituto Luiz Carlos Prestes, foram extraídas da Fé de Ofício de cada um. Os originais encontram-se no Arquivo do Ministério do Exército, no Rio de Janeiro.

* Os episódios da infância de Luís Carlos Prestes registrados neste capítulo, quando aspeados, provêm de suas entrevistas. Em especial, a concedida a Marly de A. G. Vianna, Ramón Peña Castro e Anita Prestes a partir de julho de 1981. Doravante, essa entrevista, considerada mais confiável, porque feita entre amigos, e não disponível para publicação, será registrada como LCP/1981.

* Para o Rio de Janeiro do começo do século XX: V. Galili e M. F. Gomes, 1980, v. 1.

* Para a correspondência de Leocádia Felizardo Prestes: arquivo privado de Luis Carlos Felizardo.

* Para Lourenço Moreira Lima: L. M. Lima, 1945.

* Para os episódios referentes às eleições de 1910 e à campanha civilista: V. Galili e M. F. Gomes, op. cit., e também L. M. Schwarcz (org.), 2012.

* A informação sobre Eugênio Agostini foi encontrada em formulários preenchidos por Lúcia

Prestes e destinados à polícia soviética. Arquivo da Internacional Comunista, Moscou. Pasta referente a Lúcia Prestes. Confirmado pelo depoimento prestado por Dyonisa Brandão Rocha, 2008.

* Depoimento escrito do então capitão José Rodrigues da Silva.

* Sobre a seriedade da adesão de Prestes à religião, convergem depoimentos de velhos companheiros como Miguel Costa (Arquivo Edgard Leuenroth) e Cordeiro de Farias (A. Camargo e W. Góes, 1981). Referências também encontradas em L. M. Lima, op. cit. Em LCP/1981, Prestes minimiza a importância da crise religiosa.

* Para as recordações pessoais de Prestes sobre a gripe espanhola: LCP/1981. Para a gripe como fenômeno social: V. Galili e M. F. Gomes, 1980, op. cit.

* Para informações concernentes a episódios da Primeira República: L. M. Schwarcz, 2012; B. Kassoy, 2012; e H. Silva, 1971 e 1975.

* Sobre Artur Bernardes: H. Silva, op. cit.

* H. Silva, op. cit.

* Sobre a revolta de 5 de julho de 1922: H. Silva, op. cit., ressalvadas as interpretações do Autor da presente biografia.

* *Chimango* ou *ximango*: ave de rapina, semelhante ao carcará. Nas lutas gaúchas, alcunha atribuída aos partidários do Partido Republicano Rio-Grandense (PRR), também chamados de "pica-
-paus", liderados por Júlio de Castilhos e Borges de Medeiros. Identificavam-se com um lenço branco. *Maragato*: alusão à região do Uruguai povoada por espanhóis originários de Maragatería. Com o objetivo de caracterizá-los como "estrangeiros", alcunha atribuída aos partidários de Gaspar Silveira Martins que, a partir do Uruguai, iniciaram a Revolução Federalista de 1893. Nos anos 1920 eram liderados por Assis Brasil. Identificavam-se com um lenço vermelho. Ambos os termos, criados com conotação pejorativa, acabaram incorporados em chave positiva pelos alcunhados. Os embates entre chimangos e maragatos foram associados às lutas entre republicanos e monarquistas, ou entre positivistas autoritários e liberais. Desde os anos 1890 dividiram e, às vezes, ensanguentaram o Rio Grande do Sul. No conflito que explodiu em 1923, os maragatos exigiam a deposição de Borges de Medeiros, uma espécie de governador "eterno" do Rio Grande do Sul. A paz de Pedras Altas, afinal, proibiu nova reeleição do governador, mas o mandato em curso foi reconhecido.

2. DAS REVOLTAS DE 1924 AO INÍCIO DA GRANDE MARCHA [pp. 43-61]

* Para as informações sobre a sublevação de 1924: L. M. Lima, op. cit.; D. Meirelles, 2002; H. Silva, 1965; e L. M. Schwarcz, op. cit.

* O diálogo é transcrito das memórias de João Cabanas: J. Cabanas, s.d. Há uma edição, de 1926, feita em Assunção pela Talleres Nacionales de H. Krauss.

* Para os primeiros sucessos da insurreição de São Paulo, em 1924: D. Meirelles, 2002, e G. Carneiro, 1965.

* Para as conversas entre oficiais insurretos e líderes sindicais: J. Dulles, 1977.

* Sobre a repressão desencadeada na cidade de São Paulo, depois da retirada dos insurretos: L. M. Lima, op. cit.

* Sobre a participação de Luís Carlos Prestes nos acontecimentos posteriores à sublevação de

São Paulo: LCP/1981, e também A. L. Prestes, 2009. O cotejo com a longa entrevista feita por Denis de Moraes e Francisco Vianna é elucidativo: D. Moraes e F. Vianna, 1982.

* Os atestados de saúde estão na Fé de Ofício de Luís Carlos Prestes.

* Manifesto de Santo Ângelo. Citado por L. M. Lima, op. cit. Cópia do original encontra-se no arquivo de Luís Carlos Prestes, no Arquivo Edgard Leuenroth, da Universidade Estadual de Campinas (Unicamp).

* Para as impressões suscitadas por Prestes: J. A. L. Barros, 1997.

* Para a sublevação do encouraçado *São Paulo*: F. C. P. Cascardo, 2005.

* Para a carta de L. C. Prestes: A. L. Prestes, op. cit.

* Para as impressões de João Alberto: J. Alberto, op. cit.

* Sobre a deserção dos caudilhos gaúchos: D. Meirelles, op. cit.

* A afirmação de Prestes, transcrita, encontra-se em LCP/1981.

* A carta de Luís Carlos Prestes favorável à "guerra de movimento" encontra-se em A. L. Prestes, op. cit. Contudo, ao contrário do que sustentou então a autora, as posições favoráveis à guerra de movimento já vinham sendo defendidas por outros líderes militares, como João Francisco e João Cabanas. Além disso, era um método defendido por generais importantes desde a Primeira Grande Guerra, entre os quais o general Foch, comandante francês.

* Para as observações de Ítalo Landucci: Í. Landucci, 1952.

* Para a reorganização dos revolucionários e a distribuição dos comandos: L. M. Lima, op. cit., e A. L. Prestes, op. cit.

3. A GRANDE MARCHA PELOS BRASIS [pp. 62-84]

* Para os primeiros momentos da Grande Marcha: Í. Landucci, op. cit.; L. M. Lima, op. cit.; Fundo Miguel Costa, no AEL; e J. Alberto, op. cit. Além dessas testemunhas diretas: A. L. Prestes, op. cit., e D. Meirelles, op. cit.

* Para a defesa da fusão de paulistas e gaúchos: L. M. Lima, op. cit.; A. L. Prestes, op. cit.; Fundo Miguel Costa, no AEL; e LCP/1981.

* A questão da preeminência incontestável de Prestes, como se verá adiante, foi uma construção memorialística, convergindo para o culto do herói, do Cavaleiro da Esperança.

* A estrutura e a organização da Grande Marcha estão minuciosamente descritas por L. M. Lima, op. cit., e foram retomadas pela bibliografia especializada, em que se destaca a obra de A. L. Prestes, op. cit.

* A reflexão de L. C. Prestes sobre o programa dos rebeldes, reduzindo-o a "tirar o Bernardes", é questionável, embora esta fosse, realmente, a reivindicação central. Como se verá adiante, e como já foi referido, havia outros aspectos no programa daqueles rebeldes.

* Para análise das concepções e ações de Bertoldo Klinger, assim como de outros chefes militares: A. L. Prestes, op. cit., inovadora no que diz respeito ao estudo, até então inédito, dos relatórios dos chefes do Exército brasileiro encarregados de perseguir e aniquilar os rebeldes.

* As frases aspeadas de Prestes estão em LCP/1981, combinadas com declarações registradas por Denis de Moraes e Francisco Vianna, op. cit.

* A tradição da "guerra de posições" foi difundida entre os oficiais do Exército brasileiro pela

chamada Missão Militar Francesa, chefiada pelo então prestigiado general Maurice Gamelin, a qual trabalhou no Brasil desde 1920 e até 1940. Fruto de acordos assinados em 1919, vinha aureolada com o prestígio militar adquirido pela França, vencedora da Primeira Grande Guerra. Desempenhou certo papel na modernização da doutrina militar brasileira e, sobretudo, na instrução dos oficiais, ajudando a fundar a Escola de Estado-Maior e a Escola de Aperfeiçoamento de Oficiais. Depois da derrocada de maio de 1940 para os exércitos nazistas, o prestígio militar francês no Brasil entrou em declínio irreversível.

* A estada em Porto Nacional ficou marcada por essa clássica fotografia dos chefes da Coluna, tomada no pátio do convento dos dominicanos. As narrativas sobre os acontecimentos aí desenrolados, incluindo-se a carta redigida por frei Audrin, estão nas obras citadas sobre a Grande Marcha. Os depoimentos de L. C. Prestes estão em LCP/1981 e nos depoimentos, citados, a Denis de Moraes e Francisco Vianna.

* As "complexas relações" entre os rebeldes e os camponeses que viviam nas regiões atravessadas pela Grande Marcha, marcadas, muitas vezes, por emprego de violência e também, frequentemente, por desprezo às gentes do campo, são atestadas pela crônica de L. M. Lima, op. cit., e por muitos outros depoimentos, como o de Í. Landucci, op. cit., e o de J. Cabanas, entre outros. A literatura especializada permitiu-se ignorar ou silenciar esse aspecto, "naturalizando-o".

* Para o "pessimismo" dos rebeldes a respeito das gentes do campo: L. M. Lima, op. cit., e os demais trabalhos citados na nota anterior.

* Para o relatório de B. Klinger sobre os "senhores de terra" e suas exações: A. L. Prestes, op. cit.

* Para as peripécias no Maranhão e no Piauí: L. M. Lima, op. cit.; LCP/1981; Í. Landucci, op. cit.; Fundo Miguel Costa, no AEL; J. Alberto, op. cit.; e A. L. Prestes, op. cit.

* As controvérsias sobre a prisão de Juarez Távora foram suscitadas por D. Meirelles, op. cit.; em seus depoimentos, L. C. Prestes não o questiona. Nem as demais memórias, formuladas pelos autores citados na nota anterior.

* O programa de viés popular surgido do encontro com a delegação pernambucana foi fruto da iniciativa dos que vinham de Pernambuco, ligados aos movimentos sociais e com tradição política de esquerda. Refira-se que a cidade do Recife, na época, já se destacava por suas tradições radicais, encontrando-se aí um histórico núcleo do PCB.

* Nomeado, desde o início da Grande Marcha, comandante da Coluna, Miguel Costa concentrava em suas mãos o poder de fazer (ou desfazer) nomeações e promoções. Não há notícia, no entanto, de que exercesse tal papel solitariamente. Ao contrário, era inclinado a consultar sempre o Estado-Maior e os principais chefes militares, em especial os comandantes dos quatro destacamentos.

* As lendas a respeito de Prestes foram registradas por L. M. Lima, op. cit., que não regateia elogios ao chefe do Estado-Maior da Coluna. A louvação seria acompanhada pelos principais comandantes e também por Miguel Costa.

4. O SERTÃO NÃO VIRA MAR: A RETIRADA [pp. 85-105]

* Para as informações sobre as relações entre o governo federal e os senhores de terra da Bahia: A. L. Prestes, op. cit., e L. M. Lima, op. cit.

490

* Para as afirmações de J. Alberto: J. Alberto, op. cit.

* A respeito do "massacre de Piancó", houve, sempre, certo constrangimento em assumi-lo, da parte dos rebeldes. Nos vários relatos, surpreendem-se contradições, as quais, no entanto, não impedem a elaboração de um quadro geral elucidativo: LCP/1981; L. M. Lima, op. cit.; A. L. Prestes, op. cit.; J. Alberto, op. cit.; Í. Landucci, op. cit.; D. Meirelles, op. cit.; e o depoimento de Cordeiro de Farias em A. Camargo e W. Góes, op. cit.

* A melhor narrativa sobre a tentativa de rebelião no Recife e seus desdobramentos está em D. Meirelles, op. cit.

* As descrições minuciosas de L. M. Lima, nunca desmentidas ou alteradas por seus camaradas de aventura, continuam sendo as melhores fontes para a saga da Coluna na Bahia.

* Para as concepções do general Álvaro Guilherme Mariante: A. L. Prestes, op. cit., que trabalha com os relatórios dos chefes militares que perseguiram a Coluna, e D. Meirelles, op. cit.

* As concepções do general são uma antecipação das táticas de contrainsurgência adotadas e divulgadas pelo Exército francês depois das "campanhas" contra as lutas de libertação nacional no Vietnã (1946-54) e na Argélia (1954-62).

* A decisão da retirada, controvertida nas fontes e na bibliografia disponível, foi exposta, convincentemente, por João Alberto, op. cit. Registre-se que Luís Carlos Prestes e Anita Leocádia Prestes a omitem; LCP/1981 e A. L. Prestes, op. cit.

* Para as complexas relações entre senhores de terra e sertanejos: L. M. Schwarcz, op. cit., em especial o texto sobre política, redigido por Hebe Mattos.

* Os versos foram registrados por D. Meirelles, op. cit.

* O episódio que quase levou à morte de Miguel Costa foi narrado por J. Alberto, op. cit.

* Para os últimos arrancos da Coluna rumo ao exílio na Bolívia: LCP/1981; J. Alberto, op. cit.; Í. Landucci, op. cit.; e D. Meirelles, op. cit.

5. O PRIMEIRO EXÍLIO [pp. 106-46]

* Para as informações sobre o início do exílio na Bolívia: LCP/1981, cotejado com L. M. Lima, op. cit., Í. Landucci, op. cit., D. Meirelles, op. cit., e M. Vianna, 1992.

* O documento assinado pelo major Carmona Rodó e por Miguel Costa e Luís Carlos Prestes encontra-se transcrito em Í. Landucci, op. cit.

* Para a entrevista concedida a Rafael Correia de Oliveira, ver *O Jornal*, Biblioteca Nacional, Rio de Janeiro, 10, 11 e 12 de março de 1927.

* Para Prestes a respeito de Miguel Costa: LCP/1981 e o conjunto de depoimentos concedidos por Prestes. Ele nunca sequer enunciaria uma subordinação de Miguel Costa a si próprio.

* Para as revistas: *A Nação*, entre janeiro e agosto de 1927, onde se multiplicam os anúncios das encenações pródigas em títulos e letras de música com duplo sentido.

* O "estudioso irônico" é Neill Macaulay (1977).

* Os votos obtidos por L. C. Prestes estão nas edições do *Diário Oficial*, que publicava os resultados eleitorais (fevereiro de 1927).

* Para a carta de Siqueira Campos a Luís Carlos Prestes: Í. Landucci, op. cit., onde ela se encontra transcrita.

* Para a entrevista a Luís Amaral: D. Moraes, 1997.

* Para a entrevista com Astrojildo Pereira: D. Moraes, 1997.

* Para as avaliações de Leôncio Basbaum: L. Basbaum, 1976.

* Para os primeiros momentos do PCB: Arquivos da Internacional Comunista, Fundo Partido Comunista do Brasil, doravante AIC; e ainda A. Pereira, 2012; H. F. Lima, 1982; L. Basbaum, op. cit.; O. Brandão, 2006; e R. M. Amaral, 2003.

* Os dados sobre desenvolvimento industrial e classe operária estão em A. Pereira, op. cit.

* O. Brandão, op. cit., e também R. M. Amaral, op. cit.

* Para dados sobre o movimento operário dos anos 1920: E. Carone, 1971, 1972 e 1979, e J. Dulles, 1977.

* No Arquivo Luís Carlos Prestes, no AEL, há numerosos bilhetes de ex-soldados da Coluna, e/ou de suas famílias, endereçados a Prestes, agradecendo os auxílios (entre 500 mil-réis e 1 conto de réis) proporcionados para a reinstalação no país. Cf. igualmente Í. Landucci, op. cit.

* Para a elaboração do mito Prestes, com descrição de eventos e alabanças: Coleção A Nação, sobretudo entre os meses de janeiro e maio de 1927.

* Para os elogios rasgados a L. C. Prestes: editoriais de A Nação, em especial no período citado na nota anterior.

* Para a viagem de L. C. Prestes da Bolívia para a Argentina, passando pelo Paraguai: L. M. Lima, op. cit.

* Para as mutações de Prestes ao longo de 1927-31: AIC, onde constam numerosos manifestos assinados por Luís Carlos Prestes; LCP/1981; e A. L. Prestes, op. cit., 2009, que também transcreve os principais manifestos de Luís Carlos Prestes produzidos no período.

* Para a entrevista com João Barreto Leite Filho: D. Moraes, 1997.

* Sobre as duras condições de vida no exílio: Fundo Miguel Costa, no AEL; LCP/1981; e J. Alberto, op. cit.

* Declarações aspeadas de Luís Carlos Prestes: em LCP/1981, e também em D. Moraes e F. Vianna, op. cit.

* Para a entrevista ao Diário Popular: D. Moraes, 1997, op. cit.

* Para as articulações dos líderes exilados dentro e fora do Brasil: J. Alberto, op. cit.; Fundo Miguel Costa, no AEL; e LCP/1981.

* Para a conjuntura política anterior ao movimento de 1930: L. M. Schwarcz, op. cit., e H. Silva, 1972.

* Os encontros entre Luís Carlos Prestes e Getúlio Vargas estão amplamente documentados, embora com ligeiras variações factuais e interpretativas: J. Alberto, op. cit.; A. L. Prestes, op. cit.; e, mais recentemente, Lira Neto, 2012. Em seus depoimentos, Luís Carlos Prestes confirma os episódios, também com interpretação própria: LCP/1981.

* Para a campanha da Aliança Liberal: L. M. Schwarcz, op. cit., e H. Silva, 1972, op. cit.

* Para a surpresa de J. Pimenta, entre outros, com o programa social da Aliança Liberal: J. Dulles, op. cit.

* Para a segunda conversa de Getúlio Vargas com Luís Carlos Prestes: J. Alberto, op. cit.

* Para o VI Congresso da Internacional Comunista: VI Congreso de la Internacional Comunista, Primeira e Segunda Partes, nos 66 e 67, Cuadernos de pasado y presente, México, 1977 e 1978, respectivamente, com atas do Congresso, em particular as intervenções mencionadas de J. H.-Droz

e de O.W. Kuusinen (citadas na página seguinte). Também F. Claudin, 1970; J. Droz, 1977; e M. Hájek, em E. Hobsbawm, 1979-89, v. VI. Para as repercussões no Brasil do VI Congresso: Fundo PCB, no AIC; José Aricó, em E. Hobsbawm, 1979-89, v. VIII; E. Carone, 1979; L. Basbaum, 1976; A. Pereira, 2012; H. F. Lima, 1982; R. M. Amaral, 2003; J. Dulles, 1977; e M. Vianna, 1992. L. C. Prestes também informa a respeito, em particular sobre o impacto do VI Congresso na sua formação de comunista: LCP/1981.

* Para o depoimento de Heitor Ferreira Lima: H. F. Lima, 1982.

* Para os textos e declarações de L. C. Prestes: LCP/1981 e A. L. Prestes, op. cit.

* Para a surpresa dos amigos e camaradas com a evolução de Prestes rumo a posições revolucionárias: J. Alberto, op. cit., e Fundo Miguel Costa, no AEL.

* O manifesto de maio de 1930 está no Fundo PCB, no AIC. Foi transcrito em muitas publicações, entre elas, A. L. Prestes, op. cit., 2009.

* Para a repercussão do manifesto de maio de 1930 entre os companheiros mais chegados: J. Alberto, op. cit., e Fundo Miguel Costa, no AEL. Para a expressão "uma fenda", usada por R. Faoro: prefácio assinado por ele para o livro de D. Moraes e F. Vianna, op. cit.

* Para as reviravoltas no interior do PCB na primeira metade dos anos 1930: H. F. Lima, op. cit., e Fundo PCB, no AIC.

* Para a desgraça de O. Brandão: R. M. Amaral, op. cit.

* Para o manifesto da Liga de Ação Revolucionária (LAR): Fundo PCB, no AIC; também transcrito em A. L. Prestes, op. cit., 2009.

* Coleção incompleta de *A Classe Operária* encontra-se no AEL.

* Para os elogios de L. C. Prestes a A. Guralski: LCP/1981.

* A propósito da participação dos chefes da Comuna no movimento de 1930: Fundo Miguel Costa, no AEL; J. Alberto, op. cit.; A. Camargo e W. Góes, op. cit.; e J. Távora, 1974-6.

* Para o triunfo fulminante da "revolução" de 1930: H. Silva, 1966 e 1972; E. Carone, 1969, 1975 e 1978; e A. C. Gomes, 2013.

* A documentação do Fundo PCB, no AIC, é elucidativa a respeito do caos partidário, confirmado pelo depoimento de H. F. Lima, op. cit.

* Os furiosos manifestos de L. C. Prestes estão no Fundo PCB, do AIC. Muitos foram transcritos por A. L. Prestes, op. cit.

* Para os últimos encontros, manifestos e cartas escritos por L. C. Prestes no Uruguai, antes de partir para a URSS: M. Vianna, op. cit.

6. O SEGUNDO EXÍLIO: O MUNDO DA UTOPIA REVOLUCIONÁRIA [pp. 147-67]

* Oscar Pedroso Horta, mais tarde, tornou-se político, vinculando-se ao Partido Social Progressista (PSP), liderado por Ademar de Barros. Em 1954, contudo, desligou-se do ademarismo para apoiar Jânio Quadros, de quem foi chefe da Casa Civil. Após o golpe de 1964, filiou-se ao MDB, elegendo-se deputado federal em 1966 e 1970, e se tornando líder da bancada do partido na Câmara Federal.

* Para a partida de Prestes e da família do Brasil: D. Moraes e F. Vianna, op. cit. Para a descrição da viagem: LCP/1981. Para as datas de chegada a Moscou: Fundo Brasil, AIC, Moscou, onde se

encontram os passaportes originais dos familiares de Luiz Carlos Prestes. Para dados quanto à desinformação da polícia política: Fundo Dops, no Arquivo Público do Estado do Rio de Janeiro.

* Para os anos 1930 soviéticos: M. Lewin, 1985 e 2005.

* A frase: "Eu vi o futuro e ele funciona" é de Henri Barbusse, escritor e militante francês, em livro publicado em 1930: *Russie*, op. cit.

* As falas aspeadas de L. C. Prestes estão em LCP/1981. Para os primeiros anos soviéticos de Prestes e família: M. Vianna, op. cit.

* Para as pesquisas inconclusas a respeito de onde L. C. Prestes trabalhava efetivamente na União Soviética: Y. Ribeiro, entrevista realizada em 18 de novembro de 2008.

* Os sábados comunistas foram instituídos logo após a guerra civil, sob a forma de serviço voluntário, sem remuneração, para aumentar a produção. Era um trabalho "militante", que, não raro, deixava as pessoas constrangidas, pois quem se recusava a fazê-lo não era bem-visto.

* Para os artigos de L. C. Prestes: LCP/1981; M. Vianna, op. cit.; e Fundo PCB, no AIC.

* As declarações aspeadas são de L. C. Prestes; LCP/1981.

* Para as declarações de Lúcia: pasta individual, no AIC.

* Para a situação caótica do PCB entre 1930 e 1934: Fundo PCB, no AIC, e as memórias de H. F. Lima, op. cit., e L. Basbaum, op. cit., 1976.

* Para as análises aspeadas, dados e números referentes ao Partido Comunista: Fundo PCB, no AIC.

* Para a visão crítica de A. Pereira: A. Pereira, op. cit.

* Para a carta de F. Lacerda: Fundo PCB, no AIC.

* Para a anotação de J. Dulles: J. Dulles, op. cit.

* Para a descrição das feições dos dirigentes comunistas: H. F. Lima, op. cit., complementada por descrições do Autor com base em fotografias da época.

* Para os relatórios otimistas provindos do PCB: Fundo Brasil, AIC.

* Para a conferência de 1934, registros minuciosos datilografados encontram-se no Fundo PCB, no AIC.

* Para os preparativos revolucionários encaminhados ainda em 1934: M. Vianna, op. cit., e W. Waack, 1993. Cf. igualmente Fundo PCB, no AIC.

* A filiação de L. C. Prestes ao PC foi publicada, sem maiores comentários, no jornal do partido, *A Classe Operária*, de 1º de agosto de 1934.

* Para a delegação dos comunistas brasileiros ao VII Congresso da IC: Fundo PCB, no AIC.

* Para os informes de Miranda: Fundo PCB, no AIC, registrados por M. Vianna, op. cit., e W. Waack, op. cit.

* Para as reuniões entre Manuilski e os comunistas brasileiros: Fundo PCB, no AIC; M. Vianna, op. cit.; e W. Waack, op. cit.

7. O ASSALTO AOS CÉUS [pp. 168-88]

* As informações deste capítulo foram extraídas das seguintes fontes: Fundo PCB, no AIC; LCP/1981; M. Vianna, op. cit.; W. Waack, op. cit.; F. Morais, 1987; e R. S. Rose e G. Scott, 2010.

* Para indícios a respeito de outros militantes deslocados para o Brasil, alguns, inclusive, até hoje não identificados: Fundo PCB, no AIC, e W. Waack, op. cit.

* Para o casal Buber-Neumann: M. Buber-Neumann, 1949.

* Para as somas destinadas ao Brasil: M. Vianna, op. cit., e W. Waack, op. cit.

* Para o desprezo de Stálin pela Internacional Comunista: F. Claudin, 1970.

* Para o casamento e o filho de Olga Benário na URSS: Fundo PCB, no AIC.

* Para as declarações aspeadas de L. C. Prestes: LCP/1981.

* Para as peripécias de L. C. Prestes e Olga Benário em Paris: LCP/1981; F. Morais, op. cit.; e M. Vianna, op. cit.

* Para a chegada ao Brasil e a São Paulo: F. Morais, op. cit., e M. Vianna, op. cit.

* Para o cortejo de imprudências: LCP/1981; F. Morais, op. cit.; M. Vianna, op. cit.; W. Waack, op. cit. É importante assinalar, contudo, que assumo a responsabilidade pelas interpretações e pela visão crítica do que se passava, não necessariamente incorporadas pela bibliografia que vem sendo referida.

* Para o crescimento da ANL: R. Levine, 1980, assim como as referências citadas na nota anterior.

* Para o VII Congresso: F. Claudin, op. cit.

* Para a carta de Prestes à ANL: M. Vianna, op. cit.

* Para o manifesto publicado em 5 de julho de 1935, assinado por L. C. Prestes: Fundo PCB, no AIC. Trechos são transcritos em M. Vianna, op. cit., e W. Waack, op. cit.

* Para o reconhecimento de L. C. Prestes sobre o excessivo radicalismo do manifesto publicado em 5 de julho de 1935: LCP/1981.

* Para as críticas de H. Cascardo e de Miguel Costa: Fundo Miguel Costa, no AEL.

* Para as plenárias do CC do PCB: Fundo PCB, no AIC.

* A correspondência dos diplomatas ingleses no Rio de Janeiro foi pesquisada por W. Waack, op. cit.

* Para as críticas e advertências aos delírios de análise de L. C. Prestes e do PCB em relação ao "potencial revolucionário" da conjuntura: M. Vianna, op. cit.

* Para a avaliação de L. C. Prestes sobre a insurreição de Natal: LCP/1981. A respeito da dinâmica da insurreição: M. Vianna, op. cit.

* Para a correspondência entre os revolucionários brasileiros e a IC sobre a insurreição: M. Vianna, op. cit.

* Para a reunião do CC do PCB em novembro: Fundo PCB, no AIC.

* Para o desenrolar da insurreição popular em Natal: M. Vianna, op. cit.

* Para os episódios do Recife: M. Vianna, op. cit.

* Para a reunião que decidiu a insurreição no Rio de Janeiro: M. Vianna, op. cit. Para o relato de Locatelli: Fundo PCB, no AIC.

* O desmoronamento do dispositivo revolucionário está minuciosamente descrito em M. Vianna, op. cit., e W. Waack, op. cit.

8. DESCIDA AOS INFERNOS [pp. 189-220]

* As avaliações de Luís Carlos Prestes sobre o movimento revolucionário de 1935 foram extraídas de LCP/1981.

* Para as declarações de Locatelli: Fundo PCB, no AIC, e também M. Vianna, op. cit.

* Para as rotinas dos chefes revolucionários após a derrota: F. Morais, 1987. A respeito dos informantes de Prestes na polícia: LCP/1981.

* Para as quedas de Sabo e Berger: Fundo PCB, no AIC; e mais W. Waack, op. cit., e M. Vianna, op. cit.

* De volta a Moscou, Pavel Stuchevski fez um relato minucioso, manuscrito, à polícia política a respeito de sua prisão e de Sofia, e de como foram capazes de ludibriar a polícia brasileira. Cf. Fundo PCB, no AIC.

* Luís Carlos Prestes sempre tentou proteger — e ocultar — o comportamento de Ghioldi na prisão. Mas o próprio reconheceu suas falhas, o que foi comprovado pela melhor pesquisa sobre o assunto: M. Vianna, op. cit.

* Para as condições de confinamento em que se encontravam Prestes e Olga: F. Morais, op. cit., e LCP/1981.

* Para informações a respeito da "Garota", das suspeitas que se formaram a seu respeito e da decisão de sua eliminação, cf. o informe de Pavel Stuchevski, já referido.

* As cartas de Miranda podem ser consultadas em Fundo PCB, no AIC.

* Os telegramas trocados entre Olga e Moscou, via Berger, estão em Fundo PCB, no AIC. No filme a respeito de Olga, defendeu-se a tese de que Prestes e Olga teriam começado seu relacionamento amoroso na viagem marítima entre o Havre e Nova York. A hipótese não pode ser excluída, mas os referidos telegramas de junho atestam o desejo de Olga de voltar à URSS, o que lança dúvida sobre a existência, então, de uma relação amorosa romântica já estabelecida.

* As informações sobre Prestes na prisão estão em LCP/1981 e em A. L. Prestes e L. Prestes, op. cit., 2002.

* Devo a informação sobre estas correspondências a Mauro Magalhães.

* Em seus depoimentos — e também em LCP/1981, o mais fidedigno deles —, Luís Carlos Prestes demonstraria, em várias oportunidades, um insopitável asco pelo Exército.

* Nos aquivos da Internacional Comunista, em Moscou, as peripécias da campanha pela libertação de Olga, Anita e Prestes estão minuciosamente registradas. Cf. Fundo PCB, no AIC.

* Para a correspondência entre Lígia Prestes e d. Leocádia Prestes com Moscou, durante a campanha para a libertação de Olga, Anita e Luís Carlos Prestes: Fundo PCB, no AIC.

* O casamento de Olga e o fato de ela ter um filho estão documentados em sua pasta, em Fundo PCB, no AIC.

* Cf. correspondência de d. Leocádia Prestes, em Fundo PCB, no AIC.

* Para as observações de Prestes na prisão: A. L. Prestes e L. Prestes, op. cit.

* Para a denúncia de M. Buber-Neumann: M. Buber-Neumann, 1949.

* Para os acontecimentos na cadeia, salvo especificação de outras fontes: A. L. Prestes e L. Prestes, op. cit., e também LCP/1981.

* Para os sofrimentos e angústias de d. Leocádia, cf. a correspondência entre ela e Luís Carlos Prestes referente ao período 1936-43, em A. L. Prestes e L. Prestes, op. cit.

* Para as dúvidas e amarguras quanto a Sobral Pinto, cf. a correspondência entre d. Leocádia e Luís Carlos Prestes, em A. L. Prestes e L. Prestes, op. cit.

* Em seu livro autobiográfico, ilustrado por fotografias de época, Joaquim Falcão mostra

496

como os próprios comunistas, em passeatas em Salvador, portavam cartazes da Grande Aliança e do próprio Getúlio Vargas. Cf. J. Falcão, 1988.

* Para a história da reorganização do PCB na primeira metade dos anos 1940 e, em especial, a partir de 1943: E. Carone, 1982; J. Falcão, 1988; R. Chilcote, 1982; M. Magalhães, 2012; A. L. Prestes, 2001; e J. A. Segatto, 1982 e M. Vinhas, 1982.

9. NOS BRAÇOS DO POVO [pp. 221-42]

* A entrevista, concedida por José Américo a Carlos Lacerda, foi publicada no *Correio da Manhã*, na edição de 22 de fevereiro de 1945.

* Anita Prestes insiste muito neste ponto: Prestes seria um chefe político que, por inexperiência, não teria controle da "máquina" partidária. Embora a ideia tenha sido por vezes demasiadamente enfatizada, tem, sem dúvida, um grão de verdade. Cf. A. L. Prestes, 2010.

* A narrativa dos primeiros passos de Luís Carlos Prestes após ganhar a liberdade, incluindo a ida ao estádio de São Januário, encontra-se em J. Falcão, 1988. Cf. igualmente os depoimentos do próprio J. Falcão e de Armênio Guedes, colhidos pelo autor.

* Cf. E. G. Netto, 1986.

* Cf. depoimento de Armênio Guedes, que, então, o acompanhava.

* A história jocosa foi contada pela própria autora da brincadeira, Maria do Carmo Ribeiro, a futura Maria Prestes, mulher de Prestes.

* Cf. LCP/1981.

* Para os dados referentes aos eleitos para a Constituinte: S. S. Braga, 2003. Para as propostas e os debates na Constituinte: ibid., e também E. G. Netto, op. cit.

* Para os discursos de Prestes na Constituinte: S. S. Braga, op. cit.

* Para as avaliações de L. C. Prestes: LCP/1981.

* Para o debate a respeito da guerra com Rússia: S.S. Braga, op. cit.

* Para o relato de L. C. Prestes: LCP/1981.

* Para argumentos e contra-argumentos formulados nos votos proferidos no Tribunal Superior Eleitoral no julgamento da cassação de registro do PCB: L. de C. Bicalho, 1980.

10. DE VOLTA AOS SUBTERRÂNEOS [pp. 243-76]

* Os episódios envolvendo a desorganização em que se encontravam o partido e seu núcleo dirigente foram abordados em J. Falcão, 1988. Outras fontes para os episódios que se seguem: A. Barata, 1978; M. Magalhães, 2012; A. L. Prestes, op. cit., 2010. Entre os depoimentos de Prestes, cf. LCP/1981.

* Cf. J. Falcão, 1988.

* Para os discursos e embates de Luís Carlos Prestes na Assembleia, depois da cassação do registro do PCB: S.S. Braga, op. cit.

* No mesmo palanque, Prestes e Getúlio mal se cumprimentaram. Com base numa falsa

apreciação de uma fotografia do palanque, sustentou-se por muito tempo, sem embasamento, que Prestes segurara o microfone para Vargas discursar.

* Para o episódio: LCP/1981.

* Para o reconhecimento da clandestinidade imposta: LCP/1981.

* Os termos aspeados são do Manifesto de Agosto de 1950, assinado por Luís Carlos Prestes. Para a história do PCB sob o manifesto de Agosto, cf., entre outros, J. F. Ribeiro, 2011, e A. L. Prestes, op. cit., 2010, e as memórias de J. Falcão, 1988; P. Cavalcanti, 2008; O. Peralva, 1982 e A. Barata, op. cit.

* Para a "greve" na fábrica Odeon: H. Corrêa, 1994.

* Ibid.

* Para os mortos em manifestações lideradas pelo PCB: LCP/1981.

* Para as experiências de luta armada no campo, em Goiás e no Paraná: P. R. R. da Cunha, 2007, e A. Priori, 2012.

* Para as declarações de Prestes: LCP/1981.

* Para as estimativas de Vinhas: M. Vinhas, 1982.

* Para as disputas no Clube Militar, de grande repercussão nacional: N. W. Sodré, 2010.

* Para a ambivalência dos comunistas em relação à luta armada/ luta pela paz: J. F. Ribeiro, op. cit.

* Para a reviravolta da linha política de luta armada a partir da conferência operária de 1952: M. Vinhas, op. cit.

* Para a atitude de C. Marighella: M. Magalhães, 2012.

* Para as declarações de Maria Prestes, cf. entrevista ao autor.

* Os textos do PCB expressando a reviravolta a favor de uma aliança com os trabalhistas estão em E. Carone, 1982, v. 2.

* A história sobre Arruda Câmara e seu "dueto"com Stálin foi narrada por O. Peralva, em O. Peralva, 1982.

* Os principais manifestos do PCB no período, registrando as mudanças operadas, estão em E. Carone, op. cit., 1982.

* Para as frases aspeadas e as informações sobre a vida de Maria Ribeiro: Maria Prestes, 1992, e as entrevistas concedidas ao autor, em 2009 e 2013.

* Para as andanças de Arruda por Moscou e por Pequim: Peralva, 1982.

* Para o choque provocado pelo relatório, cf. as memórias dos comunistas, entre elas, O. Peralva, op. cit.; A. Barata, op. cit.; Leôncio Basbaum, 1976. Para as impressões de Prestes: LCP/1981.

* "Sinédrio", ou "sinedrim", é nome dado a um tribunal dos antigos judeus, em Jerusalém, composto de sacerdotes, anciãos e escribas, que julgava causas administrativas e criminais.

* A expressão é de O. Peralva, op. cit.

* Os debates dos comunistas foram publicados, na íntegra, pelos jornais *Voz Operária* e *Imprensa Popular*. A coleção de *Imprensa Popular* está disponível na Biblioteca Nacional, no Rio de Janeiro, de onde foram extraídas as referências aos textos mencionados em seguida.

* Para os comentários de Prestes: LCP/1981.

* A carta de Prestes foi publicada nos jornais comunistas mencionados. Foi também transcrita na obra de E. Carone, op. cit., v. 2.

II. O REENCONTRO COM A LEGALIDADE [pp. 277-98]

* Para a declaração política de 1958, amplamente publicada pela imprensa partidária da época e em separata própria: E. Carone, op. cit., v. 2.

* Para as reportagens e entrevistas publicadas pela revista *O Cruzeiro*: Denis de Moraes, 1997.

* Ibid.

* O jornal *Imprensa Popular*, editado pelo PCB no Rio de Janeiro, deu ampla cobertura à viagem de Prestes.

* Para as informações sobre Maria Prestes: M. Prestes, 1992.

* A frase está em M. Prestes, op. cit.

* Os textos do debate foram publicados na íntegra pela imprensa partidária, em especial pelo jornal diário *Imprensa Popular*.

* Para a resolução do V Congresso: E. Carone, op. cit., v. 2.

* Para os dados sobre as greves: J. Telles, 1962.

* Para as manchetes aspeadas, cf. o periódico *Imprensa Popular*.

* Para estas confidências de N. Khruschóv a L. C. Prestes, relatadas por este último: LCP/1981.

* Sobre a viagem de L. C. Prestes a Cuba: LCP/1981.

12. ENTRE REFORMA E REVOLUÇÃO [pp. 299-321]

* Para as posições de Luís Carlos Prestes e do PCB durante a crise aberta pela renúncia de Jânio Quadros: LCP/1981 e E. Carone, 1982, v. 2., pp 246-50.

* Para os trechos aspeados, cf. documentos do PCB, em E. Carone, op. cit.

* A caracterização desta "terceira vertente" está formulada, ou apenas esboçada, na memorialística sobre a época (cf., entre outros, A. Barata, op. cit.; O. Peralva, 1982; e também a bibliografia sobre o assunto). Cf. E. Carone, op. cit., e M. Vinhas, 1982, entre outros.

* As distinções entre as propostas políticas aprovadas em 1958 e 1960 nem sempre são adequadamente analisadas. Para um aprofundamento a respeito do assunto: D. Aarão Reis, 2007.

* A rigor, monopólio não existia, pois organizações anarquistas e trotskistas ofereciam-se como alternativas ao PCB. Entretanto, eram ou tornaram-se praticamente irrelevantes, sobretudo depois da Segunda Guerra Mundial.

* Na análise retrospectiva desse período, tende a predominar a avaliação de que o movimento reformista anterior a 1964 era "inofensivo", tendo sido superestimado, consciente ou inconscientemente, pelas direitas. Para o debate a respeito: D. Aarão Reis, op. cit.

* Os trechos aspeados desta nota e de notas ulteriores foram extraídos de documentos formulados pelo PCB e publicados nas páginas de *Imprensa Popular*, periódico do PCB.

* O caráter contraditório das alianças estabelecidas, sobretudo com os nacionalistas radicais, está evidenciado nos debates travados entre os comunistas que foram registrados, às vezes com minúcia, nas cadernetas de Prestes, apreendidas pela polícia política pouco depois do golpe. Disponíveis no Arquivo Público do Estado de São Paulo (Apesp).

* A partir de janeiro de 1959, surgiu um novo órgão público e legal do PCB que, pelo menos na área do Rio de Janeiro, substituiria o diário *Imprensa Popular*: o semanário *Novos Rumos*. A partir de agora, salvo indicação contrária, trechos aspeados de documentos do PCB foram extraídos desse seminário. Cf. J. Segatto, 1995, e M. Vinhas, op. cit.

* Para o relato minucioso da crise em torno da demissão do comandante Melo Bastos: P. M. Bastos, 2006.

* Cf. LCP/1981.

* Para a entrevista: *Novos Rumos* e também Dênis de Morais, 1997.

* Para a descrição desta viagem, seus aspectos pessoais e políticos: M. Prestes, op. cit.

* Cf. LCP/1981.

* A ironia da "bela" e da "fera" foi veiculada por H. Corrêa. Cf. H. Corrêa, 1994.

* Para o relato sobre o comportamento de Jango: P. M. Bastos, 1982.

* Para a metáfora do comício das lavadeiras: H. Corrêa, 1994.

* Para a análise da conjuntura quente de 1961-4: D. Aarão Reis, op. cit. Cf. igualmente o livro de Angela Castro Gomes e Jorge Ferreira, de 2014, com uma interpretação que retoma, em grande medida, a tese dos "dois demônios", formulada na Argentina, atribuindo, com pesos iguais, a responsabilidade do golpe às forças radicais, direitas e esquerdas confundidas.

13. NOVAMENTE NAS CATACUMBAS [pp. 322-49]

* Cf. Marco Antônio Tavares Coelho, 2000.

* Cf. ibid., corroborado pela entrevista concedida ao autor por Severino Teodoro de Mello, o Melinho, e também pelo depoimento do próprio Luís Carlos Prestes, LCP/1981.

* Para o diálogo entre Prestes e Teixeira: LCP/1981.

* Para o diálogo entre Prestes e Mello, cf. a entrevista concedida por este ao autor.

* Para a resolução citada: E. Carone, 1982, v. 3.

* As cadernetas podem ser consultadas no Arquivo Público do Estado de São Paulo, onde há, inclusive, uma edição parcial online.

* Para os episódios vividos por Maria Prestes: M. Prestes, op. cit., e entrevistas concedidas por ela ao autor, salvo menções expressas em sentido contrário, em referência às entrevistas concedidas pelos filhos de Maria Prestes.

* Para a discussão sobre as mentiras elaboradas contra o movimento de 1935, cf. os debates a respeito do assunto verificados na Assembleia Constituinte de 1946. Cf. o capítulo 9 deste livro.

* Para as reflexões de Mello, cf. entrevista concedida por ele ao autor. A Linha Maginot foi um conjunto de fortalezas erigido pela França para deter eventuais ofensivas alemãs num padrão assemelhado ao que acontecera na Primeira Guerra Mundial. A linha, entretanto, não cobria a fronteira da França com a Bélgica e foi por ali que avançaram os alemães — e num novo padrão, o dos exércitos mecanizados, ignorados na Primeira Guerra Mundial.

* Para a heterogeneidade dos golpistas, existe, hoje, farta bibliografia. Cf., entre outras, D. Aarão Reis, 2014, Elio Gaspari, 2014, e Flávio Tavares, 2014.

* Para a análise do IPES como vanguarda politica das direitas: R. Dreyfuss, 1981. Para a narrativa da inevitabilidade da vitória das direitas, cf. entre outros, os trabalhos de J. Ferreira, 2011, Flávio Tavares, 2014, e os depoimentos de H. Corrêa, formulados muitos anos depois do golpe (citados em J. Ferreira e A. de Castro Gomes, 2014).

* Cf. E. Gaspari, op. cit, em particular "A ditadura envergonhada", primeiro volume da obra *As ilusões armadas*, de 2014.

* A hipótese do assassinato de João Goulart, perpetrada pela Operação Condor (articulação secreta entre as polícias políticas das ditaduras chilena, argentina, brasileira e uruguaia), continua sendo sustentada por familiares do ex-presidente, morto em dezembro de 1976. Para apurar os fatos, a Comissão Nacional da Verdade determinou, em novembro de 2013, a exumação do corpo de Goulart.

* Para a trajetória de C. Marighella: M. Magalhães, 2012.

* Cf. M. Vinhas, 1982.

* Para a Resolução do Comitê Central do PCB, de maio de 1965, cf. E. Carone, 1982, v. 3. Também foi publicada no periódico *Voz Operária*, maio de 1965.

* Para a trajetória de Luís Carlos Prestes em busca de uma "terceira via" no período depois do golpe: LCP/1981. Muitos contestam a existência real dessa busca, atribuindo-a à história "retrospectiva" e/ou a um exercício seletivo da memória. No entanto, textos assinados por Prestes, em particular durante a preparação do VI Congresso do PCB, em 1967, evidenciam que suas posições conservavam certas especificidades. Elas se acentuariam ao longo do tempo.

* Cf. M. A. Coelho, 2000, e M. Vinhas, 1982.

* Cf. entrevista com Severino Teodoro de Mello, 2012.

* Para a ideia de uma "utopia do impasse": D. Aarão Reis, 1991. De alguma forma, diversos autores, de distintos ângulos, sustentavam que o país se encontrava num "beco sem saída". Cf., entre outros, Celso Furtado, Octavio Ianni, Caio Prado Jr., Ruy Mauro Marini e Teotônio dos Santos.

* Cf. entrevistas de Armênio Guedes ao autor, em 30 de julho de 2009 e em 19 de abril de 2013.

* Os textos de Luís Carlos Prestes foram publicados em números sucessivos da *Voz Operária*, nos meses que precederam o congresso. Cf. igualmente LCP/1981.

* Cf. LCP/1981.

* Cf. LCP/1981 e as entrevistas já citadas de Severino Teodoro de Mello, 2012.

* Cf. A. L. Prestes, 2012.

* Para as peripécias familiares, cf. as entrevistas dos filhos de Maria Prestes, em especial as de Paulo Ribeiro, concedidas ao autor em 6 de agosto de 2009 e complementadas em 20 de novembro de 2013, e a de Ermelinda Prestes, concedida em 30 de janeiro de 2011. Também devem ser consideradas as entrevistas de Zoia Ribeiro Prestes e Mariana Prestes, concedidas ao autor em 13 de agosto de 2009 e em 29 de julho de 2009, respectivamente.

* Para as informações e avaliações de Maria Prestes, cf. M. Prestes, op. cit., e as entrevistas concedidas por ela ao autor em 23 de julho de 2009 e em 8 de novembro de 2013.

* Para as afirmações de Anita Prestes: A. L. Prestes, op. cit., 2012.

* Há controvérsias sobre essas questões. Armênio Guedes, por exemplo, questiona sequer a existência desta "terceira via" prestista. Para ele, trata-se de uma operação memorialística, vinculada à "história retrospectiva". Cf. entrevistas de Armênio Guedes, concedidas em em 30 de julho de 2009 e em 19 de abril de 2013. No mesmo sentido vão os depoimentos de Givaldo Siqueira e de Marco Antônio Coelho. Entrevistas concedidas ao autor em 10 de junho de 2009 e em 7 de abril de 2011, respectivamente. Sustento, no entanto, que há numerosas evidências dessa "terceira via", buscada por L. C. Prestes, mesmo antes de seu encontro com A. Prestes nos anos 1970. A partir daí, é fato que esse empreendimento se consolidou política e teoricamente.

* Em Moscou, no exílio, por delegação de Prestes, Hércules Corrêa elaborou uma espécie de "quedograma", esclarecendo grande parte das prisões de militantes e dirigentes do PCB efetuadas pela polícia política.

* Sobre o cerco a Armênio Guedes, cf. entrevista concedida ao autor, já citada.

* Cf. J. Falcão, 1993.

* Para as críticas a LCP: M. Prestes, op. cit.

* Para as resoluções partidárias citadas: E. Carone, 1982, v. 3.

* Cf. A. L. Prestes, op. cit., 2012.

* Para as resoluções partidárias, com extratos aspeados: E. Carone, 1982, v. 3. As resoluções eram publicadas na *Voz Operária*, distribuída clandestinamente.

* Tais propósitos foram reafirmados em LCP/1981.

* Cf. LCP/1981.

* O escândalo do agente Carlos viria à luz em 1972. Cf. capítulo 14.

14. O TERCEIRO EXÍLIO I: O FUNDO DO POÇO [pp. 350-86]

* Cf. entrevista de Mariana Prestes, concedida em 29 de julho de 2009.

* As declarações aspeadas de Maria Prestes fazem referência a sua autobiografia, 1992.

* Cf. entrevista de Ermelinda, concedida em 30 de janeiro de 2011.

* Cf. entrevista de Zoia Prestes, concedida em 13 de agosto de 2009.

* Cf. entrevista de Paulo Ribeiro, concedida em 6 de agosto de 2009.

* Para informações e avaliações atribuídas a Maria: M. Prestes, 1992.

* Para as opiniões de L. C. Prestes: LCP/1981.

* O texto foi publicado em E. Carone, 1982, v. 3.

* Cf. A. L. Prestes, op. cit., 2012.

* Cf. entrevista com Armênio Guedes, irmão de Célio, concedida em 30 de julho de 2009.

* Cf. *Jornal do Brasil*, de 3 de dezembro de 1972. A edição da *Veja* da primeira semana de dezembro também se referiria ao assunto, mas numa escala menor.

* Cf. entrevista de Severino Teodoro de Mello, concedida em 6 de agosto de 2012.

* Cf. entrevista de Marly Vianna, concedida em 14 de abril de 2010.

* As conclusões de Hércules Corrêa seriam divulgadas através de um texto antológico, "Que merda é esta?", no qual discorre sobre o "quedograma" do PCB.

* O texto, de julho de 1973, está em E. Carone, 1982, v. 3.

* Cf. A. L. Prestes, op. cit, p. 212.

* Para as avaliações de G. Dias: J. Falcão, 1993.

* Para a referida resolução do PCB: E. Carone, 1982, v. 3.

* As entrevistas já citadas de Armênio Guedes e Severino Teodoro de Mello confirmam essa versão.

* Cf. entrevista já citada de Marly Vianna.

* Para a avaliação do PCB, cf. E. Carone, 1982, v. 3.

* Elio Gaspari, trabalhando com os arquivos de Golbery Couto e Silva e Heitor Aquino Ferreira, encontrou documentos do SNI que detectaram, antes das eleições, uma importante "virada" da opinião pública a favor do MDB. Cf. Elio Gaspari, 2014, v. 3.

* Para o texto do PCB: E. Carone, 1982, v. 3.

* Cf. o livro de memórias de Marco Antônio Coelho, 2000, confirmado por sua entrevista, concedida em 7 de abril de 2011.

* Cf. entrevista já citada de Severino Teodoro de Mello.

* Em sua obra, já mencionada, Elio Gaspari, em particular no terceiro e quarto volumes, evidencia as pressões da ultradireita — a chamada "tigrada" — contra os avanços do processo de "abertura lenta, segura e gradual".

* As informações sobre a criação desta comissão coordenadora foram confirmadas pelas entrevistas de Severino Teodoro de Mello e Givaldo Siqueira concedidas ao autor.

* As informações relativas a essa primeira reunião de reorganização do PCB no exterior foram extraídas de gravações (fitas cassetes) entregues ao autor. Devidamente transcritas, serão doadas ao Laboratório de História Oral e Iconografia da Universidade Federal Fluminense (LABHOI-UFF).

15. O TERCEIRO EXÍLIO II: A RECONSTRUÇÃO [pp. 387-417]

* A operação de retirada de G. Dias do Brasil está detalhada em J. Falcão, 1993, confirmada por depoimentos de J. Salles ao autor, em 2012.

* Para o recomeço e as modalidades do relançamento da *Voz Operária*, cf. depoimento de A. Guedes ao autor, em 2009.

* Para a resolução do PCB: Carone, 1982, v. 3.

* Através da chamada "Lei Falcão" (do nome do então ministro da Justiça do governo Geisel, Armando Falcão), reduziram-se drasticamente as margens da propaganda eleitoral gratuita nos veículos de comunicação. Debates, críticas, tomadas externas, entrevistas, tudo foi proibido, restando apenas a divulgação de nomes, currículos e propostas. Desapareceu, assim, um dos grandes meios de divulgação que haviam servido ao MDB nas eleições vitoriosas de 1974.

* Para as avaliações sobre as ações de Prestes e de Anita, cf. depoimento de Severino Teodoro de Mello, 2012. Confirmadas pelos depoimentos de A. Guedes e de G. Siqueira, ambos em 2009.

* Cf. João Falcão, 1993, e, ainda, depoimento de Zuleika Alambert, concedido em 2010.

* Para as resoluções do PCB e para as avaliações de Anita Prestes, cf. A. L. Prestes, 2012.

* Cf. depoimentos de Marly Vianna, 2010 e 2013. Em seus depoimentos, em 2012, J. Salles admitiu que manteve sempre laços de confiança e amizade com Giocondo Dias.

* Para as notícias e avaliações veiculadas pela *Voz Operária*: E. Carone, 1982, v. 3.

* Para o documento assinado por Prestes: A. L. Prestes, 2012.

* Para a evolução do Comitê Central no exílio: A. L. Prestes, op. cit., 2012, e os já citados depoimentos de J. Salles, Armênio Guedes, Severino Teodoro de Mello e Givaldo Siqueira, concedidos em 2012, 2009, 2012 e 2009, respectivamente.

* Para estas viagens políticas: A. L. Prestes, 2012.

* As informações a respeito do affaire Victoria Manovski foram extraídas de fitas cassete gravadas, que, devidamente transcritas, serão doadas pelo autor ao Laboratório de História Oral da Universidade Federal Fluminense (LABHOI-UFF).

* O relato minucioso de Fratti está nas supracitadas fitas gravadas. O mesmo para todos os desdobramentos do affaire. As declarações aspeadas foram extraídas das fitas.

* Cf. depoimento de Severino Teodoro de Mello, concedido em 2012.

16. O RACHA [pp. 418-39]

* Para a festa de Ano-Novo em Moscou, a respeito dos filhos de Prestes e Maria, cf. os depoimentos de Yuri Ribeiro e Zoia Ribeiro Prestes, concedidos em 2008 e 2009.

* Para as viagens de férias, na URSS e fora dela, cf. M. Prestes, op. cit., relato que foi complementado pelos depoimentos dos filhos, já citados.

* Para o conjunto musical, cf. depoimentos de Yuri Ribeiro e Mariana Prestes, já mencionados.

* Cf. o depoimento de Cristina Dunaeva, concedido, por Skype, em 2013.

* Cf. fotografias familiares e o filme *O velho: A história de Luís Carlos Prestes*, de Toni Venturi, 1997.

* Cf. *Voz Operária*, março de 1979.

* Cf. depoimentos concedidos por J. Salles, 2012.

* Cf. *Voz Operária*, abril de 1979. Referências podem também ser encontradas em A. L. Prestes, op. cit., 2012.

* Para o artigo: A. Prestes, 2012.

* Cf. J. Falcão, 1993.

* Cf. depoimento concedido por Armênio Guedes, já citado.

* Cf. o filme de Toni Venturi, já citado, que traz sequências das filmagens realizadas pelo filho, Luís Carlos, no momento da partida de Prestes e de Maria a Moscou.

* A chegada de Prestes ao Brasil foi amplamente noticiada pela grande imprensa. O filme de Toni Venturi retratou vários dos momentos da recepção ao líder comunista, incluindo a presença de dirigentes do CC.

* Cf. *Jornal do Brasil*, 24 de outubro de 1979.

* Para as escaramuças entre Prestes e os demais dirigentes do CC até o rompimento definitivo: A. L. Prestes, 2012.

* Cf. *Jornal do Brasil*, 3 de fevereiro de 1980. A entrevista está parcialmente transcrita em E. Carone, v. 3.

* A "Carta aos comunistas" foi extensamente divulgada na imprensa e em separata própria, amplamente distribuída pelos partidários de Prestes. Para extratos, cf. E. Carone, v. 3.

* Para o relato da passagem de Prestes por Moscou, em 1980, cf. M. Prestes, 1993, e depoimentos concedidos ao autor, já mencionados.

17. DA LARVA, A BORBOLETA [pp. 440-81]

* Sobre a iniciativa, cf. A. L. Prestes, 2012. "Ecos à carta de Prestes" referia-se à carta aos brasileiros, publicada em março de 1980.

* Em grande medida, retomava-se o procedimento da formação do PCdoB, também autoidentificado, em 1961, como uma "refundação".

504

* Cf. depoimento de Tarcísio Leitão, concedido ao autor em 2011.

* Cf. Paulo Cavalcanti, 2008, v. 3, e João Falcão, 1993.

* Cf. sequência no filme de Toni Venturi, de 1997.

* Para um estudo da trajetória dos prestistas: Izabel Cristina Gomes da Costa, 2009.

* Para o texto, cf. Anita Prestes, 2012.

* A corrente "chaguista" deve o nome a seu líder, Chagas Freitas, deputado pelo MDB, mas notório colaborador da ditadura enquanto ela durou.

* Para o texto de apoio à candidatura de Leonel Brizola: A. L. Prestes, 2012.

* Para o texto da carta: A. L. Prestes, op. cit.

* Para a campanha das Diretas Já: Alberto Tosi Rodrigues, 2003.

* Para o episódio, cf. o depoimento de Armênio Guedes, 2009.

* Para o episódio, cf. os depoimentos de Maria do Carmo e Mônica Valéria de Holanda Cavalcanti, concedidos ao autor em 2009.

* Cf. M. Prestes, 1992.

* Cf. A. L. Prestes, 2012.

* Para extratos do discurso de Edmundo Muniz: A. L. Prestes, 2012.

* Cf. depoimento de Ermelinda Prestes, concedido em 2011.

* Cf. depoimentos de Teresa Cartaxo e Martine Kunz, concedidos ao autor em 2011.

* Cf. depoimento já citado de Martine Kunz, 2011.

* Cf. depoimentos de Paulo Ribeiro, concedidos ao autor em 2009 e 2013.

* Cf. depoimento de Yuri Ribeiro, concedido ao autor em 2008.

* Para os episódios relativos ao funeral: *Jornal do Brasil* e *O Globo*, 8 de março de 1990.

* Para o episódio, cf. depoimento de Teresa Cartaxo, 2011.

* Para a metáfora e o comentário maldoso de Hércules Corrêa: M. Prestes, 1992.

ENTRE A VIDA E A LENDA — À GUISA DE POSFÁCIO [pp. 482-5]

* Sobre o episódio concordam os depoimentos de Paulo Ribeiro e Maria Prestes, concedidos em 2009 e 2013, respectivamente.

Fontes

ARQUIVOS

Arquivo do Ministério do Exército (AME — RJ)
Arquivo Público do Estado do Rio de Janeiro (Aperj)
Arquivo Público do Estado de São Paulo (Apesp)
Arquivo Público de Brasília (APBR — DF)
Arquivo Edgard Leuenroth (AEL), Fundo Luiz Carlos Prestes e Fundo Miguel Costa, Universidade Estadual de Campinas
Arquivo Paulo Cavalcanti (APC — CE), Instituto Joaquim Nabuco
Arquivo do Movimento Operário do Rio de Janeiro (Amorj), Fundo Eloísa Prestes
Arquivos da Internacional Comunista [Komintern] (AIC — Moscou, Rússia), Fundo PCB
Biblioteca Nacional (BN)
National Archives (NAW — Washington, DC, Estados Unidos)
Instituto Luiz Carlos Prestes: <www.ilcp.org.br>
Correspondência familiar: Arquivo privado de Luiz Carlos Felizardo

PUBLICAÇÕES PERIÓDICAS

Diário Oficial da União
Jornal do Brasil
O Estado de S. Paulo
Veja

Realidade

A Nação

Voz Operária

Tribuna Popular

Imprensa Popular

Revista *Problemas* (PCB)

ENTREVISTAS DE PARENTES, AMIGOS, COMPANHEIROS DE MILITÂNCIA

Anita Batista Cavalcanti: Concedida em Recife, em 8 dez. 2009.

Antonio João Ribeiro Prestes: Concedida por Skype, de Curitiba, em 29 out. 2013.

Armênio Guedes: Concedida em São Paulo, em 30 jul. 2009. Complementada em 19 abr. 2013, em São Paulo.

Cristina Dunaeva: Concedida por Skype, de Crateús, em 10 abr. 2013.

Dyonisa Brandão Rocha: Concedida no Rio de Janeiro, em 9 out. 2008.

Elena Vladimirovna Dunaev: Concedida em Moscou, em 25 fev. 2009.

Ermelinda Prestes: Concedida em Goiânia, em 30 jan. 2011.

Geraldo Cavagnari Filho: Concedida em Campinas, em 6 maio 2009.

Givaldo Siqueira: Concedida no Rio de Janeiro, em 10 jun. 2009.

Jacob Gorender: Concedida em São Paulo, em 5 ago. 2009.

João Falcão: Concedida em Salvador, em 27 nov. 2009.

José Façanha: Concedida em Morro dos Navegantes, em 12 jan. 2011.

José Salles: Concedida em São Paulo, em 29 ago. 2012. Complementada em 11 set. 2012, no Rio de Janeiro, e em 28 set. 2012, em São Paulo.

Leandro Konder: Concedida no Rio de Janeiro, em 5 abr. 2010.

Leo Lince: Concedida no Rio de Janeiro, em 28 ago. 2012.

Leôncio Martins Rodrigues: Concedida em São Paulo, em 7 maio 2009.

Luis Carlos Felizardo: Concedida em Porto Alegre, em 9 nov. 2013.

Marco Antonio Coelho: Concedida em São Paulo, em 7 abr. 2011.

Maria do Carmo de Holanda Cavalcanti: Concedida em Recife, em 8 dez. 2009.

Maria do Socorro Barbosa: Concedida em Recife, em 9 dez. 2009.

Maria Prestes: Concedida no Rio de Janeiro, em 23 jul. 2009. Complementada também no Rio de Janeiro, em 8 nov. 2013.

Mariana Prestes: Concedida em Santos, em 29 jul. 2009.

Marly Viana: Concedida no Rio de Janeiro, em 14 abr. 2010. Complementada também no Rio de Janeiro, em 4 nov. 2013.

Martine Kunz: Concedida em Fortaleza, em 6 fev. 2011.

Mônica Valéria de Holanda Cavalcanti: Concedida em Recife, em 8 dez. 2009.

Paulo Antonio Gomes Dantas: Concedida em Recife, em 9 dez. 2009.

Paulo de Mello Bastos: Concedida no Rio de Janeiro, em 27 set. 2010.

Paulo Ribeiro: Concedida no Rio de Janeiro, em 6 ago. 2009. Complementada em São Paulo, em 20 nov. 2013.

Pedro Castro: Concedida no Rio de Janeiro, em 4 dez. 2009.

Roberto Arrais: Concedida em Recife, em 9 dez. 2009.

Rosa Ribeiro Prestes: Concedida no Rio de Janeiro, em 11 abr. 2013.

Severino Teodoro de Melo: Concedida no Rio de Janeiro, em 6 ago. 2012.

Tarcísio Leitão: Concedida em Fortaleza, em 7 fev. 2011.

Tereza Cartaxo: Concedida em Fortaleza, em 6 fev. 2011.

Yuri Ribeiro: Concedida no Rio de Janeiro, em 18 nov. 2008.

Zoia Ribeiro Prestes: Concedida no Rio de Janeiro, em 13 ago. 2009.

Zuleika Alembert: Concedida no Rio de Janeiro, em 22 abr. 2010.

REFERÊNCIAS PARA PENSAR A VIDA DE LUÍS CARLOS PRESTES

Aproximar-se da trajetória de uma pessoa que, como Prestes, viveu 92 anos, em diferentes conjunturas, quase sempre muito intensas, em diversos países, suscitando sentimentos e paixões contraditórios, é uma aventura árdua e complexa, sobretudo porque uma parte considerável de sua existência se fez — e se desfez — à sombra da clandestinidade e da prisão. A tarefa ainda se complica pelo fato de que não existe, até hoje, nenhuma biografia ou algo que se assemelhe a um relato articulado sobre o conjunto de sua trajetória.

Assim, minhas sugestões para quem desejar pensar a respeito da vida de Luís Carlos Prestes vão formuladas em círculos concêntricos, do mais particular para o geral.

Começo com as entrevistas ou falas do próprio Luís Carlos Prestes. Algumas delas, publicadas. Outras, já transcritas, ainda guardadas em arquivos privados. E ainda há os registros audiovisuais — no YouTube ou gravados à espera de transcrição — e também as fés de ofício, depositadas no Arquivo do Exército no Rio de Janeiro. Destaco neste primeiro círculo o seguinte:

Fé de Oficio de Antonio Pereira Prestes e de Luís Carlos Prestes, no Arquivo do Ministério do Exército no Rio de Janeiro.

Entrevista de Luís Carlos Prestes concedida a Marly de A. G. Vianna, Ramón Peña Castro e Anita Prestes, a partir de jul. 1981.

Prestes: Lutas e autocríticas, organizado por Dênis de Moraes e Francisco Viana: edição comemorativa (revista e atualizada) do centenário de nascimento de Luís Carlos Prestes (Rio de Janeiro: Mauad, 1997). (Primeira edição em 1982, Petrópolis: Vozes.)

Prestes com a palavra, de Dênis de Moraes: uma seleção das principais entrevistas do líder comunista (Campo Grande, Letra Livre, 1997).

Intervenções de Luís Carlos Prestes proferidas nas reuniões do Comitê Central do PCB, realizadas em Moscou, em dezembro de 1976, e em Praga, em janeiro e fevereiro de 1979. Fitas gravadas, doadas por Yuri Ribeiro, e transcritas por Daniel Aarão Reis. Serão doadas ao Laboratório de História Oral e Iconografia (LABHOI), do Departamento de História da Universidade Federal Fluminense.

Luís Carlos Prestes em entrevista a Edgard Carone (24-5 mar. 1982): *Novos Rumos*, revista trimestral, ano 15, n. 33, 2000.

Prestes hoje, de Luís Carlos Prestes (Rio de Janeiro, Codecri, 1983).

Correspondência de prisão (1936-45), organizada por Anita Leocádia Prestes e Lygia Prestes:

Anos Tormentosos: Luiz Carlos Prestes (Rio de Janeiro, Paz e Terra; Arquivo Público do Estado do Rio de Janeiro, 2000-2, 3 v.).

Luiz Carlos Prestes: O constituinte, o senador (1946-1948), organizado por Sérgio Soares Braga (Brasília, Edições do Senado Federal, 2003, v. 10).

O velho: A história de Luiz Carlos Prestes: um filme de Toni Venturi (Funarte, Decine, CTAV, 1997).

Entrevista de Luís Carlos Prestes ao Programa Roda Viva, no YouTube: "Roda Viva entrevista Luiz Carlos Prestes" (1986, 11 partes).

Entrevista de Luís Carlos Prestes ao Programa do Jô Soares, no YouTube: "Luiz Carlos Prestes no Jô Soares" (1988, 2 partes).

Entrevista de Luís Carlos Prestes, no YouTube: "Programa Ferreira Neto entrevista Luiz Carlos Prestes" (TV Record, 1989).

Num segundo círculo, depoimentos ou escritos de Luís Carlos Prestes, editados separadamente ou transcritos, no todo ou em parte, em pesquisas realizadas sobre ele ou sobre o tempo em que viveu. Merecem destaque:

Luís Carlos Prestes, *Problemas atuais da democracia* (Rio de Janeiro, Vitória, [s.d.]).

_____. "Como enfrentar os problemas da revolução agrária e anti-imperialista" (*Problemas*, n. 8, abr. 1948).

_____. "Prestes aponta aos brasileiros o caminho da libertação" (*Problemas*, n. 29, ago.-set. 1950).

_____. "Comunistas e trabalhistas ombro a ombro na luta contra o inimigo comum" (*Voz Operária*, 2 out. 1954).

_____. "Informe de balanço do Comitê Central do Partido Comunista do Brasil" (*Problemas*, n. 64, dez. 1954-fev. 1955).

_____. "Carta de Luiz Carlos Prestes ao CC do PCB sobre o debate político, novembro de 1956" (*Voz Operária*, 24 nov. 1956).

_____. "Os comunistas e os entendimentos políticos" (*Novos Rumos*, 6-12 mar. 1964).

_____. "Entrevista com Luiz Carlos Prestes" (*Realidade*, ano III, n. 33, dez. 1968).

_____. "A luta revolucionária dos comunistas brasileiros" (*Voz Operária*, n 87, maio 1972).

_____. "Carta ao Partido" (Voz Operária, n. 138, set. 1977).

_____. "Carta aos brasileiros: Março de 1980", em Edgard Carone, *O PCB: 1922-1982* (São Paulo, Rio de Janeiro, Difel, 1982, v. 3).

A coletânea mais importante de textos de Luís Carlos Prestes e do Partido Comunista foi produzida por Edgard Carone (1982, 3 v.). A leitura, embora árida, é indispensável para compreender a trajetória do líder comunista.

Neste círculo também se incluem os livros publicados por Anita Leocádia Prestes. Estudando a vida e o pensamento políticos do pai, dialoga com textos ou relatos do mesmo e transcreve extratos de documentos, da correspondência e de entrevistas de Luís Carlos Prestes. Além da já referida coletânea de cartas da prisão (A. L. Prestes e L. Prestes, 2002), devem ser considerados seus estudos sobre a Grande Marcha (A. L. Prestes, 2009), o episódio da Aliança Nacional Libertadora (A. L. Prestes, 1998), a conjuntura seguinte, do Estado Novo (A. L. Prestes, 2001), o golpe de estado que derrubou Vargas, em outubro de 1945 (A. L. Prestes, 2001), o período que se estende de 1945 a 1958 (A. L. Prestes, 2010) e, finalmente, a trajetória de Prestes entre 1958 e sua morte, em 1990 (A. L. Prestes, 2012). Textos incontornáveis, expressão de uma pesquisa rigorosa; pecam, no entanto, por um viés defensivo, glorificante e retrospectivo.

É de se mencionar igualmente o livro autobiográfico de Maria Prestes (M. Prestes, 1992), com importantes referências para a compreensão da vida familiar e do exílio em Moscou, nos anos 1970.

Complementam este segundo círculo as entrevistas de familiares, amigos ou companheiros de Prestes, referidas acima, e que serão repassadas ao Laboratório de História Oral da Universidade Federal Fluminense.

Num terceiro círculo, devem ser considerados depoimentos ou autobiografias de companheiros de Prestes e biografias produzidas por estudiosos a respeito dos mesmos, desde a Longa Marcha e/ou seus antecedentes imediatos até os que acompanharam fases de sua vida já como comunista. Como o leque é vasto e se abre amplamente, impõe-se uma seleção.

Entre os companheiros da saga tenentista, que se estendeu de 1922 a 1931, destaca-se o texto seminal de Lourenço Moreira Lima sobre a Grande Marcha e seus antecedentes imediatos. A edição original é uma preciosidade, mas há uma outra mais recente (L. Lima, 1979). Ele foi o cronista por excelência daquela aventura, tanto mais acurado quanto pouco duvidado. Em complemento, entre muitos outros, os relatos de Í. Landucci (1952), J. Cabanas (J. Cabanas, [s.d.]), João Alberto (J. A. L. Barros, 1997), o arquivo de Miguel Costa no AEL, e os depoimentos de Cordeiro de Farias (A. Camargo e W. Góes, 1981), Juracy Magalhães (J. A. Gueiros, 1996) e Amaral Peixoto (A. Camargo et allii, 1986), além da autobiografia de Juarez Távora (J. Távora, 1974-6, 3 v.). Tais textos, confrontados com o depoimento minucioso de Prestes à Anita Prestes (2009), permitem tornar mais complexo um processo que, de outro modo, pode ser visto de modo unilateral ou simplificado, como é próprio do feitio dos exercícios memorialísticos, orais ou escritos que, por sua força testemunhal ("meninos, eu vi") acabam condicionando a historiografia.

Dos camaradas do partido comunista, autobiografias e biografias também são numerosas. Entre as primeiras, L. Basbaum (1976), Graciliano Ramos (1986), Agildo Barata (1978), Osvaldo Peralva (1982), Gregório Bezerra, 1979 (2 v.), Hércules Corrêa (1994), João Falcão (1998), Paulo Cavalcanti (1998), Marco Antonio Coelho (2000). Em todas elas, ângulos singulares: um Prestes diferente, às vezes simplificado. Reunindo-as, em contraste, o personagem pode surgir em sua complexidade.

Quanto às biografias, em particular as voltadas para militantes que estiveram muito próximos de Prestes, foram importantes para o presente trabalho a de Olga, sua primeira mulher (F. Morais, 1986), a de Giocondo Dias (J. Falcão, 1993), a de Armênio Guedes (R. Santos, 2012) — mais sobre o pensamento político do dirigente do que uma biografia — e a de Carlos Marighella (M. Magalhães, 2012). Ao falar dos biografados, referem-se também a Luís Carlos Prestes, sugerindo novos olhares.

Jorge Amado, que também escreveu uma elegia a Prestes, é mais uma fonte sobre como o personagem era avaliado por seus companheiros na época (anos 1940) do que propriamente uma biografia *comme il faut*. Narração equivalente foi escrita — mas nunca publicada — por Jacob Gorender, que, certamente, não gostaria, vivo fosse, de se lembrar dessa "obra". Estava no Fundo do PCB na Fundação Feltrinelli, em Milão, e veio integrar o Arquivo da Unesp, em São Paulo. Não pude consultá-la, pois os arquivos brasileiros têm um hábito: às vezes fecham, e por longos períodos.

Passamos, assim, a um quarto círculo, dos estudos relativos ao Movimento Tenentista e ao Partido Comunista, estruturas de sociabilidade básicas na trajetória de Luís Carlos Prestes.

Entre os estudos a respeito do Tenentismo e da Grande Marcha, destacam-se a coletânea organizada por E. Carone (1975), o estudo de N. W. Sodré (1976) sobre a Grande Marcha, a análise acadêmica de N. Macaulay (1977) sobre o mesmo assunto, os trabalhos de J. Drummond sobre o tenentismo (1986) e sobre a Grande Marcha (1991), o de A. Correa a respeito da rebelião de 1924 e o de D. Meirelles (2002), que entrelaça a análise da Grande Marcha a partir da insurreição paulistana. Por último, a original abordagem de F. Cascardo (2005) sobre o movimento na Marinha, raramente abordado.

Luís Carlos Prestes aparece em todos os textos na sua estatura de grande líder, embora os subsídios provenientes desses trabalhos possam favorecer questionamentos a certos mitos que a memória construiu em detrimento do conhecimento histórico.

Em relação à história do Partido Comunista, a seleção é bem mais ampla, dedicando-se diferentes autores a estudar seu objeto em variadas conjunturas ou períodos históricos. Diga-se, de início, que há muito material nos arquivos públicos citados, do Brasil e de outros países — em especial no da Internacional Comunista, no qual o arquivo do PCB é um dos únicos que está inteiramente digitalizado. Infelizmente, os fundos do Comitê Central do PCUS, abertos nos anos 1990, foram recentemente fechados e assim permanecem, pelo menos para o comum dos mortais. Quando e se forem novamente franqueados, é provável que daí venham informações e pistas que possam renovar, ao menos em parte, o estudo que nos ocupa.

Entre os textos a respeito da trajetória do partido, destacamos, numa safra anterior, sem muitos recursos de pesquisa, os de Abguar Bastos (1946, 1969 e 1973), Jover Telles (1962) e Caio Prado Jr. (1966). Na época da ditadura, a respeito do partido e de outros campos, apareceram, *et pour cause*, estudos de *brazilianists*, vistos na época com desconfiança por círculos de esquerda: os de J. Dulles (1977), Stanley Hilton (1977) e R. Chilcote (1982). O rigor na pesquisa de fontes e o empirismo característico suscitaram estranheza e atenção.

Pouco depois do fim da ditadura mais recente, no começo dos anos 1980, emergiu no interior da Associação Nacional de Pós-Graduação em Ciências Sociais (Anpocs), coordenado por Marco Aurélio Garcia, o Grupo de Trabalho (GT) Partidos e Movimentos de Esquerda, que suscitava muito interesse. Enquanto durou, o grupo apresentou uma grande produtividade, o que não impediu sua exclusão da Anpocs, embora nunca não tenham sido apresentados, por serem inexistentes, os critérios acadêmicos que fundamentaram tão rasa discriminação. Os debates no interior do GT levaram João Quartim de Moraes, sucessor de Marco Aurélio Garcia na coordenação do GT, a promover um encontro a fim de que fossem definidas as bases de uma história do marxismo no Brasil, permitindo que se avaliassem os impactos das teorias revolucionárias no país, as elaborações teóricas brasileiras e, finalmente, a história das organizações e partidos marxistas. Registre-se a participação especial de Carlos Nelson Coutinho na elaboração do projeto, injustamente falecido em 2012. Graças à persistência e à liderança de João Quartim, o projeto tomou corpo e foi, depois de muitos contratempos, acolhido pela Editora da Universidade Estadual de Campinas (Unicamp). A obra, em seis volumes, organizada também por D. Aarão Reis, M. Ridenti e M. del Roio (2007), reuniu dezenas de autores e ofereceu, em amplo painel, a trajetória do pensamento marxista no Brasil — incluindo, evidentemente, mas não apenas, pensadores comunistas, militantes ou não do PCB.

Desde o início dos anos 1980, publicações memorialísticas e historiográficas tiveram boa recepção pelo público e pela fortuna de crítica. Apareceram análises do PCB na conjuntura do imediato pós-Segunda Guerra Mundial: A. Spindel (1980) e F. Weffort (1980) — antecedido por um artigo seminal, de 1973, em que prevalecia um forte viés crítico à política adotada pelo PCB. Pouco depois, em comemoração aos sessenta anos do velho partido, surgiram os estudos de M. Vinhas (1982), com publicação de documentos e dados inéditos, em particular a respeito da imprensa comunista, e de J. Segatto e outros (1982), uma excelente história em imagens, mais expressiva do que muitas histórias escritas.

O cinquentenário da insurreição de 1935 foi homenageado por uma coletânea organizada por D. Canale e outros (1985), e, dois anos mais tarde, Nelson Werneck Sodré retomaria o assunto (N. V. Sodré, 1987). No mesmo ano surge o extraordinário trabalho de J. Gorender (1987), fruto de extensa pesquisa não apenas da história do PCB, mas do conjunto das esquerdas, tomando como ponto de partida o golpe de 1964 e seus antecedentes imediatos, com demolidora crítica a Prestes e aos dirigentes que não optaram pela luta armada contra a ditadura. Ainda nos anos 1980, pela originalidade, fica a menção ao livro de E. Netto (1986) sobre os parlamentares comunistas no contexto da Assembleia Constituinte de 1946.

Os anos 1990 iriam acolher trabalhos, feitos ou não por acadêmicos profissionais, mas animados pelos propósitos comuns de rigor com as fontes, formulação de questões e hipóteses e desconfiança em relação ao ensaísmo destituído de fundamentação empírica.

Entre muitos outros, destacaram-se as obras de P. S. Pinheiro (1991), M. Vianna (1992) e W. Waack (1993), todos sobre a insurreição comunista de 1935, com grande fortuna crítica, especialmente o segundo, em razão das polêmicas que suscitou, embora menos crítico e fundamentado que o trabalho de Marly Vianna. A essa década pertencem também os trabalhos de D. Aarão Reis (1991) e de Marcelo Ridenti (1993), sobre os comunistas nos anos 1960, e de G. Brandão (1997), sobre as grandes tendências que marcaram a trajetória do Partido, sem falar na obra de Anita Prestes, já citada em outro círculo, mas que pode ser igualmente inserida neste.

A partir do início do novo século, começam a se multiplicar textos de jovens pós-graduados que não tiveram vivência social na militância partidária, mas nem por isso foram menos capazes de formular questões pertinentes. Os exemplos são numerosos, mas menções devem ser feitas aos trabalhos de J. Fernandes (2011), de I. Costa (2009) e de A. Priori (2012).

Quanto aos veteranos, continuam em atividade, como demonstram as coletâneas organizadas por A. Mazzeo e M. Lagoa (2003), J. Ferreira e D. Aarão Reis (2007) — esta mais abrangente, contemplando as diferentes tendências das esquerdas brasileiras, desde o início da República —, A. Buonicore e J. C. Ruy (2010) — reunindo inúmeros pesquisadores —, o pequeno mas excelente trabalho de R. Santos (2010) e a apurada reedição da história militar de N. W. Sodré (2010), narrando e pensando uma época em que as Forças Armadas brasileiras, e o Exército em particular, eram plurais e ainda não hegemonizados pela estreita e reacionária doutrina da segurança nacional.

Finalmente, para concluir este abreviadíssimo sumário, convém não esquecer o "olhar" da polícia política, presente, entre outros, no vetusto mas atual relatório do delegado B. Porto (1936) e nas páginas do volumoso IPM 709 (1966-7), comandado pelo coronel Ferdinando de Carvalho.

Luís Carlos Prestes e o PCB evoluíram em contextos sociais e históricos determinados, nacionais e internacionais. Mesmo que se aceite a perspectiva gramsciana de que uma biografia deve ser a monografia de sua época, não caberia aqui estabelecer fontes e bibliografia para estudar a história do Brasil e do Movimento Comunista Internacional (MCI).

No entanto, à guisa de brevíssimas indicações, pensando num quinto círculo, que abrange o Brasil, o Movimento Comunista Internacional e a União Soviética, sugiro a leitura da obra *História do Brasil Nação: 1808-2010*, coordenada por Lilia Moritz Schwarcz, em particular os volumes 3 (org. de L. M. Schwarcz, 2012), 4 (org. de A. Gomes, 2013) e 5 (org. de D. Aarão Reis, 2014). Os três volumes citados reúnem quinze autores que tentaram formular questões antenadas com o que as pesquisas mais recentes têm produzido em nosso país.

Também são referências importantes as grandes coletâneas de fontes organizadas por E. Carone (1971-9) e H. Silva (1965-75), além da já clássica *História Geral da Civilização Brasileira* (*HGCB*), organizada por B. Fausto (1976-83), em especial o tomo III, com seus respectivos volumes.

Do ponto de vista do comunismo internacional, menção seja feita à monumental obra coletiva de E. J. Hobsbawm (1979-89) sobre a história do marxismo, que reuniu, em doze volumes, dezenas de especialistas de renome mundial. Para a história de Luís Carlos Prestes e do PCB, é de particular importância a leitura dos volumes 3, 4 e 5, referentes à Terceira Internacional Comunista (Komintern). A respeito da União Soviética, a "pátria do socialismo", com que tanto sonharam Luís Carlos Prestes e os comunistas do século XX, sugiro os excelentes trabalhos de M. Lewin (2005), de A. Brown (2011) e de R. Sunny (1994), que oferecem um amplo balanço da melhor e mais atual historiografia a respeito da momentosa e atormentada história da Rússia/URSS/Rússia.

Referências bibliográficas

AARÃO REIS, Daniel. *A revolução faltou ao encontro.* São Paulo: Brasiliense, 1991.

_____. "Entre reforma e revolução: A trajetória do PCB entre 1943 e 1964". In: AARÃO REIS, Daniel; RIDENTI, M. (Orgs). *História do marxismo no Brasil.* São Paulo: Ed. da Unicamp, 2007, pp. 73-108. v. 5: Partidos e organizações dos anos 1920 aos 1960.

_____. (Coord.) Direção de Lilia Moritz Schwarcz. *Modernização, ditadura e democracia: 1960-2010.* Rio de Janeiro: Fundación Mapfre; Objetiva, 2014. (Coleção História do Brasil Nação: 1808--2010, 5.)

_____. *Ditadura e democracia no Brasil.* Rio de Janeiro: Zahar, 2014.

AGOSTI, Aldo. "As correntes constitutivas do movimento comunista internacional". In: HOBSBAWM, E. J. (Org.). *História do marxismo.* Rio de Janeiro: Paz e Terra, 1985. v. 6: O marxismo na época da Terceira Internacional — Da Internacional Comunista de 1919 às frentes populares.

AMADO, Jorge. *O cavaleiro da esperança.* São Paulo: Companhia das Letras, 2011.

AMARAL, Roberto Mansilla. *Uma memória silenciada: Ideias, lutas e desilusões na vida do revolucionário Octavio Brandão, 1917-1980.* Niterói: UFF, jul. 2003. Dissertação (Mestrado em História).

ARICÓ, José. "O marxismo latino-americano dos anos da Terceira Internacional". In: HOBSBAWM, E. J. (Org.). *História do marxismo.* Rio de Janeiro: Paz e Terra, 1986. v. 8: O marxismo na época da Terceira Internacional — O novo capitalismo, o imperialismo, o Terceiro Mundo.

BANDEIRA, Moniz; MELO, Clovis; ANDRADE, A. T. *O ano vermelho: A Revolução Russa e seus reflexos no Brasil.* Rio de Janeiro: Civilização Brasileira, 1967.

BARATA, Agildo. *Vida de um revolucionário: Memórias.* 2. ed. São Paulo: Alfa-Omega, 1978.

BARROS, João Alberto Lins de. *A marcha da Coluna.* Rio de Janeiro: Biblioteca do Exército, 1997.

BASBAUM, Leôncio. *História sincera da República.* São Paulo: Alfa-Omega, 1975. 2 v.

_____. *Uma vida em seis tempos: Memórias.* São Paulo: Alfa-Omega, 1976.

BASTOS, Abguar. *Prestes e a revolução social.* Rio de Janeiro: Calvino, 1946.

_____. *História da política revolucionária no Brasil.* Rio de Janeiro: Conquista, 1969-73. 2 v.

BASTOS, Paulo de Mello. *A caixa-preta do golpe de 64: A república sindicalista que não houve.* Rio de Janeiro: Família Bastos, 2006.

BEZERRA, Gregório. *Memórias.* Rio de Janeiro: Civilização Brasileira, 1979. 2 v.

BICALHO, L. de C. *Processo de cassação do registro do PCB (1947).* Belo Horizonte: Aldeia Global, 1980.

BRAGA, Sérgio Soares (Org.). *Luiz Carlos Prestes: O constituinte, o senador (1946-1948).* Brasília: Edições do Senado Federal, 2003. v. 10.

BRANDÃO, Gildo Marçal. *A esquerda positiva: As duas almas do Partido Comunista — 1920-1964.* São Paulo: Hucitec, 1997.

BRANDÃO, Octávio. *Agrarismo e industrialismo.* São Paulo: AEL, 2006.

BROWN, Archie. *Ascensão e queda do comunismo.* Rio de Janeiro: Record, 2011.

BUBER-NEUMANN, Margarete. *Déportée en Sibérie.* Paris; Neuchâtel: Seuil; Éditions de la Baconnière, 1949.

BUONICORE, Augusto; RUY, José Carlos. *Contribuição à história do Partido Comunista do Brasil.* São Paulo: Anita Garibaldi, 2010.

CABANAS, João. *A Columna da Morte sob o comando do tenente Cabanas.* 4. ed. Rio de Janeiro: [s.n.], [s.d.].

CAMARGO, Aspásia; GÓES, Walder de. *Meio século de combate: Diálogo com Cordeiro de Farias.* Rio de Janeiro: Nova Fronteira, 1981.

CAMARGO, Aspásia; HIPPOLITO, Lucia; D'Araújo, Maria Celina Soares; FLAKSMAN, Dora Rocha (Orgs.). *Artes da política: Diálogo com Amaral Peixoto.* Rio de Janeiro: Nova Fronteira, 1986.

CANALE, Dario; VIANA, Francisco; TAVARES, José Nilo (Orgs.). *Novembro de 1935, meio século depois.* Petrópolis: Vozes, 1985.

CAPANEMA, Silvia. *Nós, marinheiros, cidadãos brasileiros e republicanos: Identidades, modernidade e memória na revolta de 1910.* Paris: École des Hautes Études en Sciences Sociales, 2010. Tese (Doutorado).

CARNEIRO, Glauco. *História das revoluções brasileiras.* Rio de Janeiro: O Cruzeiro, 1965. 2 v.

CARONE, Edgard (Org.). *A Primeira República: 1889-1930.* São Paulo: Difel, 1969.

_____. *A República Velha: Evolução política.* São Paulo: Difel, 1971.

_____. *A República Velha: Instituições e classes sociais.* São Paulo: Difel, 1972.

_____. *Revoluções no Brasil contemporâneo: 1922-1938.* São Paulo: Difel, 1975.

_____. *O tenentismo: Acontecimentos, personagens, programas.* São Paulo: Difel, 1975.

_____. *A Terceira República, 1937-1945.* São Paulo: Difel, 1976.

_____. *A República Nova, 1930-1937.* São Paulo, Difel, 1976.

_____. *A Segunda República: 1930-1937.* Rio de Janeiro: Difel, 1978.

_____. *O movimento operário no Brasil: 1877-1944.* São Paulo: Difel, 1979. v. 1.

_____. *O PCB: 1922-1982.* São Paulo; Rio de Janeiro: Difel, 1982. 3 v.

CASCARDO, Francisco Carlos Pereira. *O tenentismo na Marinha: Os primeiros anos (1922-1924).* São Paulo: Paz e Terra, 2005.

CAVALCANTI, Paulo. *Memórias políticas: O caso eu conto como o caso foi.* 4. ed. Recife: Companhia Editora de Pernambuco, 2008. v. 1: Da Coluna Prestes à queda de Arraes.

_____. *Memórias políticas: O caso eu conto como o caso foi.* 2. ed. Recife: Companhia Editora de Pernambuco, 2008. v. 2: Fatos do meu tempo.

CAVALCANTI, Paulo. *Memórias políticas: O caso eu conto como o caso foi*. 2. ed. Recife: Companhia Editora de Pernambuco, 2008. v. 3: Nos tempos de Prestes.

_____. *Memórias políticas: O caso eu conto como o caso foi*. Recife: Companhia Editora de Pernambuco, 2008. v. 4: A luta clandestina.

CHILCOTE, Ronald H. *O Partido Comunista Brasileiro*. Rio de Janeiro: Graal, 1982.

CLAUDÍN, Fernando. *La crisis del movimiento comunista*. Paris: Ruedo Ibérico, 1970.

COELHO, Marco Antonio Tavares. *Herança de um sonho: As memórias de um comunista*. Rio de Janeiro: Record, 2000.

CORREA, Ana Maria M. *A rebelião de 1924 em São Paulo*. São Paulo: Hucitec, 1976.

CORRÊA, Hércules. *Memórias de um stalinista*. Rio de Janeiro: Opera Nostra, 1994.

COSTA, Izabel Cristina Gomes da. *Em busca do paradigma perdido: As esquerdas brasileiras e a crise do socialismo real*. Niterói: Universidade Federal Fluminense, 2009. Tese (Pós-Graduação em História).

CUNHA, Paulo Ribeiro Rodrigues da. *Aconteceu longe demais: A luta pela terra dos posseiros em Formoso, Trombas e a Revolução Brasileira (1950-1964)*. São Paulo: Editora Unesp, 2007.

DASSU, Marta. "Frente Única e Frente Popular: O VII Congresso da Internacional Comunista". In: HOBSBAWM, E. J. (Org.). *História do marxismo*. Rio de Janeiro: Paz e Terra, 1985. v. 6: O marxismo na época da Terceira Internacional — Da Internacional Comunista de 1919 às frentes populares.

DREIFUSS, René. *1964: A conquista do Estado*. 3. ed. Petrópolis: Vozes, 1981.

DRUMMOND, José Augusto. *O movimento tenentista: A intervenção política dos jovens oficiais (1922-1935)*. Rio de Janeiro: Graal, 1986.

_____. *A Coluna Prestes: Rebeldes errantes*. 3. ed. São Paulo: Brasiliense, 1991.

DULLES, John W. F. *Anarquistas e comunistas no Brasil*. Rio de Janeiro: Nova Fronteira, 1977.

FACÓ, Rui. *Cangaceiros e fanáticos: Gênese e lutas*. Rio de Janeiro: Civilização Brasileira, 1963.

FALCÃO, João. *O partido comunista que eu conheci: 20 anos de clandestinidade*. Rio de Janeiro: Civilização Brasileira, 1988.

_____. *Giocondo Dias: A vida de um revolucionário*. Rio de Janeiro: Agir, 1993.

FAUSTO, Boris. *A revolução de 30: Historiografia e história*. São Paulo: Brasiliense, 1970.

_____. (Org.). *História geral da civilização brasileira: O Brasil republicano*. São Paulo: Difel, 1976-1983, t. III. 4 v.

FERNANDES RIBEIRO, Jayme. *Combatentes da paz: Os comunistas brasileiros e as campanhas pacifistas dos anos 1950*. Rio de Janeiro: 7 Letras; Faperj, 2011.

FERREIRA, Jorge. *João Goulart: Uma biografia*. Rio de Janeiro: Civilização Brasileira, 2011.

FERREIRA, Jorge; AARÃO REIS, Daniel. *História das esquerdas no Brasil*. Rio de Janeiro: Civilização Brasileira, 2007. 3 v.

FERREIRA, Jorge; DELGADO, Lucilia de Almeida Neves (Orgs.). *O Brasil republicano: O tempo da experiência democrática*. Rio de Janeiro: Civilização Brasileira, 2003. v. 3: Da democratização de 1945 ao golpe civil-militar de 1964.

_____. *O Brasil republicano: O tempo da ditadura*. Rio de Janeiro: Civilização Brasileira, 2003. v. 4: Regime militar e movimentos sociais em fins do século XX.

FERREIRA, Jorge; GOMES, Angela de Castro. *1964: O golpe que derrubou um presidente, pôs fim ao regime democrático e instituiu a ditadura no Brasil*. Rio de Janeiro: Civilização Brasileira, 2014.

FICO, Carlos. *Além do golpe: Versões e controvérsias sobre 1964 e a ditadura militar*. Rio de Janeiro: Record, 2004.

FIGUEIREDO, Eurico de L. (Org.) *Os militares e a revolução de 1930*. Rio de Janeiro: Paz e Terra, 1979.

FREDERICO, Celso (Org.). *A esquerda e o movimento operário, 1964-1984*. São Paulo; Belo Horizonte: Oficina de Livros; Novos Rumos, 1987-1991. 3 v.

GALILI, Vera; GOMES, Marcos Gregório Fernandes (Orgs.). *Nosso Século*. São Paulo: Abril, 1980. 5 v.

GASPARI, Elio. *As ilusões armadas*. Rio de Janeiro: Intrínseca, 2014. v. 1: A ditadura envergonhada.

_____. *As ilusões armadas*. Rio de Janeiro: Intrínseca, 2014. v. 2: A ditadura escancarada.

_____. *O sacerdote e o feiticeiro*. Rio de Janeiro: Intrínseca, 2014. v. 3: A ditadura derrotada.

_____. *O sacerdote e o feiticeiro*. Rio de Janeiro: Intrínseca, 2014. v. 4: A ditadura encurralada.

GIOVANETTI NETTO, Evaristo. *O PCB na Assembleia Constituinte de 1946*. São Paulo: Novos Rumos, 1986.

GOMES, Angela de Castro (Org.). "Confronto e compromisso no processo de constitucionalização: 1930-1935". In: FAUSTO, Boris (Org.). *História geral da civilização brasileira: O Brasil monárquico*. São Paulo: Difel, 1983, t. III. v. 3: O processo de emancipação.

_____. *A invenção do trabalhismo*. Rio de Janeiro: Relume Dumará, 1994.

_____. Direção de Lilia Moritz Schwarcz. *Olhando para dentro: 1930-1964*. Rio de Janeiro: Fundación Mapfre; Objetiva, 2013. (Coleção História do Brasil Nação: 1808-2010, 4.)

GORENDER, Jacob. *Combate nas trevas*. São Paulo: Ática, 1987.

HILTON, Stanley. *O Brasil e a crise internacional (1930-1945)*. Rio de Janeiro: Civilização Brasileira, 1977.

HOBSBAWM, E. J. (Org.). *História do marxismo*. Rio de Janeiro: Paz e Terra, 1979-1989. 12 v.

IANNI, Octávio. *O colapso do populismo no Brasil*. Rio de Janeiro: Civilização Brasileira, 1968.

IPM 709 (INQUÉRITO POLICIAL-MILITAR N. 709). *O comunismo no Brasil*. Rio de Janeiro: Biblioteca do Exército, 1966-7. 4 v.

JOHNSTONE, Monty. "Um instrumento político de tipo novo: o partido leninista de vanguarda". In: HOBSBAWM, E. J. (Org.). *História do marxismo*. Rio de Janeiro: Paz e Terra, 1985. v. 6: O marxismo na época da Terceira Internacional — Da Internacional Comunista de 1919 às frentes populares.

KOSSOY, Boris (Org). Direção de Lilia Moritz Schwarcz. *Um olhar sobre o Brasil: A fotografia na construção da imagem da nação, 1833-2003*. Rio de Janeiro: Fundación Mapfre; Objetiva, 2012. (Coleção História do Brasil Nação: 1808-2010.)

LABAKI, Amir. *1961: A crise da renúncia e a solução parlamentarista*. São Paulo: Brasiliense, 1986.

LAMOUNIER, Bolívar. "Formação do pensamento político autoritário na Primeira República: uma introdução". In: FAUSTO, Boris (Org.). *História geral da civilização brasileira: A época colonial*. São Paulo: Difel, t. III. v. 2: Administração, economia, sociedade.

LANDUCCI, Ítalo. *Cenas e episódios da Coluna Prestes e da revolução de 1924*. 2. ed. São Paulo: Brasiliense, 1952.

LEVINE, Robert. *O regime de Vargas: 1934-1938*. Rio de Janeiro: Nova Fronteira, 1980.

LEWIN, Moshe. *The soviet century*. Londres; Nova York: Verso, 2005.

LIMA, Heitor Ferreira. *Caminhos percorridos: Memória de militância*. São Paulo: Brasiliense, 1982.

LIMA, Lourenço Moreira. *A Coluna Prestes: Marchas e combates*. São Paulo: Alfa-Omega, 1979.

LINDENMAYER, Marcos. *Álbum de Porto Alegre: 1860-1930*. Porto Alegre: Nova Roma, 2007.

MACAULAY, Neill. *A Coluna Prestes*. Rio de Janeiro; São Paulo: Difel, 1977.

MAGALHÃES, Juracy; GUEIROS, J. A. *O último tenente*. 3. ed. Rio de Janeiro: Record, 1996.

MAGALHÃES, Mário. *Marighella: O guerrilheiro que incendiou o mundo*. São Paulo: Companhia das Letras, 2012.

MAZZEO, Antonio Carlos; LAGOA, Maria Izabel (Orgs.). *Corações vermelhos: Os comunistas brasileiros no século XX*. São Paulo: Cortez, 2003.

MEIHY, José Carlos Sebe Bom; BIAZO, Glauber Cícero Ferreira. *O retorno de Luiz Carlos Prestes a Santo Ângelo*. Santo Ângelo, RS: Ed. da URI, 2002.

MEIRELLES, Domingos. *As noites das grandes fogueiras: Uma história da Coluna Prestes*. Rio de Janeiro: Record, 2002.

MICHELS, Robert. *Os partidos políticos*. Brasília: Ed. UnB, 1980.

MORAES, Dênis de. *Prestes com a palavra: Uma seleção das principais entrevistas do líder comunista*. Campo Grande: Letra Livre, 1997.

MORAES, João Quartim; RIDENTI, Marcelo; AARÃO REIS, Daniel; DEL ROIO, Marcos (Orgs.). *História do marxismo no Brasil*. 2. ed. São Paulo: Ed. da Unicamp, 2007.

MORAIS, Fernando. *Olga*. São Paulo: Alfa-Omega, 1986.

MOREL, Edmar. *A revolta da chibata*. Rio de Janeiro: Graal, 1979.

MOTTA, Rodrigo Patto Sá. *Em guarda contra o perigo vermelho*. São Paulo: Perspectiva; Fapesp, 2002.

MURAKAMI, Ana Maria Brandão (Coord.). *A revolução de 1930 e seus antecedentes: Coletânea de fotografias*. Rio de Janeiro: Nova Fronteira, 1980.

NASSER, David. *Falta alguém em Nuremberg*. Rio de Janeiro: O Cruzeiro, 1966.

NETO, Lira. *Getúlio: Dos anos de formação à conquista do poder (1882-1930)*. São Paulo: Companhia das Letras, 2012.

_____. *Getúlio: Do governo provisório à ditadura do Estado Novo (1930-1945)*. São Paulo, Companhia das Letras, 2013.

NETTO, Evaristo Giovannetti. *A bancada do PCB na Assembleia Constituinte de 1946*. São Paulo: Novos Rumos, 1986.

PANDOLFI, Dulce (Org.). *Repensando o Estado Novo*. Rio de Janeiro: FGV, 1999.

PCB. "Materiais do IV Congresso do PCB". *Problemas*, Rio de Janeiro, n. 64, 1954-5.

PERALVA, Osvaldo. *O retrato*. Rio de Janeiro: Globo, 1982.

PEREIRA, Astrojildo. *Formação do PCB, 1922-1928*. 3. ed. São Paulo: Anita Garibaldi, 2012.

PINHEIRO, Paulo Sergio. *Estratégias da ilusão: A revolução mundial e o Brasil, 1922-1935*. São Paulo: Companhia das Letras, 1991.

PORTO, Eurico Bellens Porto. *A insurreição de 27 de novembro*. Rio de Janeiro: Imprensa Nacional, 1936.

PRADO JR., Caio. *A revolução brasileira*. São Paulo: Brasiliense, 1966.

PRESTES, Anita Leocádia. *Luiz Carlos Prestes e a Aliança Nacional Libertadora: Os caminhos da luta antifascista no Brasil, 1934-1935*. Petrópolis: Vozes, 1998.

_____. *Da insurreição armada (1935) à União Nacional (1938-1945): A virada tática na política do PCB*. São Paulo: Paz e Terra, 2001a.

_____. "O golpe de 29/10/1945: Derrubada do Estado Novo ou tentativa de reverter o processo de democratização da sociedade brasileira?". In: SILVA, Francisco Carlos Teixeira da; MATTOS, Hebe Maria; FRAGOSO, João (Orgs.). *Escritos sobre História e Educação: Homenagem à Maria Yedda Leite Linhares*. Rio de Janeiro: Mauad; Faperj, 2001b.

_____. *Uma epopeia brasileira: A Coluna Prestes*. São Paulo: Expressão Popular, 2009.

PRESTES, Anita Leocádia. *Os comunistas brasileiros (1945-1956/58): Luiz Carlos Prestes e a política do PCB*. São Paulo: Brasiliense, 2010.

_____. *Luiz Carlos Prestes: O combate por um partido revolucionário (1958-1990)*. São Paulo: Expressão Popular, 2012.

PRESTES, Anita Leocádia; PRESTES, Lygia. *Anos tormentosos*. Rio de Janeiro: Arquivo Público do Estado do Rio de Janeiro; Faperj, 2002. 3 v.

PRESTES, Maria. *Meu companheiro: 40 anos ao lado de Luiz Carlos Prestes*. Rio de Janeiro: Rocco, 1992.

PRIORI, Angelo. *O levante dos posseiros: A revolta camponesa de Porecatu e a ação do Partido Comunista Brasileiro no campo*. Maringá: UEM, 2012.

RAMOS, Graciliano. *Memórias do cárcere*. Rio de Janeiro: Record, 1986.

RIDENTI, Marcelo. *O fantasma da revolução brasileira*. São Paulo: Unesp, 1993.

_____. *Em busca do povo brasileiro*. Rio de Janeiro: Record, 2000.

RODRIGUES, Alberto Tosi. *Diretas Já: O grito preso na garganta*. São Paulo: Perseu Abramo, 2003.

RODRIGUES, Leôncio Martins. *Partidos e sindicatos: Escritos de sociologia política*. São Paulo: Ática, 1990.

_____. "O PCB: Dirigentes e a organização". In: FAUSTO, Boris (Org.). *História geral da civilização brasileira: O Brasil monárquico*. São Paulo: Difel, 1983, t. III. v. 3: O processo de emancipação.

ROSE, R. S.; SCOTT, Gordon D. *Johnny: A vida do espião que delatou a rebelião comunista de 1935*. Rio de Janeiro: Record, 2010.

SANTA ROSA, Virgínio. *O sentido do tenentismo*. São Paulo: Alfa-Omega, 1976.

SANTOS, Raimundo (Org.). *O marxismo político de Armênio Guedes*. Brasília: Fundação Astrojildo Pereira; Contraponto, 2012.

SANTOS, Ruy. *Imagens apreendidas*. Rio de Janeiro: Arquivo Público do Rio de Janeiro, 2010.

SANTOS, Wanderley Guilherme dos. *Sessenta e quatro. Anatomia da crise*. Rio de Janeiro: Vértice, 1986.

SCHWARCZ, Lilia Moritz (Org.). Direção de Lilia Moritz Schwarcz. *A abertura para o mundo: 1889-1930*. Rio de Janeiro: Fundación Mapfre; Objetiva, 2012. (Coleção História do Brasil Nação: 1808-2010, 3.)

SEGATTO, José Antonio et al. *PCB: Memória fotográfica, 1922-1982*. São Paulo: Brasiliense, 1982.

SILVA, Hélio. *1926: A Grande Marcha*. Rio de Janeiro: Civilização Brasileira, 1965.

_____. *1931: Os tenentes no poder*. Rio de Janeiro: Civilização Brasileira, 1966.

_____. *1935: A revolta vermelha*. Rio de Janeiro: Civilização Brasileira, 1969.

_____. *1937: Todos os golpes se parecem*. Rio de Janeiro: Civilização Brasileira, 1970.

_____. *1922: Sangue na areia de Copacabana*. 2. ed. Rio de Janeiro: Civilização Brasileira, 1971. (Série Ciclo de Vargas, 1).

_____. *1938: Terrorismo em Campo Verde*. Rio de Janeiro: Civilização Brasileira, 1971.

_____. *1930: A revolução traída*. Rio de Janeiro: Civilização Brasileira, 1972.

_____. *1942: Guerra no continente*. Rio de Janeiro: Civilização Brasileira, 1972.

_____. *1944: O Brasil na guerra*. Rio de Janeiro: Civilização Brasileira, 1974.

_____. *O primeiro 5 de julho*. Rio de Janeiro: Editora Três, 1975.

_____. *1945: Por que depuseram Vargas*. Rio de Janeiro: Civilização Brasileira, 1976.

SODRÉ, Nelson Werneck. *A Coluna Prestes*. São Paulo: Círculo do Livro, [s.d.].

_____. *A intentona comunista*. Porto Alegre: Mercado Aberto, 1987.

_____. *História militar do Brasil*. São Paulo: Expressão Popular, 2010.

SPINDEL, Arnaldo. *O Partido Comunista na gênese do populismo*. São Paulo: Símbolo, 1980.

SUNNY, Ronald Grigor. "Revision and Retreta in the Historiography of 1917: Social History and its Critics". *Russian Review*, v. 53, pp. 165-82, abr. 1994.

TAVARES, Flávio. *1964: O golpe*. Porto Alegre: L&PM, 2014.

TÁVORA, Juarez. *Uma vida e muitas lutas: Memórias*. Rio de Janeiro: Biblioteca do Exército; José Olympio, 1974-6. 3 v.

TELLES, Jover. *O movimento sindical no Brasil*. Rio de Janeiro: Vitória, 1962.

THOMPSON, E. P. *A formação da classe operária inglesa*. Rio de Janeiro: Paz e Terra, 1987. 3 v.

VERGARA, Luiz. *Eu fui secretário de Getúlio Vargas*. Rio de Janeiro: Globo, 1960.

VIANNA, Luiz W. *Liberalismo e sindicato no Brasil*. Rio de Janeiro: Paz e Terra, 1976.

VIANNA, Marly de Almeida Gomes. *Revolucionários de 35: Sonho e realidade*. São Paulo: Companhia das Letras, 1992.

VINHAS, Moisés. *O Partidão*. São Paulo: Hucitec, 1982.

WAACK, William. *Camaradas*. São Paulo: Companhia das Letras, 1993.

WEFFORT, Francisco. "Origens do sindicalismo populista no Brasil: A conjuntura do após-guerra". *Estudos Cebrap*, São Paulo, n. 4, abr.-jun. 1973.

———. *O populismo na política brasileira*. Rio de Janeiro: Paz e Terra, 1980.

Créditos das imagens

Todos os esforços foram feitos para determinar a origem das imagens publicadas neste livro, porém isso nem sempre foi possível. Teremos prazer em creditar as fontes, caso se manifestem.

1 a 4, 7 a 9, 13, 14, 16, 18, 19, 23, 28 a 31, 33, 45 a 48, 50, 52 a 59, 62 a 65, 69, 70, 80 e 81: Acervo Iconographia.

5: Zenóbio Costa/ Acervo Iconographia.

6: Luiz Iria (com base em imagem que integra o arquivo pessoal do autor).

8, 10, 11, 17, 20, 21, 24 a 27, 32, 34 a 44, 49, 51, 61, 66, 68, 71, 73, 74, 77, 83, 88, 92 a 96 : Arquivo pessoal do autor.

60, 72, 75, 76, 78, 79, 84 a 87: Costesia da sra. Maria Prestes e de Paulo Ribeiro. Reprodução de Jaime Acioli.

15: Coleção Rosa Meireles.

22: Arquivo STM.

12: Acervo da Fundação Getúlio Vargas — CPDOC.

67: Arquivo Família Monteiro Lobato.

82: Ari Gomes/ JB.

89 e 90: DR/ Capa de Klévisson Viana/ Tupynanquim Editora.

91: © Stringer Germany/ Landov/ Reuters/ Latinstock.

Índice onomástico

Aarão, Pedro, 51

Agenor, tenente, 69

Agostini, Eugênio, 16, 19, 155, 487n

Aguiar Filho, Wilson, 476

Alambert, Zuleika, 287, 338, 347, 377, 389, 400, 412, 415, 455, 503n

Albuquerque, Franklin Lins de, 92, 99, 103-4, 106

Alcindo *ver* Santos, Adauto Alves do

Aldo (menino integrante da marcha), 69

Aleixo, Pedro, 342

Alencar, Marcelo, 469

Alexandre Magno, 111

Allende, Salvador, 366

Almeida Jr., Coriolano de, 63

Almeida, Ermelinda Ferreira de, 8, 17

Almeida, José Américo de, 140, 222, 497n

Almeida, Luís Augusto Ferreira de, 8

Almendra, Jacob Manoel Gaioso e, 81

Alvarado, Velasco, 345, 349

Alves, Antonio Gentil Basílio, 50

Alves, Mário, 275, 287, 301, 317, 322-3, 330-2, 336-7

Alves, Osvino Ferreira, 231

Alves, Rodrigues, 26

Alzira (mulher integrante da marcha), 69

Amado, Hermínio Fernandes, 64, 101

Amado, Jorge, 271, 452

Amaral, Luís, 112, 492n

Amazonas, João, 223-4, 244, 251, 265, 270, 272, 275, 287-8, 300-1

Amélia (empregada), 11, 13

Andrada, Antônio Carlos de, 113, 124, 127

Andrade, Carlos Drummond de, 272

Andrade, Doutel de, 469

Andrade, Joaquim dos Santos, 423, 448

Andrade, Oswald de, 122

André *ver* Silva, Elias da

Andropov, Iúri, 316

Aquino, Sezefredo, 51

Aranha, Graça, 122

Aranha, Oswaldo, 125, 127, 132-3, 137, 139, 215

Araújo, Alberto, 120, 135

Araújo, João Luiz, 336

Arbenz, Jacobo, 261

Arias *ver* Youbman, Marcos

Arinos, Afonso, 281
Arouca, Sergio, 482
Arraes, Miguel, 283, 303-4, 309, 311, 317, 428, 458
Assad, Fuad, 362
Assis Brasil, 49, 60, 87, 102, 107, 109, 113, 118-9, 121, 140, 318, 488n
Audrin, José, 74-5, 79, 99, 490n
Azamor, José Backer, 47
Azedo, Maurício, 464
Azevedo, Agliberto, 340, 347, 377, 382, 385, 389

Bacellar, Odílio, 44
Bagé ver Campos, José Francisco de
Balbino, Antônio, 311
Baleeiro, Aliomar, 236, 468
Bangu ver Rocha, Lauro Reginaldo da
Barata, Agildo, 215, 219, 224, 233, 271, 275, 301
Barata, Joaquim de Magalhães, 47
Barbedo, Alceu, 238
Barbosa, Horta, 258
Barbosa, Joaquim, 113, 157
Barbosa, Rui, 14-5, 26, 33, 126
Barcelos, general, 72
Baron, Victor Allen, 169, 174, 185, 192, 194
Barreto, Jackson, 397
Barreto, Lima, 12
Barrios, Júlio, 51, 54-5, 103
Barros, Ademar de, 229, 241, 250, 255, 257, 265, 282, 289-90, 308, 318, 322, 493n
Barros, João Alberto Lins de, 51, 54, 56-7, 60, 62, 64, 67, 74, 78, 80, 82, 86-7, 92, 94, 97-8, 101-4, 107, 118, 123-4, 126-7, 133-5, 140, 143, 145, 279, 489n, 491n
Barros, Monteiro de, 29, 311
Barros, Quintino de, 183
Bartolomeu, Floro, 85
Basbaum, Leôncio, 113, 129-30, 156, 223, 492n, 498n
Bastos, Melo, 312, 500n
Batista, Miguel, 332, 337
Belem, Francisco Augusto, 265
Benário, Olga, 169-76, 179, 187, 190-4, 196-202,

204-6, 211-2, 216, 225, 229, 244, 284-6, 315, 326, 360, 413, 467-8, 476, 495-6n
Benévolo, Aníbal, 39, 49-51, 53
Berger, Harry ver Ewert, Arthur Ernst
Béria, Laurenti, 296
Berle Jr., Adolf, 231
Berlinguer, Enrico, 367
Bernardes Filho, 249
Bernardes, Artur, 29-33, 44, 46, 62, 68, 70, 72-3, 79, 94, 101, 103, 113, 116, 126, 128, 134, 142-3, 467, 488-9n
Bernardino, Manoel, 80, 85, 87
Besouchet, Augusto, Marino e Lídia, 181
Bevilacqua, Clóvis, 201
Bezerra, Gregório, 184, 219, 247, 305, 342, 354, 375, 385, 389, 413, 416, 429, 436, 450, 454, 460, 476
Bilac, Olavo, 24
Binatti, Lia, 111
Bins, Pedro, 51
Bissio, Beatriz, 450
Bloch, Marc, 326
Bonfim Jr., Orlando, 330, 373
Bonfim, Antônio Maciel, 156, 160-3, 165-6, 167, 173-4, 176, 179-82, 185-7, 193-6, 199, 210, 494n
Bonfim, Orlando, 301, 322, 338
Borges, Fragmon Carlos, 347
Botelho, Otávio, 122
Branco, Elisa, 346
Brandão, Octavio, 113, 115, 118, 129-31, 135-7, 143, 148, 152, 163, 204-6, 344, 492-3n
Brás, Domingos, 156
Brás, Venceslau, 22, 26
Braun, Otto, 170
Brejnev, Leonid, 316, 344, 433, 438
Brito, Xavier de, 36
Brizola, Leonel, 282-3, 294-5, 299, 301, 303-4, 306, 308, 310, 314, 317, 319, 328, 421, 423-4, 428, 431, 444, 449-50, 454-5, 458, 467, 472, 474-5, 479-81, 505n
Browder, Earl, 223
Bruno ver Locatelli, Amleto

Buarque, Chico, 370
Buber-Neumann, Heinz, 169, 495n
Buber-Neumann, Margareth, 169, 206, 495-6n
Bulhões, Antônio, 272
Buys, Frederico Cristiano, 34, 36

Cabanas, João, 44-5, 60-1, 72, 488-90n
Cabral, Pedro Álvares, 134
Café Filho, João Fernandes Campos, 257, 263-4
Caiado, Totó, 78
Calado, Jaime, 255
Caldeira, Accácio, 469
Calheiros, Benedito, 265
Calógeras, Pandiá, 34
Calonio, Elvira Cupello, 193-5, 210
Câmara, Diógenes Arruda, 223-4, 226-7, 231, 240, 244, 247-8, 251-2, 254, 256-7, 262-5, 268-72, 274-5, 288, 300, 408, 413, 449, 498n
Câmara, Mário, 181
Campelo, Cleto, 83, 89
Campista, Ari, 423
Campos, Aristeu Nogueira, 372
Campos, Carlos de, 45-6
Campos, Francisco, 140
Campos, José Francisco de, 190
Campos, Pedro Dias de, 100
Campos, Siqueira, 34-7, 39, 49, 51, 54, 57, 64, 68, 70, 74, 78, 80, 87-8, 97, 102, 111-2, 118, 120-1, 123, 125-6, 128, 133-5, 279, 491n
Caneppa, Vitório, 208-9, 211, 218-9, 279
Canto, Bernardino Câmara, 62
Cárdenas, general, 206, 218
Cardoso, Adauto Lúcio, 281
Cardoso, Fernando Henrique, 458
Carlos I de Portugal, d., 8
Carpenter, Mário, 36-7
Cartaxo, Teresa, 477-8, 480, 483-4, 505n
Carter, Jimmy, 387
Carvalho, Antônio Carlos de, 441
Carvalho, Apolônio de, 287-8, 301, 332, 337, 480
Carvalho, João, 100
Carvalho, Setembrino de, 101
Cascardo, Hercolino, 54, 62, 124, 138, 178

Castello Branco, Humberto de Alencar, 32, 330, 333, 473
Castro, Fidel, 282-3, 285, 297, 300, 304, 314-5, 317, 364-5, 406, 418, 432, 439, 479
Castro, José Fernandes Leite de, 140
Castro, José Pio Borges de, 20-1
Castro, Moacir Werneck de, 271
Castro, Raúl, 364-5
Cavalcanti, Anita, 463, 484
Cavalcanti, Arnaldo de Holanda, 267, 462-3, 483-4
Cavalcanti, Caio de Lima, 218
Cavalcanti, Carlos de Lima, 121, 125
Cavalcanti, Claudia, 419
Cavalcanti, Deocleciano de Hollanda, 305
Cavalcanti, Gabriela, 419
Cavalcanti, Luís Carlos de Holanda, 267-8, 286, 298, 325-6, 339, 346, 351, 418-9, 462, 477-8, 481, 483-4
Cavalcanti, Maria do Carmo de Holanda, 462-3
Cavalcanti, Maria do Carmo Ribeiro, 267, 463
Cavalcanti, Mônica Valéria de Holanda, 462-3, 505n
Cavalcanti, Paulo, 444, 463, 505n
Cavalcanti, William de Holanda, 267-8, 286, 298, 339, 344, 418-9, 462, 483, 485
Cerqueira, Marcelo, 397
César, Moreira, 96
Chagas, Pinheiro, 311
Chamorro, 332
Chateaubriand, Assis, 112
Chermont, Abel, 240
Chermont, Francisco, 265
Chiang Kai-Shek, 130, 138
Chomsky, Noam, 426
Chuahy, Eduardo, 459, 467
Churchill, Winston, 216, 221, 228, 245
Cícero, padre, 85
Cirilo Jr., 250
Claudio (amigo de Teresa), 477
Cleofas, João, 259
Codovilla, Victorio, 121, 148, 151
Coelho, Danton, 259

Coelho, Marco Antônio, 287, 301, 322, 332-6, 338, 347, 369, 372, 381-2, 449, 501n, 503n

Collor, Lindolfo, 140

Comte, Auguste, 9, 13

Condorcet, Marquês de, 18

Constant, Benjamin, 8, 9, 27, 31

Cordeiro, Cristiano, 83, 156, 181

Correa, Affonso Henrique de Miranda, 201

Corrêa, Hércules, 254, 301, 319, 347, 363, 368-9, 374, 377-9, 383, 389, 404-5, 415-7, 422-4, 431-2, 436-7, 455, 481, 502n, 505n

Correia, André Trifino, 54, 64, 74

Corvo, Luiz Rodrigues, 333

Costa Filho, David Capistrano da, 455

Costa, David Capistrano da, 347, 362, 369, 429

Costa, Élson, 372, 429

Costa, Miguel, 43-5, 49, 59-60, 63-5, 67, 70, 73-6, 78, 80, 82-3, 87, 97, 100, 102-3, 106-7, 111, 118-9, 123, 126, 128, 132-5, 140, 143, 145-6, 178-9, 188, 213, 279, 464, 488-93n, 495n

Costa, Otávio, 37

Costa, Ribeiro da, 241

Coutinho, Carlos Nelson, 366, 395, 404-5

Coutinho, Lamartine, 184

Coutinho, Rodolfo, 113

Covas, Mário, 458, 472

Cristiano, Fernando, 338

Cruz, Aristides Ferreira da, 87-8

Cruz, Vítor César da Cunha, 324

Cunha, Euclides da, 96

Cunha, Flores da, 177

Cunha, Higino, 82

Cunha, tenente, 63

D'Aquino, Ivo, 250

D'Ávila, Ednardo, 388

Dallari, Dalmo, 440

Danielli, Carlos, 284

Dantas, Aristóteles de Souza, 87

Dantas, San Tiago, 311

Dedino, Severino, 268

Diakonov, Dimitri, 291

Dias, Everardo, 47

Dias, Giocondo, 266, 287-8, 301, 317, 322, 329-30, 332-3, 338, 343, 348, 351, 363, 367, 369, 372-3, 375, 381, 387, 389-90, 392, 396, 399, 404, 406, 417, 427, 429, 431, 436-9, 441, 445, 450, 460, 469, 503n

Dimitrov, Georgi, 176, 249, 340, 360

Dornellas, Jacques, 459, 467

Dreyfuss, René, 329

Duarte, "coronel", 93

Dulles, John F., 47, 137, 159, 488n, 492-4n

Dunaev, Elena, 419

Dutra, Djalma Soares, 64, 74, 78, 87, 97, 102, 107, 119, 124-5, 140

Dutra, Eurico Gaspar, 222, 225, 231-3, 238, 245-6, 248, 250, 255, 257, 260, 318

Eivlys (prima distante de Prestes), 212

Elisa, Massena, 419

Elza (mulher integrante da marcha), 69

Eneas, Simão, 44

Engels, Friedrich, 113, 122

Ernestina (mulher integrante da marcha), 69

Ernesto, Pedro, 188, 196

Esopo, 288, 360

Estrada, Duque, 23

Eugênia, d., 251

Ewert, Arthur Ernst, 141, 168, 174-5, 178, 180, 182, 185-7, 189-93, 197, 199, 202, 207, 209, 225, 496n

Ewert, Elisa Saborovski, 169, 174-5, 187, 190-3, 200

Facó, Rui, 305

Fagundes, Seabra, 440

Falcão, João, 244, 250, 343, 389, 427, 444, 503n, 505n

Faria, Alberto, 23

Farias, Cordeiro de, 54, 57, 60, 64, 74, 78, 87-9, 97, 103-4, 107, 118, 124, 126, 133, 140, 197, 258, 488n, 491n

Faro, Silva, 28

Feghali, Jandira, 480

Felipe, Portinho, 51, 102

Felizardo, Alfredo, 212

Felizardo, Ermelinda Ferreira de Almeida, 8, 212

Felizardo, Joaquim José, 7-8

Fernandes, Elza ver Calonio, Elvira Cupello

Fernandes, Florestan, 467, 469

Fernandes, Raul, 181

Ferreira, Joaquim Câmara, 330, 332

Ferreira, Pantaleão Teles, 38, 71

Feuerbach, Ludwig, 122

Fiel Filho, Manoel, 388

Figueiredo, João Batista, 172, 397, 421-2, 441, 445, 451-2, 454, 456, 461, 466

Fiscal (sambista), 484

Fiúza, Iedo, 233-4

Fonseca, Clodoaldo da, 37

Fonseca, Deodoro da, 9

Fonseca, Euclides, 34-6

Fonseca, Hermes da, 14-5, 29-30, 32, 34-7

Fonseca, Mário Hermes, 35

Fontoura, Guedes da, 177

Fontoura, marechal, 41

France, Anatole, 481

Franco, Afrânio de Melo, 140

Franco, Moreira, 454, 479

Franco, Virgílio de Melo, 196

Fratti, Régis, 384, 389, 396, 403-7, 411, 413, 455, 482, 504n

Frei, Eduardo, 297

Freire, Ari Salgado, 54, 64, 74, 78, 92, 97, 105-6

Freire, Roberto, 397, 458, 472, 480, 482

Freitas, José Ribamar de, 440-1

Frota, Sílvio, 392-3, 395

Furtado, Celso, 309-11, 358, 469, 501n

Gagárin, Iúri, 293

Galvão, João, 183

Garagorry, Fernando, 135, 173

García Márquez, Gabriel, 426

Garcia, Mário, 51

Garota ver Calonio, Elvira Cupello

Gaspari, Elio, 428, 500n, 502-3n

Gay, João Pedro, 39, 51, 53-4, 56-7

Geisel, Ernesto, 27, 363, 368, 370, 374-5, 381, 388, 392-3, 421, 503n

Geisel, Orlando, 363

Ghioldi, Carmen Alfaya de, 169, 174-5

Ghioldi, Rodolfo, 139, 168, 174-5, 178, 180, 185-7, 190, 192-4, 197, 227, 496n

Gikovate, Febus, 181

Gleiser, Genny, 201

Godói (camponês), 255

Góes, Maria Conceição, 345

Goldman, Alberto, 397

Gomes, Augusto Maynard, tenente, 47, 87

Gomes, Eduardo, 35-7, 44, 124, 222, 225-6, 231-3, 250, 257

Gomes, Francisco, 224

Gomes, Joaquim da Silva, 22

Gomes, Júlio, 150, 172, 284

Gomes, Maynard, 87

Gomes, Octacílio, 343

Gomes, William Dias, 255, 267

Gonçalves, Angelina, 255

Gorbatchóv, Mikhail, 468

Gorender, Jacob, 243, 274, 287-8, 301, 332, 337

Goulart, João, 260, 264, 282, 289, 294-5, 299-300, 304-14, 316-21, 323, 327-31, 334, 475, 500-1n

Goulart, Maria Teresa, 319

Graaf, Johann Heinrich Amadeus de, 169-70, 175, 187-8, 190-4

Grabois, Maurício, 223-4, 240, 244, 251, 265, 270, 272, 275, 287-8, 301

Graça, Milton Coelho da, 346

Gramsci, Antonio, 302, 365-6, 470-1

Granja, Antonio Ribeiro, 373

Granja, José Honório, 92, 99

Grazini, Mário, 156, 161, 163

Gruber, Erika, 169, 175, 187-8, 192-3

Gruber, Franz Paul ver Graaf, Johann Heinrich Amadeus de

Guazelli, Eloar, 397

Guedes, Armênio, 229, 247, 301, 332-3, 335, 343, 347, 366, 376-7, 379-80, 383-4, 387, 389, 392, 395-6, 399-400, 404-5, 407, 413, 415, 417, 421,

423, 425-7, 430, 436-7, 450, 455, 460, 497n, 501-5n

Guedes, Célio, 361-2

Guevara, Ernesto Che, 283, 285, 293, 335, 341, 375

Guimarães, Alberto Passos, 287

Guimarães, Honório de Freitas, 161-2, 172

Guimarães, Renato, 336

Guimarães, Ulysses, 364, 450, 458, 466, 472, 474

Gulaev, Yuri, 439

Guralski, Inês, 142, 171

Guralski, o Rústico ver Heifetz, Abraham

Heifetz, Abraham, 130, 132, 135, 138-9, 142, 144, 171, 284, 493n

Hermínia (mulher integrante da marcha), 69

Herzog, Vladimir, 374

Hipócrates, 64

Hitler, Adolf, 217, 236, 356

Ho Chi Minh, 291

Hoche, Lazare, 110-1

Hodja, Enver, 291

Holanda, Jarbas, 343, 346

Honecker, Erich, 474

Horta, Oscar Pedroso, 147, 493n

Humbert-Droz, Jules, 129-30, 132

Husák, Gustav, 474

Ibárruri Gómez, Dolores, 176, 291

Índio ver Ghioldi, Rodolfo

Isabel, princesa, 84

Isabella (mulher integrante da marcha), 69

Jaguncinho (menino integrante da marcha), 69

Jango ver Goulart, João

Jesus Cristo, 69

João Carlos (sambista), 484

João Francisco (presidiário), 74

João Francisco, general, 44, 48-9, 54, 57, 63, 489n

Joaquinzão ver Andrade, Joaquim dos Santos

José Tomás (menino integrante da marcha), 69

Juan ver Losovski, Mendel Mirochevski

Julião, Francisco, 281, 297-8, 301, 303-4, 308

Jurandir, Dalcídio, 271

Khruschóv, Nikita, 268-70, 276, 291, 296, 300, 316, 499n

Klinger, Bertoldo, 63, 69-72, 78, 489-90n

Konder, Leandro, 366, 395

Konder, Valério, 257

Kruel, Amauri, 282, 311, 313

Kruel, Riograndino, 121

Kruger, Paulo, 50, 59-60, 62, 67, 79

Kubitschek, Juscelino, 262, 264, 268, 281-3, 289, 292, 318, 325, 333-4

Kun, Béla, 176

Kunz, Martine, 477-8, 505n

Kuusinen, O. W., 129

Lacerda, Carlos, 175, 261, 281, 290, 293-4, 311, 313, 318-9, 323, 334, 497n

Lacerda, Fernando, 156, 159, 161, 217, 224

Lacerda, Maurício de, 119, 126, 136-7, 145

Lacerda, Oldemar, 33

Lacerda, Paulo, 129-30, 143, 156

Lago, Lauro, 183

Lagoa, Rocha, 241

Lampião, 86, 166

Landucci, Ítalo, 59, 65-6, 69, 80, 83, 87, 89-90, 93, 98, 108, 135, 140, 489-92n

Lassance, Carlos de, 207-8

Leal, Aristides, 54, 194

Leal, Estillac, 124, 138, 188, 231, 258, 260

Leão, Josias Carneiro, 83

Leitão, Tarcísio, 443, 505n

Leite Filho, João Batista Barreto, 119, 181, 492n

Leite, Américo Dias, 179

Leite, Costa, 72

Lemes, Honório, 51, 53, 74

Lemos, Miguel, 10

Lena ver Gruber, Erika

Lênin, Vladimir, 122-4, 157, 236, 296, 347, 359-60, 378, 420, 433, 469-70

Levine, Robert, 175

Lewin, Moshe, 148

Lima Sobrinho, Barbosa, 364

Lima *ver* Sobral, João Rodrigues
Lima, Albuquerque, 345
Lima, Azevedo, 116
Lima, Eurípedes Esteves de, 47
Lima, Heitor, 201
Lima, Heitor Ferreira, 129-30, 142-3, 156, 160-1, 163, 181, 201, 493n
Lima, Hermes, 307
Lima, José Montenegro de, 373
Lima, Lourenço Moreira, 14, 48, 65, 68-9, 71, 76, 80, 86, 90, 93, 95-6, 98, 102-3, 107, 109, 487n
Lima, Luis Tenório de, 347
Lima, Negrão de, 333
Lima, Pedro Motta, 218, 287
Lima, Tenório Luís de, 301, 377, 389, 422, 437
Lima, Waldemar de Paula, 82-3, 89
Linhares, José, 225, 231-2
Lins, Etelvino, 282
Lira Sobrinho, José, 250
Lira, Manuel Alves, 60, 64, 74, 103
Lobato, Monteiro, 122, 272
Lobo, Aristides, 136-7
Lobo, Cândido, 241
Locatelli, Amleto, 169, 185, 189, 193, 495-6n
Longo, Moacir, 333, 383
Lopes Filho, Tarquínio, 79
Lopes, Isidoro Dias, 41, 44-5, 47-9, 54, 57-9, 63, 72, 87, 102-3, 107, 110-1, 119, 135, 143
Lopes, José Machado, 32, 41, 294, 299
Losovski, Mendel Mirochevski, 167, 169
Lott, Henrique, 18-9, 23, 264, 280, 289-90
Luchesi, Ramiro, 275, 284, 301, 322, 332, 338, 347
Luís I, d., 8
Lula *ver* Silva, Luiz Inácio Lula da
Lusardo, Batista, 73, 145
Luz, Carlos, 264

Macário Yolles, Guilherme, 161-2
Macaulay, Neill, 87, 491n
Macedo, José, 183
Macedo, Manoel, 72
Machado, Caetano, 143, 156, 165

Machado, Cristiano, 257
Machado de Assis, Joaquim Maria, 12
Machado, José Pinheiro, 55
Machado, Wilson Dias, 445
Maciel, Marco Antônio, 459
Magalhães, Antônio Carlos, 459, 467
Magalhães, Juracy, 237
Magalhães, Zélia, 255
Maia, Ernesto Luís, 272
Maia, Prestes, 233
Makarenko, Anton, 151
Malin, Mauro, 366, 395
Malina, Salomão, 337, 369, 374, 377, 384, 389, 399, 411, 417, 427, 431-2, 436-7, 472, 482
Maluf, Paulo, 459, 467
Mangabeira, João, 246
Mangabeira, Otávio, 241
Manovski, Victoria, 402-3, 407, 503n
Manuilski, Dimitri, 150-2, 155, 163-6, 167-8, 171, 176, 204, 206, 494n
Mao Tsé-Tung, 176, 284, 291, 335, 420, 433, 484
Maranhão, Luís, 346, 370, 429
Margarita (militante argentina da IC), 175
Maria Preta (mulher integrante da marcha), 69
Maria *ver* Ribeiro, Maria do Carmo (Mira, segunda esposa de Prestes)
Mariante, Álvaro Guilherme, 91-2, 491n
Marighella, Carlos, 219, 224, 262-4, 272, 287, 301, 317, 322, 330-2, 336-7, 342, 345, 444, 498n, 501n
Marini, Rui Mauro, 442
Mário, o Perereca, 406, 414
Mariz, Dinarte, 184
Marma (operário), 255
Martins *ver* Guimarães, Honório de Freitas
Marx, Karl, 113, 117, 122-3, 157, 161, 246, 291, 351
Massena, Andréia, 419
Massena, Eduardo, 419
Massena, João, 354, 370, 419, 429
Matos, Almir, 455
Mattos, Horácio de, 92, 99, 101, 104
Mazzilli, Ranieri, 294

Medeiros, Borges de, 41, 134, 488n
Médici, Emílio Garrastazu, 342, 345, 363, 374
Medina, José, 161
Meireles, Ilvo, 176, 179, 194, 196
Meireles, Silo, 126, 135, 137, 225
Meirelles, Bolívar, 469
Meirelles, Domingos, 82, 88
Mello, Fernando Collor de, 472, 475, 479
Mello, Fidêncio de, 57
Mello, Martins de, 13
Mello, Nelson de, 124, 283
Mello, Severino Vieira de, 82
Mello, Teodoro de, 251, 323-4, 328, 332, 334, 343, 362, 369, 372, 374, 377, 384, 388-9, 404, 436-7, 455, 500-4n
Melo, Jansen de, 63
Melo, João Soarino de, 47
Mendes, Teixeira, 10
Mendonça, Manuel Messias de, 47
Mendonça, Roberto Carneiro de, 33
Meneghetti, Ildo, 308
Menezes, Antônio Justino Prestes de, 212
Mesquita, Júlio de, 315
Mesquita, Olinto, 44, 49
Mikhailovna, Kapitalina, 351
Mikoian, Anastas, 316
Mira ver Ribeiro, Maria do Carmo (Mira, segunda esposa de Prestes)
Miranda ver Bonfim, Antônio Maciel
Miranda, Emígdio, 44, 54, 125-6, 135, 137-9, 213
Miranda, Jaime, 330, 332, 338, 370, 372, 429
Molotov, Vyacheslav, 296
Monjardim Filho, José Epaminondas, 278
Monteiro, Pedro Aurélio de Góes, 91, 159, 221-2
Montoro, Franco, 458
Moraes, Denis de, 122, 438, 452, 489-90n, 499-500n
Moraes, Justo de, 201
Moraes, Santos, 271
Morais, Clodomir, 297
Morais, Evaristo de, 201
Morais, Fernando, 467
Moreira, Álvaro, 272

Moreira, Neiva, 450
Morena, Roberto, 143, 287, 347, 377
Mota, Lourival Seroa da, 87
Moura, Landell de, 72
Mourão Filho, Olímpio, 208, 321, 328
Mourão, Deoclides, 79
Müller, Filinto, 60, 191, 197, 199, 201, 203
Mussolini, Benito, 217, 236, 302

Nascimento, Eugênio, 202
Nascimento, Manuel Amâncio de, 250
Neiva Filho, Aloyzio, 456
Neiva, Euclides, 80
Neruda, Pablo, 218, 228
Neves, Almir, 343, 369, 377, 389, 396
Neves, Andrade, 208
Neves, Eurico de Andrade, 41
Neves, João, 282
Neves, José das, 266-7
Neves, Tancredo, 304, 306, 451, 456, 458-60, 466
Nicolaievski, Boris, 272
Niemeyer, Oscar, 430, 438, 461
Nogueira Filho, Paulo, 121
Nogueira, José Antônio, 241-2
Noronha, Abílio de, 44, 48
Noronha, Isaías de, 140
Novelli Júnior, 250
Nunes, Hildebrando da Silva, 37
Nunes, Max, 484

Oliveira, Agostinho de, 224
Oliveira, Dante de, 457, 459
Oliveira, José Pinto de, 37
Oliveira, Rafael Correia de, 109, 112
Onça (mulher integrante da marcha), 69
Orey, Fernando, 135
Orwell, George, 352
Osório, José, 23
Otero, Leivas, 224

Pacheco, Osvaldo, 301, 319, 347, 372
Padilha, Bernardo, 49, 59, 102
Palmeira, Sinval, 265, 280

Paranhos, Manoel, 173
Paraventi, Celestino, 173
Parreiras, Ari, 162
Passos, Sezefredo dos, 36
Pasturrov, Dmitri, 355
Peçanha, Nilo, 26, 30, 126
Pedrinho (menino integrante da marcha), 69
Pedro v, d., 8
Pedro ver Cavalcanti, William de Holanda
Pedrosa, Mário, 136
Peixoto, Amaral, 124, 282
Peixoto, Antônio Carlos, 366, 395
Peixoto, Floriano, 9, 177
Peña, Lázaro, 297
Peña, Ramón, 366, 376, 380, 392, 394, 405, 414, 487n
Peralva, Osvaldo, 269
Pereira, Astrojildo, 113, 115-7, 129-31, 135, 156, 158, 163, 269, 492n
Pereira, Canabarro, 197
Pereira, Hiram de Lima, 372, 429
Pereira, Odon, 333
Pereirinha, 467
Perereca ver Mário, o Perereca
Péricles, Silvestre, 250
Perón, Juan Domingo, 261
Perrin, Dimas, 372
Pesavento, Sandra, 7, 487n
Pessoa, Epitácio, 26, 33-4, 44, 126, 128, 134
Pessoa, João, 124, 138-9
Petkov, Nikola, 249
Pieck, Wilhem, 285
Pierre (dirigente da IC), 142
Pimenta, Joaquim, 127
Pinheiro, Israel, 333
Pinochet, Augusto, 466
Pinto, Barreto, 238
Pinto, Bilac, 281
Pinto, Francisco, 371
Pinto, Heráclito Sobral, 202, 205, 207, 212, 496n
Pinto, Magalhães, 290, 308, 318, 321
Pires, Ari, 27
Pires, Waldir, 467

Pires, Walter, 466
Podgorny, Nikolai, 355
Pomar, Pedro, 229, 244, 265, 272, 275, 287-8, 300-1
Ponomariov, Boris, 284, 355-6
Pontes, Mariana Ribas, 266
Portela, Mário, 41, 50-1, 54, 56-7
Portinari, Cândido, 272
Portinho, João, 51
Porto, Bellens, 197
Prado Jr., Caio, 217, 501n
Prado, Newton, 36-7
Praxedes, José, 183
Prestes, Anita (filha de Prestes), 89, 91, 101, 204-5, 211-2, 232, 247, 265, 279, 285-6, 293-4, 298, 326, 338, 340, 345, 354, 360-1, 364-6, 368, 374, 376, 378-80, 382-5, 388-9, 392-4, 396, 402, 404-7, 409-14, 416-7, 422-3, 435, 440, 442, 447, 456, 461, 470-1, 476, 479-80, 485, 487n, 491n, 496-7n, 501n, 503n, 505n
Prestes, Antônio (avô paterno de Prestes), 8
Prestes, Antônio João Ribeiro (filho de Prestes), 267-8, 325, 419, 420, 481
Prestes, Antônio Pereira (pai de Prestes), 7-10, 13, 15-6, 155, 267, 487n
Prestes, Clotilde (irmã de Prestes), 10, 13, 120, 139, 145, 147, 154, 206, 211, 247, 268, 279, 286, 298
Prestes, Cristina Dunaeva (neta de Prestes), 419-20, 504n
Prestes, Ermelinda Ribeiro (filha de Prestes), 211, 275, 325, 339, 351-2, 419, 474, 484, 501-2n, 505n
Prestes, Heloísa (irmã de Prestes), 10, 13, 120, 139, 145, 147, 153-4, 206, 211, 279
Prestes, Júlio, 124, 132, 140
Prestes, Lígia (irmã de Prestes), 16, 120, 139, 145, 147, 154-5, 199, 204-5, 211, 232, 247, 265, 279, 285-6, 294, 298, 339, 364, 480, 496n
Prestes, Lúcia (irmã de Prestes), 15-6, 120, 139, 145, 147, 154-5, 206, 211, 279, 285-6, 487-8n, 494n
Prestes, Luís Carlos Ribeiro (filho de Prestes), 286, 325, 419-20, 428, 484

Prestes, Luísa de Freitas Travassos (avó paterna de Prestes), 8, 11

Prestes, Maria Leocádia Felizardo (mãe de Prestes), 7-11, 13-20, 25-6, 120-1, 139, 145, 147, 149, 152, 154-5, 199, 204-8, 210-3, 218, 292, 487n, 496n

Prestes, Mariana Ribeiro (filha de Prestes), 292, 294, 325, 339, 350-3, 419-20, 428, 479, 501-2n, 504n

Prestes, Rosa Ribeiro (filha de Prestes), 267-8, 325, 339, 419-20, 484-5

Prestes, Vladimir (neto de Prestes), 419

Prestes, Yuri Ribeiro (filho de Prestes), 326, 339, 351, 419-20, 428, 479, 504-5n

Prestes, Zoia Ribeiro (filha de Prestes), 309, 325, 339, 351, 353, 419-20, 428, 480, 484, 501-2n, 504n

Quadros, Jânio, 281, 289-90, 292-3, 299, 304, 321, 493n, 499n

Quaresma (sambista), 484

Queirós, Nicolau de Sousa, 298, 322, 325

Queiroz, Eusébio de, 198-9

Quércia, Orestes, 458, 467

Rabelo, José Nicodemos Teixeira, 419

Raff, tenente, 63

Raimundo, Juca, 51

Ramos, Duvitiliano, 156

Ramos, Graciliano, 160

Ramos, Nereu, 264

Rao, Vicente, 201

Raymond ver Baron, Victor Allen

Reis, Dinarco, 275, 301, 329-30, 332, 338, 343, 348, 367-8, 377, 379, 389, 396, 413, 455

Reis, Manuel Antônio dos, 37

Requi, 255

Resende, Leônidas de, 113

Ribeiro Jr., Alfredo Augusto, 47

Ribeiro, Bento, 15

Ribeiro, Darcy, 469, 475

Ribeiro, Ivã, 224, 275, 347

Ribeiro, Maria do Carmo (Mira, segunda esposa de Prestes), 262, 266-8, 275, 279, 285-6, 289, 291, 294, 298, 309, 315-6, 325-6, 339, 344, 346, 350-6, 418-20, 428, 438-9, 462-4, 474, 476-7, 478, 480-1, 483-5

Ribeiro, Orlando Leite, 62, 111, 120, 137, 190, 213, 215, 219, 231

Ribeiro, Walter, 332, 338, 370, 429

Roca, Blas, 151, 215, 297

Rocha, Brochado da, 306-7

Rocha, Geraldo, 118

Rocha, Lauro Reginaldo da, 161-2, 165, 207, 209

Rocha, Leonel, 51, 102-3

Rocha, Pedro, 62

Rodó, Heliodoro Carmona, 106

Rodrigues, Débora, 484

Romão, José, 369

Rondon, Cândido, 49, 57, 59, 73

Roosevelt, Franklin Delano, 216, 221, 224, 228, 245

Rosário, Guilherme Pereira do, 445

Rossi, Waldemar, 448

Sá Filho, 241

Sá, Crokratt de, 311

Saad, Fuad, 348, 361-2, 461

Sabo ver Ewert, Elisa Saborovski

Saldanha, João, 264, 346, 430, 461

Salgado, Plínio, 122, 230

Salles, José, 338, 366, 369, 376, 377, 379, 382, 384-5, 387, 389-90, 392, 396, 399-416, 422, 428-9, 434, 503-4n

Sampaio, Cid, 282

Santa Rosa (mulher integrante da marcha), 69

Santana, Manuel, 250

Santos Filho, Aluísio dos, 361-2

Santos, Adauto Alves do, 348, 362-3

Santos, Adelino Deícola dos, 161

Santos, Argeu Egídio dos, 423

Santos, Batista, 85

Santos, Benício dos, 80

Santos, Diocleciano dos, 255

Santos, Geraldo Rodrigues dos, 322, 338, 347, 373, 439, 482

Santos, Pio dos, 22
Santos, Theotonio dos, 442
Santos, Urbano, 79
Santos, Virgílio Ribeiro dos, 60, 64, 107
Sarney, José, 459-60, 465-7, 469-70, 472, 479
Saturnino, Roberto, 467, 471
Schmidt, Afonso, 122
Schubert, Franz, 14
Siciliano (curandeiro), 51
Silva, Albino, 311
Silva, Aldo Lins e, 325, 346
Silva, Claudino José da, 237
Silva, Costa e, 34, 50, 333, 342
Silva, Elias da, 165-6
Silva, Golbery do Couto e, 27, 370, 374-5, 388, 445, 451, 502*n*
Silva, Hélio, 34, 37-8, 462
Silva, Inocêncio, 51
Silva, João, 51, 63
Silva, João Batista de Lima e, 271
Silva, José Joaquim da, 213
Silva, José Rodrigues da, 20, 488*n*
Silva, Laudelino Pereira da, 88
Silva, Lindolfo, 316, 389, 429
Silva, Luiz Inácio Lula da, 396, 431, 458, 467, 470, 472, 474-5, 479, 481
Silva, Lyda Monteiro da, 440
Silveira, Modesto da, 397
Silveira, Roberto, 282, 309
Sinani, G., 150-1, 172
Sinek, Olga *ver* Benário, Olga
Siqueira, Eduardo Sá de, 50
Siqueira, Givaldo, 332, 347, 369, 417, 437, 501*n*, 503*n*
Sisson, Roberto, 179
Soares, Edmundo de Macedo, 32
Soares, José Carlos de Macedo, 207
Soares, Raul, 30
Sobral, Altamira Rodrigues *ver* Ribeiro, Maria do Carmo (Mira, segunda esposa de Prestes)
Sobral, João Rodrigues, 266-7
Souto, Álcio, 231
Souza, João de, 125, 194

Souza, Nelson Pereira de, 88
Stálin, Ióssif, 132, 148, 150, 154, 170-1, 176, 216, 221, 228, 236, 239, 245, 252, 263, 267-70, 272, 274, 296, 354, 389, 391, 495*n*, 498*n*
Stuchevskaia, Sofia Semionova, 169-70, 174, 192-4, 196
Stuchevski, Pavel Vladimirovich, 169-70, 174, 190, 192-6, 496*n*
Suslov, Mikhail, 284, 316

Tampinha *ver* Santos, Adelino Deícola dos
Tavares, Renato, 135
Távora, Joaquim, 38, 44, 48
Távora, Juarez, 41, 44, 49, 51, 54, 59-60, 63, 65, 73-5, 82, 112, 118, 124-5, 133, 135, 137, 140, 143, 258, 490*n*
Távora, Virgílio, 282
Teixeira, Antônio, 250
Teixeira, brigadeiro, 323
Teixeira, Deocleciano, 92-3
Teixeira, Mendes, 59
Teixeira, Miro, 454
Teixeira, Pedro, 193
Teixeira, Rafael Bandeira, 62
Telles, Goffredo da Silva, 393
Telles, Jover, 292, 322, 330, 332, 336
Temer, Milton, 366, 395
Teodoro, Filogônio Antônio, 103
Thaelmann, Ernst, 151
Thorez, Maurice, 151, 176
Tia Maria (feiticeira), 83-4
Tibúrcio (menino integrante da marcha), 69
Timbaúba, Orestes, 343, 369, 374, 377, 388-9
Togliatti, Palmiro, 151, 176, 273, 420
Toledo, Aníbal de, 113
Torres, José, 349
Torres, Juan, 345
Torrijos, Omar, 345
Tourinho, Antônio, 219
Tróstski, Leon, 136
Truman, Harry, 245

Uriburu, general, 139

Ustinov, Dmitri, 316

Valdovino (operário), 165
Valentim, Amaro, 305, 373
Vallée, Alphonsine *ver* Stuchevskaia, Sofia Semionova
Vallée, Léon-Jules *ver* Stuchevski, Pavel Vladimirovich
Vargas, Benjamin, 231
Vargas, Darcy, 232
Vargas, Getúlio, 32, 118, 122, 124-7, 132, 134, 138-43, 159, 177-81, 187-8, 199, 201-2, 213, 215-9, 221-6, 228-34, 239, 250, 257-65, 280, 290, 293, 303, 327-8, 468, 480, 492n, 497-8n
Vargas, Lutero, 282
Vasconcelos, Amarílio, 223
Vasconcelos, José, 188
Veloso, Itair, 338, 370, 372, 429
Vera, Nestor, 316, 373
Veríssimo, Nestor, 51, 213
Viana, Francisco, 122, 438, 452
Viana, João Carlos, 18

Vianna, Marly, 362, 366, 369, 376, 384-5, 389, 392, 394, 396, 402-7, 412-4, 417, 487n, 502-3n
Vieira, Maurício, 388
Vilar, José, 135, 143, 156
Vilar, Maria Bergner *ver* Benário, Olga
Vinhas, Moisés, 258, 293, 330, 333, 337, 343
Virgulino, Himalaia, 238
Vorobiov (tradutor), 153
Voroshilov, Klimenti, 296

Warchavski, Tobias, 163
Washington Luís, 94, 102-3, 107, 109, 113, 116, 118, 124, 132, 138, 140
Willard, sra., 205
Wolney, Abílio, 92, 99

Yamasaki, Tizuka, 476
Youbman, Marcos, 169, 194, 196
Yrigoyen, H., 121

Zeca Neto, 51, 102
Zigler, Jean, 426
Ziller, Armando, 347, 377, 389, 400

ESTA OBRA FOI COMPOSTA PELA SPRESS EM DANTE E IMPRESSA EM OFSETE
PELA GEOGRÁFICA SOBRE PAPEL PÓLEN SOFT DA SUZANO PAPEL E CELULOSE
PARA A EDITORA SCHWARCZ EM NOVEMBRO DE 2014